行政执法
法规汇编

（第三版）

法律出版社法规中心　编

———— 北京 ————

图书在版编目（CIP）数据

最新行政执法法规汇编 / 法律出版社法规中心编. -- 3 版. -- 北京：法律出版社，2025. -- ISBN 978 - 7 - 5197 - 9820 - 8

Ⅰ. D922.199

中国国家版本馆 CIP 数据核字第 2024U4M675 号

最新行政执法法规汇编
ZUIXIN XINGZHENG ZHIFA
FAGUI HUIBIAN

法律出版社法规中心 编

责任编辑 翁潇潇
装帧设计 李 瞻

出版发行 法律出版社	开本 A5
编辑统筹 法规出版分社	印张 19　　字数 710 千
责任校对 张红蕊	版本 2025 年 1 月第 3 版
责任印制 耿润瑜	印次 2025 年 1 月第 1 次印刷
经　　销 新华书店	印刷 北京中科印刷有限公司

地址：北京市丰台区莲花池西里 7 号（100073）
网址：www.lawpress.com.cn　　　　销售电话：010 - 83938349
投稿邮箱：info@ lawpress.com.cn　　客服电话：010 - 83938350
举报盗版邮箱：jbwq@ lawpress.com.cn　咨询电话：010 - 63939796
版权所有·侵权必究

书号：ISBN 978 - 7 - 5197 - 9820 - 8　　　定价：58.00 元
凡购买本社图书，如有印装错误，我社负责退换。电话：010 - 83938349

目　录

一、综　合

中华人民共和国行政处罚法（2021.1.22 修订）……………（ 1 ）

中华人民共和国行政许可法（2019.4.23 修正）……………（ 12 ）

中华人民共和国行政强制法（2011.6.30）……………（ 24 ）

中华人民共和国行政复议法（2023.9.1 修订）……………（ 34 ）

行政执法类公务员管理规定（2023.9.1 修订）……………（ 48 ）

国务院办公厅关于全面推行行政执法公示制度执法全过程记录制度重大执法决定法制审核制度的指导意见（2018.12.5）……………（ 53 ）

二、部门法律规范

1. 公安、交通

中华人民共和国治安管理处罚法（2012.10.26 修正）………（ 60 ）

中华人民共和国道路交通安全法（2021.4.29 修正）……………（ 75 ）

娱乐场所管理条例（2020.11.29 修订）……………（ 92 ）

公安机关人民警察执法过错责任追究规定（2016.1.14 修订）……………（ 98 ）

公安机关执法公开规定（2018.8.23 修订）……………（ 101 ）

公安机关办理行政案件程序规定（2020.8.6 修正）……………（ 106 ）

道路交通安全违法行为处理程序规定（2020.4.7 修正）……………（ 142 ）

道路交通安全违法行为记分管理办法（2021.12.17）………（ 154 ）

交通运输行政复议规定（2015.9.9 修正）……………（ 160 ）

交通运输行政执法程序规定（2021.6.30 修正）……………（ 164 ）

邮政行政执法监督办法（2021.7.9 修正）……………（ 182 ）

2. 市场监督管理

中华人民共和国产品质量法

（2018.12.29 修正）……（188）
中华人民共和国食品安全法
　（2021.4.29 修正）……（196）
中华人民共和国市场主体登记
　管理条例（2021.7.27）……（227）
价格违法行为行政处罚规定
　（2010.12.4 修订）……（233）
市场监督管理执法监督暂行规
　定（2019.12.31）……（237）
网络交易监督管理办法（2021.
　3.15）……（240）
网络食品安全违法行为查处办
　法（2021.4.2 修正）……（248）
市场监督管理行政执法责任制
　规定（2021.5.26）……（254）
市场监督管理行政处罚听证办
　法（2021.7.2 修正）……（257）
市场监督管理行政许可程序暂
　行规定（2022.3.24 修正）……（261）
市场监督管理行政处罚程序规
　定（2022.9.29 修正）……（271）
市场监管执法行为规范（2024.
　10.18）……（284）
市场监管总局关于查处哄抬价格
　违法行为的指导意见（2022.
　6.2）……（288）
关于规范市场监督管理行政处
　罚裁量权的指导意见（2022.
　10.8）……（290）

3. 城乡规划、自然资源、生态环境
中华人民共和国土地管理法
　（2019.8.26 修正）……（293）
国有土地上房屋征收与补偿条
　例（2011.1.21）……（307）
违反土地管理规定行为处分办
　法（2008.5.9）……（311）
城市管理执法办法（2017.1.
　24）……（315）
自然资源行政复议规定（2019.
　7.19）……（318）
自然资源行政处罚办法（2024.
　1.31 修订）……（324）
自然资源执法监督规定（2020.
　3.20 修正）……（332）
生态环境行政处罚办法（2023.
　5.8）……（336）
生态环境部行政复议办法（2024.
　4.11）……（349）

4. 卫生健康、医疗保障
医疗事故处理条例（2002.4.4）
　……（355）
医疗废物管理行政处罚办法
　（2010.12.22 修订）……（365）
卫生行政处罚程序（2006.2.13
　修订）……（368）
卫生健康行政执法全过程记录
　工作规范（2018.12.21）……（375）
医疗保障行政处罚程序暂行规
　定（2021.6.11）……（377）

5. 教育、文化旅游
中华人民共和国教育法（2021.
　4.29 修正）……（386）
文化市场综合行政执法管理办
　法（2011.12.19）……（396）

文化市场综合执法行政处罚裁量权适用办法(2021.2.9) …… (401)
旅游行政处罚办法(2013.5.12) …… (404)
旅游行政许可办法(2018.3.9) …… (417)

6. 应急管理、劳动和社会保障

中华人民共和国突发事件应对法(2024.6.28 修订) …… (423)
国务院关于特大安全事故行政责任追究的规定(2001.4.21) …… (439)
消防安全责任制实施办法(2017.10.29) …… (443)
中华人民共和国安全生产法(2021.6.10 修正) …… (451)
安全生产违法行为行政处罚办法(2015.4.2 修正) …… (471)
应急管理行政执法人员依法履职管理规定(2022.10.13) …… (482)
劳动保障监察条例(2004.11.1) …… (486)
劳动行政处罚听证程序规定(2022.1.7 修订) …… (491)

7. 税收

税收执法督察规则(2018.6.15 修正) …… (494)
税务行政复议规则(2018.6.15 修正) …… (500)
偷税案件行政处罚标准(试行)(2000.2.22) …… (513)
税收执法过错责任追究办法(2005.3.22) …… (515)

8. 其他

中华人民共和国海关行政处罚实施条例(2022.3.29 修订) …… (520)
农业行政处罚程序规定(2021.12.21) …… (529)
农业综合行政执法管理办法(2022.11.22) …… (543)
司法行政机关行政处罚听证程序规定(1998.2.11) …… (548)
社会组织登记管理机关行政处罚程序规定(2021.9.14) …… (551)
证券期货违法行为行政处罚办法(2021.7.14) …… (557)

三、行政诉讼

中华人民共和国行政诉讼法(2017.6.27 修正) …… (563)
行政执法机关移送涉嫌犯罪案件的规定(2020.8.7 修订) …… (576)
最高人民检察院关于推进行政执法与刑事司法衔接工作的规定(2021.9.6) …… (579)

四、国家赔偿

中华人民共和国国家赔偿法(2012.10.26 修正) …… (581)
最高人民法院关于适用《中华

人民共和国国家赔偿法》若干问题的解释(一)(2011.2.28)……………(588)
最高人民法院关于审理行政赔偿案件若干问题的规定(2022.3.20)……………(589)
最高人民法院关于行政机关工作人员执行职务致人伤亡构成犯罪的赔偿诉讼程序问题的批复(2002.8.23)…………(594)

附　录

第一批行政执法监督典型案例……………………………(595)

动态增补二维码*

---

* 为了方便广大读者能够持续了解、学习与行政执法相关的法律文件,本书推出特色动态增补服务。请读者扫描动态增补二维码,查看、阅读本书出版后一段时间内更新的或新发布的法律文件。

一、综 合

中华人民共和国行政处罚法

1. 1996年3月17日第八届全国人民代表大会第四次会议通过
2. 根据2009年8月27日第十一届全国人民代表大会常务委员会第十次会议《关于修改部分法律的决定》第一次修正
3. 根据2017年9月1日第十二届全国人民代表大会常务委员会第二十九次会议《关于修改〈中华人民共和国法官法〉等八部法律的决定》第二次修正
4. 2021年1月22日第十三届全国人民代表大会常务委员会第二十五次会议修订

目 录

第一章 总 则
第二章 行政处罚的种类和设定
第三章 行政处罚的实施机关
第四章 行政处罚的管辖和适用
第五章 行政处罚的决定
　第一节 一般规定
　第二节 简易程序
　第三节 普通程序
　第四节 听证程序
第六章 行政处罚的执行
第七章 法律责任
第八章 附 则

第一章 总 则

第一条 【立法目的】① 为了规范行政处罚的设定和实施,保障和监督行政机关有效实施行政管理,维护公共利益和社会秩序,保护公民、法人或者其他组织的合法权益,根据宪法,制定本法。

第二条 【定义】行政处罚是指行政机关依法对违反行政管理秩序的公民、法人或者其他组织,以减损权益或者增加义务的方式予以惩戒的行为。

第三条 【适用范围】行政处罚的设定和实施,适用本法。

第四条 【处罚法定】公民、法人或者其他组织违反行政管理秩序的行为,应当给予行政处罚的,依照本法由法律、法规、规章规定,并由行政机关依照本法规定的程序实施。

第五条 【公正、公开和过罚相当原则】行政处罚遵循公正、公开的原则。

设定和实施行政处罚必须以事实为依据,与违法行为的事实、性质、情节以及社会危害程度相当。

对违法行为给予行政处罚的规定必须公布;未经公布的,不得作为行政处罚的依据。

第六条 【处罚与教育相结合原则】实施行政处罚,纠正违法行为,应当坚持处罚与教育相结合,教育公民、法人或者其他组织自觉守法。

---

① 条文主旨为编者所加,供参考,下同。

第七条 【权利保障原则】公民、法人或者其他组织对行政机关所给予的行政处罚,享有陈述权、申辩权;对行政处罚不服的,有权依法申请行政复议或者提起行政诉讼。

公民、法人或者其他组织因行政机关违法给予行政处罚受到损害的,有权依法提出赔偿要求。

第八条 【民事责任与禁止以罚代刑】公民、法人或者其他组织因违法行为受到行政处罚,其违法行为对他人造成损害的,应当依法承担民事责任。

违法行为构成犯罪,应当依法追究刑事责任的,不得以行政处罚代替刑事处罚。

第二章 行政处罚的种类和设定

第九条 【行政处罚的种类】行政处罚的种类:

(一)警告、通报批评;

(二)罚款、没收违法所得、没收非法财物;

(三)暂扣许可证件、降低资质等级、吊销许可证件;

(四)限制开展生产经营活动、责令停产停业、责令关闭、限制从业;

(五)行政拘留;

(六)法律、行政法规规定的其他行政处罚。

第十条 【法律的行政处罚设定权】法律可以设定各种行政处罚。

限制人身自由的行政处罚,只能由法律设定。

第十一条 【行政法规的行政处罚设定权】行政法规可以设定除限制人身自由以外的行政处罚。

法律对违法行为已经作出行政处罚规定,行政法规需要作出具体规定的,必须在法律规定的给予行政处罚的行为、种类和幅度的范围内规定。

法律对违法行为未作出行政处罚规定,行政法规为实施法律,可以补充设定行政处罚。拟补充设定行政处罚的,应当通过听证会、论证会等形式广泛听取意见,并向制定机关作出书面说明。行政法规报送备案时,应当说明补充设定行政处罚的情况。

第十二条 【地方性法规的行政处罚设定权】地方性法规可以设定除限制人身自由、吊销营业执照以外的行政处罚。

法律、行政法规对违法行为已经作出行政处罚规定,地方性法规需要作出具体规定的,必须在法律、行政法规规定的给予行政处罚的行为、种类和幅度的范围内规定。

法律、行政法规对违法行为未作出行政处罚规定,地方性法规为实施法律、行政法规,可以补充设定行政处罚。拟补充设定行政处罚的,应当通过听证会、论证会等形式广泛听取意见,并向制定机关作出书面说明。地方性法规报送备案时,应当说明补充设定行政处罚的情况。

第十三条 【国务院部门规章的行政处罚设定权】国务院部门规章可以在法律、行政法规规定的给予行政处罚的行为、种类和幅度的范围内作出具体规定。

尚未制定法律、行政法规的,国务院部门规章对违反行政管理秩序的行为,可以设定警告、通报批评或者一定数额罚款的行政处罚。罚款的限额由国务院规定。

第十四条 【地方政府规章的行政处罚设定权】地方政府规章可以在法律、法规规定的给予行政处罚的行为、种类和幅度的范围内作出具体规定。

尚未制定法律、法规的,地方政府规章对违反行政管理秩序的行为,可以设定警告、通报批评或者一定数额罚款的行政处罚。罚款的限额由省、自治区、直辖市人民代表大会常务委员会规定。

第十五条 【行政处罚的评估】国务院部门和省、自治区、直辖市人民政府及其有关部门应当定期组织评估行政处罚的实施情况和必要性,对不适当的行政处罚事项及种类、罚款数额等,应当提出修改或者废止的建议。

第十六条 【其他规范性文件不得设定行政处罚】除法律、法规、规章外,其他规范性文件不得设定行政处罚。

第三章 行政处罚的实施机关

第十七条 【行政处罚的实施主体】行政处罚由具有行政处罚权的行政机关在法定职权范围内实施。

第十八条 【相对集中行政处罚权】国家在城市管理、市场监管、生态环境、文化市场、交通运输、应急管理、农业等领域推行建立综合行政执法制度,相对集中行政处罚权。

国务院或者省、自治区、直辖市人民政府可以决定一个行政机关行使有关行政机关的行政处罚权。

限制人身自由的行政处罚权只能由公安机关和法律规定的其他机关行使。

第十九条 【行政处罚的授权】法律、法规授权的具有管理公共事务职能的组织可以在法定授权范围内实施行政处罚。

第二十条 【行政处罚的委托】行政机关依照法律、法规、规章的规定,可以在其法定权限内书面委托符合本法第二十一条规定条件的组织实施行政处罚。行政机关不得委托其他组织或者个人实施行政处罚。

委托书应当载明委托的具体事项、权限、期限等内容。委托行政机关和受委托组织应当将委托书向社会公布。

委托行政机关对受委托组织实施行政处罚的行为应当负责监督,并对该行为的后果承担法律责任。

受委托组织在委托范围内,以委托行政机关名义实施行政处罚;不得再委托其他组织或者个人实施行政处罚。

第二十一条 【受委托组织的条件】受委托组织必须符合以下条件:

(一)依法成立并具有管理公共事务职能;

(二)有熟悉有关法律、法规、规章和业务并取得行政执法资格的工作人员;

(三)需要进行技术检查或者技术鉴定的,应当有条件组织进行相应的技术检查或者技术鉴定。

第四章 行政处罚的管辖和适用

第二十二条 【行政处罚的地域管辖】行政处罚由违法行为发生地的行政机关

管辖。法律、行政法规、部门规章另有规定的,从其规定。

第二十三条 【行政处罚的级别管辖和职能管辖】行政处罚由县级以上地方人民政府具有行政处罚权的行政机关管辖。法律、行政法规另有规定的,从其规定。

第二十四条 【下放行政处罚权的条件与情形】省、自治区、直辖市根据当地实际情况,可以决定将基层管理迫切需要的县级人民政府部门的行政处罚权交由能够有效承接的乡镇人民政府、街道办事处行使,并定期组织评估。决定应当公布。

承接行政处罚权的乡镇人民政府、街道办事处应当加强执法能力建设,按照规定范围、依照法定程序实施行政处罚。

有关地方人民政府及其部门应当加强组织协调、业务指导、执法监督,建立健全行政处罚协调配合机制,完善评议、考核制度。

第二十五条 【行政处罚案件管辖及管辖争议】两个以上行政机关都有管辖权的,由最先立案的行政机关管辖。

对管辖发生争议的,应当协商解决,协商不成的,报请共同的上一级行政机关指定管辖;也可以直接由共同的上一级行政机关指定管辖。

第二十六条 【行政处罚的协助实施请求权】行政机关因实施行政处罚的需要,可以向有关机关提出协助请求。协助事项属于被请求机关职权范围内的,应当依法予以协助。

第二十七条 【行政处罚案件的移送管辖】违法行为涉嫌犯罪的,行政机关应当及时将案件移送司法机关,依法追究刑事责任。对依法不需要追究刑事责任或者免予刑事处罚,但应当给予行政处罚的,司法机关应当及时将案件移送有关行政机关。

行政处罚实施机关与司法机关之间应当加强协调配合,建立健全案件移送制度,加强证据材料移交、接收衔接,完善案件处理信息通报机制。

第二十八条 【责令改正违法行为与没收违法所得】行政机关实施行政处罚时,应当责令当事人改正或者限期改正违法行为。

当事人有违法所得,除依法应当退赔的外,应当予以没收。违法所得是指实施违法行为所取得的款项。法律、行政法规、部门规章对违法所得的计算另有规定的,从其规定。

第二十九条 【一事不再罚】对当事人的同一个违法行为,不得给予两次以上罚款的行政处罚。同一个违法行为违反多个法律规范应当给予罚款处罚的,按照罚款数额高的规定处罚。

第三十条 【未成年人的行政处罚】不满十四周岁的未成年人有违法行为的,不予行政处罚,责令监护人加以管教;已满十四周岁不满十八周岁的未成年人有违法行为的,应当从轻或者减轻行政处罚。

第三十一条 【精神状况异常及智力低下的人的行政处罚】精神病人、智力残疾人在不能辨认或者不能控制自己行为时有违法行为的,不予行政处罚,但应当责令其监护人严加看管和治疗。间歇性精神病人在精神正常时有违法行为的,应当给予行政处罚。尚未完全丧失辨认或者控制自己行为能力的精神病人、智力残疾人有违法行为的,可以从轻或者减轻行政处罚。

第三十二条 【从轻或减轻处罚】当事人有下列情形之一,应当从轻或者减轻行政处罚:

(一)主动消除或者减轻违法行为危害后果的;

(二)受他人胁迫或者诱骗实施违法行为的;

(三)主动供述行政机关尚未掌握的违法行为的;

(四)配合行政机关查处违法行为有立功表现的;

(五)法律、法规、规章规定其他应当从轻或者减轻行政处罚的。

第三十三条 【免予处罚】违法行为轻微并及时改正,没有造成危害后果的,不予行政处罚。初次违法且危害后果轻微并及时改正的,可以不予行政处罚。

当事人有证据足以证明没有主观过错的,不予行政处罚。法律、行政法规另有规定的,从其规定。

对当事人的违法行为依法不予行政处罚的,行政机关应当对当事人进行教育。

第三十四条 【裁量基准的制定】行政机关可以依法制定行政处罚裁量基准,规范行使行政处罚裁量权。行政处罚裁量基准应当向社会公布。

第三十五条 【刑罚的折抵】违法行为构成犯罪,人民法院判处拘役或者有期徒刑时,行政机关已经给予当事人行政拘留的,应当依法折抵相应刑期。

违法行为构成犯罪,人民法院判处罚金时,行政机关已经给予当事人罚款的,应当折抵相应罚金;行政机关尚未给予当事人罚款的,不再给予罚款。

第三十六条 【行政处罚追责时效】违法行为在二年内未被发现的,不再给予行政处罚;涉及公民生命健康安全、金融安全且有危害后果的,上述期限延长至五年。法律另有规定的除外。

前款规定的期限,从违法行为发生之日起计算;违法行为有连续或者继续状态的,从行为终了之日起计算。

第三十七条 【从旧兼从轻原则】实施行政处罚,适用违法行为发生时的法律、法规、规章的规定。但是,作出行政处罚决定时,法律、法规、规章已被修改或者废止,且新的规定处罚较轻或者不认为是违法的,适用新的规定。

第三十八条 【无效的行政处罚】行政处罚没有依据或者实施主体不具有行政主体资格的,行政处罚无效。

违反法定程序构成重大且明显违法的,行政处罚无效。

第五章 行政处罚的决定

第一节 一般规定

第三十九条 【行政处罚公示范围】行政处罚的实施机关、立案依据、实施程序和救济渠道等信息应当公示。

第四十条 【行政处罚的前提条件】公民、法人或者其他组织违反行政管理秩序的行为,依法应当给予行政处罚的,行政机关必须查明事实;违法事实不清、证据不足的,不得给予行政处罚。

第四十一条 【规范利用电子技术监控设备】行政机关依照法律、行政法规规定利用电子技术监控设备收集、固定违法事实的,应当经过法制和技术审核,确保电子技术监控设备符合标准、设置合理、标志明显,设置地点应当向社会公布。

电子技术监控设备记录违法事实应当真实、清晰、完整、准确。行政机关应当审核记录内容是否符合要求;未经审核或者经审核不符合要求的,不得作为行政处罚的证据。

行政机关应当及时告知当事人违法事实,并采取信息化手段或者其他措施,为当事人查询、陈述和申辩提供便利。不得限制或者变相限制当事人享有的陈述权、申辩权。

第四十二条 【执法人员及执法要求】行政处罚应当由具有行政执法资格的执法人员实施。执法人员不得少于两人,法律另有规定的除外。

执法人员应当文明执法,尊重和保护当事人合法权益。

第四十三条 【行政执法人员回避制度】执法人员与案件有直接利害关系或者有其他关系可能影响公正执法的,应当回避。

当事人认为执法人员与案件有直接利害关系或者有其他关系可能影响公正执法的,有权申请回避。

当事人提出回避申请的,行政机关应当依法审查,由行政机关负责人决定。决定作出之前,不停止调查。

第四十四条 【行政机关的告知义务】行政机关在作出行政处罚决定之前,应当告知当事人拟作出的行政处罚内容及事实、理由、依据,并告知当事人依法享有的陈述、申辩、要求听证等权利。

第四十五条 【当事人的陈述和申辩权】当事人有权进行陈述和申辩。行政机关必须充分听取当事人的意见,对当事人提出的事实、理由和证据,应当进行复核;当事人提出的事实、理由或者证据成立的,行政机关应当采纳。

行政机关不得因当事人陈述、申辩而给予更重的处罚。

第四十六条 【证据的种类及审查适用规则】证据包括:

(一)书证;

(二)物证;

(三)视听资料;

(四)电子数据;

(五)证人证言;

(六)当事人的陈述;

(七)鉴定意见;

(八)勘验笔录、现场笔录。

证据必须经查证属实,方可作为认定案件事实的根据。

以非法手段取得的证据,不得作为认定案件事实的根据。

第四十七条 【行政执法全过程记录制度】行政机关应当依法以文字、音像等形式,对行政处罚的启动、调查取证、审核、决定、送达、执行等进行全过程记录,归档保存。

第四十八条 【行政处罚决定信息公开】具有一定社会影响的行政处罚决定应当依法公开。

公开的行政处罚决定被依法变更、撤销、确认违法或者确认无效的,行政机关应当在三日内撤回行政处罚决定信息并公开说明理由。

第四十九条 【重大突发事件快速、从重处罚】发生重大传染病疫情等突发事件,为了控制、减轻和消除突发事件引起的社会危害,行政机关对违反突发事件应对措施的行为,依法快速、从重处罚。

第五十条 【保护国家秘密、商业秘密或者个人隐私义务】行政机关及其工作人员对实施行政处罚过程中知悉的国家秘密、商业秘密或者个人隐私,应当依法予以保密。

第二节 简易程序

第五十一条 【当场处罚】违法事实确凿并有法定依据,对公民处以二百元以下、对法人或者其他组织处以三千元以下罚款或者警告的行政处罚的,可以当场作出行政处罚决定。法律另有规定的,从其规定。

第五十二条 【当场处罚需履行法定手续】执法人员当场作出行政处罚决定的,应当向当事人出示执法证件,填写预定格式、编有号码的行政处罚决定书,并当场交付当事人。当事人拒绝签收的,应当在行政处罚决定书上注明。

前款规定的行政处罚决定书应当载明当事人的违法行为、行政处罚的种类和依据、罚款数额、时间、地点、申请行政复议、提起行政诉讼的途径和期限以及行政机关名称,并由执法人员签名或者盖章。

执法人员当场作出的行政处罚决定,应当报所属行政机关备案。

第五十三条 【当场处罚履行方式】对当场作出的行政处罚决定,当事人应当依照本法第六十七条至第六十九条的规定履行。

第三节 普通程序

第五十四条 【处罚前的调查取证】除本法第五十一条规定的可以当场作出的行政处罚外,行政机关发现公民、法人或者其他组织有依法应当给予行政处罚的行为的,必须全面、客观、公正地调查,收集有关证据;必要时,依照法律、法规的规定,可以进行检查。

符合立案标准的,行政机关应当及时立案。

第五十五条 【执法人员出示执法证件及调查对象配合义务】执法人员在调查或者进行检查时,应当主动向当事人或者有关人员出示执法证件。当事人或者有关人员有权要求执法人员出示执法证件。执法人员不出示执法证件的,当事人或者有关人员有权拒绝接受调查或者检查。

当事人或者有关人员应当如实回答询问,并协助调查或者检查,不得拒绝或者阻挠。询问或者检查应当制作笔录。

第五十六条 【取证方法和程序】行政机关在收集证据时,可以采取抽样取证的方法;在证据可能灭失或者以后难以取得的情况下,经行政机关负责人批准,可以先行登记保存,并应当在七日内及时作出处理决定,在此期间,当事人或者有关人员不得销毁或者转移证据。

第五十七条 【处罚决定】调查终结,行政机关负责人应当对调查结果进行审查,根据不同情况,分别作出如下决定:

(一)确有应受行政处罚的违法行为的,根据情节轻重及具体情况,作出行政处罚决定；

（二）违法行为轻微，依法可以不予行政处罚的，不予行政处罚；

（三）违法事实不能成立的，不予行政处罚；

（四）违法行为涉嫌犯罪的，移送司法机关。

对情节复杂或者重大违法行为给予行政处罚，行政机关负责人应当集体讨论决定。

第五十八条 【特定事项法制审核及审核人员资质要求】有下列情形之一，在行政机关负责人作出行政处罚的决定之前，应当由从事行政处罚决定法制审核的人员进行法制审核；未经法制审核或者审核未通过的，不得作出决定：

（一）涉及重大公共利益的；

（二）直接关系当事人或者第三人重大权益，经过听证程序的；

（三）案件情况疑难复杂、涉及多个法律关系的；

（四）法律、法规规定应当进行法制审核的其他情形。

行政机关中初次从事行政处罚决定法制审核的人员，应当通过国家统一法律职业资格考试取得法律职业资格。

第五十九条 【处罚决定书的制作及所含内容】行政机关依照本法第五十七条的规定给予行政处罚，应当制作行政处罚决定书。行政处罚决定书应当载明下列事项：

（一）当事人的姓名或者名称、地址；

（二）违反法律、法规、规章的事实和证据；

（三）行政处罚的种类和依据；

（四）行政处罚的履行方式和期限；

（五）申请行政复议、提起行政诉讼的途径和期限；

（六）作出行政处罚决定的行政机关名称和作出决定的日期。

行政处罚决定书必须盖有作出行政处罚决定的行政机关的印章。

第六十条 【行政处罚办案期限】行政机关应当自行政处罚案件立案之日起九十日内作出行政处罚决定。法律、法规、规章另有规定的，从其规定。

第六十一条 【行政处罚决定书的送达】行政处罚决定书应当在宣告后当场交付当事人；当事人不在场的，行政机关应当在七日内依照《中华人民共和国民事诉讼法》的有关规定，将行政处罚决定书送达当事人。

当事人同意并签订确认书的，行政机关可以采用传真、电子邮件等方式，将行政处罚决定书等送达当事人。

第六十二条 【行政处罚程序违法的法律后果】行政机关及其执法人员在作出行政处罚决定之前，未依照本法第四十四条、第四十五条的规定向当事人告知拟作出的行政处罚内容及事实、理由、依据，或者拒绝听取当事人的陈述、申辩，不得作出行政处罚决定；当事人明确放弃陈述或者申辩权利的除外。

第四节 听证程序

第六十三条 【听证程序的适用范围】行

政机关拟作出下列行政处罚决定,应当告知当事人有要求听证的权利,当事人要求听证的,行政机关应当组织听证:

(一)较大数额罚款;

(二)没收较大数额违法所得、没收较大价值非法财物;

(三)降低资质等级、吊销许可证件;

(四)责令停产停业、责令关闭、限制从业;

(五)其他较重的行政处罚;

(六)法律、法规、规章规定的其他情形。

当事人不承担行政机关组织听证的费用。

第六十四条　【听证程序】听证应当依照以下程序组织:

(一)当事人要求听证的,应当在行政机关告知后五日内提出;

(二)行政机关应当在举行听证的七日前,通知当事人及有关人员听证的时间、地点;

(三)除涉及国家秘密、商业秘密或者个人隐私依法予以保密外,听证公开举行;

(四)听证由行政机关指定的非本案调查人员主持;当事人认为主持人与本案有直接利害关系的,有权申请回避;

(五)当事人可以亲自参加听证,也可以委托一至二人代理;

(六)当事人及其代理人无正当理由拒不出席听证或者未经许可中途退出听证的,视为放弃听证权利,行政机关终止听证;

(七)举行听证时,调查人员提出当事人违法的事实、证据和行政处罚建议,当事人进行申辩和质证;

(八)听证应当制作笔录。笔录应当交当事人或者其代理人核对无误后签字或者盖章。当事人或者其代理人拒绝签字或者盖章的,由听证主持人在笔录中注明。

第六十五条　【作出决定】听证结束后,行政机关应当根据听证笔录,依照本法第五十七条的规定,作出决定。

第六章　行政处罚的执行

第六十六条　【履行期限】行政处罚决定依法作出后,当事人应当在行政处罚决定书载明的期限内,予以履行。

当事人确有经济困难,需要延期或者分期缴纳罚款的,经当事人申请和行政机关批准,可以暂缓或者分期缴纳。

第六十七条　【罚缴分离原则】作出罚款决定的行政机关应当与收缴罚款的机构分离。

除依照本法第六十八条、第六十九条的规定当场收缴的罚款外,作出行政处罚决定的行政机关及其执法人员不得自行收缴罚款。

当事人应当自收到行政处罚决定书之日起十五日内,到指定的银行或者通过电子支付系统缴纳罚款。银行应当收受罚款,并将罚款直接上缴国库。

第六十八条　【当场收缴罚款情形】依照本法第五十一条的规定当场作出行政处罚决定,有下列情形之一,执法人员可以当场收缴罚款:

（一）依法给予一百元以下罚款的；

（二）不当场收缴事后难以执行的。

第六十九条　【特殊地区当场收缴罚款】在边远、水上、交通不便地区，行政机关及其执法人员依照本法第五十一条、第五十七条的规定作出罚款决定后，当事人到指定的银行或者通过电子支付系统缴纳罚款确有困难，经当事人提出，行政机关及其执法人员可以当场收缴罚款。

第七十条　【罚款专用票据】行政机关及其执法人员当场收缴罚款的，必须向当事人出具国务院财政部门或者省、自治区、直辖市人民政府财政部门统一制发的专用票据；不出具财政部门统一制发的专用票据的，当事人有权拒绝缴纳罚款。

第七十一条　【当场收缴罚款上缴程序】执法人员当场收缴的罚款，应当自收缴罚款之日起二日内，交至行政机关；在水上当场收缴的罚款，应当自抵岸之日起二日内交至行政机关；行政机关应当在二日内将罚款缴付指定的银行。

第七十二条　【执行措施】当事人逾期不履行行政处罚决定的，作出行政处罚决定的行政机关可以采取下列措施：

（一）到期不缴纳罚款的，每日按罚款数额的百分之三加处罚款，加处罚款的数额不得超出罚款的数额；

（二）根据法律规定，将查封、扣押的财物拍卖、依法处理或者将冻结的存款、汇款划拨抵缴罚款；

（三）根据法律规定，采取其他行政强制执行方式；

（四）依照《中华人民共和国行政强制法》的规定申请人民法院强制执行。

行政机关批准延期、分期缴纳罚款的，申请人民法院强制执行的期限，自暂缓或者分期缴纳罚款期限结束之日起计算。

第七十三条　【复议、诉讼期间行政处罚不停止执行】当事人对行政处罚决定不服，申请行政复议或者提起行政诉讼的，行政处罚不停止执行，法律另有规定的除外。

当事人对限制人身自由的行政处罚决定不服，申请行政复议或者提起行政诉讼的，可以向作出决定的机关提出暂缓执行申请。符合法律规定情形的，应当暂缓执行。

当事人申请行政复议或者提起行政诉讼的，加处罚款的数额在行政复议或者行政诉讼期间不予计算。

第七十四条　【罚没非法财物的处理】除依法应当予以销毁的物品外，依法没收的非法财物必须按照国家规定公开拍卖或者按照国家有关规定处理。

罚款、没收的违法所得或者没收非法财物拍卖的款项，必须全部上缴国库，任何行政机关或者个人不得以任何形式截留、私分或者变相私分。

罚款、没收的违法所得或者没收非法财物拍卖的款项，不得同作出行政处罚决定的行政机关及其工作人员的考核、考评直接或者变相挂钩。除依法应当退还、退赔的外，财政部门不得以任何形式向作出行政处罚决定的行政机关返还罚款、没收的违法所得或者没收非法财物拍卖的款项。

第七十五条　【监督制度】行政机关应当建立健全对行政处罚的监督制度。县级以上人民政府应当定期组织开展行政执法评议、考核,加强对行政处罚的监督检查,规范和保障行政处罚的实施。

行政机关实施行政处罚应当接受社会监督。公民、法人或者其他组织对行政机关实施行政处罚的行为,有权申诉或者检举;行政机关应当认真审查,发现有错误的,应当主动改正。

第七章　法律责任

第七十六条　【违法实施处罚人员的法律责任】行政机关实施行政处罚,有下列情形之一,由上级行政机关或者有关机关责令改正,对直接负责的主管人员和其他直接责任人员依法给予处分:

(一)没有法定的行政处罚依据的;

(二)擅自改变行政处罚种类、幅度的;

(三)违反法定的行政处罚程序的;

(四)违反本法第二十条关于委托处罚的规定的;

(五)执法人员未取得执法证件的。

行政机关对符合立案标准的案件不及时立案的,依照前款规定予以处理。

第七十七条　【违法使用单据的法律责任】行政机关对当事人进行处罚不使用罚款、没收财物单据或者使用非法定部门制发的罚款、没收财物单据的,当事人有权拒绝,并有权予以检举,由上级行政机关或者有关机关对使用的非法单据予以收缴销毁,对直接负责的主管人员和其他直接责任人员依法给予处分。

第七十八条　【违反罚缴分离原则的法律责任】行政机关违反本法第六十七条的规定自行收缴罚款的,财政部门违反本法第七十四条的规定向行政机关返还罚款、没收的违法所得或者拍卖款项的,由上级行政机关或者有关机关责令改正,对直接负责的主管人员和其他直接责任人员依法给予处分。

第七十九条　【截留私分罚没款的法律责任】行政机关截留、私分或者变相私分罚款、没收的违法所得或者财物的,由财政部门或者有关机关予以追缴,对直接负责的主管人员和其他直接责任人员依法给予处分;情节严重构成犯罪的,依法追究刑事责任。

执法人员利用职务上的便利,索取或者收受他人财物,将收缴罚款据为己有,构成犯罪的,依法追究刑事责任;情节轻微不构成犯罪的,依法给予处分。

第八十条　【使用、损毁扣押财物的法律责任】行政机关使用或者损毁查封、扣押的财物,对当事人造成损失的,应当依法予以赔偿,对直接负责的主管人员和其他直接责任人员依法给予处分。

第八十一条　【违法检查和执行的法律责任】行政机关违法实施检查措施或者执行措施,给公民人身或者财产造成损害、给法人或者其他组织造成损失的,应当依法予以赔偿,对直接负责的主管人员和其他直接责任人员依法给予处分;情节严重构成犯罪的,依法追究刑事责任。

第八十二条 【以罚代刑及徇私舞弊、包庇纵容的法律责任】行政机关对应当依法移交司法机关追究刑事责任的案件不移交,以行政处罚代替刑事处罚,由上级行政机关或者有关机关责令改正,对直接负责的主管人员和其他直接责任人员依法给予处分;情节严重构成犯罪的,依法追究刑事责任。

第八十三条 【执法人员玩忽职守的法律责任】行政机关对应当予以制止和处罚的违法行为不予制止、处罚,致使公民、法人或者其他组织的合法权益、公共利益和社会秩序遭受损害的,对直接负责的主管人员和其他直接责任人员依法给予处分;情节严重构成犯罪的,依法追究刑事责任。

第八章 附 则

第八十四条 【法的对象效力范围】外国人、无国籍人、外国组织在中华人民共和国领域内有违法行为,应当给予行政处罚的,适用本法,法律另有规定的除外。

第八十五条 【期限的计算】本法中"二日""三日""五日""七日"的规定是指工作日,不含法定节假日。

第八十六条 【施行日期】本法自2021年7月15日起施行。

中华人民共和国行政许可法

1. *2003年8月27日第十届全国人民代表大会常务委员会第四次会议通过*
2. *根据2019年4月23日第十三届全国人民代表大会常务委员会第十次会议《关于修改〈中华人民共和国建筑法〉等八部法律的决定》修正*

目 录

第一章 总 则
第二章 行政许可的设定
第三章 行政许可的实施机关
第四章 行政许可的实施程序
　第一节 申请与受理
　第二节 审查与决定
　第三节 期 限
　第四节 听 证
　第五节 变更与延续
　第六节 特别规定
第五章 行政许可的费用
第六章 监督检查
第七章 法律责任
第八章 附 则

第一章 总 则

第一条 【立法目的】为了规范行政许可的设定和实施,保护公民、法人和其他组织的合法权益,维护公共利益和社会秩序,保障和监督行政机关有效实施行政管理,根据宪法,制定本法。

第二条 【含义】本法所称行政许可,是指行政机关根据公民、法人或者其他组织的申请,经依法审查,准予其从事特定活动的行为。

第三条 【适用范围】行政许可的设定和实施,适用本法。

有关行政机关对其他机关或者对其直接管理的事业单位的人事、财务、外事等事项的审批,不适用本法。

第四条 【依法设定和实施】设定和实施行政许可,应当依照法定的权限、范围、条件和程序。

第五条 【公开、公平、公正原则】设定和实施行政许可,应当遵循公开、公平、公正、非歧视的原则。

有关行政许可的规定应当公布;未经公布的,不得作为实施行政许可的依据。行政许可的实施和结果,除涉及国家秘密、商业秘密或者个人隐私的外,应当公开。未经申请人同意,行政机关及其工作人员、参与专家评审等的人员不得披露申请人提交的商业秘密、未披露信息或者保密商务信息,法律另有规定或者涉及国家安全、重大社会公共利益的除外;行政机关依法公开申请人前述信息的,允许申请人在合理期限内提出异议。

符合法定条件、标准的,申请人有依法取得行政许可的平等权利,行政机关不得歧视任何人。

第六条 【便民原则】实施行政许可,应当遵循便民的原则,提高办事效率,提供优质服务。

第七条 【公民、法人的合法权益】公民、法人或者其他组织对行政机关实施行政许可,享有陈述权、申辩权;有权依法申请行政复议或者提起行政诉讼;其合法权益因行政机关违法实施行政许可受到损害的,有权依法要求赔偿。

第八条 【禁止随意更改许可】公民、法人或者其他组织依法取得的行政许可受法律保护,行政机关不得擅自改变已经生效的行政许可。

行政许可所依据的法律、法规、规章修改或者废止,或者准予行政许可所依据的客观情况发生重大变化的,为了公共利益的需要,行政机关可以依法变更或者撤回已经生效的行政许可。由此给公民、法人或者其他组织造成财产损失的,行政机关应当依法给予补偿。

第九条 【禁止随意转让许可】依法取得的行政许可,除法律、法规规定依照法定条件和程序可以转让的外,不得转让。

第十条 【健全许可监督】县级以上人民政府应当建立健全对行政机关实施行政许可的监督制度,加强对行政机关实施行政许可的监督检查。

行政机关应当对公民、法人或者其他组织从事行政许可事项的活动实施有效监督。

第二章 行政许可的设定

第十一条 【设定目的】设定行政许可,应当遵循经济和社会发展规律,有利于发挥公民、法人或者其他组织的积极性、主动性,维护公共利益和社会秩序,促进经济、社会和生态环境协调发展。

第十二条 【可设定事项】下列事项可以设定行政许可:

(一)直接涉及国家安全、公共安全、经济宏观调控、生态环境保护以及直接关系人身健康、生命财产安全等特定活动,需要按照法定条件予以批准的事项；

（二）有限自然资源开发利用、公共资源配置以及直接关系公共利益的特定行业的市场准入等，需要赋予特定权利的事项；

（三）提供公众服务并且直接关系公共利益的职业、行业，需要确定具备特殊信誉、特殊条件或者特殊技能等资格、资质的事项；

（四）直接关系公共安全、人身健康、生命财产安全的重要设备、设施、产品、物品，需要按照技术标准、技术规范，通过检验、检测、检疫等方式进行审定的事项；

（五）企业或者其他组织的设立等，需要确定主体资格的事项；

（六）法律、行政法规规定可以设定行政许可的其他事项。

第十三条　【可以不设的事项】本法第十二条所列事项，通过下列方式能够予以规范的，可以不设行政许可：

（一）公民、法人或者其他组织能够自主决定的；

（二）市场竞争机制能够有效调节的；

（三）行业组织或者中介机构能够自律管理的；

（四）行政机关采用事后监督等其他行政管理方式能够解决的。

第十四条　【法律、行政法规和行政决定设定行政许可权限】本法第十二条所列事项，法律可以设定行政许可。尚未制定法律的，行政法规可以设定行政许可。

必要时，国务院可以采用发布决定的方式设定行政许可。实施后，除临时性行政许可事项外，国务院应当及时提请全国人民代表大会及其常务委员会制定法律，或者自行制定行政法规。

第十五条　【地方性法规、地方政府规章设定行政许可权限】本法第十二条所列事项，尚未制定法律、行政法规的，地方性法规可以设定行政许可；尚未制定法律、行政法规和地方性法规的，因行政管理的需要，确需立即实施行政许可的，省、自治区、直辖市人民政府规章可以设定临时性的行政许可。临时性的行政许可实施满一年需要继续实施的，应当提请本级人民代表大会及其常务委员会制定地方性法规。

地方性法规和省、自治区、直辖市人民政府规章，不得设定应当由国家统一确定的公民、法人或者其他组织的资格、资质的行政许可；不得设定企业或者其他组织的设立登记及其前置性行政许可。其设定的行政许可，不得限制其他地区的个人或者企业到本地区从事生产经营和提供服务，不得限制其他地区的商品进入本地区市场。

第十六条　【规定具体许可】行政法规可以在法律设定的行政许可事项范围内，对实施该行政许可作出具体规定。

地方性法规可以在法律、行政法规设定的行政许可事项范围内，对实施该行政许可作出具体规定。

规章可以在上位法设定的行政许可事项范围内，对实施该行政许可作出具体规定。

法规、规章对实施上位法设定的行政许可作出的具体规定，不得增设行政许可；对行政许可条件作出的具体规定，不得增设违反上位法的其他条件。

第十七条　【禁止越权设定】除本法第十四条、第十五条规定的外，其他规范性文件一律不得设定行政许可。

第十八条　【设定的具体内容】设定行政许可，应当规定行政许可的实施机关、条件、程序、期限。

第十九条　【设定前的意见听取】起草法律草案、法规草案和省、自治区、直辖市人民政府规章草案，拟设定行政许可的，起草单位应当采取听证会、论证会等形式听取意见，并向制定机关说明设定该行政许可的必要性、对经济和社会可能产生的影响以及听取和采纳意见的情况。

第二十条　【设定与实施情况评价】行政许可的设定机关应当定期对其设定的行政许可进行评价；对已设定的行政许可，认为通过本法第十三条所列方式能够解决的，应当对设定该行政许可的规定及时予以修改或者废止。

　　行政许可的实施机关可以对已设定的行政许可的实施情况及存在的必要性适时进行评价，并将意见报告该行政许可的设定机关。

　　公民、法人或者其他组织可以向行政许可的设定机关和实施机关就行政许可的设定和实施提出意见和建议。

第二十一条　【有关地区经济事务行政许可的取消】省、自治区、直辖市人民政府对行政法规设定的有关经济事务的行政许可，根据本行政区域经济和社会发展情况，认为通过本法第十三条所列方式能够解决的，报国务院批准后，可以在本行政区域内停止实施该行政许可。

第三章　行政许可的实施机关

第二十二条　【法定职权范围内实施】行政许可由具有行政许可权的行政机关在其法定职权范围内实施。

第二十三条　【法定授权实施】法律、法规授权的具有管理公共事务职能的组织，在法定授权范围内，以自己的名义实施行政许可。被授权的组织适用本法有关行政机关的规定。

第二十四条　【委托实施】行政机关在其法定职权范围内，依照法律、法规、规章的规定，可以委托其他行政机关实施行政许可。委托机关应当将受委托行政机关和受委托实施行政许可的内容予以公告。

　　委托行政机关对受委托行政机关实施行政许可的行为应当负责监督，并对该行为的后果承担法律责任。

　　受委托行政机关在委托范围内，以委托行政机关名义实施行政许可；不得再委托其他组织或者个人实施行政许可。

第二十五条　【集中行使许可权】经国务院批准，省、自治区、直辖市人民政府根据精简、统一、效能的原则，可以决定一个行政机关行使有关行政机关的行政许可权。

第二十六条　【统一、联合实施】行政许可需要行政机关内设的多个机构办理的，该行政机关应当确定一个机构统一受理行政许可申请，统一送达行政许可决定。

行政许可依法由地方人民政府两个以上部门分别实施的,本级人民政府可以确定一个部门受理行政许可申请并转告有关部门分别提出意见后统一办理,或者组织有关部门联合办理、集中办理。

第二十七条 【禁止非法实施】行政机关实施行政许可,不得向申请人提出购买指定商品、接受有偿服务等不正当要求。

行政机关工作人员办理行政许可,不得索取或者收受申请人的财物,不得谋取其他利益。

第二十八条 【专业技术组织优先行政机关实施的行为】对直接关系公共安全、人身健康、生命财产安全的设备、设施、产品、物品的检验、检测、检疫,除法律、行政法规规定由行政机关实施的外,应当逐步由符合法定条件的专业技术组织实施。专业技术组织及其有关人员对所实施的检验、检测、检疫结论承担法律责任。

第四章　行政许可的实施程序
第一节　申请与受理

第二十九条 【申请要件】公民、法人或者其他组织从事特定活动,依法需要取得行政许可的,应当向行政机关提出申请。申请书需要采用格式文本的,行政机关应当向申请人提供行政许可申请书格式文本。申请书格式文本中不得包含与申请行政许可事项没有直接关系的内容。

申请人可以委托代理人提出行政许可申请。但是,依法应当由申请人到行政机关办公场所提出行政许可申请的除外。

行政许可申请可以通过信函、电报、电传、传真、电子数据交换和电子邮件等方式提出。

第三十条 【许可公示】行政机关应当将法律、法规、规章规定的有关行政许可的事项、依据、条件、数量、程序、期限以及需要提交的全部材料的目录和申请书示范文本等在办公场所公示。

申请人要求行政机关对公示内容予以说明、解释的,行政机关应当说明、解释,提供准确、可靠的信息。

第三十一条 【申请材料真实】申请人申请行政许可,应当如实向行政机关提交有关材料和反映真实情况,并对其申请材料实质内容的真实性负责。行政机关不得要求申请人提交与其申请的行政许可事项无关的技术资料和其他材料。

行政机关及其工作人员不得以转让技术作为取得行政许可的条件;不得在实施行政许可的过程中,直接或者间接地要求转让技术。

第三十二条 【申请处理】行政机关对申请人提出的行政许可申请,应当根据下列情况分别作出处理:

（一）申请事项依法不需要取得行政许可的,应当即时告知申请人不受理;

（二）申请事项依法不属于本行政机关职权范围的,应当即时作出不予受理的决定,并告知申请人向有关行政机关申请;

（三）申请材料存在可以当场更正的错误的,应当允许申请人当场更正;

（四）申请材料不齐全或者不符合

法定形式的,应当当场或者在五日内一次告知申请人需要补正的全部内容,逾期不告知的,自收到申请材料之日起即为受理;

(五)申请事项属于本行政机关职权范围,申请材料齐全、符合法定形式,或者申请人按照本行政机关的要求提交全部补正申请材料的,应当受理行政许可申请。

行政机关受理或者不予受理行政许可申请,应当出具加盖本行政机关专用印章和注明日期的书面凭证。

第三十三条 【推行电子政务】行政机关应当建立和完善有关制度,推行电子政务,在行政机关的网站上公布行政许可事项,方便申请人采取数据电文等方式提出行政许可申请;应当与其他行政机关共享有关行政许可信息,提高办事效率。

第二节 审查与决定

第三十四条 【申请材料的审查、核实】行政机关应当对申请人提交的申请材料进行审查。

申请人提交的申请材料齐全、符合法定形式,行政机关能够当场作出决定的,应当当场作出书面的行政许可决定。

根据法定条件和程序,需要对申请材料的实质内容进行核实的,行政机关应当指派两名以上工作人员进行核查。

第三十五条 【下级对上级行政机关直接报送初审】依法应当先经下级行政机关审查后报上级行政机关决定的行政许可,下级行政机关应当在法定期限内将初步审查意见和全部申请材料直接报送上级行政机关。上级行政机关不得要求申请人重复提供申请材料。

第三十六条 【利害关系人意见】行政机关对行政许可申请进行审查时,发现行政许可事项直接关系他人重大利益的,应当告知该利害关系人。申请人、利害关系人有权进行陈述和申辩。行政机关应当听取申请人、利害关系人的意见。

第三十七条 【许可决定期限】行政机关对行政许可申请进行审查后,除当场作出行政许可决定的外,应当在法定期限内按照规定程序作出行政许可决定。

第三十八条 【许可决定的作出】申请人的申请符合法定条件、标准的,行政机关应当依法作出准予行政许可的书面决定。

行政机关依法作出不予行政许可的书面决定的,应当说明理由,并告知申请人享有依法申请行政复议或者提起行政诉讼的权利。

第三十九条 【行政许可证件形式】行政机关作出准予行政许可的决定,需要颁发行政许可证件的,应当向申请人颁发加盖本行政机关印章的下列行政许可证件:

(一)许可证、执照或者其他许可证书;

(二)资格证、资质证或者其他合格证书;

(三)行政机关的批准文件或者证明文件;

(四)法律、法规规定的其他行政

许可证件。

行政机关实施检验、检测、检疫的,可以在检验、检测、检疫合格的设备、设施、产品、物品上加贴标签或者加盖检验、检测、检疫印章。

第四十条　【行政许可公开】行政机关作出的准予行政许可决定,应当予以公开,公众有权查阅。

第四十一条　【许可的效力范围】法律、行政法规设定的行政许可,其适用范围没有地域限制的,申请人取得的行政许可在全国范围内有效。

第三节　期　　限

第四十二条　【作出许可决定的期限】除可以当场作出行政许可决定的外,行政机关应当自受理行政许可申请之日起二十日内作出行政许可决定。二十日内不能作出决定的,经本行政机关负责人批准,可以延长十日,并应当将延长期限的理由告知申请人。但是,法律、法规另有规定的,依照其规定。

依照本法第二十六条的规定,行政许可采取统一办理或者联合办理、集中办理的,办理的时间不得超过四十五日;四十五日内不能办结的,经本级人民政府负责人批准,可以延长十五日,并应当将延长期限的理由告知申请人。

第四十三条　【下级行政机关初审期限】依法应当先经下级行政机关审查后报上级行政机关决定的行政许可,下级行政机关应当自其受理行政许可申请之日起二十日内审查完毕。但是,法律、法规另有规定的,依照其规定。

第四十四条　【行政许可证件的颁发、送达期限】行政机关作出准予行政许可的决定,应当自作出决定之日起十日内向申请人颁发、送达行政许可证件,或者加贴标签、加盖检验、检测、检疫印章。

第四十五条　【需排除时限】行政机关作出行政许可决定,依法需要听证、招标、拍卖、检验、检测、检疫、鉴定和专家评审的,所需时间不计算在本节规定的期限内。行政机关应当将所需时间书面告知申请人。

第四节　听　　证

第四十六条　【适用范围】法律、法规、规章规定实施行政许可应当听证的事项,或者行政机关认为需要听证的其他涉及公共利益的重大行政许可事项,行政机关应当向社会公告,并举行听证。

第四十七条　【听证权的告知和听证费用】行政许可直接涉及申请人与他人之间重大利益关系的,行政机关在作出行政许可决定前,应当告知申请人、利害关系人享有要求听证的权利;申请人、利害关系人在被告知听证权利之日起五日内提出听证申请的,行政机关应当在二十日内组织听证。

申请人、利害关系人不承担行政机关组织听证的费用。

第四十八条　【听证程序】听证按照下列程序进行:

(一)行政机关应当于举行听证的七日前将举行听证的时间、地点通知申请人、利害关系人,必要时予以公告;

(二)听证应当公开举行;

（三）行政机关应当指定审查该行政许可申请的工作人员以外的人员为听证主持人，申请人、利害关系人认为主持人与该行政许可事项有直接利害关系的，有权申请回避；

（四）举行听证时，审查该行政许可申请的工作人员应当提供审查意见的证据、理由，申请人、利害关系人可以提出证据，并进行申辩和质证；

（五）听证应当制作笔录，听证笔录应当交听证参加人确认无误后签字或者盖章。

行政机关应当根据听证笔录，作出行政许可决定。

第五节 变更与延续

第四十九条 【变更程序】被许可人要求变更行政许可事项的，应当向作出行政许可决定的行政机关提出申请；符合法定条件、标准的，行政机关应当依法办理变更手续。

第五十条 【许可有效期的延续】被许可人需要延续依法取得的行政许可的有效期的，应当在该行政许可有效期届满三十日前向作出行政许可决定的行政机关提出申请。但是，法律、法规、规章另有规定的，依照其规定。

行政机关应当根据被许可人的申请，在该行政许可有效期届满前作出是否准予延续的决定；逾期未作决定的，视为准予延续。

第六节 特别规定

第五十一条 【特别程序优先适用】实施行政许可的程序，本节有规定的，适用本节规定；本节没有规定的，适用本章其他有关规定。

第五十二条 【国务院实施行政许可的程序】国务院实施行政许可的程序，适用有关法律、行政法规的规定。

第五十三条 【特许许可方式】实施本法第十二条第二项所列事项的行政许可的，行政机关应当通过招标、拍卖等公平竞争的方式作出决定。但是，法律、行政法规另有规定的，依照其规定。

行政机关通过招标、拍卖等方式作出行政许可决定的具体程序，依照有关法律、行政法规的规定。

行政机关按照招标、拍卖程序确定中标人、买受人后，应当作出准予行政许可的决定，并依法向中标人、买受人颁发行政许可证件。

行政机关违反本条规定，不采用招标、拍卖方式，或者违反招标、拍卖程序，损害申请人合法权益的，申请人可以依法申请行政复议或者提起行政诉讼。

第五十四条 【认可许可】实施本法第十二条第三项所列事项的行政许可，赋予公民特定资格，依法应当举行国家考试的，行政机关根据考试成绩和其他法定条件作出行政许可决定；赋予法人或者其他组织特定的资格、资质的，行政机关根据申请人的专业人员构成、技术条件、经营业绩和管理水平等的考核结果作出行政许可决定。但是，法律、行政法规另有规定的，依照其规定。

公民特定资格的考试依法由行政机关或者行业组织实施，公开举行。行政机关或者行业组织应当事先公布资格考试的报名条件、报考办法、考试科目以及考试大纲。但是，不得组织强制性的资格考试的考前培训,不得指定教材或者其他助考材料。

第五十五条 【核准许可】实施本法第十二条第四项所列事项的行政许可的,应当按照技术标准、技术规范依法进行检验、检测、检疫,行政机关根据检验、检测、检疫的结果作出行政许可决定。

行政机关实施检验、检测、检疫,应当自受理申请之日起五日内指派两名以上工作人员按照技术标准、技术规范进行检验、检测、检疫。不需要对检验、检测、检疫结果作进一步技术分析即可认定设备、设施、产品、物品是否符合技术标准、技术规范的,行政机关应当当场作出行政许可决定。

行政机关根据检验、检测、检疫结果,作出不予行政许可决定的,应当书面说明不予行政许可所依据的技术标准、技术规范。

第五十六条 【登记许可】实施本法第十二条第五项所列事项的行政许可,申请人提交的申请材料齐全、符合法定形式的,行政机关应当当场予以登记。需要对申请材料的实质内容进行核实的,行政机关依照本法第三十四条第三款的规定办理。

第五十七条 【按序许可】有数量限制的行政许可,两个或者两个以上申请人的申请均符合法定条件、标准的,行政机关应当根据受理行政许可申请的先后顺序作出准予行政许可的决定。但是,法律、行政法规另有规定的,依照其规定。

第五章 行政许可的费用

第五十八条 【禁止违规收费及经费的财政保障】行政机关实施行政许可和对行政许可事项进行监督检查,不得收取任何费用。但是,法律、行政法规另有规定的,依照其规定。

行政机关提供行政许可申请书格式文本,不得收费。

行政机关实施行政许可所需经费应当列入本行政机关的预算,由本级财政予以保障,按照批准的预算予以核拨。

第五十九条 【依法收费并上缴】行政机关实施行政许可,依照法律、行政法规收取费用的,应当按照公布的法定项目和标准收费;所收取的费用必须全部上缴国库,任何机关或者个人不得以任何形式截留、挪用、私分或者变相私分。财政部门不得以任何形式向行政机关返还或者变相返还实施行政许可所收取的费用。

第六章 监督检查

第六十条 【上级对下级的监查】上级行政机关应当加强对下级行政机关实施行政许可的监督检查,及时纠正行政许可实施中的违法行为。

第六十一条 【对被许可人的监管】行政机关应当建立健全监督制度,通过核查反映被许可人从事行政许可事项活动情况的有关材料,履行监督责任。

行政机关依法对被许可人从事行政许可事项的活动进行监督检查时,应当将监督检查的情况和处理结果予以记录,由监督检查人员签字后归档。公众有权查阅行政机关监督检查记录。

行政机关应当创造条件,实现与

被许可人、其他有关行政机关的计算机档案系统互联,核查被许可人从事行政许可事项活动情况。

第六十二条 【对被许可产品、场所、设备的监管】行政机关可以对被许可人生产经营的产品依法进行抽样检查、检验、检测,对其生产经营场所依法进行实地检查。检查时,行政机关可以依法查阅或者要求被许可人报送有关材料;被许可人应当如实提供有关情况和材料。

行政机关根据法律、行政法规的规定,对直接关系公共安全、人身健康、生命财产安全的重要设备、设施进行定期检验。对检验合格的,行政机关应当发给相应的证明文件。

第六十三条 【违法监督检查】行政机关实施监督检查,不得妨碍被许可人正常的生产经营活动,不得索取或者收受被许可人的财物,不得谋取其他利益。

第六十四条 【对被许可人跨域违法行为的抄告】被许可人在作出行政许可决定的行政机关管辖区域外违法从事行政许可事项活动的,违法行为发生地的行政机关应当依法将被许可人的违法事实、处理结果抄告作出行政许可决定的行政机关。

第六十五条 【举报监督】个人和组织发现违法从事行政许可事项的活动,有权向行政机关举报,行政机关应当及时核实、处理。

第六十六条 【对资源开发、利用被许可人的监管】被许可人未依法履行开发利用自然资源义务或者未依法履行利用公共资源义务的,行政机关应当责令限期改正;被许可人在规定期限内不改正的,行政机关应当依照有关法律、行政法规的规定予以处理。

第六十七条 【对市场准入被许可人的监管】取得直接关系公共利益的特定行业的市场准入行政许可的被许可人,应当按照国家规定的服务标准、资费标准和行政机关依法规定的条件,向用户提供安全、方便、稳定和价格合理的服务,并履行普遍服务的义务;未经作出行政许可决定的行政机关批准,不得擅自停业、歇业。

被许可人不履行前款规定的义务的,行政机关应当责令限期改正,或者依法采取有效措施督促其履行义务。

第六十八条 【对重要设备、设施的自检、监查】对直接关系公共安全、人身健康、生命财产安全的重要设备、设施,行政机关应当督促设计、建造、安装和使用单位建立相应的自检制度。

行政机关在监督检查时,发现直接关系公共安全、人身健康、生命财产安全的重要设备、设施存在安全隐患的,应当责令停止建造、安装和使用,并责令设计、建造、安装和使用单位立即改正。

第六十九条 【对违法行政许可的撤销】有下列情形之一的,作出行政许可决定的行政机关或者其上级行政机关,根据利害关系人的请求或者依据职权,可以撤销行政许可:

(一)行政机关工作人员滥用职权、玩忽职守作出准予行政许可决定的;

(二)超越法定职权作出准予行政许可决定的;

（三）违反法定程序作出准予行政许可决定的；

（四）对不具备申请资格或者不符合法定条件的申请人准予行政许可的；

（五）依法可以撤销行政许可的其他情形。

被许可人以欺骗、贿赂等不正当手段取得行政许可的，应当予以撤销。

依照前两款的规定撤销行政许可，可能对公共利益造成重大损害的，不予撤销。

依照本条第一款的规定撤销行政许可，被许可人的合法权益受到损害的，行政机关应当依法给予赔偿。依照本条第二款的规定撤销行政许可的，被许可人基于行政许可取得的利益不受保护。

第七十条 【行政许可注销】有下列情形之一的，行政机关应当依法办理有关行政许可的注销手续：

（一）行政许可有效期届满未延续的；

（二）赋予公民特定资格的行政许可，该公民死亡或者丧失行为能力的；

（三）法人或者其他组织依法终止的；

（四）行政许可依法被撤销、撤回，或者行政许可证件依法被吊销的；

（五）因不可抗力导致行政许可事项无法实施的；

（六）法律、法规规定的应当注销行政许可的其他情形。

第七章　法律责任

第七十一条 【违规许可的改正、撤销】违反本法第十七条规定设定的行政许可，有关机关应当责令设定该行政许可的机关改正，或者依法予以撤销。

第七十二条 【行政机关及其工作人员的违规责任】行政机关及其工作人员违反本法的规定，有下列情形之一的，由其上级行政机关或者监察机关责令改正；情节严重的，对直接负责的主管人员和其他直接责任人员依法给予行政处分：

（一）对符合法定条件的行政许可申请不予受理的；

（二）不在办公场所公示依法应当公示的材料的；

（三）在受理、审查、决定行政许可过程中，未向申请人、利害关系人履行法定告知义务的；

（四）申请人提交的申请材料不齐全、不符合法定形式，不一次告知申请人必须补正的全部内容的；

（五）违法披露申请人提交的商业秘密、未披露信息或者保密商务信息的；

（六）以转让技术作为取得行政许可的条件，或者在实施行政许可的过程中直接或者间接地要求转让技术的；

（七）未依法说明不受理行政许可申请或者不予行政许可的理由的；

（八）依法应当举行听证而不举行听证的。

第七十三条 【行政机关工作人员违法收取财物】行政机关工作人员办理行政许可、实施监督检查，索取或者收受他人财物或者谋取其他利益，构成犯罪的，依法追究刑事责任；尚不构成犯罪的,依法给予行政处分。

第七十四条 【行政机关违法实施许可】行政机关实施行政许可,有下列情形之一的,由其上级行政机关或者监察机关责令改正,对直接负责的主管人员和其他直接责任人员依法给予行政处分;构成犯罪的,依法追究刑事责任:

(一)对不符合法定条件的申请人准予行政许可或者超越法定职权作出准予行政许可决定的;

(二)对符合法定条件的申请人不予行政许可或者不在法定期限内作出准予行政许可决定的;

(三)依法应当根据招标、拍卖结果或者考试成绩择优作出准予行政许可决定,未经招标、拍卖或者考试,或者不根据招标、拍卖结果或者考试成绩择优作出准予行政许可决定的。

第七十五条 【行政机关违规收费】行政机关实施行政许可,擅自收费或者不按照法定项目和标准收费的,由其上级行政机关或者监察机关责令退还非法收取的费用;对直接负责的主管人员和其他直接责任人员依法给予行政处分。

截留、挪用、私分或者变相私分实施行政许可依法收取的费用的,予以追缴;对直接负责的主管人员和其他直接责任人员依法给予行政处分;构成犯罪的,依法追究刑事责任。

第七十六条 【损害赔偿责任】行政机关违法实施行政许可,给当事人的合法权益造成损害的,应当依照国家赔偿法的规定给予赔偿。

第七十七条 【行政机关不履行监督或监督不力】行政机关不依法履行监督职责或者监督不力,造成严重后果的,由其上级行政机关或者监察机关责令改正,对直接负责的主管人员和其他直接责任人员依法给予行政处分;构成犯罪的,依法追究刑事责任。

第七十八条 【对有隐瞒情况等行为的申请人的处理】行政许可申请人隐瞒有关情况或者提供虚假材料申请行政许可的,行政机关不予受理或者不予行政许可,并给予警告;行政许可申请属于直接关系公共安全、人身健康、生命财产安全事项的,申请人在一年内不得再次申请该行政许可。

第七十九条 【对以欺骗等手段取得许可的处罚】被许可人以欺骗、贿赂等不正当手段取得行政许可的,行政机关应当依法给予行政处罚;取得的行政许可属于直接关系公共安全、人身健康、生命财产安全事项的,申请人在三年内不得再次申请该行政许可;构成犯罪的,依法追究刑事责任。

第八十条 【对被许可人违法行为的处罚】被许可人有下列行为之一的,行政机关应当依法给予行政处分;构成犯罪的,依法追究刑事责任:

(一)涂改、倒卖、出租、出借行政许可证件,或者以其他形式非法转让行政许可的;

(二)超越行政许可范围进行活动的;

(三)向负责监督检查的行政机关隐瞒有关情况、提供虚假材料或者拒绝提供反映其活动情况的真实材料的;

(四)法律、法规、规章规定的其他

违法行为。

第八十一条 【对未经许可擅自从事相关活动的处罚】公民、法人或者其他组织未经行政许可,擅自从事依法应当取得行政许可的活动的,行政机关应当依法采取措施予以制止,并依法给予行政处罚;构成犯罪的,依法追究刑事责任。

第八章 附 则

第八十二条 【期限的计算】本法规定的行政机关实施行政许可的期限以工作日计算,不含法定节假日。

第八十三条 【施行日期】本法自2004年7月1日起施行。

本法施行前有关行政许可的规定,制定机关应当依照本法规定予以清理;不符合本法规定的,自本法施行之日起停止执行。

中华人民共和国行政强制法

1. 2011年6月30日第十一届全国人民代表大会常务委员会第二十一次会议通过
2. 2011年6月30日中华人民共和国主席令第49号公布
3. 自2012年1月1日起施行

目 录

第一章 总 则
第二章 行政强制的种类和设定
第三章 行政强制措施实施程序
　第一节 一般规定
　第二节 查封、扣押
　第三节 冻 结
第四章 行政机关强制执行程序
　第一节 一般规定
　第二节 金钱给付义务的执行
　第三节 代 履 行
第五章 申请人民法院强制执行
第六章 法律责任
第七章 附 则

第一章 总 则

第一条 【立法目的和根据】为了规范行政强制的设定和实施,保障和监督行政机关依法履行职责,维护公共利益和社会秩序,保护公民、法人和其他组织的合法权益,根据宪法,制定本法。

第二条 【行政强制】本法所称行政强制,包括行政强制措施和行政强制执行。

行政强制措施,是指行政机关在行政管理过程中,为制止违法行为、防止证据损毁、避免危害发生、控制危险扩大等情形,依法对公民的人身自由实施暂时性限制,或者对公民、法人或者其他组织的财物实施暂时性控制的行为。

行政强制执行,是指行政机关或者行政机关申请人民法院,对不履行行政决定的公民、法人或者其他组织,依法强制履行义务的行为。

第三条 【适用范围】行政强制的设定和实施,适用本法。

发生或者即将发生自然灾害、事故灾难、公共卫生事件或者社会安全事件等突发事件,行政机关采取应急措施或者临时措施,依照有关法律、行政法规的规定执行。

行政机关采取金融业审慎监管措

施、进出境货物强制性技术监控措施,依照有关法律、行政法规的规定执行。

第四条 【合法性原则】行政强制的设定和实施,应当依照法定的权限、范围、条件和程序。

第五条 【适当性原则】行政强制的设定和实施,应当适当。采用非强制手段可以达到行政管理目的的,不得设定和实施行政强制。

第六条 【教育与强制相结合原则】实施行政强制,应当坚持教育与强制相结合。

第七条 【不得利用行政强制权谋取利益】行政机关及其工作人员不得利用行政强制权为单位或者个人谋取利益。

第八条 【正当程序和权利救济】公民、法人或者其他组织对行政机关实施行政强制,享有陈述权、申辩权;有权依法申请行政复议或者提起行政诉讼;因行政机关违法实施行政强制受到损害的,有权依法要求赔偿。

公民、法人或者其他组织因人民法院在强制执行中有违法行为或者扩大强制执行范围受到损害的,有权依法要求赔偿。

第二章　行政强制的种类和设定

第九条 【行政强制措施的种类】行政强制措施的种类:
（一）限制公民人身自由;
（二）查封场所、设施或者财物;
（三）扣押财物;
（四）冻结存款、汇款;
（五）其他行政强制措施。

第十条 【行政强制措施的设定权】行政强制措施由法律设定。

尚未制定法律,且属于国务院行政管理职权事项的,行政法规可以设定除本法第九条第一项、第四项和应当由法律规定的行政强制措施以外的其他行政强制措施。

尚未制定法律、行政法规,且属于地方性事务的,地方性法规可以设定本法第九条第二项、第三项的行政强制措施。

法律、法规以外的其他规范性文件不得设定行政强制措施。

第十一条 【行政法规、地方性法规的规定权】法律对行政强制措施的对象、条件、种类作了规定的,行政法规、地方性法规不得作出扩大规定。

法律中未设定行政强制措施的,行政法规、地方性法规不得设定行政强制措施。但是,法律规定特定事项由行政法规规定具体管理措施的,行政法规可以设定除本法第九条第一项、第四项和应当由法律规定的行政强制措施以外的其他行政强制措施。

第十二条 【行政强制执行的方式】行政强制执行的方式:
（一）加处罚款或者滞纳金;
（二）划拨存款、汇款;
（三）拍卖或者依法处理查封、扣押的场所、设施或者财物;
（四）排除妨碍、恢复原状;
（五）代履行;
（六）其他强制执行方式。

第十三条 【行政强制执行的设定权】行

政强制执行由法律设定。

法律没有规定行政机关强制执行的,作出行政决定的行政机关应当申请人民法院强制执行。

第十四条 【设定行政强制应听取意见和说明必要性】起草法律草案、法规草案,拟设定行政强制的,起草单位应当采取听证会、论证会等形式听取意见,并向制定机关说明设定该行政强制的必要性、可能产生的影响以及听取和采纳意见的情况。

第十五条 【已设定行政强制的评价】行政强制的设定机关应当定期对其设定的行政强制进行评价,并对不适当的行政强制及时予以修改或者废止。

行政强制的实施机关可以对已设定的行政强制的实施情况及存在的必要性适时进行评价,并将意见报告该行政强制的设定机关。

公民、法人或者其他组织可以向行政强制的设定机关和实施机关就行政强制的设定和实施提出意见和建议。有关机关应当认真研究论证,并以适当方式予以反馈。

第三章 行政强制措施实施程序

第一节 一般规定

第十六条 【实施行政强制措施的条件】行政机关履行行政管理职责,依照法律、法规的规定,实施行政强制措施。

违法行为情节显著轻微或者没有明显社会危害的,可以不采取行政强制措施。

第十七条 【实施主体】行政强制措施由法律、法规规定的行政机关在法定职权范围内实施。行政强制措施权不得委托。

依据《中华人民共和国行政处罚法》的规定行使相对集中行政处罚权的行政机关,可以实施法律、法规规定的与行政处罚权有关的行政强制措施。

行政强制措施应当由行政机关具备资格的行政执法人员实施,其他人员不得实施。

第十八条 【一般实施程序】行政机关实施行政强制措施应当遵守下列规定:

(一)实施前须向行政机关负责人报告并经批准;

(二)由两名以上行政执法人员实施;

(三)出示执法身份证件;

(四)通知当事人到场;

(五)当场告知当事人采取行政强制措施的理由、依据以及当事人依法享有的权利、救济途径;

(六)听取当事人的陈述和申辩;

(七)制作现场笔录;

(八)现场笔录由当事人和行政执法人员签名或者盖章,当事人拒绝的,在笔录中予以注明;

(九)当事人不到场的,邀请见证人到场,由见证人和行政执法人员在现场笔录上签名或者盖章;

(十)法律、法规规定的其他程序。

第十九条 【即时强制】情况紧急,需要当场实施行政强制措施的,行政执法人员应当在二十四小时内向行政机关负责人报告,并补办批准手续。行政机关负责人认为不应当采取行政强制措施的,应当立即解除。

第二十条 【限制人身自由的程序】依照

法律规定实施限制公民人身自由的行政强制措施,除应当履行本法第十八条规定的程序外,还应当遵守下列规定:

(一)当场告知或者实施行政强制措施后立即通知当事人家属实施行政强制措施的行政机关、地点和期限;

(二)在紧急情况下当场实施行政强制措施的,在返回行政机关后,立即向行政机关负责人报告并补办批准手续;

(三)法律规定的其他程序。

实施限制人身自由的行政强制措施不得超过法定期限。实施行政强制措施的目的已经达到或者条件已经消失,应当立即解除。

第二十一条 【涉嫌犯罪应当移送司法机关】违法行为涉嫌犯罪应当移送司法机关的,行政机关应当将查封、扣押、冻结的财物一并移送,并书面告知当事人。

第二节 查封、扣押

第二十二条 【查封、扣押的实施主体】查封、扣押应当由法律、法规规定的行政机关实施,其他任何行政机关或者组织不得实施。

第二十三条 【查封、扣押的对象】查封、扣押限于涉案的场所、设施或者财物,不得查封、扣押与违法行为无关的场所、设施或者财物;不得查封、扣押公民个人及其所扶养家属的生活必需品。

当事人的场所、设施或者财物已被其他国家机关依法查封的,不得重复查封。

第二十四条 【查封、扣押实施程序】行政机关决定实施查封、扣押的,应当履行本法第十八条规定的程序,制作并当场交付查封、扣押决定书和清单。

查封、扣押决定书应当载明下列事项:

(一)当事人的姓名或者名称、地址;

(二)查封、扣押的理由、依据和期限;

(三)查封、扣押场所、设施或者财物的名称、数量等;

(四)申请行政复议或者提起行政诉讼的途径和期限;

(五)行政机关的名称、印章和日期。

查封、扣押清单一式二份,由当事人和行政机关分别保存。

第二十五条 【查封、扣押的期限和检测费用的承担】查封、扣押的期限不得超过三十日;情况复杂的,经行政机关负责人批准,可以延长,但是延长期限不得超过三十日。法律、行政法规另有规定的除外。

延长查封、扣押的决定应当及时书面告知当事人,并说明理由。

对物品需要进行检测、检验、检疫或者技术鉴定的,查封、扣押的期间不包括检测、检验、检疫或者技术鉴定的期间。检测、检验、检疫或者技术鉴定的期间应当明确,并书面告知当事人。检测、检验、检疫或者技术鉴定的费用由行政机关承担。

第二十六条 【查封、扣押财物的保管】对查封、扣押的场所、设施或者财物,行政机关应当妥善保管,不得使用或者损毁;造成损失的,应当承担赔偿责任。

对查封的场所、设施或者财物,行政机关可以委托第三人保管,第三人不得损毁或者擅自转移、处置。因第三人的原因造成的损失,行政机关先行赔付后,有权向第三人追偿。

因查封、扣押发生的保管费用由行政机关承担。

第二十七条 【查封、扣押财物的处理】行政机关采取查封、扣押措施后,应当及时查清事实,在本法第二十五条规定的期限内作出处理决定。对违法事实清楚,依法应当没收的非法财物予以没收;法律、行政法规规定应当销毁的,依法销毁;应当解除查封、扣押的,作出解除查封、扣押的决定。

第二十八条 【查封、扣押的解除】有下列情形之一的,行政机关应当及时作出解除查封、扣押决定:

(一)当事人没有违法行为;

(二)查封、扣押的场所、设施或者财物与违法行为无关;

(三)行政机关对违法行为已经作出处理决定,不再需要查封、扣押;

(四)查封、扣押期限已经届满;

(五)其他不再需要采取查封、扣押措施的情形。

解除查封、扣押应当立即退还财物;已将鲜活物品或者其他不易保管的财物拍卖或者变卖的,退还拍卖或者变卖所得款项。变卖价格明显低于市场价格,给当事人造成损失的,应当给予补偿。

第三节 冻 结

第二十九条 【冻结的实施主体与数额】冻结存款、汇款应当由法律规定的行政机关实施,不得委托给其他行政机关或者组织;其他任何行政机关或者组织不得冻结存款、汇款。

冻结存款、汇款的数额应当与违法行为涉及的金额相当;已被其他国家机关依法冻结的,不得重复冻结。

第三十条 【冻结的程序】行政机关依照法律规定决定实施冻结存款、汇款的,应当履行本法第十八条第一项、第二项、第三项、第七项规定的程序,并向金融机构交付冻结通知书。

金融机构接到行政机关依法作出的冻结通知书后,应当立即予以冻结,不得拖延,不得在冻结前向当事人泄露信息。

法律规定以外的行政机关或者组织要求冻结当事人存款、汇款的,金融机构应当拒绝。

第三十一条 【冻结决定书的内容和交付期限】依照法律规定冻结存款、汇款的,作出决定的行政机关应当在三日内向当事人交付冻结决定书。冻结决定书应当载明下列事项:

(一)当事人的姓名或者名称、地址;

(二)冻结的理由、依据和期限;

(三)冻结的账号和数额;

(四)申请行政复议或者提起行政诉讼的途径和期限;

(五)行政机关的名称、印章和日期。

第三十二条 【冻结的期限与延长】自冻结存款、汇款之日起三十日内,行政机关应当作出处理决定或者作出解除冻结决定;情况复杂的,经行政机关负责人批准,可以延长,但是延长期限不得超过三十日。法律另有规定的除外。

延长冻结的决定应当及时书面告知当事人,并说明理由。

第三十三条 【冻结的解除】有下列情形之一的,行政机关应当及时作出解除冻结决定:

（一）当事人没有违法行为;

（二）冻结的存款、汇款与违法行为无关;

（三）行政机关对违法行为已经作出处理决定,不再需要冻结;

（四）冻结期限已经届满;

（五）其他不再需要采取冻结措施的情形。

行政机关作出解除冻结决定的,应当及时通知金融机构和当事人。金融机构接到通知后,应当立即解除冻结。

行政机关逾期未作出处理决定或者解除冻结决定的,金融机构应当自冻结期满之日起解除冻结。

第四章 行政机关强制执行程序

第一节 一般规定

第三十四条 【行政机关强制执行】行政机关依法作出行政决定后,当事人在行政机关决定的期限内不履行义务的,具有行政强制执行权的行政机关依照本章规定强制执行。

第三十五条 【催告程序】行政机关作出强制执行决定前,应当事先催告当事人履行义务。催告应当以书面形式作出,并载明下列事项:

（一）履行义务的期限;

（二）履行义务的方式;

（三）涉及金钱给付的,应当有明确的金额和给付方式;

（四）当事人依法享有的陈述权和申辩权。

第三十六条 【当事人的陈述权、申辩权】当事人收到催告书后有权进行陈述和申辩。行政机关应当充分听取当事人的意见,对当事人提出的事实、理由和证据,应当进行记录、复核。当事人提出的事实、理由或者证据成立的,行政机关应当采纳。

第三十七条 【强制执行决定书】经催告,当事人逾期仍不履行行政决定,且无正当理由的,行政机关可以作出强制执行决定。

强制执行决定应当以书面形式作出,并载明下列事项:

（一）当事人的姓名或者名称、地址;

（二）强制执行的理由和依据;

（三）强制执行的方式和时间;

（四）申请行政复议或者提起行政诉讼的途径和期限;

（五）行政机关的名称、印章和日期。

在催告期间,对有证据证明有转移或者隐匿财物迹象的,行政机关可以作出立即强制执行决定。

第三十八条 【催告书、强制执行决定书的送达】催告书、行政强制执行决定书应当直接送达当事人。当事人拒绝接收或者无法直接送达当事人的,应当依照《中华人民共和国民事诉讼法》的有关规定送达。

第三十九条 【中止执行】有下列情形之一的,中止执行:

(一)当事人履行行政决定确有困难或者暂无履行能力的;

(二)第三人对执行标的主张权利,确有理由的;

(三)执行可能造成难以弥补的损失,且中止执行不损害公共利益的;

(四)行政机关认为需要中止执行的其他情形。

中止执行的情形消失后,行政机关应当恢复执行。对没有明显社会危害,当事人确无能力履行,中止执行满三年未恢复执行的,行政机关不再执行。

第四十条 【终结执行】有下列情形之一的,终结执行:

(一)公民死亡,无遗产可供执行,又无义务承受人的;

(二)法人或者其他组织终止,无财产可供执行,又无义务承受人的;

(三)执行标的灭失的;

(四)据以执行的行政决定被撤销的;

(五)行政机关认为需要终结执行的其他情形。

第四十一条 【执行回转】在执行中或者执行完毕后,据以执行的行政决定被撤销、变更,或者执行错误的,应当恢复原状或者退还财物;不能恢复原状或者退还财物的,依法给予赔偿。

第四十二条 【执行和解】实施行政强制执行,行政机关可以在不损害公共利益和他人合法权益的情况下,与当事人达成执行协议。执行协议可以约定分阶段履行;当事人采取补救措施的,可以减免加处的罚款或者滞纳金。

执行协议应当履行。当事人不履行执行协议的,行政机关应当恢复强制执行。

第四十三条 【文明执法】行政机关不得在夜间或者法定节假日实施行政强制执行。但是,情况紧急的除外。

行政机关不得对居民生活采取停止供水、供电、供热、供燃气等方式迫使当事人履行相关行政决定。

第四十四条 【违法建筑物、构筑物、设施强制的拆除】对违法的建筑物、构筑物、设施等需要强制拆除的,应当由行政机关予以公告,限期当事人自行拆除。当事人在法定期限内不申请行政复议或者提起行政诉讼,又不拆除的,行政机关可以依法强制拆除。

第二节 金钱给付义务的执行

第四十五条 【加处罚款或者滞纳金】行政机关依法作出金钱给付义务的行政决定,当事人逾期不履行的,行政机关可以依法加处罚款或者滞纳金。加处罚款或者滞纳金的标准应当告知当事人。

加处罚款或者滞纳金的数额不得超出金钱给付义务的数额。

第四十六条 【金钱给付义务的直接强制执行】行政机关依照本法第四十五条规定实施加处罚款或者滞纳金超过三十日,经催告当事人仍不履行的,具有行政强制执行权的行政机关可以强制执行。

行政机关实施强制执行前,需要采取查封、扣押、冻结措施的,依照本法第三章规定办理。

没有行政强制执行权的行政机关应当申请人民法院强制执行。但是,当事人在法定期限内不申请行政复议或者提起行政诉讼,经催告仍不履行的,在实施行政管理过程中已经采取查封、扣押措施的行政机关,可以将查封、扣押的财物依法拍卖抵缴罚款。

第四十七条 【划拨存款、汇款】划拨存款、汇款应当由法律规定的行政机关决定,并书面通知金融机构。金融机构接到行政机关依法作出划拨存款、汇款的决定后,应当立即划拨。

法律规定以外的行政机关或者组织要求划拨当事人存款、汇款的,金融机构应当拒绝。

第四十八条 【委托拍卖】依法拍卖财物,由行政机关委托拍卖机构依照《中华人民共和国拍卖法》的规定办理。

第四十九条 【划拨存款、汇款的上缴】划拨的存款、汇款以及拍卖和依法处理所得的款项应当上缴国库或者划入财政专户。任何行政机关或者个人不得以任何形式截留、私分或者变相私分。

第三节 代 履 行

第五十条 【代履行】行政机关依法作出要求当事人履行排除妨碍、恢复原状等义务的行政决定,当事人逾期不履行,经催告仍不履行,其后果已经或者将危害交通安全、造成环境污染或者破坏自然资源的,行政机关可以代履行,或者委托没有利害关系的第三人代履行。

第五十一条 【代履行的实施程序、费用】代履行应当遵守下列规定:

(一)代履行前送达决定书,代履行决定书应当载明当事人的姓名或者名称、地址,代履行的理由和依据、方式和时间、标的、费用预算以及代履行人;

(二)代履行三日前,催告当事人履行,当事人履行的,停止代履行;

(三)代履行时,作出决定的行政机关应当派员到场监督;

(四)代履行完毕,行政机关到场监督的工作人员、代履行人和当事人或者见证人应当在执行文书上签名或者盖章。

代履行的费用按照成本合理确定,由当事人承担。但是,法律另有规定的除外。

代履行不得采用暴力、胁迫以及其他非法方式。

第五十二条 【立即代履行】需要立即清除道路、河道、航道或者公共场所的遗洒物、障碍物或者污染物,当事人不能清除的,行政机关可以决定立即实施代履行;当事人不在场的,行政机关应当在事后立即通知当事人,并依法作出处理。

第五章 申请人民法院强制执行

第五十三条 【申请法院强制执行】当事人在法定期限内不申请行政复议或者提起行政诉讼,又不履行行政决定的,没有行政强制执行权的行政机关可以自期限届满之日起三个月内,依照本章规定申请人民法院强制执行。

第五十四条 【催告与执行管辖】行政机

关申请人民法院强制执行前,应当催告当事人履行义务。催告书送达十日后当事人仍未履行义务的,行政机关可以向所在地有管辖权的人民法院申请强制执行;执行对象是不动产的,向不动产所在地有管辖权的人民法院申请强制执行。

第五十五条 【申请强制执行提供的材料】行政机关向人民法院申请强制执行,应当提供下列材料:

（一）强制执行申请书;

（二）行政决定书及作出决定的事实、理由和依据;

（三）当事人的意见及行政机关催告情况;

（四）申请强制执行标的情况;

（五）法律、行政法规规定的其他材料。

强制执行申请书应当由行政机关负责人签名,加盖行政机关的印章,并注明日期。

第五十六条 【申请的受理】人民法院接到行政机关强制执行的申请,应当在五日内受理。

行政机关对人民法院不予受理的裁定有异议的,可以在十五日内向上一级人民法院申请复议,上一级人民法院应当自收到复议申请之日起十五日内作出是否受理的裁定。

第五十七条 【申请的书面审查】人民法院对行政机关强制执行的申请进行书面审查,对符合本法第五十五条规定,且行政决定具备法定执行效力的,除本法第五十八条规定的情形外,人民法院应当自受理之日起七日内作出执行裁定。

第五十八条 【申请的违法审查】人民法院发现有下列情形之一的,在作出裁定前可以听取被执行人和行政机关的意见:

（一）明显缺乏事实根据的;

（二）明显缺乏法律、法规依据的;

（三）其他明显违法并损害被执行人合法权益的。

人民法院应当自受理之日起三十日内作出是否执行的裁定。裁定不予执行的,应当说明理由,并在五日内将不予执行的裁定送达行政机关。

行政机关对人民法院不予执行的裁定有异议的,可以自收到裁定之日起十五日内向上一级人民法院申请复议,上一级人民法院应当自收到复议申请之日起三十日内作出是否执行的裁定。

第五十九条 【申请法院立即执行】因情况紧急,为保障公共安全,行政机关可以申请人民法院立即执行。经人民法院院长批准,人民法院应当自作出执行裁定之日起五日内执行。

第六十条 【执行费用】行政机关申请人民法院强制执行,不缴纳申请费。强制执行的费用由被执行人承担。

人民法院以划拨、拍卖方式强制执行的,可以在划拨、拍卖后将强制执行的费用扣除。

依法拍卖财物,由人民法院委托拍卖机构依照《中华人民共和国拍卖法》的规定办理。

划拨的存款、汇款以及拍卖和依法处理所得的款项应当上缴国库或者划入财政专户,不得以任何形式截留、私分或者变相私分。

第六章 法律责任

第六十一条 【违法实施行政强制的法律责任】行政机关实施行政强制,有下列情形之一的,由上级行政机关或者有关部门责令改正,对直接负责的主管人员和其他直接责任人员依法给予处分:

（一）没有法律、法规依据的;

（二）改变行政强制对象、条件、方式的;

（三）违反法定程序实施行政强制的;

（四）违反本法规定,在夜间或者法定节假日实施行政强制执行的;

（五）对居民生活采取停止供水、供电、供热、供燃气等方式迫使当事人履行相关行政决定的;

（六）有其他违法实施行政强制情形的。

第六十二条 【违法实施查封、扣押、冻结的法律责任】违反本法规定,行政机关有下列情形之一的,由上级行政机关或者有关部门责令改正,对直接负责的主管人员和其他直接责任人员依法给予处分:

（一）扩大查封、扣押、冻结范围的;

（二）使用或者损毁查封、扣押场所、设施或者财物的;

（三）在查封、扣押法定期间不作出处理决定或者未依法及时解除查封、扣押的;

（四）在冻结存款、汇款法定期间不作出处理决定或者未依法及时解除冻结的。

第六十三条 【截留、私分或变相私分和据为己有的法律责任】行政机关将查封、扣押的财物或者划拨的存款、汇款以及拍卖和依法处理所得的款项,截留、私分或者变相私分的,由财政部门或者有关部门予以追缴;对直接负责的主管人员和其他直接责任人员依法给予记大过、降级、撤职或者开除的处分。

行政机关工作人员利用职务上的便利,将查封、扣押的场所、设施或者财物据为己有的,由上级行政机关或者有关部门责令改正,依法给予记大过、降级、撤职或者开除的处分。

第六十四条 【利用行政强制权为单位或者个人谋取利益的法律责任】行政机关及其工作人员利用行政强制权为单位或者个人谋取利益的,由上级行政机关或者有关部门责令改正,对直接负责的主管人员和其他直接责任人员依法给予处分。

第六十五条 【金融机构违法冻结、划拨的法律责任】违反本法规定,金融机构有下列行为之一的,由金融业监督管理机构责令改正,对直接负责的主管人员和其他直接责任人员依法给予处分:

（一）在冻结前向当事人泄露信息的;

（二）对应当立即冻结、划拨的存款、汇款不冻结或者不划拨,致使存款、汇款转移的;

（三）将不应当冻结、划拨的存款、汇款予以冻结或者划拨的;

（四）未及时解除冻结存款、汇款的。

第六十六条 【款项未划入规定账户的

法律责任】违反本法规定,金融机构将款项划入国库或者财政专户以外的其他账户的,由金融业监督管理机构责令改正,并处以违法划拨款项二倍的罚款;对直接负责的主管人员和其他直接责任人员依法给予处分。

违反本法规定,行政机关、人民法院指令金融机构将款项划入国库或者财政专户以外的其他账户的,对直接负责的主管人员和其他直接责任人员依法给予处分。

第六十七条　【人民法院违法执行的法律责任】人民法院及其工作人员在强制执行中有违法行为或者扩大强制执行范围的,对直接负责的主管人员和其他直接责任人员依法给予处分。

第六十八条　【赔偿责任和刑事责任】违反本法规定,给公民、法人或者其他组织造成损失的,依法给予赔偿。

违反本法规定,构成犯罪的,依法追究刑事责任。

第七章　附　　则

第六十九条　【期限的计算】本法中十日以内期限的规定是指工作日,不含法定节假日。

第七十条　【法律、行政法规授权的具有管理公共事务职能的组织的主体资格】法律、行政法规授权的具有管理公共事务职能的组织在法定授权范围内,以自己的名义实施行政强制,适用本法有关行政机关的规定。

第七十一条　【施行日期】本法自 2012 年 1 月 1 日起施行。

中华人民共和国行政复议法

1. 1999 年 4 月 29 日第九届全国人民代表大会常务委员会第九次会议通过
2. 根据 2009 年 8 月 27 日第十一届全国人民代表大会常务委员会第十次会议《关于修改部分法律的决定》第一次修正
3. 根据 2017 年 9 月 1 日第十二届全国人民代表大会常务委员会第二十九次会议《关于修改〈中华人民共和国法官法〉等八部法律的决定》第二次修正
4. 2023 年 9 月 1 日第十四届全国人民代表大会常务委员会第五次会议修订

目　　录

第一章　总　　则
第二章　行政复议申请
　第一节　行政复议范围
　第二节　行政复议参加人
　第三节　申请的提出
　第四节　行政复议管辖
第三章　行政复议受理
第四章　行政复议审理
　第一节　一般规定
　第二节　行政复议证据
　第三节　普通程序
　第四节　简易程序
　第五节　行政复议附带审查
第五章　行政复议决定
第六章　法律责任
第七章　附　　则

第一章　总　　则

第一条　【立法目的和立法依据】为了防止和纠正违法的或者不当的行政行

为,保护公民、法人和其他组织的合法权益,监督和保障行政机关依法行使职权,发挥行政复议化解行政争议的主渠道作用,推进法治政府建设,根据宪法,制定本法。

第二条 【适用范围】公民、法人或者其他组织认为行政机关的行政行为侵犯其合法权益,向行政复议机关提出行政复议申请,行政复议机关办理行政复议案件,适用本法。

前款所称行政行为,包括法律、法规、规章授权的组织的行政行为。

第三条 【行政复议工作的原则】行政复议工作坚持中国共产党的领导。

行政复议机关履行行政复议职责,应当遵循合法、公正、公开、高效、便民、为民的原则,坚持有错必纠,保障法律、法规的正确实施。

第四条 【行政复议机构及职责】县级以上各级人民政府以及其他依照本法履行行政复议职责的行政机关是行政复议机关。

行政复议机关办理行政复议事项的机构是行政复议机构。行政复议机构同时组织办理行政复议机关的行政应诉事项。

行政复议机关应当加强行政复议工作,支持和保障行政复议机构依法履行职责。上级行政复议机构对下级行政复议机构的行政复议工作进行指导、监督。

国务院行政复议机构可以发布行政复议指导性案例。

第五条 【调解】行政复议机关办理行政复议案件,可以进行调解。

调解应当遵循合法、自愿的原则,不得损害国家利益、社会公共利益和他人合法权益,不得违反法律、法规的强制性规定。

第六条 【行政复议人员队伍建设和管理】国家建立专业化、职业化行政复议人员队伍。

行政复议机构中初次从事行政复议工作的人员,应当通过国家统一法律职业资格考试取得法律职业资格,并参加统一职前培训。

国务院行政复议机构应当会同有关部门制定行政复议人员工作规范,加强对行政复议人员的业务考核和管理。

第七条 【行政复议机构和人员的保障措施】行政复议机关应当确保行政复议机构的人员配备与所承担的工作任务相适应,提高行政复议人员专业素质,根据工作需要保障办案场所、装备等设施。县级以上各级人民政府应当将行政复议工作经费列入本级预算。

第八条 【信息化建设】行政复议机关应当加强信息化建设,运用现代信息技术,方便公民、法人或者其他组织申请、参加行政复议,提高工作质量和效率。

第九条 【行政复议激励措施】对在行政复议工作中做出显著成绩的单位和个人,按照国家有关规定给予表彰和奖励。

第十条 【对复议决定不服提起诉讼】公民、法人或者其他组织对行政复议决定不服的,可以依照《中华人民共和国行政诉讼法》的规定向人民法院提起行政诉讼,但是法律规定行政复议决定为最终裁决的除外。

第二章　行政复议申请

第一节　行政复议范围

第十一条　【复议范围】有下列情形之一的,公民、法人或者其他组织可以依照本法申请行政复议:

（一）对行政机关作出的行政处罚决定不服;

（二）对行政机关作出的行政强制措施、行政强制执行决定不服;

（三）申请行政许可,行政机关拒绝或者在法定期限内不予答复,或者对行政机关作出的有关行政许可的其他决定不服;

（四）对行政机关作出的确认自然资源的所有权或者使用权的决定不服;

（五）对行政机关作出的征收征用决定及其补偿决定不服;

（六）对行政机关作出的赔偿决定或者不予赔偿决定不服;

（七）对行政机关作出的不予受理工伤认定申请的决定或者工伤认定结论不服;

（八）认为行政机关侵犯其经营自主权或者农村土地承包经营权、农村土地经营权;

（九）认为行政机关滥用行政权力排除或者限制竞争;

（十）认为行政机关违法集资、摊派费用或者违法要求履行其他义务;

（十一）申请行政机关履行保护人身权利、财产权利、受教育权利等合法权益的法定职责,行政机关拒绝履行、未依法履行或者不予答复;

（十二）申请行政机关依法给付抚恤金、社会保险待遇或者最低生活保障等社会保障,行政机关没有依法给付;

（十三）认为行政机关不依法订立、不依法履行、未按照约定履行或者违法变更、解除政府特许经营协议、土地房屋征收补偿协议等行政协议;

（十四）认为行政机关在政府信息公开工作中侵犯其合法权益;

（十五）认为行政机关的其他行政行为侵犯其合法权益。

第十二条　【复议范围的排除】下列事项不属于行政复议范围:

（一）国防、外交等国家行为;

（二）行政法规、规章或者行政机关制定、发布的具有普遍约束力的决定、命令等规范性文件;

（三）行政机关对行政机关工作人员的奖惩、任免等决定;

（四）行政机关对民事纠纷作出的调解。

第十三条　【规范性文件申请附带审查】公民、法人或者其他组织认为行政机关的行政行为所依据的下列规范性文件不合法,在对行政行为申请行政复议时,可以一并向行政复议机关提出对该规范性文件的附带审查申请:

（一）国务院部门的规范性文件;

（二）县级以上地方各级人民政府及其工作部门的规范性文件;

（三）乡、镇人民政府的规范性文件;

（四）法律、法规、规章授权的组织的规范性文件。

前款所列规范性文件不含规章。规章的审查依照法律、行政法规办理。

第二节 行政复议参加人

第十四条 【复议申请人】依照本法申请行政复议的公民、法人或者其他组织是申请人。

有权申请行政复议的公民死亡的,其近亲属可以申请行政复议。有权申请行政复议的法人或者其他组织终止的,其权利义务承受人可以申请行政复议。

有权申请行政复议的公民为无民事行为能力人或者限制民事行为能力人的,其法定代理人可以代为申请行政复议。

第十五条 【复议代表人】同一行政复议案件申请人人数众多的,可以由申请人推选代表人参加行政复议。

代表人参加行政复议的行为对其所代表的申请人发生效力,但是代表人变更行政复议请求、撤回行政复议申请、承认第三人请求的,应当经被代表的申请人同意。

第十六条 【复议第三人】申请人以外的同被申请行政复议的行政行为或者行政复议案件处理结果有利害关系的公民、法人或者其他组织,可以作为第三人申请参加行政复议,或者由行政复议机构通知其作为第三人参加行政复议。

第三人不参加行政复议,不影响行政复议案件的审理。

第十七条 【复议代理人】申请人、第三人可以委托一至二名律师、基层法律服务工作者或者其他代理人代为参加行政复议。

申请人、第三人委托代理人的,应当向行政复议机构提交授权委托书、委托人及被委托人的身份证明文件。授权委托书应当载明委托事项、权限和期限。申请人、第三人变更或者解除代理人权限的,应当书面告知行政复议机构。

第十八条 【法律援助】符合法律援助条件的行政复议申请人申请法律援助的,法律援助机构应当依法为其提供法律援助。

第十九条 【被申请人】公民、法人或者其他组织对行政行为不服申请行政复议的,作出行政行为的行政机关或者法律、法规、规章授权的组织是被申请人。

两个以上行政机关以共同的名义作出同一行政行为的,共同作出行政行为的行政机关是被申请人。

行政机关委托的组织作出行政行为的,委托的行政机关是被申请人。

作出行政行为的行政机关被撤销或者职权变更的,继续行使其职权的行政机关是被申请人。

第三节 申请的提出

第二十条 【申请复议的期限】公民、法人或者其他组织认为行政行为侵犯其合法权益的,可以自知道或者应当知道该行政行为之日起六十日内提出行政复议申请;但是法律规定的申请期限超过六十日的除外。

因不可抗力或者其他正当理由耽误法定申请期限的,申请期限自障碍消除之日起继续计算。

行政机关作出行政行为时,未告知公民、法人或者其他组织申请行政复议的权利、行政复议机关和申请期限的,申请期限自公民、法人或者其他组织知道或者应当知道申请行政复议的权利、行政复议机关和申请期限之日起计算,但是自知道或者应当知道行政行为内容之日起最长不得超过一年。

第二十一条 【最长复议期限】因不动产提出的行政复议申请自行政行为作出之日起超过二十年,其他行政复议申请自行政行为作出之日起超过五年的,行政复议机关不予受理。

第二十二条 【复议申请方式】申请人申请行政复议,可以书面申请;书面申请有困难的,也可以口头申请。

书面申请的,可以通过邮寄或者行政复议机关指定的互联网渠道等方式提交行政复议申请书,也可以当面提交行政复议申请书。行政机关通过互联网渠道送达行政行为决定书的,应当同时提供提交行政复议申请书的互联网渠道。

口头申请的,行政复议机关应当当场记录申请人的基本情况、行政复议请求、申请行政复议的主要事实、理由和时间。

申请人对两个以上行政行为不服的,应当分别申请行政复议。

第二十三条 【复议前置】有下列情形之一的,申请人应当先向行政复议机关申请行政复议,对行政复议决定不服的,可以再依法向人民法院提起行政诉讼:

(一)对当场作出的行政处罚决定不服;

(二)对行政机关作出的侵犯其已经依法取得的自然资源的所有权或者使用权的决定不服;

(三)认为行政机关存在本法第十一条规定的未履行法定职责情形;

(四)申请政府信息公开,行政机关不予公开;

(五)法律、行政法规规定应当先向行政复议机关申请行政复议的其他情形。

对前款规定的情形,行政机关在作出行政行为时应当告知公民、法人或者其他组织先向行政复议机关申请行政复议。

第四节 行政复议管辖

第二十四条 【县级以上地方各级人民政府的复议管辖范围】县级以上地方各级人民政府管辖下列行政复议案件:

(一)对本级人民政府工作部门作出的行政行为不服的;

(二)对下一级人民政府作出的行政行为不服的;

(三)对本级人民政府依法设立的派出机关作出的行政行为不服的;

(四)对本级人民政府或者其工作部门管理的法律、法规、规章授权的组织作出的行政行为不服的。

除前款规定外,省、自治区、直辖市人民政府同时管辖对本机关作出的行政行为不服的行政复议案件。

省、自治区人民政府依法设立的派出机关参照设区的市级人民政府的职责权限,管辖相关行政复议案件。

对县级以上地方各级人民政府工作部门依法设立的派出机构依照法律、法规、规章规定,以派出机构的名义作出的行政行为不服的行政复议案件,由本级人民政府管辖;其中,对直辖市、设区的市人民政府工作部门按照行政区划设立的派出机构作出的行政行为不服的,也可以由其所在地的人民政府管辖。

第二十五条　【国务院部门的复议管辖范围】国务院部门管辖下列行政复议案件:

（一）对本部门作出的行政行为不服的;

（二）对本部门依法设立的派出机构依照法律、行政法规、部门规章规定,以派出机构的名义作出的行政行为不服的;

（三）对本部门管理的法律、行政法规、部门规章授权的组织作出的行政行为不服的。

第二十六条　【对省部级机关作出行政复议决定不服的救济途径】对省、自治区、直辖市人民政府依照本法第二十四条第二款的规定、国务院部门依照本法第二十五条第一项的规定作出的行政复议决定不服的,可以向人民法院提起行政诉讼;也可以向国务院申请裁决,国务院依照本法的规定作出最终裁决。

第二十七条　【对垂直机关、税务和国家安全机关行政行为不服的管辖】对海关、金融、外汇管理等实行垂直领导的行政机关、税务和国家安全机关的行政行为不服的,向上一级主管部门申请行政复议。

第二十八条　【对地方人民政府司法行政部门行政行为不服的复议】对履行行政复议机构职责的地方人民政府司法行政部门的行政行为不服的,可以向本级人民政府申请行政复议,也可以向上一级司法行政部门申请行政复议。

第二十九条　【复议和诉讼的选择】公民、法人或者其他组织申请行政复议,行政复议机关已经依法受理的,在行政复议期间不得向人民法院提起行政诉讼。

公民、法人或者其他组织向人民法院提起行政诉讼,人民法院已经依法受理的,不得申请行政复议。

第三章　行政复议受理

第三十条　【受理条件及审查】行政复议机关收到行政复议申请后,应当在五日内进行审查。对符合下列规定的,行政复议机关应当予以受理:

（一）有明确的申请人和符合本法规定的被申请人;

（二）申请人与被申请行政复议的行政行为有利害关系;

（三）有具体的行政复议请求和理由;

（四）在法定申请期限内提出;

（五）属于本法规定的行政复议范围;

（六）属于本机关的管辖范围;

（七）行政复议机关未受理过该申请人就同一行政行为提出的行政复议申请,并且人民法院未受理过该申请人就同一行政行为提起的行政诉讼。

对不符合前款规定的行政复议申请,行政复议机关应当在审查期限内决定不予受理并说明理由;不属于本机关管辖的,还应当在不予受理决定中告知申请人有管辖权的行政复议机关。

行政复议申请的审查期限届满，行政复议机关未作出不予受理决定的，审查期限届满之日起视为受理。

第三十一条　【申请材料补正】行政复议申请材料不齐全或者表述不清楚，无法判断行政复议申请是否符合本法第三十条第一款规定的，行政复议机关应当自收到申请之日起五日内书面通知申请人补正。补正通知应当一次性载明需要补正的事项。

申请人应当自收到补正通知之日起十日内提交补正材料。有正当理由不能按期补正的，行政复议机关可以延长合理的补正期限。无正当理由逾期不补正的，视为申请人放弃行政复议申请，并记录在案。

行政复议机关收到补正材料后，依照本法第三十条的规定处理。

第三十二条　【对当场作出或者依据电子技术监控设备记录的违法事实作出的行政处罚决定不服的行政复议申请】对当场作出或者依据电子技术监控设备记录的违法事实作出的行政处罚决定不服申请行政复议的，可以通过作出行政处罚决定的行政机关提交行政复议申请。

行政机关收到行政复议申请后，应当及时处理；认为需要维持行政处罚决定的，应当自收到行政复议申请之日起五日内转送行政复议机关。

第三十三条　【驳回复议申请】行政复议机关受理行政复议申请后，发现该行政复议申请不符合本法第三十条第一款规定的，应当决定驳回申请并说明理由。

第三十四条　【对复议前置案件不服提起行政诉讼】法律、行政法规规定应当先向行政复议机关申请行政复议、对行政复议决定不服再向人民法院提起行政诉讼的，行政复议机关决定不予受理、驳回申请或者受理后超过行政复议期限不作答复的，公民、法人或者其他组织可以自收到决定书之日起或者行政复议期限届满之日起十五日内，依法向人民法院提起行政诉讼。

第三十五条　【上级行政机关直接受理和责令纠正】公民、法人或者其他组织依法提出行政复议申请，行政复议机关无正当理由不予受理、驳回申请或者受理后超过行政复议期限不作答复的，申请人有权向上级行政机关反映，上级行政机关应当责令其纠正；必要时，上级行政机关可以直接受理。

第四章　行政复议审理

第一节　一般规定

第三十六条　【行政复议审理程序及保密规定】行政复议机关受理行政复议申请后，依照本法适用普通程序或者简易程序进行审理。行政复议机构应当指定行政复议人员负责办理行政复议案件。

行政复议人员对办理行政复议案件过程中知悉的国家秘密、商业秘密和个人隐私，应当予以保密。

第三十七条　【行政复议案件审理依据】行政复议机关依照法律、法规、规章审理行政复议案件。

行政复议机关审理民族自治地方的行政复议案件，同时依照该民族自治地方的自治条例和单行条例。

第三十八条 【行政复议案件的提级管辖】上级行政复议机关根据需要,可以审理下级行政复议机关管辖的行政复议案件。

下级行政复议机关对其管辖的行政复议案件,认为需要由上级行政复议机关审理的,可以报请上级行政复议机关决定。

第三十九条 【行政复议中止】行政复议期间有下列情形之一的,行政复议中止:

(一)作为申请人的公民死亡,其近亲属尚未确定是否参加行政复议;

(二)作为申请人的公民丧失参加行政复议的行为能力,尚未确定法定代理人参加行政复议;

(三)作为申请人的公民下落不明;

(四)作为申请人的法人或者其他组织终止,尚未确定权利义务承受人;

(五)申请人、被申请人因不可抗力或者其他正当理由,不能参加行政复议;

(六)依照本法规定进行调解、和解,申请人和被申请人同意中止;

(七)行政复议案件涉及的法律适用问题需要有权机关作出解释或者确认;

(八)行政复议案件审理需要以其他案件的审理结果为依据,而其他案件尚未审结;

(九)有本法第五十六条或者第五十七条规定的情形;

(十)需要中止行政复议的其他情形。

行政复议中止的原因消除后,应当及时恢复行政复议案件的审理。

行政复议机关中止、恢复行政复议案件的审理,应当书面告知当事人。

第四十条 【行政复议机关无正当理由中止复议的处理】行政复议期间,行政复议机关无正当理由中止行政复议的,上级行政机关应当责令其恢复审理。

第四十一条 【行政复议终止】行政复议期间有下列情形之一的,行政复议机关决定终止行政复议:

(一)申请人撤回行政复议申请,行政复议机构准予撤回;

(二)作为申请人的公民死亡,没有近亲属或者其近亲属放弃行政复议权利;

(三)作为申请人的法人或者其他组织终止,没有权利义务承受人或者其权利义务承受人放弃行政复议权利;

(四)申请人对行政拘留或者限制人身自由的行政强制措施不服申请行政复议后,因同一违法行为涉嫌犯罪,被采取刑事强制措施;

(五)依照本法第三十九条第一款第一项、第二项、第四项的规定中止行政复议满六十日,行政复议中止的原因仍未消除。

第四十二条 【行政复议不停止执行及例外情形】行政复议期间行政行为不停止执行;但是有下列情形之一的,应当停止执行:

(一)被申请人认为需要停止执行;

(二)行政复议机关认为需要停止

执行；

（三）申请人、第三人申请停止执行，行政复议机关认为其要求合理，决定停止执行；

（四）法律、法规、规章规定停止执行的其他情形。

第二节　行政复议证据

第四十三条　【行政复议证据种类】行政复议证据包括：

（一）书证；

（二）物证；

（三）视听资料；

（四）电子数据；

（五）证人证言；

（六）当事人的陈述；

（七）鉴定意见；

（八）勘验笔录、现场笔录。

以上证据经行政复议机构审查属实，才能作为认定行政复议案件事实的根据。

第四十四条　【举证责任分配】被申请人对其作出的行政行为的合法性、适当性负有举证责任。

有下列情形之一的，申请人应当提供证据：

（一）认为被申请人不履行法定职责，提供曾经要求被申请人履行法定职责的证据，但是被申请人应当依职权主动履行法定职责或者申请人因正当理由不能提供的除外；

（二）提出行政赔偿请求的，提供受行政行为侵害而造成损害的证据，但是因被申请人原因导致申请人无法举证的，由被申请人承担举证责任；

（三）法律、法规规定需要申请人提供证据的其他情形。

第四十五条　【行政复议机关的调查取证权】行政复议机关有权向有关单位和个人调查取证，查阅、复制、调取有关文件和资料，向有关人员进行询问。

调查取证时，行政复议人员不得少于两人，并应当出示行政复议工作证件。

被调查取证的单位和个人应当积极配合行政复议人员的工作，不得拒绝或者阻挠。

第四十六条　【被申请人不得自行取证与例外】行政复议期间，被申请人不得自行向申请人和其他有关单位或者个人收集证据；自行收集的证据不作为认定行政行为合法性、适当性的依据。

行政复议期间，申请人或者第三人提出被申请行政复议的行政行为作出时没有提出的理由或者证据的，经行政复议机构同意，被申请人可以补充证据。

第四十七条　【申请人、第三人的查阅权】行政复议期间，申请人、第三人及其委托代理人可以按照规定查阅、复制被申请人提出的书面答复、作出行政行为的证据、依据和其他有关材料，除涉及国家秘密、商业秘密、个人隐私或者可能危及国家安全、公共安全、社会稳定的情形外，行政复议机构应当同意。

第三节　普通程序

第四十八条　【行政复议申请的发送与被申请人的答复和举证】行政复议机构应当自行政复议申请受理之日起七日内，将行政复议申请书副本或者行政复议申请笔录复印件发送被申请人。被申请人应当自收到行政复议申请书副本或者行政复议申请笔录复印件之日起十日内,提出书面答复,并提交作出行政行为的证据、依据和其他有关材料。

第四十九条 【当面审与书面审】适用普通程序审理的行政复议案件,行政复议机构应当当面或者通过互联网、电话等方式听取当事人的意见,并将听取的意见记录在案。因当事人原因不能听取意见的,可以书面审理。

第五十条 【行政复议听证程序】审理重大、疑难、复杂的行政复议案件,行政复议机构应当组织听证。

行政复议机构认为有必要听证,或者申请人请求听证的,行政复议机构可以组织听证。

听证由一名行政复议人员任主持人,两名以上行政复议人员任听证员,一名记录员制作听证笔录。

第五十一条 【行政复议听证规则】行政复议机构组织听证的,应当于举行听证的五日前将听证的时间、地点和拟听证事项书面通知当事人。

申请人无正当理由拒不参加听证的,视为放弃听证权利。

被申请人的负责人应当参加听证。不能参加的,应当说明理由并委托相应的工作人员参加听证。

第五十二条 【行政复议委员会】县级以上各级人民政府应当建立相关政府部门、专家、学者等参与的行政复议委员会,为办理行政复议案件提供咨询意见,并就行政复议工作中的重大事项和共性问题研究提出意见。行政复议委员会的组成和开展工作的具体办法,由国务院行政复议机构制定。

审理行政复议案件涉及下列情形之一的,行政复议机构应当提请行政复议委员会提出咨询意见:

(一)案情重大、疑难、复杂;

(二)专业性、技术性较强;

(三)本法第二十四条第二款规定的行政复议案件;

(四)行政复议机构认为有必要。

行政复议机构应当记录行政复议委员会的咨询意见。

第四节 简易程序

第五十三条 【行政复议简易程序的适用范围】行政复议机关审理下列行政复议案件,认为事实清楚、权利义务关系明确、争议不大的,可以适用简易程序:

(一)被申请行政复议的行政行为是当场作出;

(二)被申请行政复议的行政行为是警告或者通报批评;

(三)案件涉及款额三千元以下;

(四)属于政府信息公开案件。

除前款规定以外的行政复议案件,当事人各方同意适用简易程序的,可以适用简易程序。

第五十四条 【简易程序的程序性要求】适用简易程序审理的行政复议案件,行政复议机构应当自受理行政复议申请之日起三日内,将行政复议申请书副本或者行政复议申请笔录复印件发送被申请人。被申请人应当自收到行政复议申请书副本或者行政复议申请笔录复印件之日起五日内,提出书面答复,并提交作出行政行为的证据、依据和其他有关材料。

适用简易程序审理的行政复议案件,可以书面审理。

第五十五条 【简易程序与普通程序的转换】适用简易程序审理的行政复议案件,行政复议机构认为不宜适用简易程序的,经行政复议机构的负责人批准,可以转为普通程序审理。

第五节 行政复议附带审查

第五十六条 【行政复议机关对规范性文件的处理】申请人依照本法第十三条的规定提出对有关规范性文件的附带审查申请,行政复议机关有权处理的,应当在三十日内依法处理;无权处理的,应当在七日内转送有权处理的行政机关依法处理。

第五十七条 【行政复议机关依据合法性对行政行为的审查处理】行政复议机关在对被申请人作出的行政行为进行审查时,认为其依据不合法,本机关有权处理的,应当在三十日内依法处理;无权处理的,应当在七日内转送有权处理的国家机关依法处理。

第五十八条 【行政复议机关处理有关规范性文件或者行政行为依据的程序】行政复议机关依照本法第五十六条、第五十七条的规定有权处理有关规范性文件或者依据的,行政复议机构应当自行政复议中止之日起三日内,书面通知规范性文件或者依据的制定机关就相关条款的合法性提出书面答复。制定机关应当自收到书面通知之日起十日内提交书面答复及相关材料。

行政复议机构认为必要时,可以要求规范性文件或者依据的制定机关当面说明理由,制定机关应当配合。

第五十九条 【行政复议机关对规范性文件的审查处理】行政复议机关依照本法第五十六条、第五十七条的规定有权处理有关规范性文件或者依据,认为相关条款合法的,在行政复议决定书中一并告知;认为相关条款超越权限或者违反上位法的,决定停止该条款的执行,并责令制定机关予以纠正。

第六十条 【接受转送机关对转送文件的审查处理】依照本法第五十六条、第五十七条的规定接受转送的行政机关、国家机关应当自收到转送之日起六十日内,将处理意见回复转送的行政复议机关。

第五章 行政复议决定

第六十一条 【行政复议决定的作出程序】行政复议机关依照本法审理行政复议案件,由行政复议机构对行政行为进行审查,提出意见,经行政复议机关的负责人同意或者集体讨论通过后,以行政复议机关的名义作出行政复议决定。

经过听证的行政复议案件,行政复议机关应当根据听证笔录、审查认定的事实和证据,依照本法作出行政复议决定。

提请行政复议委员会提出咨询意见的行政复议案件,行政复议机关应当将咨询意见作为作出行政复议决定的重要参考依据。

第六十二条 【行政复议决定的作出期

限】适用普通程序审理的行政复议案件,行政复议机关应当自受理申请之日起六十日内作出行政复议决定;但是法律规定的行政复议期限少于六十日的除外。情况复杂,不能在规定期限内作出行政复议决定的,经行政复议机构的负责人批准,可以适当延长,并书面告知当事人;但是延长期限最多不得超过三十日。

适用简易程序审理的行政复议案件,行政复议机关应当自受理申请之日起三十日内作出行政复议决定。

第六十三条　【变更决定】行政行为有下列情形之一的,行政复议机关决定变更该行政行为：

（一）事实清楚,证据确凿,适用依据正确,程序合法,但是内容不适当；

（二）事实清楚,证据确凿,程序合法,但是未正确适用依据；

（三）事实不清、证据不足,经行政复议机关查清事实和证据。

行政复议机关不得作出对申请人更为不利的变更决定,但是第三人提出相反请求的除外。

第六十四条　【撤销或者部分撤销决定】行政行为有下列情形之一的,行政复议机关决定撤销或者部分撤销该行政行为,并可以责令被申请人在一定期限内重新作出行政行为：

（一）主要事实不清、证据不足；

（二）违反法定程序；

（三）适用的依据不合法；

（四）超越职权或者滥用职权。

行政复议机关责令被申请人重新作出行政行为的,被申请人不得以同一事实和理由作出与被申请行政复议的行政行为相同或者基本相同的行政行为,但是行政复议机关以违反法定程序为由决定撤销或者部分撤销的除外。

第六十五条　【确认违法决定】行政行为有下列情形之一的,行政复议机关不撤销该行政行为,但是确认该行政行为违法：

（一）依法应予撤销,但是撤销会给国家利益、社会公共利益造成重大损害；

（二）程序轻微违法,但是对申请人权利不产生实际影响。

行政行为有下列情形之一,不需要撤销或者责令履行的,行政复议机关确认该行政行为违法：

（一）行政行为违法,但是不具有可撤销内容；

（二）被申请人改变原违法行政行为,申请人仍要求撤销或者确认该行政行为违法；

（三）被申请人不履行或者拖延履行法定职责,责令履行没有意义。

第六十六条　【限期履行职责】被申请人不履行法定职责的,行政复议机关决定被申请人在一定期限内履行。

第六十七条　【确认无效决定】行政行为有实施主体不具有行政主体资格或者没有依据等重大且明显违法情形,申请人申请确认行政行为无效的,行政复议机关确认该行政行为无效。

第六十八条　【维持决定】行政行为认定事实清楚,证据确凿,适用依据正确,程序合法,内容适当的,行政复议机关决定维持该行政行为。

第六十九条　【驳回行政复议申请决定】

行政复议机关受理申请人认为被申请人不履行法定职责的行政复议申请后,发现被申请人没有相应法定职责或者在受理前已经履行法定职责的,决定驳回申请人的行政复议请求。

第七十条 【举证不能的法律后果】被申请人不按照本法第四十八条、第五十四条的规定提出书面答复、提交作出行政行为的证据、依据和其他有关材料的,视为该行政行为没有证据、依据,行政复议机关决定撤销、部分撤销该行政行为,确认该行政行为违法、无效或者决定被申请人在一定期限内履行,但是行政行为涉及第三人合法权益,第三人提供证据的除外。

第七十一条 【行政协议履行及补偿决定】被申请人不依法订立、不依法履行、未按照约定履行或者违法变更、解除行政协议的,行政复议机关决定被申请人承担依法订立、继续履行、采取补救措施或者赔偿损失等责任。

被申请人变更、解除行政协议合法,但是未依法给予补偿或者补偿不合理的,行政复议机关决定被申请人依法给予合理补偿。

第七十二条 【行政赔偿决定】申请人在申请行政复议时一并提出行政赔偿请求,行政复议机关对依照《中华人民共和国国家赔偿法》的有关规定应当不予赔偿的,在作出行政复议决定时,应当同时决定驳回行政赔偿请求;对符合《中华人民共和国国家赔偿法》的有关规定应当给予赔偿的,在决定撤销或者部分撤销、变更行政行为或者确认行政行为违法、无效时,应当同时决定被申请人依法给予赔偿;确认行政行为违法的,还可以同时责令被申请人采取补救措施。

申请人在申请行政复议时没有提出行政赔偿请求的,行政复议机关在依法决定撤销或者部分撤销、变更罚款,撤销或者部分撤销违法集资、没收财物、征收征用、摊派费用以及对财产的查封、扣押、冻结等行政行为时,应当同时责令被申请人返还财产,解除对财产的查封、扣押、冻结措施,或者赔偿相应的价款。

第七十三条 【行政复议调解】当事人经调解达成协议的,行政复议机关应当制作行政复议调解书,经各方当事人签字或者签章,并加盖行政复议机关印章,即具有法律效力。

调解未达成协议或者调解书生效前一方反悔的,行政复议机关应当依法审查或者及时作出行政复议决定。

第七十四条 【行政复议和解与撤回申请】当事人在行政复议决定作出前可以自愿达成和解,和解内容不得损害国家利益、社会公共利益和他人合法权益,不得违反法律、法规的强制性规定。

当事人达成和解后,由申请人向行政复议机构撤回行政复议申请。行政复议机构准予撤回行政复议申请、行政复议机关决定终止行政复议的,申请人不得再以同一事实和理由提出行政复议申请。但是,申请人能够证明撤回行政复议申请违背其真实意愿的除外。

第七十五条 【行政复议决定书】行政复议机关作出行政复议决定,应当制作行政复议决定书,并加盖行政复议机关印章。

行政复议决定书一经送达,即发生法律效力。

第七十六条　【行政复议意见书】行政复议机关在办理行政复议案件过程中,发现被申请人或者其他下级行政机关的有关行政行为违法或者不当的,可以向其制发行政复议意见书。有关机关应当自收到行政复议意见书之日起六十日内,将纠正相关违法或者不当行政行为的情况报送行政复议机关。

第七十七条　【复议决定书、调解书、意见书的履行】被申请人应当履行行政复议决定书、调解书、意见书。

被申请人不履行或者无正当理由拖延履行行政复议决定书、调解书、意见书的,行政复议机关或者有关上级行政机关应当责令其限期履行,并可以约谈被申请人的有关负责人或者予以通报批评。

第七十八条　【不履行复议决定书、调解书的强制执行】申请人、第三人逾期不起诉又不履行行政复议决定书、调解书的,或者不履行最终裁决的行政复议决定的,按照下列规定分别处理:

(一)维持行政行为的行政复议决定书,由作出行政行为的行政机关依法强制执行,或者申请人民法院强制执行;

(二)变更行政行为的行政复议决定书,由行政复议机关依法强制执行,或者申请人民法院强制执行;

(三)行政复议调解书,由行政复议机关依法强制执行,或者申请人民法院强制执行。

第七十九条　【行政复议决定书公开与复议决定、意见书抄告】行政复议机关根据被申请行政复议的行政行为的公开情况,按照国家有关规定将行政复议决定书向社会公开。

县级以上地方各级人民政府办理以本级人民政府工作部门为被申请人的行政复议案件,应当将发生法律效力的行政复议决定书、意见书同时抄告被申请人的上一级主管部门。

第六章　法律责任

第八十条　【复议机关不依法履行职责的处分】行政复议机关不依照本法规定履行行政复议职责,对负有责任的领导人员和直接责任人员依法给予警告、记过、记大过的处分;经有权监督的机关督促仍不改正或者造成严重后果的,依法给予降级、撤职、开除的处分。

第八十一条　【渎职、失职行为的法律责任】行政复议机关工作人员在行政复议活动中,徇私舞弊或者有其他渎职、失职行为的,依法给予警告、记过、记大过的处分;情节严重的,依法给予降级、撤职、开除的处分;构成犯罪的,依法追究刑事责任。

第八十二条　【被申请人不提出书面答复、不提交有关材料、干扰破坏行政复议活动的法律责任】被申请人违反本法规定,不提出书面答复或者不提交作出行政行为的证据、依据和其他有关材料,或者阻挠、变相阻挠公民、法人或者其他组织依法申请行政复议的,对负有责任的领导人员和直接责任人员依法给予警告、记过、记大过的处分;进行报复陷害的,依法给予降级、撤职、开除的处分;构成犯罪的,依法追究刑事责任。

第八十三条 【被申请人不履行、拖延履行复议决定、调解书、意见书的法律责任】被申请人不履行或者无正当理由拖延履行行政复议决定书、调解书、意见书的,对负有责任的领导人员和直接责任人员依法给予警告、记过、记大过的处分;经责令履行仍拒不履行的,依法给予降级、撤职、开除的处分。

第八十四条 【拒绝、阻挠调查取证的法律责任】拒绝、阻挠行政复议人员调查取证,故意扰乱行政复议工作秩序的,依法给予处分、治安管理处罚;构成犯罪的,依法追究刑事责任。

第八十五条 【行政复议机关移送违法事实材料】行政机关及其工作人员违反本法规定的,行政复议机关可以向监察机关或者公职人员任免机关、单位移送有关人员违法的事实材料,接受移送的监察机关或者公职人员任免机关、单位应当依法处理。

第八十六条 【职务违法犯罪问题线索的移送】行政复议机关在办理行政复议案件过程中,发现公职人员涉嫌贪污贿赂、失职渎职等职务违法或者职务犯罪的问题线索,应当依照有关规定移送监察机关,由监察机关依法调查处置。

第七章 附 则

第八十七条 【行政复议不收费原则】行政复议机关受理行政复议申请,不得向申请人收取任何费用。

第八十八条 【期间计算和文书送达】行政复议期间的计算和行政复议文书的送达,本法没有规定的,依照《中华人民共和国民事诉讼法》关于期间、送达的规定执行。

本法关于行政复议期间有关"三日"、"五日"、"七日"、"十日"的规定是指工作日,不含法定休假日。

第八十九条 【外国人、无国籍人、外国组织的法律适用】外国人、无国籍人、外国组织在中华人民共和国境内申请行政复议,适用本法。

第九十条 【施行日期】本法自2024年1月1日起施行。

行政执法类公务员管理规定

1. 2016年7月8日中共中央批准
2. 2016年7月8日中共中央办公厅、国务院办公厅发布
3. 2023年9月1日中共中央修订
4. 2023年9月1日中共中央办公厅发布

第一章 总 则

第一条 为了加强党对公务员队伍的集中统一领导,适应全面建设社会主义现代化国家、深入推进国家治理体系和治理能力现代化的要求,落实新时代好干部标准,完善公务员职位分类,建立健全符合行政执法类公务员特点的管理制度,提高管理效能和科学化水平,建设忠诚干净担当的高素质专业化公务员队伍,根据《中华人民共和国公务员法》和有关党内法规,制定本规定。

第二条 本规定所称行政执法类公务员,是指依照法律、法规对行政相对人直接履行行政许可、行政处罚、行政强

制、行政征收、行政收费、行政检查等执法职责的公务员,其职责具有执行性、强制性。

第三条 行政执法类公务员的管理,坚持以习近平新时代中国特色社会主义思想为指导,贯彻新时代党的建设总要求和新时代党的组织路线,突出政治标准,强化行政执法能力,坚持下列原则:

(一)党管干部、党管人才;

(二)德才兼备、以德为先、五湖四海、任人唯贤;

(三)事业为上、公道正派、人岗相适、人事相宜;

(四)注重实绩、群众公认、提高执法效能;

(五)监督约束与激励保障并重。

第四条 行政执法类公务员应当忠于宪法,模范遵守、自觉维护宪法和法律,自觉接受党的领导,具有良好的政治素质和道德品行。

第五条 行政执法类公务员应当按照规定的权限和程序认真履行职责,坚持依法行政、依法办事,做到严格规范公正文明执法,提高执法执行力和公信力,保障和促进社会公平正义,维护人民合法权益。

第六条 中央公务员主管部门负责全国行政执法类公务员的综合管理工作。县级以上地方各级公务员主管部门负责本辖区内行政执法类公务员的综合管理工作。上级公务员主管部门指导下级公务员主管部门的行政执法类公务员管理工作。各级公务员主管部门指导同级机关的行政执法类公务员管理工作。

第二章 职位设置

第七条 行政执法类公务员职位根据工作性质、执法职能和管理需要,一般在以行政执法工作为主要职责的市地级以下机关或者内设机构设置。根据行政执法机构设置实际,省级、副省级城市机关也可以设置行政执法类公务员职位。

行政执法类公务员职位设置范围由中央公务员主管部门确定。

第八条 机关依照职能、国家行政编制等,根据中央公务员主管部门确定的职位设置范围,制定本机关行政执法类公务员职位设置方案,并确定职位的具体工作职责和任职资格条件。

第九条 中央机关直属机构行政执法类公务员职位设置方案,报中央公务员主管部门审批;省级以下机关及其直属机构行政执法类公务员职位设置方案,由省级公务员主管部门审批,职位设置等情况每年度报中央公务员主管部门备案。

第三章 职务、职级与级别

第十条 行政执法类公务员实行职务与职级并行制度,设置领导职务、职级序列。

行政执法类公务员领导职务根据有关党内法规、法律法规和机构规格设置。

行政执法类公务员职级序列分为十一个层次。通用职级名称由高至低依次为:督办、一级高级主办、二级高级主办、三级高级主办、四级高级主办、一级主办、二级主办、三级主办、四级主办、一级行政执法员、二级行政执法员。

具体职级名称由中央公务员主管部门以通用职级名称为基础确定。

第十一条 行政执法类公务员职级与级别的对应关系是：

（一）督办：十五级至十级；

（二）一级高级主办：十七级至十一级；

（三）二级高级主办：十八级至十二级；

（四）三级高级主办：十九级至十三级；

（五）四级高级主办：二十级至十四级；

（六）一级主办：二十一级至十五级；

（七）二级主办：二十二级至十六级；

（八）三级主办：二十三级至十七级；

（九）四级主办：二十四级至十八级；

（十）一级行政执法员：二十六级至十八级；

（十一）二级行政执法员：二十七级至十九级。

第十二条 行政执法类公务员职级与综合管理类、专业技术类公务员职级的对应关系是：

（一）督办：二级巡视员、二级总监；

（二）一级高级主办：一级调研员、一级高级主管；

（三）二级高级主办：二级调研员、二级高级主管；

（四）三级高级主办：三级调研员、三级高级主管；

（五）四级高级主办：四级调研员、四级高级主管；

（六）一级主办：一级主任科员、一级主管；

（七）二级主办：二级主任科员、二级主管；

（八）三级主办：三级主任科员、三级主管；

（九）四级主办：四级主任科员、四级主管；

（十）一级行政执法员：一级科员、专业技术员；

（十一）二级行政执法员：二级科员。

第十三条 行政执法类公务员职级按照下列规格设置：

（一）市（地、州、盟）、直辖市的区机关设置督办以下职级；

（二）副省级城市的区机关设置一级高级主办以下职级；

（三）县（市、区、旗）机关设置二级高级主办以下职级。

省、自治区、直辖市机关和副省级城市机关设有行政执法类公务员职位的，设置督办以下职级。

第十四条 行政执法类公务员职级职数一般应当按照行政执法类公务员职位数量的一定比例核定，具体职数比例按照有关规定执行。

职数较少或者难以按照各机关分别核定的行政执法类公务员职级，一般由县级以上公务员主管部门根据实际情况和职级晋升审批权限，分级统筹核定和使用。

第十五条 中央和省级机关垂直管理的

机构、实行双重领导并以部门领导为主的机构、市地级以上机关的直属单位或者派出机构等,根据机构规格,参照第十三条、第十四条规定,设置行政执法类公务员职级并核定职数。

第四章 职务、职级任免与升降

第十六条 行政执法类公务员任职,应当在规定的职位设置范围和职数内进行。

第十七条 行政执法类公务员晋升职级,应当具备拟任职级所要求的政治素质、工作能力、工作实绩、任职年限、纪律作风等方面的基本条件,并在规定任职年限内的年度考核结果均为称职以上等次。

晋升行政执法类公务员职级的任职年限、程序、审批权限等要求,根据对应的综合管理类公务员职级,按照《公务员职务与职级并行规定》执行。

机关必须把政治标准放在首位,考准考实拟晋升职级人选的政治素质。

第十八条 对有政治能力不过硬,缺乏应有的政治判断力、政治领悟力、政治执行力,在涉及党的领导等重大原则问题上立场不坚定、态度暧昧,担当和斗争精神不强,事业心和责任感不强,行政执法能力不足,作风不严不实,职业道德失范,行政执法工作不规范不文明造成不良社会影响等情形,被认定为不适宜或者不胜任现任行政执法类公务员领导职务、职级的,应当按照有关规定及时予以调整。

行政执法类公务员在年度考核中被确定为不称职的,按照有关规定降低一个职务或者职级层次任职。

第十九条 行政执法类公务员转任其他职位类别公务员的,应当予以免职。

第二十条 试用期满考核合格的新录用行政执法类公务员,应当按照规定在一级主办以下职级层次任职定级。

第五章 管理与监督

第二十一条 一级主办以下职级层次行政执法类公务员的录用,应当采取公开考试、严格考察、平等竞争、择优录取的办法。

考试内容根据行政执法类公务员应当具备的基本能力和不同职位要求设置,重点测查政治素质、法律素养和法律执行等能力。

根据职位特点和工作需要,经省级以上公务员主管部门批准,可以对有关心理素质、体能等进行测评。

第二十二条 行政执法类公务员的考核,按照公务员考核有关规定,以职位职责和所承担的行政执法工作为基本依据,有针对性地设置考核内容和指标,采取体现职位特点的考核方法,全面考核德、能、勤、绩、廉,重点考核政治素质和履行行政执法职责、完成行政执法工作的情况,必要时可以听取行政相对人的意见,引导行政执法类公务员树立和践行正确政绩观。

第二十三条 行政执法类公务员应当按照规定接受初任培训、任职培训、专门业务培训、在职培训;培训内容主要包括政治素质、工作能力、职业道德、廉洁自律等方面,应当强化法律、法规和执法技能、文明执法、应急处突能力等培训。

机关应当加强对行政执法类公务员的实践锻炼、专业训练,增强行政执法能力和服务群众本领。

第二十四条　国有企业、高等学校和科研院所以及其他不参照公务员法管理的事业单位中从事公务的人员,可以根据工作和队伍建设需要,按照公务员调任有关规定调入机关,担任行政执法类公务员领导职务或者四级高级主办以上职级。

第二十五条　行政执法类公务员转任,一般在行政执法类公务员职位范围内进行。因工作需要,也可以在不同职位类别之间进行。行政执法类公务员在行政许可、行政处罚等同一职位工作满10年的,应当转任。

行政执法类公务员转任其他职位类别公务员的,按照干部管理权限或者职级晋升审批权限,综合考虑其任职经历等条件,比照确定领导职务、职级。

其他职位类别公务员转任行政执法类公务员的,应当具备拟转任职位所要求的条件。

第二十六条　行政执法类公务员实行国家统一规定的工资制度,按照国家规定享受基本工资、津贴、补贴和奖金。

第二十七条　机关应当落实从严管理干部要求,严明政治纪律和政治规矩,加强对行政执法类公务员全方位管理和经常性监督,完善行政执法程序,强化行政执法监督机制,严格落实行政执法责任制和责任追究制度。

行政执法类公务员应当自觉接受监督。

第二十八条　行政执法类公务员有公开发表存在严重政治问题言论、对党不忠诚不老实、表里不一、阳奉阴违等违反政治纪律行为的,在履行职责中有态度恶劣粗暴造成不良后果或者影响、故意刁难或者吃拿卡要、弄虚作假、滥用职权、玩忽职守、徇私枉法、打击报复行政相对人等违纪违法行为以及违反机关的决定和命令的,按照有关规定给予谈话提醒、批评教育、责令检查、诫勉、组织处理、处分;构成犯罪的,依法追究刑事责任。

第二十九条　行政执法类公务员在执行公务中有应当回避情形的,本人应当申请回避,行政相对人可以提出回避申请,主管领导可以提出回避要求,由所在机关作出回避决定。

第三十条　行政执法类公务员辞去公职或者退休的,应当遵守从业限制规定。原所在机关和有关部门应当按照规定加强对行政执法类公务员离职从业行为的管理监督。

第三十一条　对有下列情形的,由县级以上领导机关或者公务员主管部门按照管理权限,区别不同情况,分别予以责令纠正或者宣布无效;对负有责任的领导人员和直接责任人员,根据情节轻重,给予批评教育、责令检查、诫勉、组织处理、处分;构成犯罪的,依法追究刑事责任:

（一）擅自扩大行政执法类公务员职位设置范围;

（二）超职数设置行政执法类公务员领导职务、职级;

（三）随意放宽任职资格条件;

（四）违反规定的条件和程序进行录用、调任、转任、晋升以及考核、奖惩;

（五）违反国家规定，更改行政执法类公务员工资、福利、保险待遇标准；

（六）违反本规定的其他行为。

第六章　附　则

第三十二条　担任领导职务的行政执法类公务员，有关党内法规和法律对其选拔任用、管理监督等另有规定的，按照有关规定执行。

第三十三条　行政执法类公务员的管理，本规定未作规定的，按照《中华人民共和国公务员法》及其配套法规执行。

第三十四条　参照公务员法管理的事业单位中从事行政执法工作的工作人员，经省级以上公务员主管部门批准，参照本规定进行管理。

第三十五条　本规定由中共中央组织部负责解释。

第三十六条　本规定自发布之日起施行。

国务院办公厅关于全面推行行政执法公示制度执法全过程记录制度重大执法决定法制审核制度的指导意见

1. 2018年12月5日
2. 国办发〔2018〕118号

各省、自治区、直辖市人民政府，国务院各部委、各直属机构：

行政执法是行政机关履行政府职能、管理经济社会事务的重要方式。近年来，各地区、各部门不断加强行政执法规范化建设，执法能力和水平有了较大提高，但执法中不严格、不规范、不文明、不透明等问题仍然较为突出，损害人民群众利益和政府公信力。《中共中央关于全面推进依法治国若干重大问题的决定》和《法治政府建设实施纲要（2015—2020年）》对全面推行行政执法公示制度、执法全过程记录制度、重大执法决定法制审核制度（以下统称"三项制度"）作出了具体部署、提出了明确要求。聚焦行政执法的源头、过程、结果等关键环节，全面推行"三项制度"，对促进严格规范公正文明执法具有基础性、整体性、突破性作用，对切实保障人民群众合法权益，维护政府公信力，营造更加公开透明、规范有序、公平高效的法治环境具有重要意义。为指导各地区、各部门全面推行"三项制度"，经党中央、国务院同意，现提出如下意见。

一、总体要求

（一）指导思想。

以习近平新时代中国特色社会主义思想为指导，全面贯彻党的十九大和十九届二中、三中全会精神，着力推进行政执法透明、规范、合法、公正，不断健全执法制度、完善执法程序、创新执法方式、加强执法监督，全面提高执法效能，推动形成权责统一、权威高效的行政执法体系和职责明确、依法行政的政府治理体系，确保行政机关依法履行法定职责，切实维护人民群众合法权益，为落实全面依法治国基本方略、推进法治政府建设奠定坚实基础。

（二）基本原则。

坚持依法规范。全面履行法定职

责,规范办事流程,明确岗位责任,确保法律法规章严格实施,保障公民、法人和其他组织依法行使权利,不得违法增加办事的条件、环节等负担,防止执法不作为、乱作为。

坚持执法为民。牢固树立以人民为中心的发展思想,贴近群众、服务群众,方便群众及时获取执法信息、便捷办理各种手续、有效监督执法活动,防止执法扰民、执法不公。

坚持务实高效。聚焦基层执法实践需要,着力解决实际问题,注重措施的有效性和针对性,便于执法人员操作,切实提高执法效率,防止程序繁琐、不切实际。

坚持改革创新。在确保统一、规范的基础上,鼓励、支持、指导各地区、各部门因地制宜、更新理念、大胆实践,不断探索创新工作机制,更好服务保障经济社会发展,防止因循守旧、照搬照抄。

坚持统筹协调。统筹推进行政执法各项制度建设,加强资源整合、信息共享,做到各项制度有机衔接、高度融合,防止各行其是、重复建设。

(三)工作目标。

"三项制度"在各级行政执法机关全面推行,行政处罚、行政强制、行政检查、行政征收征用、行政许可等行为得到有效规范,行政执法公示制度机制不断健全,做到执法行为过程信息全程记载、执法全过程可回溯管理、重大执法决定法制审核全覆盖,全面实现执法信息公开透明、执法全过程留痕、执法决定合法有效,行政执法能力和水平整体大幅提升,行政执法行为被纠错率明显下降,行政执法的社会满意度显著提高。

二、全面推行行政执法公示制度

行政执法公示是保障行政相对人和社会公众知情权、参与权、表达权、监督权的重要措施。行政执法机关要按照"谁执法谁公示"的原则,明确公示内容的采集、传递、审核、发布职责,规范信息公示内容的标准、格式。建立统一的执法信息公示平台,及时通过政府网站及政务新媒体、办事大厅公示栏、服务窗口等平台向社会公开行政执法基本信息、结果信息。涉及国家秘密、商业秘密、个人隐私等不宜公开的信息,依法确需公开的,要作适当处理后公开。发现公开的行政执法信息不准确的,要及时予以更正。

(四)强化事前公开。行政执法机关要统筹推进行政执法事前公开与政府信息公开、权责清单公布、"双随机、一公开"监管等工作。全面准确及时主动公开行政执法主体、人员、职责、权限、依据、程序、救济渠道和随机抽查事项清单等信息。根据有关法律法规,结合自身职权职责,编制并公开本机关的服务指南、执法流程图,明确执法事项名称、受理机构、审批机构、受理条件、办理时限等内容。公开的信息要简明扼要、通俗易懂,并及时根据法律法规及机构职能变化情况进行动态调整。

(五)规范事中公示。行政执法人员在进行监督检查、调查取证、采取强制措施和强制执行、送达执法文书等执法活动时,必须主动出示执法证件,向当事人和相关人员表明身份,鼓励采取佩戴执法证件的方式,执法全程公示执法身份;要出具行政执法文书,主动告知当事人执法事由、执法依据、权利义务等内容。国家规定统一着执法服装、佩戴执法标识的,执法时要按规定着装、佩戴标识。政务服务窗口要设置岗位信息公示牌,明示工作人员岗位职责、申请材料示范文本、办理进度查询、咨询服务、投诉举报等信息。

(六)加强事后公开。行政执法机关要在执法决定作出之日起20个工作日内,向社会公布执法机关、执法对象、执法类别、执法结论等信息,接受社会监督,行政许可、行政处罚的执法决定信息要在执法决定作出之日起7个工作日内公开,但法律、行政法规另有规定的除外。建立健全执法决定信息公开发布、撤销和更新机制。已公开的行政执法决定被依法撤销、确认违法或者要求重新作出的,应当及时从信息公示平台撤下原行政执法决定信息。建立行政执法统计年报制度,地方各级行政执法机关应当于每年1月31日前公开本机关上年度行政执法总体情况有关数据,并报本级人民政府和上级主管部门。

三、全面推行执法全过程记录制度

行政执法全过程记录是行政执法活动合法有效的重要保证。行政执法机关要通过文字、音像等记录形式,对行政执法的启动、调查取证、审核决定、送达执行等全部过程进行记录,并全面系统归档保存,做到执法全过程留痕和可回溯管理。

(七)完善文字记录。文字记录是以纸质文件或电子文件形式对行政执法活动进行全过程记录的方式。要研究制定执法规范用语和执法文书制作指引,规范行政执法的重要事项和关键环节,做到文字记录合法规范、客观全面、及时准确。司法部负责制定统一的行政执法文书基本格式标准,国务院有关部门可以参照该标准,结合本部门执法实际,制定本部门、本系统统一适用的行政执法文书格式文本。地方各级人民政府可以在行政执法文书基本格式标准基础上,参考国务院部门行政执法文书格式,结合本地实际,完善有关文书格式。

(八)规范音像记录。音像记录是通过照相机、录音机、摄像机、执法记录仪、视频监控等记录设备,实时对行政执法过程进行记录的方式。各级行政执法机关要根据行政执法行为的不同类别、阶段、环节,采用相应音像记录形式,充分发挥音像记录直观有力的证据作用、规范执法的监督作用、依法履职的保障作用。要做好音像记录与文字记录的衔接工作,充分考虑音像记录方式的必要性、适当性和实效性,对文字记录能够全面有效记录执法行为的,可以不进行音像记录;对查封扣押财产、强制拆除等直接涉及人身自由、生命健康、重大财产权益的现场执法活动和执法办案场所,要推行全程音像记录;对现场执法、调查取证、举行听证、留置送达和公告送达等容易引发争议的行政执法过程,要根据实际情况进行音像记录。要建立健全执法音像记录管理制度,明确执法音像记录的设备配备、使用规范、记录要素、存储应用、监督管理等要求。研究制定执法行为用语指引,指导执法人员规范文明开展音像记录。配备音像记录设备、建设询问室和听证室等音像记录场所,要按照工作必需、厉行节约、性能适度、安全稳定、适量够用的原则,结合本地区经济发展水平和本部门执法具体情况确定,不搞"一刀切"。

(九)严格记录归档。要完善执法案卷管理制度,加强对执法台账和法律文书的制作、使用、管理,按照有关法律法规和档案管理规定归档保存执法全过程记录资料,确保所有行政执法行为有据可查。对涉及国家秘密、商业秘密、个人隐私的记录资料,归档时要严格执行国家有关规定。积极探索成本低、效果好、易保存、防删改的信息化记录储存方式,通过技术手段对同一执法对象的文字记录、音像记录进行集中储存。建立健全基于互联网、电子认证、电子签章的行政执法全过程数据化记录工作机制,形成业务流程清晰、数据链条完整、数据安全有保障的数字化记录信息归档管理制度。

(十)发挥记录作用。要充分发挥全过程记录信息对案卷评查、执法监督、评议考核、舆情应对、行政决策和健全社会信用体系等工作的积极作用,善于通过统计分析记录资料信息,发现行政执法薄弱环节,改进行政执法工作,依法公正维护执法人员和行政相对人的合法权益。建立健全记录信息调阅监督制度,做到可实时调阅,切实加强监督,确保行政执法文字记录、音像记录规范、合法、有效。

四、全面推行重大执法决定法制审核制度

重大执法决定法制审核是确保行政执法机关作出的重大执法决定合法有效的关键环节。行政执法机关作出重大执法决定前,要严格进行法制审核,未经法制审核或者审核未通过的,不得作出决定。

(十一)明确审核机构。各级行政执法机关要明确具体负责本单位重大执法决定法制审核的工作机构,确保法制审核工作有机构承担、有专人负责。加强法制审核队伍的正规化、专业化、职业化建设,把政治素质高、业务能力强、具有法律专业背景的人员调整充实到法制审核岗位,配强工作力量,使法制审核人员的配置与形势任务相适应,原则上各级行政执法机关的法制审核人员不少于本单位执法人员总数的5%。要充分发挥法律顾问、公职律师在法制审核工作中的作用,特别是针对基层存在的法制审核专业人员数量不足、分布不均等问题,探索建立健全本系统内法律顾问、公职律师统筹调用机制,实现法律专业人才资源共享。

(十二)明确审核范围。凡涉及重大公共利益,可能造成重大社会影响或引发社会风险,直接关系行政相对人或第三人重大权益,经过听证程序作出行政执法决定,以及案件情况疑难复杂、涉及多个法律关系的,都要进行法制审核。各级行政执法机关要结合本机关行政执法行为的类别、执法层级、所属领域、涉案金额等因素,制

定重大执法决定法制审核目录清单。上级行政执法机关要对下一级执法机关重大执法决定法制审核目录清单编制工作加强指导,明确重大执法决定事项的标准。

(十三)明确审核内容。要严格审核行政执法主体是否合法,行政执法人员是否具备执法资格;行政执法程序是否合法;案件事实是否清楚,证据是否合法充分;适用法律、法规、规章是否准确,裁量基准运用是否适当;执法是否超越执法机关法定权限;行政执法文书是否完备、规范;违法行为是否涉嫌犯罪、需要移送司法机关等。法制审核机构完成审核后,要根据不同情形,提出同意或者存在问题的书面审核意见。行政执法承办机构要对法制审核机构提出的存在问题的审核意见进行研究,作出相应处理后再次报送法制审核。

(十四)明确审核责任。行政执法机关主要负责人是推动落实本机关重大执法决定法制审核制度的第一责任人,对本机关作出的行政执法决定负责。要结合实际,确定法制审核流程,明确送审材料报送要求和审核的方式、时限、责任,建立健全法制审核机构与行政执法承办机构对审核意见不一致时的协调机制。行政执法承办机构对送审材料的真实性、准确性、完整性,以及执法的事实、证据、法律适用、程序的合法性负责。法制审核机构对重大执法决定的法制审核意见负责。因行政执法承办机构的承办人员、负责法制审核的人员和审批行政执法决定的负责人滥用职权、玩忽职守、徇私枉法等,导致行政执法决定错误,要依纪依法追究相关人员责任。

五、全面推进行政执法信息化建设

行政执法机关要加强执法信息管理,及时准确公示执法信息,实现行政执法全程留痕,法制审核流程规范有序。加快推进执法信息互联互通共享,有效整合执法数据资源,为行政执法更规范、群众办事更便捷、政府治理更高效、营商环境更优化奠定基础。

(十五)加强信息化平台建设。依托大数据、云计算等信息技术手段,大力推进行政执法综合管理监督信息系统建设,充分利用已有信息系统和数据资源,逐步构建操作信息化、文书数据化、过程痕迹化、责任明晰化、监督严密化、分析可量化的行政执法信息化体系,做到执法信息网上录入、执法程序网上流转、执法活动网上监督、执法决定实时推送、执法信息统一公示、执法信息网上查询,实现对行政执法活动的即时性、过程性、系统性管理。认真落实国务院关于加快全国一体化在线政务服务平台建设的决策部署,推动政务服务"一网通办",依托电子政务外网开展网上行政服务工作,全面推行网上受理、网上审批、网上办公,让数据多跑路、群众少跑腿。

(十六)推进信息共享。完善全国行政执法数据汇集和信息共享机制,制定全国统一规范的执法数据标准,明确执法信息共享的种类、范围、流程和使用方式,促进执法数据高效采集、有效整合。充分利用全国一体化在线政务服务平台,在确保信息安全的前提下,加快推进跨地区、跨部门执法信息系统互联互通,已建设并使用的有关执法信息系统要加强业务协同,打通信息壁垒,实现数据共享互通,解决"信息孤岛"等问题。认真梳理涉及各类行政执法的基础数据,建立以行政执法主体信息、权责清单信息、办案信息、监督信息和统计分析信息等为主要内容的全国行政执法信息资源库,逐步形成集数据储存、共享功能于一体的行政执法数据中心。

（十七）强化智能应用。要积极推进人工智能技术在行政执法实践中的运用,研究开发行政执法裁量智能辅助信息系统,利用语音识别、文本分析等技术对行政执法信息数据资源进行分析挖掘,发挥人工智能在证据收集、案例分析、法律文件阅读与分析中的作用,聚焦争议焦点,向执法人员精准推送办案规范、法律法规规定、相似案例等信息,提出处理意见建议,生成执法决定文书,有效约束规范行政自由裁量权,确保执法尺度统一。加强对行政执法大数据的关联分析、深化应用,通过提前预警、监测、研判,及时发现解决行政机关在履行政府职能、管理经济社会事务中遇到的新情况、新问题,提升行政立法、行政决策和风险防范水平,提高政府治理的精准性和有效性。

六、加大组织保障力度

（十八）加强组织领导。地方各级人民政府及其部门的主要负责同志作为本地区、本部门全面推行"三项制度"工作的第一责任人,要切实加强对本地区、本部门行政执法工作的领导,做好"三项制度"组织实施工作,定期听取有关工作情况汇报,及时研究解决工作中的重大问题,确保工作有方案、部署有进度、推进有标准、结果有考核。要建立健全工作机制,县级以上人民政府建立司法行政、编制管理、公务员管理、信息公开、电子政务、发展改革、财政、市场监管等单位参加的全面推行"三项制度"工作协调机制,指导协调、督促检查工作推进情况。国务院有关部门要加强对本系统全面推行"三项制度"工作的指导,强化行业规范和标准统一,及时研究解决本部门、本系统全面推行"三项制度"过程中遇到的问题。上级部门要切实做到率先推行,以上带下,充分发挥在行业系统中的带动引领作用,指导、督促下级部门严格规范实施"三项制度"。

（十九）健全制度体系。要根据本指导意见的要求和各地区、各部门实际情况,建立健全科学合理的"三项制度"体系。加强和完善行政执法案例指导、行政执法裁量基准、行政执法案卷管理和评查、行政执法投诉举报以及行政执法考核监督等制度建设,推进全国统一的行政执法资格和证件管理,积极做好相关制度衔接工作,形成统筹行政执法各个环节的制度体系。

（二十）开展培训宣传。要开展"三项制度"专题学习培训,加强业务交流。认真落实"谁执法谁普法"普法责任制的要求,加强对全面推行"三项制度"的宣传,通过政府网站、新闻发布会以及报刊、广播、电视、网络、新媒体等方式,全方位宣传全面推行"三项制度"的重要意义、主要做法、典型经验和实施效果,发挥示范带动作用,及时回应社会关切,合理引导社会预期,为全面推行"三项制度"营造良好的社会氛围。

（二十一）加强督促检查。要把"三项制度"推进情况纳入法治政府建设考评指标体系,纳入年底效能目标考核体系,建立督查情况通报制度,坚持鼓励先进与鞭策落后相结合,充分调动全面推行"三项制度"工作的积极性、主动性。对工作不力的要及时督促整改,对工作中出现问题造成不良后果的单位及人员要通报批评,依纪依法问责。

（二十二）保障经费投入。要建立责任明确、管理规范、投入稳定的执法经费保障机制,保障行政执法机关依法履职所需的执法装备、经费,严禁将收费、罚没收入同部门利益直接或者变相挂钩。省级人民政府要分类制定行政执法机关执法装备配备标准、装备配备规划、设施建设规划和年度实施计划。地方各级行政执法机关要结合执法实际,将执法装备需求报本级人民政府列入财政预算。

（二十三）加强队伍建设。高素质的执法人员是全面推行"三项制度"取得实效的关键。要重视执法人员能力素质建设,加强思想道德和素质教育,着力提升执法人员业务能力和执法素养,打造政治坚定、作风优良、纪律严明、廉洁务实的执法队伍。加强行政执法人员资格管理,统一行政执法证件样式,建立全国行政执法人员和法制审核人员数据库。健全行政执法人员和法制审核人员岗前培训和岗位培训制度。鼓励和支持行政执法人员参加国家统一法律职业资格考试,对取得法律职业资格的人员可以简化或免于执法资格考试。建立科学的考核评价体系和人员激励机制。保障执法人员待遇,完善基层执法人员工资政策,建立和实施执法人员人身意外伤害和工伤保险制度,落实国家抚恤政策,提高执法人员履职积极性,增强执法队伍稳定性。

各地区、各部门要于2019年3月底前制定本地区、本部门全面推行"三项制度"的实施方案,并报司法部备案。司法部要加强对全面推行"三项制度"的指导协调,会同有关部门进行监督检查和跟踪评估,重要情况及时报告国务院。

二、部门法律规范

1. 公安、交通

中华人民共和国治安管理处罚法

1. 2005年8月28日第十届全国人民代表大会常务委员会第十七次会议通过
2. 根据2012年10月26日全国人民代表大会常务委员会第二十九次会议《关于修改〈中华人民共和国治安管理处罚法〉的决定》修正

目 录

第一章 总 则
第二章 处罚的种类和适用
第三章 违反治安管理的行为和处罚
　第一节 扰乱公共秩序的行为和处罚
　第二节 妨害公共安全的行为和处罚
　第三节 侵犯人身权利、财产权利的行为和处罚
　第四节 妨害社会管理的行为和处罚
第四章 处罚程序
　第一节 调 查
　第二节 决 定
　第三节 执 行
第五章 执法监督
第六章 附 则

第一章 总 则

第一条 【立法目的】为维护社会治安秩序,保障公共安全,保护公民、法人和其他组织的合法权益,规范和保障公安机关及其人民警察依法履行治安管理职责,制定本法。

第二条 【违反治安管理行为的性质和特征】扰乱公共秩序,妨害公共安全,侵犯人身权利、财产权利,妨害社会管理,具有社会危害性,依照《中华人民共和国刑法》的规定构成犯罪的,依法追究刑事责任;尚不够刑事处罚的,由公安机关依照本法给予治安管理处罚。

第三条 【处罚程序应适用的法律规范】治安管理处罚的程序,适用本法的规定;本法没有规定的,适用《中华人民共和国行政处罚法》的有关规定。

第四条 【适用范围】在中华人民共和国领域内发生的违反治安管理行为,除法律有特别规定的外,适用本法。

在中华人民共和国船舶和航空器内发生的违反治安管理行为,除法律有特别规定的外,适用本法。

第五条 【基本原则】治安管理处罚必须以事实为依据,与违反治安管理行为的性质、情节以及社会危害程度相当。

实施治安管理处罚,应当公开、公正,尊重和保障人权,保护公民的人格尊严。

办理治安案件应当坚持教育与处罚相结合的原则。

第六条 【社会治安综合治理】各级人民政府应当加强社会治安综合治理,采取有效措施,化解社会矛盾,增进社会和谐,维护社会稳定。

第七条 【主管和管辖】国务院公安部门负责全国的治安管理工作。县级以上地方各级人民政府公安机关负责本行政区域内的治安管理工作。

治安案件的管辖由国务院公安部门规定。

第八条 【民事责任】违反治安管理的行为对他人造成损害的,行为人或者其监护人应当依法承担民事责任。

第九条 【调解】对于因民间纠纷引起的打架斗殴或者损毁他人财物等违反治安管理行为,情节较轻的,公安机关可以调解处理。经公安机关调解,当事人达成协议的,不予处罚。经调解未达成协议或者达成协议后不履行的,公安机关应当依照本法的规定对违反治安管理行为人给予处罚,并告知当事人可以就民事争议依法向人民法院提起民事诉讼。

第二章 处罚的种类和适用

第十条 【处罚种类】治安管理处罚的种类分为:
(一)警告;
(二)罚款;
(三)行政拘留;
(四)吊销公安机关发放的许可证。

对违反治安管理的外国人,可以附加适用限期出境或者驱逐出境。

第十一条 【查获违禁品、工具和违法所得财物的处理】办理治安案件所查获的毒品、淫秽物品等违禁品,赌具、赌资,吸食、注射毒品的用具以及直接用于实施违反治安管理行为的本人所有的工具,应当收缴,按照规定处理。

违反治安管理所得的财物,追缴退还被侵害人;没有被侵害人的,登记造册,公开拍卖或者按照国家有关规定处理,所得款项上缴国库。

第十二条 【未成年人违法的处罚】已满十四周岁不满十八周岁的人违反治安管理的,从轻或者减轻处罚;不满十四周岁的人违反治安管理的,不予处罚,但是应当责令其监护人严加管教。

第十三条 【精神病人违法的处罚】精神病人在不能辨认或者不能控制自己行为的时候违反治安管理的,不予处罚,但是应当责令其监护人严加看管和治疗。间歇性的精神病人在精神正常的时候违反治安管理的,应当给予处罚。

第十四条 【盲人或聋哑人违法的处罚】盲人或者又聋又哑的人违反治安管理的,可以从轻、减轻或者不予处罚。

第十五条 【醉酒的人违法的处罚】醉酒的人违反治安管理的,应当给予处罚。

醉酒的人在醉酒状态中,对本人有危险或者对他人的人身、财产或者公共安全有威胁的,应当对其采取保护性措施约束至酒醒。

第十六条 【有两种以上违法行为的处罚】有两种以上违反治安管理行为的,分别决定,合并执行。行政拘留处罚合并执行的,最长不超过二十日。

第十七条 【共同违法行为的处罚】共同违反治安管理的,根据违反治安管理行为人在违反治安管理行为中所起的作用,分别处罚。

教唆、胁迫、诱骗他人违反治安管理的,按照其教唆、胁迫、诱骗的行为处罚。

第十八条 【单位违法行为的处罚】单位违反治安管理的,对其直接负责的主管人员和其他直接责任人员依照本法的规定处罚。其他法律、行政法规对同一行为规定给予单位处罚的,依照其规定处罚。

第十九条 【减轻处罚或不予处罚的情形】违反治安管理有下列情形之一的,减轻处罚或者不予处罚:

(一)情节特别轻微的;

(二)主动消除或者减轻违法后果,并取得被侵害人谅解的;

(三)出于他人胁迫或者诱骗的;

(四)主动投案,向公安机关如实陈述自己的违法行为的;

(五)有立功表现的。

第二十条 【从重处罚的情形】违反治安管理有下列情形之一的,从重处罚:

(一)有较严重后果的;

(二)教唆、胁迫、诱骗他人违反治安管理的;

(三)对报案人、控告人、举报人、证人打击报复的;

(四)六个月内曾受过治安管理处罚的。

第二十一条 【应给予行政拘留处罚而不予执行的情形】违反治安管理行为人有下列情形之一,依照本法应当给予行政拘留处罚的,不执行行政拘留处罚:

(一)已满十四周岁不满十六周岁的;

(二)已满十六周岁不满十八周岁,初次违反治安管理的;

(三)七十周岁以上的;

(四)怀孕或者哺乳自己不满一周岁婴儿的。

第二十二条 【追究时效】违反治安管理行为在六个月内没有被公安机关发现的,不再处罚。

前款规定的期限,从违反治安管理行为发生之日起计算;违反治安管理行为有连续或者继续状态的,从行为终了之日起计算。

第三章 违反治安管理的行为和处罚

第一节 扰乱公共秩序的行为和处罚

第二十三条 【扰乱单位、公共场所、公共交通和选举秩序的行为及处罚】有下列行为之一的,处警告或者二百元以下罚款;情节较重的,处五日以上十日以下拘留,可以并处五百元以下罚款:

(一)扰乱机关、团体、企业、事业单位秩序,致使工作、生产、营业、医疗、教学、科研不能正常进行,尚未造成严重损失的;

(二)扰乱车站、港口、码头、机场、商场、公园、展览馆或者其他公共场所秩序的;

(三)扰乱公共汽车、电车、火车、船舶、航空器或者其他公共交通工具上的秩序的;

(四)非法拦截或者强登、扒乘机动车、船舶、航空器以及其他交通工具,影响交通工具正常行驶的;

(五)破坏依法进行的选举秩序的。

聚众实施前款行为的,对首要分子处十日以上十五日以下拘留,可以并处一千元以下罚款。

第二十四条 【扰乱文化、体育等大型群众性活动秩序的行为及处罚】有下列行为之一,扰乱文化、体育等大型群众性活动秩序的,处警告或者二百元以下罚款;情节严重的,处五日以上十日以下拘留,可以并处五百元以下罚款:

(一)强行进入场内的;

(二)违反规定,在场内燃放烟花爆竹或者其他物品的;

(三)展示侮辱性标语、条幅等物品的;

(四)围攻裁判员、运动员或者其他工作人员的;

(五)向场内投掷杂物,不听制止的;

(六)扰乱大型群众性活动秩序的其他行为。

因扰乱体育比赛秩序被处以拘留处罚的,可以同时责令其十二个月内不得进入体育场馆观看同类比赛;违反规定进入体育场馆的,强行带离现场。

第二十五条 【扰乱公共秩序的行为及处罚】有下列行为之一的,处五日以上十日以下拘留,可以并处五百元以下罚款;情节较轻的,处五日以下拘留或者五百元以下罚款:

(一)散布谣言,谎报险情、疫情、警情或者以其他方法故意扰乱公共秩序的;

(二)投放虚假的爆炸性、毒害性、放射性、腐蚀性物质或者传染病病原体等危险物质扰乱公共秩序的;

(三)扬言实施放火、爆炸、投放危险物质扰乱公共秩序的。

第二十六条 【寻衅滋事行为及处罚】有下列行为之一的,处五日以上十日以下拘留,可以并处五百元以下罚款;情节较重的,处十日以上十五日以下拘留,可以并处一千元以下罚款:

(一)结伙斗殴的;

(二)追逐、拦截他人的;

(三)强拿硬要或者任意损毁、占用公私财物的;

(四)其他寻衅滋事行为。

第二十七条 【利用封建迷信、会道门进行非法活动的行为及处罚】有下列行为之一的,处十日以上十五日以下拘留,可以并处一千元以下罚款;情节较轻的,处五日以上十日以下拘留,可以并处五百元以下罚款:

(一)组织、教唆、胁迫、诱骗、煽动他人从事邪教、会道门活动或者利用邪教、会道门、迷信活动,扰乱社会秩序、损害他人身体健康的;

(二)冒用宗教、气功名义进行扰乱社会秩序、损害他人身体健康活动的。

第二十八条 【干扰无线电业务及无线电台(站)的行为及处罚】违反国家规定,故意干扰无线电业务正常进行的,或者对正常运行的无线电台(站)产生有害干扰,经有关主管部门指出后,拒不采取有效措施消除的,处五日以上十日以下拘留;情节严重的,处十日以上十五日以下拘留。

第二十九条 【侵入、破坏计算机信息系统的行为及处罚】有下列行为之一的,处五日以下拘留;情节较重的,处五日以上十日以下拘留：

（一）违反国家规定，侵入计算机信息系统，造成危害的；

（二）违反国家规定，对计算机信息系统功能进行删除、修改、增加、干扰，造成计算机信息系统不能正常运行的；

（三）违反国家规定，对计算机信息系统中存储、处理、传输的数据和应用程序进行删除、修改、增加的；

（四）故意制作、传播计算机病毒等破坏性程序，影响计算机信息系统正常运行的。

第二节 妨害公共安全的行为和处罚

第三十条 【违反危险物质管理的行为及处罚】 违反国家规定，制造、买卖、储存、运输、邮寄、携带、使用、提供、处置爆炸性、毒害性、放射性、腐蚀性物质或者传染病病原体等危险物质的，处十日以上十五日以下拘留；情节较轻的，处五日以上十日以下拘留。

第三十一条 【对危险物质被盗、被抢、丢失不报的处罚】 爆炸性、毒害性、放射性、腐蚀性物质或者传染病病原体等危险物质被盗、被抢或者丢失，未按规定报告的，处五日以下拘留；故意隐瞒不报的，处五日以上十日以下拘留。

第三十二条 【对非法携带管制器具的处罚】 非法携带枪支、弹药或者弩、匕首等国家规定的管制器具的，处五日以下拘留，可以并处五百元以下罚款；情节较轻的，处警告或者二百元以下罚款。

非法携带枪支、弹药或者弩、匕首等国家规定的管制器具进入公共场所或者公共交通工具的，处五日以上十日以下拘留，可以并处五百元以下罚款。

第三十三条 【对盗窃、损毁公共设施的处罚】 有下列行为之一的，处十日以上十五日以下拘留：

（一）盗窃、损毁油气管道设施、电力电信设施、广播电视设施、水利防汛工程设施或者水文监测、测量、气象测报、环境监测、地质监测、地震监测等公共设施的；

（二）移动、损毁国家边境的界碑、界桩以及其他边境标志、边境设施或者领土、领海标志设施的；

（三）非法进行影响国（边）界线走向的活动或者修建有碍国（边）境管理的设施的。

第三十四条 【对妨害航空器飞行安全行为的处罚】 盗窃、损坏、擅自移动使用中的航空设施，或者强行进入航空器驾驶舱的，处十日以上十五日以下拘留。

在使用中的航空器上使用可能影响导航系统正常功能的器具、工具，不听劝阻的，处五日以下拘留或者五百元以下罚款。

第三十五条 【对妨害铁路运行安全行为的处罚】 有下列行为之一的，处五日以上十日以下拘留，可以并处五百元以下罚款；情节较轻的，处五日以下拘留或者五百元以下罚款：

（一）盗窃、损毁或者擅自移动铁路设施、设备、机车车辆配件或者安全标志的；

（二）在铁路线路上放置障碍物，

或者故意向列车投掷物品的；

（三）在铁路线路、桥梁、涵洞处挖掘坑穴、采石取沙的；

（四）在铁路线路上私设道口或者平交过道的。

第三十六条 【对妨害列车行车安全行为的处罚】擅自进入铁路防护网或者火车来临时在铁路线路上行走坐卧、抢越铁路，影响行车安全的，处警告或者二百元以下罚款。

第三十七条 【对妨害公共道路安全行为的处罚】有下列行为之一的，处五日以下拘留或者五百元以下罚款；情节严重的，处五日以上十日以下拘留，可以并处五百元以下罚款：

（一）未经批准，安装、使用电网的，或者安装、使用电网不符合安全规定的；

（二）在车辆、行人通行的地方施工，对沟井坎穴不设覆盖物、防围和警示标志的，或者故意损毁、移动覆盖物、防围和警示标志的；

（三）盗窃、损毁路面井盖、照明等公共设施的。

第三十八条 【对违反安全规定举办大型活动的处罚】举办文化、体育等大型群众性活动，违反有关规定，有发生安全事故危险的，责令停止活动，立即疏散；对组织者处五日以上十日以下拘留，并处二百元以上五百元以下罚款；情节较轻的，处五日以下拘留或者五百元以下罚款。

第三十九条 【对违反公共场所安全规定的处罚】旅馆、饭店、影剧院、娱乐场、运动场、展览馆或者其他供社会公众活动的场所的经营管理人员，违反安全规定，致使该场所有发生安全事故危险，经公安机关责令改正，拒不改正的，处五日以下拘留。

第三节　侵犯人身权利、财产权利的行为和处罚

第四十条 【对恐怖表演、强迫劳动、限制人身自由的处罚】有下列行为之一的，处十日以上十五日以下拘留，并处五百元以上一千元以下罚款；情节较轻的，处五日以上十日以下拘留，并处二百元以上五百元以下罚款：

（一）组织、胁迫、诱骗不满十六周岁的人或者残疾人进行恐怖、残忍表演的；

（二）以暴力、威胁或者其他手段强迫他人劳动的；

（三）非法限制他人人身自由、非法侵入他人住宅或者非法搜查他人身体的。

第四十一条 【胁迫利用他人乞讨和滋扰乞讨的处罚】胁迫、诱骗或者利用他人乞讨的，处十日以上十五日以下拘留，可以并处一千元以下罚款。

反复纠缠、强行讨要或者以其他滋扰他人的方式乞讨的，处五日以下拘留或者警告。

第四十二条 【对侵犯人身权利六项行为的处罚】有下列行为之一的，处五日以下拘留或者五百元以下罚款；情节较重的，处五日以上十日以下拘留，可以并处五百元以下罚款：

（一）写恐吓信或者以其他方法威胁他人人身安全的；

（二）公然侮辱他人或者捏造事实诽谤他人的；

（三）捏造事实诬告陷害他人，企图使他人受到刑事追究或者受到治安管理处罚的；

（四）对证人及其近亲属进行威胁、侮辱、殴打或者打击报复的；

（五）多次发送淫秽、侮辱、恐吓或者其他信息，干扰他人正常生活的；

（六）偷窥、偷拍、窃听、散布他人隐私的。

第四十三条 【对殴打或故意伤害他人身体的处罚】殴打他人的，或者故意伤害他人身体的，处五日以上十日以下拘留，并处二百元以上五百元以下罚款；情节较轻的，处五日以下拘留或者五百元以下罚款。

有下列情形之一的，处十日以上十五日以下拘留，并处五百元以上一千元以下罚款：

（一）结伙殴打、伤害他人的；

（二）殴打、伤害残疾人、孕妇、不满十四周岁的人或者六十周岁以上的人的；

（三）多次殴打、伤害他人或者一次殴打、伤害多人的。

第四十四条 【对猥亵他人和公共场所裸露身体的处罚】猥亵他人的，或者在公共场所故意裸露身体，情节恶劣的，处五日以上十日以下拘留；猥亵智力残疾人、精神病人、不满十四周岁的人或者有其他严重情节的，处十日以上十五日以下拘留。

第四十五条 【对虐待家庭成员、遗弃被扶养人的处罚】有下列行为之一的，处五日以下拘留或者警告：

（一）虐待家庭成员，被虐待人要求处理的；

（二）遗弃没有独立生活能力的被扶养人的。

第四十六条 【对强买强卖、强迫服务的处罚】强买强卖商品，强迫他人提供服务或者强迫他人接受服务的，处五日以上十日以下拘留，并处二百元以上五百元以下罚款；情节较轻的，处五日以下拘留或者五百元以下罚款。

第四十七条 【对煽动民族仇恨、民族歧视的处罚】煽动民族仇恨、民族歧视，或者在出版物、计算机信息网络中刊载民族歧视、侮辱内容的，处十日以上十五日以下拘留，可以并处一千元以下罚款。

第四十八条 【对侵犯通信自由的处罚】冒领、隐匿、毁弃、私自开拆或者非法检查他人邮件的，处五日以下拘留或者五百元以下罚款。

第四十九条 【对盗窃、诈骗、哄抢、抢夺、敲诈勒索、损毁公私财物的处罚】盗窃、诈骗、哄抢、抢夺、敲诈勒索或者故意损毁公私财物的，处五日以上十日以下拘留，可以并处五百元以下罚款；情节较重的，处十日以上十五日以下拘留，可以并处一千元以下罚款。

第四节 妨害社会管理的行为和处罚

第五十条 【对拒不执行紧急状态决定、命令和阻碍执行公务的处罚】有下列行为之一的，处警告或者二百元以下罚款；情节严重的，处五日以上十日以下拘留，可以并处五百元以下罚款：

（一）拒不执行人民政府在紧急状态情况下依法发布的决定、命令的；

（二）阻碍国家机关工作人员依法

执行职务的；

（三）阻碍执行紧急任务的消防车、救护车、工程抢险车、警车等车辆通行的；

（四）强行冲闯公安机关设置的警戒带、警戒区的。

阻碍人民警察依法执行职务的，从重处罚。

第五十一条　【对招摇撞骗行为的处罚】 冒充国家机关工作人员或者以其他虚假身份招摇撞骗的，处五日以上十日以下拘留，可以并处五百元以下罚款；情节较轻的，处五日以下拘留或者五百元以下罚款。

冒充军警人员招摇撞骗的，从重处罚。

第五十二条　【对伪造、变造、买卖公文、证件、票证的处罚】 有下列行为之一的，处十日以上十五日以下拘留，可以并处一千元以下罚款；情节较轻的，处五日以上十日以下拘留，可以并处五百元以下罚款：

（一）伪造、变造或者买卖国家机关、人民团体、企业、事业单位或者其他组织的公文、证件、证明文件、印章的；

（二）买卖或者使用伪造、变造的国家机关、人民团体、企业、事业单位或者其他组织的公文、证件、证明文件的；

（三）伪造、变造、倒卖车票、船票、航空客票、文艺演出票、体育比赛入场券或者其他有价票证、凭证的；

（四）伪造、变造船舶户牌，买卖或者使用伪造、变造的船舶户牌，或者涂改船舶发动机号码的。

第五十三条　【对船舶擅进禁、限入水域或岛屿的处罚】 船舶擅自进入、停靠国家禁止、限制进入的水域或者岛屿的，对船舶负责人及有关责任人员处五百元以上一千元以下罚款；情节严重的，处五日以下拘留，并处五百元以上一千元以下罚款。

第五十四条　【对违法设立社会团体的处罚】 有下列行为之一的，处十日以上十五日以下拘留，并处五百元以上一千元以下罚款；情节较轻的，处五日以下拘留或者五百元以下罚款：

（一）违反国家规定，未经注册登记，以社会团体名义进行活动，被取缔后，仍进行活动的；

（二）被依法撤销登记的社会团体，仍以社会团体名义进行活动的；

（三）未经许可，擅自经营按照国家规定需要由公安机关许可的行业的。

有前款第三项行为的，予以取缔。

取得公安机关许可的经营者，违反国家有关管理规定，情节严重的，公安机关可以吊销许可证。

第五十五条　【对非法集会、游行、示威的处罚】 煽动、策划非法集会、游行、示威，不听劝阻的，处十日以上十五日以下拘留。

第五十六条　【对旅馆工作人员违反规定的处罚】 旅馆业的工作人员对住宿的旅客不按规定登记姓名、身份证件种类和号码的，或者明知住宿的旅客将危险物质带入旅馆，不予制止的，处二百元以上五百元以下罚款。

旅馆业的工作人员明知住宿的旅客是犯罪嫌疑人员或者被公安机关通

缉的人员,不向公安机关报告的,处二百元以上五百元以下罚款;情节严重的,处五日以下拘留,可以并处五百元以下罚款。

第五十七条 【对违法出租房屋的处罚】房屋出租人将房屋出租给无身份证件的人居住的,或者不按规定登记承租人姓名、身份证件种类和号码的,处二百元以上五百元以下罚款。

房屋出租人明知承租人利用出租房屋进行犯罪活动,不向公安机关报告的,处二百元以上五百元以下罚款;情节严重的,处五日以下拘留,可以并处五百元以下罚款。

第五十八条 【对制造噪声干扰他人的处罚】违反关于社会生活噪声污染防治的法律规定,制造噪声干扰他人正常生活的,处警告;警告后不改正的,处二百元以上五百元以下罚款。

第五十九条 【对违法典当、收购的处罚】有下列行为之一的,处五百元以上一千元以下罚款;情节严重的,处五日以上十日以下拘留,并处五百元以上一千元以下罚款:

（一）典当业工作人员承接典当的物品,不查验有关证明、不履行登记手续,或者明知是违法犯罪嫌疑人、赃物,不向公安机关报告的;

（二）违反国家规定,收购铁路、油田、供电、电信、矿山、水利、测量和城市公用设施等废旧专用器材的;

（三）收购公安机关通报寻查的赃物或者有赃物嫌疑的物品的;

（四）收购国家禁止收购的其他物品的。

第六十条 【对妨害执法秩序的处罚】有下列行为之一的,处五日以上十日以下拘留,并处二百元以上五百元以下罚款:

（一）隐藏、转移、变卖或者损毁行政执法机关依法扣押、查封、冻结的财物的;

（二）伪造、隐匿、毁灭证据或者提供虚假证言、谎报案情,影响行政执法机关依法办案的;

（三）明知是赃物而窝藏、转移或者代为销售的;

（四）被依法执行管制、剥夺政治权利或者在缓刑、暂予监外执行中的罪犯或者被依法采取刑事强制措施的人,有违反法律、行政法规或者国务院有关部门的监督管理规定的行为。

第六十一条 【对协助组织、运送他人偷越国(边)境的处罚】协助组织或者运送他人偷越国(边)境的,处十日以上十五日以下拘留,并处一千元以上五千元以下罚款。

第六十二条 【对偷越国(边)境的处罚】为偷越国(边)境人员提供条件的,处五日以上十日以下拘留,并处五百元以上二千元以下罚款。

偷越国(边)境的,处五日以下拘留或者五百元以下罚款。

第六十三条 【对妨害文物管理的处罚】有下列行为之一的,处警告或者二百元以下罚款;情节较重的,处五日以上十日以下拘留,并处二百元以上五百元以下罚款:

（一）刻划、涂污或者以其他方式故意损坏国家保护的文物、名胜古迹的;

（二）违反国家规定,在文物保护

单位附近进行爆破、挖掘等活动,危及文物安全的。

第六十四条 【对非法驾驶交通工具的处罚】有下列行为之一的,处五百元以上一千元以下罚款;情节严重的,处十日以上十五日以下拘留,并处五百元以上一千元以下罚款:

(一)偷开他人机动车的;

(二)未取得驾驶证驾驶或者偷开他人航空器、机动船舶的。

第六十五条 【对破坏他人坟墓、尸体和乱停放尸体的处罚】有下列行为之一的,处五日以上十日以下拘留;情节严重的,处十日以上十五日以下拘留,可以并处一千元以下罚款:

(一)故意破坏、污损他人坟墓或者毁坏、丢弃他人尸骨、骨灰的;

(二)在公共场所停放尸体或者因停放尸体影响他人正常生活、工作秩序,不听劝阻的。

第六十六条 【对卖淫、嫖娼的处罚】卖淫、嫖娼的,处十日以上十五日以下拘留,可以并处五千元以下罚款;情节较轻的,处五日以下拘留或者五百元以下罚款。

在公共场所拉客招嫖的,处五日以下拘留或者五百元以下罚款。

第六十七条 【对引诱、容留、介绍卖淫的处罚】引诱、容留、介绍他人卖淫的,处十日以上十五日以下拘留,可以并处五千元以下罚款;情节较轻的,处五日以下拘留或者五百元以下罚款。

第六十八条 【对传播淫秽信息的处罚】制作、运输、复制、出售、出租淫秽的书刊、图片、影片、音像制品等淫秽物品或者利用计算机信息网络、电话以及其他通讯工具传播淫秽信息的,处十日以上十五日以下拘留,可以并处三千元以下罚款;情节较轻的,处五日以下拘留或者五百元以下罚款。

第六十九条 【对组织、参与淫秽活动的处罚】有下列行为之一的,处十日以上十五日以下拘留,并处五百元以上一千元以下罚款:

(一)组织播放淫秽音像的;

(二)组织或者进行淫秽表演的;

(三)参与聚众淫乱活动的。

明知他人从事前款活动,为其提供条件的,依照前款的规定处罚。

第七十条 【对赌博行为的处罚】以营利为目的,为赌博提供条件的,或者参与赌博赌资较大的,处五日以下拘留或者五百元以下罚款;情节严重的,处十日以上十五日以下拘留,并处五百元以上三千元以下罚款。

第七十一条 【涉及毒品原植物的行为及处罚】有下列行为之一的,处十日以上十五日以下拘留,可以并处三千元以下罚款;情节较轻的,处五日以下拘留或者五百元以下罚款:

(一)非法种植罂粟不满五百株或者其他少量毒品原植物的;

(二)非法买卖、运输、携带、持有少量未经灭活的罂粟等毒品原植物种子或者幼苗的;

(三)非法运输、买卖、储存、使用少量罂粟壳的。

有前款第一项行为,在成熟前自行铲除的,不予处罚。

第七十二条 【毒品违法行为及处罚】有下列行为之一的,处十日以上十五日以下拘留,可以并处二千元以下罚款;

情节较轻的,处五日以下拘留或者五百元以下罚款:

（一）非法持有鸦片不满二百克、海洛因或者甲基苯丙胺不满十克或者其他少量毒品的;

（二）向他人提供毒品的;

（三）吸食、注射毒品的;

（四）胁迫、欺骗医务人员开具麻醉药品、精神药品的。

第七十三条 【对教唆、引诱、欺骗他人吸食、注射毒品的处罚】教唆、引诱、欺骗他人吸食、注射毒品的,处十日以上十五日以下拘留,并处五百元以上二千元以下罚款。

第七十四条 【对服务行业人员通风报信行为的处罚】旅馆业、饮食服务业、文化娱乐业、出租汽车业等单位的人员,在公安机关查处吸毒、赌博、卖淫、嫖娼活动时,为违法犯罪行为人通风报信的,处十日以上十五日以下拘留。

第七十五条 【对饲养动物违法行为的处罚】饲养动物,干扰他人正常生活的,处警告;警告后不改正的,或者放任动物恐吓他人的,处二百元以上五百元以下罚款。

驱使动物伤害他人的,依照本法第四十三条第一款的规定处罚。

第七十六条 【对屡教不改行为的处罚】有本法第六十七条、第六十八条、第七十条的行为,屡教不改的,可以按照国家规定采取强制性教育措施。

第四章　处罚程序

第一节　调　查

第七十七条 【受理治安案件须登记】公安机关对报案、控告、举报或者违反治安管理行为人主动投案,以及其他行政主管部门、司法机关移送的违反治安管理案件,应当及时受理,并进行登记。

第七十八条 【受理治安案件后的处理】公安机关受理报案、控告、举报、投案后,认为属于违反治安管理行为的,应当立即进行调查;认为不属于违反治安管理行为的,应当告知报案人、控告人、举报人、投案人,并说明理由。

第七十九条 【严禁非法取证】公安机关及其人民警察对治安案件的调查,应当依法进行。严禁刑讯逼供或者采用威胁、引诱、欺骗等非法手段收集证据。

以非法手段收集的证据不得作为处罚的根据。

第八十条 【公安机关的保密义务】公安机关及其人民警察在办理治安案件时,对涉及的国家秘密、商业秘密或者个人隐私,应当予以保密。

第八十一条 【关于回避的规定】人民警察在办理治安案件过程中,遇有下列情形之一的,应当回避;违反治安管理行为人、被侵害人或者其法定代理人也有权要求他们回避:

（一）是本案当事人或者当事人的近亲属的;

（二）本人或者其近亲属与本案有利害关系的;

（三）与本案当事人有其他关系,可能影响案件公正处理的。

人民警察的回避,由其所属的公安机关决定;公安机关负责人的回避,由上一级公安机关决定。

第八十二条 【关于传唤的规定】需要传

唤违反治安管理行为人接受调查的,经公安机关办案部门负责人批准,使用传唤证传唤。对现场发现的违反治安管理行为人,人民警察经出示工作证件,可以口头传唤,但应当在询问笔录中注明。

公安机关应当将传唤的原因和依据告知被传唤人。对无正当理由不接受传唤或者逃避传唤的人,可以强制传唤。

第八十三条 【传唤后的询问期限与通知义务】对违反治安管理行为人,公安机关传唤后应当及时询问查证,询问查证的时间不得超过八小时;情况复杂,依照本法规定可能适用行政拘留处罚的,询问查证的时间不得超过二十四小时。

公安机关应当及时将传唤的原因和处所通知被传唤人家属。

第八十四条 【询问笔录、书面材料与询问不满十六周岁人的规定】询问笔录应当交被询问人核对;对没有阅读能力的,应当向其宣读。记载有遗漏或者差错的,被询问人可以提出补充或者更正。被询问人确认笔录无误后,应当签名或者盖章,询问的人民警察也应当在笔录上签名。

被询问人要求就被询问事项自行提供书面材料的,应当准许;必要时,人民警察也可以要求被询问人自行书写。

询问不满十六周岁的违反治安管理行为人,应当通知其父母或者其他监护人到场。

第八十五条 【询问地点、方式及应当遵守的程序】人民警察询问被侵害人或者其他证人,可以到其所在单位或者住处进行;必要时,也可以通知其到公安机关提供证言。

人民警察在公安机关以外询问被侵害人或者其他证人,应当出示工作证件。

询问被侵害人或者其他证人,同时适用本法第八十四条的规定。

第八十六条 【询问中的语言帮助】询问聋哑的违反治安管理行为人、被侵害人或者其他证人,应当有通晓手语的人提供帮助,并在笔录上注明。

询问不通晓当地通用的语言文字的违反治安管理行为人、被侵害人或者其他证人,应当配备翻译人员,并在笔录上注明。

第八十七条 【检查时应遵守的程序】公安机关对与违反治安管理行为有关的场所、物品、人身可以进行检查。检查时,人民警察不得少于二人,并应当出示工作证件和县级以上人民政府公安机关开具的检查证明文件。对确有必要立即进行检查的,人民警察经出示工作证件,可以当场检查,但检查公民住所应当出示县级以上人民政府公安机关开具的检查证明文件。

检查妇女的身体,应当由女性工作人员进行。

第八十八条 【检查笔录的制作】检查的情况应当制作检查笔录,由检查人、被检查人和见证人签名或者盖章;被检查人拒绝签名的,人民警察应当在笔录上注明。

第八十九条 【关于扣押物品的规定】公安机关办理治安案件,对与案件有关的需要作为证据的物品,可以扣押;对被侵害人或者善意第三人合法占有的财产,不得扣押,应当予以登记。对与案件无关的物品,不得扣押。

对扣押的物品,应当会同在场见证人和被扣押物品持有人查点清楚,当场开列清单一式二份,由调查人员、见证人和持有人签名或者盖章,一份交给持有人,另一份附卷备查。

对扣押的物品,应当妥善保管,不得挪作他用;对不宜长期保存的物品,按照有关规定处理。经查明与案件无关的,应当及时退还;经核实属于他人合法财产的,应当登记后立即退还;满六个月无人对该财产主张权利或者无法查清权利人的,应当公开拍卖或者按照国家有关规定处理,所得款项上缴国库。

第九十条 【关于鉴定的规定】为了查明案情,需要解决案件中有争议的专门性问题的,应当指派或者聘请具有专门知识的人员进行鉴定;鉴定人鉴定后,应当写出鉴定意见,并且签名。

第二节 决 定

第九十一条 【处罚的决定机关】治安管理处罚由县级以上人民政府公安机关决定;其中警告、五百元以下的罚款可以由公安派出所决定。

第九十二条 【行政拘留的折抵】对决定给予行政拘留处罚的人,在处罚前已经采取强制措施限制人身自由的时间,应当折抵。限制人身自由一日,折抵行政拘留一日。

第九十三条 【违反治安管理行为人的陈述与其他证据关系】公安机关查处治安案件,对没有本人陈述,但其他证据能够证明案件事实的,可以作出治安管理处罚决定。但是,只有本人陈述,没有其他证据证明的,不能作出治安管理处罚决定。

第九十四条 【陈述与申辩权】公安机关作出治安管理处罚决定前,应当告知违反治安管理行为人作出治安管理处罚的事实、理由及依据,并告知违反治安管理行为人依法享有的权利。

违反治安管理行为人有权陈述和申辩。公安机关必须充分听取违反治安管理行为人的意见,对违反治安管理行为人提出的事实、理由和证据,应当进行复核;违反治安管理行为人提出的事实、理由或者证据成立的,公安机关应当采纳。

公安机关不得因违反治安管理行为人的陈述、申辩而加重处罚。

第九十五条 【治安案件的不同处理】治安案件调查结束后,公安机关应当根据不同情况,分别作出以下处理:

(一)确有依法应当给予治安管理处罚的违法行为的,根据情节轻重及具体情况,作出处罚决定;

(二)依法不予处罚的,或者违法事实不能成立的,作出不予处罚决定;

(三)违法行为已涉嫌犯罪的,移送主管机关依法追究刑事责任;

(四)发现违反治安管理行为人有其他违法行为的,在对违反治安管理行为作出处罚决定的同时,通知有关行政主管部门处理。

第九十六条 【治安管理处罚决定书内容】公安机关作出治安管理处罚决定的,应当制作治安管理处罚决定书。决定书应当载明下列内容:

（一）被处罚人的姓名、性别、年龄、身份证件的名称和号码、住址；

（二）违法事实和证据；

（三）处罚的种类和依据；

（四）处罚的执行方式和期限；

（五）对处罚决定不服，申请行政复议、提起行政诉讼的途径和期限；

（六）作出处罚决定的公安机关的名称和作出决定的日期。

决定书应当由作出处罚决定的公安机关加盖印章。

第九十七条　【宣告、送达、抄送】公安机关应当向被处罚人宣告治安管理处罚决定书，并当场交付被处罚人；无法当场向被处罚人宣告的，应当在二日内送达被处罚人。决定给予行政拘留处罚的，应当及时通知被处罚人的家属。

有被侵害人的，公安机关应当将决定书副本抄送被侵害人。

第九十八条　【听证】公安机关作出吊销许可证以及处二千元以上罚款的治安管理处罚决定前，应当告知违反治安管理行为人有权要求举行听证；违反治安管理行为人要求听证的，公安机关应当及时依法举行听证。

第九十九条　【期限】公安机关办理治安案件的期限，自受理之日起不得超过三十日；案情重大、复杂的，经上一级公安机关批准，可以延长三十日。

为了查明案情进行鉴定的期间，不计入办理治安案件的期限。

第一百条　【当场处罚】违反治安管理行为事实清楚，证据确凿，处警告或者二百元以下罚款的，可以当场作出治安管理处罚决定。

第一百零一条　【当场处罚决定程序】当场作出治安管理处罚决定的，人民警察应当向违反治安管理行为人出示工作证件，并填写处罚决定书。处罚决定书应当当场交付被处罚人；有被侵害人的，并将决定书副本抄送被侵害人。

前款规定的处罚决定书，应当载明被处罚人的姓名、违法行为、处罚依据、罚款数额、时间、地点以及公安机关名称，并由经办的人民警察签名或者盖章。

当场作出治安管理处罚决定的，经办的人民警察应当在二十四小时内报所属公安机关备案。

第一百零二条　【不服处罚提起的复议或诉讼】被处罚人对治安管理处罚决定不服的，可以依法申请行政复议或者提起行政诉讼。

第三节　执　　行

第一百零三条　【行政拘留处罚的执行】对被决定给予行政拘留处罚的人，由作出决定的公安机关送达拘留所执行。

第一百零四条　【当场收缴罚款范围】受到罚款处罚的人应自收到处罚决定书之日起十五日内，到指定的银行缴纳罚款。但是，有下列情形之一的，人民警察可以当场收缴罚款：

（一）被处五十元以下罚款，被处罚人对罚款无异议的；

（二）在边远、水上、交通不便地区，公安机关及其人民警察依照本法的规定作出罚款决定后，被处罚人向指定的银行缴纳罚款确有困难，经被处罚人提出的；

（三）被处罚人在当地没有固定住所，不当场收缴事后难以执行的。

第一百零五条　【罚款交纳期】人民警察当场收缴的罚款，应当自收缴罚款之日起二日内，交至所属的公安机关；在水上、旅客列车上当场收缴的罚款，应当自抵岸或者到站之日起二日内，交至所属的公安机关；公安机关应当自收到罚款之日起二日内将罚款缴付指定的银行。

第一百零六条　【罚款收据】人民警察当场收缴罚款的，应当向被处罚人出具省、自治区、直辖市人民政府财政部门统一制发的罚款收据；不出具统一制发的罚款收据的，被处罚人有权拒绝缴纳罚款。

第一百零七条　【暂缓执行行政拘留】被处罚人不服行政拘留处罚决定，申请行政复议、提起行政诉讼的，可以向公安机关提出暂缓执行行政拘留的申请。公安机关认为暂缓执行行政拘留不致发生社会危险的，由被处罚人或者其近亲属提出符合本法第一百零八条规定条件的担保人，或者按每日行政拘留二百元的标准交纳保证金，行政拘留的处罚决定暂缓执行。

第一百零八条　【担保人的条件】担保人应当符合下列条件：

（一）与本案无牵连；

（二）享有政治权利，人身自由未受到限制；

（三）在当地有常住户口和固定住所；

（四）有能力履行担保义务。

第一百零九条　【担保人的义务】担保人应当保证被担保人不逃避行政拘留处罚的执行。

担保人不履行担保义务，致使被担保人逃避行政拘留处罚的执行的，由公安机关对其处三千元以下罚款。

第一百一十条　【没收保证金】被决定给予行政拘留处罚的人交纳保证金，暂缓行政拘留后，逃避行政拘留处罚的执行的，保证金予以没收并上缴国库，已经作出的行政拘留决定仍应执行。

第一百一十一条　【退还保证金】行政拘留的处罚决定被撤销，或者行政拘留处罚开始执行的，公安机关收取的保证金应当及时退还交纳人。

第五章　执法监督

第一百一十二条　【执法原则】公安机关及其人民警察应当依法、公正、严格、高效办理治安案件，文明执法，不得徇私舞弊。

第一百一十三条　【禁止行为】公安机关及其人民警察办理治安案件，禁止对违反治安管理行为人打骂、虐待或者侮辱。

第一百一十四条　【监督方式】公安机关及其人民警察办理治安案件，应当自觉接受社会和公民的监督。

公安机关及其人民警察办理治安案件，不严格执法或者有违法违纪行为的，任何单位和个人都有权向公安机关或者人民检察院、行政监察机关检举、控告；收到检举、控告的机关，应当依据职责及时处理。

第一百一十五条　【罚缴分离原则】公安机关依法实施罚款处罚，应当依照有关法律、行政法规的规定，实行罚款决定与罚款收缴分离；收缴的罚款应当全部上缴国库。

第一百一十六条 【行政处分、刑事处罚的规定】人民警察办理治安案件,有下列行为之一的,依法给予行政处分;构成犯罪的,依法追究刑事责任:

（一）刑讯逼供、体罚、虐待、侮辱他人的;

（二）超过询问查证的时间限制人身自由的;

（三）不执行罚款决定与罚款收缴分离制度或者不按规定将罚没的财物上缴国库或者依法处理的;

（四）私分、侵占、挪用、故意损毁收缴、扣押的财物的;

（五）违反规定使用或者不及时返还被侵害人财物的;

（六）违反规定不及时退还保证金的;

（七）利用职务上的便利收受他人财物或者谋取其他利益的;

（八）当场收缴罚款不出具罚款收据或者不如实填写罚款数额的;

（九）接到要求制止违反治安管理行为的报警后,不及时出警的;

（十）在查处违反治安管理活动时,为违法犯罪行为人通风报信的;

（十一）有徇私舞弊、滥用职权,不依法履行法定职责的其他情形的。

办理治安案件的公安机关有前款所列行为的,对直接负责的主管人员和其他直接责任人员给予相应的行政处分。

第一百一十七条 【赔偿责任】公安机关及其人民警察违法行使职权,侵犯公民、法人和其他组织合法权益的,应当赔礼道歉;造成损害的,应当依法承担赔偿责任。

第六章 附　则

第一百一十八条 【"以上、以下、以内"的含义】本法所称以上、以下、以内,包括本数。

第一百一十九条 【施行日期】本法自2006年3月1日起施行。1986年9月5日公布、1994年5月12日修订公布的《中华人民共和国治安管理处罚条例》同时废止。

中华人民共和国
道路交通安全法

1. 2003年10月28日第十届全国人民代表大会常务委员会第五次会议通过
2. 根据2007年12月29日第十届全国人民代表大会常务委员会第三十一次会议《关于修改〈中华人民共和国道路交通安全法〉的决定》第一次修正
3. 根据2011年4月22日第十一届全国人民代表大会常务委员会第二十次会议《关于修改〈中华人民共和国道路交通安全法〉的决定》第二次修正
4. 根据2021年4月29日第十三届全国人民代表大会常务委员会第二十八次会议《关于修改〈中华人民共和国道路交通安全法〉等八部法律的决定》第三次修正

目　录

第一章　总　则
第二章　车辆和驾驶人
　第一节　机动车、非机动车
　第二节　机动车驾驶人
第三章　道路通行条件

第四章 道路通行规定
　第一节 一般规定
　第二节 机动车通行规定
　第三节 非机动车通行规定
　第四节 行人和乘车人通行规定
　第五节 高速公路的特别规定
第五章 交通事故处理
第六章 执法监督
第七章 法律责任
第八章 附　　则

第一章 总　　则

第一条　【立法目的】为了维护道路交通秩序,预防和减少交通事故,保护人身安全,保护公民、法人和其他组织的财产安全及其他合法权益,提高通行效率,制定本法。

第二条　【适用范围】中华人民共和国境内的车辆驾驶人、行人、乘车人以及与道路交通活动有关的单位和个人,都应当遵守本法。

第三条　【工作原则】道路交通安全工作,应当遵循依法管理、方便群众的原则,保障道路交通有序、安全、畅通。

第四条　【政府职责】各级人民政府应当保障道路交通安全管理工作与经济建设和社会发展相适应。

　　县级以上地方各级人民政府应当适应道路交通发展的需要,依据道路交通安全法律、法规和国家有关政策,制定道路交通安全管理规划,并组织实施。

第五条　【主管部门】国务院公安部门负责全国道路交通安全管理工作。县级以上地方各级人民政府公安机关交通管理部门负责本行政区域内的道路交通安全管理工作。

　　县级以上各级人民政府交通、建设管理部门依据各自职责,负责有关的道路交通工作。

第六条　【宣传教育】各级人民政府应当经常进行道路交通安全教育,提高公民的道路交通安全意识。

　　公安机关交通管理部门及其交通警察执行职务时,应当加强道路交通安全法律、法规的宣传,并模范遵守道路交通安全法律、法规。

　　机关、部队、企业事业单位、社会团体以及其他组织,应当对本单位的人员进行道路交通安全教育。

　　教育行政部门、学校应当将道路交通安全教育纳入法制教育的内容。

　　新闻、出版、广播、电视等有关单位,有进行道路交通安全教育的义务。

第七条　【科学推广】对道路交通安全管理工作,应当加强科学研究,推广、使用先进的管理方法、技术、设备。

第二章 车辆和驾驶人

第一节 机动车、非机动车

第八条　【机动车登记制度】国家对机动车实行登记制度。机动车经公安机关交通管理部门登记后,方可上道路行驶。尚未登记的机动车,需要临时上道路行驶的,应当取得临时通行牌证。

第九条　【申请登记证明及受理】申请机动车登记,应当提交以下证明、凭证:

　　(一)机动车所有人的身份证明;

　　(二)机动车来历证明;

　　(三)机动车整车出厂合格证明或者进口机动车进口凭证;

　　(四)车辆购置税的完税证明或者

免税凭证；

（五）法律、行政法规规定应当在机动车登记时提交的其他证明、凭证。

公安机关交通管理部门应当自受理申请之日起五个工作日内完成机动车登记审查工作，对符合前款规定条件的，应当发放机动车登记证书、号牌和行驶证；对不符合前款规定条件的，应当向申请人说明不予登记的理由。

公安机关交通管理部门以外的任何单位或者个人不得发放机动车号牌或者要求机动车悬挂其他号牌，本法另有规定的除外。

机动车登记证书、号牌、行驶证的式样由国务院公安部门规定并监制。

第十条 【安全技术检验】准予登记的机动车应当符合机动车国家安全技术标准。申请机动车登记时，应当接受对该机动车的安全技术检验。但是，经国家机动车产品主管部门依据机动车国家安全技术标准认定的企业生产的机动车型，该车型的新车在出厂时经检验符合机动车国家安全技术标准，获得检验合格证的，免予安全技术检验。

第十一条 【车牌号的使用规定】驾驶机动车上道路行驶，应当悬挂机动车号牌，放置检验合格标志、保险标志，并随车携带机动车行驶证。

机动车号牌应当按照规定悬挂并保持清晰、完整，不得故意遮挡、污损。

任何单位和个人不得收缴、扣留机动车号牌。

第十二条 【变更登记】有下列情形之一的，应当办理相应的登记：

（一）机动车所有权发生转移的；

（二）机动车登记内容变更的；

（三）机动车用作抵押的；

（四）机动车报废的。

第十三条 【安检】对登记后上道路行驶的机动车，应当依照法律、行政法规的规定，根据车辆用途、载客载货数量、使用年限等不同情况，定期进行安全技术检验。对提供机动车行驶证和机动车第三者责任强制保险单的，机动车安全技术检验机构应当予以检验，任何单位不得附加其他条件。对符合机动车国家安全技术标准的，公安机关交通管理部门应当发给检验合格标志。

对机动车的安全技术检验实行社会化。具体办法由国务院规定。

机动车安全技术检验实行社会化的地方，任何单位不得要求机动车到指定的场所进行检验。

公安机关交通管理部门、机动车安全技术检验机构不得要求机动车到指定的场所进行维修、保养。

机动车安全技术检验机构对机动车检验收取费用，应当严格执行国务院价格主管部门核定的收费标准。

第十四条 【强制报废制度】国家实行机动车强制报废制度，根据机动车的安全技术状况和不同用途，规定不同的报废标准。

应当报废的机动车必须及时办理注销登记。

达到报废标准的机动车不得上道路行驶。报废的大型客、货车及其他营运车辆应当在公安机关交通管理部门的监督下解体。

第十五条 【特种车辆标志的使用】警

车、消防车、救护车、工程救险车应当按照规定喷涂标志图案,安装警报器、标志灯具。其他机动车不得喷涂、安装、使用上述车辆专用的或者与其相类似的标志图案、警报器或者标志灯具。

警车、消防车、救护车、工程救险车应当严格按照规定的用途和条件使用。

公路监督检查的专用车辆,应当依照公路法的规定,设置统一的标志和示警灯。

第十六条 【禁止行为】任何单位或者个人不得有下列行为:

(一)拼装机动车或者擅自改变机动车已登记的结构、构造或者特征;

(二)改变机动车型号、发动机号、车架号或者车辆识别代号;

(三)伪造、变造或者使用伪造、变造的机动车登记证书、号牌、行驶证、检验合格标志、保险标志;

(四)使用其他机动车的登记证书、号牌、行驶证、检验合格标志、保险标志。

第十七条 【强制保险】国家实行机动车第三者责任强制保险制度,设立道路交通事故社会救助基金。具体办法由国务院规定。

第十八条 【非机动车的登记】依法应当登记的非机动车,经公安机关交通管理部门登记后,方可上道路行驶。

依法应当登记的非机动车的种类,由省、自治区、直辖市人民政府根据当地实际情况规定。

非机动车的外形尺寸、质量、制动器、车铃和夜间反光装置,应当符合非机动车安全技术标准。

第二节 机动车驾驶人

第十九条 【驾驶证】驾驶机动车,应当依法取得机动车驾驶证。

申请机动车驾驶证,应当符合国务院公安部门规定的驾驶许可条件;经考试合格后,由公安机关交通管理部门发给相应类别的机动车驾驶证。

持有境外机动车驾驶证的人,符合国务院公安部门规定的驾驶许可条件,经公安机关交通管理部门考核合格的,可以发给中国的机动车驾驶证。

驾驶人应当按照驾驶证载明的准驾车型驾驶机动车;驾驶机动车时,应当随身携带机动车驾驶证。

公安机关交通管理部门以外的任何单位或者个人,不得收缴、扣留机动车驾驶证。

第二十条 【驾驶培训】机动车的驾驶培训实行社会化,由交通运输主管部门对驾驶培训学校、驾驶培训班实行备案管理,并对驾驶培训活动加强监督,其中专门的拖拉机驾驶培训学校、驾驶培训班由农业(农业机械)主管部门实行监督管理。

驾驶培训学校、驾驶培训班应当严格按照国家有关规定,对学员进行道路交通安全法律、法规、驾驶技能的培训,确保培训质量。

任何国家机关以及驾驶培训和考试主管部门不得举办或者参与举办驾驶培训学校、驾驶培训班。

第二十一条 【上路前检查】驾驶人驾驶机动车上道路行驶前,应当对机动车的安全技术性能进行认真检查;不得驾驶安全设施不全或者机件不符合技术标准等具有安全隐患的机动车。

第二十二条 【安全、文明驾驶】机动车驾驶人应当遵守道路交通安全法律、法规的规定,按照操作规范安全驾驶、文明驾驶。

饮酒、服用国家管制的精神药品或者麻醉药品,或者患有妨碍安全驾驶机动车的疾病,或者过度疲劳影响安全驾驶的,不得驾驶机动车。

任何人不得强迫、指使、纵容驾驶人违反道路交通安全法律、法规和机动车安全驾驶要求驾驶机动车。

第二十三条 【驾驶证审验制度】公安机关交通管理部门依照法律、行政法规的规定,定期对机动车驾驶证实施审验。

第二十四条 【累积记分制】公安机关交通管理部门对机动车驾驶人违反道路交通安全法律、法规的行为,除依法给予行政处罚外,实行累积记分制度。公安机关交通管理部门对累积记分达到规定分值的机动车驾驶人,扣留机动车驾驶证,对其进行道路交通安全法律、法规教育,重新考试;考试合格的,发还其机动车驾驶证。

对遵守道路交通安全法律、法规,在一年内无累积记分的机动车驾驶人,可以延长机动车驾驶证的审验期。具体办法由国务院公安部门规定。

第三章 道路通行条件

第二十五条 【道路交通信号】全国实行统一的道路交通信号。

交通信号包括交通信号灯、交通标志、交通标线和交通警察的指挥。

交通信号灯、交通标志、交通标线的设置应当符合道路交通安全、畅通的要求和国家标准,并保持清晰、醒目、准确、完好。

根据通行需要,应当及时增设、调换、更新道路交通信号。增设、调换、更新限制性的道路交通信号,应当提前向社会公告,广泛进行宣传。

第二十六条 【交通信号灯】交通信号灯由红灯、绿灯、黄灯组成。红灯表示禁止通行,绿灯表示准许通行,黄灯表示警示。

第二十七条 【铁路警示标志】铁路与道路平面交叉的道口,应当设置警示灯、警示标志或者安全防护设施。无人看守的铁路道口,应当在距道口一定距离处设置警示标志。

第二十八条 【交通设施的保护】任何单位和个人不得擅自设置、移动、占用、损毁交通信号灯、交通标志、交通标线。

道路两侧及隔离带上种植的树木或者其他植物,设置的广告牌、管线等,应当与交通设施保持必要的距离,不得遮挡路灯、交通信号灯、交通标志,不得妨碍安全视距,不得影响通行。

第二十九条 【安全防范】道路、停车场和道路配套设施的规划、设计、建设,应当符合道路交通安全、畅通的要求,并根据交通需求及时调整。

公安机关交通管理部门发现已经投入使用的道路存在交通事故频发路段,或者停车场、道路配套设施存在交通安全严重隐患的,应当及时向当地人民政府报告,并提出防范交通事故、消除隐患的建议,当地人民政府应当及时作出处理决定。

第三十条 【警示与修复损毁道路】道路出现坍塌、坑漕、水毁、隆起等损毁或者交通信号灯、交通标志、交通标线等交通设施损毁、灭失的,道路、交通设施的养护部门或者管理部门应当设置警示标志并及时修复。

公安机关交通管理部门发现前款情形,危及交通安全,尚未设置警示标志的,应当及时采取安全措施,疏导交通,并通知道路、交通设施的养护部门或者管理部门。

第三十一条 【非法占道】未经许可,任何单位和个人不得占用道路从事非交通活动。

第三十二条 【施工要求】因工程建设需要占用、挖掘道路,或者跨越、穿越道路架设、增设管线设施,应当事先征得道路主管部门的同意;影响交通安全的,还应当征得公安机关交通管理部门的同意。

施工作业单位应当在经批准的路段和时间内施工作业,并在距离施工作业地点来车方向安全距离处设置明显的安全警示标志,采取防护措施;施工作业完毕,应当迅速清除道路上的障碍物,消除安全隐患,经道路主管部门和公安机关交通管理部门验收合格,符合通行要求后,方可恢复通行。

对未中断交通的施工作业道路,公安机关交通管理部门应当加强交通安全监督检查,维护道路交通秩序。

第三十三条 【停车泊位】新建、改建、扩建的公共建筑、商业街区、居住区、大(中)型建筑等,应当配建、增建停车场;停车泊位不足的,应当及时改建或者扩建;投入使用的停车场不得擅自停止使用或者改作他用。

在城市道路范围内,在不影响行人、车辆通行的情况下,政府有关部门可以施划停车泊位。

第三十四条 【人行横道及盲道】学校、幼儿园、医院、养老院门前的道路没有行人过街设施的,应当施划人行横道线,设置提示标志。

城市主要道路的人行道,应当按照规划设置盲道。盲道的设置应当符合国家标准。

第四章 道路通行规定

第一节 一般规定

第三十五条 【右行】机动车、非机动车实行右侧通行。

第三十六条 【分道通行】根据道路条件和通行需要,道路划分为机动车道、非机动车道和人行道的,机动车、非机动车、行人实行分道通行。没有划分机动车道、非机动车道和人行道的,机动车在道路中间通行,非机动车和行人在道路两侧通行。

第三十七条 【专用车道的使用】道路划设专用车道的,在专用车道内,只准许规定的车辆通行,其他车辆不得进入专用车道内行驶。

第三十八条 【通行原则】车辆、行人应当按照交通信号通行;遇有交通警察现场指挥时,应当按照交通警察的指挥通行;在没有交通信号的道路上,应当在确保安全、畅通的原则下通行。

第三十九条 【交通限制的提前公告】公安机关交通管理部门根据道路和交通

流量的具体情况,可以对机动车、非机动车、行人采取疏导、限制通行、禁止通行等措施。遇有大型群众性活动、大范围施工等情况,需要采取限制交通的措施,或者作出与公众的道路交通活动直接有关的决定,应当提前向社会公告。

第四十条　【交通管制的条件】遇有自然灾害、恶劣气象条件或者重大交通事故等严重影响交通安全的情形,采取其他措施难以保证交通安全时,公安机关交通管理部门可以实行交通管制。

第四十一条　【立法委任】有关道路通行的其他具体规定,由国务院规定。

第二节　机动车通行规定

第四十二条　【车速】机动车上道路行驶,不得超过限速标志标明的最高时速。在没有限速标志的路段,应当保持安全车速。

夜间行驶或者在容易发生危险的路段行驶,以及遇有沙尘、冰雹、雨、雪、雾、结冰等气象条件时,应当降低行驶速度。

第四十三条　【安全车距及禁止超车情形】同车道行驶的机动车,后车应当与前车保持足以采取紧急制动措施的安全距离。有下列情形之一的,不得超车:

(一)前车正在左转弯、掉头、超车的;

(二)与对面来车有会车可能的;

(三)前车为执行紧急任务的警车、消防车、救护车、工程救险车的;

(四)行经铁路道口、交叉路口、窄桥、弯道、陡坡、隧道、人行横道、市区交通流量大的路段等没有超车条件的。

第四十四条　【减速行驶】机动车通过交叉路口,应当按照交通信号灯、交通标志、交通标线或者交通警察的指挥通过;通过没有交通信号灯、交通标志、交通标线或者交通警察指挥的交叉路口时,应当减速慢行,并让行人和优先通行的车辆先行。

第四十五条　【超车限制】机动车遇有前方车辆停车排队等候或者缓慢行驶时,不得借道超车或者占用对面车道,不得穿插等候的车辆。

在车道减少的路段、路口,或者在没有交通信号灯、交通标志、交通标线或者交通警察指挥的交叉路口遇到停车排队等候或者缓慢行驶时,机动车应当依次交替通行。

第四十六条　【铁路道口行驶规定】机动车通过铁路道口时,应当按照交通信号或者管理人员的指挥通行;没有交通信号或者管理人员的,应当减速或者停车,在确认安全后通过。

第四十七条　【避让行人】机动车行经人行横道时,应当减速行驶;遇行人正在通过人行横道,应当停车让行。

机动车行经没有交通信号的道路时,遇行人横过道路,应当避让。

第四十八条　【载物规定】机动车载物应当符合核定的载质量,严禁超载;载物的长、宽、高不得违反装载要求,不得遗洒、飘散载运物。

机动车运载超限的不可解体的物品,影响交通安全的,应当按照公安机关交通管理部门指定的时间、路线、速度行驶,悬挂明显标志。在公路上运载超限的不可解体的物品,并应当依照公路法的规定执行。

机动车载运爆炸物品、易燃易爆化学物品以及剧毒、放射性等危险物品,应当经公安机关批准后,按指定的时间、路线、速度行驶,悬挂警示标志并采取必要的安全措施。

第四十九条 【核定载人量】机动车载人不得超过核定的人数,客运机动车不得违反规定载货。

第五十条 【货运车载客限制】禁止货运机动车载客。

货运机动车需要附载作业人员的,应当设置保护作业人员的安全措施。

第五十一条 【安全带及头盔】机动车行驶时,驾驶人、乘坐人员应当按规定使用安全带,摩托车驾驶人及乘坐人员应当按规定戴安全头盔。

第五十二条 【排除故障】机动车在道路上发生故障,需要停车排除故障时,驾驶人应当立即开启危险报警闪光灯,将机动车移至不妨碍交通的地方停放;难以移动的,应当持续开启危险报警闪光灯,并在来车方向设置警告标志等措施扩大示警距离,必要时迅速报警。

第五十三条 【优先通行权之一】警车、消防车、救护车、工程救险车执行紧急任务时,可以使用警报器、标志灯具;在确保安全的前提下,不受行驶路线、行驶方向、行驶速度和信号灯的限制,其他车辆和行人应当让行。

警车、消防车、救护车、工程救险车非执行紧急任务时,不得使用警报器、标志灯具,不享有前款规定的道路优先通行权。

第五十四条 【优先通行权之二】道路养护车辆、工程作业车进行作业时,在不影响过往车辆通行的前提下,其行驶路线和方向不受交通标志、标线限制,过往车辆和人员应当注意避让。

洒水车、清扫车等机动车应当按照安全作业标准作业;在不影响其他车辆通行的情况下,可以不受车辆分道行驶的限制,但是不得逆向行驶。

第五十五条 【拖拉机通行规定】高速公路、大中城市中心城区内的道路,禁止拖拉机通行。其他禁止拖拉机通行的道路,由省、自治区、直辖市人民政府根据当地实际情况规定。

在允许拖拉机通行的道路上,拖拉机可以从事货运,但是不得用于载人。

第五十六条 【机动车停放】机动车应当在规定地点停放。禁止在人行道上停放机动车;但是,依照本法第三十三条规定施划的停车泊位除外。

在道路上临时停车的,不得妨碍其他车辆和行人通行。

第三节 非机动车通行规定

第五十七条 【非机动车行驶规定】驾驶非机动车在道路上行驶应当遵守有关交通安全的规定。非机动车应当在非机动车道内行驶;在没有非机动车道的道路上,应当靠车行道的右侧行驶。

第五十八条 【残疾人机动轮椅车、电动自行车的最高时速限制】残疾人机动轮椅车、电动自行车在非机动车道内行驶时,最高时速不得超过十五公里。

第五十九条 【非机动车停放】非机动车应当在规定地点停放。未设停放地点的,非机动车停放不得妨碍其他车辆和行人通行。

第六十条 【驾驭畜力车规定】驾驭畜力车,应当使用驯服的牲畜;驾驭畜力车横过道路时,驾驭人应当下车牵引牲畜;驾驭人离开车辆时,应当拴系牲畜。

第四节 行人和乘车人通行规定

第六十一条 【行人行走规则】行人应当在人行道内行走,没有人行道的靠路边行走。

第六十二条 【通过路口或横过道路】行人通过路口或者横过道路,应当走人行横道或者过街设施;通过有交通信号灯的人行横道,应当按照交通信号灯指示通行;通过没有交通信号灯、人行横道的路口,或者在没有过街设施的路段横过道路,应当在确认安全后通过。

第六十三条 【妨碍道路交通安全行为】行人不得跨越、倚坐道路隔离设施,不得扒车、强行拦车或者实施妨碍道路交通安全的其他行为。

第六十四条 【限制行为能力人的保护】学龄前儿童以及不能辨认或者不能控制自己行为的精神疾病患者、智力障碍者在道路上通行,应当由其监护人、监护人委托的人或者对其负有管理、保护职责的人带领。

盲人在道路上通行,应当使用盲杖或者采取其他导盲手段,车辆应当避让盲人。

第六十五条 【通过铁路道口规定】行人通过铁路道口时,应当按照交通信号或者管理人员的指挥通行;没有交通信号和管理人员的,应当在确认无火车驶临后,迅速通过。

第六十六条 【禁带危险物品乘车】乘车人不得携带易燃易爆等危险物品,不得向车外抛洒物品,不得有影响驾驶人安全驾驶的行为。

第五节 高速公路的特别规定

第六十七条 【禁入高速公路的规定及高速限速】行人、非机动车、拖拉机、轮式专用机械车、铰接式客车、全挂拖斗车以及其他设计最高时速低于七十公里的机动车,不得进入高速公路。高速公路限速标志标明的最高时速不得超过一百二十公里。

第六十八条 【高速公路上的故障处理】机动车在高速公路上发生故障时,应当依照本法第五十二条的有关规定办理;但是,警告标志应当设置在故障车来车方向一百五十米以外,车上人员应当迅速转移到右侧路肩上或者应急车道内,并且迅速报警。

机动车在高速公路上发生故障或者交通事故,无法正常行驶的,应当由救援车、清障车拖曳、牵引。

第六十九条 【禁止拦截高速公路行驶车辆】任何单位、个人不得在高速公路上拦截检查行驶的车辆,公安机关的人民警察依法执行紧急公务除外。

第五章 交通事故处理

第七十条 【交通事故的现场处理】在道路上发生交通事故,车辆驾驶人应当立即停车,保护现场;造成人身伤亡的,车辆驾驶人应当立即抢救受伤人员,并迅速报告执勤的交通警察或者公安机关交通管理部门。因抢救受伤人员变动现场的,应当标明位置。乘车人、过往车辆驾驶人、过往行人应当予以协助。

在道路上发生交通事故,未造成人身伤亡,当事人对事实及成因无争议的,可以即行撤离现场,恢复交通,自行协商处理损害赔偿事宜;不即行撤离现场的,应当迅速报告执勤的交通警察或者公安机关交通管理部门。

在道路上发生交通事故,仅造成轻微财产损失,并且基本事实清楚的,当事人应当先撤离现场再进行协商处理。

第七十一条 【交通肇事逃逸】车辆发生交通事故后逃逸的,事故现场目击人员和其他知情人员应当向公安机关交通管理部门或者交通警察举报。举报属实的,公安机关交通管理部门应当给予奖励。

第七十二条 【事故处理措施】公安机关交通管理部门接到交通事故报警后,应当立即派交通警察赶赴现场,先组织抢救受伤人员,并采取措施,尽快恢复交通。

交通警察应当对交通事故现场进行勘验、检查,收集证据;因收集证据的需要,可以扣留事故车辆,但是应当妥善保管,以备核查。

对当事人的生理、精神状况等专业性较强的检验,公安机关交通管理部门应当委托专门机构进行鉴定。鉴定结论应当由鉴定人签名。

第七十三条 【交通事故认定书】公安机关交通管理部门应当根据交通事故现场勘验、检查、调查情况和有关的检验、鉴定结论,及时制作交通事故认定书,作为处理交通事故的证据。交通事故认定书应当载明交通事故的基本事实、成因和当事人的责任,并送达当事人。

第七十四条 【事故赔偿争议】对交通事故损害赔偿的争议,当事人可以请求公安机关交通管理部门调解,也可以直接向人民法院提起民事诉讼。

经公安机关交通管理部门调解,当事人未达成协议或者调解书生效后不履行的,当事人可以向人民法院提起民事诉讼。

第七十五条 【抢救费用】医疗机构对交通事故中的受伤人员应当及时抢救,不得因抢救费用未及时支付而拖延救治。肇事车辆参加机动车第三者责任强制保险的,由保险公司在责任限额范围内支付抢救费用;抢救费用超过责任限额的,未参加机动车第三者责任强制保险或者肇事后逃逸的,由道路交通事故社会救助基金先行垫付部分或者全部抢救费用,道路交通事故社会救助基金管理机构有权向交通事故责任人追偿。

第七十六条 【交通事故的赔偿原则】机动车发生交通事故造成人身伤亡、财产损失的,由保险公司在机动车第三者责任强制保险责任限额范围内予以赔偿;不足的部分,按照下列规定承担赔偿责任:

(一)机动车之间发生交通事故的,由有过错的一方承担赔偿责任;双方都有过错的,按照各自过错的比例分担责任。

（二）机动车与非机动车驾驶人、行人之间发生交通事故，非机动车驾驶人、行人没有过错的，由机动车一方承担赔偿责任；有证据证明非机动车驾驶人、行人有过错的，根据过错程度适当减轻机动车一方的赔偿责任；机动车一方没有过错的，承担不超过百分之十的赔偿责任。

交通事故的损失是由非机动车驾驶人、行人故意碰撞机动车造成的，机动车一方不承担赔偿责任。

第七十七条 【道路外交通事故的处理】 车辆在道路以外通行时发生的事故，公安机关交通管理部门接到报案的，参照本法有关规定办理。

第六章 执法监督

第七十八条 【交警培训与考核】 公安机关交通管理部门应当加强对交通警察的管理，提高交通警察的素质和管理道路交通的水平。

公安机关交通管理部门应当对交通警察进行法制和交通安全管理业务培训、考核。交通警察经考核不合格的，不得上岗执行职务。

第七十九条 【工作目标】 公安机关交通管理部门及其交通警察实施道路交通安全管理，应当依据法定的职权和程序，简化办事手续，做到公正、严格、文明、高效。

第八十条 【警容警纪】 交通警察执行职务时，应当按照规定着装，佩带人民警察标志，持有人民警察证件，保持警容严整，举止端庄，指挥规范。

第八十一条 【工本费】 依照本法发放牌证等收取工本费的，应当严格执行国务院价格主管部门核定的收费标准，并全部上缴国库。

第八十二条 【罚款决定与收缴分离】 公安机关交通管理部门依法实施罚款的行政处罚，应当依照有关法律、行政法规的规定，实施罚款决定与罚款收缴分离；收缴的罚款以及依法没收的违法所得，应当全部上缴国库。

第八十三条 【回避】 交通警察调查处理道路交通安全违法行为和交通事故，有下列情形之一的，应当回避：

（一）是本案的当事人或者当事人的近亲属；

（二）本人或其近亲属与本案有利害关系；

（三）与本案当事人有其他关系，可能影响案件的公正处理。

第八十四条 【执法监督】 公安机关交通管理部门及其交通警察的行政执法活动，应当接受行政监察机关依法实施的监督。

公安机关督察部门应当对公安机关交通管理部门及其交通警察执行法律、法规和遵守纪律的情况依法进行监督。

上级公安机关交通管理部门应当对下级公安机关交通管理部门的执法活动进行监督。

第八十五条 【社会监督】 公安机关交通管理部门及其交通警察执行职务，应当自觉接受社会和公民的监督。

任何单位和个人都有权对公安机关交通管理部门及其交通警察不严格执法以及违法违纪行为进行检举、控告。收到检举、控告的机关，应当依据职责及时查处。

第八十六条 【不得下达罚款指标】任何单位不得给公安机关交通管理部门下达或者变相下达罚款指标;公安机关交通管理部门不得以罚款数额作为考核交通警察的标准。

公安机关交通管理部门及其交通警察对超越法律、法规规定的指令,有权拒绝执行,并同时向上级机关报告。

第七章 法律责任

第八十七条 【现场处罚】公安机关交通管理部门及其交通警察对道路交通安全违法行为,应当及时纠正。

公安机关交通管理部门及其交通警察应当依据事实和本法的有关规定对道路交通安全违法行为予以处罚。对于情节轻微,未影响道路通行的,指出违法行为,给予口头警告后放行。

第八十八条 【处罚种类】对道路交通安全违法行为的处罚种类包括:警告、罚款、暂扣或者吊销机动车驾驶证、拘留。

第八十九条 【行人、乘车人、非机动车驾驶人违规】行人、乘车人、非机动车驾驶人违反道路交通安全法律、法规关于道路通行规定的,处警告或者五元以上五十元以下罚款;非机动车驾驶人拒绝接受罚款处罚的,可以扣留其非机动车。

第九十条 【机动车驾驶人违规】机动车驾驶人违反道路交通安全法律、法规关于道路通行规定的,处警告或者二十元以上二百元以下罚款。本法另有规定的,依照规定处罚。

第九十一条 【酒后驾车】饮酒后驾驶机动车的,处暂扣六个月机动车驾驶证,并处一千元以上二千元以下罚款。因饮酒后驾驶机动车被处罚,再次饮酒后驾驶机动车的,处十日以下拘留,并处一千元以上二千元以下罚款,吊销机动车驾驶证。

醉酒驾驶机动车的,由公安机关交通管理部门约束至酒醒,吊销机动车驾驶证,依法追究刑事责任;五年内不得重新取得机动车驾驶证。

饮酒后驾驶营运机动车的,处十五日拘留,并处五千元罚款,吊销机动车驾驶证,五年内不得重新取得机动车驾驶证。

醉酒驾驶营运机动车的,由公安机关交通管理部门约束至酒醒,吊销机动车驾驶证,依法追究刑事责任;十年内不得重新取得机动车驾驶证,重新取得机动车驾驶证后,不得驾驶营运机动车。

饮酒后或者醉酒驾驶机动车发生重大交通事故,构成犯罪的,依法追究刑事责任,并由公安机关交通管理部门吊销机动车驾驶证,终生不得重新取得机动车驾驶证。

第九十二条 【超载】公路客运车辆载客超过额定乘员的,处二百元以上五百元以下罚款;超过额定乘员百分之二十或者违反规定载货的,处五百元以上二千元以下罚款。

货运机动车超过核定载质量的,处二百元以上五百元以下罚款;超过核定载质量百分之三十或者违反规定载客的,处五百元以上二千元以下罚款。

有前两款行为的,由公安机关交通管理部门扣留机动车至违法状态消除。

运输单位的车辆有本条第一款、第二款规定的情形,经处罚不改的,对直接负责的主管人员处二千元以上五千元以下罚款。

第九十三条 【违规停车】对违反道路交通安全法律、法规关于机动车停放、临时停车规定的,可以指出违法行为,并予以口头警告,令其立即驶离。

机动车驾驶人不在现场或者虽在现场但拒绝立即驶离,妨碍其他车辆、行人通行的,处二十元以上二百元以下罚款,并可以将该机动车拖移至不妨碍交通的地点或者公安机关交通管理部门指定的地点停放。公安机关交通管理部门拖车不得向当事人收取费用,并应当及时告知当事人停放地点。

因采取不正确的方法拖车造成机动车损坏的,应当依法承担补偿责任。

第九十四条 【违反安检规定】机动车安全技术检验机构实施机动车安全技术检验超过国务院价格主管部门核定的收费标准收取费用的,退还多收取的费用,并由价格主管部门依照《中华人民共和国价格法》的有关规定给予处罚。

机动车安全技术检验机构不按照机动车国家安全技术标准进行检验,出具虚假检验结果的,由公安机关交通管理部门处所收检验费用五倍以上十倍以下罚款,并依法撤销其检验资格;构成犯罪的,依法追究刑事责任。

第九十五条 【无牌、无证驾驶】上道路行驶的机动车未悬挂机动车号牌,未放置检验合格标志、保险标志,或者未随车携带行驶证、驾驶证的,公安机关交通管理部门应当扣留机动车,通知当事人提供相应的牌证、标志或者补办相应手续,并可以依照本法第九十条的规定予以处罚。当事人提供相应的牌证、标志或者补办相应手续的,应当及时退还机动车。

故意遮挡、污损或者不按规定安装机动车号牌的,依照本法第九十条的规定予以处罚。

第九十六条 【使用虚假或他人证照】伪造、变造或者使用伪造、变造的机动车登记证书、号牌、行驶证、驾驶证的,由公安机关交通管理部门予以收缴,扣留该机动车,处十五日以下拘留,并处二千元以上五千元以下罚款;构成犯罪的,依法追究刑事责任。

伪造、变造或者使用伪造、变造的检验合格标志、保险标志的,由公安机关交通管理部门予以收缴,扣留该机动车,处十日以下拘留,并处一千元以上三千元以下罚款;构成犯罪的,依法追究刑事责任。

使用其他车辆的机动车登记证书、号牌、行驶证、检验合格标志、保险标志的,由公安机关交通管理部门予以收缴,扣留该机动车,处二千元以上五千元以下罚款。

当事人提供相应的合法证明或者补办相应手续的,应当及时退还机动车。

第九十七条 【非法安装警报器具】非法安装警报器、标志灯具的,由公安机关交通管理部门强制拆除,予以收缴,并处二百元以上二千元以下罚款。

第九十八条 【未上第三者责任强制险】机动车所有人、管理人未按照国家规定投保机动车第三者责任强制保险的,由公安机关交通管理部门扣留车辆至依照规定投保后,并处依照规定投保最低责任限额应缴纳的保险费的二倍罚款。

依照前款缴纳的罚款全部纳入道路交通事故社会救助基金。具体办法由国务院规定。

第九十九条 【其他行政处罚】有下列行为之一的,由公安机关交通管理部门处二百元以上二千元以下罚款:

(一)未取得机动车驾驶证、机动车驾驶证被吊销或者机动车驾驶证被暂扣期间驾驶机动车的;

(二)将机动车交由未取得机动车驾驶证或者机动车驾驶证被吊销、暂扣的人驾驶的;

(三)造成交通事故后逃逸,尚不构成犯罪的;

(四)机动车行驶超过规定时速百分之五十的;

(五)强迫机动车驾驶人违反道路交通安全法律、法规和机动车安全驾驶要求驾驶机动车,造成交通事故,尚不构成犯罪的;

(六)违反交通管制的规定强行通行,不听劝阻的;

(七)故意损毁、移动、涂改交通设施,造成危害后果,尚不构成犯罪的;

(八)非法拦截、扣留机动车辆,不听劝阻,造成交通严重阻塞或者较大财产损失的。

行为人有前款第二项、第四项情形之一的,可以并处吊销机动车驾驶证;有第一项、第三项、第五项至第八项情形之一的,可以并处十五日以下拘留。

第一百条 【驾驶、出售不合标准机动车】驾驶拼装的机动车或者已达到报废标准的机动车上道路行驶的,公安机关交通管理部门应当予以收缴,强制报废。

对驾驶前款所列机动车上道路行驶的驾驶人,处二百元以上二千元以下罚款,并吊销机动车驾驶证。

出售已达到报废标准的机动车的,没收违法所得,处销售金额等额的罚款,对该机动车依照本条第一款的规定处理。

第一百零一条 【重大交通事故责任】违反道路交通安全法律、法规的规定,发生重大交通事故,构成犯罪的,依法追究刑事责任,并由公安机关交通管理部门吊销机动车驾驶证。

造成交通事故后逃逸的,由公安机关交通管理部门吊销机动车驾驶证,且终生不得重新取得机动车驾驶证。

第一百零二条 【半年内二次以上发生特大交通事故】对六个月内发生二次以上特大交通事故负有主要责任或者全部责任的专业运输单位,由公安机关交通管理部门责令消除安全隐患,未消除安全隐患的机动车,禁止上道路行驶。

第一百零三条 【有关机动车生产、销售的违法行为】国家机动车产品主管部门未按照机动车国家安全技术标准严格审查,许可不合格机动车型投入生产的,对负有责任的主管人员和其他直接责任人员给予降级或者撤职的行政处分。

机动车生产企业经国家机动车产品主管部门许可生产的机动车型,不执行机动车国家安全技术标准或者不严格进行机动车成品质量检验,致使质量不合格的机动车出厂销售的,由质量技术监督部门依照《中华人民共和国产品质量法》的有关规定给予处罚。

擅自生产、销售未经国家机动车产品主管部门许可生产的机动车型的,没收非法生产、销售的机动车成品及配件,可以并处非法产品价值三倍以上五倍以下罚款;有营业执照的,由工商行政管理部门吊销营业执照,没有营业执照的,予以查封。

生产、销售拼装的机动车或者生产、销售擅自改装的机动车的,依照本条第三款的规定处罚。

有本条第二款、第三款、第四款所列违法行为,生产或者销售不符合机动车国家安全技术标准的机动车,构成犯罪的,依法追究刑事责任。

第一百零四条 【道路施工影响交通安全行为】未经批准,擅自挖掘道路、占用道路施工或者从事其他影响道路交通安全活动的,由道路主管部门责令停止违法行为,并恢复原状,可以依法给予罚款;致使通行的人员、车辆及其他财产遭受损失的,依法承担赔偿责任。

有前款行为,影响道路交通安全活动的,公安机关交通管理部门可以责令停止违法行为,迅速恢复交通。

第一百零五条 【未采取安全防护措施行为】道路施工作业或者道路出现损毁,未及时设置警示标志、未采取防护措施,或者应当设置交通信号灯、交通标志、交通标线而没有设置或者应当及时变更交通信号灯、交通标志、交通标线而没有及时变更,致使通行的人员、车辆及其他财产遭受损失的,负有相关职责的单位应当依法承担赔偿责任。

第一百零六条 【妨碍安全视距行为】在道路两侧及隔离带上种植树木、其他植物或者设置广告牌、管线等,遮挡路灯、交通信号灯、交通标志,妨碍安全视距的,由公安机关交通管理部门责令行为人排除妨碍;拒不执行的,处二百元以上二千元以下罚款,并强制排除妨碍,所需费用由行为人负担。

第一百零七条 【当场处罚决定书】对道路交通违法行为人予以警告、二百元以下罚款,交通警察可以当场作出行政处罚决定,并出具行政处罚决定书。

行政处罚决定书应当载明当事人的违法事实、行政处罚的依据、处罚内容、时间、地点以及处罚机关名称,并由执法人员签名或者盖章。

第一百零八条 【罚款的缴纳】当事人应当自收到罚款的行政处罚决定书之日起十五日内,到指定的银行缴纳罚款。

对行人、乘车人和非机动车驾驶人的罚款,当事人无异议的,可以当场予以收缴罚款。

罚款应当开具省、自治区、直辖市财政部门统一制发的罚款收据;不出具财政部门统一制发的罚款收据的,当事人有权拒绝缴纳罚款。

第一百零九条 【对不履行处罚决定可采取的措施】当事人逾期不履行行政

处罚决定的,作出行政处罚决定的行政机关可以采取下列措施:

(一)到期不缴纳罚款的,每日按罚款数额的百分之三加处罚款;

(二)申请人民法院强制执行。

第一百一十条　【暂扣或吊销驾驶证】执行职务的交通警察认为应当对道路交通违法行为人给予暂扣或者吊销机动车驾驶证处罚的,可以先予扣留机动车驾驶证,并在二十四小时内将案件移交公安机关交通管理部门处理。

道路交通违法行为人应当在十五日内到公安机关交通管理部门接受处理。无正当理由逾期未接受处理的,吊销机动车驾驶证。

公安机关交通管理部门暂扣或者吊销机动车驾驶证的,应当出具行政处罚决定书。

第一百一十一条　【拘留裁决机关】对违反本法规定予以拘留的行政处罚,由县、市公安局、公安分局或者相当于县一级的公安机关裁决。

第一百一十二条　【对扣留车辆的处理】公安机关交通管理部门扣留机动车、非机动车,应当当场出具凭证,并告知当事人在规定期限内到公安机关交通管理部门接受处理。

公安机关交通管理部门对被扣留的车辆应当妥善保管,不得使用。

逾期不来接受处理,并且经公告三个月仍不来接受处理的,对扣留的车辆依法处理。

第一百一十三条　【暂扣与重新申领驾驶证期限的计算】暂扣机动车驾驶证的期限从处罚决定生效之日起计算;处罚决定生效前先予扣留机动车驾驶证的,扣留一日折抵暂扣期限一日。

吊销机动车驾驶证后重新申请领取机动车驾驶证的期限,按照机动车驾驶证管理规定办理。

第一百一十四条　【电子警察的处罚依据】公安机关交通管理部门根据交通技术监控记录资料,可以对违法的机动车所有人或者管理人依法予以处罚。对能够确定驾驶人的,可以依照本法的规定依法予以处罚。

第一百一十五条　【行政处分】交通警察有下列行为之一的,依法给予行政处分:

(一)为不符合法定条件的机动车发放机动车登记证书、号牌、行驶证、检验合格标志的;

(二)批准不符合法定条件的机动车安装、使用警车、消防车、救护车、工程救险车的警报器、标志灯具,喷涂标志图案的;

(三)为不符合驾驶许可条件、未经考试或者考试不合格人员发放机动车驾驶证的;

(四)不执行罚款决定与罚款收缴分离制度或者不按规定将依法收取的费用、收缴的罚款及没收的违法所得全部上缴国库的;

(五)举办或者参与举办驾驶学校或者驾驶培训班、机动车修理厂或者收费停车场等经营活动的;

(六)利用职务上的便利收受他人财物或者谋取其他利益的;

(七)违法扣留车辆、机动车行驶证、驾驶证、车辆号牌的;

(八)使用依法扣留的车辆的;

(九)当场收取罚款不开具罚款收

据或者不如实填写罚款额的；

（十）徇私舞弊，不公正处理交通事故的；

（十一）故意刁难，拖延办理机动车牌证的；

（十二）非执行紧急任务时使用警报器、标志灯具的；

（十三）违反规定拦截、检查正常行驶的车辆的；

（十四）非执行紧急公务时拦截搭乘机动车的；

（十五）不履行法定职责的。

公安机关交通管理部门有前款所列行为之一的，对直接负责的主管人员和其他直接责任人员给予相应的行政处分。

第一百一十六条　【停职和辞退】 依照本法第一百一十五条的规定，给予交通警察行政处分的，在作出行政处分决定前，可以停止其执行职务；必要时，可以予以禁闭。

依照本法第一百一十五条的规定，交通警察受到降级或者撤职行政处分的，可以予以辞退。

交通警察受到开除处分或者被辞退的，应当取消警衔；受到撤职以下行政处分的交通警察，应当降低警衔。

第一百一十七条　【渎职责任】 交通警察利用职权非法占有公共财物，索取、收受贿赂，或者滥用职权、玩忽职守，构成犯罪的，依法追究刑事责任。

第一百一十八条　【执法不当的损失赔偿】 公安机关交通管理部门及其交通警察有本法第一百一十五条所列行为之一，给当事人造成损失的，应当依法承担赔偿责任。

第八章　附　　则

第一百一十九条　【用语含义】 本法中下列用语的含义：

（一）"道路"，是指公路、城市道路和虽在单位管辖范围但允许社会机动车通行的地方，包括广场、公共停车场等用于公众通行的场所。

（二）"车辆"，是指机动车和非机动车。

（三）"机动车"，是指以动力装置驱动或者牵引，上道路行驶的供人员乘用或者用于运送物品以及进行工程专项作业的轮式车辆。

（四）"非机动车"，是指以人力或者畜力驱动，上道路行驶的交通工具，以及虽有动力装置驱动但设计最高时速、空车质量、外形尺寸符合有关国家标准的残疾人机动轮椅车、电动自行车等交通工具。

（五）"交通事故"，是指车辆在道路上因过错或者意外造成的人身伤亡或者财产损失的事件。

第一百二十条　【部队在编机动车管理】 中国人民解放军和中国人民武装警察部队在编机动车牌证、在编机动车检验以及机动车驾驶人考核工作，由中国人民解放军、中国人民武装警察部队有关部门负责。

第一百二十一条　【拖拉机管理】 对上道路行驶的拖拉机，由农业（农业机械）主管部门行使本法第八条、第九条、第十三条、第十九条、第二十三条规定的公安机关交通管理部门的管理职权。

农业（农业机械）主管部门依照前

款规定行使职权,应当遵守本法有关规定,并接受公安机关交通管理部门的监督;对违反规定的,依照本法有关规定追究法律责任。

本法施行前由农业(农业机械)主管部门发放的机动车牌证,在本法施行后继续有效。

第一百二十二条 【入境的境外机动车管理】国家对入境的境外机动车的道路交通安全实施统一管理。

第一百二十三条 【地方执行标准】省、自治区、直辖市人民代表大会常务委员会可以根据本地区的实际情况,在本法规定的罚款幅度内,规定具体的执行标准。

第一百二十四条 【施行日期】本法自2004年5月1日起施行。

娱乐场所管理条例

1. 2006年1月29日国务院令第458号公布
2. 根据2016年2月6日国务院令第666号《关于修改部分行政法规的决定》第一次修订
3. 根据2020年11月29日国务院令第732号《关于修改和废止部分行政法规的决定》第二次修订

第一章 总 则

第一条 为了加强对娱乐场所的管理,保障娱乐场所的健康发展,制定本条例。

第二条 本条例所称娱乐场所,是指以营利为目的,并向公众开放、消费者自娱自乐的歌舞、游艺等场所。

第三条 县级以上人民政府文化主管部门负责对娱乐场所日常经营活动的监督管理;县级以上公安部门负责对娱乐场所消防、治安状况的监督管理。

第四条 国家机关及其工作人员不得开办娱乐场所,不得参与或者变相参与娱乐场所的经营活动。

与文化主管部门、公安部门的工作人员有夫妻关系、直系血亲关系、三代以内旁系血亲关系以及近姻亲关系的亲属,不得开办娱乐场所,不得参与或者变相参与娱乐场所的经营活动。

第二章 设 立

第五条 有下列情形之一的人员,不得开办娱乐场所或者在娱乐场所内从业:

(一)曾犯有组织、强迫、引诱、容留、介绍卖淫罪,制作、贩卖、传播淫秽物品罪,走私、贩卖、运输、制造毒品罪,强奸罪,强制猥亵、侮辱妇女罪,赌博罪,洗钱罪,组织、领导、参加黑社会性质组织罪的;

(二)因犯罪曾被剥夺政治权利的;

(三)因吸食、注射毒品曾被强制戒毒的;

(四)因卖淫、嫖娼曾被处以行政拘留的。

第六条 外国投资者可以依法在中国境内设立娱乐场所。

第七条 娱乐场所不得设在下列地点:

(一)居民楼、博物馆、图书馆和被核定为文物保护单位的建筑物内;

(二)居民住宅区和学校、医院、机关周围;

(三)车站、机场等人群密集的

场所;

（四）建筑物地下一层以下;

（五）与危险化学品仓库毗连的区域。

娱乐场所的边界噪声,应当符合国家规定的环境噪声标准。

第八条　娱乐场所的使用面积,不得低于国务院文化主管部门规定的最低标准;设立含有电子游戏机的游艺娱乐场所,应当符合国务院文化主管部门关于总量和布局的要求。

第九条　娱乐场所申请从事娱乐场所经营活动,应当向所在地县级人民政府文化主管部门提出申请;外商投资的娱乐场所申请从事娱乐场所经营活动,应当向所在地省、自治区、直辖市人民政府文化主管部门提出申请。

娱乐场所申请从事娱乐场所经营活动,应当提交投资人员、拟任的法定代表人和其他负责人没有本条例第五条规定情形的书面声明。申请人应当对书面声明内容的真实性负责。

受理申请的文化主管部门应当就书面声明向公安部门或者其他有关单位核查,公安部门或者其他有关单位应当予以配合;经核查属实的,文化主管部门应当依据本条例第七条、第八条的规定进行实地检查,作出决定。予以批准的,颁发娱乐经营许可证,并根据国务院文化主管部门的规定核定娱乐场所容纳的消费者数量;不予批准的,应当书面通知申请人并说明理由。

有关法律、行政法规规定需要办理消防、卫生、环境保护等审批手续的,从其规定。

第十条　文化主管部门审批娱乐场所应当举行听证。有关听证的程序,依照《中华人民共和国行政许可法》的规定执行。

第十一条　娱乐场所依法取得营业执照和相关批准文件、许可证后,应当在15日内向所在地县级公安部门备案。

第十二条　娱乐场所改建、扩建营业场所或者变更场地、主要设施设备、投资人员,或者变更娱乐经营许可证载明的事项的,应当向原发证机关申请重新核发娱乐经营许可证,并向公安部门备案;需要办理变更登记的,应当依法向工商行政管理部门办理变更登记。

第三章　经　　营

第十三条　国家倡导弘扬民族优秀文化,禁止娱乐场所内的娱乐活动含有下列内容:

（一）违反宪法确定的基本原则的;

（二）危害国家统一、主权或者领土完整的;

（三）危害国家安全,或者损害国家荣誉、利益的;

（四）煽动民族仇恨、民族歧视,伤害民族感情或者侵害民族风俗、习惯,破坏民族团结的;

（五）违反国家宗教政策,宣扬邪教、迷信的;

（六）宣扬淫秽、赌博、暴力以及与毒品有关的违法犯罪活动,或者教唆犯罪的;

（七）违背社会公德或者民族优秀文化传统的;

（八）侮辱、诽谤他人,侵害他人合

法权益的；

（九）法律、行政法规禁止的其他内容。

第十四条　娱乐场所及其从业人员不得实施下列行为，不得为进入娱乐场所的人员实施下列行为提供条件：

（一）贩卖、提供毒品，或者组织、强迫、教唆、引诱、欺骗、容留他人吸食、注射毒品；

（二）组织、强迫、引诱、容留、介绍他人卖淫、嫖娼；

（三）制作、贩卖、传播淫秽物品；

（四）提供或者从事以营利为目的的陪侍；

（五）赌博；

（六）从事邪教、迷信活动；

（七）其他违法犯罪行为。

娱乐场所的从业人员不得吸食、注射毒品，不得卖淫、嫖娼；娱乐场所及其从业人员不得为进入娱乐场所的人员实施上述行为提供条件。

第十五条　歌舞娱乐场所应当按照国务院公安部门的规定在营业场所的出入口、主要通道安装闭路电视监控设备，并应当保证闭路电视监控设备在营业期间正常运行，不得中断。

歌舞娱乐场所应当将闭路电视监控录像资料留存30日备查，不得删改或者挪作他用。

第十六条　歌舞娱乐场所的包厢、包间内不得设置隔断，并应当安装展现室内整体环境的透明门窗。包厢、包间的门不得有内锁装置。

第十七条　营业期间，歌舞娱乐场所内亮度不得低于国家规定的标准。

第十八条　娱乐场所使用的音像制品或者电子游戏应当是依法出版、生产或者进口的产品。

歌舞娱乐场所播放的曲目和屏幕画面以及游艺娱乐场所的电子游戏机内的游戏项目，不得含有本条例第十三条禁止的内容；歌舞娱乐场所使用的歌曲点播系统不得与境外的曲库联接。

第十九条　游艺娱乐场所不得设置具有赌博功能的电子游戏机机型、机种、电路板等游戏设施设备，不得以现金或者有价证券作为奖品，不得回购奖品。

第二十条　娱乐场所的法定代表人或者主要负责人应当对娱乐场所的消防安全和其他安全负责。

娱乐场所应当确保其建筑、设施符合国家安全标准和消防技术规范，定期检查消防设施状况，并及时维护、更新。

娱乐场所应当制定安全工作方案和应急疏散预案。

第二十一条　营业期间，娱乐场所应当保证疏散通道和安全出口畅通，不得封堵、锁闭疏散通道和安全出口，不得在疏散通道和安全出口设置栅栏等影响疏散的障碍物。

娱乐场所应当在疏散通道和安全出口设置明显指示标志，不得遮挡、覆盖指示标志。

第二十二条　任何人不得非法携带枪支、弹药、管制器具或者携带爆炸性、易燃性、毒害性、放射性、腐蚀性等危险物品和传染病原体进入娱乐场所。

迪斯科舞厅应当配备安全检查设备，对进入营业场所的人员进行安全检查。

第二十三条　歌舞娱乐场所不得接纳未

成年人。除国家法定节假日外,游艺娱乐场所设置的电子游戏机不得向未成年人提供。

第二十四条 娱乐场所不得招用未成年人;招用外国人的,应当按照国家有关规定为其办理外国人就业许可证。

第二十五条 娱乐场所应当与从业人员签订文明服务责任书,并建立从业人员名簿;从业人员名簿应当包括从业人员的真实姓名、居民身份证复印件、外国人就业许可证复印件等内容。

娱乐场所应当建立营业日志,记载营业期间从业人员的工作职责、工作时间、工作地点;营业日志不得删改,并应当留存60日备查。

第二十六条 娱乐场所应当与保安服务企业签订保安服务合同,配备专业保安人员;不得聘用其他人员从事保安工作。

第二十七条 营业期间,娱乐场所的从业人员应当统一着工作服,佩带工作标志并携带居民身份证或者外国人就业许可证。

从业人员应当遵守职业道德和卫生规范,诚实守信,礼貌待人,不得侵害消费者的人身和财产权利。

第二十八条 每日凌晨2时至上午8时,娱乐场所不得营业。

第二十九条 娱乐场所提供娱乐服务项目和出售商品,应当明码标价,并向消费者出示价目表;不得强迫、欺骗消费者接受服务、购买商品。

第三十条 娱乐场所应当在营业场所的大厅、包厢、包间内的显著位置悬挂含有禁毒、禁赌、禁止卖淫嫖娼等内容的警示标志,未成年人禁入或者限入标志。标志应当注明公安部门、文化主管部门的举报电话。

第三十一条 娱乐场所应当建立巡查制度,发现娱乐场所内有违法犯罪活动的,应当立即向所在地县级公安部门、县级人民政府文化主管部门报告。

第四章 监督管理

第三十二条 文化主管部门、公安部门和其他有关部门的工作人员依法履行监督检查职责时,有权进入娱乐场所。娱乐场所应当予以配合,不得拒绝、阻挠。

文化主管部门、公安部门和其他有关部门的工作人员依法履行监督检查职责时,需要查阅闭路电视监控录像资料、从业人员名簿、营业日志等资料的,娱乐场所应当及时提供。

第三十三条 文化主管部门、公安部门和其他有关部门应当记录监督检查的情况和处理结果。监督检查记录由监督检查人员签字归档。公众有权查阅监督检查记录。

第三十四条 文化主管部门、公安部门和其他有关部门应当建立娱乐场所违法行为警示记录系统;对列入警示记录的娱乐场所,应当及时向社会公布,并加大监督检查力度。

第三十五条 文化主管部门应当建立娱乐场所的经营活动信用监管制度,建立健全信用约束机制,并及时公布行政处罚信息。

第三十六条 文化主管部门、公安部门和其他有关部门应当建立相互间的信息通报制度,及时通报监督检查情况和处理结果。

第三十七条　任何单位或者个人发现娱乐场所内有违反本条例行为的,有权向文化主管部门、公安部门等有关部门举报。

文化主管部门、公安部门等有关部门接到举报,应当记录,并及时依法调查、处理;对不属于本部门职责范围的,应当及时移送有关部门。

第三十八条　上级人民政府文化主管部门、公安部门在必要时,可以依照本条例的规定调查、处理由下级人民政府文化主管部门、公安部门调查、处理的案件。

下级人民政府文化主管部门、公安部门认为案件重大、复杂的,可以请求移送上级人民政府文化主管部门、公安部门调查、处理。

第三十九条　文化主管部门、公安部门和其他有关部门及其工作人员违反本条例规定的,任何单位或者个人可以向依法有权处理的本级或者上一级机关举报。接到举报的机关应当依法及时调查、处理。

第四十条　娱乐场所行业协会应当依照章程的规定,制定行业自律规范,加强对会员经营活动的指导、监督。

第五章　法律责任

第四十一条　违反本条例规定,擅自从事娱乐场所经营活动的,由文化主管部门依法予以取缔;公安部门在查处治安、刑事案件时,发现擅自从事娱乐场所经营活动的,应当依法予以取缔。

第四十二条　违反本条例规定,以欺骗等不正当手段取得娱乐经营许可证的,由原发证机关撤销娱乐经营许可证。

第四十三条　娱乐场所实施本条例第十四条禁止行为的,由县级公安部门没收违法所得和非法财物,责令停业整顿3个月至6个月;情节严重的,由原发证机关吊销娱乐经营许可证,对直接负责的主管人员和其他直接责任人员处1万元以上2万元以下的罚款。

第四十四条　娱乐场所违反本条例规定,有下列情形之一的,由县级公安部门责令改正,给予警告;情节严重的,责令停业整顿1个月至3个月:

(一)照明设施、包厢、包间的设置以及门窗的使用不符合本条例规定的;

(二)未按照本条例规定安装闭路电视监控设备或者中断使用的;

(三)未按照本条例规定留存监控录像资料或者删改监控录像资料的;

(四)未按照本条例规定配备安全检查设备或者未对进入营业场所的人员进行安全检查的;

(五)未按照本条例规定配备保安人员的。

第四十五条　娱乐场所违反本条例规定,有下列情形之一的,由县级公安部门没收违法所得和非法财物,并处违法所得2倍以上5倍以下的罚款;没有违法所得或者违法所得不足1万元的,并处2万元以上5万元以下的罚款;情节严重的,责令停业整顿1个月至3个月:

(一)设置具有赌博功能的电子游戏机机型、机种、电路板等游戏设施设备的;

(二)以现金、有价证券作为奖品,或者回购奖品的。

第四十六条 娱乐场所指使、纵容从业人员侵害消费者人身权利的,应当依法承担民事责任,并由县级公安部门责令停业整顿1个月至3个月;造成严重后果的,由原发证机关吊销娱乐经营许可证。

第四十七条 娱乐场所取得营业执照后,未按照本条例规定向公安部门备案的,由县级公安部门责令改正,给予警告。

第四十八条 违反本条例规定,有下列情形之一的,由县级人民政府文化主管部门没收违法所得和非法财物,并处违法所得1倍以上3倍以下的罚款;没有违法所得或者违法所得不足1万元的,并处1万元以上3万元以下的罚款;情节严重的,责令停业整顿1个月至6个月:

(一)歌舞娱乐场所的歌曲点播系统与境外的曲库联接的;

(二)歌舞娱乐场所播放的曲目、屏幕画面或者游艺娱乐场所电子游戏机内的游戏项目含有本条例第十三条禁止内容的;

(三)歌舞娱乐场所接纳未成年人的;

(四)游艺娱乐场所设置的电子游戏机在国家法定节假日外向未成年人提供的;

(五)娱乐场所容纳的消费者超过核定人数的。

第四十九条 娱乐场所违反本条例规定,有下列情形之一的,由县级人民政府文化主管部门责令改正,给予警告;情节严重的,责令停业整顿1个月至3个月:

(一)变更有关事项,未按照本条例规定申请重新核发娱乐经营许可证的;

(二)在本条例规定的禁止营业时间内营业的;

(三)从业人员在营业期间未统一着装并佩带工作标志的。

第五十条 娱乐场所未按照本条例规定建立从业人员名簿、营业日志,或者发现违法犯罪行为未按照本条例规定报告的,由县级人民政府文化主管部门、县级公安部门依据法定职权责令改正,给予警告;情节严重的,责令停业整顿1个月至3个月。

第五十一条 娱乐场所未按照本条例规定悬挂警示标志、未成年人禁入或者限入标志的,由县级人民政府文化主管部门、县级公安部门依据法定职权责令改正,给予警告。

第五十二条 娱乐场所招用未成年人的,由劳动保障行政部门责令改正,并按照每招用一名未成年人每月处5000元罚款的标准给予处罚。

第五十三条 因擅自从事娱乐场所经营活动被依法取缔的,其投资人员和负责人终身不得投资开办娱乐场所或者担任娱乐场所的法定代表人、负责人。

娱乐场所因违反本条例规定,被吊销或者撤销娱乐经营许可证的,自被吊销或者撤销之日起,其法定代表人、负责人5年内不得担任娱乐场所的法定代表人、负责人。

娱乐场所因违反本条例规定,2年内被处以3次警告或者罚款又有违反本条例的行为应受行政处罚的,由县级人民政府文化主管部门、县级公安部门依据法定职权责令停业整顿3个月至6个月;2年内被2次责令停业整顿又有违反本条例的行为应受行政处罚的,由原发证机关吊销娱乐经营许可证。

第五十四条　娱乐场所违反有关治安管理或者消防管理法律、行政法规规定的,由公安部门依法予以处罚;构成犯罪的,依法追究刑事责任。

　　娱乐场所违反有关卫生、环境保护、价格、劳动等法律、行政法规规定的,由有关部门依法予以处罚;构成犯罪的,依法追究刑事责任。

　　娱乐场所及其从业人员与消费者发生争议的,应当依照消费者权益保护的法律规定解决;造成消费者人身、财产损害的,由娱乐场所依法予以赔偿。

第五十五条　国家机关及其工作人员开办娱乐场所,参与或者变相参与娱乐场所经营活动的,对直接负责的主管人员和其他直接责任人员依法给予撤职或者开除的行政处分。

　　文化主管部门、公安部门的工作人员明知其亲属开办娱乐场所或者发现其亲属参与、变相参与娱乐场所的经营活动,不予制止或者制止不力的,依法给予行政处分;情节严重的,依法给予撤职或者开除的行政处分。

第五十六条　文化主管部门、公安部门、工商行政管理部门和其他有关部门的工作人员有下列行为之一的,对直接负责的主管人员和其他直接责任人员依法给予行政处分;构成犯罪的,依法追究刑事责任:

　　(一)向不符合法定设立条件的单位颁发许可证、批准文件、营业执照的;

　　(二)不履行监督管理职责,或者发现擅自从事娱乐场所经营活动不依法取缔,或者发现违法行为不依法查处的;

　　(三)接到对违法行为的举报、通报后不依法查处的;

　　(四)利用职务之便,索取、收受他人财物或者谋取其他利益的;

　　(五)利用职务之便,参与、包庇违法行为,或者向有关单位、个人通风报信的;

　　(六)有其他滥用职权、玩忽职守、徇私舞弊行为的。

第六章　附　　则

第五十七条　本条例所称从业人员,包括娱乐场所的管理人员、服务人员、保安人员和在娱乐场所工作的其他人员。

第五十八条　本条例自2006年3月1日起施行。1999年3月26日国务院发布的《娱乐场所管理条例》同时废止。

公安机关人民警察执法过错责任追究规定

1. 2016年1月14日公安部令第138号修订发布
2. 自2016年3月1日起施行

第一章　总　　则

第一条　为落实执法办案责任制,完善执法过错责任追究机制,保障公安机关及其人民警察依法正确履行职责,保护公民、法人和其他组织的合法权益,根据《中华人民共和国人民警察法》《行政机关公务员处分条例》等有关法律法规,制定本规定。

第二条 本规定所称执法过错是指公安机关人民警察在执法办案中,故意或者过失造成的认定事实错误、适用法律错误、违反法定程序、作出违法处理决定等执法错误。

在事实表述、法条引用、文书制作等方面存在执法瑕疵,不影响案件处理结果的正确性及效力的,不属于本规定所称的执法过错,不予追究执法过错责任,但应当纳入执法质量考评进行监督并予以纠正。

第三条 追究执法过错责任,应当遵循实事求是、有错必纠、过错与处罚相适应、教育与惩处相结合的原则。

第四条 在执法过错责任追究工作中,公安机关纪检监察、督察、人事、法制以及执法办案等部门应当各负其责、互相配合。

第二章 执法过错责任的认定

第五条 执法办案人、鉴定人、审核人、审批人都有故意或者过失造成执法过错的,应当根据各自对执法过错所起的作用,分别承担责任。

第六条 审批人在审批时改变或者不采纳执法办案人、审核人的正确意见造成执法过错的,由审批人承担责任。

第七条 因执法办案人或者审核人弄虚作假、隐瞒真相,导致审批人错误审批造成执法过错的,由执法办案人或者审核人承担主要责任。

第八条 因鉴定人提供虚假、错误鉴定意见造成执法过错的,由鉴定人承担主要责任。

第九条 违反规定的程序,擅自行使职权造成执法过错的,由直接责任人员承担责任。

第十条 下级公安机关人民警察按照规定向上级请示的案件,因上级的决定、命令错误造成执法过错的,由上级有关责任人员承担责任。因下级故意提供虚假材料或者不如实汇报导致执法过错的,由下级有关责任人员承担责任。

下级对超越法律、法规规定的人民警察职责范围的指令,有权拒绝执行,并同时向上级机关报告。没有报告造成执法过错的,由上级和下级分别承担相应的责任;已经报告的,由上级承担责任。

第十一条 对其他执法过错情形,应当根据公安机关人民警察在执法办案中各自承担的职责,区分不同情况,分别追究有关人员的责任。

第三章 对执法过错责任人的处理

第十二条 对执法过错责任人员,应当根据其违法事实、情节、后果和责任程度分别追究刑事责任、行政纪律责任或者作出其他处理。

第十三条 追究行政纪律责任的,由人事部门或者纪检监察部门依照《行政机关公务员处分条例》和《公安机关人民警察纪律条令》等规定依法给予处分;构成犯罪的,依法移送有关司法机关处理。

第十四条 作出其他处理的,由相关部门提出处理意见,经公安机关负责人批准,可以单独或者合并作出以下处理：
（一）诫勉谈话；
（二）责令作出书面检查；
（三）取消评选先进的资格；
（四）通报批评；
（五）停止执行职务；
（六）延期晋级、晋职或者降低警衔；
（七）引咎辞职、责令辞职或者免职；
（八）限期调离公安机关；
（九）辞退或者取消录用。

第十五条　公安机关依法承担国家赔偿责任的案件，除依照本规定追究执法过错责任外，还应当依照《中华人民共和国国家赔偿法》的规定，向有关责任人员追偿部分或者全部赔偿费用。

第十六条　执法过错责任人受到开除处分、刑事处罚或者犯有其他严重错误的，应当按照有关规定撤销相关的奖励。

第十七条　发生执法过错案件，影响恶劣、后果严重的，除追究直接责任人员的责任外，还应当依照有关规定追究公安机关领导责任。

年度内发生严重的执法过错或者发生多次执法过错的公安机关和执法办案部门，本年度不得评选为先进集体。

第十八条　对执法过错责任人的处理情况分别记入人事档案、执法档案，作为考核、定级、晋职、晋升等工作的重要依据。

第十九条　具有下列情形之一的，应当从重追究执法过错责任：
（一）因贪赃枉法、徇私舞弊、刑讯逼供、伪造证据、通风报信、蓄意报复、陷害等故意造成执法过错的；
（二）阻碍追究执法过错责任的；
（三）对检举、控告、申诉人打击报复的；
（四）多次发生执法过错的；
（五）情节恶劣、后果严重的。

第二十条　具有下列情形之一的，可以从轻、减轻或者免予追究执法过错责任：
（一）由于轻微过失造成执法过错的；
（二）主动承认错误，并及时纠正的；
（三）执法过错发生后能够配合有关部门工作，减少损失、挽回影响的；
（四）情节轻微、尚未造成严重后果的。

第二十一条　具有下列情形之一的，不予追究执法过错责任：
（一）因法律法规、司法解释发生变化，改变案件定性、处理的；
（二）因法律规定不明确、有关司法解释不一致，致使案件定性、处理存在争议的；
（三）因不能预见或者无法抗拒的原因致使执法过错发生的；
（四）对案件基本事实的判断存在争议或者疑问，根据证据规则能够予以合理说明的；
（五）因出现新证据而改变原结论的；
（六）原结论依据的法律文书被撤销或者变更的；
（七）因执法相对人的过错致使执法过错发生的。

第四章　执法过错责任追究的程序

第二十二条　追究执法过错责任,由发生执法过错的公安机关负责查处。

上级公安机关发现下级公安机关应当查处而未查处的,应当责成下级公安机关查处;必要时,也可以直接查处。

第二十三条　公安机关纪检监察、督察、审计、法制以及执法办案等部门,应当在各自职责范围内主动、及时检查、纠正和处理执法过错案件。

第二十四条　各有关部门调查后,认为需要法制部门认定执法过错的,可以将案件材料移送法制部门认定。

第二十五条　法制部门认定执法过错案件,可以通过阅卷、组织有关专家讨论、会同有关部门调查核实等方式进行,形成执法过错认定书面意见后,及时送达有关移送部门,由移送部门按照本规定第十三条、第十四条作出处理。

第二十六条　被追究执法过错责任的公安机关人民警察及其所属部门不服执法过错责任追究的,可以在收到执法过错责任追究决定之日起五日内向作出决定的公安机关或者上一级公安机关申诉;接受申诉的公安机关应当认真核实,并在三十日内作出最终决定。法律、法规另有规定的,按照有关规定办理。

第二十七条　因故意或者重大过失造成错案,不受执法过错责任人单位、职务、职级变动或者退休的影响,终身追究执法过错责任。

错案责任人已调至其他公安机关或者其他单位的,应当向其所在单位通报,并提出处理建议;错案责任人在被作出追责决定前,已被开除、辞退且无相关单位的,应当在追责决定中明确其应当承担的责任。

第二十八条　各级公安机关对执法过错案件应当采取有效措施予以整改、纠正,对典型案件应当进行剖析、通报。

第五章　附　　则

第二十九条　各省、自治区、直辖市公安厅局和新疆生产建设兵团公安局可以根据本规定,结合本地实际制定实施细则。

第三十条　本规定自2016年3月1日起施行。1999年6月11日发布的《公安机关人民警察执法过错责任追究规定》(公安部令第41号)同时废止。

公安机关执法公开规定

1. 2018年8月23日公安部修订
2. 公通字[2018]26号
3. 自2018年12月1日起施行

第一章　总　　则

第一条　为了规范公安机关执法公开行为,促进公安机关严格规范公正文明执法,保障公民、法人和其他组织依法获取执法信息,实现便民利民,制定本规定。

第二条　本规定适用于公安机关主动公开执法信息,以及开展网上公开办事。

公民、法人或者其他组织申请获取执法信息的,公安机关应当依照《中华人民共和国政府信息公开条例》的规定办理。

第三条　执法公开应当遵循合法有序、及时准确、便民利民的原则。

第四条　公安机关应当采取措施使社会广为知晓执法公开的范围、期限和途径,方便公民、法人和其他组织依法获取执法信息。

第五条　对涉及公共利益、公众普遍关注、需要社会知晓的执法信息,应当主动向社会公开;对不宜向社会公开,但涉及特定对象权利义务、需要特定对象知悉的执法信息,应当主动向特定对象告知或者提供查询服务。

第六条　公安机关不得公开涉及国家秘密或者警务工作秘密,以及可能影响国家安全、公共安全、经济安全和社会稳定或者妨害执法活动的执法信息。

公安机关不得向权利人以外的公民、法人或者其他组织公开涉及商业秘密、个人隐私的执法信息。但是,权利人同意公开,或者公安机关认为不公开可能对公共利益造成重大影响的,可以公开。

第七条　公安机关公开执法信息涉及其他部门的,应当在公开前与有关部门确认;公开执法信息依照国家有关规定需要批准的,应当在批准后公开。

第八条　公安机关应当对执法公开情况进行检查评估。执法信息不应当公开而公开的,应当立即撤回;公开的执法信息错误或者发生变更的,应当立即纠正或者更新;执法信息公开后可能或者已经造成严重后果的,应当依法紧急处置。

第二章　向社会公开

第九条　公安机关应当主动向社会公开下列信息:

(一)公安机关的职责权限,人民警察的权利义务、纪律要求和职业道德规范;

(二)涉及公民、法人和其他组织权利义务的规范性文件;

(三)刑事、行政、行政复议、国家赔偿等案件的受理范围、受理部门及其联系方式、申请条件及要求、办理程序及期限和对外法律文书式样,以及当事人的权利义务和监督救济渠道;

(四)行政管理相对人的权利义务和监督救济渠道;

(五)与执法相关的便民服务措施;

(六)举报投诉的方式和途径;

(七)承担对外执法任务的内设机构和派出机构的名称及其职责权限;

(八)窗口单位的办公地址、工作时间、联系方式以及民警姓名、警号;

(九)固定式交通技术监控设备的设置信息;

(十)采取限制交通措施、交通管制和现场管制的方式、区域、起止时间等信息;

(十一)法律、法规、规章和其他规范性文件规定应当向社会公开的其他执法信息。

前款第一项至第五项所列执法信息,上级机关公开后,下级公安机关可以通过适当途径使社会广为知晓。

第十条　公安机关应当向社会公开涉及公共利益、社会高度关注的重大案事件调查进展和处理结果,以及打击违法犯罪活动的重大决策和行动。但公开后可能影响国家安全、公共安全、经济安全和社会稳定或者妨害正常执法活动的除外。

第十一条 公安机关可以向社会公开辖区治安状况、道路交通安全形势、安全防范预警等信息。

第十二条 公安机关应当逐步向社会公开行政处罚决定、行政复议结果的生效法律文书。适用简易程序作出的行政处罚决定生效法律文书可以不向社会公开。

第十三条 法律文书有下列情形之一的,不得向社会公开:

（一）案件事实涉及国家秘密或者警务工作秘密的;

（二）被行政处罚人、行政复议申请人是未成年人的;

（三）经本机关负责人批准不予公开的其他情形。

第十四条 向社会公开法律文书,应当对文书中载明的自然人姓名作隐名处理,保留姓氏,名字以"某"替代。

第十五条 向社会公开法律文书,应当删除文书中载明的下列信息:

（一）自然人的住所地详址、工作单位、家庭成员、联系方式、公民身份号码、健康状况、机动车号牌号码,以及其他能够判明其身份和具体财产的信息;

（二）法人或者其他组织的涉及具体财产的信息;

（三）涉及公民个人隐私和商业秘密的信息;

（四）案件事实中涉及有伤风化的内容,以及可能诱发违法犯罪的细节描述;

（五）公安机关印章或者工作专用章;

（六）公安机关认为不宜公开的其他信息。

删除前款所列信息影响对文书正确理解的,可以用符号"×"作部分替代。

第十六条 向社会公开法律文书,除按照本规定第十四条、第十五条隐匿、删除相关信息外,应当保持与原文书内容一致。

第十七条 向社会公开执法信息,应当自该信息形成或者变更之日起20个工作日内进行。公众需要即时知晓的限制交通措施、交通管制和现场管制的信息,应当即时公开;辖区治安状况、道路交通安全形势和安全防范预警等信息,可以定期公开。法律、法规、规章和其他规范性文件对公开期限另有规定的,从其规定。

第十八条 向社会公开执法信息,应当通过互联网政府公开平台进行,同时可以通过公报、发布会、官方微博、移动客户端、自助终端,以及报刊、广播、电视等便于公众知晓的方式公布。

第十九条 向社会公开执法信息,由制作或者获取该信息的内设机构或者派出机构负责。必要时,征求政务公开、法制、保密部门的意见,并经本机关负责人批准。

第二十条 公安机关发现可能影响社会稳定、扰乱社会管理秩序的虚假或者不完整信息,应当在职责范围内及时发布准确信息予以澄清。

第三章 向特定对象公开

第二十一条 公安机关办理刑事、行政、行政复议、国家赔偿等案件,或者开展行政管理活动,法律、法规、规章和其他规范性文件规定向特定对象告知执法信息的,应当依照有关规定执行。

第二十二条 除按照本规定第二十一条向特定对象告知执法信息外,公安机关应当通过提供查询的方式,向报案或者控告的被害人、被侵害人或者其监护人、家属公开下列执法信息:

(一)办案单位名称、地址和联系方式;

(二)刑事立案、移送审查起诉、终止侦查、撤销案件等情况,对犯罪嫌疑人采取刑事强制措施的种类;

(三)行政案件受案、办理结果。

公安机关在接受报案时,应当告知报案或者控告的被害人、被侵害人或者其监护人、家属前款所列执法信息的查询方式和途径。

第二十三条 向特定对象提供执法信息查询服务,应当自该信息形成或者变更之日起5个工作日内进行。法律、法规和规范性文件对期限另有规定的,从其规定。

第二十四条 向特定对象提供执法信息查询服务,应当通过互联网政府公开平台进行,同时可以通过移动客户端、自助终端等方式进行。

第二十五条 向特定对象公开执法信息,由制作或者获取该信息的内设机构或者派出机构负责。

第四章 网上公开办事

第二十六条 公安机关应当开展行政许可、登记、备案等行政管理事项的网上办理。

除法律、法规、规章规定申请人应当到现场办理的事项或者环节外,公安机关不得要求申请人到现场办理。

第二十七条 网上公开办事应当提供下列服务:

(一)公开网上办事事项的名称、依据、申请条件、申请途径或者方式、申请需要提交材料清单、办理程序及期限,提供申请文书式样及示范文本;

(二)公开行政事业性收费事项的名称、依据、收费标准、办事程序和期限;

(三)网上咨询,解答相关法律政策、注意事项等常见问题;

(四)网上预约办理;

(五)申请文书的在线下载、网上制作,实现网上申请;

(六)受理情况、办理进展、办理结果等执法信息的网上查询。法律、法规、规章和其他规范性文件规定向申请人告知执法信息的,还应当依照有关规定告知。

公安机关在网上或者窗口单位接受办事事项申请时,应当告知申请人执法信息的查询方式和途径。

第二十八条 向申请人提供办事事项执法信息查询服务,应当自该信息形成或者变更之日起5个工作日内进行。法律、法规、规章和其他规范性文件另有规定的,从其规定。

第二十九条 开展网上公开办事,应当通过互联网政府网站进行,同时可以通过移动客户端、自助终端等方式进行。

向申请人告知办事事项执法信息,除依照法律、法规、规章和其他规范性文件规定的方式执行外,同时可以通过移动客户端、电话、电子邮件等方式告知。

第五章 监督和保障

第三十条 公安机关应当指定专门机构,负责组织、协调、推动执法公开工作,并为开展执法公开提供必要的人员、物质保障。

第三十一条 公安机关应当建立执法公开审核审批、保密审查、信息发布协调的程序和机制,实现执法公开规范化。

第三十二条 公安机关应当建设互联网政府公开平台,统一公开本机关执法信息。上级公安机关或者本级人民政府提供统一互联网公开平台的,可以通过该平台公开。

公安机关应当完善互联网政府网站办事服务功能,统一提供本机关网上办事服务。上级公安机关或者本级人民政府提供统一互联网办事服务载体的,可以通过该载体提供。

第三十三条 公安机关应当推动发展信息安全交互技术,为高效便捷开展执法公开提供技术支持。

第三十四条 公安机关应当开展执法公开满意度测评,可以通过互联网公开平台或者政府网站、移动客户端、自助终端、电话等方式进行,也可以在窗口单位现场进行。

第三十五条 公安机关可以委托第三方机构对执法公开情况进行评估,并参考评估结果改进工作。

第三十六条 公安机关应当将执法公开情况纳入执法质量考评和绩效考核范围,建立完善奖惩机制。

第三十七条 公民、法人或者其他组织认为公安机关未按照本规定履行执法公开义务的,可以向该公安机关或者其上一级公安机关投诉。

第三十八条 有下列情形之一的,应当立即改正;情节严重的,依照有关规定对主管人员和其他责任人员予以处理:

(一)未按照本规定履行执法公开义务的;

(二)公开的信息错误、不准确且不及时更正,或者弄虚作假的;

(三)公开不应当公开的信息且不及时撤回的;

(四)违反本规定的其他行为。

第六章 附 则

第三十九条 各省、自治区、直辖市公安厅、局,新疆生产建设兵团公安局可以根据本规定,结合本地实际,制定实施细则。

第四十条 本规定未涉及的公开事项,依照有关法律、法规、规章和其他规范性文件的规定执行。

第四十一条 本规定自2018年12月1日起施行,2012年8月18日印发的《公安机关执法公开规定》同时废止。

公安机关办理行政案件程序规定

1. 2012年12月19日公安部令第125号修订发布
2. 根据2014年6月29日公安部令第132号《关于修改部分部门规章的决定》第一次修正
3. 根据2018年11月25日公安部令第149号《关于修改〈公安机关办理行政案件程序规定〉的决定》第二次修正
4. 根据2020年8月6日公安部令第160号《关于废止和修改部分规章的决定》第三次修正

目 录

第一章 总 则
第二章 管 辖
第三章 回 避
第四章 证 据
第五章 期间与送达
第六章 简易程序和快速办理
　第一节 简易程序
　第二节 快速办理
第七章 调查取证
　第一节 一般规定
　第二节 受 案
　第三节 询 问
　第四节 勘验、检查
　第五节 鉴 定
　第六节 辨 认
　第七节 证据保全
　第八节 办案协作
第八章 听证程序
　第一节 一般规定
　第二节 听证人员和听证参加人
　第三节 听证的告知、申请和受理
　第四节 听证的举行
第九章 行政处理决定
　第一节 行政处罚的适用
　第二节 行政处理的决定
第十章 治安调解
第十一章 涉案财物的管理和处理
第十二章 执 行
　第一节 一般规定
　第二节 罚款的执行
　第三节 行政拘留的执行
　第四节 其他处理决定的执行
第十三章 涉外行政案件的办理
第十四章 案件终结
第十五章 附 则

第一章 总 则

第一条 为了规范公安机关办理行政案件程序，保障公安机关在办理行政案件中正确履行职责，保护公民、法人和其他组织的合法权益，根据《中华人民共和国行政处罚法》《中华人民共和国行政强制法》《中华人民共和国治安管理处罚法》等有关法律、行政法规，制定本规定。

第二条 本规定所称行政案件，是指公安机关依照法律、法规和规章的规定对违法行为人决定行政处罚以及强制隔离戒毒等处理措施的案件。

本规定所称公安机关，是指县级以上公安机关、公安派出所、依法具有独立执法主体资格的公安机关业务部门以及出入境边防检查站。

第三条 办理行政案件应当以事实为根

据,以法律为准绳。

第四条 办理行政案件应当遵循合法、公正、公开、及时的原则,尊重和保障人权,保护公民的人格尊严。

第五条 办理行政案件应当坚持教育与处罚相结合的原则,教育公民、法人和其他组织自觉守法。

第六条 办理未成年人的行政案件,应当根据未成年人的身心特点,保障其合法权益。

第七条 办理行政案件,在少数民族聚居或者多民族共同居住的地区,应当使用当地通用的语言进行询问。对不通晓当地通用语言文字的当事人,应当为他们提供翻译。

第八条 公安机关及其人民警察在办理行政案件时,对涉及的国家秘密、商业秘密或者个人隐私,应当保密。

第九条 公安机关人民警察在办案中玩忽职守、徇私舞弊、滥用职权、索取或者收受他人财物的,依法给予处分;构成犯罪的,依法追究刑事责任。

第二章 管　辖

第十条 行政案件由违法行为地的公安机关管辖。由违法行为人居住地公安机关管辖更为适宜的,可以由违法行为人居住地公安机关管辖,但是涉及卖淫、嫖娼、赌博、毒品的案件除外。

违法行为地包括违法行为发生地和违法结果发生地。违法行为发生地,包括违法行为的实施地以及开始地、途经地、结束地等与违法行为有关的地点;违法行为有连续、持续或者继续状态的,违法行为连续、持续或者继续实施的地方都属于违法行为发生地。违法结果发生地,包括违法对象被侵害地、违法所得的实际取得地、藏匿地、转移地、使用地、销售地。

居住地包括户籍所在地、经常居住地。经常居住地是指公民离开户籍所在地最后连续居住一年以上的地方,但在医院住院就医的除外。

移交违法行为人居住地公安机关管辖的行政案件,违法行为地公安机关在移交前应当及时收集证据,并配合违法行为人居住地公安机关开展调查取证工作。

第十一条 针对或者利用网络实施的违法行为,用于实施违法行为的网站服务器所在地、网络接入地以及网站建立者或者管理者所在地,被侵害的网络及其运营者所在地,违法过程中违法行为人、被侵害人使用的网络及其运营者所在地,被侵害人被侵害时所在地,以及被侵害人财产遭受损失地公安机关可以管辖。

第十二条 行驶中的客车上发生的行政案件,由案发后客车最初停靠地公安机关管辖;必要时,始发地、途经地、到达地公安机关也可以管辖。

第十三条 行政案件由县级公安机关及其公安派出所、依法具有独立执法主体资格的公安机关业务部门以及出入境边防检查站按照法律、行政法规、规章授权和管辖分工办理,但法律、行政法规、规章规定由设区的市级以上公安机关办理的除外。

第十四条 几个公安机关都有权管辖的行政案件,由最初受理的公安机关管辖。必要时,可以由主要违法行为地公安机关管辖。

第十五条 对管辖权发生争议的,报请共同的上级公安机关指定管辖。

对于重大、复杂的案件,上级公安机关可以直接办理或者指定管辖。

上级公安机关直接办理或者指定管辖的,应当书面通知被指定管辖的公安机关和其他有关的公安机关。

原受理案件的公安机关自收到上级公安机关书面通知之日起不再行使管辖权,并立即将案卷材料移送被指定管辖的公安机关或者办理的上级公安机关,及时书面通知当事人。

第十六条 铁路公安机关管辖列车上、火车站工作区域内,铁路系统的机关、厂、段、所、队等单位内发生的行政案件,以及在铁路线上放置障碍物或者损毁、移动铁路设施等可能影响铁路运输安全、盗窃铁路设施的行政案件。对倒卖、伪造、变造火车票案件,由最初受理的铁路或者地方公安机关管辖。必要时,可以移送主要违法行为发生地的铁路或者地方公安机关管辖。

交通公安机关管辖港航管理机构管理的轮船上、港口、码头工作区域内和港航系统的机关、厂、所、队等单位内发生的行政案件。

民航公安机关管辖民航管理机构管理的机场工作区域以及民航系统的机关、厂、所、队等单位内和民航飞机上发生的行政案件。

国有林区的森林公安机关管辖林区内发生的行政案件。

海关缉私机构管辖阻碍海关缉私警察依法执行职务的治安案件。

第三章 回 避

第十七条 公安机关负责人、办案人民警察有下列情形之一的,应当自行提出回避申请,案件当事人及其法定代理人有权要求他们回避:

(一)是本案的当事人或者当事人近亲属的;

(二)本人或者其近亲属与本案有利害关系的;

(三)与本案当事人有其他关系,可能影响案件公正处理的。

第十八条 公安机关负责人、办案人民警察提出回避申请的,应当说明理由。

第十九条 办案人民警察的回避,由其所属的公安机关决定;公安机关负责人的回避,由上一级公安机关决定。

第二十条 当事人及其法定代理人要求公安机关负责人、办案人民警察回避的,应当提出申请,并说明理由。口头提出申请的,公安机关应当记录在案。

第二十一条 对当事人及其法定代理人提出的回避申请,公安机关应当在收到申请之日起二日内作出决定并通知申请人。

第二十二条 公安机关负责人、办案人民警察具有应当回避的情形之一,本人没有申请回避,当事人及其法定代理人也没有申请其回避的,有权决定其回避的公安机关可以指令其回避。

第二十三条 在行政案件调查过程中,鉴定人和翻译人员需要回避的,适用本章的规定。

鉴定人、翻译人员的回避,由指派或者聘请的公安机关决定。

第二十四条 在公安机关作出回避决定前,办案人民警察不得停止对行政案件的调查。

作出回避决定后,公安机关负责人、办案人民警察不得再参与该行政案件的调查和审核、审批工作。

第二十五条 被决定回避的公安机关负责人、办案人民警察、鉴定人和翻译人员,在回避决定作出前所进行的与案件有关的活动是否有效,由作出回避决定的公安机关根据是否影响案件依法公正处理等情况决定。

第四章 证 据

第二十六条 可以用于证明案件事实的材料,都是证据。公安机关办理行政案件的证据包括:

(一)物证;

(二)书证;

(三)被侵害人陈述和其他证人证言;

(四)违法嫌疑人的陈述和申辩;

(五)鉴定意见;

(六)勘验、检查、辨认笔录,现场笔录;

(七)视听资料、电子数据。

证据必须经过查证属实,才能作为定案的根据。

第二十七条 公安机关必须依照法定程序,收集能够证实违法嫌疑人是否违法、违法情节轻重的证据。

严禁刑讯逼供和以威胁、欺骗等非法方法收集证据。采用刑讯逼供等非法方法收集的违法嫌疑人的陈述和申辩以及采用暴力、威胁等非法方法收集的被侵害人陈述、其他证人证言,不能作为定案的根据。收集物证、书证不符合法定程序,可能严重影响执法公正的,应当予以补正或者作出合理解释;不能补正或者作出合理解释的,不能作为定案的根据。

第二十八条 公安机关向有关单位和个人收集、调取证据时,应当告知其必须如实提供证据,并告知其伪造、隐匿、毁灭证据,提供虚假证词应当承担的法律责任。

需要向有关单位和个人调取证据的,经公安机关办案部门负责人批准,开具调取证据通知书,明确调取的证据和提供时限。被调取人应当在通知书上盖章或者签名,被调取人拒绝的,公安机关应当注明。必要时,公安机关应当采用录音、录像等方式固定证据内容及取证过程。

需要向有关单位紧急调取证据的,公安机关可以在电话告知人民警察身份的同时,将调取证据通知书连同办案人民警察的人民警察证复印件通过传真、互联网通讯工具等方式送达有关单位。

第二十九条 收集调取的物证应当是原物。在原物不便搬运、不易保存或者依法应当由有关部门保管、处理或者依法应当返还时,可以拍摄或者制作足以反映原物外形或者内容的照片、录像。

物证的照片、录像,经与原物核实无误或者经鉴定证明为真实的,可以作为证据使用。

第三十条 收集、调取的书证应当是原件。在取得原件确有困难时,可以使用副本或者复制件。

书证的副本、复制件,经与原件核实无误或者经鉴定证明为真实的,可以作为证据使用。书证有更改或者更改迹象不能作出合理解释的,或者书证的副本、复制件不能反映书证原件及其内容的,不能作为证据使用。

第三十一条 物证的照片、录像,书证的副本、复制件,视听资料的复制件,应当附有关制作过程及原件、原物存放处的文字说明,并由制作人和物品所有人或者持有单位有关人员签名。

第三十二条 收集电子数据,能够扣押电子数据原始存储介质的,应当扣押。

无法扣押原始存储介质的,可以提取电子数据。提取电子数据,应当制作笔录,并附电子数据清单,由办案人民警察、电子数据持有人签名。持有人无法或者拒绝签名的,应当在笔录中注明。

由于客观原因无法或者不宜依照前两款规定收集电子数据的,可以采取打印、拍照或者录像等方式固定相关证据,并附有关原因、过程等情况的文字说明,由办案人民警察、电子数据持有人签名。持有人无法或者拒绝签名的,应当注明情况。

第三十三条 刑事案件转为行政案件办理的,刑事案件办理过程中收集的证据材料,可以作为行政案件的证据使用。

第三十四条 凡知道案件情况的人,都有作证的义务。

生理上、精神上有缺陷或者年幼,不能辨别是非、不能正确表达的人,不能作为证人。

第五章 期间与送达

第三十五条 期间以时、日、月、年计算,期间开始之时或者日不计算在内。法律文书送达的期间不包括路途上的时间。期间的最后一日是节假日的,以节假日后的第一日为期满日期,但违法行为人被限制人身自由的期间,应当至期满之日为止,不得因节假日而延长。

第三十六条 送达法律文书,应当遵守下列规定:

(一)依照简易程序作出当场处罚决定的,应当将决定书当场交付被处罚人,并由被处罚人在备案的决定书上签名或者捺指印;被处罚人拒绝的,由办案人民警察在备案的决定书上注明;

(二)除本款第一项规定外,作出行政处罚决定和其他行政处理决定,应当在宣告后将决定书当场交付被处理人,并由被处理人在附卷的决定书上签名或者捺指印,即为送达;被处理人拒绝的,由办案人民警察在附卷的决定书上注明;被处理人不在场的,公安机关应当在作出决定的七日内将决定书送达被处理人,治安管理处罚决定应当在二日内送达。

送达法律文书应当首先采取直接送达方式,交给受送达人本人;受送达人不在的,可以交付其成年家属、所在单位的负责人员或者其居住地居(村)民委员会代收。受送达人本人或者代收人拒绝接收或者拒绝签名和捺指印的,送达人可以邀请其邻居或者其他见证人到场,说明情况,也可以对拒收情况进行录音录像,把文书留在受送达人处,在附卷的法律文书上注明拒绝的事由、送达日期,由送达人、见证人签名或者捺指印,即视为送达。

无法直接送达的,委托其他公安机关代为送达,或者邮寄送达。经受送达人同意,可以采用传真、互联网通讯工具等能够确认其收悉的方式送达。

经采取上述送达方式仍无法送达的,可以公告送达。公告的范围和方式应当便于公民知晓,公告期限不得少于六十日。

第六章 简易程序和快速办理
第一节 简易程序

第三十七条 违法事实确凿,且具有下列情形之一的,人民警察可以当场作出处罚决定,有违禁品的,可以当场收缴:

(一)对违反治安管理行为人或者道路交通违法行为人处二百元以下罚款或者警告的;

(二)出入境边防检查机关对违反出境入境管理行为人处五百元以下罚款或者警告的;

(三)对有其他违法行为的个人处五十元以下罚款或者警告、对单位处一千元以下罚款或者警告的;

(四)法律规定可以当场处罚的其他情形。

涉及卖淫、嫖娼、赌博、毒品的案件,不适用当场处罚。

第三十八条 当场处罚,应当按照下列程序实施:

(一)向违法行为人表明执法身份;

(二)收集证据;

(三)口头告知违法行为人拟作出行政处罚决定的事实、理由和依据,并告知违法行为人依法享有的陈述权和申辩权;

(四)充分听取违法行为人的陈述和申辩。违法行为人提出的事实、理由或者证据成立的,应当采纳;

(五)填写当场处罚决定书并当场交付被处罚人;

(六)当场收缴罚款的,同时填写罚款收据,交付被处罚人;未当场收缴罚款的,应当告知被处罚人在规定期限内到指定的银行缴纳罚款。

第三十九条 适用简易程序处罚的,可以由人民警察一人作出行政处罚决定。

人民警察当场作出行政处罚决定的,应当于作出决定后的二十四小时内将当场处罚决定书报所属公安机关备案,交通警察应当于作出决定后的二日内报所属公安机关交通管理部门备案。在旅客列车、民航飞机、水上作出行政处罚决定的,应当在返回后的二十四小时内报所属公安机关备案。

第二节 快速办理

第四十条 对不适用简易程序,但事实清楚,违法嫌疑人自愿认错认罚,且对违法事实和法律适用没有异议的行政案件,公安机关可以通过简化取证方式和审核审批手续等措施快速办理。

第四十一条 行政案件具有下列情形之一的,不适用快速办理:

(一)违法嫌疑人系盲、聋、哑人、未成年人或者疑似精神病人的;

(二)依法应当适用听证程序的;

(三)可能作出十日以上行政拘留

处罚的；

（四）其他不宜快速办理的。

第四十二条　快速办理行政案件前，公安机关应当书面告知违法嫌疑人快速办理的相关规定，征得其同意，并由其签名确认。

第四十三条　对符合快速办理条件的行政案件，违法嫌疑人在自行书写材料或者询问笔录中承认违法事实、认错认罚，并有视音频记录、电子数据、检查笔录等关键证据能够相互印证的，公安机关可以不再开展其他调查取证工作。

第四十四条　对适用快速办理的行政案件，可以由专兼职法制员或者办案部门负责人审核后，报公安机关负责人审批。

第四十五条　对快速办理的行政案件，公安机关可以根据不同案件类型，使用简明扼要的格式询问笔录，尽量减少需要文字记录的内容。

被询问人自行书写材料的，办案单位可以提供样式供其参考。

使用执法记录仪等设备对询问过程录音录像的，可以替代书面询问笔录，必要时，对视听资料的关键内容和相应时间段等作文字说明。

第四十六条　对快速办理的行政案件，公安机关可以根据违法行为人认错悔改、纠正违法行为、赔偿损失以及被侵害人谅解情况等情节，依法对违法行为人从轻、减轻处罚或者不予行政处罚。

对快速办理的行政案件，公安机关可以采用口头方式履行处罚前告知程序，由办案人民警察在案卷材料中注明告知情况，并由被告知人签名确认。

第四十七条　对快速办理的行政案件，公安机关应当在违法嫌疑人到案后四十八小时内作出处理决定。

第四十八条　公安机关快速办理行政案件时，发现不适宜快速办理的，转为一般案件办理。快速办理阶段依法收集的证据，可以作为定案的根据。

第七章　调查取证

第一节　一般规定

第四十九条　对行政案件进行调查时，应当合法、及时、客观、全面地收集、调取证据材料，并予以审查、核实。

第五十条　需要调查的案件事实包括：

（一）违法嫌疑人的基本情况；

（二）违法行为是否存在；

（三）违法行为是否为违法嫌疑人实施；

（四）实施违法行为的时间、地点、手段、后果以及其他情节；

（五）违法嫌疑人有无法定从重、从轻、减轻以及不予行政处罚的情形；

（六）与案件有关的其他事实。

第五十一条　公安机关调查取证时，应当防止泄露工作秘密。

第五十二条　公安机关进行询问、辨认、检查、勘验，实施行政强制措施等调查取证工作时，人民警察不得少于二人，并表明执法身份。

接报案、受案登记、接受证据、信息采集、调解、送达文书等工作，可以由一名人民警察带领警务辅助人员进行，但应当全程录音录像。

第五十三条　对查获或者到案的违法嫌

疑人应当进行安全检查,发现违禁品或者管制器具、武器、易燃易爆等危险品以及与案件有关的需要作为证据的物品的,应当立即扣押;对违法嫌疑人随身携带的与案件无关的物品,应当按照有关规定予以登记、保管、退还。安全检查不需要开具检查证。

前款规定的扣押适用本规定第五十五条和第五十六条以及本章第七节的规定。

第五十四条 办理行政案件时,可以依法采取下列行政强制措施:

(一)对物品、设施、场所采取扣押、扣留、查封、先行登记保存、抽样取证、封存文件资料等强制措施,对恐怖活动嫌疑人的存款、汇款、债券、股票、基金份额等财产还可以采取冻结措施;

(二)对违法嫌疑人采取保护性约束措施、继续盘问、强制传唤、强制检测、拘留审查、限制活动范围,对恐怖活动嫌疑人采取约束措施等强制措施。

第五十五条 实施行政强制措施应当遵守下列规定:

(一)实施前须依法向公安机关负责人报告并经批准;

(二)通知当事人到场,当场告知当事人采取行政强制措施的理由、依据以及当事人依法享有的权利、救济途径。当事人不到场的,邀请见证人到场,并在现场笔录中注明;

(三)听取当事人的陈述和申辩;

(四)制作现场笔录,由当事人和办案人民警察签名或者盖章,当事人拒绝的,在笔录中注明。当事人不在场的,由见证人和办案人民警察在笔录上签名或者盖章;

(五)实施限制公民人身自由的行政强制措施的,应当当场告知当事人家属实施强制措施的公安机关、理由、地点和期限;无法当场告知的,应当在实施强制措施后立即通过电话、短信、传真等方式通知;身份不明、拒不提供家属联系方式或者因自然灾害等不可抗力导致无法通知的,可以不予通知。告知、通知家属情况或者无法通知家属的原因应当在询问笔录中注明;

(六)法律、法规规定的其他程序。

勘验、检查时实施行政强制措施,制作勘验、检查笔录的,不再制作现场笔录。

实施行政强制措施的全程录音录像,已经具备本条第一款第二项、第三项规定的实质要素的,可以替代书面现场笔录,但应当对视听资料的关键内容和相应时间段等作文字说明。

第五十六条 情况紧急,当场实施行政强制措施的,办案人民警察应当在二十四小时内依法向其所属的公安机关负责人报告,并补办批准手续。当场实施限制公民人身自由的行政强制措施的,办案人民警察应当在返回单位后立即报告,并补办批准手续。公安机关负责人认为不应当采取行政强制措施的,应当立即解除。

第五十七条 为维护社会秩序,人民警察对有违法嫌疑的人员,经表明执法身份后,可以当场盘问、检查。对当场盘问、检查后,不能排除其违法嫌疑,依法可以适用继续盘问的,可以将其带至公安机关,经公安派出所负责人批准,对其继续盘问。对违反出境入境管理的嫌疑人依法适用继续盘问的,应当经县级以上公安机关或者出入境边防检查机关负责人批准。

继续盘问的时限一般为十二小时;对在十二小时以内确实难以证实或者排除其违法犯罪嫌疑的,可以延长至二十四小时;对不讲真实姓名、住址、身份,且在二十四小时以内仍不能证实或者排除其违法犯罪嫌疑的,可以延长至四十八小时。

第五十八条 违法嫌疑人在醉酒状态中,对本人有危险或者对他人的人身、财产或者公共安全有威胁的,可以对其采取保护性措施约束至酒醒,也可以通知其家属、亲友或者所属单位将其领回看管,必要时,应当送医院醒酒。对行为举止失控的醉酒人,可以使用约束带或者警绳等进行约束,但是不得使用手铐、脚镣等警械。

约束过程中,应当指定专人严加看护。确认醉酒人酒醒后,应当立即解除约束,并进行询问。约束时间不计算在询问查证时间内。

第五十九条 对恐怖活动嫌疑人实施约束措施,应当遵守下列规定:

(一)实施前须经县级以上公安机关负责人批准;

(二)告知嫌疑人采取约束措施的理由、依据以及其依法享有的权利、救济途径;

(三)听取嫌疑人的陈述和申辩;

(四)出具决定书。

公安机关可以采取电子监控、不定期检查等方式对被约束人遵守约束措施的情况进行监督。

约束措施的期限不得超过三个月。对不需要继续采取约束措施的,应当及时解除并通知被约束人。

第二节 受 案

第六十条 县级公安机关及其公安派出所、依法具有独立执法主体资格的公安机关业务部门以及出入境边防检查站对报案、控告、举报、群众扭送或者违法嫌疑人投案,以及其他国家机关移送的案件,应当及时受理并按照规定进行网上接报案登记。对重复报案、案件正在办理或者已经办结的,应当向报案人、控告人、举报人、扭送人、投案人作出解释,不再登记。

第六十一条 公安机关应当对报案、控告、举报、群众扭送或者违法嫌疑人投案分别作出下列处理,并将处理情况在接报案登记中注明:

(一)对属于本单位管辖范围内的案件,应当立即调查处理,制作受案登记表和受案回执,并将受案回执交报案人、控告人、举报人、扭送人;

(二)对属于公安机关职责范围,但不属于本单位管辖的,应当在二十四小时内移送有管辖权的单位处理,并告知报案人、控告人、举报人、扭送人、投案人;

(三)对不属于公安机关职责范围的事项,在接报案时能够当场判断的,应当立即口头告知报案人、控告人、举报人、扭送人、投案人向其他主管机关报案或者投案,报案人、控告人、举报人、扭送人、投案人对口头告知内容有异议或者不能当场判断的,应当书面告知,但因没有联系方式、身份不明等客观原因无法书面告知的除外。

在日常执法执勤中发现的违法行为,适用前款规定。

第六十二条 属于公安机关职责范围但不属于本单位管辖的案件,具有下列情形之一的,受理案件或者发现案件的公安机关及其人民警察应当依法先行采取必要的强制措施或者其他处置措施,再移送有管辖权的单位处理:

(一)违法嫌疑人正在实施危害行为的;

(二)正在实施违法行为或者违法后即时被发现的现行犯被扭送至公安机关的;

(三)在逃的违法嫌疑人已被抓获或者被发现的;

(四)有人员伤亡,需要立即采取救治措施的;

(五)其他应当采取紧急措施的情形。

行政案件移送管辖的,询问查证时间和扣押等措施的期限重新计算。

第六十三条 报案人不愿意公开自己的姓名和报案行为的,公安机关应当在受案登记时注明,并为其保密。

第六十四条 对报案人、控告人、举报人、扭送人、投案人提供的有关证据材料、物品等应当登记,出具接受证据清单,并妥善保管。必要时,应当拍照、录音、录像。移送案件时,应当将有关证据材料和物品一并移交。

第六十五条 对发现或者受理的案件暂时无法确定为刑事案件或者行政案件的,可以按照行政案件的程序办理。在办理过程中,认为涉嫌构成犯罪的,应当按照《公安机关办理刑事案件程序规定》办理。

第三节 询 问

第六十六条 询问违法嫌疑人,可以到违法嫌疑人住处或者单位进行,也可以将违法嫌疑人传唤到其所在市、县内的指定地点进行。

第六十七条 需要传唤违法嫌疑人接受调查的,经公安派出所、县级以上公安机关办案部门或者出入境边防检查机关负责人批准,使用传唤证传唤。对现场发现的违法嫌疑人,人民警察经出示人民警察证,可以口头传唤,并在询问笔录中注明违法嫌疑人到案经过、到案时间和离开时间。

单位违反公安行政管理规定,需要传唤其直接负责的主管人员和其他直接责任人员的,适用前款规定。

对无正当理由不接受传唤或者逃避传唤的违反治安管理、出境入境管理的嫌疑人以及法律规定可以强制传唤的其他违法嫌疑人,经公安派出所、县级以上公安机关办案部门或者出入境边防检查机关负责人批准,可以强制传唤。强制传唤时,可以依法使用手铐、警绳等约束性警械。

公安机关应当将传唤的原因和依据告知被传唤人,并通知其家属。公安机关通知被传唤人家属适用本规定第五十五条第一款第五项的规定。

第六十八条 使用传唤证传唤的,违法嫌疑人被传唤到案后和询问查证结束后,应当由其在传唤证上填写到案和离开时间并签名。拒绝填写或者签名的,办案人民警察应当在传唤证上注明。

第六十九条　对被传唤的违法嫌疑人,应当及时询问查证,询问查证的时间不得超过八小时;案情复杂,违法行为依法可能适用行政拘留处罚的,询问查证的时间不得超过二十四小时。

不得以连续传唤的形式变相拘禁违法嫌疑人。

第七十条　对于投案自首或者群众扭送的违法嫌疑人,公安机关应当立即进行询问查证,并在询问笔录中记明违法嫌疑人到案经过、到案和离开时间。询问查证时间适用本规定第六十九条第一款的规定。

对于投案自首或者群众扭送的违法嫌疑人,公安机关应当适用本规定第五十五条第一款第五项的规定通知其家属。

第七十一条　在公安机关询问违法嫌疑人,应当在办案场所进行。

询问查证期间应当保证违法嫌疑人的饮食和必要的休息时间,并在询问笔录中注明。

在询问查证的间隙期间,可以将违法嫌疑人送入候问室,并按照候问室的管理规定执行。

第七十二条　询问违法嫌疑人、被侵害人或者其他证人,应当个别进行。

第七十三条　首次询问违法嫌疑人时,应当问明违法嫌疑人的姓名、出生日期、户籍所在地、现住址、身份证件种类及号码,是否为各级人民代表大会代表,是否受过刑事处罚或者行政拘留、强制隔离戒毒、社区戒毒、收容教养等情况。必要时,还应当问明其家庭主要成员、工作单位、文化程度、民族、身体状况等情况。

违法嫌疑人为外国人的,首次询问时还应当问明其国籍、出入境证件种类及号码、签证种类、入境时间、入境事由等情况。必要时,还应当问明其在华关系人等情况。

第七十四条　询问时,应当告知被询问人必须如实提供证据、证言和故意作伪证或者隐匿证据应负的法律责任,对与本案无关的问题有拒绝回答的权利。

第七十五条　询问未成年人时,应当通知其父母或者其他监护人到场,其父母或者其他监护人不能到场的,也可以通知未成年人的其他成年亲属,所在学校、单位、居住地基层组织或者未成年人保护组织的代表到场,并将有关情况记录在案。确实无法通知或者通知后未到场的,应当在询问笔录中注明。

第七十六条　询问聋哑人,应当有通晓手语的人提供帮助,并在询问笔录中注明被询问人的聋哑情况以及翻译人员的姓名、住址、工作单位和联系方式。

对不通晓当地通用的语言文字的被询问人,应当为其配备翻译人员,并在询问笔录中注明翻译人员的姓名、住址、工作单位和联系方式。

第七十七条　询问笔录应当交被询问人核对,对没有阅读能力的,应当向其宣读。记录有误或者遗漏的,应当允许被询问人更正或者补充,并要求其在修改处捺指印。被询问人确认笔录无误后,应当在询问笔录上逐页签名或者捺指印。拒绝签名和捺指印的,办案人民警察应当在询问笔录中注明。

办案人民警察应当在询问笔录上签名,翻译人员应当在询问笔录的结尾处签名。

询问时,可以全程录音、录像,并保持录音、录像资料的完整性。

第七十八条 询问违法嫌疑人时,应当听取违法嫌疑人的陈述和申辩。对违法嫌疑人的陈述和申辩,应当核查。

第七十九条 询问被侵害人或者其他证人,可以在现场进行,也可以到其单位、学校、住所、其居住地居(村)民委员会或者其提出的地点进行。必要时,也可以书面、电话或者当场通知其到公安机关提供证言。

在现场询问的,办案人民警察应当出示人民警察证。

询问前,应当了解被询问人的身份以及其与被侵害人、其他证人、违法嫌疑人之间的关系。

第八十条 违法嫌疑人、被侵害人或者其他证人请求自行提供书面材料的,应当准许。必要时,办案人民警察也可以要求违法嫌疑人、被侵害人或者其他证人自行书写。违法嫌疑人、被侵害人或者其他证人应当在其提供的书面材料的结尾处签名或者捺指印。对打印的书面材料,违法嫌疑人、被侵害人或者其他证人应当逐页签名或者捺指印。办案人民警察收到书面材料后,应当在首页注明收到日期,并签名。

第四节 勘验、检查

第八十一条 对于违法行为案发现场,必要时应当进行勘验,提取与案件有关的证据材料,判断案件性质,确定调查方向和范围。

现场勘验参照刑事案件现场勘验的有关规定执行。

第八十二条 对与违法行为有关的场所、物品、人身可以进行检查。检查时,人民警察不得少于二人,并应当出示人民警察证和县级以上公安机关开具的检查证。对确有必要立即进行检查的,人民警察经出示人民警察证,可以当场检查;但检查公民住所的,必须有证据表明或者有群众报警公民住所内正在发生危害公共安全或者公民人身安全的案(事)件,或者违法存放危险物质,不立即检查可能会对公共安全或者公民人身、财产安全造成重大危害。

对机关、团体、企业、事业单位或者公共场所进行日常执法监督检查,依照有关法律、法规和规章执行,不适用前款规定。

第八十三条 对违法嫌疑人,可以依法提取或者采集肖像、指纹等人体生物识别信息;涉嫌酒后驾驶机动车、吸毒、从事恐怖活动等违法行为的,可以依照《中华人民共和国道路交通安全法》《中华人民共和国禁毒法》《中华人民共和国反恐怖主义法》等规定提取或者采集血液、尿液、毛发、脱落细胞等生物样本。人身安全检查和当场检查时已经提取、采集的信息,不再提取、采集。

第八十四条 对违法嫌疑人进行检查时,应当尊重被检查人的人格尊严,不得以有损人格尊严的方式进行检查。

检查妇女的身体,应当由女性工作人员进行。

依法对卖淫、嫖娼人员进行性病检查,应当由医生进行。

第八十五条 检查场所或者物品时,应当注意避免对物品造成不必要的损坏。

检查场所时,应当有被检查人或者见证人在场。

第八十六条 检查情况应当制作检查笔录。检查笔录由检查人员、被检查人或者见证人签名;被检查人不在场或者拒绝签名的,办案人民警察应当在检查笔录中注明。

检查时的全程录音录像可以替代书面检查笔录,但应当对视听资料的关键内容和相应时间段等作文字说明。

第五节 鉴 定

第八十七条 为了查明案情,需要对专门性技术问题进行鉴定的,应当指派或者聘请具有专门知识的人员进行。

需要聘请本公安机关以外的人进行鉴定的,应当经公安机关办案部门负责人批准后,制作鉴定聘请书。

第八十八条 公安机关应当为鉴定提供必要的条件,及时送交有关检材和比对样本等原始材料,介绍与鉴定有关的情况,并且明确提出要求鉴定解决的问题。

办案人民警察应当做好检材的保管和送检工作,并注明检材送检环节的责任人,确保检材在流转环节中的同一性和不被污染。

禁止强迫或者暗示鉴定人作出某种鉴定意见。

第八十九条 对人身伤害的鉴定由法医进行。

卫生行政主管部门许可的医疗机构具有执业资格的医生出具的诊断证明,可以作为公安机关认定人身伤害程度的依据,但具有本规定第九十条规定情形的除外。

对精神病的鉴定,由有精神病鉴定资格的鉴定机构进行。

第九十条 人身伤害案件具有下列情形之一的,公安机关应当进行伤情鉴定:

(一)受伤程度较重,可能构成轻伤以上伤害程度的;

(二)被侵害人要求作伤情鉴定的;

(三)违法嫌疑人、被侵害人对伤害程度有争议的。

第九十一条 对需要进行伤情鉴定的案件,被侵害人拒绝提供诊断证明或者拒绝进行伤情鉴定的,公安机关应当将有关情况记录在案,并可以根据已认定的事实作出处理决定。

经公安机关通知,被侵害人无正当理由未在公安机关确定的时间内作伤情鉴定的,视为拒绝鉴定。

第九十二条 对电子数据涉及的专门性问题难以确定的,由司法鉴定机构出具鉴定意见,或者由公安部指定的机构出具报告。

第九十三条 涉案物品价值不明或者难以确定的,公安机关应当委托价格鉴证机构估价。

根据当事人提供的购买发票等票据能够认定价值的涉案物品,或者价值明显不够刑事立案标准的涉案物品,公安机关可以不进行价格鉴证。

第九十四条 对涉嫌吸毒的人员,应当

进行吸毒检测,被检测人员应当配合;对拒绝接受检测的,经县级以上公安机关或者其派出机构负责人批准,可以强制检测。采集女性被检测人检测样本,应当由女性工作人员进行。

对涉嫌服用国家管制的精神药品、麻醉药品驾驶机动车的人员,可以对其进行体内国家管制的精神药品、麻醉药品含量检验。

第九十五条 对有酒后驾驶机动车嫌疑的人,应当对其进行呼气酒精测试,对具有下列情形之一的,应当立即提取血样,检验血液酒精含量:

(一)当事人对呼气酒精测试结果有异议的;

(二)当事人拒绝配合呼气酒精测试的;

(三)涉嫌醉酒驾驶机动车的;

(四)涉嫌饮酒后驾驶机动车发生交通事故的。

当事人对呼气酒精测试结果无异议的,应当签字确认。事后提出异议的,不予采纳。

第九十六条 鉴定人鉴定后,应当出具鉴定意见。鉴定意见应当载明委托人、委托鉴定的事项、提交鉴定的相关材料、鉴定的时间、依据和结论性意见等内容,并由鉴定人签名或者盖章。通过分析得出鉴定意见的,应当有分析过程的说明。鉴定意见应当附有鉴定机构和鉴定人的资质证明或者其他证明文件。

鉴定人对鉴定意见负责,不受任何机关、团体、企业、事业单位和个人的干涉。多人参加鉴定,对鉴定意见有不同意见的,应当注明。

鉴定人故意作虚假鉴定的,应当承担法律责任。

第九十七条 办案人民警察应当对鉴定意见进行审查。

对经审查作为证据使用的鉴定意见,公安机关应当在收到鉴定意见之日起五日内将鉴定意见复印件送达违法嫌疑人和被侵害人。

医疗机构出具的诊断证明作为公安机关认定人身伤害程度的依据的,应当将诊断证明结论书面告知违法嫌疑人和被侵害人。

违法嫌疑人或者被侵害人对鉴定意见有异议的,可以在收到鉴定意见复印件之日起三日内提出重新鉴定的申请,经县级以上公安机关批准后,进行重新鉴定。同一行政案件的同一事项重新鉴定以一次为限。

当事人是否申请重新鉴定,不影响案件的正常办理。

公安机关认为必要时,也可以直接决定重新鉴定。

第九十八条 具有下列情形之一的,应当进行重新鉴定:

(一)鉴定程序违法或者违反相关专业技术要求,可能影响鉴定意见正确性的;

(二)鉴定机构、鉴定人不具备鉴定资质和条件的;

(三)鉴定意见明显依据不足的;

(四)鉴定人故意作虚假鉴定的;

(五)鉴定人应当回避而没有回避的;

(六)检材虚假或者被损坏的;

(七)其他应当重新鉴定的。

不符合前款规定情形的,经县级

以上公安机关负责人批准,作出不准予重新鉴定的决定,并在作出决定之日起的三日以内书面通知申请人。

第九十九条 重新鉴定,公安机关应当另行指派或者聘请鉴定人。

第一百条 鉴定费用由公安机关承担,但当事人自行鉴定的除外。

第六节 辨 认

第一百零一条 为了查明案情,办案人民警察可以让违法嫌疑人、被侵害人或者其他证人对与违法行为有关的物品、场所或者违法嫌疑人进行辨认。

第一百零二条 辨认由二名以上办案人民警察主持。

组织辨认前,应当向辨认人详细询问辨认对象的具体特征,并避免辨认人见到辨认对象。

第一百零三条 多名辨认人对同一辨认对象或者一名辨认人对多名辨认对象进行辨认时,应当个别进行。

第一百零四条 辨认时,应当将辨认对象混杂在特征相类似的其他对象中,不得给辨认人任何暗示。

辨认违法嫌疑人时,被辨认的人数不得少于七人;对违法嫌疑人照片进行辨认的,不得少于十人的照片。

辨认每一件物品时,混杂的同类物品不得少于五件。

同一辨认人对与同一案件有关的辨认对象进行多组辨认的,不得重复使用陪衬照片或者陪衬人。

第一百零五条 辨认人不愿意暴露身份的,对违法嫌疑人的辨认可以在不暴露辨认人的情况下进行,公安机关及其人民警察应当为其保守秘密。

第一百零六条 辨认经过和结果,应当制作辨认笔录,由办案人民警察和辨认人签名或者捺指印。必要时,应当对辨认过程进行录音、录像。

第七节 证据保全

第一百零七条 对下列物品,经公安机关负责人批准,可以依法扣押或者扣留:

(一)与治安案件、违反出境入境管理的案件有关的需要作为证据的物品;

(二)道路交通安全法律、法规规定适用扣留的车辆、机动车驾驶证;

(三)《中华人民共和国反恐怖主义法》等法律、法规规定适用扣押或者扣留的物品。

对下列物品,不得扣押或者扣留:

(一)与案件无关的物品;

(二)公民个人及其所扶养家属的生活必需品;

(三)被侵害人或者善意第三人合法占有的财产。

对具有本条第二款第二项、第三项情形的,应当予以登记,写明登记财物的名称、规格、数量、特征,并由占有人签名或者捺指印。必要时,可以进行拍照。但是,与案件有关必须鉴定的,可以依法扣押,结束后应当立即解除。

第一百零八条 办理下列行政案件时,对专门用于从事无证经营活动的场所、设施、物品,经公安机关负责人批准,可以依法查封。但对与违法行为无关的场所、设施,公民个人及其扶养家属的生活必需品不得查封:

（一）擅自经营按照国家规定需要由公安机关许可的行业的；

（二）依照《娱乐场所管理条例》可以由公安机关采取取缔措施的；

（三）《中华人民共和国反恐怖主义法》等法律、法规规定适用查封的其他公安行政案件。

场所、设施、物品已被其他国家机关依法查封的，不得重复查封。

第一百零九条 收集证据时，经公安机关办案部门负责人批准，可以采取抽样取证的方法。

抽样取证应当采取随机的方式，抽取样品的数量以能够认定本品的品质特征为限。

抽样取证时，应当对抽样取证的现场、被抽样物品及被抽取的样品进行拍照或者对抽样过程进行录像。

对抽取的样品应当及时进行检验。经检验，能够作为证据使用的，应当依法扣押、先行登记保存或者登记；不属于证据的，应当及时返还样品。样品有减损的，应当予以补偿。

第一百一十条 在证据可能灭失或者以后难以取得的情况下，经公安机关办案部门负责人批准，可以先行登记保存。

先行登记保存期间，证据持有人及其他人员不得损毁或者转移证据。

对先行登记保存的证据，应当在七日内作出处理决定。逾期不作出处理决定的，视为自动解除。

第一百一十一条 实施扣押、扣留、查封、抽样取证、先行登记保存等证据保全措施时，应当会同当事人查点清楚，制作并当场交付证据保全决定书。必要时，应当对采取证据保全措施的证据进行拍照或者对采取证据保全的过程进行录像。证据保全决定书应当载明下列事项：

（一）当事人的姓名或者名称、地址；

（二）抽样取证、先行登记保存、扣押、扣留、查封的理由、依据和期限；

（三）申请行政复议或者提起行政诉讼的途径和期限；

（四）作出决定的公安机关的名称、印章和日期。

证据保全决定书应当附清单，载明被采取证据保全措施的场所、设施、物品的名称、规格、数量、特征等，由办案人民警察和当事人签名后，一份交当事人，一份附卷。有见证人的，还应当由见证人签名。当事人或者见证人拒绝签名的，办案人民警察应当在证据保全清单上注明。

对可以作为证据使用的录音带、录像带，在扣押时应当予以检查，记明案由、内容以及录取和复制的时间、地点等，并妥为保管。

对扣押的电子数据原始存储介质，应当封存，保证在不解除封存状态的情况下，无法增加、删除、修改电子数据，并在证据保全清单中记录封存状态。

第一百一十二条 扣押、扣留、查封期限为三十日，情况复杂的，经县级以上公安机关负责人批准，可以延长三十日；法律、行政法规另有规定的除外。延长扣押、扣留、查封期限的，应当及时书面告知当事人，并说明理由。

对物品需要进行鉴定的，鉴定期

间不计入扣押、扣留、查封期间,但应当将鉴定的期间书面告知当事人。

第一百一十三条 公安机关对恐怖活动嫌疑人的存款、汇款、债券、股票、基金份额等财产采取冻结措施的,应当经县级以上公安机关负责人批准,向金融机构交付冻结通知书。

作出冻结决定的公安机关应当在三日内向恐怖活动嫌疑人交付冻结决定书。冻结决定书应当载明下列事项:

(一)恐怖活动嫌疑人的姓名或者名称、地址;

(二)冻结的理由、依据和期限;

(三)冻结的账号和数额;

(四)申请行政复议或者提起行政诉讼的途径和期限;

(五)公安机关的名称、印章和日期。

第一百一十四条 自被冻结之日起二个月内,公安机关应当作出处理决定或者解除冻结;情况复杂的,经上一级公安机关负责人批准,可以延长一个月。

延长冻结的决定应当及时书面告知恐怖活动嫌疑人,并说明理由。

第一百一十五条 有下列情形之一的,公安机关应当立即退还财物,并由当事人签名确认;不涉及财物退还的,应当书面通知当事人解除证据保全:

(一)当事人没有违法行为的;

(二)被采取证据保全的场所、设施、物品、财产与违法行为无关的;

(三)已经作出处理决定,不再需要采取证据保全措施的;

(四)采取证据保全措施的期限已经届满的;

(五)其他不再需要采取证据保全措施的。

作出解除冻结决定的,应当及时通知金融机构。

第一百一十六条 行政案件变更管辖时,与案件有关的财物及其孳息应当随案移交,并书面告知当事人。移交时,由接收人、移交人当面查点清楚,并在交接单据上共同签名。

第八节 办案协作

第一百一十七条 办理行政案件需要异地公安机关协作的,应当制作办案协作函件。负责协作的公安机关接到请求协作的函件后,应当办理。

第一百一十八条 需要到异地执行传唤的,办案人民警察应当持传唤证、办案协作函件和人民警察证,与协作地公安机关联系,在协作地公安机关的协作下进行传唤。协作地公安机关应当协助将违法嫌疑人传唤到其所在市、县内的指定地点或者到其住处、单位进行询问。

第一百一十九条 需要异地办理检查、查询,查封、扣押或者冻结与案件有关的财物、文件的,应当持相关的法律文书、办案协作函件和人民警察证,与协作地公安机关联系,协作地公安机关应当协助执行。

在紧急情况下,可以将办案协作函件和相关的法律文书传真或者通过执法办案信息系统发送至协作地公安机关,协作地公安机关应当及时采取措施。办案地公安机关应当立即派员前往协作地办理。

第一百二十条 需要进行远程视频询

问、处罚前告知的,应当由协作地公安机关事先核实被询问、告知人的身份。办案地公安机关应当制作询问、告知笔录并传输至协作地公安机关。询问、告知笔录经被询问、告知人确认并逐页签名或者捺指印后,由协作地公安机关协作人员签名或者盖章,并将原件或者电子签名笔录提供给办案地公安机关。办案地公安机关负责询问、告知的人民警察应当在首页注明收到日期,并签名或者盖章。询问、告知过程应当全程录音录像。

第一百二十一条 办案地公安机关可以委托异地公安机关代为询问、向有关单位和个人调取电子数据、接收自行书写材料、进行辨认、履行处罚前告知程序、送达法律文书等工作。

委托代为询问、辨认、处罚前告知的,办案地公安机关应当列出明确具体的询问、辨认、告知提纲,提供被辨认对象的照片和陪衬照片。

委托代为向有关单位和个人调取电子数据的,办案地公安机关应当将办案协作函件和相关法律文书传真或者通过执法办案信息系统发送至协作地公安机关,由协作地公安机关办案部门审核确认后办理。

第一百二十二条 协作地公安机关依照办案地公安机关的要求,依法履行办案协作职责所产生的法律责任,由办案地公安机关承担。

第八章 听证程序

第一节 一般规定

第一百二十三条 在作出下列行政处罚决定之前,应当告知违法嫌疑人有要求举行听证的权利:

(一)责令停产停业;
(二)吊销许可证或者执照;
(三)较大数额罚款;
(四)法律、法规和规章规定违法嫌疑人可以要求举行听证的其他情形。

前款第三项所称"较大数额罚款",是指对个人处以二千元以上罚款,对单位处以一万元以上罚款,对违反边防出境入境管理法律、法规和规章的个人处以六千元以上罚款。对依据地方性法规或者地方政府规章作出的罚款处罚,适用听证的罚款数额按照地方规定执行。

第一百二十四条 听证由公安机关法制部门组织实施。

依法具有独立执法主体资格的公安机关业务部门以及出入境边防检查站依法作出行政处罚决定的,由其非本案调查人员组织听证。

第一百二十五条 公安机关不得因违法嫌疑人提出听证要求而加重处罚。

第一百二十六条 听证人员应当就行政案件的事实、证据、程序、适用法律等方面全面听取当事人陈述和申辩。

第二节 听证人员和听证参加人

第一百二十七条 听证设听证主持人一名,负责组织听证;记录员一名,负责制作听证笔录。必要时,可以设听证员一至二名,协助听证主持人进行听证。

本案调查人员不得担任听证主持人、听证员或者记录员。

第一百二十八条 听证主持人决定或者

开展下列事项：

(一)举行听证的时间、地点；

(二)听证是否公开举行；

(三)要求听证参加人到场参加听证，提供或者补充证据；

(四)听证的延期、中止或者终止；

(五)主持听证，就案件的事实、理由、证据、程序、适用法律等组织质证和辩论；

(六)维持听证秩序，对违反听证纪律的行为予以制止；

(七)听证员、记录员的回避；

(八)其他有关事项。

第一百二十九条　听证参加人包括：

(一)当事人及其代理人；

(二)本案办案人民警察；

(三)证人、鉴定人、翻译人员；

(四)其他有关人员。

第一百三十条　当事人在听证活动中享有下列权利：

(一)申请回避；

(二)委托一至二人代理参加听证；

(三)进行陈述、申辩和质证；

(四)核对、补正听证笔录；

(五)依法享有的其他权利。

第一百三十一条　与听证案件处理结果有直接利害关系的其他公民、法人或者其他组织，作为第三人申请参加听证的，应当允许。为查明案情，必要时，听证主持人也可以通知其参加听证。

第三节　听证的告知、申请和受理

第一百三十二条　对适用听证程序的行政案件，办案部门在提出处罚意见后，应当告知违法嫌疑人拟作出的行政处罚和有要求举行听证的权利。

第一百三十三条　违法嫌疑人要求听证的，应当在公安机关告知后三日内提出申请。

第一百三十四条　违法嫌疑人放弃听证或者撤回听证要求后，处罚决定作出前，又提出听证要求的，只要在听证申请有效期限内，应当允许。

第一百三十五条　公安机关收到听证申请后，应当在二日内决定是否受理。认为听证申请人的要求不符合听证条件，决定不予受理的，应当制作不予受理听证通知书，告知听证申请人。逾期不通知听证申请人的，视为受理。

第一百三十六条　公安机关受理听证后，应当在举行听证的七日前将举行听证通知书送达听证申请人，并将举行听证的时间、地点通知其他听证参加人。

第四节　听证的举行

第一百三十七条　听证应当在公安机关收到听证申请之日起十日内举行。

除涉及国家秘密、商业秘密、个人隐私的行政案件外，听证应当公开举行。

第一百三十八条　听证申请人不能按期参加听证的，可以申请延期，是否准许，由听证主持人决定。

第一百三十九条　二个以上违法嫌疑人分别对同一行政案件提出听证要求的，可以合并举行。

第一百四十条　同一行政案件中有二个以上违法嫌疑人，其中部分违法嫌疑人提出听证申请的，应当在听证举行后一并作出处理决定。

第一百四十一条 听证开始时,听证主持人核对听证参加人;宣布案由;宣布听证员、记录员和翻译人员名单;告知当事人在听证中的权利和义务;询问当事人是否提出回避申请;对不公开听证的行政案件,宣布不公开听证的理由。

第一百四十二条 听证开始后,首先由办案人民警察提出听证申请人违法的事实、证据和法律依据及行政处罚意见。

第一百四十三条 办案人民警察提出证据时,应当向听证会出示。对证人证言、鉴定意见、勘验笔录和其他作为证据的文书,应当当场宣读。

第一百四十四条 听证申请人可以就办案人民警察提出的违法事实、证据和法律依据以及行政处罚意见进行陈述、申辩和质证,并可以提出新的证据。

第三人可以陈述事实,提出新的证据。

第一百四十五条 听证过程中,当事人及其代理人有权申请通知新的证人到会作证,调取新的证据。对上述申请,听证主持人应当当场作出是否同意的决定;申请重新鉴定的,按照本规定第七章第五节有关规定办理。

第一百四十六条 听证申请人、第三人和办案人民警察可以围绕案件的事实、证据、程序、适用法律、处罚种类和幅度等问题进行辩论。

第一百四十七条 辩论结束后,听证主持人应当听取听证申请人、第三人、办案人民警察各方最后陈述意见。

第一百四十八条 听证过程中,遇有下列情形之一,听证主持人可以中止听证:

(一)需要通知新的证人到会、调取新的证据或者需要重新鉴定或者勘验的;

(二)因回避致使听证不能继续进行的;

(三)其他需要中止听证的。

中止听证的情形消除后,听证主持人应当及时恢复听证。

第一百四十九条 听证过程中,遇有下列情形之一,应当终止听证:

(一)听证申请人撤回听证申请的;

(二)听证申请人及其代理人无正当理由拒不出席或者未经听证主持人许可中途退出听证的;

(三)听证申请人死亡或者作为听证申请人的法人或者其他组织被撤销、解散的;

(四)听证过程中,听证申请人或者其代理人扰乱听证秩序,不听劝阻,致使听证无法正常进行的;

(五)其他需要终止听证的。

第一百五十条 听证参加人和旁听人员应当遵守听证会场纪律。对违反听证会场纪律的,听证主持人应当警告制止;对不听制止,干扰听证正常进行的旁听人员,责令其退场。

第一百五十一条 记录员应当将举行听证的情况记入听证笔录。听证笔录应当载明下列内容:

(一)案由;

(二)听证的时间、地点和方式;

(三)听证人员和听证参加人的身

份情况；

（四）办案人民警察陈述的事实、证据和法律依据以及行政处罚意见；

（五）听证申请人或者其代理人的陈述和申辩；

（六）第三人陈述的事实和理由；

（七）办案人民警察、听证申请人或者其代理人、第三人质证、辩论的内容；

（八）证人陈述的事实；

（九）听证申请人、第三人、办案人民警察的最后陈述意见；

（十）其他事项。

第一百五十二条　听证笔录应当交听证申请人阅读或者向其宣读。听证笔录中的证人陈述部分，应当交证人阅读或者向其宣读。听证申请人或者证人认为听证笔录有误的，可以请求补充或者改正。听证申请人或者证人审核无误后签名或者捺指印。听证申请人或者证人拒绝的，由记录员在听证笔录中记明情况。

听证笔录经听证主持人审阅后，由听证主持人、听证员和记录员签名。

第一百五十三条　听证结束后，听证主持人应当写出听证报告书，连同听证笔录一并报送公安机关负责人。

听证报告书应当包括下列内容：

（一）案由；

（二）听证人员和听证参加人的基本情况；

（三）听证的时间、地点和方式；

（四）听证会的基本情况；

（五）案件事实；

（六）处理意见和建议。

第九章　行政处理决定

第一节　行政处罚的适用

第一百五十四条　违反治安管理行为在六个月内没有被公安机关发现，其他违法行为在二年内没有被公安机关发现的，不再给予行政处罚。

前款规定的期限，从违法行为发生之日起计算，违法行为有连续、继续或者持续状态的，从行为终了之日起计算。

被侵害人在违法行为追究时效内向公安机关控告，公安机关应当受理而不受理的，不受本条第一款追究时效的限制。

第一百五十五条　实施行政处罚时，应当责令违法行为人当场或者限期改正违法行为。

第一百五十六条　对违法行为人的同一个违法行为，不得给予两次以上罚款的行政处罚。

第一百五十七条　不满十四周岁的人有违法行为的，不予行政处罚，但是应当责令其监护人严加管教，并在不予行政处罚决定书中载明。已满十四周岁不满十八周岁的人有违法行为的，从轻或者减轻行政处罚。

第一百五十八条　精神病人在不能辨认或者不能控制自己行为时有违法行为的，不予行政处罚，但应当责令其监护人严加看管和治疗，并在不予行政处罚决定书中载明。间歇性精神病人在精神正常时有违法行为的，应当给予行政处罚。尚未完全丧失辨认或者控制自己行为能力的精神病人有违法行为的，应当予以行政处罚，但可以从轻或者减轻行政处罚。

第一百五十九条 违法行为人有下列情形之一的,应当从轻、减轻处罚或者不予行政处罚:

（一）主动消除或者减轻违法行为危害后果,并取得被侵害人谅解的;

（二）受他人胁迫或者诱骗的;

（三）有立功表现的;

（四）主动投案,向公安机关如实陈述自己的违法行为的;

（五）其他依法应当从轻、减轻或者不予行政处罚的。

违法行为轻微并及时纠正,没有造成危害后果的,不予行政处罚。

盲人或者又聋又哑的人违反治安管理的,可以从轻、减轻或者不予行政处罚;醉酒的人违反治安管理的,应当给予处罚。

第一百六十条 违法行为人有下列情形之一的,应当从重处罚:

（一）有较严重后果的;

（二）教唆、胁迫、诱骗他人实施违法行为的;

（三）对报案人、控告人、举报人、证人等打击报复的;

（四）六个月内曾受过治安管理处罚或者一年内因同类违法行为受到两次以上公安行政处罚的;

（五）刑罚执行完毕三年内,或者在缓刑期间,违反治安管理的。

第一百六十一条 一人有两种以上违法行为的,分别决定,合并执行,可以制作一份决定书,分别写明对每种违法行为的处理内容和合并执行的内容。

一个案件有多个违法行为人的,分别决定,可以制作一式多份决定书,写明给予每个人的处理决定,分别送达每一个违法行为人。

第一百六十二条 行政拘留处罚合并执行的,最长不超过二十日。

行政拘留处罚执行完毕前,发现违法行为人有其他违法行为,公安机关依法作出行政拘留决定的,与正在执行的行政拘留合并执行。

第一百六十三条 对决定给予行政拘留处罚的人,在处罚前因同一行为已经被采取强制措施限制人身自由的时间应当折抵。限制人身自由一日,折抵执行行政拘留一日。询问查证、继续盘问和采取约束措施的时间不予折抵。

被采取强制措施限制人身自由的时间超过决定的行政拘留期限的,行政拘留决定不再执行。

第一百六十四条 违法行为人具有下列情形之一,依法应当给予行政拘留处罚的,应当作出处罚决定,但不送拘留所执行:

（一）已满十四周岁不满十六周岁的;

（二）已满十六周岁不满十八周岁,初次违反治安管理或者其他公安行政管理。但是,曾被收容教养、被行政拘留依法不执行行政拘留或者曾因实施扰乱公共秩序,妨害公共安全,侵犯人身权利、财产权利,妨害社会管理的行为被人民法院判决有罪的除外;

（三）七十周岁以上的;

（四）孕妇或者正在哺乳自己婴儿的妇女。

第二节　行政处理的决定

第一百六十五条　公安机关办理治安案件的期限,自受理之日起不得超过三十日;案情重大、复杂的,经上一级公安机关批准,可以延长三十日。办理其他行政案件,有法定办案期限的,按照相关法律规定办理。

为了查明案情进行鉴定的期间,不计入办案期限。

对因违反治安管理行为人不明或者逃跑等客观原因造成案件在法定期限内无法作出行政处理决定的,公安机关应当继续进行调查取证,并向被侵害人说明情况,及时依法作出处理决定。

第一百六十六条　违法嫌疑人不讲真实姓名、住址,身份不明,但只要违法事实清楚、证据确实充分的,可以按其自报的姓名并贴附照片作出处理决定,并在相关法律文书中注明。

第一百六十七条　在作出行政处罚决定前,应当告知违法嫌疑人拟作出行政处罚决定的事实、理由及依据,并告知违法嫌疑人依法享有陈述权和申辩权。单位违法的,应当告知其法定代表人、主要负责人或者其授权的人员。

适用一般程序作出行政处罚决定的,采用书面形式或者笔录形式告知。

依照本规定第一百七十二条第一款第三项作出不予行政处罚决定的,可以不履行本条第一款规定的告知程序。

第一百六十八条　对违法行为事实清楚,证据确实充分,依法应当予以行政处罚,因违法行为人逃跑等原因无法履行告知义务的,公安机关可以采取公告方式予以告知。自公告之日起七日内,违法嫌疑人未提出申辩的,可以依法作出行政处罚决定。

第一百六十九条　违法嫌疑人有权进行陈述和申辩。对违法嫌疑人提出的新的事实、理由和证据,公安机关应当进行复核。

公安机关不得因违法嫌疑人申辩而加重处罚。

第一百七十条　对行政案件进行审核、审批时,应当审查下列内容:

(一)违法嫌疑人的基本情况;

(二)案件事实是否清楚,证据是否确实充分;

(三)案件定性是否准确;

(四)适用法律、法规和规章是否正确;

(五)办案程序是否合法;

(六)拟作出的处理决定是否适当。

第一百七十一条　法制员或者办案部门指定的人员、办案部门负责人、法制部门的人员可以作为行政案件审核人员。

初次从事行政处罚决定审核的人员,应当通过国家统一法律职业资格考试取得法律职业资格。

第一百七十二条　公安机关根据行政案件的不同情况分别作出下列处理决定:

(一)确有违法行为,应当给予行政处罚的,根据其情节和危害后果的轻重,作出行政处罚决定;

(二)确有违法行为,但有依法不予行政处罚情形的,作出不予行政处罚决定;有违法所得和非法财物、违禁

品、管制器具的,应当予以追缴或者收缴;

(三)违法事实不能成立的,作出不予行政处罚决定;

(四)对需要给予社区戒毒、强制隔离戒毒、收容教养等处理的,依法作出决定;

(五)违法行为涉嫌构成犯罪的,转为刑事案件办理或者移送有权处理的主管机关、部门办理,无需撤销行政案件。公安机关已经作出行政处罚决定的,应当附卷;

(六)发现违法行为人有其他违法行为的,在依法作出行政处罚决定的同时,通知有关行政主管部门处理。

对已经依照前款第三项作出不予行政处罚决定的案件,又发现新的证据的,应当依法及时调查;违法行为能够认定的,依法重新作出处理决定,并撤销原不予行政处罚决定。

治安案件有被侵害人的,公安机关应当在作出不予行政处罚或者处罚决定之日起二日内将决定书复印件送达被侵害人。无法送达的,应当注明。

第一百七十三条 行政拘留处罚由县级以上公安机关或者出入境边防检查机关决定。依法应当对违法行为人予以行政拘留的,公安派出所、依法具有独立执法主体资格的公安机关业务部门应当报其所属的县级以上公安机关决定。

第一百七十四条 对县级以上的各级人民代表大会代表予以行政拘留的,作出处罚决定前应当经该级人民代表大会主席团或者人民代表大会常务委员会许可。

对乡、民族乡、镇的人民代表大会代表予以行政拘留的,作出决定的公安机关应当立即报告乡、民族乡、镇的人民代表大会。

第一百七十五条 作出行政处罚决定的,应当制作行政处罚决定书。决定书应当载明下列内容:

(一)被处罚人的姓名、性别、出生日期、身份证件种类及号码、户籍所在地、现住址、工作单位、违法经历以及被处罚单位的名称、地址和法定代表人;

(二)违法事实和证据以及从重、从轻、减轻等情节;

(三)处罚的种类、幅度和法律依据;

(四)处罚的执行方式和期限;

(五)对涉案财物的处理结果及对被处罚人的其他处理情况;

(六)对处罚决定不服,申请行政复议、提起行政诉讼的途径和期限;

(七)作出决定的公安机关的名称、印章和日期。

作出罚款处罚的,行政处罚决定书应当载明逾期不缴纳罚款依法加处罚款的标准和最高限额;对涉案财物作出处理的,行政处罚决定书应当附没收、收缴、追缴物品清单。

第一百七十六条 作出行政拘留处罚决定的,应当及时将处罚情况和执行场所或者依法不执行的情况通知被处罚人家属。

作出社区戒毒决定的,应当通知被决定人户籍所在地或者现居住地的城市街道办事处、乡镇人民政府。作出强制隔离戒毒、收容教养决定的,应当在法定期限内通知被决定人的家属、所在单位、户籍所在地公安派出所。

被处理人拒不提供家属联系方式或者不讲真实姓名、住址，身份不明的，可以不予通知，但应当在附卷的决定书中注明。

第一百七十七条　公安机关办理的刑事案件，尚不够刑事处罚，依法应当给予公安行政处理的，经县级以上公安机关负责人批准，依照本章规定作出处理决定。

第十章　治安调解

第一百七十八条　对于因民间纠纷引起的殴打他人、故意伤害、侮辱、诽谤、诬告陷害、故意损毁财物、干扰他人正常生活、侵犯隐私、非法侵入住宅等违反治安管理行为，情节较轻，且具有下列情形之一的，可以调解处理：

（一）亲友、邻里、同事、在校学生之间因琐事发生纠纷引起的；

（二）行为人的侵害行为系由被侵害人事前的过错行为引起的；

（三）其他适用调解处理更易化解矛盾的。

对不构成违反治安管理行为的民间纠纷，应当告知当事人向人民法院或者人民调解组织申请处理。

对情节轻微、事实清楚、因果关系明确，不涉及医疗费用、物品损失或者双方当事人对医疗费用和物品损失的赔偿无争议，符合治安调解条件，双方当事人同意当场调解并当场履行的治安案件，可以当场调解，并制作调解协议书。当事人基本情况、主要违法事实和协议内容在现场录音录像中明确记录的，不再制作调解协议书。

第一百七十九条　具有下列情形之一的，不适用调解处理：

（一）雇凶伤害他人的；

（二）结伙斗殴或者其他寻衅滋事的；

（三）多次实施违反治安管理行为的；

（四）当事人明确表示不愿意调解处理的；

（五）当事人在治安调解过程中又针对对方实施违反治安管理行为的；

（六）调解过程中，违法嫌疑人逃跑的；

（七）其他不宜调解处理的。

第一百八十条　调解处理案件，应当查明事实，收集证据，并遵循合法、公正、自愿、及时的原则，注重教育和疏导，化解矛盾。

第一百八十一条　当事人中有未成年人的，调解时应当通知其父母或者其他监护人到场。但是，当事人为年满十六周岁以上的未成年人，以自己的劳动收入为主要生活来源，本人同意不通知的，可以不通知。

被侵害人委托其他人参加调解的，应当向公安机关提交委托书，并写明委托权限。违法嫌疑人不得委托他人参加调解。

第一百八十二条　对因邻里纠纷引起的治安案件进行调解时，可以邀请当事人居住地的居（村）民委员会的人员或者双方当事人熟悉的人员参加帮助调解。

第一百八十三条　调解一般为一次。对

一次调解不成,公安机关认为有必要或者当事人申请的,可以再次调解,并应当在第一次调解后的七个工作日内完成。

第一百八十四条 调解达成协议的,在公安机关主持下制作调解协议书,双方当事人应当在调解协议书上签名,并履行调解协议。

调解协议书应当包括调解机关名称、主持人、双方当事人和其他在场人员的基本情况,案件发生时间、地点、人员、起因、经过、情节、结果等情况、协议内容、履行期限和方式等内容。

对调解达成协议的,应当保存案件证据材料,与其他文书材料和调解协议书一并归入案卷。

第一百八十五条 调解达成协议并履行的,公安机关不再处罚。对调解未达成协议或者达成协议后不履行的,应当对违反治安管理行为人依法予以处罚;对违法行为造成的损害赔偿纠纷,公安机关可以进行调解,调解不成的,应当告知当事人向人民法院提起民事诉讼。

调解案件的办案期限从调解未达成协议或者调解达成协议不履行之日起开始计算。

第一百八十六条 对符合本规定第一百七十八条规定的治安案件,当事人申请人民调解或者自行和解,达成协议并履行后,双方当事人书面申请并经公安机关认可的,公安机关不予治安管理处罚,但公安机关已依法作出处理决定的除外。

第十一章 涉案财物的管理和处理

第一百八十七条 对于依法扣押、扣留、查封、抽样取证、追缴、收缴的财物以及由公安机关负责保管的先行登记保存的财物,公安机关应当妥善保管,不得使用、挪用、调换或者损毁。造成损失的,应当承担赔偿责任。

涉案财物的保管费用由作出决定的公安机关承担。

第一百八十八条 县级以上公安机关应当指定一个内设部门作为涉案财物管理部门,负责对涉案财物实行统一管理,并设立或者指定专门保管场所,对涉案财物进行集中保管。涉案财物集中保管的范围,由地方公安机关根据本地区实际情况确定。

对价值较低、易于保管,或者需要作为证据继续使用,以及需要先行返还被侵害人的涉案财物,可以由办案部门设置专门的场所进行保管。办案部门应当指定不承担办案工作的民警负责本部门涉案财物的接收、保管、移交等管理工作;严禁由办案人员自行保管涉案财物。

对查封的场所、设施、财物,可以委托第三人保管,第三人不得损毁或者擅自转移、处置。因第三人的原因造成的损失,公安机关先行赔付后,有权向第三人追偿。

第一百八十九条 公安机关涉案财物管理部门和办案部门应当建立电子台账,对涉案财物逐一编号登记,载明案由、来源、保管状态、场所和去向。

第一百九十条 办案人民警察应当在依

法提取涉案财物后的二十四小时内将财物移交涉案财物管理人员，并办理移交手续。对查封、冻结、先行登记保存的涉案财物，应当在采取措施后的二十四小时内，将法律文书复印件及涉案财物的情况送交涉案财物管理人员予以登记。

在异地或者在偏远、交通不便地区提取涉案财物的，办案人民警察应当在返回单位后的二十四小时内移交。

对情况紧急，需要在提取涉案财物后的二十四小时内进行鉴定、辨认、检验、检查等工作的，经办案部门负责人批准，可以在完成上述工作后的二十四小时内移交。

在提取涉案财物后的二十四小时内已将涉案财物处理完毕的，不再移交，但应当将处理涉案财物的相关手续附卷保存。

因询问、鉴定、辨认、检验、检查等办案需要，经办案部门负责人批准，办案人民警察可以调用涉案财物，并及时归还。

第一百九十一条　对容易腐烂变质及其他不易保管的物品、危险物品，经公安机关负责人批准，在拍照或者录像后依法变卖或者拍卖，变卖或者拍卖的价款暂予保存，待结案后按有关规定处理。

对易燃、易爆、毒害性、放射性等危险物品应当存放在符合危险物品存放条件的专门场所。

对属于被侵害人或者善意第三人合法占有的财物，应当在登记、拍照或者录像、估价后及时返还，并在案卷中注明返还的理由，将原物照片、清单和领取手续存卷备查。

对不宜入卷的物证，应当拍照入卷，原物在结案后按照有关规定处理。

第一百九十二条　有关违法行为查证属实后，对有证据证明权属明确且无争议的被侵害人合法财物及其孳息，凡返还不损害其他被侵害人或者利害关系人的利益，不影响案件正常办理的，应当在登记、拍照或者录像和估价后，及时发还被侵害人。办案人民警察应当在案卷材料中注明返还的理由，并将原物照片、清单和被侵害人的领取手续附卷。

第一百九十三条　在作出行政处理决定时，应当对涉案财物一并作出处理。

第一百九十四条　对在办理行政案件中查获的下列物品应当依法收缴：

（一）毒品、淫秽物品等违禁品；

（二）赌具和赌资；

（三）吸食、注射毒品的用具；

（四）伪造、变造的公文、证件、证明文件、票证、印章等；

（五）倒卖的车船票、文艺演出票、体育比赛入场券等有价票证；

（六）主要用于实施违法行为的本人所有的工具以及直接用于实施毒品违法行为的资金；

（七）法律、法规规定可以收缴的其他非法财物。

前款第六项所列的工具，除非有证据表明属于他人合法所有，可以直接认定为违法行为人本人所有。对明显无价值的，可以不作出收缴决定，但应当在证据保全文书中注明处理情况。

违法所得应当依法予以追缴或者没收。

多名违法行为人共同实施违法行为,违法所得或者非法财物无法分清所有人的,作为共同违法所得或者非法财物予以处理。

第一百九十五条 收缴由县级以上公安机关决定。但是,违禁品,管制器具,吸食、注射毒品的用具以及非法财物价值在五百元以下且当事人对财物价值无异议的,公安派出所可以收缴。

追缴由县级以上公安机关决定。但是,追缴的财物应当退还被侵害人的,公安派出所可以追缴。

第一百九十六条 对收缴和追缴的财物,经原决定机关负责人批准,按照下列规定分别处理:

(一)属于被侵害人或者善意第三人的合法财物,应当及时返还;

(二)没有被侵害人的,登记造册,按照规定上缴国库或者依法变卖、拍卖后,将所得款项上缴国库;

(三)违禁品、没有价值的物品,或者价值轻微,无法变卖、拍卖的物品,统一登记造册后销毁;

(四)对无法变卖或者拍卖的危险物品,由县级以上公安机关主管部门组织销毁或者交有关厂家回收。

第一百九十七条 对应当退还原主或者当事人的财物,通知原主或者当事人在六个月内来领取;原主不明确的,应当采取公告方式告知原主认领。在通知原主、当事人或者公告后六个月内,无人认领的,按无主财物处理,登记后上缴国库,或者依法变卖或者拍卖后,将所得款项上缴国库。遇有特殊情况的,可酌情延期处理,延长期限最长不超过三个月。

第十二章 执 行

第一节 一般规定

第一百九十八条 公安机关依法作出行政处理决定后,被处理人应当在行政处理决定的期限内予以履行。逾期不履行的,作出行政处理决定的公安机关可以依法强制执行或者申请人民法院强制执行。

第一百九十九条 被处理人对行政处理决定不服申请行政复议或者提起行政诉讼的,行政处理决定不停止执行,但法律另有规定的除外。

第二百条 公安机关在依法作出强制执行决定或者申请人民法院强制执行前,应当事先催告被处理人履行行政处理决定。催告以书面形式作出,并直接送达被处理人。被处理人拒绝接受或者无法直接送达被处理人的,依照本规定第五章的有关规定送达。

催告书应当载明下列事项:

(一)履行行政处理决定的期限和方式;

(二)涉及金钱给付的,应当有明确的金额和给付方式;

(三)被处理人依法享有的陈述权和申辩权。

第二百零一条 被处理人收到催告书后有权进行陈述和申辩。公安机关应当充分听取并记录、复核。被处理人提出的事实、理由或者证据成立的,公安机关应当采纳。

第二百零二条 经催告,被处理人无正当理由逾期仍不履行行政处理决定,法律规定由公安机关强制执行的,公安机关可以依法作出强制执行决定。

在催告期间,对有证据证明有转移或者隐匿财物迹象的,公安机关可以作出立即强制执行决定。

强制执行决定应当以书面形式作出,并载明下列事项:

(一)被处理人的姓名或者名称、地址;

(二)强制执行的理由和依据;

(三)强制执行的方式和时间;

(四)申请行政复议或者提起行政诉讼的途径和期限;

(五)作出决定的公安机关名称、印章和日期。

第二百零三条 依法作出要求被处理人履行排除妨碍、恢复原状等义务的行政处理决定,被处理人逾期不履行,经催告仍不履行,其后果已经或者将危害交通安全的,公安机关可以代履行,或者委托没有利害关系的第三人代履行。

代履行应当遵守下列规定:

(一)代履行前送达决定书,代履行决定书应当载明当事人的姓名或者名称、地址,代履行的理由和依据、方式和时间、标的、费用预算及代履行人;

(二)代履行三日前,催告当事人履行,当事人履行的,停止代履行;

(三)代履行时,作出决定的公安机关应当派员到场监督;

(四)代履行完毕,公安机关到场监督人员、代履行人和当事人或者见证人应当在执行文书上签名或者盖章。

代履行的费用由当事人承担。但是,法律另有规定的除外。

第二百零四条 需要立即清理道路的障碍物,当事人不能清除的,或者有其他紧急情况需要立即履行的,公安机关可以决定立即实施代履行。当事人不在场的,公安机关应当在事后立即通知当事人,并依法作出处理。

第二百零五条 实施行政强制执行,公安机关可以在不损害公共利益和他人合法权益的情况下,与当事人达成执行协议。执行协议可以约定分阶段履行;当事人采取补救措施的,可以减免加处的罚款。

执行协议应当履行。被处罚人不履行执行协议的,公安机关应当恢复强制执行。

第二百零六条 当事人在法定期限内不申请行政复议或者提起行政诉讼,又不履行行政处理决定的,法律没有规定公安机关强制执行的,作出行政处理决定的公安机关可以自期限届满之日起三个月内,向所在地有管辖权的人民法院申请强制执行。因情况紧急,为保障公共安全,公安机关可以申请人民法院立即执行。

强制执行的费用由被执行人承担。

第二百零七条 申请人民法院强制执行前,公安机关应当催告被处理人履行义务,催告书送达十日后被处理人仍未履行义务的,公安机关可以向人民法院申请强制执行。

第二百零八条 公安机关向人民法院申请强制执行,应当提供下列材料:

(一)强制执行申请书;

（二）行政处理决定书及作出决定的事实、理由和依据；

（三）当事人的意见及公安机关催告情况；

（四）申请强制执行标的情况；

（五）法律、法规规定的其他材料。

强制执行申请书应当由作出处理决定的公安机关负责人签名，加盖公安机关印章，并注明日期。

第二百零九条 公安机关对人民法院不予受理强制执行申请、不予强制执行的裁定有异议的，可以在十五日内向上一级人民法院申请复议。

第二百一十条 具有下列情形之一的，中止强制执行：

（一）当事人暂无履行能力的；

（二）第三人对执行标的主张权利，确有理由的；

（三）执行可能对他人或者公共利益造成难以弥补的重大损失的；

（四）其他需要中止执行的。

中止执行的情形消失后，公安机关应当恢复执行。对没有明显社会危害，当事人确无能力履行，中止执行满三年未恢复执行的，不再执行。

第二百一十一条 具有下列情形之一的，终结强制执行：

（一）公民死亡，无遗产可供执行，又无义务承受人的；

（二）法人或者其他组织终止，无财产可供执行，又无义务承受人的；

（三）执行标的灭失的；

（四）据以执行的行政处理决定被撤销的；

（五）其他需要终结执行的。

第二百一十二条 在执行中或者执行完毕后，据以执行的行政处理决定被撤销、变更，或者执行错误，应当恢复原状或者退还财物；不能恢复原状或者退还财物的，依法给予赔偿。

第二百一十三条 除依法应当销毁的物品外，公安机关依法没收或者收缴、追缴的违法所得和非法财物，必须按照国家有关规定处理或者上缴国库。

罚款、没收或者收缴的违法所得和非法财物拍卖或者变卖的款项和没收的保证金，必须全部上缴国库，不得以任何形式截留、私分或者变相私分。

第二节 罚款的执行

第二百一十四条 公安机关作出罚款决定，被处罚人应当自收到行政处罚决定书之日起十五日内，到指定的银行缴纳罚款。具有下列情形之一的，公安机关及其办案人民警察可以当场收缴罚款，法律另有规定的，从其规定：

（一）对违反治安管理行为人处五十元以下罚款和对违反交通管理的行人、乘车人和非机动车驾驶人处罚款，被处罚人没有异议的；

（二）对违反治安管理、交通管理以外的违法行为人当场处二十元以下罚款的；

（三）在边远、水上、交通不便地区、旅客列车上或者口岸，被处罚人向指定银行缴纳罚款确有困难，经被处罚人提出的；

（四）被处罚人在当地没有固定住所，不当场收缴事后难以执行的。

对具有前款第一项和第三项情形之一的，办案人民警察应当要求被处罚人签名确认。

第二百一十五条　公安机关及其人民警察当场收缴罚款的,应当出具省级或者国家财政部门统一制发的罚款收据。对不出具省级或者国家财政部门统一制发的罚款收据的,被处罚人有权拒绝缴纳罚款。

第二百一十六条　人民警察应当自收缴罚款之日起二日内,将当场收缴的罚款交至其所属公安机关;在水上当场收缴的罚款,应当自抵岸之日起二日内将当场收缴的罚款交至其所属公安机关;在旅客列车上当场收缴的罚款,应当自返回之日起二日内将当场收缴的罚款交至其所属公安机关。

公安机关应当自收到罚款之日起二日内将罚款缴付指定的银行。

第二百一十七条　被处罚人确有经济困难,经被处罚人申请和作出处罚决定的公安机关批准,可以暂缓或者分期缴纳罚款。

第二百一十八条　被处罚人未在本规定第二百一十四条规定的期限内缴纳罚款的,作出行政处罚决定的公安机关可以采取下列措施:

(一)将依法查封、扣押的被处罚人的财物拍卖或者变卖抵缴罚款。拍卖或者变卖的价款超过罚款数额的,余额部分应当及时退还被处罚人;

(二)不能采取第一项措施的,每日按罚款数额的百分之三加处罚款,加处罚款总额不得超出罚款数额。

拍卖财物,由公安机关委托拍卖机构依法办理。

第二百一十九条　依法加处罚款超过三十日,经催告被处罚人仍不履行的,作出行政处罚决定的公安机关可以按照本规定第二百零六条的规定向所在地有管辖权的人民法院申请强制执行。

第三节　行政拘留的执行

第二百二十条　对被决定行政拘留的人,由作出决定的公安机关送达拘留所执行。对抗拒执行的,可以使用约束性警械。

对被决定行政拘留的人,在异地被抓获或者具有其他有必要在异地拘留所执行情形的,经异地拘留所主管公安机关批准,可以在异地执行。

第二百二十一条　对同时被决定行政拘留和社区戒毒或者强制隔离戒毒的人员,应当先执行行政拘留,由拘留所给予必要的戒毒治疗,强制隔离戒毒期限连续计算。

拘留所不具备戒毒治疗条件的,行政拘留决定机关可以直接将被行政拘留人送公安机关管理的强制隔离戒毒所代为执行行政拘留,强制隔离戒毒期限连续计算。

第二百二十二条　被处罚人不服行政拘留处罚决定,申请行政复议或者提起行政诉讼的,可以向作出行政拘留决定的公安机关提出暂缓执行行政拘留的申请;口头提出申请的,公安机关人民警察应当予以记录,并由申请人签名或者捺指印。

被处罚人在行政拘留执行期间,提出暂缓执行行政拘留申请的,拘留所应当立即将申请转交作出行政拘留决定的公安机关。

第二百二十三条　公安机关应当在收到被处罚人提出暂缓执行行政拘留申请之时起二十四小时内作出决定。

公安机关认为暂缓执行行政拘留不致发生社会危险，且被处罚人或者其近亲属提出符合条件的担保人，或者按每日行政拘留二百元的标准交纳保证金的，应当作出暂缓执行行政拘留的决定。

对同一被处罚人，不得同时责令其提出保证人和交纳保证金。

被处罚人已送达拘留所执行的，公安机关应当立即将暂缓执行行政拘留决定送达拘留所，拘留所应当立即释放被处罚人。

第二百二十四条 被处罚人具有下列情形之一的，应当作出不暂缓执行行政拘留的决定，并告知申请人：

（一）暂缓执行行政拘留后可能逃跑的；

（二）有其他违法犯罪嫌疑，正在被调查或者侦查的；

（三）不宜暂缓执行行政拘留的其他情形。

第二百二十五条 行政拘留并处罚款的，罚款不因暂缓执行行政拘留而暂缓执行。

第二百二十六条 在暂缓执行行政拘留期间，被处罚人应当遵守下列规定：

（一）未经决定机关批准不得离开所居住的市、县；

（二）住址、工作单位和联系方式发生变动的，在二十四小时以内向决定机关报告；

（三）在行政复议和行政诉讼中不得干扰证人作证、伪造证据或者串供；

（四）不得逃避、拒绝或阻碍处罚的执行。

在暂缓执行行政拘留期间，公安机关不得妨碍被处罚人依法行使行政复议和行政诉讼权利。

第二百二十七条 暂缓执行行政拘留的担保人应当符合下列条件：

（一）与本案无牵连；

（二）享有政治权利，人身自由未受到限制或者剥夺；

（三）在当地有常住户口和固定住所；

（四）有能力履行担保义务。

第二百二十八条 公安机关经过审查认为暂缓执行行政拘留的担保人符合条件的，由担保人出具保证书，并到公安机关将被担保人领回。

第二百二十九条 暂缓执行行政拘留的担保人应当履行下列义务：

（一）保证被担保人遵守本规定第二百二十六条的规定；

（二）发现被担保人伪造证据、串供或者逃跑的，及时向公安机关报告。

暂缓执行行政拘留的担保人不履行担保义务，致使被担保人逃避行政拘留处罚执行的，公安机关可以对担保人处以三千元以下罚款，并对被担保人恢复执行行政拘留。

暂缓执行行政拘留的担保人履行了担保义务，但被担保人仍逃避行政拘留处罚执行的，或者被处罚人逃跑后，担保人积极帮助公安机关抓获被处罚人的，可以从轻或者不予行政处罚。

第二百三十条 暂缓执行行政拘留的担保人在暂缓执行行政拘留期间，不愿继续担保或者丧失担保条件的，行政拘留的决定机关应当责令被处罚人重新提出担保人或者交纳保证金。不提出担保人又不交纳保证金的,行政拘留的决定机关应当将被处罚人送拘留所执行。

第二百三十一条　保证金应当由银行代收。在银行非营业时间,公安机关可以先行收取,并在收到保证金后的三日内存入指定的银行账户。

公安机关应当指定办案部门以外的法制、装备财务等部门负责管理保证金。严禁截留、坐支、挪用或者以其他任何形式侵吞保证金。

第二百三十二条　行政拘留处罚被撤销或者开始执行时,公安机关应当将保证金退还交纳人。

被决定行政拘留的人逃避行政拘留处罚执行的,由决定行政拘留的公安机关作出没收或者部分没收保证金的决定,行政拘留的决定机关应当将被处罚人送拘留所执行。

第二百三十三条　被处罚人对公安机关没收保证金的决定不服的,可以依法申请行政复议或者提起行政诉讼。

第四节　其他处理决定的执行

第二百三十四条　作出吊销公安机关发放的许可证或者执照处罚的,应当在被吊销的许可证或者执照上加盖吊销印章后收缴。被处罚人拒不缴销证件的,公安机关可以公告宣布作废。吊销许可证或者执照的机关不是发证机关的,作出决定的机关应当在处罚决定生效后及时通知发证机关。

第二百三十五条　作出取缔决定的,可以采取在经营场所张贴公告等方式予以公告,责令被取缔者立即停止经营活动;有违法所得的,依法予以没收或者追缴。拒不停止经营活动的,公安机关可以依法没收或者收缴其专门用于从事非法经营活动的工具、设备。已经取得营业执照的,公安机关应当通知工商行政管理部门依法撤销其营业执照。

第二百三十六条　对拒不执行公安机关依法作出的责令停产停业决定的,公安机关可以依法强制执行或者申请人民法院强制执行。

第二百三十七条　对被决定强制隔离戒毒、收容教养的人员,由作出决定的公安机关送强制隔离戒毒场所、收容教养场所执行。

对被决定社区戒毒的人员,公安机关应当责令其到户籍所在地接受社区戒毒,在户籍所在地以外的现居住地有固定住所的,可以责令其在现居住地接受社区戒毒。

第十三章　涉外行政案件的办理

第二百三十八条　办理涉外行政案件,应当维护国家主权和利益,坚持平等互利原则。

第二百三十九条　对外国人国籍的确认,以其入境时有效证件上所表明的国籍为准;国籍有疑问或者国籍不明的,由公安机关出入境管理部门协助查明。

对无法查明国籍、身份不明的外国人,按照其自报的国籍或者无国籍人对待。

第二百四十条　违法行为人为享有外交特权和豁免权的外国人的,办案公安机关应当将其身份、证件及违法行为等基本情况记录在案,保存有关证据,并尽快将有关情况层报省级公安机关,由省级公安机关商请同级人民政府外事部门通过外交途径处理。

对享有外交特权和豁免权的外国人,不得采取限制人身自由和查封、扣押的强制措施。

第二百四十一条 办理涉外行政案件,应当使用中华人民共和国通用的语言文字。对不通晓我国语言文字的,公安机关应当为其提供翻译;当事人通晓我国语言文字,不需要他人翻译的,应当出具书面声明。

经县级以上公安机关负责人批准,外国籍当事人可以自己聘请翻译,翻译费由其个人承担。

第二百四十二条 外国人具有下列情形之一,经当场盘问或者继续盘问后不能排除嫌疑,需要作进一步调查的,经县级以上公安机关或者出入境边防检查机关负责人批准,可以拘留审查:

(一)有非法出境入境嫌疑的;

(二)有协助他人非法出境入境嫌疑的;

(三)有非法居留、非法就业嫌疑的;

(四)有危害国家安全和利益,破坏社会公共秩序或者从事其他违法犯罪活动嫌疑的。

实施拘留审查,应当出示拘留审查决定书,并在二十四小时内进行询问。

拘留审查的期限不得超过三十日,案情复杂的,经上一级公安机关或者出入境边防检查机关批准可以延长至六十日。对国籍、身份不明的,拘留审查期限自查清其国籍、身份之日起计算。

第二百四十三条 具有下列情形之一的,应当解除拘留审查:

(一)被决定遣送出境、限期出境或者驱逐出境的;

(二)不应当拘留审查的;

(三)被采取限制活动范围措施的;

(四)案件移交其他部门处理的;

(五)其他应当解除拘留审查的。

第二百四十四条 外国人具有下列情形之一的,不适用拘留审查,经县级以上公安机关或者出入境边防检查机关负责人批准,可以限制其活动范围:

(一)患有严重疾病的;

(二)怀孕或者哺乳自己婴儿的;

(三)未满十六周岁或者已满七十周岁的;

(四)不宜适用拘留审查的其他情形。

被限制活动范围的外国人,应当按照要求接受审查,未经公安机关批准,不得离开限定的区域。限制活动范围的期限不得超过六十日。对国籍、身份不明的,限制活动范围期限自查清其国籍、身份之日起计算。

第二百四十五条 被限制活动范围的外国人应当遵守下列规定:

(一)未经决定机关批准,不得变更生活居所,超出指定的活动区域;

(二)在传唤的时候及时到案;

(三)不得以任何形式干扰证人作证;

(四)不得毁灭、伪造证据或者串供。

第二百四十六条 外国人具有下列情形之一的,经县级以上公安机关或者出

入境边防检查机关负责人批准,可以遣送出境:

(一)被处限期出境,未在规定期限内离境的;

(二)有不准入境情形的;

(三)非法居留、非法就业的;

(四)违反法律、行政法规需要遣送出境的。

其他境外人员具有前款所列情形之一的,可以依法遣送出境。

被遣送出境的人员,自被遣送出境之日起一至五年内不准入境。

第二百四十七条 被遣送出境的外国人可以被遣送至下列国家或者地区:

(一)国籍国;

(二)入境前的居住国或者地区;

(三)出生地国或者地区;

(四)入境前的出境口岸的所属国或者地区;

(五)其他允许被遣送出境的外国人入境的国家或者地区。

第二百四十八条 具有下列情形之一的外国人,应当羁押在拘留所或者遣返场所:

(一)被拘留审查的;

(二)被决定遣送出境或者驱逐出境但因天气、交通运输工具班期、当事人健康状况等客观原因或者国籍、身份不明,不能立即执行的。

第二百四十九条 外国人对继续盘问、拘留审查、限制活动范围、遣送出境措施不服的,可以依法申请行政复议,该行政复议决定为最终决定。

其他境外人员对遣送出境措施不服,申请行政复议的,适用前款规定。

第二百五十条 外国人具有下列情形之一的,经县级以上公安机关或者出入境边防检查机关决定,可以限期出境:

(一)违反治安管理的;

(二)从事与停留居留事由不相符的活动的;

(三)违反中国法律、法规规定,不适宜在中国境内继续停留居留的。

对外国人决定限期出境的,应当规定外国人离境的期限,注销其有效签证或者停留居留证件。限期出境的期限不得超过三十日。

第二百五十一条 外国人违反治安管理或者出境入境管理,情节严重,尚不构成犯罪的,承办的公安机关可以层报公安部处以驱逐出境。公安部作出的驱逐出境决定为最终决定,由承办机关宣布并执行。

被驱逐出境的外国人,自被驱逐出境之日起十年内不准入境。

第二百五十二条 对外国人处以罚款或者行政拘留并处限期出境或者驱逐出境的,应当于罚款或者行政拘留执行完毕后执行限期出境或者驱逐出境。

第二百五十三条 办理涉外行政案件,应当按照国家有关办理涉外案件的规定,严格执行请示报告、内部通报、对外通知等各项制度。

第二百五十四条 对外国人作出行政拘留、拘留审查或者其他限制人身自由以及限制活动范围的决定后,决定机关应当在四十八小时内将外国人的姓名、性别、入境时间、护照或者其他身份证件号码、案件发生的时间、地点及有关情况,违法的主要事实,已采取的措施及其法律依据等情况报告省级公安机关;省级公安机关应当在规定期限内,将有关情况通知该外国人所属国家的驻华使馆、领馆,并通报同级人民政府外事部门。当事人要求不通知使馆、领馆,且我国与当事人国籍国未签署双边协议规定必须通知的,可以不通知,但应当由其本人提出书面请求。

第二百五十五条　外国人在被行政拘留、拘留审查或者其他限制人身自由以及限制活动范围期间死亡的,有关省级公安机关应当通知该外国人所属国家驻华使馆、领馆,同时报告公安部并通报同级人民政府外事部门。

第二百五十六条　外国人在被行政拘留、拘留审查或者其他限制人身自由以及限制活动范围期间,其所属国家驻华外交、领事官员要求探视的,决定机关应当及时安排。该外国人拒绝其所属国家驻华外交、领事官员探视的,公安机关可以不予安排,但应当由本人出具书面声明。

第二百五十七条　办理涉外行政案件,本章未作规定的,适用其他各章的有关规定。

第十四章　案　件　终　结

第二百五十八条　行政案件具有下列情形之一的,应当予以结案:

（一）作出不予行政处罚决定的;

（二）按照本规定第十章的规定达成调解、和解协议并已履行的;

（三）作出行政处罚等处理决定,且已执行的;

（四）违法行为涉嫌构成犯罪,转为刑事案件办理的;

（五）作出处理决定后,因执行对象灭失、死亡等客观原因导致无法执行或者无需执行的。

第二百五十九条　经过调查,发现行政案件具有下列情形之一的,经公安派出所、县级公安机关办案部门或者出入境边防检查机关以上负责人批准,终止调查:

（一）没有违法事实的;

（二）违法行为已过追究时效的;

（三）违法嫌疑人死亡的;

（四）其他需要终止调查的情形。

终止调查时,违法嫌疑人已被采取行政强制措施的,应当立即解除。

第二百六十条　对在办理行政案件过程中形成的文书材料,应当按照一案一卷原则建立案卷,并按照有关规定在结案或者终止案件调查后将案卷移交档案部门保管或者自行保管。

第二百六十一条　行政案件的案卷应当包括下列内容:

（一）受案登记表或者其他发现案件的记录;

（二）证据材料;

（三）决定文书;

（四）在办理案件中形成的其他法律文书。

第二百六十二条　行政案件的法律文书及定性依据材料应当齐全完整,不得损毁、伪造。

第十五章　附　　　则

第二百六十三条　省级公安机关应当建立并不断完善统一的执法办案信息系统。

办案部门应当按照有关规定将行政案件的受理、调查取证、采取强制措施、处理等情况以及相关文书材料录入执法办案信息系统,并进行网上审核审批。

公安机关可以使用电子签名、电子指纹捺印技术制作电子笔录等材料,可以使用电子印章制作法律文书。对案件当事人进行电子签名、电子指纹捺印的过程,公安机关应当同步录音录像。

第二百六十四条 执行本规定所需要的法律文书式样,由公安部制定。公安部没有制定式样,执法工作中需要的其他法律文书,省级公安机关可以制定式样。

第二百六十五条 本规定所称"以上"、"以下"、"内"皆包括本数或者本级。

第二百六十六条 本规定自2013年1月1日起施行,依照《中华人民共和国出境入境管理法》新设定的制度自2013年7月1日起施行。2006年8月24日发布的《公安机关办理行政案件程序规定》同时废止。

公安部其他规章对办理行政案件程序有特别规定的,按照特别规定办理;没有特别规定的,按照本规定办理。

道路交通安全违法行为处理程序规定

1. 2008年12月20日公安部令第105号修订发布
2. 根据2020年4月7日公安部令第157号《关于修改〈道路交通安全违法行为处理程序规定〉的决定》修正

第一章 总 则

第一条 为了规范道路交通安全违法行为处理程序,保障公安机关交通管理部门正确履行职责,保护公民、法人和其他组织的合法权益,根据《中华人民共和国道路交通安全法》及其实施条例等法律、行政法规制定本规定。

第二条 公安机关交通管理部门及其交通警察对道路交通安全违法行为(以下简称违法行为)的处理程序,在法定职权范围内依照本规定实施。

第三条 对违法行为的处理应当遵循合法、公正、文明、公开、及时的原则,尊重和保障人权,保护公民的人格尊严。

对违法行为的处理应当坚持教育与处罚相结合的原则,教育公民、法人和其他组织自觉遵守道路交通安全法律法规。

对违法行为的处理,应当以事实为依据,与违法行为的事实、性质、情节以及社会危害程度相当。

第二章 管 辖

第四条 交通警察执勤执法中发现的违法行为由违法行为发生地的公安机关交通管理部门管辖。

对管辖权发生争议的,报请共同的上一级公安机关交通管理部门指定管辖。上一级公安机关交通管理部门应当及时确定管辖主体,并通知争议各方。

第五条 违法行为人可以在违法行为发生地、机动车登记地或者其他任意地公安机关交通管理部门处理交通技术监控设备记录的违法行为。

违法行为人在违法行为发生地以外的地方(以下简称处理地)处理交通技术监控设备记录的违法行为的,处理地公安机关交通管理部门可以协助违法行为发生地公安机关交通管理部门调查违法事实、代为送达法律文书、代为履行处罚告知程序，由违法行为发生地公安机关交通管理部门按照发生地标准作出处罚决定。

违法行为人或者机动车所有人、管理人对交通技术监控设备记录的违法行为事实有异议的，可以通过公安机关交通管理部门互联网站、移动互联网应用程序或者违法行为处理窗口向公安机关交通管理部门提出。处理地公安机关交通管理部门应当在收到当事人申请后当日，通过道路交通违法信息管理系统通知违法行为发生地公安机关交通管理部门。违法行为发生地公安机关交通管理部门应当在五日内予以审查，异议成立的，予以消除；异议不成立的，告知当事人。

第六条　对违法行为人处以警告、罚款或者暂扣机动车驾驶证处罚的，由县级以上公安机关交通管理部门作出处罚决定。

对违法行为人处以吊销机动车驾驶证处罚的，由设区的市公安机关交通管理部门作出处罚决定。

对违法行为人处以行政拘留处罚的，由县、市公安局、公安分局或者相当于县一级的公安机关作出处罚决定。

第三章　调查取证

第一节　一般规定

第七条　交通警察调查违法行为时，应当表明执法身份。

交通警察执勤执法应当严格执行安全防护规定，注意自身安全，在公路上执勤执法不得少于两人。

第八条　交通警察应当全面、及时、合法收集能够证实违法行为是否存在、违法情节轻重的证据。

第九条　交通警察调查违法行为时，应当查验机动车驾驶证、行驶证、机动车号牌、检验合格标志、保险标志等牌证以及机动车和驾驶人违法信息。对运载爆炸物品、易燃易爆化学物品以及剧毒、放射性等危险物品车辆驾驶人违法行为调查的，还应当查验其他相关证件及信息。

第十条　交通警察查验机动车驾驶证时，应当询问驾驶人姓名、住址、出生年月并与驾驶证上记录的内容进行核对；对持证人的相貌与驾驶证上的照片进行核对。必要时，可以要求驾驶人出示居民身份证进行核对。

第十一条　调查中需要采取行政强制措施的，依照法律、法规、本规定及国家其他有关规定实施。

第十二条　交通警察对机动车驾驶人不在现场的违法停放机动车行为，应当在机动车侧门玻璃或者摩托车座位上粘贴违法停车告知单，并采取拍照或者录像方式固定相关证据。

第十三条　调查中发现违法行为人有其他违法行为的，在依法对其道路交通安全违法行为作出处理决定的同时，按照有关规定移送有管辖权的单位处理。涉嫌构成犯罪的，转为刑事案件办理或者移送有权处理的主管机关、部门办理。

第十四条　公安机关交通管理部门对于控告、举报的违法行为以及其他行政主管部门移送的案件应当接受,并按规定处理。

第二节 交通技术监控

第十五条 公安机关交通管理部门可以利用交通技术监控设备、执法记录设备收集、固定违法行为证据。

交通技术监控设备、执法记录设备应当符合国家标准或者行业标准,需要认定、检定的交通技术监控设备应当经认定、检定合格后,方可用于收集、固定违法行为证据。

交通技术监控设备应当定期维护、保养、检测,保持功能完好。

第十六条 交通技术监控设备的设置应当遵循科学、规范、合理的原则,设置的地点应当有明确规范相应交通行为的交通信号。

固定式交通技术监控设备设置地点应当向社会公布。

第十七条 使用固定式交通技术监控设备测速的路段,应当设置测速警告标志。

使用移动测速设备测速的,应当由交通警察操作。使用车载移动测速设备的,还应当使用制式警车。

第十八条 作为处理依据的交通技术监控设备收集的违法行为记录资料,应当清晰、准确地反映机动车类型、号牌、外观等特征以及违法时间、地点、事实。

第十九条 交通技术监控设备收集违法行为记录资料后五日内,违法行为发生地公安机关交通管理部门应当对记录内容进行审核,经审核无误后录入道路交通违法信息管理系统,作为处罚违法行为的证据。

第二十条 交通技术监控设备记录的违法行为信息录入道路交通违法信息管理系统后当日,违法行为发生地和机动车登记地公安机关交通管理部门应当向社会提供查询。违法行为发生地公安机关交通管理部门应当在违法行为信息录入道路交通违法信息管理系统后五日内,按照机动车备案信息中的联系方式,通过移动互联网应用程序、手机短信或者邮寄等方式将违法时间、地点、事实通知违法行为人或者机动车所有人、管理人,并告知其在三十日内接受处理。

公安机关交通管理部门应当在违法行为人或者机动车所有人、管理人处理违法行为和交通事故、办理机动车或者驾驶证业务时,书面确认违法行为人或者机动车所有人、管理人的联系方式和法律文书送达方式,并告知其可以通过公安机关交通管理部门互联网站、移动互联网应用程序等方式备案或者变更联系方式、法律文书送达方式。

第二十一条 对交通技术监控设备记录的违法行为信息,经核查能够确定实际驾驶人的,公安机关交通管理部门可以在道路交通违法信息管理系统中将其记录为实际驾驶人的违法行为信息。

第二十二条 交通技术监控设备记录或者录入道路交通违法信息管理系统的违法行为信息,有下列情形之一并经核实的,违法行为发生地或者机动车登记地公安机关交通管理部门应当自核实之日起三日内予以消除:

（一）警车、消防救援车辆、救护车、工程救险车执行紧急任务期间交通技术监控设备记录的违法行为；

（二）机动车所有人或者管理人提供报案记录证明机动车被盗抢期间、机动车号牌被他人冒用期间交通技术监控设备记录的违法行为；

（三）违法行为人或者机动车所有人、管理人提供证据证明机动车因救助危难或者紧急避险造成的违法行为；

（四）已经在现场被交通警察处理的交通技术监控设备记录的违法行为；

（五）因交通信号指示不一致造成的违法行为；

（六）作为处理依据的交通技术监控设备收集的违法行为记录资料，不能清晰、准确地反映机动车类型、号牌、外观等特征以及违法时间、地点、事实的；

（七）经比对交通技术监控设备记录的违法行为照片、道路交通违法信息管理系统登记的机动车信息，确认记录的机动车号牌信息错误的；

（八）其他应当消除的情形。

第二十三条 经查证属实，单位或者个人提供的违法行为照片或者视频等资料可以作为处罚的证据。

对群众举报的违法行为照片或者视频资料的审核录入要求，参照本规定执行。

第四章 行政强制措施适用

第二十四条 公安机关交通管理部门及其交通警察在执法过程中，依法可以采取下列行政强制措施：

（一）扣留车辆；

（二）扣留机动车驾驶证；

（三）拖移机动车；

（四）检验体内酒精、国家管制的精神药品、麻醉药品含量；

（五）收缴物品；

（六）法律、法规规定的其他行政强制措施。

第二十五条 采取本规定第二十四条第（一）、（二）、（四）、（五）项行政强制措施，应当按照下列程序实施：

（一）口头告知违法行为人或者机动车所有人、管理人违法行为的基本事实、拟作出行政强制措施的种类、依据及其依法享有的权利；

（二）听取当事人的陈述和申辩，当事人提出的事实、理由或者证据成立的，应当采纳；

（三）制作行政强制措施凭证，并告知当事人在十五日内到指定地点接受处理；

（四）行政强制措施凭证应当由当事人签名、交通警察签名或者盖章，并加盖公安机关交通管理部门印章；当事人拒绝签名的，交通警察应当在行政强制措施凭证上注明；

（五）行政强制措施凭证应当当场交付当事人；当事人拒收的，由交通警察在行政强制措施凭证上注明，即为送达。

现场采取行政强制措施的，交通警察应当在二十四小时内向所属公安机关交通管理部门负责人报告，并补办批准手续。公安机关交通管理部门负责人认为不应当采取行政强制措的,应当立即解除。

第二十六条 行政强制措施凭证应当载明当事人的基本情况、车辆牌号、车辆类型、违法事实、采取行政强制措施种类和依据、接受处理的具体地点和期限、决定机关名称及当事人依法享有的行政复议、行政诉讼权利等内容。

第二十七条 有下列情形之一的,依法扣留车辆:

(一)上道路行驶的机动车未悬挂机动车号牌,未放置检验合格标志、保险标志,或者未随车携带机动车行驶证、驾驶证的;

(二)有伪造、变造或者使用伪造、变造的机动车登记证书、号牌、行驶证、检验合格标志、保险标志、驾驶证或者使用其他车辆的机动车登记证书、号牌、行驶证、检验合格标志、保险标志嫌疑的;

(三)未按照国家规定投保机动车交通事故责任强制保险的;

(四)公路客运车辆或者货运机动车超载的;

(五)机动车有被盗抢嫌疑的;

(六)机动车有拼装或者达到报废标准嫌疑的;

(七)未申领《剧毒化学品公路运输通行证》通过公路运输剧毒化学品的;

(八)非机动车驾驶人拒绝接受罚款处罚的。

对发生道路交通事故,因收集证据需要的,可以依法扣留事故车辆。

第二十八条 交通警察应当在扣留车辆后二十四小时内,将被扣留车辆交所属公安机关交通管理部门。

公安机关交通管理部门扣留车辆的,不得扣留车辆所载货物。对车辆所载货物应当通知当事人自行处理,当事人无法自行处理或者不自行处理的,应当登记并妥善保管,对容易腐烂、损毁、灭失或者其他不具备保管条件的物品,经县级以上公安机关交通管理部门负责人批准,可以在拍照或者录像后变卖或者拍卖,变卖、拍卖所得按照有关规定处理。

第二十九条 对公路客运车辆载客超过核定乘员、货运机动车超过核定载质量的,公安机关交通管理部门应当按照下列规定消除违法状态:

(一)违法行为人可以自行消除违法状态的,应当在公安机关交通管理部门的监督下,自行将超载的乘车人转运、将超载的货物卸载;

(二)违法行为人无法自行消除违法状态的,对超载的乘车人,公安机关交通管理部门应当及时通知有关部门联系转运;对超载的货物,应当在指定的场地卸载,并由违法行为人与指定场地的保管方签订卸载货物的保管合同。

消除违法状态的费用由违法行为人承担。违法状态消除后,应当立即退还被扣留的机动车。

第三十条 对扣留的车辆,当事人接受处理或者提供、补办的相关证明或者手续经核实后,公安机关交通管理部门应当依法及时退还。

公安机关交通管理部门核实的时间不得超过十日;需要延长的,经县级以上公安机关交通管理部门负责人批准,可以延长至十五日。核实时间自车辆驾驶人或者所有人、管理人提供被扣留车辆合法来历证明，补办相应手续，或者接受处理之日起计算。

发生道路交通事故因收集证据需要扣留车辆的，扣留车辆时间依照《道路交通事故处理程序规定》有关规定执行。

第三十一条 有下列情形之一的，依法扣留机动车驾驶证：

（一）饮酒后驾驶机动车的；

（二）将机动车交由未取得机动车驾驶证或者机动车驾驶证被吊销、暂扣的人驾驶的；

（三）机动车行驶超过规定时速百分之五十的；

（四）驾驶有拼装或者达到报废标准嫌疑的机动车上道路行驶的；

（五）在一个记分周期内累积记分达到十二分的。

第三十二条 交通警察应当在扣留机动车驾驶证后二十四小时内，将被扣留机动车驾驶证交所属公安机关交通管理部门。

具有本规定第三十一条第（一）、（二）、（三）、（四）项所列情形之一的，扣留机动车驾驶证至作出处罚决定之日；处罚决定生效前先予扣留机动车驾驶证的，扣留一日折抵暂扣期限一日。只对违法行为人作出罚款处罚的，缴纳罚款完毕后，应当立即发还机动车驾驶证。具有本规定第三十一条第（五）项情形的，扣留机动车驾驶证至考试合格之日。

第三十三条 违反机动车停放、临时停车规定，驾驶人不在现场或者虽在现场但拒绝立即驶离，妨碍其他车辆、行人通行的，公安机关交通管理部门及其交通警察可以将机动车拖移至不妨碍交通的地点或者公安机关交通管理部门指定的地点。

拖移机动车的，现场交通警察应当通过拍照、录像等方式固定违法事实和证据。

第三十四条 公安机关交通管理部门应当公开拖移机动车查询电话，并通过设置拖移机动车专用标志牌明示或者以其他方式告知当事人。当事人可以通过电话查询接受处理的地点、期限和被拖移机动车的停放地点。

第三十五条 车辆驾驶人有下列情形之一的，应当对其检验体内酒精含量：

（一）对酒精呼气测试等方法测试的酒精含量结果有异议并当场提出的；

（二）涉嫌饮酒驾驶车辆发生交通事故的；

（三）涉嫌醉酒驾驶的；

（四）拒绝配合酒精呼气测试等方法测试的。

车辆驾驶人对酒精呼气测试结果无异议的，应当签字确认。事后提出异议的，不予采纳。

车辆驾驶人涉嫌吸食、注射毒品或者服用国家管制的精神药品、麻醉药品后驾驶车辆的，应当按照《吸毒检测程序规定》对车辆驾驶人进行吸毒检测，并通知其家属，但无法通知的除外。

对酒后、吸毒后行为失控或者拒绝配合检验、检测的，可以使用约束带或者警绳等约束性警械。

第三十六条 对车辆驾驶人进行体内酒

精含量检验的,应当按照下列程序实施:

(一)由两名交通警察或者由一名交通警察带领警务辅助人员将车辆驾驶人带到医疗机构提取血样,或者现场由法医等具有相应资质的人员提取血样;

(二)公安机关交通管理部门应当在提取血样后五日内将血样送交有检验资格的单位或者机构进行检验,并在收到检验结果后五日内书面告知车辆驾驶人。

检验车辆驾驶人体内酒精含量的,应当通知其家属,但无法通知的除外。

车辆驾驶人对检验结果有异议的,可以在收到检验结果之日起三日内申请重新检验。

具有下列情形之一的,应当进行重新检验:

(一)检验程序违法或者违反相关专业技术要求,可能影响检验结果正确性的;

(二)检验单位或者机构、检验人不具备相应资质和条件的;

(三)检验结果明显依据不足的;

(四)检验人故意作虚假检验的;

(五)检验人应当回避而没有回避的;

(六)检材虚假或者被污染的;

(七)其他应当重新检验的情形。

不符合前款规定情形的,经县级以上公安机关交通管理部门负责人批准,作出不准予重新检验的决定,并在作出决定之日起的三日内书面通知申请人。

重新检验,公安机关应当另行指派或者聘请检验人。

第三十七条 对非法安装警报器、标志灯具或者自行车、三轮车加装动力装置的,公安机关交通管理部门应当强制拆除,予以收缴,并依法予以处罚。

交通警察现场收缴非法装置的,应当在二十四小时内,将收缴的物品交所属公安机关交通管理部门。

对收缴的物品,除作为证据保存外,经县级以上公安机关交通管理部门批准后,依法予以销毁。

第三十八条 公安机关交通管理部门对扣留的拼装或者已达到报废标准的机动车,经县级以上公安机关交通管理部门批准后,予以收缴,强制报废。

第三十九条 对伪造、变造或者使用伪造、变造的机动车登记证书、号牌、行驶证、检验合格标志、保险标志、驾驶证的,应当予以收缴,依法处罚后予以销毁。

对使用其他车辆的机动车登记证书、号牌、行驶证、检验合格标志、保险标志的,应当予以收缴,依法处罚后转至机动车登记地车辆管理所。

第四十条 对在道路两侧及隔离带上种植树木、其他植物或者设置广告牌、管线等,遮挡路灯、交通信号灯、交通标志,妨碍安全视距的,公安机关交通管理部门应当向违法行为人送达排除妨碍通知书,告知履行期限和不履行的后果。违法行为人在规定期限内拒不履行的,依法予以处罚并强制排除妨碍。

第四十一条 强制排除妨碍,公安机关交通管理部门及其交通警察可以当场

实施。无法当场实施的,应当按照下列程序实施:

(一)经县级以上公安机关交通管理部门负责人批准,可以委托或者组织没有利害关系的单位予以强制排除妨碍;

(二)执行强制排除妨碍时,公安机关交通管理部门应当派员到场监督。

第五章 行政处罚

第一节 行政处罚的决定

第四十二条 交通警察对于当场发现的违法行为,认为情节轻微、未影响道路通行和安全的,口头告知其违法行为的基本事实、依据,向违法行为人提出口头警告,纠正违法行为后放行。

各省、自治区、直辖市公安机关交通管理部门可以根据实际确定适用口头警告的具体范围和实施办法。

第四十三条 对违法行为人处以警告或者二百元以下罚款的,可以适用简易程序。

对违法行为人处以二百元(不含)以上罚款、暂扣或者吊销机动车驾驶证的,应当适用一般程序。不需要采取行政强制措施的,现场交通警察应当收集、固定相关证据,并制作违法行为处理通知书。其中,对违法行为人单处二百元(不含)以上罚款的,可以通过简化取证方式和审核审批手续等措施快速办理。

对违法行为人处以行政拘留处罚的,按照《公安机关办理行政案件程序规定》实施。

第四十四条 适用简易程序处罚的,可以由一名交通警察作出,并应当按照下列程序实施:

(一)口头告知违法行为人违法行为的基本事实、拟作出的行政处罚、依据及其依法享有的权利;

(二)听取违法行为人的陈述和申辩,违法行为人提出的事实、理由或者证据成立的,应当采纳;

(三)制作简易程序处罚决定书;

(四)处罚决定书应当由被处罚人签名、交通警察签名或者盖章,并加盖公安机关交通管理部门印章;被处罚人拒绝签名的,交通警察应当在处罚决定书上注明;

(五)处罚决定书应当当场交付被处罚人;被处罚人拒收的,由交通警察在处罚决定书上注明,即为送达。

交通警察应当在二日内将简易程序处罚决定书报所属公安机关交通管理部门备案。

第四十五条 简易程序处罚决定书应当载明被处罚人的基本情况、车辆牌号、车辆类型、违法事实、处罚的依据、处罚的内容、履行方式、期限、处罚机关名称及被处罚人依法享有的行政复议、行政诉讼权利等内容。

第四十六条 制发违法行为处理通知书应当按照下列程序实施:

(一)口头告知违法行为人违法行为的基本事实;

(二)听取违法行为人的陈述和申辩,违法行为人提出的事实、理由或者证据成立的,应当采纳;

(三)制作违法行为处理通知书,并通知当事人在十五日内接受处理;

(四)违法行为处理通知书应当由

违法行为人签名、交通警察签名或者盖章,并加盖公安机关交通管理部门印章;当事人拒绝签名的,交通警察应当在违法行为处理通知书上注明;

(五)违法行为处理通知书应当当场交付当事人;当事人拒收的,由交通警察在违法行为处理通知书上注明,即为送达。

交通警察应当在二十四小时内将违法行为处理通知书报所属公安机关交通管理部门备案。

第四十七条 违法行为处理通知书应当载明当事人的基本情况、车辆牌号、车辆类型、违法事实、接受处理的具体地点和时限、通知机关名称等内容。

第四十八条 适用一般程序作出处罚决定,应当由两名以上交通警察按照下列程序实施:

(一)对违法事实进行调查,询问当事人违法行为的基本情况,并制作笔录;当事人拒绝接受询问、签名或者盖章的,交通警察应当在询问笔录上注明;

(二)采用书面形式或者笔录形式告知当事人拟作出的行政处罚的事实、理由及依据,并告知其依法享有的权利;

(三)对当事人陈述、申辩进行复核,复核结果应当在笔录中注明;

(四)制作行政处罚决定书;

(五)行政处罚决定书应当由被处罚人签名,并加盖公安机关交通管理部门印章;被处罚人拒绝签名的,交通警察应当在处罚决定书上注明;

(六)行政处罚决定书应当当场交付被处罚人;被处罚人拒收的,由交通警察在处罚决定书上注明,即为送达。被处罚人不在场的,应当依照《公安机关办理行政案件程序规定》的有关规定送达。

第四十九条 行政处罚决定书应当载明被处罚人的基本情况、车辆牌号、车辆类型、违法事实和证据、处罚的依据、处罚的内容、履行方式、期限、处罚机关名称及被处罚人依法享有的行政复议、行政诉讼权利等内容。

第五十条 一人有两种以上违法行为,分别裁决,合并执行,可以制作一份行政处罚决定书。

一人只有一种违法行为,依法应当并处两个以上处罚种类且涉及两个处罚主体的,应当分别制作行政处罚决定书。

第五十一条 对违法行为事实清楚,需要按照一般程序处以罚款的,应当自违法行为人接受处理之时起二十四小时内作出处罚决定;处以暂扣机动车驾驶证的,应当自违法行为人接受处理之日起三日内作出处罚决定;处以吊销机动车驾驶证的,应当自违法行为人接受处理或者听证程序结束之日起七日内作出处罚决定,交通肇事构成犯罪的,应当在人民法院判决后及时作出处罚决定。

第五十二条 对交通技术监控设备记录的违法行为,当事人应当及时到公安机关交通管理部门接受处理,处以警告或者二百元以下罚款的,可以适用简易程序;处以二百元(不含)以上罚款、吊销机动车驾驶证的,应当适用一般程序。

第五十三条 违法行为人或者机动车所

有人、管理人收到道路交通安全违法行为通知后,应当及时到公安机关交通管理部门接受处理。机动车所有人、管理人将机动车交由他人驾驶的,应当通知机动车驾驶人按照本规定第二十条规定期限接受处理。

违法行为人或者机动车所有人、管理人无法在三十日内接受处理的,可以申请延期处理。延长的期限最长不得超过三个月。

第五十四条　机动车有五起以上未处理的违法行为记录,违法行为人或者机动车所有人、管理人未在三十日内接受处理且未申请延期处理的,违法行为发生地公安机关交通管理部门应当按照备案信息中的联系方式,通过移动互联网应用程序、手机短信或者邮寄等方式将拟作出的行政处罚决定的事实、理由、依据以及依法享有的权利,告知违法行为人或者机动车所有人、管理人。违法行为人或者机动车所有人、管理人未在告知后三十日内接受处理的,可以采取公告方式告知拟作出的行政处罚决定的事实、理由、依据、依法享有的权利以及公告期届满后将依法作出行政处罚决定。公告期为七日。

违法行为人或者机动车所有人、管理人提出申辩或者接受处理的,应当按照本规定第四十四条或者第四十八条办理;违法行为人或者机动车所有人、管理人未提出申辩的,公安机关交通管理部门可以依法作出行政处罚决定,并制作行政处罚决定书。

第五十五条　行政处罚决定书可以邮寄或者电子送达。邮寄或者电子送达不成功的,公安机关交通管理部门可以公告送达,公告期为六十日。

第五十六条　电子送达可以采用移动互联网应用程序、电子邮件、移动通信等能够确认受送达人收悉的特定系统作为送达媒介。送达日期为公安机关交通管理部门对应系统显示发送成功的日期。受送达人证明到达其特定系统的日期与公安机关交通管理部门对应系统显示发送成功的日期不一致的,以受送达人证明到达其特定系统的日期为准。

公告应当通过互联网交通安全综合服务管理平台、移动互联网应用程序等方式进行。公告期满,即为送达。

公告内容应当避免泄漏个人隐私。

第五十七条　交通警察在道路执勤执法时,发现违法行为人或者机动车所有人、管理人有交通技术监控设备记录的违法行为逾期未处理的,应当以口头或者书面方式告知违法行为人或者机动车所有人、管理人。

第五十八条　违法行为人可以通过公安机关交通管理部门自助处理平台自助处理违法行为。

第二节　行政处罚的执行

第五十九条　对行人、乘车人、非机动车驾驶人处以罚款,交通警察当场收缴的,交通警察应当在简易程序处罚决定书上注明,由被处罚人签名确认。被处罚人拒绝签名的,交通警察应当在处罚决定书上注明。

交通警察依法当场收缴罚款的,应当开具省、自治区、直辖市财政部门统一制发的罚款收据；不开具省、自治区、直辖市财政部门统一制发的罚款收据的，当事人有权拒绝缴纳罚款。

第六十条　当事人逾期不履行行政处罚决定的，作出行政处罚决定的公安机关交通管理部门可以采取下列措施：

（一）到期不缴纳罚款的，每日按罚款数额的百分之三加处罚款，加处罚款总额不得超出罚款数额；

（二）申请人民法院强制执行。

第六十一条　公安机关交通管理部门对非本辖区机动车驾驶人给予暂扣、吊销机动车驾驶证处罚的，应当在作出处罚决定之日起十五日内，将机动车驾驶证转至核发地公安机关交通管理部门。

违法行为人申请不将暂扣的机动车驾驶证转至核发地公安机关交通管理部门的，应当准许，并在行政处罚决定书上注明。

第六十二条　对违法行为人决定行政拘留并处罚款的，公安机关交通管理部门应当告知违法行为人可以委托他人代缴罚款。

第六章　执法监督

第六十三条　交通警察执勤执法时，应当按照规定着装，佩戴人民警察标志，随身携带人民警察证件，保持警容严整，举止端庄，指挥规范。

交通警察查处违法行为时应当使用规范、文明的执法用语。

第六十四条　公安机关交通管理部门所属的交警队、车管所及重点业务岗位应当建立值日警官和法制员制度，防止和纠正执法中的错误和不当行为。

第六十五条　各级公安机关交通管理部门应当加强执法监督，建立本单位及其所属民警的执法档案，实施执法质量考评、执法责任制和执法过错追究。

执法档案可以是电子档案或者纸质档案。

第六十六条　公安机关交通管理部门应当依法建立交通民警勤执法考核评价标准，不得下达或者变相下达罚款指标，不得以处罚数量作为考核民警执法效果的依据。

第七章　其他规定

第六十七条　当事人对公安机关交通管理部门采取的行政强制措施或者作出的行政处罚决定不服的，可以依法申请行政复议或者提起行政诉讼。

第六十八条　公安机关交通管理部门应当使用道路交通违法信息管理系统对违法行为信息进行管理。对记录和处理的交通违法行为信息应当及时录入道路交通违法信息管理系统。

第六十九条　公安机关交通管理部门对非本辖区机动车有违法行为记录的，应当在违法行为信息录入道路交通违法信息管理系统后，在规定时限内将违法行为信息转至机动车登记地公安机关交通管理部门。

第七十条　公安机关交通管理部门对非本辖区机动车驾驶人的违法行为给予记分或者暂扣、吊销机动车驾驶证以及扣留机动车驾驶证的，应当在违法行为信息录入道路交通违法信息管理系统后，在规定时限内将违法行为信息转至驾驶证核发地公安机关交通管理部门。

第七十一条 公安机关交通管理部门可以与保险监管机构建立违法行为与机动车交通事故责任强制保险费率联系浮动制度。

第七十二条 机动车所有人为单位的，公安机关交通管理部门可以将严重影响道路交通安全的违法行为通报机动车所有人。

第七十三条 对非本辖区机动车驾驶人申请在违法行为发生地、处理地参加满分学习、考试的，公安机关交通管理部门应当准许，考试合格后发还扣留的机动车驾驶证，并将考试合格的信息转至驾驶证核发地公安机关交通管理部门。

驾驶证核发地公安机关交通管理部门应当根据转递信息清除机动车驾驶人的累积记分。

第七十四条 以欺骗、贿赂等不正当手段取得机动车登记的，应当收缴机动车登记证书、号牌、行驶证，由机动车登记地公安机关交通管理部门撤销机动车登记。

以欺骗、贿赂等不正当手段取得驾驶许可的，应当收缴机动车驾驶证，由驾驶证核发地公安机关交通管理部门撤销机动车驾驶许可。

非本辖区机动车登记或者机动车驾驶许可需要撤销的，公安机关交通管理部门应当将收缴的机动车登记证书、号牌、行驶证或者机动车驾驶证以及相关证明材料，及时转至机动车登记地或者驾驶证核发地公安机关交通管理部门。

第七十五条 撤销机动车登记或者机动车驾驶许可的，应当按照下列程序实施：

（一）经设区的市公安机关交通管理部门负责人批准，制作撤销决定书送达当事人；

（二）将收缴的机动车登记证书、号牌、行驶证或者机动车驾驶证以及撤销决定书转至机动车登记地或者驾驶证核发地车辆管理所予以注销；

（三）无法收缴的，公告作废。

第七十六条 简易程序案卷应当包括简易程序处罚决定书。一般程序案卷应当包括行政强制措施凭证或者违法行为处理通知书、证据材料、公安交通管理行政处罚决定书。

在处理违法行为过程中形成的其他文书应当一并存入案卷。

第八章 附 则

第七十七条 本规定中下列用语的含义：

（一）"违法行为人"，是指违反道路交通安全法律、行政法规规定的公民、法人及其他组织。

（二）"县级以上公安机关交通管理部门"，是指县级以上人民政府公安机关交通管理部门或者相当于同级的公安机关交通管理部门。"设区的市公安机关交通管理部门"，是指设区的市人民政府公安机关交通管理部门或者相当于同级的公安机关交通管理部门。

第七十八条 交通技术监控设备记录的非机动车、行人违法行为参照本规定关于机动车违法行为处理程序处理。

第七十九条 公安机关交通管理部门可以以电子案卷形式保存违法处理案卷。

第八十条　本规定未规定的违法行为处理程序,依照《公安机关办理行政案件程序规定》执行。

第八十一条　本规定所称"以上""以下",除特别注明的外,包括本数在内。

本规定所称的"二日""三日""五日""七日""十日""十五日",是指工作日,不包括节假日。

第八十二条　执行本规定所需要的法律文书式样,由公安部制定。公安部没有制定式样,执法工作中需要的其他法律文书,各省、自治区、直辖市公安机关交通管理部门可以制定式样。

第八十三条　本规定自2009年4月1日起施行。2004年4月30日发布的《道路交通安全违法行为处理程序规定》(公安部第69号令)同时废止。本规定生效后,以前有关规定与本规定不一致的,以本规定为准。

道路交通安全违法行为记分管理办法

1. 2021年12月17日公安部令第163号公布
2. 自2022年4月1日起施行

第一章　总　　则

第一条　为充分发挥记分制度的管理、教育、引导功能,提升机动车驾驶人交通安全意识,减少道路交通安全违法行为(以下简称交通违法行为),预防和减少道路交通事故,根据《中华人民共和国道路交通安全法》及其实施条例,制定本办法。

第二条　公安机关交通管理部门对机动车驾驶人的交通违法行为,除依法给予行政处罚外,实行累积记分制度。

第三条　记分周期为十二个月,满分为12分。记分周期自机动车驾驶人初次领取机动车驾驶证之日起连续计算,或者自初次取得临时机动车驾驶许可之日起累积计算。

第四条　记分达到满分的,机动车驾驶人应当按照本办法规定参加满分学习、考试。

第五条　在记分达到满分前,符合条件的机动车驾驶人可以按照本办法规定减免部分记分。

第六条　公安机关交通管理部门应当通过互联网、公安机关交通管理部门业务窗口提供交通违法行为记录及记分查询。

第二章　记　分　分　值

第七条　根据交通违法行为的严重程度,一次记分的分值为12分、9分、6分、3分、1分。

第八条　机动车驾驶人有下列交通违法行为之一,一次记12分:

(一)饮酒后驾驶机动车的;

(二)造成致人轻伤以上或者死亡的交通事故后逃逸,尚不构成犯罪的;

(三)使用伪造、变造的机动车号牌、行驶证、驾驶证、校车标牌或者使用其他机动车号牌、行驶证的;

(四)驾驶校车、公路客运汽车、旅游客运汽车载人超过核定人数百分之二十以上,或者驾驶其他载客汽车载人超过核定人数百分之百以上的;

(五)驾驶校车、中型以上载客载货汽车、危险物品运输车辆在高速公路、城市快速路上行驶超过规定时速百分之二十以上,或者驾驶其他机动车在高速公路、城市快速路上行驶超过规定时速百分之五十以上的;

（六）驾驶机动车在高速公路、城市快速路上倒车、逆行、穿越中央分隔带掉头的;

（七）代替实际机动车驾驶人接受交通违法行为处罚和记分牟取经济利益的。

第九条 机动车驾驶人有下列交通违法行为之一,一次记9分:

（一）驾驶7座以上载客汽车载人超过核定人数百分之五十以上未达到百分之百的;

（二）驾驶校车、中型以上载客载货汽车、危险物品运输车辆在高速公路、城市快速路以外的道路上行驶超过规定时速百分之五十以上的;

（三）驾驶机动车在高速公路或者城市快速路上违法停车的;

（四）驾驶未悬挂机动车号牌或者故意遮挡、污损机动车号牌的机动车上道路行驶的;

（五）驾驶与准驾车型不符的机动车的;

（六）未取得校车驾驶资格驾驶校车的;

（七）连续驾驶中型以上载客汽车、危险物品运输车辆超过4小时未停车休息或者停车休息时间少于20分钟的。

第十条 机动车驾驶人有下列交通违法行为之一,一次记6分:

（一）驾驶校车、公路客运汽车、旅游客运汽车载人超过核定人数未达到百分之二十,或者驾驶7座以上载客汽车载人超过核定人数百分之二十以上未达到百分之五十,或者驾驶其他载客汽车载人超过核定人数百分之五十以上未达到百分之百的;

（二）驾驶校车、中型以上载客载货汽车、危险物品运输车辆在高速公路、城市快速路上行驶超过规定时速未达到百分之二十,或者在高速公路、城市快速路以外的道路上行驶超过规定时速百分之二十以上未达到百分之五十的;

（三）驾驶校车、中型以上载客载货汽车、危险物品运输车辆以外的机动车在高速公路、城市快速路上行驶超过规定时速百分之二十以上未达到百分之五十,或者在高速公路、城市快速路以外的道路上行驶超过规定时速百分之五十以上的;

（四）驾驶载货汽车载物超过最大允许总质量百分之五十以上的;

（五）驾驶机动车载运爆炸物品、易燃易爆化学物品以及剧毒、放射性等危险物品,未按指定的时间、路线、速度行驶或者未悬挂警示标志并采取必要的安全措施的;

（六）驾驶机动车运载超限的不可解体的物品,未按指定的时间、路线、速度行驶或者未悬挂警示标志的;

（七）驾驶机动车运输危险化学品,未经批准进入危险化学品运输车辆限制通行的区域的;

（八）驾驶机动车不按交通信号灯指示通行的;

（九）机动车驾驶证被暂扣或者扣留期间驾驶机动车的;

（十）造成致人轻微伤或者财产损失的交通事故后逃逸，尚不构成犯罪的；

（十一）驾驶机动车在高速公路或者城市快速路上违法占用应急车道行驶的。

第十一条　机动车驾驶人有下列交通违法行为之一，一次记3分：

（一）驾驶校车、公路客运汽车、旅游客运汽车、7座以上载客汽车以外的其他载客汽车载人超过核定人数百分之二十以上未达到百分之五十的；

（二）驾驶校车、中型以上载客载货汽车、危险物品运输车辆以外的机动车在高速公路、城市快速路以外的道路上行驶超过规定时速百分之二十以上未达到百分之五十的；

（三）驾驶机动车在高速公路或者城市快速路上不按规定车道行驶的；

（四）驾驶机动车不按规定超车、让行，或者在高速公路、城市快速路以外的道路上逆行的；

（五）驾驶机动车遇前方机动车停车排队或者缓慢行驶时，借道超车或者占用对面车道、穿插等候车辆的；

（六）驾驶机动车有拨打、接听手持电话等妨碍安全驾驶的行为的；

（七）驾驶机动车行经人行横道不按规定减速、停车、避让行人的；

（八）驾驶机动车不按规定避让校车的；

（九）驾驶载货汽车载物超过最大允许总质量百分之三十以上未达到百分之五十的，或者违反规定载客的；

（十）驾驶不按规定安装机动车号牌的机动车上道路行驶的；

（十一）在道路上车辆发生故障、事故停车后，不按规定使用灯光或者设置警告标志的；

（十二）驾驶未按规定定期进行安全技术检验的公路客运汽车、旅游客运汽车、危险物品运输车辆上道路行驶的；

（十三）驾驶校车上道路行驶前，未对校车车况是否符合安全技术要求进行检查，或者驾驶存在安全隐患的校车上道路行驶的；

（十四）连续驾驶载货汽车超过4小时未停车休息或者停车休息时间少于20分钟的；

（十五）驾驶机动车在高速公路上行驶低于规定最低时速的。

第十二条　机动车驾驶人有下列交通违法行为之一，一次记1分：

（一）驾驶校车、中型以上载客载货汽车、危险物品运输车辆在高速公路、城市快速路以外的道路上行驶超过规定时速百分之十以上未达到百分之二十的；

（二）驾驶机动车不按规定会车，或者在高速公路、城市快速路以外的道路上不按规定倒车、掉头的；

（三）驾驶机动车不按规定使用灯光的；

（四）驾驶机动车违反禁令标志、禁止标线指示的；

（五）驾驶机动车载货长度、宽度、高度超过规定的；

（六）驾驶载货汽车载物超过最大允许总质量未达到百分之三十的；

（七）驾驶未按规定定期进行安全技术检验的公路客运汽车、旅游客运汽车、危险物品运输车辆以外的机动

车上道路行驶的;

（八）驾驶擅自改变已登记的结构、构造或者特征的载货汽车上道路行驶的;

（九）驾驶机动车在道路上行驶时,机动车驾驶人未按规定系安全带的;

（十）驾驶摩托车,不戴安全头盔的。

第三章 记分执行

第十三条 公安机关交通管理部门对机动车驾驶人的交通违法行为,在作出行政处罚决定的同时予以记分。

对机动车驾驶人作出处罚前,应当在告知拟作出的行政处罚决定的同时,告知该交通违法行为的记分分值,并在处罚决定书上载明。

第十四条 机动车驾驶人有二起以上交通违法行为应当予以记分的,记分分值累积计算。

机动车驾驶人可以一次性处理完毕同一辆机动车的多起交通违法行为记录,记分分值累积计算。累积记分未满12分的,可以处理其驾驶的其他机动车的交通违法行为记录;累积记分满12分的,不得再处理其他机动车的交通违法行为记录。

第十五条 机动车驾驶人在一个记分周期期限届满,累积记分未满12分的,该记分周期内的记分予以清除;累积记分虽未满12分,但有罚款逾期未缴纳的,该记分周期内尚未缴纳罚款的交通违法行为记分分值转入下一记分周期。

第十六条 行政处罚决定被依法变更或者撤销的,相应记分应当变更或者撤销。

第四章 满分处理

第十七条 机动车驾驶人在一个记分周期内累积记分满12分的,公安机关交通管理部门应当扣留其机动车驾驶证,开具强制措施凭证,并送达满分教育通知书,通知机动车驾驶人参加满分学习、考试。

临时入境的机动车驾驶人在一个记分周期内累积记分满12分的,公安机关交通管理部门应当注销其临时机动车驾驶许可,并送达满分教育通知书。

第十八条 机动车驾驶人在一个记分周期内累积记分满12分的,应当参加为期七天的道路交通安全法律、法规和相关知识学习。其中,大型客车、重型牵引挂车、城市公交车、中型客车、大型货车驾驶人应当参加为期三十天的道路交通安全法律、法规和相关知识学习。

机动车驾驶人在一个记分周期内参加满分教育的次数每增加一次或者累积记分每增加12分,道路交通安全法律、法规和相关知识的学习时间增加七天,每次满分学习的天数最多六十天。其中,大型客车、重型牵引挂车、城市公交车、中型客车、大型货车驾驶人在一个记分周期内参加满分教育的次数每增加一次或者累积记分每增加12分,道路交通安全法律、法规和相关知识的学习时间增加三十天,每次满分学习的天数最多一百二十天。

第十九条　道路交通安全法律、法规和相关知识学习包括现场学习、网络学习和自主学习。网络学习应当通过公安机关交通管理部门互联网学习教育平台进行。

机动车驾驶人参加现场学习、网络学习的天数累计不得少于五天，其中，现场学习的天数不得少于二天。大型客车、重型牵引挂车、城市公交车、中型客车、大型货车驾驶人参加现场学习、网络学习的天数累计不得少于十天，其中，现场学习的天数不得少于五天。满分学习的剩余天数通过自主学习完成。

机动车驾驶人单日连续参加现场学习超过三小时或者参加网络学习时间累计超过三小时的，按照一天计入累计学习天数。同日既参加现场学习又参加网络学习的，学习天数不累积计算。

第二十条　机动车驾驶人可以在机动车驾驶证核发地或者交通违法行为发生地、处理地参加公安机关交通管理部门组织的道路交通安全法律、法规和相关知识学习，并在学习地参加考试。

第二十一条　机动车驾驶人在一个记分周期内累积记分满12分，符合本办法第十八条、第十九条第一款、第二款规定的，可以预约参加道路交通安全法律、法规和相关知识考试。考试不合格的，十日后预约重新考试。

第二十二条　机动车驾驶人在一个记分周期内二次累积记分满12分或者累积记分满24分未满36分的，应当在道路交通安全法律、法规和相关知识考试合格后，按照《机动车驾驶证申领和使用规定》第四十四条的规定预约参加道路驾驶技能考试。考试不合格的，十日后预约重新考试。

机动车驾驶人在一个记分周期内三次以上累积记分满12分或者累积记分满36分的，应当在道路交通安全法律、法规和相关知识考试合格后，按照《机动车驾驶证申领和使用规定》第四十三条和第四十四条的规定预约参加场地驾驶技能和道路驾驶技能考试。考试不合格的，十日后预约重新考试。

第二十三条　机动车驾驶人经满分学习、考试合格且罚款已缴纳的，记分予以清除，发还机动车驾驶证。机动车驾驶人同时被处以暂扣机动车驾驶证的，在暂扣期限届满后发还机动车驾驶证。

第二十四条　满分学习、考试内容应当按照机动车驾驶证载明的准驾车型确定。

第五章　记分减免

第二十五条　机动车驾驶人处理完交通违法行为记录后累积记分未满12分，参加公安机关交通管理部门组织的交通安全教育并达到规定要求的，可以申请在机动车驾驶人现有累积记分分值中扣减记分。在一个记分周期内累计最高扣减6分。

第二十六条　机动车驾驶人申请接受交通安全教育扣减交通违法行为记分的，公安机关交通管理部门应当受理。但有以下情形之一的，不予受理：

（一）在本记分周期内或者上一个记分周期内，机动车驾驶人有二次以

上参加满分教育记录的;

(二)在最近三个记分周期内,机动车驾驶人因造成交通事故后逃逸,或者饮酒后驾驶机动车,或者使用伪造、变造的机动车号牌、行驶证、驾驶证、校车标牌,或者使用其他机动车号牌、行驶证,或者买分卖分受到过处罚的;

(三)机动车驾驶证在实习期内,或者机动车驾驶证逾期未审验,或者机动车驾驶证被扣留、暂扣期间的;

(四)机动车驾驶人名下有安全技术检验超过有效期或者未按规定办理注销登记的机动车的;

(五)在最近三个记分周期内,机动车驾驶人参加接受交通安全教育扣减交通违法行为记分或者机动车驾驶人满分教育、审验教育时,有弄虚作假、冒名顶替记录的。

第二十七条 参加公安机关交通管理部门组织的道路交通安全法律、法规和相关知识网上学习三日内累计满三十分钟且考试合格的,一次扣减1分。

参加公安机关交通管理部门组织的道路交通安全法律、法规和相关知识现场学习满一小时且考试合格的,一次扣减2分。

参加公安机关交通管理部门组织的交通安全公益活动的,满一小时为一次,一次扣减1分。

第二十八条 交通违法行为情节轻微,给予警告处罚的,免予记分。

第六章 法律责任

第二十九条 机动车驾驶人在一个记分周期内累积记分满12分,机动车驾驶证未被依法扣留或者收到满分教育通知书后三十日内拒不参加公安机关交通管理部门通知的满分学习、考试的,由公安机关交通管理部门公告其机动车驾驶证停止使用。

第三十条 机动车驾驶人请他人代为接受交通违法行为处罚和记分并支付经济利益的,由公安机关交通管理部门处所支付经济利益三倍以下罚款,但最高不超过五万元;同时,依法对原交通违法行为作出处罚。

代替实际机动车驾驶人接受交通违法行为处罚和记分牟取经济利益的,由公安机关交通管理部门处违法所得三倍以下罚款,但最高不超过五万元;同时,依法撤销原行政处罚决定。

组织他人实施前两款行为之一牟取经济利益的,由公安机关交通管理部门处违法所得五倍以下罚款,但最高不超过十万元;有扰乱单位秩序等行为,构成违反治安管理行为的,依法予以治安管理处罚。

第三十一条 机动车驾驶人参加满分教育时在签注学习记录、满分学习考试中弄虚作假的,相应学习记录、考试成绩无效,由公安机关交通管理部门处一千元以下罚款。

机动车驾驶人在参加接受交通安全教育扣减交通违法行为记分中弄虚作假的,由公安机关交通管理部门撤销相应记分扣减记录,恢复相应记分,处一千元以下罚款。

代替实际机动车驾驶人参加满分教育签注学习记录、满分学习考试或者接受交通安全教育扣减交通违法行为记分的,由公安机关交通管理部门处二千元以下罚款。

组织他人实施前三款行为之一,有违法所得的,由公安机关交通管理部门处违法所得三倍以下罚款,但最高不超过二万元;没有违法所得的,由公安机关交通管理部门处二万元以下罚款。

第三十二条　公安机关交通管理部门及其交通警察开展交通违法行为记分管理工作,应当接受监察机关、公安机关督察审计部门等依法实施的监督。

公安机关交通管理部门及其交通警察开展交通违法行为记分管理工作,应当自觉接受社会和公民的监督。

第三十三条　交通警察有下列情形之一的,按照有关规定给予处分;警务辅助人员有下列情形之一的,予以解聘;构成犯罪的,依法追究刑事责任:

（一）当事人对实施处罚和记分提出异议拒不核实,或者经核实属实但不纠正、整改的;

（二）为未经满分学习考试、考试不合格人员签注学习记录、合格考试成绩的;

（三）在满分考试时,减少考试项目、降低评判标准或者参与、协助、纵容考试舞弊的;

（四）为不符合记分扣减条件的机动车驾驶人扣减记分的;

（五）串通他人代替实际机动车驾驶人接受交通违法行为处罚和记分的;

（六）弄虚作假,将记分分值高的交通违法行为变更为记分分值低或者不记分的交通违法行为的;

（七）故意泄露、篡改系统记分数据的;

（八）根据交通技术监控设备记录资料处理交通违法行为时,未严格审核当事人提供的证据材料,导致他人代替实际机动车驾驶人接受交通违法行为处罚和记分,情节严重的。

第七章　附　　则

第三十四条　公安机关交通管理部门对拖拉机驾驶人予以记分的,应当定期将记分情况通报农业农村主管部门。

第三十五条　省、自治区、直辖市公安厅、局可以根据本地区的实际情况,在本办法规定的处罚幅度范围内,制定具体的执行标准。

对本办法规定的交通违法行为的处理程序按照《道路交通安全违法行为处理程序规定》执行。

第三十六条　本办法所称"三日""十日""三十日",是指自然日。期间的最后一日为节假日的,以节假日期满后的第一个工作日为期间届满的日期。

第三十七条　本办法自2022年4月1日起施行。

交通运输行政复议规定

1. 2000年6月27日交通部令2000年第5号公布
2. 根据2015年9月9日交通运输部令2015年第18号《关于修改〈交通运输行政复议规定〉的决定》修正

第一条　为防止和纠正违法或者不当的

具体行政行为,保护公民、法人和其他组织的合法权益,保障和监督交通运输行政机关依法行使职权,根据《中华人民共和国行政复议法》(以下简称《行政复议法》),制定本规定。

第二条 公民、法人或者其他组织认为具体行政行为侵犯其合法权益,向交通运输行政机关申请交通运输行政复议,交通运输行政机关受理交通运输行政复议申请、作出交通运输行政复议决定,适用《行政复议法》和本规定。

第三条 依照《行政复议法》和本规定履行交通运输行政复议职责的交通运输行政机关是交通运输行政复议机关,交通运输行政复议机关设置的法制工作机构,具体办理交通运输行政复议事项,履行《行政复议法》第三条规定的职责。

第四条 对县级以上地方人民政府交通运输主管部门的具体行政行为不服的,可以向本级人民政府申请行政复议,也可以向其上一级人民政府交通运输主管部门申请行政复议。

第五条 对县级以上地方人民政府交通运输主管部门依法设立的交通运输管理派出机构依照法律、法规或者规章规定,以自己的名义作出的具体行政行为不服的,向设立该派出机构的交通运输主管部门或者该交通运输主管部门的本级地方人民政府申请行政复议。

第六条 对县级以上地方人民政府交通运输主管部门依法设立的交通运输管理机构,依照法律、法规授权,以自己的名义作出的具体行政行为不服的,向设立该管理机构的交通运输主管部门申请行政复议。

第七条 对下列具体行政行为不服的,可以向交通运输部申请行政复议:

(一)省级人民政府交通运输主管部门的具体行政行为;

(二)交通运输部海事局的具体行政行为;

(三)长江航务管理局、珠江航务管理局的具体行政行为;

(四)交通运输部的具体行政行为。

对交通运输部直属海事管理机构的具体行政行为不服的,应当向交通运输部海事局申请行政复议。

第八条 公民、法人或者其他组织向交通运输行政复议机关申请交通运输行政复议,应当自知道该具体行政行为之日起六十日内提出行政复议申请;但是法律规定的申请期限超过六十日的除外。

因不可抗力或者其他正当理由耽误法定申请期限的,申请人应当在交通运输行政复议申请书中注明,或者向交通运输行政复议机关说明,并由交通运输行政复议机关记录在《交通运输行政复议申请笔录》(见附件1)中,经交通运输行政复议机关依法确认的,申请期限自障碍消除之日起继续计算。

第九条 申请人申请交通运输行政复议,可以书面申请,也可以口头申请。

申请人口头申请的,交通运输行政复议机关应当当场记录申请人、被申请人的基本情况,行政复议请求,主要事实、理由和时间;申请人应当在行政复议申请笔录上签名或者署印。

第十条　公民、法人或者其他组织向人民法院提起行政诉讼或者向本级人民政府申请行政复议,人民法院或者人民政府已经受理的,不得再向交通运输行政复议机关申请行政复议。

第十一条　交通运输行政复议机关收到交通运输行政复议申请后,应当在五日内进行审查。对符合《行政复议法》规定的行政复议申请,应当决定予以受理,并制作《交通运输行政复议申请受理通知书》(见附件2)送达申请人、被申请人;对不符合《行政复议法》规定的行政复议申请,决定不予受理,并制作《交通运输行政复议申请不予受理决定书》(见附件3)送达申请人;对符合《行政复议法》规定,但是不属于本机关受理的行政复议申请,应当告知申请人向有关行政复议机关提出。

除前款规定外,交通运输行政复议申请自交通运输行政复议机关设置的法制工作机构收到之日起即为受理。

第十二条　公民、法人或者其他组织依法提出交通运输行政复议申请,交通运输行政复议机关无正当理由不予受理的,上级交通运输行政机关应当制作《责令受理通知书》(见附件4)责令其受理;必要时,上级交通运输行政机关可以直接受理。

第十三条　交通运输行政复议原则上采取书面审查的办法,但是申请人提出要求或者交通运输行政复议机关设置的法制工作机构认为有必要时,可以向有关组织和个人调查情况,听取申请人、被申请人和第三人的意见。

复议人员调查情况、听取意见,应当制作《交通运输行政复议调查笔录》(见附件5)。

第十四条　交通运输行政复议机关设置的法制工作机构应当自行政复议申请受理之日起七日内,将交通运输行政复议申请书副本或者《交通运输行政复议申请笔录》复印件及《交通运输行政复议申请受理通知书》送达被申请人。

被申请人应当自收到前款通知之日起十日内向交通运输行政复议机关提交《交通运输行政复议答复意见书》(见附件6),并提交作出具体行政行为的证据、依据和其他有关材料。

第十五条　交通运输行政复议决定作出前,申请人要求撤回行政复议申请的,经说明理由并由复议机关记录在案,可以撤回。申请人撤回行政复议申请,应当提交撤回交通运输行政复议的书面申请书或者在《撤回交通运输行政复议申请笔录》(见附件7)上签名或者署印。

撤回行政复议申请的,交通运输行政复议终止,交通运输行政复议机关应当制作《交通运输行政复议终止通知书》(见附件8)送达申请人、被申请人、第三人。

第十六条　申请人在申请交通运输行政复议时,对《行政复议法》第七条所列有关规定提出审查申请的,交通运输行政复议机关对该规定有权处理的,应当在三十日内依法处理;无权处理的,应当在七日内制作《规范性文件转送处理函》(见附件9),按照法定程序转送有权处理的行政机关依法处理。

交通运输行政复议机关对有关规

定进行处理或者转送处理期间,中止对具体行政行为的审查。中止对具体行政行为审查的,应当制作《交通运输行政复议中止审查通知书》(见附件10)及时送达申请人、被申请人、第三人。

第十七条 交通运输行政复议机关在对被申请人作出的具体行政行为审查时,认为其依据不合法,本机关有权处理的,应当在三十日内依法处理;无权处理的,应当在七日内按照法定程序转送有权处理的国家机关依法处理。处理期间,中止对具体行政行为的审查。

交通运输行政复议机关中止对具体行政行为审查的,应当制作《交通运输行政复议中止审查通知书》送达申请人、被申请人、第三人。

第十八条 交通运输行政复议机关设置的法制工作机构应当对被申请人作出的具体行政行为进行审查,提出意见,经交通运输行政复议机关的负责人同意或者集体讨论通过后,按照下列规定作出交通运输行政复议决定:

(一)具体行政行为认定事实清楚,证据确凿,适用依据正确,程序合法,内容适当的,决定维持;

(二)被申请人不履行法定职责的,责令其在一定期限内履行;

(三)具体行政行为有下列情形之一的,决定撤销、变更或者确认该具体行政行为违法;决定撤销或者确认该具体行政行为违法的,可以责令被申请人在一定期限内重新作出具体行政行为:

1.主要事实不清、证据不足的;

2.适用依据错误的;

3.违反法定程序的;

4.超越或者滥用职权的;

5.具体行政行为明显不当的。

(四)被申请人不按照《行政复议法》第二十三条的规定提出书面答复、提交当初作出具体行政行为的证据、依据和其他有关材料的,视为该具体行政行为没有证据、依据,决定撤销该具体行政行为。

交通运输行政复议机关责令被申请人重新作出具体行政行为的,被申请人不得以同一的事实和理由作出与原具体行政行为相同或者基本相同的具体行政行为。

第十九条 交通运输行政复议机关作出交通运输行政复议决定,应当制作《交通运输行政复议决定书》(见附件11),加盖交通运输行政复议机关印章,分别送达申请人、被申请人和第三人;交通运输行政复议决定书一经送达即发生法律效力。

交通运输行政复议机关向当事人送达《交通运输行政复议决定书》及其他交通运输行政复议文书(除邮寄、公告送达外)应当使用《送达回证》(见附件12),受送达人应当在送达回证上注明收到日期,并签名或者署印。

第二十条 交通运输行政复议机关应当自受理交通运输行政复议申请之日起六十日内作出交通运输行政复议决定;但是法律规定的行政复议期限少于六十日的除外。情况复杂,不能在规定期限内作出交通运输行政复议决定的,经交通运输行政复议机关的负责人批准,可以适当延长,并告知申请人、被申请人、第三人,但是延长期限最多不超过三十日。

交通运输行政复议机关延长复议期限的,应当制作《延长交通运输行政复议期限通知书》(见附件13)送达申请人、被申请人、第三人。

第二十一条 被申请人不履行或者无正当理由拖延履行交通运输行政复议决定的,交通运输行政复议机关或者有关上级交通运输行政机关应当责令其限期履行。

第二十二条 交通运输行政复议机关设置的法制工作机构发现有《行政复议法》第三十八条规定的违法行为的,应当制作《交通运输行政复议违法行为处理建议书》(见附件14)向有关行政机关提出建议,有关行政机关应当依照《行政复议法》和有关法律、行政法规的规定作出处理。

第二十三条 交通运输行政复议机关受理交通运输行政复议申请,不得向申请人收取任何费用。

交通运输行政复议活动所需经费应当在本机关的行政经费中单独列支,不得挪作他用。

第二十四条 本规定由交通运输部负责解释。

第二十五条 本规定自发布之日起施行,1992年交通部第39号令发布的《交通行政复议管理规定》同时废止。

附件:(略)

交通运输行政执法程序规定

1. 2019年4月12日交通运输部发布
2. 根据2021年6月30日交通运输部令2021年第6号《关于修改〈交通运输行政执法程序规定〉的决定》修正

第一章 总 则

第一条 为规范交通运输行政执法行为,促进严格规范公正文明执法,保护公民、法人和其他组织的合法权益,根据《中华人民共和国行政处罚法》《中华人民共和国行政强制法》等法律、行政法规,制定本规定。

第二条 交通运输行政执法部门(以下简称执法部门)及其执法人员实施交通运输行政执法行为,适用本规定。

前款所称交通运输行政执法,包括公路、水路执法部门及其执法人员依法实施的行政检查、行政强制、行政处罚等执法行为。

第三条 执法部门应当全面推行行政执法公示制度、执法全过程记录制度、重大执法决定法制审核制度,加强执法信息化建设,推进执法信息共享,提高执法效率和规范化水平。

第四条 实施交通运输行政执法应当遵循以下原则:

(一)事实认定清楚,证据确凿;
(二)适用法律、法规、规章正确;
(三)严格执行法定程序;
(四)正确行使自由裁量权;
(五)依法公平公正履行职责;
(六)依法维护当事人合法权益;
(七)处罚与教育相结合。

第五条 执法部门应当建立健全执法监督制度。上级交通运输执法部门应当定期组织开展行政执法评议、考核,加强对行政执法的监督检查,规范行政执法。

执法部门应当主动接受社会监督。公民、法人或者其他组织对执法部门实施行政执法的行为,有权申诉或者检举;执法部门应当认真审查,发现有错误的,应当主动改正。

第二章 一般规定

第一节 管辖

第六条 行政处罚由违法行为发生地的执法部门管辖。行政检查由执法部门在法定职权范围内实施。法律、行政法规、部门规章另有规定的,从其规定。

第七条 对当事人的同一违法行为,两个以上执法部门都有管辖权的,由最先立案的执法部门管辖。

第八条 两个以上执法部门因管辖权发生争议的,应当协商解决,协商不成的,报请共同的上一级部门指定管辖;也可以直接由共同的上一级部门指定管辖。

第九条 执法部门发现所查处的案件不属于本部门管辖的,应当移送有管辖权的其他部门。执法部门发现违法行为涉嫌犯罪的,应当及时依照《行政执法机关移送涉嫌犯罪案件的规定》将案件移送司法机关。

第十条 下级执法部门认为其管辖的案件属重大、疑难案件,或者由于特殊原因难以办理的,可以报请上一级部门指定管辖。

第十一条 跨行政区域的案件,相关执法部门应当相互配合。相关行政区域执法部门共同的上一级部门应当做好协调工作。

第二节 回避

第十二条 执法人员有下列情形之一的,应当自行申请回避,当事人及其代理人有权用口头或者书面方式申请其回避:

(一)是本案当事人或者当事人、代理人近亲属的;

(二)本人或者其近亲属与本案有利害关系的;

(三)与本案当事人或者代理人有其他利害关系,可能影响案件公正处理的。

第十三条 申请回避,应当说明理由。执法部门应当对回避申请及时作出决定并通知申请人。

执法人员的回避,由其所属的执法部门负责人决定。

第十四条 执法部门作出回避决定前,执法人员不得停止对案件的调查;作出回避决定后,应当回避的执法人员不得再参与该案件的调查、决定、实施等工作。

第十五条 检测、检验及技术鉴定人员、翻译人员需要回避的,适用本节规定。

检测、检验及技术鉴定人员、翻译人员的回避,由指派或者聘请上述人员的执法部门负责人决定。

第十六条 被决定回避的执法人员、鉴定人员和翻译人员,在回避决定作出前进行的与执法有关的活动是否有效,由作出回避决定的执法部门根据其活动是否对执法公正性造成影响的实际情况决定。

第三节 期间与送达

第十七条 期间以时、日、月、年计算,期间开始当日或者当时不计算在内。期间届满的最后一日为节假日的,以节假日后的第一日为期间届满的日期。

第十八条 执法部门应当按照下列规定送达执法文书:

(一)直接送交受送达人,由受送达人记明收到日期,签名或者盖章,受送达人的签收日期为送达日期。受送达人是公民的,本人不在交其同住的成年家属签收;受送达人是法人或者其他组织的,应当由法人的法定代表人、该组织的主要负责人或者办公室、收发室、值班室等负责收件的人签收或者盖章;当事人指定代收人的,交代收人签收。受送达人的同住成年家属,法人或者其他组织的负责收件的人或者代收人在《送达回证》上签收的日期为送达日期;

(二)受送达人或者他的同住成年家属拒绝接收的,可以邀请受送达人住所地的居民委员会、村民委员会的工作人员或者受送达人所在单位的工作人员作见证人,说明情况,在《送达回证》上记明拒收事由和日期,由执法人员、见证人签名或者盖章,将执法文书留在受送达人的住所;也可以把执法文书留在受送达人的住所,并采取拍照、录像等方式记录送达过程,即视为送达;

(三)经受送达人同意,可以采用传真、电子邮件、移动通信等能够确认其即时收悉的特定系统作为送达媒介电子送达执法文书。受送达人同意采用电子方式送达的,应当在送达地址确认书中予以确认。采取电子送达方式送达的,以执法部门对应系统显示发送成功的日期为送达日期,但受送达人证明到达其确认的特定系统的日期与执法部门对应系统显示发送成功的日期不一致的,以受送达人证明到达其特定系统的日期为准;

(四)直接送达有困难的,可以邮寄送达或者委托其他执法部门代为送达。委托送达的,受委托的执法部门按照直接送达或者留置送达方式送达执法文书,并及时将《送达回证》交回委托的执法部门。邮寄送达的,以回执上注明的收件日期为送达日期。执法文书在期满前交邮的,不算过期;

(五)受送达人下落不明或者用上述方式无法送达的,采取公告方式送达,说明公告送达的原因,并在案卷中记明原因和经过。公告送达可以在执法部门的公告栏和受送达人住所地张贴公告,也可以在报纸、信息网络等媒体上刊登公告,发出公告日期以最后张贴或者刊登的日期为准,经过六十日,即视为送达。在受送达人住所地张贴公告的,应当采取拍照、录像等方式记录张贴过程。

第三章 行政检查

第十九条 执法部门在路面、水面、生产经营等场所实施现场检查,对行政相对人实施书面调查,通过技术系统、设备实施电子监控,应当符合法定职权,依照法律、法规、规章规定实施。

第二十条 执法部门应当建立随机抽取被检查对象、随机选派检查人员的抽查机制，健全随机抽查对象和执法检查人员名录库，合理确定抽查比例和抽查频次。随机抽查情况及查处结果除涉及国家秘密、商业秘密、个人隐私的，应当及时向社会公布。

海事执法部门根据履行国际公约要求的有关规定开展行政检查的，从其规定。

第二十一条 执法部门应当按照有关装备标准配备交通工具、通讯工具、交通管理器材、个人防护装备、办公设备等装备，加大科技装备的资金投入。

第二十二条 实施行政检查时，执法人员应当依据相关规定着制式服装，根据需要穿着多功能反光腰带、反光背心、救生衣，携带执法记录仪、对讲机、摄像机、照相机，配备发光指挥棒、反光锥筒、停车示意牌、警戒带等执法装备。

第二十三条 实施行政检查，执法人员不得少于两人，应当出示交通运输行政执法证件，表明执法身份，并说明检查事由。

第二十四条 实施行政检查，不得超越检查范围和权限，不得检查与执法活动无关的物品，避免对被检查的场所、设施和物品造成损坏。

第二十五条 实施路（水）面巡查时，应当保持执法车（船）清洁完好、标志清晰醒目、车（船）技术状况良好，遵守相关法律法规，安全驾驶。

第二十六条 实施路面巡查，应当遵守下列规定：

（一）根据道路条件和交通状况，选择不妨碍通行的地点进行，在来车方向设置分流或者避让标志，避免引发交通堵塞；

（二）依照有关规定，在距离检查现场安全距离范围摆放发光或者反光的示警灯、减速提示标牌、反光锥筒等警示标志；

（三）驾驶执法车辆巡查时，发现涉嫌违法车辆，待其行驶至视线良好、路面开阔地段时，发出停车检查信号，实施检查；

（四）对拒绝接受检查、恶意闯关冲卡逃逸、暴力抗法的涉嫌违法车辆，及时固定、保存、记录现场证据或线索，或者记下车号依法交由相关部门予以处理。

第二十七条 实施水面巡航，应当遵守下列规定：

（一）一般在船舶停泊或者作业期间实施行政检查；

（二）除在航船舶涉嫌有明显违法行为且如果不对其立即制止可能造成严重后果的情况外，不得随意截停在航船舶登临检查；

（三）不得危及船舶、人员和货物的安全，避免对环境造成污染。除法律法规规定情形外，不得操纵或者调试船上仪器设备。

第二十八条 检查生产经营场所，应当遵守下列规定：

（一）有被检查人或者见证人在场；

（二）对涉及被检查人的商业秘密、个人隐私，应当为其保密；

（三）不得影响被检查人的正常生

产经营活动；

（四）遵守被检查人有关安全生产的制度规定。

第二十九条　实施行政检查，应当制作检查记录，如实记录检查情况。对于行政检查过程中涉及到的证据材料，应当依法及时采集和保存。

第四章　调查取证

第一节　一般规定

第三十条　执法部门办理执法案件的证据包括：

（一）书证；

（二）物证；

（三）视听资料；

（四）电子数据；

（五）证人证言；

（六）当事人的陈述；

（七）鉴定意见；

（八）勘验笔录、现场笔录。

第三十一条　证据应当具有合法性、真实性、关联性。

第三十二条　证据必须查证属实，方可作为认定案件事实的根据。

第二节　证据收集

第三十三条　执法人员应当合法、及时、客观、全面地收集证据材料，依法履行保密义务，不得收集与案件无关的材料，不得将证据用于法定职责以外的其他用途。

第三十四条　执法部门可以通过下列方式收集证据：

（一）询问当事人、利害关系人、其他有关单位或者个人，听取当事人或者有关人员的陈述、申辩；

（二）向有关单位和个人调取证据；

（三）通过技术系统、设备收集、固定证据；

（四）委托有资质的机构对与违法行为有关的问题进行鉴定；

（五）对案件相关的现场或者涉及的物品进行勘验、检查；

（六）依法收集证据的其他方式。

第三十五条　收集、调取书证应当遵守下列规定：

（一）收集书证原件。收集原件确有困难的，可以收集与原件核对无误的复制件、影印件或者节录本；

（二）收集书证复制件、影印件或者节录本的，标明"经核对与原件一致"，注明出具日期、证据来源，并由被调查对象或者证据提供人签名或者盖章；

（三）收集图纸、专业技术资料等书证的，应当附说明材料，明确证明对象；

（四）收集评估报告的，应当附有评估机构和评估人员的有效证件或者资质证明的复印件；

（五）取得书证原件的节录本的，应当保持文件内容的完整性，注明出处和节录地点、日期，并有节录人的签名；

（六）公安、税务、市场监督管理等有关部门出具的证明材料作为证据的，证明材料上应当加盖出具部门的印章并注明日期；

（七）被调查对象或者证据提供者拒绝在证据复制件、各式笔录及其他需要其确认的证据材料上签名或者盖章的，可以邀请有关基层组织、被调查对象所在单位、公证机构、法律服务机构或者公安机关代表到场见证，说明情况，在相关证据材料上记明拒绝确认事由和日期，由执法人员、见证人签名或者盖章。

第三十六条 收集、调取物证应当遵守下列规定：

（一）收集原物。收集原物确有困难的，可以收集与原物核对无误的复制件或者证明该物证的照片、录像等其他证据；

（二）原物为数量较多的种类物的，收集其中的一部分，也可以采用拍照、取样、摘要汇编等方式收集。拍照取证的，应当对物证的现场方位、全貌以及重点部位特征等进行拍照或者录像；抽样取证的，应当通知当事人到场，当事人拒不到场或者暂时难以确定当事人的，可以由在场的无利害关系人见证；

（三）收集物证，应当载明获取该物证的时间、原物存放地点、发现地点、发现过程以及该物证的主要特征，并对现场尽可能以照片、视频等方式予以同步记录；

（四）物证不能入卷的，应当采取妥善保管措施，并拍摄该物证的照片或者录像存入案卷。

第三十七条 收集视听资料应当遵守下列规定：

（一）收集有关资料的原始载体，并由证据提供人在原始载体或者说明文件上签名或者盖章确认；

（二）收集原始载体确有困难的，可以收集复制件。收集复制件的，应当由证据提供人出具由其签名或者盖章的说明文件，注明复制件与原始载体内容一致；

（三）原件、复制件均应当注明制作方法、制作时间、制作地点、制作人和证明对象等；

（四）复制视听资料的形式包括采用存储磁盘、存储光盘进行复制保存、对屏幕显示内容进行打印固定、对所载内容进行书面摘录与描述等。条件允许时，应当优先以书面形式对视听资料内容进行固定，由证据提供人注明"经核对与原件一致"，并签名或者盖章确认；

（五）视听资料的存储介质无法入卷的，可以转录入存储光盘存入案卷，并标明光盘序号、证据原始制作方法、制作时间、制作地点、制作人，及转录的制作人、制作时间、制作地点等。证据存储介质需要退还证据提供人的，应当要求证据提供人对转录的复制件进行确认。

第三十八条 收集电子数据应当遵守下列规定：

（一）收集电子数据的原始存储介质。收集电子数据原始存储介质确有困难的，可以收集电子数据复制件，但应当附有不能或者难以提取原始存储介质的原因、复制过程以及原始存储介质存放地点或者电子数据网络地址的说明，并由复制件制作人和原始存储介质持有人签名或者盖章，或者以公证等其他有效形式证明电子数据与原始存储介质的一致性和完整性；

（二）收集电子数据应当记载取证的参与人员、技术方法、步骤和过程，记录收集对象的事项名称、内容、规格、类别以及时间、地点等，或者将收集电子数据的过程拍照或者录像；

（三）收集的电子数据应当使用光盘或者其他数字存储介质备份；

（四）收集通过技术手段恢复或者破解的与案件有关的光盘或者其他数字存储介质、电子设备中被删除、隐藏或者加密的电子数据，应当附有恢复或者破解对象、过程、方法和结果的专业说明；

（五）依照法律、行政法规规定利用电子技术监控设备收集、固定违法事实的，应当经过法制和技术审核，确保电子技术监控设备符合标准、设置合理、标志明显，设置地点应当向社会公布。电子技术监控设备记录违法事实应当真实、清晰、完整、准确。执法部门应当审核记录内容是否符合要求；未经审核或者经审核不符合要求的，不得作为行政处罚的证据。执法部门应当及时告知当事人违法事实，并采取信息化手段或者其他措施，为当事人查询、陈述和申辩提供便利。不得限制或者变相限制当事人享有的陈述权、申辩权。

第三十九条　收集当事人陈述、证人证言应当遵守下列规定：

（一）询问当事人、证人，制作《询问笔录》或者由当事人、证人自行书写材料证明案件事实；

（二）询问应当个别进行，询问时可以全程录音、录像，并保持录音、录像资料的完整性；

（三）《询问笔录》应当客观、如实地记录询问过程和询问内容，对询问人提出的问题被询问人不回答或者拒绝回答的，应当注明；

（四）《询问笔录》应当交被询问人核对，对阅读有困难的，应当向其宣读。记录有误或者遗漏的，应当允许被询问人更正或者补充，并要求其在修改处签名或者盖章；

（五）被询问人确认执法人员制作的笔录无误的，应当在《询问笔录》上逐页签名或者盖章。被询问人确认自行书写的笔录无误的，应当在结尾处签名或者盖章。拒绝签名或者盖章的，执法人员应当在《询问笔录》中注明。

第四十条　对与案件事实有关的物品或者场所实施勘验的，应当遵守下列规定：

（一）制作《勘验笔录》；

（二）实施勘验，应当有当事人或者第三人在场。如当事人不在场且没有第三人的，执法人员应当在《勘验笔录》中注明；

（三）勘验应当限于与案件事实相关的物品和场所；

（四）根据实际情况进行音像记录。

第四十一条　执法人员抽样取证时，应当制作《抽样取证凭证》，对样品加贴封条，开具物品清单，由执法人员和当事人在封条和相关记录上签名或者盖章。

法律、法规、规章或者国家有关规定对抽样机构或者方式有规定的，执法部门应当委托相关机构或者按规定方式抽取样品。

第四十二条　为查明案情，需要对案件中专门事项进行鉴定的，执法部门应当委托具有法定鉴定资格的鉴定机构进行鉴定。没有法定鉴定机构的，可以委托其他具备鉴定条件的机构进行鉴定。

第三节 证据先行登记保存

第四十三条 在证据可能灭失或者以后难以取得的情况下，经执法部门负责人批准，可以对与涉嫌违法行为有关的证据采取先行登记保存措施。

第四十四条 先行登记保存有关证据，应当当场清点，制作《证据登记保存清单》，由当事人和执法人员签名或者盖章，当场交当事人一份。

先行登记保存期间，当事人或者有关人员不得销毁或者转移证据。

第四十五条 对先行登记保存的证据，执法部门应当于先行登记保存之日起七日内采取以下措施：

（一）及时采取记录、复制、拍照、录像等证据保全措施，不再需要采取登记保存措施的，及时解除登记保存措施，并作出《解除证据登记保存决定书》；

（二）需要鉴定的，及时送交有关部门鉴定；

（三）违法事实成立，应当依法予以没收的，作出行政处罚决定，没收违法物品；

执法部门逾期未作出处理决定的，先行登记保存措施自动解除。

第四节 证据审查与认定

第四十六条 执法部门应当对收集到的证据逐一审查，进行全面、客观和公正地分析判断，审查证据的合法性、真实性、关联性，判断证据有无证明力以及证明力的大小。

第四十七条 审查证据的合法性，应当审查下列事项：

（一）调查取证的执法人员是否具有相应的执法资格；

（二）证据的取得方式是否符合法律、法规和规章的规定；

（三）证据是否符合法定形式；

（四）是否有影响证据效力的其他违法情形。

第四十八条 审查证据的真实性，应当审查下列事项：

（一）证据形成的原因；

（二）发现证据时的客观环境；

（三）证据是否为原件、原物，复制件、复制品与原件、原物是否相符；

（四）提供证据的人或者证人与当事人是否具有利害关系；

（五）影响证据真实性的其他因素。

单个证据的部分内容不真实的，不真实部分不得采信。

第四十九条 审查证据的关联性，应当审查下列事项：

（一）证据的证明对象是否与案件事实有内在联系，以及关联程度；

（二）证据证明的事实对案件主要情节和案件性质的影响程度；

（三）证据之间是否互相印证，形成证据链。

第五十条 当事人对违法事实无异议，视听资料、电子数据足以认定案件事实的，视听资料、电子数据可以替代询问笔录、现场笔录，必要时，对视听资料、电子数据的关键内容和相应时间段等作文字说明。

第五十一条 下列证据材料不能作为定

案依据：

（一）以非法手段取得的证据；

（二）被进行技术处理而无法辨明真伪的证据材料；

（三）不能正确表达意志的证人提供的证言；

（四）不具备合法性和真实性的其他证据材料。

第五章 行政强制措施

第五十二条 为制止违法行为、防止证据损毁、避免危害发生、控制危险扩大等情形，执法部门履行行政执法职能，可以依照法律、法规的规定，实施行政强制措施。

违法行为情节显著轻微或者没有明显社会危害的，可以不采取行政强制措施。

第五十三条 行政强制措施由执法部门在法定职权范围内实施。行政强制措施权不得委托。

第五十四条 执法部门实施行政强制措施应当遵守下列规定：

（一）实施前向执法部门负责人报告并经批准；

（二）由不少于两名执法人员实施，并出示行政执法证件；

（三）通知当事人到场；

（四）当场告知当事人采取行政强制措施的理由、依据以及当事人依法享有的权利、救济途径；

（五）听取当事人的陈述和申辩；

（六）制作《现场笔录》，由当事人和执法人员签名或者盖章，当事人拒绝的，在笔录中予以注明；当事人不到场的，邀请见证人到场，由见证人和执法人员在现场笔录上签名或者盖章；

（七）制作并当场交付《行政强制措施决定书》；

（八）法律、法规规定的其他程序。

对查封、扣押的现场执法活动和执法办案场所，应当进行全程音像记录。

第五十五条 发生紧急情况，需要当时实施行政强制措施的，执法人员应当在二十四小时内向执法部门负责人报告，补办批准手续。执法部门负责人认为不应当采取行政强制措施的，应当立即解除。

第五十六条 实施查封、扣押的期限不得超过三十日；情况复杂需延长查封、扣押期限的，应当经执法部门负责人批准，可以延长，但是延长期限不得超过三十日。法律、行政法规另有规定的除外。

需要延长查封、扣押期限的，执法人员应当制作《延长行政强制措施期限通知书》，将延长查封、扣押的决定及时书面通知当事人，并说明理由。

对物品需要进行检测、检验或者技术鉴定的，应当明确检测、检验或者技术鉴定的期间，并书面告知当事人。查封、扣押的期间不包括检测、检验或者技术鉴定的期间。检测、检验或者技术鉴定的费用由执法部门承担。

第五十七条 执法部门采取查封、扣押措施后，应当及时查清事实，在本规定第五十六条规定的期限内作出处理决定。对违法事实清楚，依法应当没收的非法财物予以没收；法律、行政法规规定应当销毁的，依法销毁；应当解除查封、扣押的，作出解除的决定。

第五十八条 对查封、扣押的财物,执法部门应当妥善保管,不得使用或者损毁;造成损失的,应当承担赔偿责任。

第五十九条 有下列情形之一的,应当及时作出解除查封、扣押决定,制作《解除行政强制措施决定书》,并及时送达当事人,退还扣押财物:

（一）当事人没有违法行为;

（二）查封、扣押的场所、设施、财物与违法行为无关;

（三）对违法行为已经作出处理决定,不再需要查封、扣押;

（四）查封、扣押期限已经届满;

（五）其他不再需要采取查封、扣押措施的情形。

第六章 行政处罚

第一节 简易程序

第六十条 违法事实确凿并有法定依据,对公民处二百元以下、对法人或者其他组织处三千元以下罚款或者警告的行政处罚的,可以适用简易程序,当场作出行政处罚决定。法律另有规定的,从其规定。

第六十一条 执法人员适用简易程序当场作出行政处罚的,应当按照下列步骤实施:

（一）向当事人出示交通运输行政执法证件并查明对方身份;

（二）调查并收集必要的证据;

（三）口头告知当事人违法事实、处罚理由和依据;

（四）口头告知当事人享有的权利与义务;

（五）听取当事人的陈述和申辩并进行复核;当事人提出的事实、理由或者证据成立的,应当采纳;

（六）填写预定格式、编有号码的《当场行政处罚决定书》并当场交付当事人,《当场行政处罚决定书》应当载明当事人的违法行为,行政处罚的种类和依据、罚款数额、时间、地点,申请行政复议、提起行政诉讼的途径和期限以及执法部门名称,并由执法人员签名或者盖章;

（七）当事人在《当场行政处罚决定书》上签名或盖章,当事人拒绝签收的,应当在行政处罚决定书上注明;

（八）作出当场处罚决定之日起五日内,将《当场行政处罚决定书》副本提交所属执法部门备案。

第二节 普通程序

第六十二条 除依法可以当场作出的行政处罚外,执法部门实施行政检查或者通过举报、其他机关移送、上级机关交办等途径,发现公民、法人或者其他组织有依法应当给予行政处罚的交通运输违法行为的,应当及时决定是否立案。

第六十三条 立案应当填写《立案登记表》,同时附上与案件相关的材料,由执法部门负责人批准。

第六十四条 执法部门应当按照本规定第四章的规定全面、客观、公正地调查,收集相关证据。

第六十五条 委托其他单位协助调查、取证的,应当制作并出具协助调查函。

第六十六条 执法部门作出行政处罚决定的,应当责令当事人改正或者限期改正违法行为;构成违法行为、但依法不予行政处罚的,执法部门应当制作

《责令改正违法行为通知书》，责令当事人改正或者限期改正违法行为。

第六十七条　执法人员在初步调查结束后，认为案件事实清楚，主要证据齐全的，应当制作案件调查报告，提出处理意见，报办案机构审核。

第六十八条　案件调查报告经办案机构负责人审查后，执法人员应当将案件调查报告、案卷报执法部门负责人审查批准。

第六十九条　执法部门负责人批准案件调查报告后，拟对当事人予以行政处罚的，执法人员应当制作《违法行为通知书》，告知当事人拟作出行政处罚的事实、理由、依据、处罚内容，并告知当事人依法享有陈述权、申辩权或者要求举行听证的权利。

第七十条　当事人要求陈述、申辩的，应当如实记录当事人的陈述、申辩意见。符合听证条件，当事人要求组织听证的，应当按照本章第三节的规定组织听证。

执法部门应当充分听取当事人的意见，对当事人提出的事实、理由、证据认真进行复核；当事人提出的事实、理由或者证据成立的，应当予以采纳。不得因当事人陈述、申辩而加重处罚。

第七十一条　有下列情形之一，在执法部门负责人作出行政处罚的决定之前，应当由从事行政处罚决定法制审核的人员进行法制审核：

（一）涉及重大公共利益的；

（二）直接关系当事人或者第三人重大权益，经过听证程序的；

（三）案件情况疑难复杂、涉及多个法律关系的；

（四）法律、法规规定应当进行法制审核的其他情形。

初次从事行政处罚决定法制审核的人员，应当通过国家统一法律职业资格考试取得法律职业资格。

第七十二条　从事行政处罚决定法制审核的人员主要从下列方面进行合法性审核，并提出书面审核意见：

（一）行政执法主体是否合法，行政执法人员是否具备执法资格；

（二）行政执法程序是否合法；

（三）案件事实是否清楚，证据是否合法充分；

（四）适用法律、法规、规章是否准确，裁量基准运用是否适当；

（五）执法是否超越执法部门的法定权限；

（六）行政执法文书是否完备、规范；

（七）违法行为是否涉嫌犯罪、需要移送司法机关。

第七十三条　执法部门负责人经审查，根据不同情况分别作出如下决定：

（一）确有应受行政处罚的违法行为的，根据情节轻重及具体情况，作出行政处罚决定；

（二）违法行为轻微，依法可以不予行政处罚的，不予行政处罚；

（三）违法事实不能成立的，不予行政处罚；

（四）违法行为涉嫌犯罪的，移送司法机关。

第七十四条　有下列情形之一的，依法不予行政处罚：

（一）违法行为轻微并及时改正，没有造成危害后果的，不予行政处罚；

（二）除法律、行政法规另有规定的情形外，当事人有证据足以证明没有主观过错的，不予行政处罚。

（三）精神病人、智力残疾人在不能辨认或者不能控制自己行为时有违法行为的，不予行政处罚，但应当责令其监护人严加看管和治疗；

（四）不满十四周岁的未成年人有违法行为的，不予行政处罚，但应责令监护人加以管教；

（五）其他依法不予行政处罚的情形。

初次违法且危害后果轻微并及时改正的，可以不予行政处罚。

违法行为在二年内未被处罚的，不再给予行政处罚；涉及公民生命健康安全、金融安全且有危害后果的，上述期限延长至五年。法律另有规定的除外。

对当事人的违法行为依法不予行政处罚的，执法部门应当对当事人进行教育。

第七十五条 作出行政处罚决定应当适用违法行为发生时的法律、法规、规章的规定。但是，作出行政处罚决定时，法律、法规、规章已被修改或者废止，且新的规定处罚较轻或者不认为是违法的，适用新的规定。

第七十六条 行政处罚案件有下列情形之一的，应当提交执法部门重大案件集体讨论会议决定：

（一）拟作出降低资质等级、吊销许可证件、责令停产停业、责令关闭、限制从业、较大数额罚款、没收较大数额违法所得、没收较大价值非法财物的；

（二）认定事实和证据争议较大的，适用的法律、法规和规章有较大异议的，违法行为较恶劣或者危害较大的，或者复杂、疑难案件的执法管辖区域不明确或有争议的；

（三）对情节复杂或者重大违法行为给予较重的行政处罚的其他情形。

第七十七条 执法部门作出行政处罚决定，应当制作《行政处罚决定书》。行政处罚决定书的内容包括：

（一）当事人的姓名或者名称、地址等基本情况；

（二）违反法律、法规或者规章的事实和证据；

（三）行政处罚的种类和依据；

（四）行政处罚的履行方式和期限；

（五）不服行政处罚决定，申请行政复议或者提起行政诉讼的途径和期限；

（六）作出行政处罚决定的执法部门名称和作出决定的日期。

行政处罚决定书应当盖有作出行政处罚决定的执法部门的印章。

第七十八条 执法部门应当自行政处罚案件立案之日起九十日内作出行政处罚决定。案情复杂、期限届满不能终结的案件，可以经执法部门负责人批准延长三十日。

第七十九条 执法部门应当依法公开行政处罚决定信息，但法律、行政法规另有规定的除外。

公开的行政处罚决定被依法变更、撤销、确认违法或者确认无效的，执法部门应当在三日内撤回行政处罚决定信息并公开说明理由。

第三节 听证程序

第八十条 执法部门在作出下列行政处罚决定前,应当在送达《违法行为通知书》时告知当事人有要求举行听证的权利:

(一)责令停产停业、责令关闭、限制从业;

(二)降低资质等级、吊销许可证件;

(三)较大数额罚款;

(四)没收较大数额违法所得、没收较大价值非法财物;

(五)其他较重的行政处罚;

(六)法律、法规、规章规定的其他情形。

前款第(三)、(四)项规定的较大数额,地方执法部门按照省级人大常委会或者人民政府规定或者其授权部门规定的标准执行。海事执法部门按照对自然人处1万元以上、对法人或者其他组织10万元以上的标准执行。

第八十一条 执法部门不得因当事人要求听证而加重处罚。

第八十二条 当事人要求听证的,应当自收到《违法行为通知书》之日起五日内以书面或者口头形式提出。当事人以口头形式提出的,执法部门应当将情况记入笔录,并由当事人在笔录上签名或者盖章。

第八十三条 执法部门应当在举行听证的七日前向当事人及有关人员送达《听证通知书》,将听证的时间、地点通知当事人和其他听证参加人。

第八十四条 听证设听证主持人一名,负责组织听证;记录员一名,具体承担听证准备和制作听证笔录工作。

听证主持人由执法部门负责人指定;记录员由听证主持人指定。

本案调查人员不得担任听证主持人或者记录员。

第八十五条 听证主持人在听证活动中履行下列职责:

(一)决定举行听证的时间、地点;

(二)决定听证是否公开举行;

(三)要求听证参加人到场参加听证、提供或者补充证据;

(四)就案件的事实、理由、证据、程序、处罚依据和行政处罚建议等相关内容组织质证和辩论;

(五)决定听证的延期、中止或者终止,宣布结束听证;

(六)维持听证秩序。对违反听证会场纪律的,应当警告制止;对不听制止,干扰听证正常进行的旁听人员,责令其退场;

(七)其他有关职责。

第八十六条 听证参加人包括:

(一)当事人及其代理人;

(二)本案执法人员;

(三)证人、检测、检验及技术鉴定人;

(四)翻译人员;

(五)其他有关人员。

第八十七条 要求举行听证的公民、法人或者其他组织是听证当事人。当事人在听证活动中享有下列权利:

(一)申请回避;

(二)参加听证,或者委托一至二人代理参加听证;

(三)进行陈述、申辩和质证;

(四)核对、补正听证笔录;

(五)依法享有的其他权利。

第八十八条 与听证案件处理结果有利害关系的其他公民、法人或者其他组织,作为第三人申请参加听证的,应当允许。为查明案情,必要时,听证主持人也可以通知其参加听证。

第八十九条 委托他人代为参加听证的,应当向执法部门提交由委托人签名或者盖章的授权委托书以及委托代理人的身份证明文件。

授权委托书应当载明委托事项及权限。委托代理人代为放弃行使陈述权、申辩权和质证权的,必须有委托人的明确授权。

第九十条 听证主持人有权决定与听证案件有关的证人、检测、检验及技术鉴定人等听证参加人到场参加听证。

第九十一条 听证应当公开举行,涉及国家秘密、商业秘密或者个人隐私依法予以保密的除外。

公开举行听证的,应当公告当事人姓名或者名称、案由以及举行听证的时间、地点等。

第九十二条 听证按下列程序进行:

(一)宣布案由和听证纪律;

(二)核对当事人或其代理人、执法人员、证人及其他有关人员是否到场,并核实听证参加人的身份;

(三)宣布听证员、记录员和翻译人员名单,告知当事人有申请主持人回避、申辩和质证的权利;对不公开听证的,宣布不公开听证的理由;

(四)宣布听证开始;

(五)执法人员陈述当事人违法的事实、证据,拟作出行政处罚的建议和法律依据;执法人员提出证据时,应当向听证会出示。证人证言、检测、检验及技术鉴定意见和其他作为证据的文书,应当当场宣读;

(六)当事人或其代理人对案件的事实、证据、适用法律、行政处罚意见等进行陈述、申辩和质证,并可以提供新的证据;第三人可以陈述事实,提供证据;

(七)听证主持人可以就案件的有关问题向当事人或其代理人、执法人员、证人询问;

(八)经听证主持人允许,当事人、执法人员就案件的有关问题可以向到场的证人发问。当事人有权申请通知新的证人到会作证,调取新的证据。当事人提出申请的,听证主持人应当当场作出是否同意的决定;申请重新检测、检验及技术鉴定的,按照有关规定办理;

(九)当事人、第三人和执法人员可以围绕案件所涉及的事实、证据、程序、适用法律、处罚种类和幅度等问题进行辩论;

(十)辩论结束后,听证主持人应当听取当事人或其代理人、第三人和执法人员的最后陈述意见;

(十一)中止听证的,听证主持人应当宣布再次听证的有关事宜;

(十二)听证主持人宣布听证结束,听证笔录交当事人或其代理人核对。当事人或其代理人认为听证笔录有错误的,有权要求补充或改正。当事人或其代理人核对无误后签名或者盖章;当事人或其代理人拒绝的,在听证笔录上写明情况。

第九十三条 有下列情形之一的,听证主持人可以决定延期举行听证:

（一）当事人因不可抗拒的事由无法到场的；

（二）当事人临时申请回避的；

（三）其他应当延期的情形。

延期听证，应当在听证笔录中写明情况，由听证主持人签名。

第九十四条 听证过程中，有下列情形之一的，应当中止听证：

（一）需要通知新的证人到会、调取新的证据或者证据需要重新检测、检验及技术鉴定的；

（二）当事人提出新的事实、理由和证据，需要由本案调查人员调查核实的；

（三）当事人死亡或者终止，尚未确定权利、义务承受人的；

（四）当事人因不可抗拒的事由，不能继续参加听证的；

（五）因回避致使听证不能继续进行的；

（六）其他应当中止听证的情形。

中止听证，应当在听证笔录中写明情况，由听证主持人签名。

第九十五条 延期、中止听证的情形消失后，听证主持人应当及时恢复听证，并将听证的时间、地点通知听证参加人。

第九十六条 听证过程中，有下列情形之一的，应当终止听证：

（一）当事人撤回听证申请的；

（二）当事人或其代理人无正当理由不参加听证或者未经听证主持人允许，中途退出听证的；

（三）当事人死亡或者终止，没有权利、义务承受人的；

（四）听证过程中，当事人或其代理人扰乱听证秩序，不听劝阻，致使听证无法正常进行的；

（五）其他应当终止听证的情形。

听证终止，应当在听证笔录中写明情况，由听证主持人签名。

第九十七条 记录员应当将举行听证的全部活动记入《听证笔录》，经听证参加人审核无误或者补正后，由听证参加人当场签名或者盖章。当事人或其代理人、证人拒绝签名或盖章的，由听证主持人在《听证笔录》中注明情况。

《听证笔录》经听证主持人审阅后，由听证主持人和记录员签名。

第九十八条 听证结束后，执法部门应当根据听证笔录，依照本规定第七十三条的规定，作出决定。

第七章 执　　行

第一节 罚款的执行

第九十九条 执法部门对当事人作出罚款处罚的，当事人应当自收到处罚决定书之日起十五日内，到指定的银行缴纳罚款；具备条件的，也可以通过电子支付系统缴纳罚款。具有下列情形之一的，执法人员可以当场收缴罚款：

（一）依法当场作出行政处罚决定，处一百元以下的罚款或者不当场收缴事后难以执行的；

（二）在边远、水上、交通不便地区，当事人到指定的银行或者通过电子支付系统缴纳罚款确有困难，经当事人提出的。

当场收缴罚款的，应当向当事人出具国务院财政部门或者省、自治区、直辖市人民政府财政部门统一制发的专用票据。

第一百条 执法人员当场收缴的罚款,应当自收缴罚款之日起二日内,交至其所属执法部门。在水上当场收缴的罚款,应当自抵岸之日起二日内交至其所属执法部门。执法部门应当在二日内将罚款缴付指定的银行。

第一百零一条 当事人确有经济困难,经当事人申请和作出处罚决定的执法部门批准,可以暂缓或者分期缴纳罚款。执法人员应当制作并向当事人送达《分期(延期)缴纳罚款通知书》。

第一百零二条 罚款必须全部上缴国库,不得以任何形式截留、私分或者变相私分。

第一百零三条 当事人未在规定期限内缴纳罚款的,作出行政处罚决定的执法部门可以依法加处罚款。加处罚款的标准应当告知当事人。

加处罚款的数额不得超出原罚款的数额。

第一百零四条 执法部门实施加处罚款超过三十日,经催告当事人仍不履行的,作出行政处罚决定的执法部门应当依法向所在地有管辖权的人民法院申请强制执行。但是,当事人在法定期限内不申请行政复议或者提起行政诉讼,经催告仍不履行行政处罚决定、加处罚款决定的,在实施行政执法过程中已经采取扣押措施的执法部门,可以将扣押的财物依法拍卖抵缴罚款。

第一百零五条 依法拍卖财物,由执法部门委托拍卖机构依照《中华人民共和国拍卖法》的规定办理。

拍卖所得的款项应当上缴国库或者划入财政专户。任何单位或者个人不得以任何形式截留、私分或者变相私分。

第二节 行政强制执行

第一百零六条 执法部门依法作出行政决定后,当事人在执法部门决定的期限内不履行义务的,执法部门可以依法强制执行。

第一百零七条 法律规定具有行政强制执行权的执法部门依法作出强制执行决定前,应当制作《催告书》,事先以书面形式催告当事人履行义务。

第一百零八条 当事人收到催告书后有权进行陈述和申辩。执法部门应当充分听取并记录、复核。当事人提出的事实、理由或者证据成立的,执法部门应当采纳。

第一百零九条 经催告,当事人逾期仍不履行行政决定,且无正当理由的,执法部门可以依法作出强制执行决定,制作《行政强制执行决定书》,并送达当事人。

第一百一十条 有下列情形之一的,执法部门应当中止执行,制作《中止行政强制执行通知书》:

(一)当事人履行行政决定确有困难或者暂无履行能力的;

(二)第三人对执行标的主张权利,确有理由的;

(三)执行可能造成难以弥补的损失,且中止执行不损害公共利益的;

(四)执法部门认为需要中止执行的其他情形。

中止执行的情形消失后,执法部门应当恢复执行,制作《恢复行政强制执行通知书》。对没有明显社会危害,当事人确无能力履行,中止执行满三年未恢复执行的,执法部门不再执行。

第一百一十一条 有下列情形之一的,执法部门应当终结执行,制作《终结行政强制执行通知书》,并送达当事人：

（一）公民死亡,无遗产可供执行,又无义务承受人的；

（二）法人或者其他组织终止,无财产可供执行,又无义务承受人的；

（三）执行标的灭失的；

（四）据以执行的行政决定被撤销的；

（五）执法部门认为需要终结执行的其他情形。

第一百一十二条 在执行中或者执行完毕后,据以执行的行政决定被撤销、变更,或者执行错误的,应当恢复原状或者退还财物；不能恢复原状或者退还财物的,依法给予赔偿。

第一百一十三条 实施行政强制执行过程中,执法部门可以在不损害公共利益和他人合法权益的情况下,与当事人达成执行协议。执行协议可以约定分阶段履行；当事人采取补救措施的,可以减免加处的罚款或者滞纳金。

执行协议应当履行。当事人不履行执行协议的,执法部门应当恢复强制执行。

第一百一十四条 对违法的建筑物、构筑物、设施等需要强制拆除的,应当由执法部门发布《执行公告》,限期当事人自行拆除。当事人在法定期限内不申请行政复议或者提起行政诉讼,又不拆除的,执法部门可以依法强制拆除。

第一百一十五条 执法部门依法作出要求当事人履行排除妨碍、恢复原状等义务的行政决定,当事人逾期不履行,经催告仍不履行,其后果已经或者即将危害交通安全、造成环境污染或者破坏自然资源的,执法部门可以代履行,或者委托没有利害关系的第三人代履行。

第一百一十六条 代履行应当遵守下列规定：

（一）代履行前送达《代履行决定书》；

（二）代履行三日前催告当事人履行；当事人履行的,停止代履行；

（三）委托无利害关系的第三人代履行时,作出决定的执法部门应当派员到场监督；

（四）代履行完毕,执法部门到场监督的工作人员、代履行人、当事人或者见证人应当在执行文书上签名或者盖章。

代履行的费用按照成本合理确定,由当事人承担。但是,法律另有规定的除外。

第一百一十七条 需要立即清理道路、航道等的遗洒物、障碍物、污染物,当事人不能清除的,执法部门可以决定立即实施代履行；当事人不在场的,执法部门应当在事后立即通知当事人,并依法作出处理。

第三节 申请人民法院强制执行

第一百一十八条 当事人在法定期限内不申请行政复议或者提起行政诉讼,又不履行行政决定的,没有行政强制执行权的执法部门可以自期限届满之日起三个月内,依法向有管辖权的人民法院申请强制执行。

执法部门批准延期、分期缴纳罚款的,申请人民法院强制执行的期限,自暂缓或者分期缴纳罚款期限结束之日起计算。

强制执行的费用由被执行人承担。

第一百一十九条　申请人民法院强制执行前,执法部门应当制作《催告书》,催告当事人履行义务。催告书送达十日后当事人仍未履行义务的,执法部门可以向人民法院申请强制执行。

第一百二十条　执法部门向人民法院申请强制执行,应当提供下列材料:

(一)强制执行申请书;

(二)行政决定书及作出决定的事实、理由和依据;

(三)当事人的意见及执法部门催告情况;

(四)申请强制执行标的情况;

(五)法律、行政法规规定的其他材料。

强制执行申请书应当由作出处理决定的执法部门负责人签名,加盖执法部门印章,并注明日期。

第一百二十一条　执法部门对人民法院不予受理强制执行申请、不予强制执行的裁定有异议的,可以在十五日内向上一级人民法院申请复议。

第八章　案件终结

第一百二十二条　有下列情形之一的,执法人员应当制作《结案报告》,经执法部门负责人批准,予以结案:

(一)决定撤销立案的;

(二)作出不予行政处罚决定的;

(三)作出行政处罚等行政处理决定,且已执行完毕的;

(四)案件移送有管辖权的行政机关或者司法机关的;

(五)作出行政处理决定后,因执行标的灭失、被执行人死亡等客观原因导致无法执行或者无需执行的;

(六)其他应予结案的情形。

申请人民法院强制执行,人民法院受理的,按照结案处理。人民法院强制执行完毕后,执法部门应当及时将相关案卷材料归档。

第一百二十三条　经过调查,有下列情形之一的,经执法部门负责人批准,终止调查:

(一)没有违法事实的;

(二)违法行为已过追究时效的;

(三)其他需要终止调查的情形。

终止调查时,当事人的财物已被采取行政强制措施的,应当立即解除。

第九章　涉案财物的管理

第一百二十四条　对于依法查封、扣押、抽样取证的财物以及由执法部门负责保管的先行证据登记保存的财物,执法部门应当妥善保管,不得使用、挪用、调换或者损毁。造成损失的,应当承担赔偿责任。

涉案财物的保管费用由作出决定的执法部门承担。

第一百二十五条　执法部门可以建立专门的涉案财物保管场所、账户,并指定内设机构或专门人员负责对办案机构的涉案财物集中统一管理。

第一百二十六条　执法部门应当建立台账,对涉案财物逐一编号登记,载明案由、来源、保管状态、场所和去向。

第一百二十七条 执法人员应当在依法提取涉案财物后的二十四小时内将财物移交涉案财物管理人员,并办理移交手续。对查封、扣押、先行证据登记保存的涉案财物,应当在采取措施后的二十四小时内,将执法文书复印件及涉案财物的情况送交涉案财物管理人员予以登记。

在异地或者偏远、交通不便地区提取涉案财物的,执法人员应当在返回单位后的二十四小时内移交。

对情况紧急,需要在提取涉案财物后的二十四小时内进行鉴定的,经办案机构负责人批准,可以在完成鉴定后的二十四小时内移交。

第一百二十八条 容易腐烂变质及其他不易保管的物品,经执法部门负责人批准,在拍照或者录像后依法变卖或者拍卖,变卖或者拍卖的价款暂予保存,待结案后按有关规定处理。

易燃、易爆、毒害性、放射性等危险物品应当存放在符合危险物品存放条件的专门场所。

第一百二十九条 当事人下落不明或者无法确定涉案物品所有人的,执法部门按照本规定第十八条第五项规定的公告送达方式告知领取。公告期满仍无人领取的,经执法部门负责人批准,将涉案物品上缴国库或者依法拍卖后将所得款项上缴国库。

第十章 附 则

第一百三十条 本规定所称以上、以下、以内,包括本数或者本级。

第一百三十一条 执法部门应当使用交通运输部统一制定的执法文书式样。交通运输部没有制定式样,执法工作中需要的其他执法文书,或者对已有执法文书式样需要调整细化的,省级交通运输主管部门可以制定式样。

直属海事执法部门的执法文书式样,由交通运输部海事局统一制定。

第一百三十二条 本规定自2019年6月1日起施行。交通部于1996年9月25日发布的《交通行政处罚程序规定》(交通部令1996年第7号)和交通运输部于2008年12月30日发布的《关于印发交通行政执法风纪等5个规范的通知》(交体法发〔2008〕562号)中的《交通行政执法风纪》《交通行政执法用语规范》《交通行政执法检查行为规范》《交通行政处罚行为规范》《交通行政执法文书制作规范》同时废止。

附件:(略)

邮政行政执法监督办法

1. 2020年2月24日交通运输部令第5号公布
2. 根据2021年7月9日交通运输部令2021年第8号《关于修改〈邮政行政执法监督办法〉的决定》修正

第一条 为了加强邮政行政执法监督,纠正邮政行政执法中的违法、不当行为,保证涉及邮政的法律、法规及规章的正确实施,促进严格、规范、公正、文明执法,维护公民、法人和其他组织的合法权益,制定本办法。

第二条 邮政管理部门对本机关内设执

法机构和下级邮政管理部门的行政执法活动实施监督，适用本办法。

第三条　邮政行政执法监督应当坚持监督检查与指导改进相结合，遵循依法、客观、公正、公开和有错必纠的原则。

第四条　调查处理邮政行政执法中的违法、不当行为，应当做到事实清楚、证据确凿、程序合法、定性准确、处理恰当。

第五条　邮政管理部门法制工作机构负责邮政行政执法监督工作，承担下列职责：

（一）依法负责邮政行政执法人员的执法资格管理工作；

（二）拟订邮政行政执法监督工作制度；

（三）组织执法案卷评议，对行政执法开展监督调查；

（四）依法办理行政复议、行政应诉事项；

（五）法律、行政法规规定的其他职责。

第六条　邮政管理部门内设执法机构负责行政执法业务指导和督促工作，承担下列职责：

（一）指导和督促下级邮政管理部门依法实施行政执法行为；

（二）指导和督促下级邮政管理部门依法公开行政执法信息；

（三）指导下级邮政管理部门行政执法案卷、用语、装备、场所的规范化工作；

（四）法律、行政法规规定的其他职责。

第七条　邮政管理部门可以组织法律顾问、公职律师参与行政执法监督工作。

第八条　邮政行政执法监督主要包括下列内容：

（一）实施行政处罚、行政强制、行政许可等行政执法行为的合法性、合理性情况；

（二）行政执法信息的主动公开情况；

（三）行政执法场所规范化建设情况；

（四）行政执法案卷和文书制作情况；

（五）法律、行政法规规定的其他事项。

第九条　邮政行政执法人员从事行政执法工作，应当取得行政执法证件。

第十条　邮政管理部门可以依照《中华人民共和国行政处罚法》的规定，书面委托依法成立并符合法定条件的具有管理公共事务职能的组织实施行政处罚相关工作。受委托组织实施的行政行为，由委托机关负责监督，并对该行为的后果承担法律责任。

邮政管理部门可以依照《中华人民共和国行政许可法》的规定，委托下级邮政管理部门实施行政许可相关工作。受委托机关实施的行政行为，由委托机关负责监督，并对该行为的后果承担法律责任。

第十一条　邮政行政执法人员在进行监督检查、调查取证、采取强制措施、送达执法文书等行政执法活动时，应当主动出示行政执法证件，向当事人和相关人员表明身份。

第十二条　实施邮政行政执法，应当按照"谁执法谁公示"的原则，向社会公开下列信息，涉及国家秘密、商业秘密、个人隐私的除外：

（一）作出行政执法行为的法律、法规、规章等法定依据；

（二）本机关发布的涉及行政执法的行政规范性文件；

（三）本机关职能、机构设置、办公地址、办公时间、联系方式、负责人姓名；

（四）随机抽查事项清单；

（五）办理行政许可的条件、程序、时限；

（六）法律、法规、规章和国家有关规定要求主动公开的其他行政执法信息。

对前款规定的信息，邮政管理部门在主动公开后，应当根据法定依据以及机构职责变化等情况进行调整。

第十三条 邮政管理部门应当自作出行政执法决定之日起20个工作日内，向社会公布执法机关、执法对象、执法类别、执法结论等信息，接受社会监督，其中对行政许可、行政处罚的行政执法决定信息应当自作出行政执法决定之日起7个工作日内公开，但是法律、行政法规另有规定的除外。

第十四条 邮政管理部门实施行政处罚、行政强制、行政许可等行政执法行为，应当做到文字记录合法规范、客观全面、及时准确。

第十五条 除法律、法规或者国家规定禁止进行音像记录外，邮政管理部门对直接涉及重大财产权益的现场执法活动和执法办案场所以及对现场执法、调查取证、举行听证、留置送达和公告送达等容易引发争议的行政执法过程，应当使用照相、录音或者录像设备进行音像记录。

第十六条 邮政管理部门应当依法收集、整理行政处罚、行政强制、行政许可等行政执法行为的检查记录、证据材料、执法文书并立卷、归档，按照档案管理规定实行集中统一管理。

第十七条 邮政管理部门可以依法制定本机关行政处罚裁量基准，规范行使行政处罚裁量权。行政处罚裁量基准应当向社会公布。

邮政管理部门适用普通程序办理行政处罚案件的，应当自立案之日起90日内作出行政处罚决定；因案情复杂或者其他原因，不能在规定期限内作出行政处罚决定的，经邮政管理部门负责人批准，可以延长30日。案件办理过程中，中止、听证、公告、检测、检验、检疫、鉴定等时间不计入案件办理期限。

第十八条 邮政管理部门拟作出重大行政执法决定以及法律、法规规定情形的行政处罚决定的，应当在作出决定前进行法制审核。

邮政管理部门应当结合本机关行政执法行为的类别、执法层级、所属领域等因素，明确法制审核事项。

第十九条 进行法制审核的，由邮政管理部门内设执法机构向法制工作机构提供送审材料，对行政执法的事实、证据、法律适用、程序的合法性进行说明。

邮政管理部门内设执法机构应当对送审材料的真实性、准确性、完整性负责。

第二十条 邮政管理部门法制工作机构负责对送审材料涉及的下列事项进行

审核：

（一）行政执法人员是否具备执法资格；

（二）行政执法程序是否合法；

（三）案件事实是否清楚，证据是否合法充分；

（四）适用法律、法规、规章是否准确，裁量是否适当；

（五）执法是否符合本机关的法定权限；

（六）行政执法文书是否完备、规范；

（七）违法行为是否涉嫌犯罪、需要移送司法机关。

第二十一条 邮政管理部门法制工作机构对送审材料提出法制审核意见，由内设执法机构按程序一并提交本机关主要负责人批准。

第二十二条 邮政管理部门可以委托法律顾问对送审材料提出建议，供法制工作机构参考。

第二十三条 下级邮政管理部门应当向上一级邮政管理部门书面报告上一年度邮政行政执法总体情况，接受监督、指导。

行政执法年度报告，包括执法制度和执法队伍建设情况，行政许可、行政强制、行政处罚实施情况，以及执法中存在的问题和改进的措施等事项。

第二十四条 对下级邮政管理部门办理的有重大社会影响的行政执法事项，上级邮政管理部门可以要求其书面报告办理行政执法事项的工作信息，加强指导和督促。

第二十五条 上级邮政管理部门可以对下一级邮政管理部门进行执法案卷评议，由法制工作机构组织两名以上评议人员抽查已经结案的行政许可、行政处罚、行政强制等行政执法案卷。

第二十六条 对同级国家权力机关、人民政府或者上级邮政管理部门提出异议的行政执法案件，邮政管理部门应当组织对其内设执法机构的行政执法案卷实施专项执法案卷评议。

对公民、法人、其他组织提出投诉比较集中或者新闻媒体作出重点报道的行政执法案件，邮政管理部门可以参照前款规定实施专项执法案卷评议。

第二十七条 邮政管理部门制定执法案卷评议标准应当符合法律、行政法规、部门规章的规定。

第二十八条 邮政管理部门内设执法机构可以根据执法案卷评议标准组织对行政执法案件进行评析，对办理行政执法案件以及规范行政执法行为等提出改进措施。

第二十九条 邮政管理部门在实施执法案卷评议过程中发现下级邮政管理部门、本机关内设执法机构的行政执法行为涉嫌违法、不当且严重损害行政相对人合法权益的，应当自发现之日起7个工作日内立案调查。

上级邮政管理部门有权指令下级邮政管理部门实施立案调查或者指令其参与调查。

第三十条 指令下级邮政管理部门实施立案调查或者参与调查的，上级邮政管理部门应当制作《邮政行政执法监督调查通知书》。

受指令实施立案调查或者参与调查的下级邮政管理部门应当自收到

《邮政行政执法监督调查通知书》之日起7个工作日内立案调查或者参与调查。

第三十一条 邮政管理部门实施行政执法监督调查时,法制工作机构人员不得少于两人。

第三十二条 邮政管理部门实施行政执法监督调查,可以依法采取下列措施:

(一)询问邮政管理部门负责人、行政执法人员,询问行政相对人或者其他知情人,并制作笔录;

(二)查阅和复制行政执法案卷、账目、票据和凭证,暂扣、封存可以证明存在违法或者不当行政执法行为的文书等材料;

(三)以拍照、录音、录像、抽样等方式收集证据;

(四)召开座谈会、论证会,听取汇报;

(五)要求有关机关、机构、人员提交书面答复。

第三十三条 被监督调查机关、机构及其人员不得拒绝、阻碍行政执法监督调查。

第三十四条 行政执法监督调查事项涉及国家秘密、商业秘密、个人隐私的,邮政管理部门应当依法履行保密义务。

第三十五条 邮政管理部门应当自立案调查之日起60日内完成调查,并作出行政执法监督调查处理决定;情节复杂或者有其他特殊原因的,经本机关负责人批准可以延长,但延长期限不得超过30日。

按上级邮政管理部门的指令实施立案调查的邮政管理部门,应当自作出行政执法监督调查处理决定之日起10个工作日内将监督调查处理结果逐级报告下达指令的邮政管理部门。

第三十六条 邮政管理部门作出行政执法监督调查处理决定前,应当向被监督调查机关、机构告知作出决定的事实、理由和依据,并充分听取其陈述和申辩。

第三十七条 邮政管理部门作出行政执法监督调查处理决定,应当制作《邮政行政执法监督调查处理决定书》。

《邮政行政执法监督调查处理决定书》应当载明下列内容:

(一)被监督调查机关、机构的名称;

(二)认定的事实和理由;

(三)处理的决定和依据;

(四)执行处理决定的方式和期限;

(五)作出处理决定的邮政管理部门名称和日期,并加盖印章。

第三十八条 被监督调查机关、机构无正当理由不履行或者拖延履行法定执法职责的,邮政管理部门应当作出责令其限期履行的决定。

第三十九条 被监督调查机关、机构的行政执法行为有下列情形之一的,邮政管理部门应当决定予以撤销、变更或者确认其违法:

(一)主要事实不清、证据不足的;

(二)适用依据错误的;

(三)违反法定程序的;

(四)超越或者滥用职权的;

(五)行政执法行为明显不当的;

(六)法律、行政法规规定的其他情形。

被监督调查机关、机构实施行政处罚违反法定程序构成重大且明显违法或者实施行政处罚没有依据、不具有行政主体资格的,邮政管理部门应当确认行政处罚无效。

第四十条 撤销、变更行政执法行为,不适用下列情形:

(一)撤销、变更行政执法行为可能对公共利益造成重大损害的;

(二)行政执法行为违法,但不具有可撤销、变更内容的;

(三)法律、行政法规规定的其他情形。

因前款情形,具体行政行为不予撤销、变更的,被监督调查机关、机构应当采取补救措施。

第四十一条 邮政管理部门决定撤销行政执法行为、确认行政执法行为违法或者确认行政处罚无效的,可以责令被监督调查机关、机构在一定期限内重新作出行政执法行为。

第四十二条 被监督调查机关、机构作出的行政执法行为有下列情形之一的,邮政管理部门应当责令其以书面形式进行补正或者更正:

(一)未载明行政执法决定作出日期的;

(二)程序存在瑕疵,但未对公民、法人或者其他组织合法权益造成影响的;

(三)需要补正或者更正的其他情形。

第四十三条 邮政管理部门可以向被监督调查机关、机构提出改进行政执法工作的意见建议。

被监督调查机关、机构应当根据意见建议改进行政执法工作,并按要求报告改进情况。

第四十四条 邮政管理部门可以内部通报行政执法典型案例。

第四十五条 公民、法人或者其他组织不服邮政管理部门及其工作人员的职务行为,可以向上级或者本级邮政管理部门提出建议、意见或者投诉请求。

第四十六条 公民、法人或者其他组织认为邮政管理部门的行政执法行为侵犯其合法权益的,可以依法申请行政复议或者提起行政诉讼。

邮政管理部门应当依法办理行政复议和行政应诉。

第四十七条 有下列情形之一的,由上一级邮政管理部门责令限期改正;情节严重或者拒不改正的,予以批评:

(一)未按要求报送行政执法总体情况的;

(二)未按要求向社会主动公开执法信息的;

(三)法律、行政法规、部门规章规定的其他情形。

第四十八条 邮政管理部门在实施行政执法监督过程中,发现下级邮政管理部门、本机关内设执法机构存在多次违法、不当行政执法行为的,可以约谈该邮政管理部门、内设执法机构的负责人。

第四十九条 邮政管理部门在实施行政执法监督过程中,发现存在违法违纪行为需要追责问责的,应当移交有权机关根据有关规定处理。

第五十条 本办法自2020年5月1日起施行。交通运输部于2014年12月7日以交通运输部令2014年第18号公布的《邮政行政执法监督办法》同时废止。

2. 市场监督管理

中华人民共和国产品质量法

1. 1993年2月22日第七届全国人民代表大会常务委员会第三十次会议通过
2. 根据2000年7月8日第九届全国人民代表大会常务委员会第十六次会议《关于修改〈中华人民共和国产品质量法〉的决定》第一次修正
3. 根据2009年8月27日第十一届全国人民代表大会常务委员会第十次会议《关于修改部分法律的决定》第二次修正
4. 根据2018年12月29日第十三届全国人民代表大会常务委员会第七次会议《关于修改〈中华人民共和国产品质量法〉等五部法律的决定》第三次修正

目 录

第一章 总 则
第二章 产品质量的监督
第三章 生产者、销售者的产品质量责任和义务
　第一节 生产者的产品质量责任和义务
　第二节 销售者的产品质量责任和义务
第四章 损害赔偿
第五章 罚 则
第六章 附 则

第一章 总 则

第一条 【立法目的】为了加强对产品质量的监督管理,提高产品质量水平,明确产品质量责任,保护消费者的合法权益,维护社会经济秩序,制定本法。

第二条 【适用范围】在中华人民共和国境内从事产品生产、销售活动,必须遵守本法。

本法所称产品是指经过加工、制作,用于销售的产品。

建设工程不适用本法规定;但是,建设工程使用的建筑材料、建筑构配件和设备,属于前款规定的产品范围的,适用本法规定。

第三条 【生产者、销售者质量管理责任】生产者、销售者应当建立健全内部产品质量管理制度,严格实施岗位质量规范、质量责任以及相应的考核办法。

第四条 【责任依据】生产者、销售者依照本法规定承担产品质量责任。

第五条 【禁止性条款】禁止伪造或者冒用认证标志等质量标志;禁止伪造产品的产地,伪造或者冒用他人的厂名、厂址;禁止在生产、销售的产品中掺杂、掺假,以假充真,以次充好。

第六条 【国家扶持】国家鼓励推行科学的质量管理方法,采用先进的科学技术,鼓励企业产品质量达到并且超过行业标准、国家标准和国际标准。

对产品质量管理先进和产品质量达到国际先进水平、成绩显著的单位和个人,给予奖励。

第七条 【政府职责】各级人民政府应当把提高产品质量纳入国民经济和社会发展规划,加强对产品质量工作的统筹规划和组织领导,引导、督促生产者、销售者加强产品质量管理,提高产品质量,组织有关部门依法采取措

施,制止产品生产、销售中违反本法规定的行为,保障本法的施行。

第八条　【主管部门】国务院市场监督管理部门主管全国产品质量监督工作。国务院有关部门在各自的职责范围内负责产品质量监督工作。

县级以上地方市场监督管理部门主管本行政区域内的产品质量监督工作。县级以上地方人民政府有关部门在各自的职责范围内负责产品质量监督工作。

法律对产品质量的监督部门另有规定的,依照有关法律的规定执行。

第九条　【工作人员职责】各级人民政府工作人员和其他国家机关工作人员不得滥用职权、玩忽职守或者徇私舞弊,包庇、放纵本地区、本系统发生的产品生产、销售中违反本法规定的行为,或者阻挠、干预依法对产品生产、销售中违反本法规定的行为进行查处。

各级地方人民政府和其他国家机关有包庇、放纵产品生产、销售中违反本法规定的行为的,依法追究其主要负责人的法律责任。

第十条　【检举和奖励】任何单位和个人有权对违反本法规定的行为,向市场监督管理部门或者其他有关部门检举。

市场监督管理部门和有关部门应当为检举人保密,并按照省、自治区、直辖市人民政府的规定给予奖励。

第十一条　【市场准入】任何单位和个人不得排斥非本地区或者非本系统企业生产的质量合格产品进入本地区、本系统。

第二章　产品质量的监督

第十二条　【产品质量检验】产品质量应当检验合格,不得以不合格产品冒充合格产品。

第十三条　【产品安全】可能危及人体健康和人身、财产安全的工业产品,必须符合保障人体健康和人身、财产安全的国家标准、行业标准;未制定国家标准、行业标准的,必须符合保障人体健康和人身、财产安全的要求。

禁止生产、销售不符合保障人体健康和人身、财产安全的标准和要求的工业产品。具体管理办法由国务院规定。

第十四条　【质量体系认证】国家根据国际通用的质量管理标准,推行企业质量体系认证制度。企业根据自愿原则可以向国务院市场监督管理部门认可的或者国务院市场监督管理部门授权的部门认可的认证机构申请企业质量体系认证。经认证合格的,由认证机构颁发企业质量体系认证证书。

国家参照国际先进的产品标准和技术要求,推行产品质量认证制度。企业根据自愿原则可以向国务院市场监督管理部门认可的或者国务院市场监督管理部门授权的部门认可的认证机构申请产品质量认证。经认证合格的,由认证机构颁发产品质量认证证书,准许企业在产品或者其包装上使用产品质量认证标志。

第十五条　【质量监督检查】国家对产品质量实行以抽查为主要方式的监督检查制度,对可能危及人体健康和人身、财产安全的产品,影响国计民生的重要工业产品以及消费者、有关组织反映有质量问题的产品进行抽查。抽查的样品应当在市场上或者企业成品仓库内的待销产品中随机抽取。监督抽查工作由国务院市场监督管理部门规划和组织。县级以上地方市场监督管理部门在本行政区域内也可以组织监督抽查。法律对产品质量的监督检查另有规定的,依照有关法律的规定执行。

国家监督抽查的产品,地方不得另行重复抽查;上级监督抽查的产品,下级不得另行重复抽查。

根据监督抽查的需要,可以对产品进行检验。检验抽取样品的数量不得超过检验的合理需要,并不得向被检查人收取检验费用。监督抽查所需检验费用按照国务院规定列支。

生产者、销售者对抽查检验的结果有异议的,可以自收到检验结果之日起十五日内向实施监督抽查的市场监督管理部门或者其上级市场监督管理部门申请复检,由受理复检的市场监督管理部门作出复检结论。

第十六条 【质量检查配合】对依法进行的产品质量监督检查,生产者、销售者不得拒绝。

第十七条 【质量不合格的处理】依照本法规定进行监督抽查的产品质量不合格的,由实施监督抽查的市场监督管理部门责令其生产者、销售者限期改正。逾期不改正的,由省级以上人民政府市场监督管理部门予以公告;公告后经复查仍不合格的,责令停业,限期整顿;整顿期满后经复查产品质量仍不合格的,吊销营业执照。

监督抽查的产品有严重质量问题的,依照本法第五章的有关规定处罚。

第十八条 【对涉嫌违法行为的查处】县级以上市场监督管理部门根据已经取得的违法嫌疑证据或者举报,对涉嫌违反本法规定的行为进行查处时,可以行使下列职权:

(一)对当事人涉嫌从事违反本法的生产、销售活动的场所实施现场检查;

(二)向当事人的法定代表人、主要负责人和其他有关人员调查、了解与涉嫌从事违反本法的生产、销售活动有关的情况;

(三)查阅、复制当事人有关的合同、发票、帐簿以及其他有关资料;

(四)对有根据认为不符合保障人体健康和人身、财产安全的国家标准、行业标准的产品或者有其他严重质量问题的产品,以及直接用于生产、销售该项产品的原辅材料、包装物、生产工具,予以查封或者扣押。

第十九条 【检验机构资格】产品质量检验机构必须具备相应的检测条件和能力,经省级以上人民政府市场监督管理部门或者其授权的部门考核合格后,方可承担产品质量检验工作。法律、行政法规对产品质量检验机构另有规定的,依照有关法律、行政法规的规定执行。

第二十条 【中介机构设立】从事产品质量检验、认证的社会中介机构必须依法设立,不得与行政机关和其他国家机关存在隶属关系或者其他利益关系。

第二十一条 【质量检验及认证要求】产

品质量检验机构、认证机构必须依法按照有关标准,客观、公正地出具检验结果或者认证证明。

产品质量认证机构应当依照国家规定对准许使用认证标志的产品进行认证后的跟踪检查;对不符合认证标准而使用认证标志的,要求其改正;情节严重的,取消其使用认证标志的资格。

第二十二条 【消费者权利】消费者有权就产品质量问题,向产品的生产者、销售者查询;向市场监督管理部门及有关部门申诉,接受申诉的部门应当负责处理。

第二十三条 【支持起诉】保护消费者权益的社会组织可以就消费者反映的产品质量问题建议有关部门负责处理,支持消费者对因产品质量造成的损害向人民法院起诉。

第二十四条 【产品质量状况公告】国务院和省、自治区、直辖市人民政府的市场监督管理部门应当定期发布其监督抽查的产品的质量状况公告。

第二十五条 【质检部门推荐禁止】市场监督管理部门或者其他国家机关以及产品质量检验机构不得向社会推荐生产者的产品;不得以对产品进行监制、监销等方式参与产品经营活动。

第三章 生产者、销售者的产品质量责任和义务

第一节 生产者的产品质量责任和义务

第二十六条 【生产者产品质量责任】生产者应当对其生产的产品质量负责。

产品质量应当符合下列要求:

(一)不存在危及人身、财产安全的不合理的危险,有保障人体健康和人身、财产安全的国家标准、行业标准的,应当符合该标准;

(二)具备产品应当具备的使用性能,但是,对产品存在使用性能的瑕疵作出说明的除外;

(三)符合在产品或者其包装上注明采用的产品标准,符合以产品说明、实物样品等方式表明的质量状况。

第二十七条 【标识要求】产品或者其包装上的标识必须真实,并符合下列要求:

(一)有产品质量检验合格证明;

(二)有中文标明的产品名称、生产厂厂名和厂址;

(三)根据产品的特点和使用要求,需要标明产品规格、等级、所含主要成份的名称和含量的,用中文相应予以标明;需要事先让消费者知晓的,应当在外包装上标明,或者预先向消费者提供有关资料;

(四)限期使用的产品,应当在显著位置清晰地标明生产日期和安全使用期或者失效日期;

(五)使用不当,容易造成产品本身损坏或者可能危及人身、财产安全的产品,应当有警示标志或者中文警示说明。

裸装的食品和其他根据产品的特点难以附加标识的裸装产品,可以不附加产品标识。

第二十八条 【特殊产品包装】易碎、易燃、易爆、有毒、有腐蚀性、有放射性等危险物品以及储运中不能倒置和其他有特殊要求的产品,其包装质量必须

符合相应要求,依照国家有关规定作出警示标志或者中文警示说明,标明储运注意事项。

第二十九条 【淘汰产品禁止生产】生产者不得生产国家明令淘汰的产品。

第三十条 【伪造产地、厂名、厂址的禁止】生产者不得伪造产地,不得伪造或者冒用他人的厂名、厂址。

第三十一条 【禁止伪造、冒用质量标志】生产者不得伪造或者冒用认证标志等质量标志。

第三十二条 【掺假禁止】生产者生产产品,不得掺杂、掺假,不得以假充真、以次充好,不得以不合格产品冒充合格产品。

第二节 销售者的产品质量责任和义务

第三十三条 【进货检验】销售者应当建立并执行进货检查验收制度,验明产品合格证明和其他标识。

第三十四条 【产品质量保持】销售者应当采取措施,保持销售产品的质量。

第三十五条 【失效产品禁止销售】销售者不得销售国家明令淘汰并停止销售的产品和失效、变质的产品。

第三十六条 【标识要求】销售者销售的产品的标识应当符合本法第二十七条的规定。

第三十七条 【伪造产地、厂址、厂名禁止】销售者不得伪造产地,不得伪造或者冒用他人的厂名、厂址。

第三十八条 【认证标志冒用、伪造禁止】销售者不得伪造或者冒用认证标志等质量标志。

第三十九条 【掺假禁止】销售者销售产品,不得掺杂、掺假,不得以假充真、以次充好,不得以不合格产品冒充合格产品。

第四章 损害赔偿

第四十条 【售出产品不合格时的处理】售出的产品有下列情形之一的,销售者应当负责修理、更换、退货;给购买产品的消费者造成损失的,销售者应当赔偿损失:

(一)不具备产品应当具备的使用性能而事先未作说明的;

(二)不符合在产品或者其包装上注明采用的产品标准的;

(三)不符合以产品说明、实物样品等方式表明的质量状况的。

销售者依照前款规定负责修理、更换、退货、赔偿损失后,属于生产者的责任或者属于向销售者提供产品的其他销售者(以下简称供货者)的责任的,销售者有权向生产者、供货者追偿。

销售者未按照第一款规定给予修理、更换、退货或者赔偿损失的,由市场监督管理部门责令改正。

生产者之间,销售者之间,生产者与销售者之间订立的买卖合同、承揽合同有不同约定的,合同当事人按照合同约定执行。

第四十一条 【生产者责任承担情形】因产品存在缺陷造成人身、缺陷产品以外的其他财产(以下简称他人财产)损害的,生产者应当承担赔偿责任。

生产者能够证明有下列情形之一的,不承担赔偿责任:

(一)未将产品投入流通的;

(二)产品投入流通时,引起损害的缺陷尚不存在的;

(三)将产品投入流通时的科学技术水平尚不能发现缺陷的存在的。

第四十二条 【销售者责任承担情形】 由于销售者的过错使产品存在缺陷,造成人身、他人财产损害的,销售者应当承担赔偿责任。

销售者不能指明缺陷产品的生产者也不能指明缺陷产品的供货者的,销售者应当承担赔偿责任。

第四十三条 【产品损害赔偿责任的承担】 因产品存在缺陷造成人身、他人财产损害的,受害人可以向产品的生产者要求赔偿,也可以向产品的销售者要求赔偿。属于产品的生产者的责任,产品的销售者赔偿的,产品的销售者有权向产品的生产者追偿。属于产品的销售者的责任,产品的生产者赔偿的,产品的生产者有权向产品的销售者追偿。

第四十四条 【赔偿范围】 因产品存在缺陷造成受害人人身伤害的,侵害人应当赔偿医疗费、治疗期间的护理费、因误工减少的收入等费用;造成残疾的,还应当支付残疾者生活自助具费、生活补助费、残疾赔偿金以及由其扶养的人所必需的生活费等费用;造成受害人死亡的,并应当支付丧葬费、死亡赔偿金以及由死者生前扶养的人所必需的生活费等费用。

因产品存在缺陷造成受害人财产损失的,侵害人应当恢复原状或者折价赔偿。受害人因此遭受其他重大损失的,侵害人应当赔偿损失。

第四十五条 【诉讼时效】 因产品存在缺陷造成损害要求赔偿的诉讼时效期间为二年,自当事人知道或者应当知道其权益受到损害时起计算。

因产品存在缺陷造成损害要求赔偿的请求权,在造成损害的缺陷产品交付最初消费者满十年丧失;但是,尚未超过明示的安全使用期的除外。

第四十六条 【缺陷解释】 本法所称缺陷,是指产品存在危及人身、他人财产安全的不合理的危险;产品有保障人体健康和人身、财产安全的国家标准、行业标准的,是指不符合该标准。

第四十七条 【质量纠纷解决办法】 因产品质量发生民事纠纷时,当事人可以通过协商或者调解解决。当事人不愿通过协商、调解解决或者协商、调解不成的,可以根据当事人各方的协议向仲裁机构申请仲裁;当事人各方没有达成仲裁协议或者仲裁协议无效的,可以直接向人民法院起诉。

第四十八条 【质检委托】 仲裁机构或者人民法院可以委托本法第十九条规定的产品质量检验机构,对有关产品质量进行检验。

第五章 罚 则

第四十九条 【违反安全标准规定的处理】 生产、销售不符合保障人体健康和人身、财产安全的国家标准、行业标准的产品的,责令停止生产、销售,没收违法生产、销售的产品,并处违法生产、销售产品(包括已售出和未售出的产品,下同)货值金额等值以上三倍以下的罚款;有违法所得的,并处没收违法所得;情节严重的,吊销营业执照;构成犯罪的,依法追究刑事责任。

第五十条 【掺假处理】在产品中掺杂、掺假，以假充真，以次充好，或者以不合格产品冒充合格产品的，责令停止生产、销售，没收违法生产、销售的产品，并处违法生产、销售产品货值金额百分之五十以上三倍以下的罚款；有违法所得的，并处没收违法所得；情节严重的，吊销营业执照；构成犯罪的，依法追究刑事责任。

第五十一条 【生产禁止性产品处理】生产国家明令淘汰的产品的，销售国家明令淘汰并停止销售的产品的，责令停止生产、销售，没收违法生产、销售的产品，并处违法生产、销售产品货值金额等值以下的罚款；有违法所得的，并处没收违法所得；情节严重的，吊销营业执照。

第五十二条 【销售失效产品处理】销售失效、变质的产品的，责令停止销售，没收违法销售的产品，并处违法销售产品货值金额二倍以下的罚款；有违法所得的，并处没收违法所得；情节严重的，吊销营业执照；构成犯罪的，依法追究刑事责任。

第五十三条 【伪造产地、厂名、厂址的处理】伪造产品产地的，伪造或者冒用他人厂名、厂址的，伪造或者冒用认证标志等质量标志的，责令改正，没收违法生产、销售的产品，并处违法生产、销售产品货值金额等值以下的罚款；有违法所得的，并处没收违法所得；情节严重的，吊销营业执照。

第五十四条 【标识不合格的处理】产品标识不符合本法第二十七条规定的，责令改正；有包装的产品标识不符合本法第二十七条第（四）项、（五）项规定，情节严重的，责令停止生产、销售，并处违法生产、销售产品货值金额百分之三十以下的罚款；有违法所得的，并处没收违法所得。

第五十五条 【从轻情节】销售者销售本法第四十九条至第五十三条规定禁止销售的产品，有充分证据证明其不知道该产品为禁止销售的产品并如实说明其进货来源的，可以从轻或者减轻处罚。

第五十六条 【拒检处理】拒绝接受依法进行的产品质量监督检查的，给予警告，责令改正；拒不改正的，责令停业整顿；情节特别严重的，吊销营业执照。

第五十七条 【伪造检验证明的处理】产品质量检验机构、认证机构伪造检验结果或者出具虚假证明的，责令改正，对单位处五万元以上十万元以下的罚款，对直接负责的主管人员和其他直接责任人员处一万元以上五万元以下的罚款；有违法所得的，并处没收违法所得；情节严重的，取消其检验资格、认证资格；构成犯罪的，依法追究刑事责任。

产品质量检验机构、认证机构出具的检验结果或者证明不实，造成损失的，应当承担相应的赔偿责任；造成重大损失的，撤销其检验资格、认证资格。

产品质量认证机构违反本法第二十一条第二款的规定，对不符合认证标准而使用认证标志的产品，未依法要求其改正或者取消其使用认证标志资格的，对因产品不符合认证标准给消费者造成的损失，与产品的生产者、销售者承担连带责任;情节严重的,撤销其认证资格。

第五十八条 【团体、中介机构连带责任】社会团体、社会中介机构对产品质量作出承诺、保证,而该产品又不符合其承诺、保证的质量要求,给消费者造成损失的,与产品的生产者、销售者承担连带责任。

第五十九条 【广告误导处理】在广告中对产品质量作虚假宣传,欺骗和误导消费者的,依照《中华人民共和国广告法》的规定追究法律责任。

第六十条 【伪劣产品生产工具的没收责任】对生产者专门用于生产本法第四十九条、第五十一条所列的产品或者以假充真的产品的原辅材料、包装物、生产工具,应当予以没收。

第六十一条 【非法运输、保管仓储的处理】知道或者应当知道属于本法规定禁止生产、销售的产品而为其提供运输、保管、仓储等便利条件的,或者为以假充真的产品提供制假生产技术的,没收全部运输、保管、仓储或者提供制假生产技术的收入,并处违法收入百分之五十以上三倍以下的罚款;构成犯罪的,依法追究刑事责任。

第六十二条 【违反第49条至第52条的处理】服务业的经营者将本法第四十九条至第五十二条规定禁止销售的产品用于经营性服务的,责令停止使用;对知道或者应当知道所使用的产品属于本法规定禁止销售的产品的,按照违法使用的产品(包括已使用和尚未使用的产品)的货值金额,依照本法对销售者的处罚规定处罚。

第六十三条 【封、押物品隐匿、变卖的处理】隐匿、转移、变卖、损毁被市场监督管理部门查封、扣押的物品的,处被隐匿、转移、变卖、损毁物品货值金额等值以上三倍以下的罚款;有违法所得的,并处没收违法所得。

第六十四条 【执行优先的规定】违反本法规定,应当承担民事赔偿责任和缴纳罚款、罚金,其财产不足以同时支付时,先承担民事赔偿责任。

第六十五条 【对政府工作人员的处罚】各级人民政府工作人员和其他国家机关工作人员有下列情形之一的,依法给予行政处分;构成犯罪的,依法追究刑事责任:

(一)包庇、放纵产品生产、销售中违反本法规定行为的;

(二)向从事违反本法规定的生产、销售活动的当事人通风报信,帮助其逃避查处的;

(三)阻挠、干预市场监督管理部门依法对产品生产、销售中违反本法规定的行为进行查处,造成严重后果的。

第六十六条 【质检部门超规索样和收取处理检验费】市场监督管理部门在产品质量监督抽查中超过规定的数量索取样品或者向被检查人收取检验费用的,由上级市场监督管理部门或者监察机关责令退还;情节严重的,对直接负责的主管人员和其他直接责任人员依法给予行政处分。

第六十七条 【质检部门违反第25条的处理】市场监督管理部门或者其他国家机关违反本法第二十五条的规定,向社会推荐生产者的产品或者以监制、监销等方式参与产品经营活动的,由其上级机关或者监察机关责令改正,消除影响,有违法收入的予以没收;情节严重的,对直接负责的主管人员和其他直接责任人员依法给予行政处分。

产品质量检验机构有前款所列违法行为的,由市场监督管理部门责令改正,消除影响,有违法收入的予以没收,可以并处违法收入一倍以下的罚款;情节严重的,撤销其质量检验资格。

第六十八条 【渎职处罚】市场监督管理部门的工作人员滥用职权、玩忽职守、徇私舞弊,构成犯罪的,依法追究刑事责任;尚不构成犯罪的,依法给予行政处分。

第六十九条 【阻扰公务的处罚】以暴力、威胁方法阻碍市场监督管理部门的工作人员依法执行职务的,依法追究刑事责任;拒绝、阻碍未使用暴力、威胁方法的,由公安机关依照治安管理处罚法的规定处罚。

第七十条 【处罚权限】本法第四十九条至第五十七条、第六十条至第六十三条规定的行政处罚由市场监督管理部门决定。法律、行政法规对行使行政处罚权的机关另有规定的,依照有关法律、行政法规的规定执行。

第七十一条 【没收产品处理】对依照本法规定没收的产品,依照国家有关规定进行销毁或者采取其他方式处理。

第七十二条 【货值计算】本法第四十九条至第五十四条、第六十二条、第六十三条所规定的货值金额以违法生产、销售产品的标价计算;没有标价的,按照同类产品的市场价格计算。

第六章 附 则

第七十三条 【特殊规定】军工产品质量监督管理办法,由国务院、中央军事委员会另行制定。

因核设施、核产品造成损害的赔偿责任,法律、行政法规另有规定的,依照其规定。

第七十四条 【施行日期】本法自1993年9月1日起施行。

中华人民共和国食品安全法

1. 2009年2月28日第十一届全国人民代表大会常务委员会第七次会议通过
2. 2015年4月24日第十二届全国人民代表大会常务委员会第十四次会议修订
3. 根据2018年12月29日第十三届全国人民代表大会常务委员会第七次会议《关于修改〈中华人民共和国产品质量法〉等五部法律的决定》第一次修正
4. 根据2021年4月29日第十三届全国人民代表大会常务委员会第二十八次会议《关于修改〈中华人民共和国道路交通安全法〉等八部法律的决定》第二次修正

目 录

第一章 总 则
第二章 食品安全风险监测和评估
第三章 食品安全标准
第四章 食品生产经营
　第一节 一般规定
　第二节 生产经营过程控制
　第三节 标签、说明书和广告
　第四节 特殊食品
第五章 食品检验

第六章　食品进出口
第七章　食品安全事故处置
第八章　监督管理
第九章　法律责任
第十章　附　　则

第一章　总　　则

第一条　【立法目的】为了保证食品安全，保障公众身体健康和生命安全，制定本法。

第二条　【调整范围】在中华人民共和国境内从事下列活动，应当遵守本法：

（一）食品生产和加工（以下称食品生产），食品销售和餐饮服务（以下称食品经营）；

（二）食品添加剂的生产经营；

（三）用于食品的包装材料、容器、洗涤剂、消毒剂和用于食品生产经营的工具、设备（以下称食品相关产品）的生产经营；

（四）食品生产经营者使用食品添加剂、食品相关产品；

（五）食品的贮存和运输；

（六）对食品、食品添加剂、食品相关产品的安全管理。

供食用的源于农业的初级产品（以下称食用农产品）的质量安全管理，遵守《中华人民共和国农产品质量安全法》的规定。但是，食用农产品的市场销售、有关质量安全标准的制定、有关安全信息的公布和本法对农业投入品作出规定的，应当遵守本法的规定。

第三条　【食品安全工作方针】食品安全工作实行预防为主、风险管理、全程控制、社会共治，建立科学、严格的监督管理制度。

第四条　【食品生产经营者社会责任】食品生产经营者对其生产经营食品的安全负责。

食品生产经营者应当依照法律、法规和食品安全标准从事生产经营活动，保证食品安全，诚信自律，对社会和公众负责，接受社会监督，承担社会责任。

第五条　【食品安全监管体制】国务院设立食品安全委员会，其职责由国务院规定。

国务院食品安全监督管理部门依照本法和国务院规定的职责，对食品生产经营活动实施监督管理。

国务院卫生行政部门依照本法和国务院规定的职责，组织开展食品安全风险监测和风险评估，会同国务院食品安全监督管理部门制定并公布食品安全国家标准。

国务院其他有关部门依照本法和国务院规定的职责，承担有关食品安全工作。

第六条　【地方政府职责】县级以上地方人民政府对本行政区域的食品安全监督管理工作负责，统一领导、组织、协调本行政区域的食品安全监督管理工作以及食品安全突发事件应对工作，建立健全食品安全全程监督管理工作机制和信息共享机制。

县级以上地方人民政府依照本法和国务院的规定，确定本级食品安全监督管理、卫生行政部门和其他有关部门的职责。有关部门在各自职责范围内负责本行政区域的食品安全监督管理工作。

县级人民政府食品安全监督管理部门可以在乡镇或者特定区域设立派出机构。

第七条　【评议、考核制度】县级以上地方人民政府实行食品安全监督管理责任制。上级人民政府负责对下一级人民政府的食品安全监督管理工作进行评议、考核。县级以上地方人民政府负责对本级食品安全监督管理部门和其他有关部门的食品安全监督管理工作进行评议、考核。

第八条　【监督部门沟通配合】县级以上人民政府应当将食品安全工作纳入本级国民经济和社会发展规划，将食品安全工作经费列入本级政府财政预算，加强食品安全监督管理能力建设，为食品安全工作提供保障。

县级以上人民政府食品安全监督管理部门和其他有关部门应当加强沟通、密切配合，按照各自职责分工，依法行使职权，承担责任。

第九条　【行业协会等的责任】食品行业协会应当加强行业自律，按照章程建立健全行业规范和奖惩机制，提供食品安全信息、技术等服务，引导和督促食品生产经营者依法生产经营，推动行业诚信建设，宣传、普及食品安全知识。

消费者协会和其他消费者组织对违反本法规定，损害消费者合法权益的行为，依法进行社会监督。

第十条　【食品安全的宣传教育】各级人民政府应当加强食品安全的宣传教育，普及食品安全知识，鼓励社会组织、基层群众性自治组织、食品生产经营者开展食品安全法律、法规以及食品安全标准和知识的普及工作，倡导健康的饮食方式，增强消费者食品安全意识和自我保护能力。

新闻媒体应当开展食品安全法律、法规以及食品安全标准和知识的公益宣传，并对食品安全违法行为进行舆论监督。有关食品安全的宣传报道应当真实、公正。

第十一条　【食品安全基础研究】国家鼓励和支持开展与食品安全有关的基础研究、应用研究，鼓励和支持食品生产经营者为提高食品安全水平采用先进技术和先进管理规范。

国家对农药的使用实行严格的管理制度，加快淘汰剧毒、高毒、高残留农药，推动替代产品的研发和应用，鼓励使用高效低毒低残留农药。

第十二条　【举报违法行为】任何组织或者个人有权举报食品安全违法行为，依法向有关部门了解食品安全信息，对食品安全监督管理工作提出意见和建议。

第十三条　【表彰与奖励】对在食品安全工作中做出突出贡献的单位和个人，按照国家有关规定给予表彰、奖励。

第二章　食品安全风险监测和评估

第十四条　【食品安全风险监测制度】国家建立食品安全风险监测制度，对食源性疾病、食品污染以及食品中的有害因素进行监测。

国务院卫生行政部门会同国务院食品安全监督管理等部门，制定、实施国家食品安全风险监测计划。

国务院食品安全监督管理部门和其他有关部门获知有关食品安全风险

信息后,应当立即核实并向国务院卫生行政部门通报。对有关部门通报的食品安全风险信息以及医疗机构报告的食源性疾病等有关疾病信息,国务院卫生行政部门应当会同国务院有关部门分析研究,认为必要的,及时调整国家食品安全风险监测计划。

省、自治区、直辖市人民政府卫生行政部门会同同级食品安全监督管理等部门,根据国家食品安全风险监测计划,结合本行政区域的具体情况,制定、调整本行政区域的食品安全风险监测方案,报国务院卫生行政部门备案并实施。

第十五条 【食品安全风险监测工作】承担食品安全风险监测工作的技术机构应当根据食品安全风险监测计划和监测方案开展监测工作,保证监测数据真实、准确,并按照食品安全风险监测计划和监测方案的要求报送监测数据和分析结果。

食品安全风险监测工作人员有权进入相关食用农产品种植养殖、食品生产经营场所采集样品、收集相关数据。采集样品应当按照市场价格支付费用。

第十六条 【食品安全风险监测结果通报】食品安全风险监测结果表明可能存在食品安全隐患的,县级以上人民政府卫生行政部门应当及时将相关信息通报同级食品安全监督管理等部门,并报告本级人民政府和上级人民政府卫生行政部门。食品安全监督管理等部门应当组织开展进一步调查。

第十七条 【食品安全风险评估制度】国家建立食品安全风险评估制度,运用科学方法,根据食品安全风险监测信息、科学数据以及有关信息,对食品、食品添加剂、食品相关产品中生物性、化学性和物理性危害因素进行风险评估。

国务院卫生行政部门负责组织食品安全风险评估工作,成立由医学、农业、食品、营养、生物、环境等方面的专家组成的食品安全风险评估专家委员会进行食品安全风险评估。食品安全风险评估结果由国务院卫生行政部门公布。

对农药、肥料、兽药、饲料和饲料添加剂等的安全性评估,应当有食品安全风险评估专家委员会的专家参加。

食品安全风险评估不得向生产经营者收取费用,采集样品应当按照市场价格支付费用。

第十八条 【食品安全风险评估情形】有下列情形之一的,应当进行食品安全风险评估:

(一)通过食品安全风险监测或者接到举报发现食品、食品添加剂、食品相关产品可能存在安全隐患的;

(二)为制定或者修订食品安全国家标准提供科学依据需要进行风险评估的;

(三)为确定监督管理的重点领域、重点品种需要进行风险评估的;

(四)发现新的可能危害食品安全因素的;

(五)需要判断某一因素是否构成食品安全隐患的;

(六)国务院卫生行政部门认为需要进行风险评估的其他情形。

第十九条 【食品安全风险评估配合协作】国务院食品安全监督管理、农业行政等部门在监督管理工作中发现需要进行食品安全风险评估的,应当向国务院卫生行政部门提出食品安全风险评估的建议,并提供风险来源、相关检验数据和结论等信息、资料。属于本法第十八条规定情形的,国务院卫生行政部门应当及时进行食品安全风险评估,并向国务院有关部门通报评估结果。

第二十条 【卫生、农业部门信息共享】省级以上人民政府卫生行政、农业行政部门应当及时相互通报食品、食用农产品安全风险监测信息。

国务院卫生行政、农业行政部门应当及时相互通报食品、食用农产品安全风险评估结果等信息。

第二十一条 【食品安全风险评估的作用】食品安全风险评估结果是制定、修订食品安全标准和实施食品安全监督管理的科学依据。

经食品安全风险评估,得出食品、食品添加剂、食品相关产品不安全结论的,国务院食品安全监督管理等部门应当依据各自职责立即向社会公告,告知消费者停止食用或者使用,并采取相应措施,确保该食品、食品添加剂、食品相关产品停止生产经营;需要制定、修订相关食品安全国家标准的,国务院卫生行政部门应当会同国务院食品安全监督管理部门立即制定、修订。

第二十二条 【食品安全风险警示】国务院食品安全监督管理部门应当会同国务院有关部门,根据食品安全风险评估结果、食品安全监督管理信息,对食品安全状况进行综合分析。对经综合分析表明可能具有较高程度安全风险的食品,国务院食品安全监督管理部门应当及时提出食品安全风险警示,并向社会公布。

第二十三条 【食品安全风险交流】县级以上人民政府食品安全监督管理部门和其他有关部门、食品安全风险评估专家委员会及其技术机构,应当按照科学、客观、及时、公开的原则,组织食品生产经营者、食品检验机构、认证机构、食品行业协会、消费者协会以及新闻媒体等,就食品安全风险评估信息和食品安全监督管理信息进行交流沟通。

第三章 食品安全标准

第二十四条 【制定食品安全标准的原则】制定食品安全标准,应当以保障公众身体健康为宗旨,做到科学合理、安全可靠。

第二十五条 【食品安全标准的强制性】食品安全标准是强制执行的标准。除食品安全标准外,不得制定其他食品强制性标准。

第二十六条 【食品安全标准的内容】食品安全标准应当包括下列内容:

(一)食品、食品添加剂、食品相关产品中的致病性微生物,农药残留、兽药残留、生物毒素、重金属等污染物质以及其他危害人体健康物质的限量规定;

(二)食品添加剂的品种、使用范围、用量;

(三)专供婴幼儿和其他特定人群

的主辅食品的营养成分要求；

（四）对与卫生、营养等食品安全要求有关的标签、标志、说明书的要求；

（五）食品生产经营过程的卫生要求；

（六）与食品安全有关的质量要求；

（七）与食品安全有关的食品检验方法与规程；

（八）其他需要制定为食品安全标准的内容。

第二十七条　【食品安全国家标准的制定】食品安全国家标准由国务院卫生行政部门会同国务院食品安全监督管理部门制定、公布，国务院标准化行政部门提供国家标准编号。

食品中农药残留、兽药残留的限量规定及其检验方法与规程由国务院卫生行政部门、国务院农业行政部门会同国务院食品安全监督管理部门制定。

屠宰畜、禽的检验规程由国务院农业行政部门会同国务院卫生行政部门制定。

第二十八条　【食品安全国家标准的制定要求和程序】制定食品安全国家标准，应当依据食品安全风险评估结果并充分考虑食用农产品安全风险评估结果，参照相关的国际标准和国际食品安全风险评估结果，并将食品安全国家标准草案向社会公布，广泛听取食品生产经营者、消费者、有关部门等方面的意见。

食品安全国家标准应当经国务院卫生行政部门组织的国家标准审评委员会审查通过。食品安全国家标准审评委员会由医学、农业、食品、营养、生物、环境等方面的专家以及国务院有关部门、食品行业协会、消费者协会的代表组成，对食品安全国家标准草案的科学性和实用性等进行审查。

第二十九条　【食品安全地方标准】对地方特色食品，没有食品安全国家标准的，省、自治区、直辖市人民政府卫生行政部门可以制定并公布食品安全地方标准，报国务院卫生行政部门备案。食品安全国家标准制定后，该地方标准即行废止。

第三十条　【食品安全企业标准】国家鼓励食品生产企业制定严于食品安全国家标准或者地方标准的企业标准，在本企业适用，并报省、自治区、直辖市人民政府卫生行政部门备案。

第三十一条　【食品安全标准的公布】省级以上人民政府卫生行政部门应当在其网站上公布制定和备案的食品安全国家标准、地方标准和企业标准，供公众免费查阅、下载。

对食品安全标准执行过程中的问题，县级以上人民政府卫生行政部门应当会同有关部门及时给予指导、解答。

第三十二条　【食品安全标准的跟踪评价】省级以上人民政府卫生行政部门应当会同同级食品安全监督管理、农业行政等部门，分别对食品安全国家标准和地方标准的执行情况进行跟踪评价，并根据评价结果及时修订食品安全标准。

省级以上人民政府食品安全监督

管理、农业行政等部门应当对食品安全标准执行中存在的问题进行收集、汇总,并及时向同级卫生行政部门通报。

食品生产经营者、食品行业协会发现食品安全标准在执行中存在问题的,应当立即向卫生行政部门报告。

第四章　食品生产经营
第一节　一般规定

第三十三条　【食品生产经营要求】食品生产经营应当符合食品安全标准,并符合下列要求:

（一）具有与生产经营的食品品种、数量相适应的食品原料处理和食品加工、包装、贮存等场所,保持该场所环境整洁,并与有毒、有害场所以及其他污染源保持规定的距离;

（二）具有与生产经营的食品品种、数量相适应的生产经营设备或者设施,有相应的消毒、更衣、盥洗、采光、照明、通风、防腐、防尘、防蝇、防鼠、防虫、洗涤以及处理废水、存放垃圾和废弃物的设备或者设施;

（三）有专职或者兼职的食品安全专业技术人员、食品安全管理人员和保证食品安全的规章制度;

（四）具有合理的设备布局和工艺流程,防止待加工食品与直接入口食品、原料与成品交叉污染,避免食品接触有毒物、不洁物;

（五）餐具、饮具和盛放直接入口食品的容器,使用前应当洗净、消毒,炊具、用具用后应当洗净,保持清洁;

（六）贮存、运输和装卸食品的容器、工具和设备应当安全、无害,保持清洁,防止食品污染,并符合保证食品安全所需的温度、湿度等特殊要求,不得将食品与有毒、有害物品一同贮存、运输;

（七）直接入口的食品应当使用无毒、清洁的包装材料、餐具、饮具和容器;

（八）食品生产经营人员应当保持个人卫生,生产经营食品时,应当将手洗净,穿戴清洁的工作衣、帽等;销售无包装的直接入口食品时,应当使用无毒、清洁的容器、售货工具和设备;

（九）用水应当符合国家规定的生活饮用水卫生标准;

（十）使用的洗涤剂、消毒剂应当对人体安全、无害;

（十一）法律、法规规定的其他要求。

非食品生产经营者从事食品贮存、运输和装卸的,应当符合前款第六项的规定。

第三十四条　【禁止生产经营的食品、食品添加剂、食品相关产品】禁止生产经营下列食品、食品添加剂、食品相关产品:

（一）用非食品原料生产的食品或者添加食品添加剂以外的化学物质和其他可能危害人体健康物质的食品,或者用回收食品作为原料生产的食品;

（二）致病性微生物,农药残留、兽药残留、生物毒素、重金属等污染物质以及其他危害人体健康的物质含量超过食品安全标准限量的食品、食品添加剂、食品相关产品;

（三）用超过保质期的食品原料、

食品添加剂生产的食品、食品添加剂；

（四）超范围、超限量使用食品添加剂的食品；

（五）营养成分不符合食品安全标准的专供婴幼儿和其他特定人群的主辅食品；

（六）腐败变质、油脂酸败、霉变生虫、污秽不洁、混有异物、掺假掺杂或者感官性状异常的食品、食品添加剂；

（七）病死、毒死或者死因不明的禽、畜、兽、水产动物肉类及其制品；

（八）未按规定进行检疫或者检疫不合格的肉类，或者未经检验或者检验不合格的肉类制品；

（九）被包装材料、容器、运输工具等污染的食品、食品添加剂；

（十）标注虚假生产日期、保质期或者超过保质期的食品、食品添加剂；

（十一）无标签的预包装食品、食品添加剂；

（十二）国家为防病等特殊需要明令禁止生产经营的食品；

（十三）其他不符合法律、法规或者食品安全标准的食品、食品添加剂、食品相关产品。

第三十五条 【食品生产经营许可】国家对食品生产经营实行许可制度。从事食品生产、食品销售、餐饮服务，应当依法取得许可。但是，销售食用农产品和仅销售预包装食品的，不需要取得许可。仅销售预包装食品的，应当报所在地县级以上地方人民政府食品安全监督管理部门备案。

县级以上地方人民政府食品安全监督管理部门应当依照《中华人民共和国行政许可法》的规定，审核申请人提交的本法第三十三条第一款第一项至第四项规定要求的相关资料，必要时对申请人的生产经营场所进行现场核查；对符合规定条件的，准予许可；对不符合规定条件的，不予许可并书面说明理由。

第三十六条 【食品生产加工小作坊和食品摊贩等的管理】食品生产加工小作坊和食品摊贩等从事食品生产经营活动，应当符合本法规定的与其生产经营规模、条件相适应的食品安全要求，保证所生产经营的食品卫生、无毒、无害，食品安全监督管理部门应当对其加强监督管理。

县级以上地方人民政府应当对食品生产加工小作坊、食品摊贩等进行综合治理，加强服务和统一规划，改善其生产经营环境，鼓励和支持其改进生产经营条件，进入集中交易市场、店铺等固定场所经营，或者在指定的临时经营区域、时段经营。

食品生产加工小作坊和食品摊贩等的具体管理办法由省、自治区、直辖市制定。

第三十七条 【"三新"产品许可】利用新的食品原料生产食品，或者生产食品添加剂新品种、食品相关产品新品种，应当向国务院卫生行政部门提交相关产品的安全性评估材料。国务院卫生行政部门应当自收到申请之日起六十日内组织审查；对符合食品安全要求的，准予许可并公布；对不符合食品安全要求的，不予许可并书面说明理由。

第三十八条 【食品中不得添加药品】生产经营的食品中不得添加药品，但是可以添加按照传统既是食品又是中药材的物质。按照传统既是食品又是中药材的物质目录由国务院卫生行政部门会同国务院食品安全监督管理部门制定、公布。

第三十九条　【食品添加剂生产许可】国家对食品添加剂生产实行许可制度。从事食品添加剂生产,应当具有与所生产食品添加剂品种相适应的场所、生产设备或者设施、专业技术人员和管理制度,并依照本法第三十五条第二款规定的程序,取得食品添加剂生产许可。

生产食品添加剂应当符合法律、法规和食品安全国家标准。

第四十条　【食品添加剂允许使用的条件和使用要求】食品添加剂应当在技术上确有必要且经过风险评估证明安全可靠,方可列入允许使用的范围;有关食品安全国家标准应当根据技术必要性和食品安全风险评估结果及时修订。

食品生产经营者应当按照食品安全国家标准使用食品添加剂。

第四十一条　【生产食品相关产品的要求】生产食品相关产品应当符合法律、法规和食品安全国家标准。对直接接触食品的包装材料等具有较高风险的食品相关产品,按照国家有关工业产品生产许可证管理的规定实施生产许可。食品安全监督管理部门应当加强对食品相关产品生产活动的监督管理。

第四十二条　【食品安全全程追溯制度】国家建立食品安全全程追溯制度。

食品生产经营者应当依照本法的规定,建立食品安全追溯体系,保证食品可追溯。国家鼓励食品生产经营者采用信息化手段采集、留存生产经营信息,建立食品安全追溯体系。

国务院食品安全监督管理部门会同国务院农业行政等有关部门建立食品安全全程追溯协作机制。

第四十三条　【食品规模化生产和食品安全责任保险】地方各级人民政府应当采取措施鼓励食品规模化生产和连锁经营、配送。

国家鼓励食品生产经营企业参加食品安全责任保险。

第二节　生产经营过程控制

第四十四条　【企业的食品安全管理制度要求】食品生产经营企业应当建立健全食品安全管理制度,对职工进行食品安全知识培训,加强食品检验工作,依法从事生产经营活动。

食品生产经营企业的主要负责人应当落实企业食品安全管理制度,对本企业的食品安全工作全面负责。

食品生产经营企业应当配备食品安全管理人员,加强对其培训和考核。经考核不具备食品安全管理能力的,不得上岗。食品安全监督管理部门应当对企业食品安全管理人员随机进行监督抽查考核并公布考核情况。监督抽查考核不得收取费用。

第四十五条　【从业人员健康管理制度】食品生产经营者应当建立并执行从业人员健康管理制度。患有国务院卫生行政部门规定的有碍食品安全疾病的人员,不得从事接触直接入口食品的工作。

从事接触直接入口食品工作的食品生产经营人员应当每年进行健康检查,取得健康证明后方可上岗工作。

第四十六条　【生产企业实施控制要求】食品生产企业应当就下列事项制定并实施控制要求,保证所生产的食品符合食品安全标准:

（一）原料采购、原料验收、投料等原料控制;

（二）生产工序、设备、贮存、包装等生产关键环节控制;

（三）原料检验、半成品检验、成品出厂检验等检验控制;

（四）运输和交付控制。

第四十七条　【自查制度】食品生产经营者应当建立食品安全自查制度,定期对食品安全状况进行检查评价。生产经营条件发生变化,不再符合食品安全要求的,食品生产经营者应当立即采取整改措施;有发生食品安全事故潜在风险的,应当立即停止食品生产经营活动,并向所在地县级人民政府食品安全监督管理部门报告。

第四十八条　【鼓励食品生产经营企业符合良好生产规范】国家鼓励食品生产经营企业符合良好生产规范要求,实施危害分析与关键控制点体系,提高食品安全管理水平。

对通过良好生产规范、危害分析与关键控制点体系认证的食品生产经营企业,认证机构应当依法实施跟踪调查;对不再符合认证要求的企业,应当依法撤销认证,及时向县级以上人民政府食品安全监督管理部门通报,并向社会公布。认证机构实施跟踪调查不得收取费用。

第四十九条　【农业投入品的使用】食用农产品生产者应当按照食品安全标准和国家有关规定使用农药、肥料、兽药、饲料和饲料添加剂等农业投入品,严格执行农业投入品使用安全间隔期或者休药期的规定,不得使用国家明令禁止的农业投入品。禁止将剧毒、高毒农药用于蔬菜、瓜果、茶叶和中草药材等国家规定的农作物。

食用农产品的生产企业和农民专业合作经济组织应当建立农业投入品使用记录制度。

县级以上人民政府农业行政部门应当加强对农业投入品使用的监督管理和指导,建立健全农业投入品安全使用制度。

第五十条　【食品生产者的进货查验记录制度】食品生产者采购食品原料、食品添加剂、食品相关产品,应当查验供货者的许可证和产品合格证明;对无法提供合格证明的食品原料,应当按照食品安全标准进行检验;不得采购或者使用不符合食品安全标准的食品原料、食品添加剂、食品相关产品。

食品生产企业应当建立食品原料、食品添加剂、食品相关产品进货查验记录制度,如实记录食品原料、食品添加剂、食品相关产品的名称、规格、数量、生产日期或者生产批号、保质期、进货日期以及供货者名称、地址、联系方式等内容,并保存相关凭证。记录和凭证保存期限不得少于产品保质期满后六个月;没有明确保质期的,保存期限不得少于二年。

第五十一条　【食品出厂检验记录制度】食品生产企业应当建立食品出厂检验

记录制度,查验出厂食品的检验合格证和安全状况,如实记录食品的名称、规格、数量、生产日期或者生产批号、保质期、检验合格证号、销售日期以及购货者名称、地址、联系方式等内容,并保存相关凭证。记录和凭证保存期限应当符合本法第五十条第二款的规定。

第五十二条 【食品原料、食品添加剂、食品相关产品的质量检验】食品、食品添加剂、食品相关产品的生产者,应当按照食品安全标准对所生产的食品、食品添加剂、食品相关产品进行检验,检验合格后方可出厂或者销售。

第五十三条 【食品经营者的进货查验记录制度】食品经营者采购食品,应当查验供货者的许可证和食品出厂检验合格证或者其他合格证明(以下称合格证明文件)。

食品经营企业应当建立食品进货查验记录制度,如实记录食品的名称、规格、数量、生产日期或者生产批号、保质期、进货日期以及供货者名称、地址、联系方式等内容,并保存相关凭证。记录和凭证保存期限应当符合本法第五十条第二款的规定。

实行统一配送经营方式的食品经营企业,可以由企业总部统一查验供货者的许可证和食品合格证明文件,进行食品进货查验记录。

从事食品批发业务的经营企业应当建立食品销售记录制度,如实记录批发食品的名称、规格、数量、生产日期或者生产批号、保质期、销售日期以及购货者名称、地址、联系方式等内容,并保存相关凭证。记录和凭证保存期限应当符合本法第五十条第二款的规定。

第五十四条 【食品经营者贮存食品的要求】食品经营者应当按照保证食品安全的要求贮存食品,定期检查库存食品,及时清理变质或者超过保质期的食品。

食品经营者贮存散装食品,应当在贮存位置标明食品的名称、生产日期或者生产批号、保质期、生产者名称及联系方式等内容。

第五十五条 【餐饮服务提供者原料控制要求】餐饮服务提供者应当制定并实施原料控制要求,不得采购不符合食品安全标准的食品原料。倡导餐饮服务提供者公开加工过程,公示食品原料及其来源等信息。

餐饮服务提供者在加工过程中应当检查待加工的食品及原料,发现有本法第三十四条第六项规定情形的,不得加工或者使用。

第五十六条 【餐饮服务提供者的食品安全管理】餐饮服务提供者应当定期维护食品加工、贮存、陈列等设施、设备;定期清洗、校验保温设施及冷藏、冷冻设施。

餐饮服务提供者应当按照要求对餐具、饮具进行清洗消毒,不得使用未经清洗消毒的餐具、饮具;餐饮服务提供者委托清洗消毒餐具、饮具的,应当委托符合本法规定条件的餐具、饮具集中消毒服务单位。

第五十七条 【集中用餐单位的要求】学校、托幼机构、养老机构、建筑工地等集中用餐单位的食堂应当严格遵守法律、法规和食品安全标准;从供餐单位订餐的,应当从取得食品生产经营许可的企业订购,并按照要求对订购的食品进行查验。供餐单位应当严格遵守法律、法规和食品安全标准,当餐加工,确保食品安全。

学校、托幼机构、养老机构、建筑工地等集中用餐单位的主管部门应当加强对集中用餐单位的食品安全教育和日常管理,降低食品安全风险,及时消除食品安全隐患。

第五十八条 【餐具、饮具集中消毒服务单位的要求】餐具、饮具集中消毒服务单位应当具备相应的作业场所、清洗消毒设备或者设施,用水和使用的洗涤剂、消毒剂应当符合相关食品安全国家标准和其他国家标准、卫生规范。

餐具、饮具集中消毒服务单位应当对消毒餐具、饮具进行逐批检验,检验合格后方可出厂,并应当随附消毒合格证明。消毒后的餐具、饮具应当在独立包装上标注单位名称、地址、联系方式、消毒日期以及使用期限等内容。

第五十九条 【食品添加剂生产者的出厂检验记录制度】食品添加剂生产者应当建立食品添加剂出厂检验记录制度,查验出厂产品的检验合格证和安全状况,如实记录食品添加剂的名称、规格、数量、生产日期或者生产批号、保质期、检验合格证号、销售日期以及购货者名称、地址、联系方式等相关内容,并保存相关凭证。记录和凭证保存期限应当符合本法第五十条第二款的规定。

第六十条 【食品添加剂经营者的进货查验记录制度】食品添加剂经营者采购食品添加剂,应当依法查验供货者的许可证和产品合格证明文件,如实记录食品添加剂的名称、规格、数量、生产日期或者生产批号、保质期、进货日期以及供货者名称、地址、联系方式等内容,并保存相关凭证。记录和凭证保存期限应当符合本法第五十条第二款的规定。

第六十一条 【集中交易市场等的食品安全管理责任】集中交易市场的开办者、柜台出租者和展销会举办者,应当依法审查入场食品经营者的许可证,明确其食品安全管理责任,定期对其经营环境和条件进行检查,发现其有违反本法规定行为的,应当及时制止并立即报告所在地县级人民政府食品安全监督管理部门。

第六十二条 【网络食品交易第三方平台提供者的义务】网络食品交易第三方平台提供者应当对入网食品经营者进行实名登记,明确其食品安全管理责任;依法应当取得许可证的,还应当审查其许可证。

网络食品交易第三方平台提供者发现入网食品经营者有违反本法规定行为的,应当及时制止并立即报告所在地县级人民政府食品安全监督管理部门;发现严重违法行为的,应当立即停止提供网络交易平台服务。

第六十三条 【食品召回制度】国家建立食品召回制度。食品生产者发现其生产的食品不符合食品安全标准或者有证据证明可能危害人体健康的,应当立即停止生产,召回已经上市销售的食品,通知相关生产经营者和消费者,并记录召回和通知情况。

食品经营者发现其经营的食品有前款规定情形的,应当立即停止经营,通知相关生产经营者和消费者,并记录停止经营和通知情况。食品生产者认为应当召回的,应当立即召回。由于食品经营者的原因造成其经营的食品有前款规定情形的,食品经营者应当召回。

食品生产经营者应当对召回的食品采取无害化处理、销毁等措施,防止其再次流入市场。但是,对因标签、标志或者说明书不符合食品安全标准而被召回的食品,食品生产者在采取补救措施且能保证食品安全的情况下可以继续销售;销售时应当向消费者明示补救措施。

食品生产经营者应当将食品召回和处理情况向所在地县级人民政府食品安全监督管理部门报告;需要对召回的食品进行无害化处理、销毁的,应当提前报告时间、地点。食品安全监督管理部门认为必要的,可以实施现场监督。

食品生产经营者未依照本条规定召回或者停止经营的,县级以上人民政府食品安全监督管理部门可以责令其召回或者停止经营。

第六十四条　【食用农产品批发市场的管理】食用农产品批发市场应当配备检验设备和检验人员或者委托符合本法规定的食品检验机构,对进入该批发市场销售的食用农产品进行抽样检验;发现不符合食品安全标准的,应当要求销售者立即停止销售,并向食品安全监督管理部门报告。

第六十五条　【食用农产品销售者进货查验记录制度】食用农产品销售者应当建立食用农产品进货查验记录制度,如实记录食用农产品的名称、数量、进货日期以及供货者名称、地址、联系方式等内容,并保存相关凭证。记录和凭证保存期限不得少于六个月。

第六十六条　【食用农产品销售环节使用食品添加剂和包装材料的要求】进入市场销售的食用农产品在包装、保鲜、贮存、运输中使用保鲜剂、防腐剂等食品添加剂和包装材料等食品相关产品,应当符合食品安全国家标准。

第三节　标签、说明书和广告

第六十七条　【预包装食品标签】预包装食品的包装上应当有标签。标签应当标明下列事项:

（一）名称、规格、净含量、生产日期;

（二）成分或者配料表;

（三）生产者的名称、地址、联系方式;

（四）保质期;

（五）产品标准代号;

（六）贮存条件;

（七）所使用的食品添加剂在国家标准中的通用名称;

（八）生产许可证编号;

（九）法律、法规或者食品安全标准规定应当标明的其他事项。

专供婴幼儿和其他特定人群的主辅食品,其标签还应当标明主要营养成分及其含量。

食品安全国家标准对标签标注事项另有规定的,从其规定。

第六十八条 【散装食品标注的要求】食品经营者销售散装食品,应当在散装食品的容器、外包装上标明食品的名称、生产日期或者生产批号、保质期以及生产经营者名称、地址、联系方式等内容。

第六十九条 【转基因食品的标示】生产经营转基因食品应当按照规定显著标示。

第七十条 【食品添加剂标签、说明书和包装的要求】食品添加剂应当有标签、说明书和包装。标签、说明书应当载明本法第六十七条第一款第一项至第六项、第八项、第九项规定的事项,以及食品添加剂的使用范围、用量、使用方法,并在标签上载明"食品添加剂"字样。

第七十一条 【标签、说明书的真实性要求】食品和食品添加剂的标签、说明书,不得含有虚假内容,不得涉及疾病预防、治疗功能。生产经营者对其提供的标签、说明书的内容负责。

食品和食品添加剂的标签、说明书应当清楚、明显,生产日期、保质期等事项应当显著标注,容易辨识。

食品和食品添加剂与其标签、说明书的内容不符的,不得上市销售。

第七十二条 【预包装食品的销售要求】食品经营者应当按照食品标签标示的警示标志、警示说明或者注意事项的要求销售食品。

第七十三条 【食品广告要求】食品广告的内容应当真实合法,不得含有虚假内容,不得涉及疾病预防、治疗功能。食品生产经营者对食品广告内容的真实性、合法性负责。

县级以上人民政府食品安全监督管理部门和其他有关部门以及食品检验机构、食品行业协会不得以广告或者其他形式向消费者推荐食品。消费者组织不得以收取费用或者其他牟取利益的方式向消费者推荐食品。

第四节　特殊食品

第七十四条 【特殊食品严格监管原则】国家对保健食品、特殊医学用途配方食品和婴幼儿配方食品等特殊食品实行严格监督管理。

第七十五条 【保健食品原料目录和功能目录】保健食品声称保健功能,应当具有科学依据,不得对人体产生急性、亚急性或者慢性危害。

保健食品原料目录和允许保健食品声称的保健功能目录,由国务院食品安全监督管理部门会同国务院卫生行政部门、国家中医药管理部门制定、调整并公布。

保健食品原料目录应当包括原料名称、用量及其对应的功效;列入保健食品原料目录的原料只能用于保健食品生产,不得用于其他食品生产。

第七十六条 【保健食品注册和备案制度】使用保健食品原料目录以外原料的保健食品和首次进口的保健食品应当经国务院食品安全监督管理部门注册。但是,首次进口的保健食品中属于补充维生素、矿物质等营养物质的,应当报国务院食品安全监督管理部门备案。其他保健食品应当报省、自治区、直辖市人民政府食品安全监督管理部门备案。

进口的保健食品应当是出口国

（地区）主管部门准许上市销售的产品。

第七十七条　【保健食品注册和备案的材料】依法应当注册的保健食品，注册时应当提交保健食品的研发报告、产品配方、生产工艺、安全性和保健功能评价、标签、说明书等材料及样品，并提供相关证明文件。国务院食品安全监督管理部门经组织技术审评，对符合安全和功能声称要求的，准予注册；对不符合要求的，不予注册并书面说明理由。对使用保健食品原料目录以外原料的保健食品作出准予注册决定的，应当及时将该原料纳入保健食品原料目录。

依法应当备案的保健食品，备案时应当提交产品配方、生产工艺、标签、说明书以及表明产品安全性和保健功能的材料。

第七十八条　【保健食品标签和说明书】保健食品的标签、说明书不得涉及疾病预防、治疗功能，内容应当真实，与注册或者备案的内容相一致，载明适宜人群、不适宜人群、功效成分或者标志性成分及其含量等，并声明"本品不能代替药物"。保健食品的功能和成分应当与标签、说明书相一致。

第七十九条　【保健食品广告】保健食品广告除应当符合本法第七十三条第一款的规定外，还应当声明"本品不能代替药物"；其内容应当经生产企业所在地省、自治区、直辖市人民政府食品安全监督管理部门审查批准，取得保健食品广告批准文件。省、自治区、直辖市人民政府食品安全监督管理部门应当公布并及时更新已经批准的保健食品广告目录以及批准的广告内容。

第八十条　【特殊医学用途配方食品】特殊医学用途配方食品应当经国务院食品安全监督管理部门注册。注册时，应当提交产品配方、生产工艺、标签、说明书以及表明产品安全性、营养充足性和特殊医学用途临床效果的材料。

特殊医学用途配方食品广告适用《中华人民共和国广告法》和其他法律、行政法规关于药品广告管理的规定。

第八十一条　【婴幼儿配方食品】婴幼儿配方食品生产企业应当实施从原料进厂到成品出厂的全过程质量控制，对出厂的婴幼儿配方食品实施逐批检验，保证食品安全。

生产婴幼儿配方食品使用的生鲜乳、辅料等食品原料、食品添加剂等，应当符合法律、行政法规的规定和食品安全国家标准，保证婴幼儿生长发育所需的营养成分。

婴幼儿配方食品生产企业应当将食品原料、食品添加剂、产品配方及标签等事项向省、自治区、直辖市人民政府食品安全监督管理部门备案。

婴幼儿配方乳粉的产品配方应当经国务院食品安全监督管理部门注册。注册时，应当提交配方研发报告和其他表明配方科学性、安全性的材料。

不得以分装方式生产婴幼儿配方乳粉，同一企业不得用同一配方生产不同品牌的婴幼儿配方乳粉。

第八十二条　【材料的真实性和保密等要求】保健食品、特殊医学用途配方食品、婴幼儿配方乳粉的注册人或者备案人应当对其提交材料的真实性负责。

省级以上人民政府食品安全监督管理部门应当及时公布注册或者备案的保健食品、特殊医学用途配方食品、婴幼儿配方乳粉目录，并对注册或者备案中获知的企业商业秘密予以保密。

保健食品、特殊医学用途配方食品、婴幼儿配方乳粉生产企业应当按照注册或者备案的产品配方、生产工艺等技术要求组织生产。

第八十三条　【特殊食品生产质量管理体系】生产保健食品，特殊医学用途配方食品、婴幼儿配方食品和其他专供特定人群的主辅食品的企业，应当按照良好生产规范的要求建立与所生产食品相适应的生产质量管理体系，定期对该体系的运行情况进行自查，保证其有效运行，并向所在地县级人民政府食品安全监督管理部门提交自查报告。

第五章　食品检验

第八十四条　【食品检验机构】食品检验机构按照国家有关认证认可的规定取得资质认定后，方可从事食品检验活动。但是，法律另有规定的除外。

食品检验机构的资质认定条件和检验规范，由国务院食品安全监督管理部门规定。

符合本法规定的食品检验机构出具的检验报告具有同等效力。

县级以上人民政府应当整合食品检验资源，实现资源共享。

第八十五条　【食品检验人】食品检验由食品检验机构指定的检验人独立进行。

检验人应当依照有关法律、法规的规定，并按照食品安全标准和检验规范对食品进行检验，尊重科学，恪守职业道德，保证出具的检验数据和结论客观、公正，不得出具虚假检验报告。

第八十六条　【检验机构与检验人负责制】食品检验实行食品检验机构与检验人负责制。食品检验报告应当加盖食品检验机构公章，并有检验人的签名或者盖章。食品检验机构和检验人对出具的食品检验报告负责。

第八十七条　【监督抽检】县级以上人民政府食品安全监督管理部门应当对食品进行定期或者不定期的抽样检验，并依据有关规定公布检验结果，不得免检。进行抽样检验，应当购买抽取的样品，委托符合本法规定的食品检验机构进行检验，并支付相关费用；不得向食品生产经营者收取检验费和其他费用。

第八十八条　【复检】对依照本法规定实施的检验结论有异议的，食品生产经营者可以自收到检验结论之日起七个工作日内向实施抽样检验的食品安全监督管理部门或其上一级食品安全监督管理部门提出复检申请，由受理复检申请的食品安全监督管理部门在公布的复检机构名录中随机确定复检机构进行复检。复检机构出具的复检结论为最终检验结论。复检机构与初检机构不得为同一机构。复检机构名录由国务院认证认可监督管理、食品安全监督管理、卫生行政、农业行政等部门共同公布。

采用国家规定的快速检测方法对食用农产品进行抽查检测,被抽查人对检测结果有异议的,可以自收到检测结果时起四小时内申请复检。复检不得采用快速检测方法。

第八十九条 【自行检验和委托检验】食品生产企业可以自行对所生产的食品进行检验,也可以委托符合本法规定的食品检验机构进行检验。

食品行业协会和消费者协会等组织、消费者需要委托食品检验机构对食品进行检验的,应当委托符合本法规定的食品检验机构进行。

第九十条 【食品添加剂检验】食品添加剂的检验,适用本法有关食品检验的规定。

第六章 食品进出口

第九十一条 【进出口食品安全的监督管理部门】国家出入境检验检疫部门对进出口食品安全实施监督管理。

第九十二条 【进口食品、食品添加剂、食品相关产品的要求】进口的食品、食品添加剂、食品相关产品应当符合我国食品安全国家标准。

进口的食品、食品添加剂应当经出入境检验检疫机构依照进出口商品检验相关法律、行政法规的规定检验合格。

进口的食品、食品添加剂应当按照国家出入境检验检疫部门的要求随附合格证明材料。

第九十三条 【进口尚无食品安全国家标准食品等的程序】进口尚无食品安全国家标准的食品,由境外出口商、境外生产企业或者其委托的进口商向国务院卫生行政部门提交所执行的相关国家(地区)标准或者国际标准。国务院卫生行政部门对相关标准进行审查,认为符合食品安全要求的,决定暂予适用,并及时制定相应的食品安全国家标准。进口利用新的食品原料生产的食品或者进口食品添加剂新品种、食品相关产品新品种,依照本法第三十七条的规定办理。

出入境检验检疫机构按照国务院卫生行政部门的要求,对前款规定的食品、食品添加剂、食品相关产品进行检验。检验结果应当公开。

第九十四条 【境外出口商、境外生产企业、进口商的义务】境外出口商、境外生产企业应当保证向我国出口的食品、食品添加剂、食品相关产品符合本法以及我国其他有关法律、行政法规的规定和食品安全国家标准的要求,并对标签、说明书的内容负责。

进口商应当建立境外出口商、境外生产企业审核制度,重点审核前款规定的内容;审核不合格的,不得进口。

发现进口食品不符合我国食品安全国家标准或者有证据证明可能危害人体健康的,进口商应当立即停止进口,并依照本法第六十三条的规定召回。

第九十五条 【进口食品、食品添加剂、食品相关产品风险的应对措施】境外发生的食品安全事件可能对我国境内造成影响,或者在进口食品、食品添加剂、食品相关产品中发现严重食品安全问题的,国家出入境检验检疫部门应当及时采取风险预警或者控制措施,并向国务院食品安全监督管理、卫生行政、农业行政部门通报。接到通报的部门应当及时采取相应措施。

县级以上人民政府食品安全监督管理部门对国内市场上销售的进口食品、食品添加剂实施监督管理。发现存在严重食品安全问题的,国务院食品安全监督管理部门应当及时向国家出入境检验检疫部门通报。国家出入境检验检疫部门应当及时采取相应措施。

第九十六条 【境外出口商、代理商、进口商和境外食品生产企业的备案与注册】向我国境内出口食品的境外出口商或者代理商、进口食品的进口商应当向国家出入境检验检疫部门备案。向我国境内出口食品的境外食品生产企业应当经国家出入境检验检疫部门注册。已经注册的境外食品生产企业提供虚假材料,或者因其自身的原因致使进口食品发生重大食品安全事故的,国家出入境检验检疫部门应当撤销注册并公告。

国家出入境检验检疫部门应当定期公布已经备案的境外出口商、代理商、进口商和已经注册的境外食品生产企业名单。

第九十七条 【进口预包装食品、食品添加剂的标签、说明书】进口的预包装食品、食品添加剂应当有中文标签;依法应当有说明书的,还应当有中文说明书。标签、说明书应当符合本法以及我国其他有关法律、行政法规的规定和食品安全国家标准的要求,并载明食品的原产地以及境内代理商的名称、地址、联系方式。预包装食品没有中文标签、中文说明书或者标签、说明书不符合本条规定的,不得进口。

第九十八条 【食品、食品添加剂的进口和销售记录制度】进口商应当建立食品、食品添加剂进口和销售记录制度,如实记录食品、食品添加剂的名称、规格、数量、生产日期、生产或者进口批号、保质期、境外出口商和购货者名称、地址及联系方式、交货日期等内容,并保存相关凭证。记录和凭证保存期限应当符合本法第五十条第二款的规定。

第九十九条 【出口食品的监督管理】出口食品生产企业应当保证其出口食品符合进口国(地区)的标准或者合同要求。

出口食品生产企业和出口食品原料种植、养殖场应当向国家出入境检验检疫部门备案。

第一百条 【进出口食品安全信息及信用管理】国家出入境检验检疫部门应当收集、汇总下列进出口食品安全信息,并及时通报相关部门、机构和企业:

(一)出入境检验检疫机构对进出口食品实施检验检疫发现的食品安全信息;

(二)食品行业协会和消费者协会等组织、消费者反映的进口食品安全信息;

(三)国际组织、境外政府机构发布的风险预警信息及其他食品安全信息,以及境外食品行业协会等组织、消费者反映的食品安全信息;

（四）其他食品安全信息。

国家出入境检验检疫部门应当对进出口食品的进口商、出口商和出口食品生产企业实施信用管理，建立信用记录，并依法向社会公布。对有不良记录的进口商、出口商和出口食品生产企业，应当加强对其进出口食品的检验检疫。

第一百零一条 【国家出入境检验检疫部门的评估和审查职责】国家出入境检验检疫部门可以对向我国境内出口食品的国家（地区）的食品安全管理体系和食品安全状况进行评估和审查，并根据评估和审查结果，确定相应检验检疫要求。

第七章 食品安全事故处置

第一百零二条 【食品安全事故应急预案】国务院组织制定国家食品安全事故应急预案。

县级以上地方人民政府应当根据有关法律、法规的规定和上级人民政府的食品安全事故应急预案以及本行政区域的实际情况，制定本行政区域的食品安全事故应急预案，并报上一级人民政府备案。

食品安全事故应急预案应当对食品安全事故分级、事故处置组织指挥体系与职责、预防预警机制、处置程序、应急保障措施等作出规定。

食品生产经营企业应当制定食品安全事故处置方案，定期检查本企业各项食品安全防范措施的落实情况，及时消除事故隐患。

第一百零三条 【应急处置、报告、通报】发生食品安全事故的单位应当立即采取措施，防止事故扩大。事故单位和接收病人进行治疗的单位应当及时向事故发生地县级人民政府食品安全监督管理、卫生行政部门报告。

县级以上人民政府农业行政等部门在日常监督管理中发现食品安全事故或者接到事故举报，应当立即向同级食品安全监督管理部门通报。

发生食品安全事故，接到报告的县级人民政府食品安全监督管理部门应当按照应急预案的规定向本级人民政府和上级人民政府食品安全监督管理部门报告。县级人民政府和上级人民政府食品安全监督管理部门应当按照应急预案的规定上报。

任何单位和个人不得对食品安全事故隐瞒、谎报、缓报，不得隐匿、伪造、毁灭有关证据。

第一百零四条 【医疗机构报告】医疗机构发现其接收的病人属于食源性疾病病人或者疑似病人的，应当按照规定及时将相关信息向所在地县级人民政府卫生行政部门报告。县级人民政府卫生行政部门认为与食品安全有关的，应当及时通报同级食品安全监督管理部门。

县级以上人民政府卫生行政部门在调查处理传染病或者其他突发公共卫生事件中发现与食品安全相关的信息，应当及时通报同级食品安全监督管理部门。

第一百零五条 【防止、减轻社会危害的措施】县级以上人民政府食品安全监督管理部门接到食品安全事故的报告后，应当立即会同同级卫生行政、农业行政等部门进行调查处理，并采取下

列措施,防止或者减轻社会危害:

(一)开展应急救援工作,组织救治因食品安全事故导致人身伤害的人员;

(二)封存可能导致食品安全事故的食品及其原料,并立即进行检验;对确认属于被污染的食品及其原料,责令食品生产经营者依照本法第六十三条的规定召回或者停止经营;

(三)封存被污染的食品相关产品,并责令进行清洗消毒;

(四)做好信息发布工作,依法对食品安全事故及其处理情况进行发布,并对可能产生的危害加以解释、说明。

发生食品安全事故需要启动应急预案的,县级以上人民政府应当立即成立事故处置指挥机构,启动应急预案,依照前款和应急预案的规定进行处置。

发生食品安全事故,县级以上疾病预防控制机构应当对事故现场进行卫生处理,并对与事故有关的因素开展流行病学调查,有关部门应当予以协助。县级以上疾病预防控制机构应当向同级食品安全监督管理、卫生行政部门提交流行病学调查报告。

第一百零六条 【事故责任调查】发生食品安全事故,设区的市级以上人民政府食品安全监督管理部门应当立即会同有关部门进行事故责任调查,督促有关部门履行职责,向本级人民政府和上一级人民政府食品安全监督管理部门提出事故责任调查处理报告。

涉及两个以上省、自治区、直辖市的重大食品安全事故由国务院食品安全监督管理部门依照前款规定组织事故责任调查。

第一百零七条 【事故责任调查原则、主要任务】调查食品安全事故,应当坚持实事求是、尊重科学的原则,及时、准确查清事故性质和原因,认定事故责任,提出整改措施。

调查食品安全事故,除了查明事故单位的责任,还应当查明有关监督管理部门、食品检验机构、认证机构及其工作人员的责任。

第一百零八条 【调查部分的权力】食品安全事故调查部门有权向有关单位和个人了解与事故有关的情况,并要求提供相关资料和样品。有关单位和个人应当予以配合,按照要求提供相关资料和样品,不得拒绝。

任何单位和个人不得阻挠、干涉食品安全事故的调查处理。

第八章 监督管理

第一百零九条 【食品安全风险分级管理】县级以上人民政府食品安全监督管理部门根据食品安全风险监测、风险评估结果和食品安全状况等,确定监督管理的重点、方式和频次,实施风险分级管理。

县级以上地方人民政府组织本级食品安全监督管理、农业行政等部门制定本行政区域的食品安全年度监督管理计划,向社会公布并组织实施。

食品安全年度监督管理计划应当将下列事项作为监督管理的重点:

(一)专供婴幼儿和其他特定人群的主辅食品;

(二)保健食品生产过程中的添加

行为和按照注册或者备案的技术要求组织生产的情况,保健食品标签、说明书以及宣传材料中有关功能宣传的情况;

(三)发生食品安全事故风险较高的食品生产经营者;

(四)食品安全风险监测结果表明可能存在食品安全隐患的事项。

第一百一十条 【食品安全监督检查措施】县级以上人民政府食品安全监督管理部门履行食品安全监督管理职责,有权采取下列措施,对生产经营者遵守本法的情况进行监督检查:

(一)进入生产经营场所实施现场检查;

(二)对生产经营的食品、食品添加剂、食品相关产品进行抽样检验;

(三)查阅、复制有关合同、票据、账簿以及其他有关资料;

(四)查封、扣押有证据证明不符合食品安全标准或者有证据证明存在安全隐患以及用于违法生产经营的食品、食品添加剂、食品相关产品;

(五)查封违法从事生产经营活动的场所。

第一百一十一条 【临时限量值和临时检验方法】对食品安全风险评估结果证明食品存在安全隐患,需要制定、修订食品安全标准的,在制定、修订食品安全标准前,国务院卫生行政部门应当及时会同国务院有关部门规定食品中有害物质的临时限量值和临时检验方法,作为生产经营和监督管理的依据。

第一百一十二条 【快速检测】县级以上人民政府食品安全监督管理部门在食品安全监督管理工作中可以采用国家规定的快速检测方法对食品进行抽查检测。

对抽查检测结果表明可能不符合食品安全标准的食品,应当依照本法第八十七条的规定进行检验。抽查检测结果确定有关食品不符合食品安全标准的,可以作为行政处罚的依据。

第一百一十三条 【食品安全信用档案】县级以上人民政府食品安全监督管理部门应当建立食品生产经营者食品安全信用档案,记录许可颁发、日常监督检查结果、违法行为查处等情况,依法向社会公布并实时更新;对有不良信用记录的食品生产经营者增加监督检查频次,对违法行为情节严重的食品生产经营者,可以通报投资主管部门、证券监督管理机构和有关的金融机构。

第一百一十四条 【对食品生产经营者进行责任约谈】食品生产经营过程中存在食品安全隐患,未及时采取措施消除的,县级以上人民政府食品安全监督管理部门可以对食品生产经营者的法定代表人或者主要负责人进行责任约谈。食品生产经营者应当立即采取措施,进行整改,消除隐患。责任约谈情况和整改情况应当纳入食品生产经营者食品安全信用档案。

第一百一十五条 【有奖举报】县级以上人民政府食品安全监督管理等部门应当公布本部门的电子邮件地址或者电话,接受咨询、投诉、举报。接到咨询、投诉、举报,对属于本部门职责的,应当受理并在法定期限内及时答复、核实、处理;对不属于本部门职责的,应当移交有权处理的部门并书面通知咨询、投诉、举报人。有权处理的部门应当在法定期限内及时处理,不得推诿。对查证属实的举报,给予举报人奖励。

有关部门应当对举报人的信息予以保密,保护举报人的合法权益。举报人举报所在企业的,该企业不得以解除、变更劳动合同或者其他方式对举报人进行打击报复。

第一百一十六条 【加强食品安全执法人员管理】县级以上人民政府食品安全监督管理等部门应当加强对执法人员食品安全法律、法规、标准和专业知识与执法能力等的培训,并组织考核。不具备相应知识和能力的,不得从事食品安全执法工作。

食品生产经营者、食品行业协会、消费者协会等发现食品安全执法人员在执法过程中有违反法律、法规规定的行为以及不规范执法行为的,可以向本级或者上级人民政府食品安全监督管理等部门或者监察机关投诉、举报。接到投诉、举报的部门或者机关应当进行核实,并将经核实的情况向食品安全执法人员所在部门通报;涉嫌违法违纪的,按照本法和有关规定处理。

第一百一十七条 【对食品安全监管部门等进行责任约谈】县级以上人民政府食品安全监督管理等部门未及时发现食品安全系统性风险,未及时消除监督管理区域内的食品安全隐患的,本级人民政府可以对其主要负责人进行责任约谈。

地方人民政府未履行食品安全职责,未及时消除区域性重大食品安全隐患的,上级人民政府可以对其主要负责人进行责任约谈。

被约谈的食品安全监督管理等部门、地方人民政府应当立即采取措施,对食品安全监督管理工作进行整改。

责任约谈情况和整改情况应当纳入地方人民政府和有关部门食品安全监督管理工作评议、考核记录。

第一百一十八条 【食品安全信息统一公布】国家建立统一的食品安全信息平台,实行食品安全信息统一公布制度。国家食品安全总体情况、食品安全风险警示信息、重大食品安全事故及其调查处理信息和国务院确定需要统一公布的其他信息由国务院食品安全监督管理部门统一公布。食品安全风险警示信息和重大食品安全事故及其调查处理信息的影响限于特定区域的,也可以由有关省、自治区、直辖市人民政府食品安全监督管理部门公布。未经授权不得发布上述信息。

县级以上人民政府食品安全监督管理、农业行政部门依据各自职责公布食品安全日常监督管理信息。

公布食品安全信息,应当做到准确、及时,并进行必要的解释说明,避免误导消费者和社会舆论。

第一百一十九条 【食品安全信息的报告、通报制度】县级以上地方人民政府食品安全监督管理、卫生行政、农业行政部门获知本法规定需要统一公布的信息,应当向上级主管部门报告,由上级主管部门立即报告国务院食品安全监督管理部门;必要时,可以直接向国务院食品安全监督管理部门报告。

县级以上人民政府食品安全监督

管理、卫生行政、农业行政部门应当相互通报获知的食品安全信息。

第一百二十条 【不得编造、散布虚假食品安全信息】任何单位和个人不得编造、散布虚假食品安全信息。

县级以上人民政府食品安全监督管理部门发现可能误导消费者和社会舆论的食品安全信息，应当立即组织有关部门、专业机构、相关食品生产经营者等进行核实、分析，并及时公布结果。

第一百二十一条 【涉嫌食品安全犯罪案件处理】县级以上人民政府食品安全监督管理等部门发现涉嫌食品安全犯罪的，应当按照有关规定及时将案件移送公安机关。对移送的案件，公安机关应当及时审查；认为有犯罪事实需要追究刑事责任的，应当立案侦查。

公安机关在食品安全犯罪案件侦查过程中认为没有犯罪事实，或者犯罪事实显著轻微，不需要追究刑事责任，但依法应当追究行政责任的，应当及时将案件移送食品安全监督管理等部门和监察机关，有关部门应当依法处理。

公安机关商请食品安全监督管理、生态环境等部门提供检验结论、认定意见以及对涉案物品进行无害化处理等协助的，有关部门应当及时提供，予以协助。

第九章 法律责任

第一百二十二条 【未经许可从事食品生产经营活动等的法律责任】违反本法规定，未取得食品生产经营许可从事食品生产经营活动，或者未取得食品添加剂生产许可从事食品添加剂生产活动的，由县级以上人民政府食品安全监督管理部门没收违法所得和违法生产经营的食品、食品添加剂以及用于违法生产经营的工具、设备、原料等物品；违法生产经营的食品、食品添加剂货值金额不足一万元的，并处五万元以上十万元以下罚款；货值金额一万元以上的，并处货值金额十倍以上二十倍以下罚款。

明知从事前款规定的违法行为，仍为其提供生产经营场所或者其他条件的，由县级以上人民政府食品安全监督管理部门责令停止违法行为，没收违法所得，并处五万元以上十万元以下罚款；使消费者的合法权益受到损害的，应当与食品、食品添加剂生产经营者承担连带责任。

第一百二十三条 【八类最严重违法食品生产经营行为的法律责任】违反本法规定，有下列情形之一，尚不构成犯罪的，由县级以上人民政府食品安全监督管理部门没收违法所得和违法生产经营的食品，并可以没收用于违法生产经营的工具、设备、原料等物品；违法生产经营的食品货值金额不足一万元的，并处十万元以上十五万元以下罚款；货值金额一万元以上的，并处货值金额十五倍以上三十倍以下罚款；情节严重的，吊销许可证，并可以由公安机关对其直接负责的主管人员和其他直接责任人员处五日以上十五日以下拘留：

（一）用非食品原料生产食品、在食品中添加食品添加剂以外的化学物

质和其他可能危害人体健康的物质,或者用回收食品作为原料生产食品,或者经营上述食品;

(二)生产经营营养成分不符合食品安全标准的专供婴幼儿和其他特定人群的主辅食品;

(三)经营病死、毒死或者死因不明的禽、畜、兽、水产动物肉类,或者生产经营其制品;

(四)经营未按规定进行检疫或者检疫不合格的肉类,或者生产经营未经检验或者检验不合格的肉类制品;

(五)生产经营国家为防病等特殊需要明令禁止生产经营的食品;

(六)生产经营添加药品的食品。

明知从事前款规定的违法行为,仍为其提供生产经营场所或者其他条件的,由县级以上人民政府食品安全监督管理部门责令停止违法行为,没收违法所得,并处十万元以上二十万元以下罚款;使消费者的合法权益受到损害的,应当与食品生产经营者承担连带责任。

违法使用剧毒、高毒农药的,除依照有关法律、法规规定给予处罚外,可以由公安机关依照第一款规定给予拘留。

第一百二十四条　【十一类违法生产经营行为的法律责任】违反本法规定,有下列情形之一,尚不构成犯罪的,由县级以上人民政府食品安全监督管理部门没收违法所得和违法生产经营的食品、食品添加剂,并可以没收用于违法生产经营的工具、设备、原料等物品;违法生产经营的食品、食品添加剂货值金额不足一万元的,并处五万元以上十万元以下罚款;货值金额一万元以上的,并处货值金额十倍以上二十倍以下罚款;情节严重的,吊销许可证:

(一)生产经营致病性微生物,农药残留、兽药残留、生物毒素、重金属等污染物质以及其他危害人体健康的物质含量超过食品安全标准限量的食品、食品添加剂;

(二)用超过保质期的食品原料、食品添加剂生产食品、食品添加剂,或者经营上述食品、食品添加剂;

(三)生产经营超范围、超限量使用食品添加剂的食品;

(四)生产经营腐败变质、油脂酸败、霉变生虫、污秽不洁、混有异物、掺假掺杂或者感官性状异常的食品、食品添加剂;

(五)生产经营标注虚假生产日期、保质期或者超过保质期的食品、食品添加剂;

(六)生产经营未按规定注册的保健食品、特殊医学用途配方食品、婴幼儿配方乳粉,或者未按注册的产品配方、生产工艺等技术要求组织生产;

(七)以分装方式生产婴幼儿配方乳粉,或者同一企业以同一配方生产不同品牌的婴幼儿配方乳粉;

(八)利用新的食品原料生产食品,或者生产食品添加剂新品种,未通过安全性评估;

(九)食品生产经营者在食品安全监督管理部门责令其召回或者停止经营后,仍拒不召回或者停止经营。

除前款和本法第一百二十三条、第一百二十五条规定的情形外,生产经营不符合法律、法规或者食品安全标准的食品、食品添加剂的,依照前款规定给予处罚。

生产食品相关产品新品种,未通过安全性评估,或者生产不符合食品安全标准的食品相关产品的,由县级以上人民政府食品安全监督管理部门依照第一款规定给予处罚。

第一百二十五条 【四类违法生产经营行为的法律责任】违反本法规定,有下列情形之一的,由县级以上人民政府食品安全监督管理部门没收违法所得和违法生产经营的食品、食品添加剂,并可以没收用于违法生产经营的工具、设备、原料等物品;违法生产经营的食品、食品添加剂货值金额不足一万元的,并处五千元以上五万元以下罚款;货值金额一万元以上的,并处货值金额五倍以上十倍以下罚款;情节严重的,责令停产停业,直至吊销许可证:

(一)生产经营被包装材料、容器、运输工具等污染的食品、食品添加剂;

(二)生产经营无标签的预包装食品、食品添加剂或者标签、说明书不符合本法规定的食品、食品添加剂;

(三)生产经营转基因食品未按规定进行标示;

(四)食品生产经营者采购或者使用不符合食品安全标准的食品原料、食品添加剂、食品相关产品。

生产经营的食品、食品添加剂的标签、说明书存在瑕疵但不影响食品安全且不会对消费者造成误导的,由县级以上人民政府食品安全监督管理部门责令改正;拒不改正的,处二千元以下罚款。

第一百二十六条 【生产经营过程违法行为的法律责任】违反本法规定,有下列情形之一的,由县级以上人民政府食品安全监督管理部门责令改正,给予警告;拒不改正的,处五千元以上五万元以下罚款;情节严重的,责令停产停业,直至吊销许可证:

(一)食品、食品添加剂生产者未按规定对采购的食品原料和生产的食品、食品添加剂进行检验;

(二)食品生产经营企业未按规定建立食品安全管理制度,或者未按规定配备或者培训、考核食品安全管理人员;

(三)食品、食品添加剂生产经营者进货时未查验许可证和相关证明文件,或者未按规定建立并遵守进货查验记录、出厂检验记录和销售记录制度;

(四)食品生产经营企业未制定食品安全事故处置方案;

(五)餐具、饮具和盛放直接入口食品的容器,使用前未经洗净、消毒或者清洗消毒不合格,或者餐饮服务设施、设备未按规定定期维护、清洗、校验;

(六)食品生产经营者安排未取得健康证明或者患有国务院卫生行政部门规定的有碍食品安全疾病的人员从事接触直接入口食品的工作;

(七)食品经营者未按规定要求销售食品;

(八)保健食品生产企业未按规定向食品安全监督管理部门备案,或者未按备案的产品配方、生产工艺等技

术要求组织生产;

(九)婴幼儿配方食品生产企业未将食品原料、食品添加剂、产品配方、标签等向食品安全监督管理部门备案;

(十)特殊食品生产企业未按规定建立生产质量管理体系并有效运行,或者未定期提交自查报告;

(十一)食品生产经营者未定期对食品安全状况进行检查评价,或者生产经营条件发生变化,未按规定处理;

(十二)学校、托幼机构、养老机构、建筑工地等集中用餐单位未按规定履行食品安全管理责任;

(十三)食品生产企业、餐饮服务提供者未按规定制定、实施生产经营过程控制要求。

餐具、饮具集中消毒服务单位违反本法规定用水,使用洗涤剂、消毒剂,或者出厂的餐具、饮具未按规定检验合格并随附消毒合格证明,或者未按规定在独立包装上标注相关内容的,由县级以上人民政府卫生行政部门依照前款规定给予处罚。

食品相关产品生产者未按规定对生产的食品相关产品进行检验的,由县级以上人民政府食品安全监督管理部门依照第一款规定给予处罚。

食用农产品销售者违反本法第六十五条规定的,由县级以上人民政府食品安全监督管理部门依照第一款规定给予处罚。

第一百二十七条 【食品生产加工小作坊、食品摊贩等的违法行为如何处罚】对食品生产加工小作坊、食品摊贩等的违法行为的处罚,依照省、自治区、直辖市制定的具体管理办法执行。

第一百二十八条 【事故单位违法行为的法律责任】违反本法规定,事故单位在发生食品安全事故后未进行处置、报告的,由有关主管部门按照各自职责分工责令改正,给予警告;隐匿、伪造、毁灭有关证据的,责令停产停业,没收违法所得,并处十万元以上五十万元以下罚款;造成严重后果的,吊销许可证。

第一百二十九条 【进出口违法行为的法律责任】违反本法规定,有下列情形之一的,由出入境检验检疫机构依照本法第一百二十四条的规定给予处罚:

(一)提供虚假材料,进口不符合我国食品安全国家标准的食品、食品添加剂、食品相关产品;

(二)进口尚无食品安全国家标准的食品,未提交所执行的标准并经国务院卫生行政部门审查,或者进口利用新的食品原料生产的食品或者进口食品添加剂新品种、食品相关产品新品种,未通过安全性评估;

(三)未遵守本法的规定出口食品;

(四)进口商在有关主管部门责令其依照本法规定召回进口的食品后,仍拒不召回。

违反本法规定,进口商未建立并遵守食品、食品添加剂进口和销售记录制度、境外出口商或者生产企业审核制度的,由出入境检验检疫机构依照本法第一百二十六条的规定给予处罚。

**第一百三十条 【集中交易市场违法行

为的法律责任】违反本法规定,集中交易市场的开办者、柜台出租者、展销会的举办者允许未依法取得许可的食品经营者进入市场销售食品,或者未履行检查、报告等义务的,由县级以上人民政府食品安全监督管理部门责令改正,没收违法所得,并处五万元以上二十万元以下罚款;造成严重后果的,责令停业,直至由原发证部门吊销许可证;使消费者的合法权益受到损害的,应当与食品经营者承担连带责任。

食用农产品批发市场违反本法第六十四条规定的,依照前款规定承担责任。

第一百三十一条　【网络食品交易违法行为的法律责任】违反本法规定,网络食品交易第三方平台提供者未对入网食品经营者进行实名登记、审查许可证,或者未履行报告、停止提供网络交易平台服务等义务的,由县级以上人民政府食品安全监督管理部门责令改正,没收违法所得,并处五万元以上二十万元以下罚款;造成严重后果的,责令停业,直至由原发证部门吊销许可证;使消费者的合法权益受到损害的,应当与食品经营者承担连带责任。

消费者通过网络食品交易第三方平台购买食品,其合法权益受到损害的,可以向入网食品经营者或者食品生产者要求赔偿。网络食品交易第三方平台提供者不能提供入网食品经营者的真实名称、地址和有效联系方式的,由网络食品交易第三方平台提供者赔偿。网络食品交易第三方平台提供者赔偿后,有权向入网食品经营者或者食品生产者追偿。网络食品交易第三方平台提供者作出更有利于消费者承诺的,应当履行其承诺。

第一百三十二条　【食品贮存、运输和装卸违法行为的法律责任】违反本法规定,未按要求进行食品贮存、运输和装卸的,由县级以上人民政府食品安全监督管理等部门按照各自职责分工责令改正,给予警告;拒不改正的,责令停产停业,并处一万元以上五万元以下罚款;情节严重的,吊销许可证。

第一百三十三条　【拒绝、阻挠、干涉开展食品安全工作等的法律责任】违反本法规定,拒绝、阻挠、干涉有关部门、机构及其工作人员依法开展食品安全监督检查、事故调查处理、风险监测和风险评估的,由有关主管部门按照各自职责分工责令停产停业,并处二千元以上五万元以下罚款;情节严重的,吊销许可证;构成违反治安管理行为的,由公安机关依法给予治安管理处罚。

违反本法规定,对举报人以解除、变更劳动合同或者其他方式打击报复的,应当依照有关法律的规定承担责任。

第一百三十四条　【屡次违法的法律责任】食品生产经营者在一年内累计三次因违反本法规定受到责令停产停业、吊销许可证以外处罚的,由食品安全监督管理部门责令停产停业,直至吊销许可证。

第一百三十五条　【严重违法犯罪者的从业禁止】被吊销许可证的食品生产经营者及其法定代表人、直接负责的主管人员和其他直接责任人员自处罚决定作出之日起五年内不得申请食品生产经营许可,或者从事食品生产经营管理工作、担任食品生产经营企业食品安全管理人员。

因食品安全犯罪被判处有期徒刑以上刑罚的,终身不得从事食品生产经营管理工作,也不得担任食品生产经营企业食品安全管理人员。

食品生产经营者聘用人员违反前两款规定的,由县级以上人民政府食品安全监督管理部门吊销许可证。

第一百三十六条 【食品经营者免予处罚的情形】食品经营者履行了本法规定的进货查验等义务,有充分证据证明其不知道所采购的食品不符合食品安全标准,并能如实说明其进货来源的,可以免予处罚,但应当依法没收其不符合食品安全标准的食品;造成人身、财产或者其他损害的,依法承担赔偿责任。

第一百三十七条 【提供虚假食品安全风险监测、评估信息的法律责任】违反本法规定,承担食品安全风险监测、风险评估工作的技术机构、技术人员提供虚假监测、评估信息的,依法对技术机构直接负责的主管人员和技术人员给予撤职、开除处分;有执业资格的,由授予其资格的主管部门吊销执业证书。

第一百三十八条 【虚假检验报告的法律责任】违反本法规定,食品检验机构、食品检验人员出具虚假检验报告的,由授予其资质的主管部门或者机构撤销该食品检验机构的检验资质,没收所收取的检验费用,并处检验费用五倍以上十倍以下罚款,检验费用不足一万元的,并处五万元以上十万元以下罚款;依法对食品检验机构直接负责的主管人员和食品检验人员给予撤职或者开除处分;导致发生重大食品安全事故的,对直接负责的主管人员和食品检验人员给予开除处分。

违反本法规定,受到开除处分的食品检验机构人员,自处分决定作出之日起十年内不得从事食品检验工作;因食品安全违法行为受到刑事处罚或者因出具虚假检验报告导致发生重大食品安全事故受到开除处分的食品检验机构人员,终身不得从事食品检验工作。食品检验机构聘用不得从事食品检验工作的人员的,由授予其资质的主管部门或者机构撤销该食品检验机构的检验资质。

食品检验机构出具虚假检验报告,使消费者的合法权益受到损害的,应当与食品生产经营者承担连带责任。

第一百三十九条 【虚假认证的法律责任】违反本法规定,认证机构出具虚假认证结论,由认证认可监督管理部门没收所收取的认证费用,并处认证费用五倍以上十倍以下罚款,认证费用不足一万元的,并处五万元以上十万元以下罚款;情节严重的,责令停业,直至撤销认证机构批准文件,并向社会公布;对直接负责的主管人员和负有直接责任的认证人员,撤销其执业资格。

认证机构出具虚假认证结论,使消费者的合法权益受到损害的,应当与食品生产经营者承担连带责任。

第一百四十条 【虚假宣传和违法推荐食品的法律责任】违反本法规定,在广告中对食品作虚假宣传,欺骗消费者,或者发布未取得批准文件、广告内容与批准文件不一致的保健食品广告的,依照《中华人民共和国广告法》的规定给予处罚。

广告经营者、发布者设计、制作、发布虚假食品广告,使消费者的合法权益受到损害的,应当与食品生产经营者承担连带责任。

社会团体或者其他组织、个人在虚假广告或者其他虚假宣传中向消费者推荐食品,使消费者的合法权益受到损害的,应当与食品生产经营者承担连带责任。

违反本法规定,食品安全监督管理等部门、食品检验机构、食品行业协会以广告或者其他形式向消费者推荐食品,消费者组织以收取费用或者其他牟取利益的方式向消费者推荐食品的,由有关主管部门没收违法所得,依法对直接负责的主管人员和其他直接责任人员给予记大过、降级或者撤职处分;情节严重的,给予开除处分。

对食品作虚假宣传且情节严重的,由省级以上人民政府食品安全监督管理部门决定暂停销售该食品,并向社会公布;仍然销售该食品的,由县级以上人民政府食品安全监督管理部门没收违法所得和违法销售的食品,并处二万元以上五万元以下罚款。

第一百四十一条 【编造、散布虚假信息的法律责任】违反本法规定,编造、散布虚假食品安全信息,构成违反治安管理行为的,由公安机关依法给予治安管理处罚。

媒体编造、散布虚假食品安全信息的,由有关主管部门依法给予处罚,并对直接负责的主管人员和其他直接责任人员给予处分;使公民、法人或者其他组织的合法权益受到损害的,依法承担消除影响、恢复名誉、赔偿损失、赔礼道歉等民事责任。

第一百四十二条 【食品安全事故处置有关法律责任】违反本法规定,县级以上地方人民政府有下列行为之一的,对直接负责的主管人员和其他直接责任人员给予记大过处分;情节较重的,给予降级或者撤职处分;情节严重的,给予开除处分;造成严重后果的,其主要负责人还应当引咎辞职:

(一)对发生在本行政区域内的食品安全事故,未及时组织协调有关部门开展有效处置,造成不良影响或者损失;

(二)对本行政区域内涉及多环节的区域性食品安全问题,未及时组织整治,造成不良影响或者损失;

(三)隐瞒、谎报、缓报食品安全事故;

(四)本行政区域内发生特别重大食品安全事故,或者连续发生重大食品安全事故。

第一百四十三条 【政府不作为有关法律责任】违反本法规定,县级以上地方人民政府有下列行为之一的,对直接负责的主管人员和其他直接责任人员给予警告、记过或者记大过处分;造成严重后果的,给予降级或者撤职处分:

(一)未确定有关部门的食品安全监督管理职责,未建立健全食品安全全程监督管理工作机制和信息共享机

制,未落实食品安全监督管理责任制;

(二)未制定本行政区域的食品安全事故应急预案,或者发生食品安全事故后未按规定立即成立事故处置指挥机构、启动应急预案。

第一百四十四条 【监管部门有关法律责任】违反本法规定,县级以上人民政府食品安全监督管理、卫生行政、农业行政等部门有下列行为之一的,对直接负责的主管人员和其他直接责任人员给予记大过处分;情节较重的,给予降级或者撤职处分;情节严重的,给予开除处分;造成严重后果的,其主要负责人还应当引咎辞职:

(一)隐瞒、谎报、缓报食品安全事故;

(二)未按规定查处食品安全事故,或者接到食品安全事故报告未及时处理,造成事故扩大或者蔓延;

(三)经食品安全风险评估得出食品、食品添加剂、食品相关产品不安全结论后,未及时采取相应措施,造成食品安全事故或者不良社会影响;

(四)对不符合条件的申请人准予许可,或者超越法定职权准予许可;

(五)不履行食品安全监督管理职责,导致发生食品安全事故。

第一百四十五条 【监管部门有关法律责任】违反本法规定,县级以上人民政府食品安全监督管理、卫生行政、农业行政等部门有下列行为之一,造成不良后果的,对直接负责的主管人员和其他直接责任人员给予警告、记过或者记大过处分;情节较重的,给予降级或者撤职处分;情节严重的,给予开除处分:

(一)在获知有关食品安全信息后,未按规定向上级主管部门和本级人民政府报告,或者未按规定相互通报;

(二)未按规定公布食品安全信息;

(三)不履行法定职责,对查处食品安全违法行为不配合,或者滥用职权、玩忽职守、徇私舞弊。

第一百四十六条 【行政检查和行政强制法律责任】食品安全监督管理等部门在履行食品安全监督管理职责过程中,违法实施检查、强制等执法措施,给生产经营者造成损失的,应当依法予以赔偿,对直接负责的主管人员和其他直接责任人员依法给予处分。

第一百四十七条 【民事责任优先原则】违反本法规定,造成人身、财产或者其他损害的,依法承担赔偿责任。生产经营者财产不足以同时承担民事赔偿责任和缴纳罚款、罚金时,先承担民事赔偿责任。

第一百四十八条 【首付责任制和惩罚性赔偿】消费者因不符合食品安全标准的食品受到损害的,可以向经营者要求赔偿损失,也可以向生产者要求赔偿损失。接到消费者赔偿要求的生产经营者,应当实行首负责任制,先行赔付,不得推诿;属于生产者责任的,经营者赔偿后有权向生产者追偿;属于经营者责任的,生产者赔偿后有权向经营者追偿。

生产不符合食品安全标准的食品或者经营明知是不符合食品安全标准的食品,消费者除要求赔偿损失外,还可以向生产者或者经营者要求支付价款十倍或者损失三倍的赔偿金；增加赔偿的金额不足一千元的，为一千元。但是，食品的标签、说明书存在不影响食品安全且不会对消费者造成误导的瑕疵的除外。

第一百四十九条 【刑事责任】违反本法规定，构成犯罪的，依法追究刑事责任。

第十章 附 则

第一百五十条 【有关用语的含义】本法下列用语的含义：

食品，指各种供人食用或者饮用的成品和原料以及按照传统既是食品又是中药材的物品，但是不包括以治疗为目的的物品。

食品安全，指食品无毒、无害，符合应当有的营养要求，对人体健康不造成任何急性、亚急性或者慢性危害。

预包装食品，指预先定量包装或者制作在包装材料、容器中的食品。

食品添加剂，指为改善食品品质和色、香、味以及为防腐、保鲜和加工工艺的需要而加入食品中的人工合成或者天然物质，包括营养强化剂。

用于食品的包装材料和容器，指包装、盛放食品或者食品添加剂用的纸、竹、木、金属、搪瓷、陶瓷、塑料、橡胶、天然纤维、化学纤维、玻璃等制品和直接接触食品或者食品添加剂的涂料。

用于食品生产经营的工具、设备，指在食品或者食品添加剂生产、销售、使用过程中直接接触食品或者食品添加剂的机械、管道、传送带、容器、用具、餐具等。

用于食品的洗涤剂、消毒剂，指直接用于洗涤或者消毒食品、餐具、饮具以及直接接触食品的工具、设备或者食品包装材料和容器的物质。

食品保质期，指食品在标明的贮存条件下保持品质的期限。

食源性疾病，指食品中致病因素进入人体引起的感染性、中毒性等疾病，包括食物中毒。

食品安全事故，指食源性疾病、食品污染等源于食品，对人体健康有危害或者可能有危害的事故。

第一百五十一条 【转基因食品和食盐的有关管理规定】转基因食品和食盐的食品安全管理，本法未作规定的，适用其他法律、行政法规的规定。

第一百五十二条 【铁路、民航的食品安全管理】铁路、民航运营中食品安全的管理办法由国务院食品安全监督管理部门会同国务院有关部门依照本法制定。

保健食品的具体管理办法由国务院食品安全监督管理部门依照本法制定。

食品相关产品生产活动的具体管理办法由国务院食品安全监督管理部门依照本法制定。

国境口岸食品的监督管理由出入境检验检疫机构依照本法以及有关法律、行政法规的规定实施。

军队专用食品和自供食品的食品安全管理办法由中央军事委员会依照本法制定。

第一百五十三条 【监管体制的调整】国务院根据实际需要，可以对食品安全监督管理体制作出调整。

第一百五十四条 【施行日期】本法自 2015 年 10 月 1 日起施行。

中华人民共和国市场主体登记管理条例

1. 2021 年 7 月 27 日国务院令第 746 号公布
2. 自 2022 年 3 月 1 日起施行

第一章 总 则

第一条 为了规范市场主体登记管理行为,推进法治化市场建设,维护良好市场秩序和市场主体合法权益,优化营商环境,制定本条例。

第二条 本条例所称市场主体,是指在中华人民共和国境内以营利为目的从事经营活动的下列自然人、法人及非法人组织:

(一)公司、非公司企业法人及其分支机构;

(二)个人独资企业、合伙企业及其分支机构;

(三)农民专业合作社(联合社)及其分支机构;

(四)个体工商户;

(五)外国公司分支机构;

(六)法律、行政法规规定的其他市场主体。

第三条 市场主体应当依照本条例办理登记。未经登记,不得以市场主体名义从事经营活动。法律、行政法规规定无需办理登记的除外。

市场主体登记包括设立登记、变更登记和注销登记。

第四条 市场主体登记管理应当遵循依法合规、规范统一、公开透明、便捷高效的原则。

第五条 国务院市场监督管理部门主管全国市场主体登记管理工作。

县级以上地方人民政府市场监督管理部门主管本辖区市场主体登记管理工作,加强统筹指导和监督管理。

第六条 国务院市场监督管理部门应当加强信息化建设,制定统一的市场主体登记数据和系统建设规范。

县级以上地方人民政府承担市场主体登记工作的部门(以下称登记机关)应当优化市场主体登记办理流程,提高市场主体登记效率,推行当场办结、一次办结、限时办结等制度,实现集中办理、就近办理、网上办理、异地可办,提升市场主体登记便利化程度。

第七条 国务院市场监督管理部门和国务院有关部门应当推动市场主体登记信息与其他政府信息的共享和运用,提升政府服务效能。

第二章 登 记 事 项

第八条 市场主体的一般登记事项包括:

(一)名称;

(二)主体类型;

(三)经营范围;

(四)住所或者主要经营场所;

(五)注册资本或者出资额;

(六)法定代表人、执行事务合伙人或者负责人姓名。

除前款规定外,还应当根据市场主体类型登记下列事项:

(一)有限责任公司股东、股份有限公司发起人、非公司企业法人出资人的姓名或者名称；

（二）个人独资企业的投资人姓名及居所；

（三）合伙企业的合伙人名称或者姓名、住所、承担责任方式；

（四）个体工商户的经营者姓名、住所、经营场所；

（五）法律、行政法规规定的其他事项。

第九条 市场主体的下列事项应当向登记机关办理备案：

（一）章程或者合伙协议；

（二）经营期限或者合伙期限；

（三）有限责任公司股东或者股份有限公司发起人认缴的出资数额，合伙企业合伙人认缴或者实际缴付的出资数额、缴付期限和出资方式；

（四）公司董事、监事、高级管理人员；

（五）农民专业合作社（联合社）成员；

（六）参加经营的个体工商户家庭成员姓名；

（七）市场主体登记联络员、外商投资企业法律文件送达接受人；

（八）公司、合伙企业等市场主体受益所有人相关信息；

（九）法律、行政法规规定的其他事项。

第十条 市场主体只能登记一个名称，经登记的市场主体名称受法律保护。

市场主体名称由申请人依法自主申报。

第十一条 市场主体只能登记一个住所或者主要经营场所。

电子商务平台内的自然人经营者可以根据国家有关规定，将电子商务平台提供的网络经营场所作为经营场所。

省、自治区、直辖市人民政府可以根据有关法律、行政法规的规定和本地区实际情况，自行或者授权下级人民政府对住所或者主要经营场所作出更加便利市场主体从事经营活动的具体规定。

第十二条 有下列情形之一的，不得担任公司、非公司企业法人的法定代表人：

（一）无民事行为能力或者限制民事行为能力；

（二）因贪污、贿赂、侵占财产、挪用财产或者破坏社会主义市场经济秩序被判处刑罚，执行期满未逾5年，或者因犯罪被剥夺政治权利，执行期满未逾5年；

（三）担任破产清算的公司、非公司企业法人的法定代表人、董事或者厂长、经理，对破产负有个人责任的，自破产清算完结之日起未逾3年；

（四）担任因违法被吊销营业执照、责令关闭的公司、非公司企业法人的法定代表人，并负有个人责任的，自被吊销营业执照之日起未逾3年；

（五）个人所负数额较大的债务到期未清偿；

（六）法律、行政法规规定的其他情形。

第十三条 除法律、行政法规或者国务院决定另有规定外，市场主体的注册资本或者出资额实行认缴登记制，以人民币表示。

出资方式应当符合法律、行政法

规的规定。公司股东、非公司企业法人出资人、农民专业合作社(联合社)成员不得以劳务、信用、自然人姓名、商誉、特许经营权或者设定担保的财产等作价出资。

第十四条 市场主体的经营范围包括一般经营项目和许可经营项目。经营范围中属于在登记前依法须经批准的许可经营项目,市场主体应当在申请登记时提交有关批准文件。

市场主体应当按照登记机关公布的经营项目分类标准办理经营范围登记。

第三章 登记规范

第十五条 市场主体实行实名登记。申请人应当配合登记机关核验身份信息。

第十六条 申请办理市场主体登记,应当提交下列材料:
(一)申请书;
(二)申请人资格文件、自然人身份证明;
(三)住所或者主要经营场所相关文件;
(四)公司、非公司企业法人、农民专业合作社(联合社)章程或者合伙企业合伙协议;
(五)法律、行政法规和国务院市场监督管理部门规定提交的其他材料。

国务院市场监督管理部门应当根据市场主体类型分别制定登记材料清单和文书格式样本,通过政府网站、登记机关服务窗口等向社会公开。

登记机关能够通过政务信息共享平台获取的市场主体登记相关信息,不得要求申请人重复提供。

第十七条 申请人应当对提交材料的真实性、合法性和有效性负责。

第十八条 申请人可以委托其他自然人或者中介机构代其办理市场主体登记。受委托的自然人或者中介机构代为办理登记事宜应当遵守有关规定,不得提供虚假信息和材料。

第十九条 登记机关应当对申请材料进行形式审查。对申请材料齐全、符合法定形式的予以确认并当场登记。不能当场登记的,应当在3个工作日内予以登记;情形复杂的,经登记机关负责人批准,可以再延长3个工作日。

申请材料不齐全或者不符合法定形式的,登记机关应当一次性告知申请人需要补正的材料。

第二十条 登记申请不符合法律、行政法规规定,或者可能危害国家安全、社会公共利益的,登记机关不予登记并说明理由。

第二十一条 申请人申请市场主体设立登记,登记机关依法予以登记的,签发营业执照。营业执照签发日期为市场主体的成立日期。

法律、行政法规或者国务院决定规定设立市场主体须经批准的,应当在批准文件有效期内向登记机关申请登记。

第二十二条 营业执照分为正本和副本,具有同等法律效力。

电子营业执照与纸质营业执照具有同等法律效力。

营业执照样式、电子营业执照标准由国务院市场监督管理部门统一制定。

第二十三条　市场主体设立分支机构，应当向分支机构所在地的登记机关申请登记。

第二十四条　市场主体变更登记事项，应当自作出变更决议、决定或者法定变更事项发生之日起30日内向登记机关申请变更登记。

市场主体变更登记事项属于依法须经批准的，申请人应当在批准文件有效期内向登记机关申请变更登记。

第二十五条　公司、非公司企业法人的法定代表人在任职期间发生本条例第十二条所列情形之一的，应当向登记机关申请变更登记。

第二十六条　市场主体变更经营范围，属于依法须经批准的项目的，应当自批准之日起30日内申请变更登记。许可证或者批准文件被吊销、撤销或者有效期届满的，应当自许可证或者批准文件被吊销、撤销或者有效期届满之日起30日内向登记机关申请变更登记或者办理注销登记。

第二十七条　市场主体变更住所或者主要经营场所跨登记机关辖区的，应当在迁入新的住所或者主要经营场所前，向迁入地登记机关申请变更登记。迁出地登记机关无正当理由不得拒绝移交市场主体档案等相关材料。

第二十八条　市场主体变更登记涉及营业执照记载事项的，登记机关应当及时为市场主体换发营业执照。

第二十九条　市场主体变更本条例第九条规定的备案事项的，应当自作出变更决议、决定或者法定变更事项发生之日起30日内向登记机关办理备案。

农民专业合作社（联合社）成员发生变更的，应当自本会计年度终了之日起90日内向登记机关办理备案。

第三十条　因自然灾害、事故灾难、公共卫生事件、社会安全事件等原因造成经营困难的，市场主体可以自主决定在一定时期内歇业。法律、行政法规另有规定的除外。

市场主体应当在歇业前与职工依法协商劳动关系处理等有关事项。

市场主体应当在歇业前向登记机关办理备案。登记机关通过国家企业信用信息公示系统向社会公示歇业期限、法律文书送达地址等信息。

市场主体歇业的期限最长不得超过3年。市场主体在歇业期间开展经营活动的，视为恢复营业，市场主体应当通过国家企业信用信息公示系统向社会公示。

市场主体歇业期间，可以以法律文书送达地址代替住所或者主要经营场所。

第三十一条　市场主体因解散、被宣告破产或者其他法定事由需要终止的，应当依法向登记机关申请注销登记。经登记机关注销登记，市场主体终止。

市场主体注销依法须经批准的，应当经批准后向登记机关申请注销登记。

第三十二条　市场主体注销登记前依法应当清算的，清算组应当自成立之日起10日内将清算组成员、清算组负责人名单通过国家企业信用信息公示系统公告。清算组可以通过国家企业信用信息公示系统发布债权人公告。

清算组应当自清算结束之日起30

日内向登记机关申请注销登记。市场主体申请注销登记前，应当依法办理分支机构注销登记。

第三十三条　市场主体未发生债权债务或者已将债权债务清偿完结，未发生或者已结清清偿费用、职工工资、社会保险费用、法定补偿金、应缴纳税款（滞纳金、罚款），并由全体投资人书面承诺对上述情况的真实性承担法律责任的，可以按照简易程序办理注销登记。

市场主体应当将承诺书及注销登记申请通过国家企业信用信息公示系统公示，公示期为20日。在公示期内无相关部门、债权人及其他利害关系人提出异议的，市场主体可以于公示期届满之日起20日内向登记机关申请注销登记。

个体工商户按照简易程序办理注销登记的，无需公示，由登记机关将个体工商户的注销登记申请推送至税务等有关部门，有关部门在10日内没有提出异议的，可以直接办理注销登记。

市场主体注销依法须经批准的，或者市场主体被吊销营业执照、责令关闭、撤销，或者被列入经营异常名录的，不适用简易注销程序。

第三十四条　人民法院裁定强制清算或者裁定宣告破产的，有关清算组、破产管理人可以持人民法院终结强制清算程序的裁定或者终结破产程序的裁定，直接向登记机关申请办理注销登记。

第四章　监督管理

第三十五条　市场主体应当按照国家有关规定公示年度报告和登记相关信息。

第三十六条　市场主体应当将营业执照置于住所或者主要经营场所的醒目位置。从事电子商务经营的市场主体应当在其首页显著位置持续公示营业执照信息或者相关链接标识。

第三十七条　任何单位和个人不得伪造、涂改、出租、出借、转让营业执照。

营业执照遗失或者毁坏的，市场主体应当通过国家企业信用信息公示系统声明作废，申请补领。

登记机关依法作出变更登记、注销登记和撤销登记决定的，市场主体应当缴回营业执照。拒不缴回或者无法缴回营业执照的，由登记机关通过国家企业信用信息公示系统公告营业执照作废。

第三十八条　登记机关应当根据市场主体的信用风险状况实施分级分类监管。

登记机关应当采取随机抽取检查对象、随机选派执法检查人员的方式，对市场主体登记事项进行监督检查，并及时向社会公开监督检查结果。

第三十九条　登记机关对市场主体涉嫌违反本条例规定的行为进行查处，可以行使下列职权：

（一）进入市场主体的经营场所实施现场检查；

（二）查阅、复制、收集与市场主体经营活动有关的合同、票据、账簿以及其他资料；

（三）向与市场主体经营活动有关的单位和个人调查了解情况；

（四）依法责令市场主体停止相关

经营活动；

（五）依法查询涉嫌违法的市场主体的银行账户；

（六）法律、行政法规规定的其他职权。

登记机关行使前款第四项、第五项规定的职权的，应当经登记机关主要负责人批准。

第四十条 提交虚假材料或者采取其他欺诈手段隐瞒重要事实取得市场主体登记的，受虚假市场主体登记影响的自然人、法人和其他组织可以向登记机关提出撤销市场主体登记的申请。

登记机关受理申请后，应当及时开展调查。经调查认定存在虚假市场主体登记情形的，登记机关应当撤销市场主体登记。相关市场主体和人员无法联系或者拒不配合的，登记机关可以将相关市场主体的登记时间、登记事项等通过国家企业信用信息公示系统向社会公示，公示期为45日。相关市场主体及其利害关系人在公示期内没有提出异议的，登记机关可以撤销市场主体登记。

因虚假市场主体登记被撤销的市场主体，其直接责任人自市场主体登记被撤销之日起3年内不得再次申请市场主体登记。登记机关应当通过国家企业信用信息公示系统予以公示。

第四十一条 有下列情形之一的，登记机关可以不予撤销市场主体登记：

（一）撤销市场主体登记可能对社会公共利益造成重大损害；

（二）撤销市场主体登记后无法恢复到登记前的状态；

（三）法律、行政法规规定的其他情形。

第四十二条 登记机关或者其上级机关认定撤销市场主体登记决定错误的，可以撤销该决定，恢复原登记状态，并通过国家企业信用信息公示系统公示。

第五章 法律责任

第四十三条 未经设立登记从事经营活动的，由登记机关责令改正，没收违法所得；拒不改正的，处1万元以上10万元以下的罚款；情节严重的，依法责令关闭停业，并处10万元以上50万元以下的罚款。

第四十四条 提交虚假材料或者采取其他欺诈手段隐瞒重要事实取得市场主体登记的，由登记机关责令改正，没收违法所得，并处5万元以上20万元以下的罚款；情节严重的，处20万元以上100万元以下的罚款，吊销营业执照。

第四十五条 实行注册资本实缴登记制的市场主体虚报注册资本取得市场主体登记的，由登记机关责令改正，处虚报注册资本金额5%以上15%以下的罚款；情节严重的，吊销营业执照。

实行注册资本实缴登记制的市场主体的发起人、股东虚假出资，未交付或者未按期交付作为出资的货币或者非货币财产的，或者在市场主体成立后抽逃出资的，由登记机关责令改正，处虚假出资金额5%以上15%以下的罚款。

第四十六条 市场主体未依照本条例办理变更登记的，由登记机关责令改正；拒不改正的，处1万元以上10万元以下的罚款；情节严重的，吊销营业执照。

第四十七条 市场主体未依照本条例办理备案的，由登记机关责令改正；拒不改正的，处 5 万元以下的罚款。

第四十八条 市场主体未依照本条例将营业执照置于住所或者主要经营场所醒目位置的，由登记机关责令改正；拒不改正的，处 3 万元以下的罚款。

从事电子商务经营的市场主体未在其首页显著位置持续公示营业执照信息或者相关链接标识的，由登记机关依照《中华人民共和国电子商务法》处罚。

市场主体伪造、涂改、出租、出借、转让营业执照的，由登记机关没收违法所得，处 10 万元以下的罚款；情节严重的，处 10 万元以上 50 万元以下的罚款，吊销营业执照。

第四十九条 违反本条例规定的，登记机关确定罚款金额时，应当综合考虑市场主体的类型、规模、违法情节等因素。

第五十条 登记机关及其工作人员违反本条例规定未履行职责或者履行职责不当的，对直接负责的主管人员和其他直接责任人员依法给予处分。

第五十一条 违反本条例规定，构成犯罪的，依法追究刑事责任。

第五十二条 法律、行政法规对市场主体登记管理违法行为处罚另有规定的，从其规定。

第六章 附 则

第五十三条 国务院市场监督管理部门可以依照本条例制定市场主体登记和监督管理的具体办法。

第五十四条 无固定经营场所摊贩的管理办法，由省、自治区、直辖市人民政府根据当地实际情况另行规定。

第五十五条 本条例自 2022 年 3 月 1 日起施行。《中华人民共和国公司登记管理条例》、《中华人民共和国企业法人登记管理条例》、《中华人民共和国合伙企业登记管理办法》、《农民专业合作社登记管理条例》、《企业法人法定代表人登记管理规定》同时废止。

价格违法行为行政处罚规定

1. 1999 年 7 月 10 日国务院批准
2. 1999 年 8 月 1 日国家发展计划委员会令第 1 号公布
3. 根据 2006 年 2 月 21 日国务院令第 461 号《关于修改〈价格违法行为行政处罚规定〉的决定》第一次修订
4. 根据 2008 年 1 月 13 日国务院令第 515 号《关于修改〈价格违法行为行政处罚规定〉的决定》第二次修订
5. 根据 2010 年 12 月 4 日国务院令第 585 号《关于修改〈价格违法行为行政处罚规定〉的决定》第三次修订

第一条 为了依法惩处价格违法行为，维护正常的价格秩序，保护消费者和经营者的合法权益，根据《中华人民共和国价格法》（以下简称价格法）的有关规定，制定本规定。

第二条 县级以上各级人民政府价格主管部门依法对价格活动进行监督检查，并决定对价格违法行为的行政处罚。

第三条　价格违法行为的行政处罚由价格违法行为发生地的地方人民政府价格主管部门决定；国务院价格主管部门规定由其上级价格主管部门决定的，从其规定。

第四条　经营者违反价格法第十四条的规定，有下列行为之一的，责令改正，没收违法所得，并处违法所得5倍以下的罚款；没有违法所得的，处10万元以上100万元以下的罚款；情节严重的，责令停业整顿，或者由工商行政管理机关吊销营业执照：

（一）除依法降价处理鲜活商品、季节性商品、积压商品等商品外，为了排挤竞争对手或者独占市场，以低于成本的价格倾销，扰乱正常的生产经营秩序，损害国家利益或者其他经营者的合法权益的；

（二）提供相同商品或者服务，对具有同等交易条件的其他经营者实行价格歧视的。

第五条　经营者违反价格法第十四条的规定，相互串通，操纵市场价格，造成商品价格较大幅度上涨的，责令改正，没收违法所得，并处违法所得5倍以下的罚款；没有违法所得的，处10万元以上100万元以下的罚款，情节较重的处100万元以上500万元以下的罚款；情节严重的，责令停业整顿，或者由工商行政管理机关吊销营业执照。

除前款规定情形外，经营者相互串通，操纵市场价格，损害其他经营者或者消费者合法权益的，依照本规定第四条的规定处罚。

行业协会或者其他单位组织经营者相互串通，操纵市场价格的，对经营者依照前两款的规定处罚；对行业协会或者其他单位，可以处50万元以下的罚款，情节严重的，由登记管理机关依法撤销登记、吊销执照。

第六条　经营者违反价格法第十四条的规定，有下列推动商品价格过快、过高上涨行为之一的，责令改正，没收违法所得，并处违法所得5倍以下的罚款；没有违法所得的，处5万元以上50万元以下的罚款，情节较重的处50万元以上300万元以下的罚款；情节严重的，责令停业整顿，或者由工商行政管理机关吊销营业执照：

（一）捏造、散布涨价信息，扰乱市场价格秩序的；

（二）除生产自用外，超出正常的存储数量或者存储周期，大量囤积市场供应紧张、价格发生异常波动的商品，经价格主管部门告诫仍继续囤积的；

（三）利用其他手段哄抬价格，推动商品价格过快、过高上涨的。

行业协会或者为商品交易提供服务的单位有前款规定的违法行为的，可以处50万元以下的罚款；情节严重的，由登记管理机关依法撤销登记、吊销执照。

前两款规定以外的其他单位散布虚假涨价信息，扰乱市场价格秩序，依法应当由其他主管机关查处的，价格主管部门可以提出依法处罚的建议，有关主管机关应当依法处罚。

第七条　经营者违反价格法第十四条的规定，利用虚假的或者使人误解的价格手段，诱骗消费者或者其他经营者与其进行交易的,责令改正,没收违法所得,并处违法所得5倍以下的罚款;没有违法所得的,处5万元以上50万元以下的罚款;情节严重的,责令停业整顿,或者由工商行政管理机关吊销营业执照。

第八条 经营者违反价格法第十四条的规定,采取抬高等级或者压低等级等手段销售、收购商品或者提供服务,变相提高或者压低价格的,责令改正,没收违法所得,并处违法所得5倍以下的罚款;没有违法所得的,处2万元以上20万元以下的罚款;情节严重的,责令停业整顿,或者由工商行政管理机关吊销营业执照。

第九条 经营者不执行政府指导价、政府定价,有下列行为之一的,责令改正,没收违法所得,并处违法所得5倍以下的罚款;没有违法所得的,处5万元以上50万元以下的罚款,情节较重的处50万元以上200万元以下的罚款;情节严重的,责令停业整顿:

(一)超出政府指导价浮动幅度制定价格的;

(二)高于或者低于政府定价制定价格的;

(三)擅自制定属于政府指导价、政府定价范围内的商品或者服务价格的;

(四)提前或者推迟执行政府指导价、政府定价的;

(五)自立收费项目或者自定标准收费的;

(六)采取分解收费项目、重复收费、扩大收费范围等方式变相提高收费标准的;

(七)对政府明令取消的收费项目继续收费的;

(八)违反规定以保证金、抵押金等形式变相收费的;

(九)强制或者变相强制服务并收费的;

(十)不按照规定提供服务而收取费用的;

(十一)不执行政府指导价、政府定价的其他行为。

第十条 经营者不执行法定的价格干预措施、紧急措施,有下列行为之一的,责令改正,没收违法所得,并处违法所得5倍以下的罚款;没有违法所得的,处10万元以上100万元以下的罚款,情节较重的处100万元以上500万元以下的罚款;情节严重的,责令停业整顿:

(一)不执行提价申报或者调价备案制度的;

(二)超过规定的差价率、利润率幅度的;

(三)不执行规定的限价、最低保护价的;

(四)不执行集中定价权限措施的;

(五)不执行冻结价格措施的;

(六)不执行法定的价格干预措施、紧急措施的其他行为。

第十一条 本规定第四条、第七条至第九条规定中经营者为个人的,对其没有违法所得的价格违法行为,可以处10万元以下的罚款。

本规定第五条、第六条、第十条规定中经营者为个人的,对其没有违法所得的价格违法行为,按照前款规定处罚;情节严重的,处 10 万元以上 50 万元以下的罚款。

第十二条 经营者违反法律、法规的规定牟取暴利的,责令改正,没收违法所得,可以并处违法所得 5 倍以下的罚款;情节严重的,责令停业整顿,或者由工商行政管理机关吊销营业执照。

第十三条 经营者违反明码标价规定,有下列行为之一的,责令改正,没收违法所得,可以并处 5000 元以下的罚款:

(一)不标明价格的;

(二)不按照规定的内容和方式明码标价的;

(三)在标价之外加价出售商品或者收取未标明的费用的;

(四)违反明码标价规定的其他行为。

第十四条 拒绝提供价格监督检查所需资料或者提供虚假资料的,责令改正,给予警告;逾期不改正的,可以处 10 万元以下的罚款,对直接负责的主管人员和其他直接责任人员给予纪律处分。

第十五条 政府价格主管部门进行价格监督检查时,发现经营者的违法行为同时具有下列三种情形的,可以依照价格法第三十四条第(三)项的规定责令其暂停相关营业:

(一)违法行为情节复杂或者情节严重,经查明后可能给予较重处罚的;

(二)不暂停相关营业,违法行为将继续的;

(三)不暂停相关营业,可能影响违法事实的认定,采取其他措施又不足以保证查明的。

政府价格主管部门进行价格监督检查时,执法人员不得少于 2 人,并应当向经营者或者有关人员出示证件。

第十六条 本规定第四条至第十三条规定中的违法所得,属于价格法第四十一条规定的消费者或者其他经营者多付价款的,责令经营者限期退还。难以查找多付价款的消费者或者其他经营者的,责令公告查找。

经营者拒不按照前款规定退还消费者或者其他经营者多付的价款,以及期限届满没有退还消费者或者其他经营者多付的价款,由政府价格主管部门予以没收,消费者或者其他经营者要求退还时,由经营者依法承担民事责任。

第十七条 经营者有《中华人民共和国行政处罚法》第二十七条所列情形的,应当依法从轻或者减轻处罚。

经营者有下列情形之一的,应当从重处罚:

(一)价格违法行为严重或者社会影响较大的;

(二)屡查屡犯的;

(三)伪造、涂改或者转移、销毁证据的;

(四)转移与价格违法行为有关的资金或者商品的;

(五)经营者拒不按照本规定第十六条第一款规定退还消费者或者其他经营者多付价款的;

(六)应予从重处罚的其他价格违法行为。

第十八条 本规定中以违法所得计算罚款数额的,违法所得无法确定时,按照没有违法所得的规定处罚。

第十九条 有本规定所列价格违法行为严重扰乱市场秩序,构成犯罪的,依法追究刑事责任。

第二十条 经营者对政府价格主管部门作出的处罚决定不服的,应当先依法申请行政复议;对行政复议决定不服的,可以依法向人民法院提起诉讼。

第二十一条 逾期不缴纳罚款的,每日按罚款数额的3%加处罚款;逾期不缴纳违法所得的,每日按违法所得数额的2‰加处罚款。

第二十二条 任何单位和个人有本规定所列价格违法行为,情节严重,拒不改正的,政府价格主管部门除依照本规定给予处罚外,可以公告其价格违法行为,直至其改正。

第二十三条 有关法律对价格法第十四条所列行为的处罚及处罚机关另有规定的,可以依照有关法律的规定执行。

第二十四条 价格执法人员泄露国家秘密、经营者的商业秘密或者滥用职权、玩忽职守、徇私舞弊,构成犯罪的,依法追究刑事责任;尚不构成犯罪的,依法给予处分。

第二十五条 本规定自公布之日起施行。

市场监督管理执法监督暂行规定

1. 2019年12月31日国家市场监督管理总局令第22号公布
2. 自2020年4月1日起施行

第一条 为了督促市场监督管理部门依法履行职责,规范行政执法行为,保护自然人、法人和其他组织的合法权益,根据有关法律、行政法规,制定本规定。

第二条 本规定所称执法监督,是指上级市场监督管理部门对下级市场监督管理部门,各级市场监督管理部门对本部门所属机构、派出机构和执法人员的行政执法及其相关行为进行的检查、审核、评议、纠正等活动。

市场监督管理部门开展执法监督,适用本规定;法律、法规、规章另有规定的,依照其规定。

第三条 执法监督应当坚持监督执法与促进执法相结合、纠正错误与改进工作相结合的原则,保证法律、法规、规章的正确实施。

第四条 各级市场监督管理部门应当加强对执法监督工作的领导,建立健全执法监督工作机制,统筹解决执法监督工作中的重大问题。

第五条 各级市场监督管理部门内设的各业务机构根据职责分工和相关规定,负责实施本业务领域的执法监督工作。

各级市场监督管理部门法制机构在本级市场监督管理部门领导下,具体负责组织、协调、指导和实施执法监督工作。

第六条 执法监督主要包括下列内容:

(一)依法履行市场监督管理执法职责情况;

(二)行政规范性文件的合法性;

(三)公平竞争审查情况;

(四)行政处罚、行政许可、行政强制等具体行政行为的合法性和适当性;

（五）行政处罚裁量基准制度实施情况；

（六）行政执法公示、执法全过程记录、重大执法决定法制审核制度实施情况；

（七）行政复议、行政诉讼、行政执法与刑事司法衔接等制度落实情况；

（八）行政执法责任制的落实情况；

（九）其他需要监督的内容。

第七条 执法监督主要采取下列方式：

（一）行政规范性文件合法性审核；

（二）公平竞争审查；

（三）行政处罚案件审核、听证；

（四）重大执法决定法制审核；

（五）行政复议；

（六）专项执法检查；

（七）执法评议考核；

（八）执法案卷评查；

（九）法治建设评价；

（十）依法可以采取的其他监督方式。

第八条 本规定第七条第（一）项至第（五）项所规定的执法监督方式，依照法律、法规、规章和有关规定执行。

本规定第七条第（六）项至第（八）项所规定的执法监督方式，由市场监督管理部门内设的各业务机构和法制机构单独或者共同实施。

本规定第七条第（九）项所规定的执法监督方式，由市场监督管理部门法制机构实施。

第九条 市场监督管理部门主要针对下列事项开展专项执法检查：

（一）法律、法规、规章、行政规范性文件的执行情况；

（二）重要执法制度的实施情况；

（三）行政执法中具有普遍性的热点、难点、重点问题；

（四）上级机关和有关部门交办、转办、移送的执法事项；

（五）社会公众反映强烈的执法事项；

（六）其他需要开展专项执法检查的事项。

市场监督管理部门应当加强对专项执法检查的统筹安排，统一制定专项执法检查计划，合理确定专项执法检查事项。

第十条 市场监督管理部门主要针对下列事项开展执法评议考核：

（一）执法主体是否合法；

（二）执法行为是否规范；

（三）执法制度是否健全；

（四）执法效果是否良好；

（五）其他需要评议的事项。

市场监督管理部门开展执法评议考核，应当确定执法评议考核的范围和重点，加强评议考核结果运用，落实评议考核奖惩措施。

第十一条 市场监督管理部门主要针对下列事项开展行政处罚案卷评查：

（一）实施行政处罚的主体是否合法；

（二）认定的事实是否清楚，证据是否确凿；

（三）适用法律依据是否准确；

（四）程序是否合法；

（五）自由裁量权运用是否适当；

（六）涉嫌犯罪的案件是否移送司法机关；

（七）案卷的制作、管理是否规范；
（八）需要评查的其他事项。
市场监督管理部门主要针对下列事项开展行政许可案卷评查：
（一）实施行政许可的主体是否合法；
（二）行政许可项目是否有法律、法规、规章依据；
（三）申请材料是否齐全、是否符合法定形式；
（四）实质审查是否符合法定要求；
（五）适用法律依据是否准确；
（六）程序是否合法；
（七）案卷的制作、管理是否规范；
（八）需要评查的其他事项。
市场监督管理部门对其他行政执法案卷的评查事项，参照前款规定执行。

第十二条 市场监督管理部门应当根据法治政府建设的部署和要求，对本级和下级市场监督管理部门法治建设情况进行评价。

法治市场监督管理建设评价办法、指标体系和评分标准由国家市场监督管理总局另行制定。

第十三条 市场监督管理部门在开展执法监督时，可以采取下列措施：
（一）查阅、复制、调取行政执法案卷和其他有关材料；
（二）询问行政执法人员、行政相对人和其他相关人员；
（三）召开座谈会、论证会，开展问卷调查，组织第三方评估；
（四）现场检查、网上检查、查看执法业务管理系统；

（五）走访、回访、暗访；
（六）依法可以采取的其他措施。

第十四条 下级市场监督管理部门应当及时向上级市场监督管理部门报送开展执法监督工作的情况及相关数据。

上级市场监督管理部门可以根据工作需要，要求下级市场监督管理部门报送开展执法监督工作的情况及相关数据。

各级市场监督管理部门应当加强执法监督的信息化建设，实现执法监督信息的互通和共享。

第十五条 市场监督管理部门应当对开展执法监督的情况及时进行汇总、分析。相关执法监督情况经本级市场监督管理部门负责人批准后，可以在适当范围内通报。

第十六条 上级市场监督管理部门在执法监督工作中发现下级市场监督管理部门在履行法定执法职责中存在突出问题的，经本级市场监督管理部门负责人批准，可以约谈下级市场监督管理部门负责人。

第十七条 市场监督管理部门发现本部门所属机构、派出机构和执法人员存在不履行、违法履行或者不当履行法定职责情形的，应当及时予以纠正。

第十八条 上级市场监督管理部门发现下级市场监督管理部门及其执法人员可能存在不履行、违法履行或者不当履行法定职责情形的，经本级市场监督管理部门负责人批准，可以发出执法监督通知书，要求提供相关材料或者情况说明。

下级市场监督管理部门收到执法监督通知书后，应当于十个工作日内提供相关材料或者情况说明。

第十九条　上级市场监督管理部门发出执法监督通知书后，经过调查核实，认为下级市场监督管理部门及其执法人员存在不履行、违法履行或者不当履行法定职责情形的，经本级市场监督管理部门负责人批准，可以发出执法监督决定书，要求下级市场监督管理部门限期纠正；必要时可以直接纠正。

下级市场监督管理部门应当在执法监督决定书规定的期限内纠正相关行为，并于纠正后十个工作日内向上级市场监督管理部门报告纠正情况。

第二十条　下级市场监督管理部门对执法监督决定有异议的，可以在五个工作日内申请复查，上级市场监督管理部门应当自收到申请之日起十个工作日内予以复查并答复。

第二十一条　上级市场监督管理部门发现下级市场监督管理部门行政执法工作中存在普遍性问题或者区域性风险，经本级市场监督管理部门负责人批准，可以向下级市场监督管理部门发出执法监督意见书，提出完善制度或者改进工作的要求。

下级市场监督管理部门应当在规定期限内将有关情况报告上级市场监督管理部门。

第二十二条　下级市场监督管理部门不执行执法监督通知书、决定书或者意见书的，上级市场监督管理部门可以责令改正、通报批评，并可以建议有权机关对负有责任的主管人员和相关责任人员予以批评教育、调离执法岗位或者处分。

第二十三条　市场监督管理部门在执法监督中，发现存在不履行、违法履行或者不当履行法定职责情形需要追责问责的，应当根据有关规定处理。

第二十四条　市场监督管理部门应当建立执法容错机制，明确履职标准，完善尽职免责办法。

第二十五条　药品监督管理部门和知识产权行政部门实施执法监督，适用本规定。

第二十六条　本规定自2020年4月1日起施行。2004年1月18日原国家质量监督检验检疫总局令第59号公布的《质量监督检验检疫行政执法监督与行政执法过错责任追究办法》和2015年9月15日原国家工商行政管理总局令第78号公布的《工商行政管理机关执法监督规定》同时废止。

网络交易监督管理办法

1. 2021年3月15日国家市场监督管理总局令第37号公布
2. 自2021年5月1日起施行

第一章　总　　则

第一条　为了规范网络交易活动，维护网络交易秩序，保障网络交易各方主体合法权益，促进数字经济持续健康发展，根据有关法律、行政法规，制定本办法。

第二条　在中华人民共和国境内，通过互联网等信息网络（以下简称通过网络）销售商品或者提供服务的经营活动以及市场监督管理部门对其进行监督管理，适用本办法。

在网络社交、网络直播等信息网络活动中销售商品或者提供服务的经营活动,适用本办法。

第三条　网络交易经营者从事经营活动,应当遵循自愿、平等、公平、诚信原则,遵守法律、法规、规章和商业道德、公序良俗,公平参与市场竞争,认真履行法定义务,积极承担主体责任,接受社会各界监督。

第四条　网络交易监督管理坚持鼓励创新、包容审慎、严守底线、线上线下一体化监管的原则。

第五条　国家市场监督管理总局负责组织指导全国网络交易监督管理工作。

县级以上地方市场监督管理部门负责本行政区域内的网络交易监督管理工作。

第六条　市场监督管理部门引导网络交易经营者、网络交易行业组织、消费者组织、消费者共同参与网络交易市场治理,推动完善多元参与、有效协同、规范有序的网络交易市场治理体系。

第二章　网络交易经营者

第一节　一般规定

第七条　本办法所称网络交易经营者,是指组织、开展网络交易活动的自然人、法人和非法人组织,包括网络交易平台经营者、平台内经营者、自建网站经营者以及通过其他网络服务开展网络交易活动的网络交易经营者。

本办法所称网络交易平台经营者,是指在网络交易活动中为交易双方或者多方提供网络经营场所、交易撮合、信息发布等服务,供交易双方或者多方独立开展网络交易活动的法人或者非法人组织。

本办法所称平台内经营者,是指通过网络交易平台开展网络交易活动的网络交易经营者。

网络社交、网络直播等网络服务提供者为经营者提供网络经营场所、商品浏览、订单生成、在线支付等网络交易平台服务的,应当依法履行网络交易平台经营者的义务。通过上述网络交易平台服务开展网络交易活动的经营者,应当依法履行平台内经营者的义务。

第八条　网络交易经营者不得违反法律、法规、国务院决定的规定,从事无证无照经营。除《中华人民共和国电子商务法》第十条规定的不需要进行登记的情形外,网络交易经营者应当依法办理市场主体登记。

个人通过网络从事保洁、洗涤、缝纫、理发、搬家、配制钥匙、管道疏通、家电家具修理修配等依法无须取得许可的便民劳务活动,依照《中华人民共和国电子商务法》第十条的规定不需要进行登记。

个人从事网络交易活动,年交易额累计不超过10万元的,依照《中华人民共和国电子商务法》第十条的规定不需要进行登记。同一经营者在同一平台或者不同平台开设多家网店的,各网店交易额合并计算。个人从事的零星小额交易须依法取得行政许可的,应当依法办理市场主体登记。

第九条　仅通过网络开展经营活动的平台内经营者申请登记为个体工商户的,可以将网络经营场所登记为经营场所,将经常居住地登记为住所,其住所所在地的县、自治县、不设区的市、市辖区市场监督管理部门为其登记机关。同一经营者有两个以上网络经营场所的,应当一并登记。

第十条 平台内经营者申请将网络经营场所登记为经营场所的,由其入驻的网络交易平台为其出具符合登记机关要求的网络经营场所相关材料。

第十一条 网络交易经营者销售的商品或者提供的服务应当符合保障人身、财产安全的要求和环境保护要求,不得销售或者提供法律、行政法规禁止交易,损害国家利益和社会公共利益,违背公序良俗的商品或者服务。

第十二条 网络交易经营者应当在其网站首页或者从事经营活动的主页面显著位置,持续公示经营者主体信息或者该信息的链接标识。鼓励网络交易经营者链接到国家市场监督管理总局电子营业执照亮照系统,公示其营业执照信息。

已经办理市场主体登记的网络交易经营者应当如实公示下列营业执照信息以及与其经营业务有关的行政许可等信息,或者该信息的链接标识:

(一)企业应当公示其营业执照登载的统一社会信用代码、名称、企业类型、法定代表人(负责人)、住所、注册资本(出资额)等信息;

(二)个体工商户应当公示其营业执照登载的统一社会信用代码、名称、经营者姓名、经营场所、组成形式等信息;

(三)农民专业合作社、农民专业合作社联合社应当公示其营业执照登载的统一社会信用代码、名称、法定代表人、住所、成员出资总额等信息。

依照《中华人民共和国电子商务法》第十条规定不需要进行登记的经营者应当根据自身实际经营活动类型,如实公示以下自我声明以及实际经营地址、联系方式等信息,或者该信息的链接标识:

(一)"个人销售自产农副产品,依法不需要办理市场主体登记";

(二)"个人销售家庭手工业产品,依法不需要办理市场主体登记";

(三)"个人利用自己的技能从事依法无须取得许可的便民劳务活动,依法不需要办理市场主体登记";

(四)"个人从事零星小额交易活动,依法不需要办理市场主体登记"。

网络交易经营者公示的信息发生变更的,应当在十个工作日内完成更新公示。

第十三条 网络交易经营者收集、使用消费者个人信息,应当遵循合法、正当、必要的原则,明示收集、使用信息的目的、方式和范围,并经消费者同意。网络交易经营者收集、使用消费者个人信息,应当公开其收集、使用规则,不得违反法律、法规的规定和双方的约定收集、使用信息。

网络交易经营者不得采用一次概括授权、默认授权、与其他授权捆绑、停止安装使用等方式,强迫或者变相强迫消费者同意收集、使用与经营活动无直接关系的信息。收集、使用个人生物特征、医疗健康、金融账户、个人行踪等敏感信息的,应当逐项取得消费者同意。

网络交易经营者及其工作人员应当对收集的个人信息严格保密,除依法配合监管执法活动外,未经被收集者授权同意,不得向包括关联方在内的任何第三方提供。

第十四条 网络交易经营者不得违反《中华人民共和国反不正当竞争法》等规定,实施扰乱市场竞争秩序,损害其他经营者或者消费者合法权益的不正当竞争行为。

网络交易经营者不得以下列方式,作虚假或者引人误解的商业宣传,欺骗、误导消费者:

(一)虚构交易、编造用户评价;

(二)采用误导性展示等方式,将好评前置、差评后置,或者不显著区分不同商品或者服务的评价等;

(三)采用谎称现货、虚构预订、虚假抢购等方式进行虚假营销;

(四)虚构点击量、关注度等流量数据,以及虚构点赞、打赏等交易互动数据。

网络交易经营者不得实施混淆行为,引人误认为是他人商品、服务或者与他人存在特定联系。

网络交易经营者不得编造、传播虚假信息或者误导性信息,损害竞争对手的商业信誉、商品声誉。

第十五条 消费者评价中包含法律、行政法规、规章禁止发布或者传输的信息的,网络交易经营者可以依法予以技术处理。

第十六条 网络交易经营者未经消费者同意或者请求,不得向其发送商业性信息。

网络交易经营者发送商业性信息时,应当明示其真实身份和联系方式,并向消费者提供显著、简便、免费的拒绝继续接收的方式。消费者明确表示拒绝的,应当立即停止发送,不得更换名义后再次发送。

第十七条 网络交易经营者以直接捆绑或者提供多种可选项方式向消费者搭售商品或者服务的,应当以显著方式提醒消费者注意。提供多种可选项方式的,不得将搭售商品或者服务的任何选项设定为消费者默认同意,不得将消费者以往交易中选择的选项在后续独立交易中设定为消费者默认选择。

第十八条 网络交易经营者采取自动展期、自动续费等方式提供服务的,应当在消费者接受服务前和自动展期、自动续费等日期前五日,以显著方式提请消费者注意,由消费者自主选择;在服务期间内,应当为消费者提供显著、简便的随时取消或者变更的选项,并不得收取不合理费用。

第十九条 网络交易经营者应当全面、真实、准确、及时地披露商品或者服务信息,保障消费者的知情权和选择权。

第二十条 通过网络社交、网络直播等网络服务开展网络交易活动的网络交易经营者,应当以显著方式展示商品或者服务及其实际经营主体、售后服务等信息,或者上述信息的链接标识。

网络直播服务提供者对网络交易活动的直播视频保存时间自直播结束之日起不少于三年。

第二十一条 网络交易经营者向消费者

提供商品或者服务使用格式条款、通知、声明等的,应当以显著方式提请消费者注意与消费者有重大利害关系的内容,并按照消费者的要求予以说明,不得作出含有下列内容的规定:

（一）免除或者部分免除网络交易经营者对其所提供的商品或者服务应当承担的修理、重作、更换、退货、补足商品数量、退还货款和服务费用、赔偿损失等责任;

（二）排除或者限制消费者提出修理、更换、退货、赔偿损失以及获得违约金和其他合理赔偿的权利;

（三）排除或者限制消费者依法投诉、举报、请求调解、申请仲裁、提起诉讼的权利;

（四）排除或者限制消费者依法变更或者解除合同的权利;

（五）规定网络交易经营者单方享有解释权或者最终解释权;

（六）其他对消费者不公平、不合理的规定。

第二十二条 网络交易经营者应当按照国家市场监督管理总局及其授权的省级市场监督管理部门的要求,提供特定时段、特定品类、特定区域的商品或者服务的价格、销量、销售额等数据信息。

第二十三条 网络交易经营者自行终止从事网络交易活动的,应当提前三十日在其网站首页或者从事经营活动的主页面显著位置,持续公示终止网络交易活动公告等有关信息,并采取合理、必要、及时的措施保障消费者和相关经营者的合法权益。

第二节 网络交易平台经营者

第二十四条 网络交易平台经营者应当要求申请进入平台销售商品或者提供服务的经营者提交其身份、地址、联系方式、行政许可等真实信息,进行核验、登记,建立登记档案,并至少每六个月核验更新一次。

网络交易平台经营者应当对未办理市场主体登记的平台内经营者进行动态监测,对超过本办法第八条第三款规定额度的,及时提醒其依法办理市场主体登记。

第二十五条 网络交易平台经营者应当依照法律、行政法规的规定,向市场监督管理部门报送有关信息。

网络交易平台经营者应当分别于每年1月和7月向住所地省级市场监督管理部门报送平台内经营者的下列身份信息:

（一）已办理市场主体登记的平台内经营者的名称（姓名）、统一社会信用代码、实际经营地址、联系方式、网店名称以及网址链接等信息;

（二）未办理市场主体登记的平台内经营者的姓名、身份证件号码、实际经营地址、联系方式、网店名称以及网址链接、属于依法不需要办理市场主体登记的具体情形的自我声明等信息;其中,对超过本办法第八条第三款规定额度的平台内经营者进行特别标示。

鼓励网络交易平台经营者与市场监督管理部门建立开放数据接口等形式的自动化信息报送机制。

第二十六条 网络交易平台经营者应当为平台内经营者依法履行信息公示义

务提供技术支持。平台内经营者公示的信息发生变更的,应当在三个工作日内将变更情况报送平台,平台应当在七个工作日内进行核验,完成更新公示。

第二十七条 网络交易平台经营者应当以显著方式区分标记已办理市场主体登记的经营者和未办理市场主体登记的经营者,确保消费者能够清晰辨认。

第二十八条 网络交易平台经营者修改平台服务协议和交易规则的,应当完整保存修改后的版本生效之日前三年的全部历史版本,并保证经营者和消费者能够便利、完整地阅览和下载。

第二十九条 网络交易平台经营者应当对平台内经营者及其发布的商品或者服务信息建立检查监控制度。网络交易平台经营者发现平台内的商品或者服务信息有违反市场监督管理法律、法规、规章,损害国家利益和社会公共利益,违背公序良俗的,应当依法采取必要的处置措施,保存有关记录,并向平台住所地县级以上市场监督管理部门报告。

第三十条 网络交易平台经营者依据法律、法规、规章的规定或者平台服务协议和交易规则对平台内经营者违法行为采取警示、暂停或者终止服务等处理措施的,应当自决定作出处理措施之日起一个工作日内予以公示,载明平台内经营者的网店名称、违法行为、处理措施等信息。警示、暂停服务等短期处理措施的相关信息应当持续公示至处理措施实施期满之日止。

第三十一条 网络交易平台经营者对平台内经营者身份信息的保存时间自其退出平台之日起不少于三年;对商品或者服务信息,支付记录、物流快递、退换货以及售后等交易信息的保存时间自交易完成之日起不少于三年。法律、行政法规另有规定的,依照其规定。

第三十二条 网络交易平台经营者不得违反《中华人民共和国电子商务法》第三十五条的规定,对平台内经营者在平台内的交易、交易价格以及与其他经营者的交易等进行不合理限制或者附加不合理条件,干涉平台内经营者的自主经营。具体包括:

(一)通过搜索降权、下架商品、限制经营、屏蔽店铺、提高服务收费等方式,禁止或者限制平台内经营者自主选择在多个平台开展经营活动,或者利用不正当手段限制其仅在特定平台开展经营活动;

(二)禁止或者限制平台内经营者自主选择快递物流等交易辅助服务提供者;

(三)其他干涉平台内经营者自主经营的行为。

第三章 监督管理

第三十三条 县级以上地方市场监督管理部门应当在日常管理和执法活动中加强协同配合。

网络交易平台经营者住所地省级市场监督管理部门应当根据工作需要,及时将掌握的平台内经营者身份信息与其实际经营地的省级市场监督管理部门共享。

第三十四条　市场监督管理部门在依法开展监督检查、案件调查、事故处置、缺陷消费品召回、消费争议处理等监管执法活动时,可以要求网络交易平台经营者提供有关的平台内经营者身份信息,商品或者服务信息,支付记录、物流快递、退换货以及售后等交易信息。网络交易平台经营者应当提供,并在技术方面积极配合市场监督管理部门开展网络交易违法行为监测工作。

为网络交易经营者提供宣传推广、支付结算、物流快递、网络接入、服务器托管、虚拟主机、云服务、网站网页设计制作等服务的经营者(以下简称其他服务提供者),应当及时协助市场监督管理部门依法查处网络交易违法行为,提供其掌握的有关数据信息。法律、行政法规另有规定的,依照其规定。

市场监督管理部门发现网络交易经营者有违法行为,依法要求网络交易平台经营者、其他服务提供者采取措施制止的,网络交易平台经营者、其他服务提供者应当予以配合。

第三十五条　市场监督管理部门对涉嫌违法的网络交易行为进行查处时,可以依法采取下列措施:

(一)对与涉嫌违法的网络交易行为有关的场所进行现场检查;

(二)查阅、复制与涉嫌违法的网络交易行为有关的合同、票据、账簿等有关资料;

(三)收集、调取、复制与涉嫌违法的网络交易行为有关的电子数据;

(四)询问涉嫌从事违法的网络交易行为的当事人;

(五)向与涉嫌违法的网络交易行为有关的自然人、法人和非法人组织调查了解有关情况;

(六)法律、法规规定可以采取的其他措施。

采取前款规定的措施,依法需要报经批准的,应当办理批准手续。

市场监督管理部门对网络交易违法行为的技术监测记录资料,可以作为实施行政处罚或者采取行政措施的电子数据证据。

第三十六条　市场监督管理部门应当采取必要措施保护网络交易经营者提供的数据信息的安全,并对其中的个人信息、隐私和商业秘密严格保密。

第三十七条　市场监督管理部门依法对网络交易经营者实施信用监管,将网络交易经营者的注册登记、备案、行政许可、抽查检查结果、行政处罚、列入经营异常名录和严重违法失信企业名单等信息,通过国家企业信用信息公示系统统一归集并公示。对存在严重违法失信行为的,依法实施联合惩戒。

前款规定的信息还可以通过市场监督管理部门官方网站、网络搜索引擎、经营者从事经营活动的主页面显著位置等途径公示。

第三十八条　网络交易经营者未依法履行法定责任和义务,扰乱或者可能扰乱网络交易秩序,影响消费者合法权益的,市场监督管理部门可以依职责对其法定代表人或者主要负责人进行约谈,要求其采取措施进行整改。

第四章 法律责任

第三十九条 法律、行政法规对网络交易违法行为的处罚已有规定的,依照其规定。

第四十条 网络交易平台经营者违反本办法第十条,拒不为入驻的平台内经营者出具网络经营场所相关材料的,由市场监督管理部门责令限期改正;逾期不改正的,处一万元以上三万元以下罚款。

第四十一条 网络交易经营者违反本办法第十一条、第十三条、第十六条、第十八条,法律、行政法规有规定的,依照其规定;法律、行政法规没有规定的,由市场监督管理部门依职责责令限期改正,可以处五千元以上三万元以下罚款。

第四十二条 网络交易经营者违反本办法第十二条、第二十三条,未履行法定信息公示义务的,依照《中华人民共和国电子商务法》第七十六条的规定进行处罚。对其中的网络交易平台经营者,依照《中华人民共和国电子商务法》第八十一条第一款的规定进行处罚。

第四十三条 网络交易经营者违反本办法第十四条的,依照《中华人民共和国反不正当竞争法》的相关规定进行处罚。

第四十四条 网络交易经营者违反本办法第十七条的,依照《中华人民共和国电子商务法》第七十七条的规定进行处罚。

第四十五条 网络交易经营者违反本办法第二十条,法律、行政法规有规定的,依照其规定;法律、行政法规没有规定的,由市场监督管理部门责令限期改正;逾期不改正的,处一万元以下罚款。

第四十六条 网络交易经营者违反本办法第二十二条的,由市场监督管理部门责令限期改正;逾期不改正的,处五千元以上三万元以下罚款。

第四十七条 网络交易平台经营者违反本办法第二十四条第一款、第二十五条第二款、第三十一条,不履行法定核验、登记义务,有关信息报送义务,商品和服务信息、交易信息保存义务的,依照《中华人民共和国电子商务法》第八十条的规定进行处罚。

第四十八条 网络交易平台经营者违反本办法第二十七条、第二十八条、第三十条的,由市场监督管理部门责令限期改正;逾期不改正的,处一万元以上三万元以下罚款。

第四十九条 网络交易平台经营者违反本办法第二十九条,法律、行政法规有规定的,依照其规定;法律、行政法规没有规定的,由市场监督管理部门依职责责令限期改正,可以处一万元以上三万元以下罚款。

第五十条 网络交易平台经营者违反本办法第三十二条的,依照《中华人民共和国电子商务法》第八十二条的规定进行处罚。

第五十一条 网络交易经营者销售商品或者提供服务,不履行合同义务或者履行合同义务不符合约定,或者造成他人损害的,依法承担民事责任。

第五十二条 网络交易平台经营者知道或者应当知道平台内经营者销售的商品或者提供的服务不符合保障人身、

财产安全的要求,或者有其他侵害消费者合法权益行为,未采取必要措施的,依法与该平台内经营者承担连带责任。

对关系消费者生命健康的商品或者服务,网络交易平台经营者对平台内经营者的资质资格未尽到审核义务,或者对消费者未尽到安全保障义务,造成消费者损害的,依法承担相应的责任。

第五十三条 对市场监督管理部门依法开展的监管执法活动,拒绝依照本办法规定提供有关材料、信息,或者提供虚假材料、信息,或者隐匿、销毁、转移证据,或者有其他拒绝、阻碍监管执法行为,法律、行政法规、其他市场监督管理部门规章有规定的,依照其规定;法律、行政法规、其他市场监督管理部门规章没有规定的,由市场监督管理部门责令改正,可以处五千元以上三万元以下罚款。

第五十四条 市场监督管理部门的工作人员,玩忽职守、滥用职权、徇私舞弊,或者泄露、出售或者非法向他人提供在履行职责中所知悉的个人信息、隐私和商业秘密的,依法追究法律责任。

第五十五条 违反本办法规定,构成犯罪,依法追究刑事责任。

第五章 附 则

第五十六条 本办法自2021年5月1日起施行。2014年1月26日原国家工商行政管理总局令第60号公布的《网络交易管理办法》同时废止。

网络食品安全违法行为查处办法

1. 2016年7月13日国家食品药品监督管理总局令第27号公布
2. 根据2021年4月2日国家市场监督管理总局令第38号《关于废止和修改部分规章的决定》修正

第一章 总 则

第一条 为依法查处网络食品安全违法行为,加强网络食品安全监督管理,保证食品安全,根据《中华人民共和国食品安全法》等法律法规,制定本办法。

第二条 在中华人民共和国境内网络食品交易第三方平台提供者以及通过第三方平台或者自建的网站进行交易的食品生产经营者(以下简称入网食品生产经营者)违反食品安全法律、法规、规章或者食品安全标准行为的查处,适用本办法。

第三条 国家市场监督管理总局负责监督指导全国网络食品安全违法行为查处工作。

县级以上地方市场监督管理部门负责本行政区域内网络食品安全违法行为查处工作。

第四条 网络食品交易第三方平台提供者和入网食品生产经营者应当履行法律、法规和规章规定的食品安全义务。

网络食品交易第三方平台提供者和入网食品生产经营者应当对网络食品安全信息的真实性负责。

第五条 网络食品交易第三方平台提供者和入网食品生产经营者应当配合市

场监督管理部门对网络食品安全违法行为的查处,按照市场监督管理部门的要求提供网络食品交易相关数据和信息。

第六条　鼓励网络食品交易第三方平台提供者和入网食品生产经营者开展食品安全法律、法规以及食品安全标准和食品安全知识的普及工作。

第七条　任何组织或者个人均可向市场监督管理部门举报网络食品安全违法行为。

第二章　网络食品安全义务

第八条　网络食品交易第三方平台提供者应当在通信主管部门批准后30个工作日内,向所在地省级市场监督管理部门备案,取得备案号。

通过自建网站交易的食品生产经营者应当在通信主管部门批准后30个工作日内,向所在地市、县级市场监督管理部门备案,取得备案号。

省级和市、县级市场监督管理部门应当自完成备案后7个工作日内向社会公开相关备案信息。

备案信息包括域名、IP地址、电信业务经营许可证、企业名称、法定代表人或者负责人姓名、备案号等。

第九条　网络食品交易第三方平台提供者和通过自建网站交易的食品生产经营者应当具备数据备份、故障恢复等技术条件,保障网络食品交易数据和资料的可靠性与安全性。

第十条　网络食品交易第三方平台提供者应当建立入网食品生产经营者审查登记、食品安全自查、食品安全违法行为制止及报告、严重违法行为平台服务停止、食品安全投诉举报处理等制度,并在网络平台上公开。

第十一条　网络食品交易第三方平台提供者应当对入网食品生产经营者食品生产经营许可证、入网食品添加剂生产企业生产许可证等材料进行审查,如实记录并及时更新。

网络食品交易第三方平台提供者应当对入网食用农产品生产经营者营业执照、入网食品添加剂经营者营业执照以及入网交易食用农产品的个人的身份证号码、住址、联系方式等信息进行登记,如实记录并及时更新。

第十二条　网络食品交易第三方平台提供者应当建立入网食品生产经营者档案,记录入网食品生产经营者的基本情况、食品安全管理人员等信息。

第十三条　网络食品交易第三方平台提供者和通过自建网站交易食品的生产经营者应当记录、保存食品交易信息,保存时间不得少于产品保质期满后6个月;没有明确保质期的,保存时间不得少于2年。

第十四条　网络食品交易第三方平台提供者应当设置专门的网络食品安全管理机构或者指定专职食品安全管理人员,对平台上的食品经营行为及信息进行检查。

网络食品交易第三方平台提供者发现存在食品安全违法行为的,应当及时制止,并向所在地县级市场监督管理部门报告。

第十五条　网络食品交易第三方平台提供者发现入网食品生产经营者有下列严重违法行为之一的,应当停止向其提供网络交易平台服务:

（一）入网食品生产经营者因涉嫌食品安全犯罪被立案侦查或者提起公诉的；

（二）入网食品生产经营者因食品安全相关犯罪被人民法院判处刑罚的；

（三）入网食品生产经营者因食品安全违法行为被公安机关拘留或者给予其他治安管理处罚的；

（四）入网食品生产经营者被市场监督管理部门依法作出吊销许可证、责令停产停业等处罚的。

第十六条　入网食品生产经营者应当依法取得许可，入网食品生产者应当按照许可的类别范围销售食品，入网食品经营者应当按照许可的经营项目范围从事食品经营。法律、法规规定不需要取得食品生产经营许可的除外。

取得食品生产许可的食品生产者，通过网络销售其生产的食品，不需要取得食品经营许可。取得食品经营许可的食品经营者通过网络销售其制作加工的食品，不需要取得食品生产许可。

第十七条　入网食品生产经营者不得从事下列行为：

（一）网上刊载的食品名称、成分或者配料表、产地、保质期、贮存条件、生产者名称、地址等信息与食品标签或者标识不一致；

（二）网上刊载的非保健食品信息明示或者暗示具有保健功能；网上刊载的保健食品的注册证书或者备案凭证等信息与注册或者备案信息不一致；

（三）网上刊载的婴幼儿配方乳粉产品信息明示或者暗示具有益智、增加抵抗力、提高免疫力、保护肠道等功能或者保健作用。

（四）对在贮存、运输、食用等方面有特殊要求的食品，未在网上刊载的食品信息中予以说明和提示。

（五）法律、法规规定禁止从事的其他行为。

第十八条　通过第三方平台进行交易的食品生产经营者应当在其经营活动主页面显著位置公示其食品生产经营许可证。通过自建网站交易的食品生产经营者应当在其网站首页显著位置公示营业执照、食品生产经营许可证。

餐饮服务提供者还应当同时公示其餐饮服务食品安全监督量化分级管理信息。相关信息应当画面清晰，容易辨识。

第十九条　入网销售保健食品、特殊医学用途配方食品、婴幼儿配方乳粉的食品生产经营者，除依照本办法第十八条的规定公示相关信息外，还应当依法公示产品注册证书或者备案凭证，持有广告审查批准文号的还应当公示广告审查批准文号，并链接至市场监督管理部门网站对应的数据查询页面。保健食品还应当显著标明"本品不能代替药物"。

特殊医学用途配方食品中特定全营养配方食品不得进行网络交易。

第二十条　网络交易的食品有保鲜、保温、冷藏或者冷冻等特殊贮存条件要求的，入网食品生产经营者应当采取能够保证食品安全的贮存、运输措施，或者委托具备相应贮存、运输能力的企业贮存、配送。

第三章　网络食品安全违法行为查处管理

第二十一条　对网络食品交易第三方平台提供者食品安全违法行为的查处,由网络食品交易第三方平台提供者所在地县级以上地方市场监督管理部门管辖。

对网络食品交易第三方平台提供者分支机构的食品安全违法行为的查处,由网络食品交易第三方平台提供者所在地或者分支机构所在地县级以上地方市场监督管理部门管辖。

对入网食品生产经营者食品安全违法行为的查处,由入网食品生产经营者所在地或者生产经营场所所在地县级以上地方市场监督管理部门管辖;对应当取得食品生产经营许可而没有取得许可的违法行为的查处,由入网食品生产经营者所在地、实际生产经营地县级以上地方市场监督管理部门管辖。

因网络食品交易引发食品安全事故或者其他严重危害后果的,也可以由网络食品安全违法行为发生地或者违法行为结果地的县级以上地方市场监督管理部门管辖。

第二十二条　两个以上市场监督管理部门都有管辖权的网络食品安全违法案件,由最先立案查处的市场监督管理部门管辖。对管辖有争议的,由双方协商解决。协商不成的,报请共同的上一级市场监督管理部门指定管辖。

第二十三条　消费者因网络食品安全违法问题进行投诉举报的,由网络食品交易第三方平台提供者所在地、入网食品生产经营者所在地或者生产经营场所所在地等县级以上地方市场监督管理部门处理。

第二十四条　县级以上地方市场监督管理部门,对网络食品安全违法行为进行调查处理时,可以行使下列职权:

（一）进入当事人网络食品交易场所实施现场检查;

（二）对网络交易的食品进行抽样检验;

（三）询问有关当事人,调查其从事网络食品交易行为的相关情况;

（四）查阅、复制当事人的交易数据、合同、票据、账簿以及其他相关资料;

（五）调取网络交易的技术监测、记录资料;

（六）法律、法规规定可以采取的其他措施。

第二十五条　县级以上市场监督管理部门通过网络购买样品进行检验的,应当按照相关规定填写抽样单,记录抽检样品的名称、类别以及数量,购买样品的人员以及付款账户、注册账号、收货地址、联系方式,并留存相关票据。买样人员应当对网络购买样品包装等进行查验,对样品和备份样品分别封样,并采取拍照或者录像等手段记录拆封过程。

第二十六条　检验结果不符合食品安全标准的,市场监督管理部门应当按照有关规定及时将检验结果通知被抽样的入网食品生产经营者。入网食品生产经营者应当采取停止生产经营、封存不合格食品等措施,控制食品安全风险。

通过网络食品交易第三方平台购买样品的,应当同时将检验结果通知网络食品交易第三方平台提供者。网络食品交易第三方平台提供者应当依法制止不合格食品的销售。

入网食品生产经营者联系方式不详的,网络食品交易第三方平台提供者应当协助通知。入网食品生产经营者无法联系的,网络食品交易第三方平台提供者应当停止向其提供网络食品交易平台服务。

第二十七条 网络食品交易第三方平台提供者和入网食品生产经营者有下列情形之一的,县级以上市场监督管理部门可以对其法定代表人或者主要负责人进行责任约谈:

(一)发生食品安全问题,可能引发食品安全风险蔓延的;

(二)未及时妥善处理投诉举报的食品安全问题,可能存在食品安全隐患的;

(三)未及时采取有效措施排查、消除食品安全隐患,落实食品安全责任的;

(四)县级以上市场监督管理部门认为需要进行责任约谈的其他情形。

责任约谈不影响市场监督管理部门依法对其进行行政处理,责任约谈情况及后续处理情况应当向社会公开。

被约谈者无正当理由未按照要求落实整改的,县级以上地方市场监督管理部门应当增加监督检查频次。

第四章 法律责任

第二十八条 食品安全法等法律法规对网络食品安全违法行为已有规定的,从其规定。

第二十九条 违反本办法第八条规定,网络食品交易第三方平台提供者和通过自建网站交易的食品生产经营者未履行相应备案义务的,由县级以上地方市场监督管理部门责令改正,给予警告;拒不改正的,处5000元以上3万元以下罚款。

第三十条 违反本办法第九条规定,网络食品交易第三方平台提供者和通过自建网站交易的食品生产经营者不具备数据备份、故障恢复等技术条件,不能保障网络食品交易数据和资料的可靠性与安全性的,由县级以上地方市场监督管理部门责令改正,给予警告;拒不改正的,处3万元罚款。

第三十一条 违反本办法第十条规定,网络食品交易第三方平台提供者未按要求建立入网食品生产经营者审查登记、食品安全自查、食品安全违法行为制止及报告、严重违法行为平台服务停止、食品安全投诉举报处理等制度的或者未公开以上制度的,由县级以上地方市场监督管理部门责令改正,给予警告;拒不改正的,处5000元以上3万元以下罚款。

第三十二条 违反本办法第十一条规定,网络食品交易第三方平台提供者未对入网食品生产经营者的相关材料及信息进行审查登记、如实记录并更新的,由县级以上地方市场监督管理部门依照食品安全法第一百三十一条的规定处罚。

第三十三条 违反本办法第十二条规定,网络食品交易第三方平台提供者未建立入网食品生产经营者档案、记录入网食品生产经营者相关信息的,由县级以上地方市场监督管理部门责令改正,给予警告;拒不改正的,处5000元以上3万元以下罚款。

第三十四条　违反本办法第十三条规定,网络食品交易第三方平台提供者未按要求记录、保存食品交易信息的,由县级以上地方市场监督管理部门责令改正,给予警告;拒不改正的,处5000元以上3万元以下罚款。

第三十五条　违反本办法第十四条规定,网络食品交易第三方平台提供者未设置专门的网络食品安全管理机构或者指定专职食品安全管理人员对平台上的食品安全经营行为及信息进行检查的,由县级以上地方市场监督管理部门责令改正,给予警告;拒不改正的,处5000元以上3万元以下罚款。

第三十六条　违反本办法第十五条规定,网络食品交易第三方平台提供者发现入网食品生产经营者有严重违法行为未停止提供网络交易平台服务的,由县级以上地方市场监督管理部门依照食品安全法第一百三十一条的规定处罚。

第三十七条　网络食品交易第三方平台提供者未履行相关义务,导致发生下列严重后果之一的,由县级以上地方市场监督管理部门依照食品安全法第一百三十一条的规定责令停业,并将相关情况移送通信主管部门处理:

（一）致人死亡或者造成严重人身伤害的;

（二）发生较大级别以上食品安全事故的;

（三）发生较为严重的食源性疾病的;

（四）侵犯消费者合法权益,造成严重不良社会影响的;

（五）引发其他的严重后果的。

第三十八条　违反本办法第十六条规定,入网食品生产经营者未依法取得食品生产经营许可的,或者入网食品生产者超过许可的类别范围销售食品、入网食品经营者超过许可的经营项目范围从事食品经营的,依照食品安全法第一百二十二条的规定处罚。

第三十九条　入网食品生产经营者违反本办法第十七条禁止性规定的,由县级以上地方市场监督管理部门责令改正,给予警告;拒不改正的,处5000元以上3万元以下罚款。

第四十条　违反本办法第十八条规定,入网食品生产经营者未按要求进行信息公示的,由县级以上地方市场监督管理部门责令改正,给予警告;拒不改正的,处5000元以上3万元以下罚款。

第四十一条　违反本办法第十九条第一款规定,食品生产经营者未按要求公示特殊食品相关信息的,由县级以上地方市场监督管理部门责令改正,给予警告;拒不改正的,处5000元以上3万元以下罚款。

违反本办法第十九条第二款规定,食品生产经营者通过网络销售特定全营养配方食品的,由县级以上地方市场监督管理部门处3万元罚款。

第四十二条　违反本办法第二十条规定,入网食品生产经营者未按要求采取保证食品安全的贮存、运输措施,或者委托不具备相应贮存、运输能力的企业从事贮存、配送的,由县级以上地方市场监督管理部门依照食品安全法第一百三十二条的规定处罚。

第四十三条 违反本办法规定,网络食品交易第三方平台提供者、入网食品生产经营者提供虚假信息的,由县级以上地方市场监督管理部门责令改正,处 1 万元以上 3 万元以下罚款。

第四十四条 网络食品交易第三方平台提供者、入网食品生产经营者违反食品安全法规定,构成犯罪的,依法追究刑事责任。

第四十五条 市场监督管理部门工作人员不履行职责或者滥用职权、玩忽职守、徇私舞弊的,依法追究行政责任;构成犯罪的,移送司法机关,依法追究刑事责任。

第五章 附 则

第四十六条 对食品生产加工小作坊、食品摊贩等的网络食品安全违法行为的查处,可以参照本办法执行。

第四十七条 市场监督管理部门依法对网络食品安全违法行为进行查处的,应当自行政处罚决定书作出之日起 20 个工作日内,公开行政处罚决定书。

第四十八条 本办法自 2016 年 10 月 1 日起施行。

市场监督管理行政执法责任制规定

1. 2021 年 5 月 26 日国家市场监督管理总局令第 41 号公布
2. 自 2021 年 7 月 15 日起施行

第一条 为了落实行政执法责任制,监督和保障市场监督管理部门工作人员依法履行职责,激励新时代新担当新作为,结合市场监督管理工作实际,制定本规定。

第二条 市场监督管理部门实施行政执法责任制,适用本规定。

第三条 实施行政执法责任制,应当坚持党的领导,遵循职权法定、权责一致、过罚相当、约束与激励并重、惩戒与教育相结合的原则,做到失职追责、尽职免责。

第四条 市场监督管理部门应当加强领导,组织、协调和推动实施行政执法责任制,各所属机构在职责范围内做好相关工作。

上级市场监督管理部门依法指导和监督下级市场监督管理部门实施行政执法责任制。

第五条 市场监督管理部门应当按照本级人民政府的部署,梳理行政执法依据,编制权责清单,以适当形式向社会公众公开,并根据法律、法规、规章的制修订情况及时调整。

第六条 市场监督管理部门应当以权责清单为基础,将本单位依法承担的行政执法职责分解落实到所属执法机构和执法岗位。

分解落实所属执法机构、执法岗位的执法职责,不得擅自增加或者减少本单位的行政执法权限。

第七条 市场监督管理部门应当对照权责清单,对直接影响行政相对人权利义务的重要权责事项,按照不同权力类型制定办事指南和运行流程图,并以适当形式向社会公众公开。

第八条 市场监督管理部门工作人员应

当在法定权限范围内依照法定程序行使职权,做到严格规范公正文明执法,不得玩忽职守、超越职权、滥用职权。

第九条 市场监督管理部门工作人员因故意或者重大过失,违法履行行政执法职责,造成危害后果或者不良影响的,构成行政执法过错行为,应当依法承担行政执法责任。法律、法规对具体行政执法过错行为的构成要件另有规定的,依照其规定。

第十条 有下列情形之一的,应当依法追究有关工作人员的行政执法责任:

(一)超越法定职权作出准予行政许可决定的;

(二)对符合法定条件的行政许可申请不予受理且情节严重的,或者未依照法定条件作出准予或者不予行政许可决定的;

(三)无法定依据实施行政处罚、行政强制,或者变相实施行政强制的;

(四)对符合行政处罚立案标准的案件不及时立案,或者实施行政处罚的办案人员未取得行政执法证件的;

(五)擅自改变行政处罚种类、幅度,或者改变行政强制对象、条件、方式的;

(六)违反相关法定程序实施行政许可且情节严重的,或者违反法定程序实施行政处罚、行政强制的;

(七)违法扩大查封、扣押范围的;

(八)使用或者损毁查封、扣押场所、设施或者财物的;

(九)在查封、扣押法定期间不作出处理决定或者未依法及时解除查封、扣押的;

(十)截留、私分、变相私分罚款、没收的违法所得或者财物、查封或者扣押的财物以及拍卖和依法处理所得款项的;

(十一)违法实行检查措施或者执行措施,给公民人身或者财产造成损害、给法人或者其他组织造成损失的;

(十二)对应当依法移交司法机关追究刑事责任的案件不移交,以行政处罚代替刑事处罚的;

(十三)对属于市场监督管理职权范围内的举报不依法处理,造成严重后果的;

(十四)对应当予以制止和处罚的违法行为不予制止、处罚,致使公民、法人或者其他组织的合法权益、公共利益和社会秩序遭受损害的;

(十五)不履行或者无正当理由拖延履行行政复议决定的;

(十六)对被许可人从事行政许可事项的活动,不依法履行监督职责或者监督不力,造成严重后果的;

(十七)泄露国家秘密、工作秘密,或者泄露因履行职责掌握的商业秘密、个人隐私,造成不良后果或者影响的;

(十八)法律、法规、规章规定的其他应当追究行政执法责任的情形。

第十一条 下列情形不构成行政执法过错行为,不应追究有关工作人员的行政执法责任:

(一)因行政执法依据不明确或者对有关事实和依据的理解认识不一致,致使行政执法行为出现偏差的,但故意违法的除外；

（二）因行政相对人隐瞒有关情况或者提供虚假材料导致作出错误判断，且已按规定履行审查职责的；

（三）依据检验、检测、鉴定报告或者专家评审意见等作出行政执法决定，且已按规定履行审查职责的；

（四）行政相对人未依法申请行政许可或者登记备案，在其违法行为造成不良影响前，市场监督管理部门未接到举报或者由于客观原因未能发现的，但未按规定履行监督检查职责的除外；

（五）因出现新的证据，致使原认定事实或者案件性质发生变化的，但故意隐瞒或者因重大过失遗漏证据的除外；

（六）按照年度监督检查、"双随机、一公开"监管等检查计划已经认真履行监督检查职责，或者虽尚未进行监督检查，但未超过法定或者规定时限，行政相对人违法的；

（七）因科学技术、监管手段等客观条件的限制，未能发现存在问题或者无法定性的；

（八）发生事故或者其他突发事件，非由市场监督管理部门不履行或者不正确履行法定职责行为直接引起的；

（九）对发现的违法行为或者事故隐患已经依法查处、责令改正或者采取行政强制措施，因行政相对人拒不改正、逃避检查、擅自违法生产经营或者违法启用查封、扣押的设备设施等行为造成危害后果或者不良影响的；

（十）在集体决策中对错误决策提出明确反对意见或者保留意见的；

（十一）发现上级的决定、命令或者文件有错误，已向上级提出改正或者撤销的意见，上级不予改变或者要求继续执行的，但执行明显违法的决定、命令或者文件的除外；

（十二）因不可抗力或者其他难以克服的因素，导致未能依法履行职责的；

（十三）其他依法不应追究行政执法责任的情形。

第十二条　在推进行政执法改革创新中因缺乏经验、先行先试出现的失误，尚无明确限制的探索性试验中的失误，为推动发展的无意过失，免予或者不予追究行政执法责任。但是，应当依法予以纠正。

第十三条　市场监督管理部门对发现的行政执法过错行为线索，依照《行政机关公务员处分条例》等规定的程序予以调查和处理。

第十四条　追究行政执法责任，应当以法律、法规、规章的规定为依据，综合考虑行政执法过错行为的性质、情节、危害程度以及工作人员的主观过错等因素，做到事实清楚、证据确凿、定性准确、处理恰当、程序合法、手续完备。

第十五条　市场监督管理部门对存在行政执法过错行为的工作人员，可以依规依纪依法给予组织处理或者处分。

行政执法过错行为情节轻微，且具有法定从轻或者减轻情形的，可以对有关工作人员进行谈话提醒、批评教育、责令检查或者予以诫勉，并可以作出调离行政执法岗位、取消行政执法资格等处理,免予或者不予处分。

从轻、减轻以及从重追究行政执法责任的情形,依照有关法律、法规、规章的规定执行。

第十六条 市场监督管理部门发现有关工作人员涉嫌违犯党纪或者涉嫌职务违法、职务犯罪的,应当依照有关规定及时移送纪检监察机关处理。

对同一行政执法过错行为,监察机关已经给予政务处分的,市场监督管理部门不再给予处分。

第十七条 纪检监察等有权机关、单位介入调查的,市场监督管理部门可以按照要求对有关工作人员是否依法履职、是否存在行政执法过错行为等问题,组织相关专业人员进行论证并出具书面论证意见,作为有权机关、单位认定责任的参考。

第十八条 市场监督管理部门工作人员依法履行职责受法律保护,非因法定事由、非经法定程序,不受处分。

第十九条 市场监督管理部门工作人员依法履行职责时,有权拒绝任何单位和个人违反法定职责、法定程序或者有碍执法公正的要求。

第二十条 市场监督管理部门应当为工作人员依法履行职责提供必要的办公用房、执法装备、后勤保障等条件,并采取措施保障其人身健康和生命安全。

第二十一条 市场监督管理部门工作人员因依法履职遭受不实举报、诬告以及诽谤、侮辱的,市场监督管理部门应当以适当形式及时澄清事实,消除不良影响,维护其合法权益。

第二十二条 市场监督管理部门应当建立健全行政执法激励机制,对行政执法工作成效突出的工作人员予以表彰和奖励。

第二十三条 本规定所称行政执法,是指市场监督管理部门依法行使行政职权的行为,包括行政许可、行政处罚、行政强制、行政检查、行政确认等行政行为。

第二十四条 药品监督管理部门和知识产权行政部门实施行政执法责任制,适用本规定。

法律、法规授权履行市场监督管理职能的组织实施行政执法责任制,适用本规定。

第二十五条 本规定自2021年7月15日起施行。

市场监督管理行政处罚听证办法

1. 2018年12月21日国家市场监督管理总局令第3号公布
2. 根据2021年7月2日国家市场监督管理总局令第42号《关于修改〈市场监督管理行政处罚程序暂行规定〉等二部规章的决定》修正

第一章 总　　则

第一条 为了规范市场监督管理行政处罚听证程序,保障市场监督管理部门依法实施行政处罚,保护自然人、法人和其他组织的合法权益,根据《中华人民共和国行政处罚法》的有关规定,制定本办法。

第二条 市场监督管理部门组织行政处罚听证,适用本办法。

第三条　市场监督管理部门组织行政处罚听证,应当遵循公开、公正、效率的原则,保障和便利当事人依法行使陈述权和申辩权。

第四条　市场监督管理部门行政处罚案件听证实行回避制度。听证主持人、听证员、记录员、翻译人员与案件有直接利害关系或者有其他关系可能影响公正执法的,应当回避。

听证员、记录员、翻译人员的回避,由听证主持人决定;听证主持人的回避,由市场监督管理部门负责人决定。

第二章　申请和受理

第五条　市场监督管理部门拟作出下列行政处罚决定,应当告知当事人有要求听证的权利:

（一）责令停产停业、责令关闭、限制从业;

（二）降低资质等级、吊销许可证件或者营业执照;

（三）对自然人处以一万元以上、对法人或者其他组织处以十万元以上罚款;

（四）对自然人、法人或者其他组织作出没收违法所得和非法财物价值总额达到第三项所列数额的行政处罚;

（五）其他较重的行政处罚;

（六）法律、法规、规章规定的其他情形。

各省、自治区、直辖市人大常委会或者人民政府对前款第三项、第四项所列罚没数额有具体规定的,可以从其规定。

第六条　向当事人告知听证权利时,应当书面告知当事人拟作出的行政处罚内容及事实、理由、依据。

第七条　当事人要求听证的,可以在告知书送达回证上签署意见,也可以自收到告知书之日起五个工作日内提出。当事人以口头形式提出的,办案人员应当将情况记入笔录,并由当事人在笔录上签名或者盖章。

当事人自告知书送达之日起五个工作日内,未要求听证的,视为放弃此权利。

当事人在规定期限内要求听证的,市场监督管理部门应当依照本办法的规定组织听证。

第三章　听证组织机构、听证人员和听证参加人

第八条　听证由市场监督管理部门法制机构或者其他机构负责组织。

第九条　听证人员包括听证主持人、听证员和记录员。

第十条　听证参加人包括当事人及其代理人、第三人、办案人员、证人、翻译人员、鉴定人以及其他有关人员。

第十一条　听证主持人由市场监督管理部门负责人指定。必要时,可以设一至二名听证员,协助听证主持人进行听证。

记录员由听证主持人指定,具体承担听证准备和听证记录工作。

办案人员不得担任听证主持人、听证员和记录员。

第十二条　听证主持人在听证程序中行使下列职责:

（一）决定举行听证的时间、地点;

（二）审查听证参加人资格；

（三）主持听证；

（四）维持听证秩序；

（五）决定听证的中止或者终止，宣布听证结束；

（六）本办法赋予的其他职责。

听证主持人应当公开、公正地履行主持听证的职责，不得妨碍当事人、第三人行使陈述权、申辩权。

第十三条 要求听证的自然人、法人或者其他组织是听证的当事人。

第十四条 与听证案件有利害关系的其他自然人、法人或者其他组织，可以作为第三人申请参加听证，或者由听证主持人通知其参加听证。

第十五条 当事人、第三人可以委托一至二人代为参加听证。

委托他人代为参加听证的，应当向市场监督管理部门提交由委托人签名或者盖章的授权委托书以及委托代理人的身份证明文件。

授权委托书应当载明委托事项及权限。委托代理人代为撤回听证申请或者明确放弃听证权利的，必须有委托人的明确授权。

第十六条 办案人员应当参加听证。

第十七条 与听证案件有关的证人、鉴定人等经听证主持人同意，可以到场参加听证。

第四章 听证准备

第十八条 市场监督管理部门应当自收到当事人要求听证的申请之日起三个工作日内，确定听证主持人。

第十九条 办案人员应当自确定听证主持人之日起三个工作日内，将案件材料移交听证主持人，由听证主持人审阅案件材料，准备听证提纲。

第二十条 听证主持人应当自接到办案人员移交的案件材料之日起五个工作日内确定听证的时间、地点，并应当于举行听证的七个工作日前将听证通知书送达当事人。

听证通知书中应当载明听证时间、听证地点及听证主持人、听证员、记录员、翻译人员的姓名，并告知当事人有申请回避的权利。

第三人参加听证的，听证主持人应当在举行听证的七个工作日前将听证的时间、地点通知第三人。

第二十一条 听证主持人应当于举行听证的七个工作日前将听证的时间、地点通知办案人员，并退回案件材料。

第二十二条 除涉及国家秘密、商业秘密或者个人隐私依法予以保密外，听证应当公开举行。

公开举行听证的，市场监督管理部门应当于举行听证的三个工作日前公告当事人的姓名或者名称、案由以及举行听证的时间、地点。

第五章 举行听证

第二十三条 听证开始前，记录员应当查明听证参加人是否到场，并向到场人员宣布以下听证纪律：

（一）服从听证主持人的指挥，未经听证主持人允许不得发言、提问；

（二）未经听证主持人允许不得录音、录像和摄影；

（三）听证参加人未经听证主持人允许不得退场；

（四）不得大声喧哗，不得鼓掌、哄

闹或者进行其他妨碍听证秩序的活动。

第二十四条 听证主持人核对听证参加人,说明案由,宣布听证主持人、听证员、记录员、翻译人员名单,告知听证参加人在听证中的权利义务,询问当事人是否提出回避申请。

第二十五条 听证按下列程序进行:
(一)办案人员提出当事人违法的事实、证据、行政处罚建议及依据;
(二)当事人及其委托代理人进行陈述和申辩;
(三)第三人及其委托代理人进行陈述;
(四)质证;
(五)辩论;
(六)听证主持人按照第三人、办案人员、当事人的先后顺序征询各方最后意见。

当事人可以当场提出证明自己主张的证据,听证主持人应当接收。

第二十六条 有下列情形之一的,可以中止听证:
(一)当事人因不可抗力无法参加听证的;
(二)当事人死亡或者终止,需要确定相关权利义务承受人的;
(三)当事人临时提出回避申请,无法当场作出决定的;
(四)需要通知新的证人到场或者需要重新鉴定的;
(五)其他需要中止听证的情形。

中止听证的情形消失后,听证主持人应当恢复听证。

第二十七条 有下列情形之一的,可以终止听证:

(一)当事人撤回听证申请或者明确放弃听证权利的;
(二)当事人无正当理由拒不到场参加听证的;
(三)当事人未经听证主持人允许中途退场的;
(四)当事人死亡或者终止,并且无权利义务承受人的;
(五)其他需要终止听证的情形。

第二十八条 记录员应当如实记录,制作听证笔录。听证笔录应当载明听证时间、地点、案由、听证人员、听证参加人姓名,各方意见以及其他需要载明的事项。

听证会结束后,听证笔录应当经听证参加人核对无误后,由听证参加人当场签名或者盖章。当事人、第三人拒绝签名或者盖章的,由听证主持人在听证笔录中注明。

第二十九条 听证结束后,听证主持人应当在五个工作日内撰写听证报告,由听证主持人、听证员签名,连同听证笔录送办案机构,由其连同其他案件材料一并上报市场监督管理部门负责人。

市场监督管理部门应当根据听证笔录,结合听证报告提出的意见建议,依照《市场监督管理行政处罚程序规定》的有关规定,作出决定。

第三十条 听证报告应当包括以下内容:
(一)听证案由;
(二)听证人员、听证参加人;
(三)听证的时间、地点;
(四)听证的基本情况;
(五)处理意见和建议;
(六)需要报告的其他事项。

第六章 附 则

第三十一条 本办法中的"以上"、"内"均包括本数。

第三十二条 国务院药品监督管理部门和省级药品监督管理部门组织行政处罚听证,适用本办法。

法律、法规授权的履行市场监督管理职能的组织组织行政处罚听证,适用本办法。

第三十三条 本办法中有关执法文书的送达适用《市场监督管理行政处罚程序规定》的有关规定。

第三十四条 市场监督管理部门应当保障听证经费,提供组织听证所必需的场地、设备以及其他便利条件。

市场监督管理部门举行听证,不得向当事人收取费用。

第三十五条 本办法自2019年4月1日施行。2005年12月30日原国家食品药品监督管理局令第23号公布的《国家食品药品监督管理局听证规则(试行)》、2007年9月4日原国家工商行政管理总局令第29号公布的《工商行政管理机关行政处罚案件听证规则》同时废止。

市场监督管理行政许可程序暂行规定

1. 2019年8月21日国家市场监督管理总局令第16号公布
2. 根据2022年3月24日国家市场监督管理总局令第55号《关于修改和废止有关规章的决定》修正

第一章 总 则

第一条 为了规范市场监督管理行政许可程序,根据《中华人民共和国行政许可法》等法律、行政法规,制定本规定。

第二条 市场监督管理部门实施行政许可,适用本规定。

第三条 市场监督管理部门应当遵循公开、公平、公正、非歧视和便民原则,依照法定的权限、范围、条件和程序实施行政许可。

第四条 市场监督管理部门应当按照规定公示行政许可的事项、依据、条件、数量、实施主体、程序、期限(包括检验、检测、检疫、鉴定、专家评审期限)、收费依据(包括收费项目及标准)以及申请书示范文本、申请材料目录等内容。

第五条 符合法定要求的电子申请材料、电子证照、电子印章、电子签名、电子档案与纸质申请材料、纸质证照、实物印章、手写签名或者盖章、纸质档案具有同等法律效力。

第二章 实施机关

第六条 市场监督管理部门应当在法律、法规、规章规定的职权范围内实施行政许可。

第七条 上级市场监督管理部门可以将其法定职权范围内的行政许可,依照法律、法规、规章的规定,委托下级市场监督管理部门实施。

委托机关对受委托机关实施行政许可的后果承担法律责任。

受委托机关应当在委托权限范围内以委托机关的名义实施行政许可,不得再委托其他组织或者个人实施。

第八条 委托实施行政许可的,委托机关可以将行政许可的受理、审查、决定、变更、延续、撤回、撤销、注销等权限全部或者部分委托给受委托机关。

委托实施行政许可，委托机关和受委托机关应当签订委托书。委托书应当包含以下内容：

（一）委托机关名称；

（二）受委托机关名称；

（三）委托实施行政许可的事项以及委托权限；

（四）委托机关与受委托机关的权利和义务；

（五）委托期限。

需要延续委托期限的，委托机关应当在委托期限届满十五日前与受委托机关重新签订委托书。不再延续委托期限的，期限届满前已经受理或者启动撤回、撤销程序的行政许可，按照原委托权限实施。

第九条　委托机关应当向社会公告受委托机关和委托实施行政许可的事项、委托依据、委托权限、委托期限等内容。受委托机关应当按照本规定第四条规定公示委托实施的行政许可有关内容。

委托机关变更、中止或者终止行政许可委托的，应当在变更、中止或者终止行政许可委托十日前向社会公告。

第十条　市场监督管理部门实施行政许可，依法需要对设备、设施、产品、物品等进行检验、检测、检疫或者鉴定、专家评审的，可以委托专业技术组织实施。法律、法规、规章对专业技术组织的条件有要求的，应当委托符合法定条件的专业技术组织。

专业技术组织接受委托实施检验、检测、检疫或者鉴定、专家评审的费用由市场监督管理部门承担。法律、法规另有规定的，依照其规定。

专业技术组织及其有关人员对所实施的检验、检测、检疫或者鉴定、评审结论承担法律责任。

第三章　准入程序

第一节　申请与受理

第十一条　自然人、法人或者其他组织申请行政许可需要采用申请书格式文本的，市场监督管理部门应当向申请人提供格式文本。申请书格式文本不得包含与申请行政许可事项没有直接关系的内容。

第十二条　申请人可以委托代理人提出行政许可申请。但是，依法应当由申请人本人到市场监督管理部门行政许可受理窗口提出行政许可申请的除外。

委托他人代为提出行政许可申请的，应当向市场监督管理部门提交由委托人签字或者盖章的授权委托书以及委托人、委托代理人的身份证明文件。

第十三条　申请人可以到市场监督管理部门行政许可受理窗口提出申请，也可以通过信函、传真、电子邮件或者电子政务平台提出申请，并对其提交的申请材料真实性负责。

第十四条　申请人到市场监督管理部门行政许可受理窗口提出申请的，以申请人提交申请材料的时间为收到申请材料的时间。

申请人通过信函提出申请的，以市场监督管理部门收讫信函的时间为收到申请材料的时间。

申请人通过传真、电子邮件或者电子政务平台提出申请的,以申请材料到达市场监督管理部门指定的传真号码、电子邮件地址或者电子政务平台的时间为收到申请材料的时间。

第十五条 市场监督管理部门对申请人提出的行政许可申请,应当根据下列情况分别作出处理:

(一)申请事项依法不需要取得行政许可的,应当即时作出不予受理的决定,并说明理由。

(二)申请事项依法不属于本行政机关职权范围的,应当即时作出不予受理的决定,并告知申请人向有关行政机关申请。

(三)申请材料存在可以当场更正的错误的,应当允许申请人当场更正,由申请人在更正处签字或者盖章,并注明更正日期。更正后申请材料齐全、符合法定形式的,应当予以受理。

(四)申请材料不齐全或者不符合法定形式的,应当即时或者自收到申请材料之日起五日内一次告知申请人需要补正的全部内容和合理的补正期限。按照规定需要在告知时一并退回申请材料的,应当予以退回。申请人无正当理由逾期不予补正的,视为放弃行政许可申请,市场监督管理部门无需作出不予受理的决定。市场监督管理部门逾期未告知申请人补正的,自收到申请材料之日起即为受理。

(五)申请事项属于本行政机关职权范围,申请材料齐全、符合法定形式,或者申请人按照本行政机关的要求提交全部补正申请材料的,应当受理行政许可申请。

第十六条 市场监督管理部门受理或者不予受理行政许可申请,或者告知申请人补正申请材料的,应当出具加盖本行政机关行政许可专用印章并注明日期的纸质或者电子凭证。

第十七条 能够即时作出行政许可决定的,可以不出具受理凭证。

第二节 审查与决定

第十八条 市场监督管理部门应当对申请人提交的申请材料进行审查。

申请人提交的申请材料齐全、符合法定形式,能够即时作出行政许可决定的,市场监督管理部门应当即时作出行政许可决定。

按照法律、法规、规章规定,需要核对申请材料原件的,市场监督管理部门应当核对原件并注明核对情况。申请人不能提供申请材料原件或者核对发现申请材料与原件不符,属于行政许可申请不符合法定条件、标准的,市场监督管理部门应当直接作出不予行政许可的决定。

根据法定条件和程序,需要对申请材料的实质内容进行核实的,市场监督管理部门应当指派两名以上工作人员进行核查。

法律、法规、规章对经营者集中、药品经营等行政许可审查程序另有规定的,依照其规定。

第十九条 市场监督管理部门对行政许可申请进行审查时,发现行政许可事项直接关系他人重大利益的,应当告知该利害关系人,并告知申请人、利害关系人依法享有陈述、申辩和要求举行听证的权利。

申请人、利害关系人陈述、申辩的,市场监督管理部门应当记录。申请人、利害关系人申请听证的,市场监督管理部门应当按照本规定第五章规定组织听证。

第二十条　实施检验、检测、检疫或者鉴定、专家评审的组织及其有关人员应当按照法律、法规、规章以及有关技术要求的规定开展工作。

法律、法规、规章以及有关技术要求对检验、检测、检疫或者鉴定、专家评审的时限有规定的,应当遵守其规定;没有规定的,实施行政许可的市场监督管理部门应当确定合理时限。

第二十一条　经审查需要整改的,申请人应当按照规定的时限和要求予以整改。除法律、法规、规章另有规定外,逾期未予整改或者整改不合格的,市场监督管理部门应当认定行政许可申请不符合法定条件、标准。

第二十二条　行政许可申请符合法定条件、标准的,市场监督管理部门应当作出准予行政许可的决定。

行政许可申请不符合法定条件、标准的,市场监督管理部门应当作出不予行政许可的决定,说明理由并告知申请人享有申请行政复议或者提起行政诉讼的权利。

市场监督管理部门作出准予或者不予行政许可决定的,应当出具加盖本行政机关印章并注明日期的纸质或者电子凭证。

第二十三条　法律、法规、规章和国务院文件规定市场监督管理部门作出不实施进一步审查决定,以及逾期未作出进一步审查决定或者不予行政许可决定,视为准予行政许可的,依照其规定。

第二十四条　行政许可的实施和结果,除涉及国家秘密、商业秘密或者个人隐私的外,应当公开。

第三节　变更与延续

第二十五条　被许可人要求变更行政许可事项的,应当向作出行政许可决定的市场监督管理部门提出变更申请。变更申请符合法定条件、标准的,市场监督管理部门应当予以变更。

法律、法规、规章对变更跨辖区住所登记的市场监督管理部门、变更或者解除经营者集中限制性条件的程序另有规定的,依照其规定。

第二十六条　行政许可所依据的法律、法规、规章修改或者废止,或者准予行政许可所依据的客观情况发生重大变化的,为了公共利益的需要,市场监督管理部门可以依法变更已经生效的行政许可。由此给自然人、法人或者其他组织造成财产损失的,作出变更行政许可决定的市场监督管理部门应当依法给予补偿。

依据前款规定实施的行政许可变更,参照行政许可撤回程序执行。

第二十七条　被许可人需要延续行政许可有效期的,应当在行政许可有效期届满三十日前向作出行政许可决定的市场监督管理部门提出延续申请。法律、法规、规章对被许可人的延续方式或者提出延续申请的期限等另有规定的,依照其规定。

市场监督管理部门应当根据被许

可人的申请,在该行政许可有效期届满前作出是否准予延续的决定;逾期未作决定的,视为准予延续。

延续后的行政许可有效期自原行政许可有效期届满次日起算。

第二十八条 因纸质行政许可证件遗失或者损毁,被许可人申请补办的,作出行政许可决定的市场监督管理部门应当予以补办。法律、法规、规章对补办工业产品生产许可证等行政许可证件的市场监督管理部门另有规定的,依照其规定。

补办的行政许可证件实质内容与原行政许可证件一致。

第二十九条 行政许可证件记载的事项存在文字错误,被许可人向作出行政许可决定的市场监督管理部门申请更正的,市场监督管理部门应当予以更正。

作出行政许可决定的市场监督管理部门发现行政许可证件记载的事项存在文字错误的,应当予以更正。

除更正事项外,更正后的行政许可证件实质内容与原行政许可证件一致。

市场监督管理部门应当收回原行政许可证件或者公告原行政许可证件作废,并将更正后的行政许可证件依法送达被许可人。

第四节 终止与期限

第三十条 行政许可申请受理后行政许可决定作出前,有下列情形之一的,市场监督管理部门应当终止实施行政许可:

(一)申请人申请终止实施行政许可的;

(二)赋予自然人、法人或者其他组织特定资格的行政许可,该自然人死亡或者丧失行为能力,法人或者其他组织依法终止的;

(三)因法律、法规、规章修改或者废止,或者根据有关改革决定,申请事项不再需要取得行政许可的;

(四)按照法律、行政法规规定需要缴纳费用,但申请人未在规定期限内予以缴纳的;

(五)因不可抗力需要终止实施行政许可的;

(六)法律、法规、规章规定的应当终止实施行政许可的其他情形。

第三十一条 市场监督管理部门终止实施行政许可的,应当出具加盖本行政机关行政许可专用印章并注明日期的纸质或者电子凭证。

第三十二条 市场监督管理部门终止实施行政许可,申请人已经缴纳费用的,应当将费用退还申请人,但收费项目涉及的行政许可环节已经完成的除外。

第三十三条 除即时作出行政许可决定外,市场监督管理部门应当在《中华人民共和国行政许可法》规定期限内作出行政许可决定。但是,法律、法规另有规定的,依照其规定。

第三十四条 市场监督管理部门作出行政许可决定,依法需要听证、检验、检测、检疫、鉴定、专家评审的,所需时间不计算在本节规定的期限内。市场监督管理部门应当将所需时间书面告知申请人。

第三十五条 市场监督管理部门作出准

予行政许可决定,需要颁发行政许可证件或者加贴标签、加盖检验、检测、检疫印章的,应当自作出决定之日起十日内向申请人颁发、送达行政许可证件或者加贴标签、加盖检验、检测、检疫印章。

第四章 退出程序
第一节 撤回

第三十六条 有下列情形之一的,市场监督管理部门为了公共利益的需要,可以依法撤回已经生效的行政许可:

(一)行政许可依据的法律、法规、规章修改或者废止的;

(二)准予行政许可所依据的客观情况发生重大变化的。

第三十七条 行政许可所依据的法律、行政法规修改或者废止的,国家市场监督管理总局认为需要撤回行政许可的,应当向社会公告撤回行政许可的事实、理由和依据。

行政许可所依据的地方性法规、地方政府规章修改或者废止的,地方性法规、地方政府规章制定机关所在地市场监督管理部门认为需要撤回行政许可的,参照前款执行。

作出行政许可决定的市场监督管理部门应当按照公告要求撤回行政许可,向被许可人出具加盖本行政机关印章并注明日期的纸质或者电子凭证,或者向社会统一公告撤回行政许可的决定。

第三十八条 准予行政许可所依据的客观情况发生重大变化的,作出行政许可决定的市场监督管理部门可以根据被许可人、利害关系人的申请或者依据职权,对可能需要撤回的行政许可进行审查。

作出行政许可撤回决定前,市场监督管理部门应当将拟撤回行政许可的事实、理由和依据书面告知被许可人,并告知被许可人依法享有陈述、申辩和要求举行听证的权利。市场监督管理部门发现行政许可事项直接关系他人重大利益的,还应当同时告知该利害关系人。

被许可人、利害关系人陈述、申辩的,市场监督管理部门应当记录。被许可人、利害关系人自被告知之日起五日内未行使陈述权、申辩权的,视为放弃此权利。被许可人、利害关系人申请听证的,市场监督管理部门应当按照本规定第五章规定组织听证。

市场监督管理部门作出撤回行政许可决定的,应当出具加盖本行政机关印章并注明日期的纸质或者电子凭证。

第三十九条 撤回行政许可给自然人、法人或者其他组织造成财产损失的,作出撤回行政许可决定的市场监督管理部门应当依法给予补偿。

第二节 撤销

第四十条 有下列情形之一的,作出行政许可决定的市场监督管理部门或者其上级市场监督管理部门,根据利害关系人的申请或者依据职权,可以撤销行政许可:

(一)滥用职权、玩忽职守作出准予行政许可决定的;

(二)超越法定职权作出准予行政许可决定的;

（三）违反法定程序作出准予行政许可决定的；

（四）对不具备申请资格或者不符合法定条件的申请人准予行政许可的；

（五）依法可以撤销行政许可的其他情形。

第四十一条 被许可人以欺骗、贿赂等不正当手段取得行政许可的，作出行政许可决定的市场监督管理部门或者其上级市场监督管理部门应当予以撤销。

第四十二条 市场监督管理部门发现其作出的行政许可决定可能存在本规定第四十条、第四十一条规定情形的，参照《市场监督管理行政处罚程序规定》有关规定进行调查核实。

发现其他市场监督管理部门作出的行政许可决定可能存在本规定第四十条、第四十一条规定情形的，应当将有关材料和证据移送作出行政许可决定的市场监督管理部门。

上级市场监督管理部门发现下级市场监督管理部门作出的行政许可决定可能存在本规定第四十条、第四十一条规定情形的，可以自行调查核实，也可以责令作出行政许可决定的市场监督管理部门调查核实。

第四十三条 作出撤销行政许可决定前，市场监督管理部门应当将拟撤销行政许可的事实、理由和依据书面告知被许可人，并告知被许可人依法享有陈述、申辩和要求举行听证的权利。市场监督管理部门发现行政许可事项直接关系他人重大利益的，还应当同时告知该利害关系人。

第四十四条 被许可人、利害关系人陈述、申辩的，市场监督管理部门应当记录。被许可人、利害关系人自被告知之日起五日内未行使陈述权、申辩权的，视为放弃此权利。

被许可人、利害关系人申请听证的，市场监督管理部门应当按照本规定第五章规定组织听证。

第四十五条 市场监督管理部门应当自本行政机关发现行政许可决定存在本规定第四十条、第四十一条规定情形之日起六十日内作出是否撤销的决定。不能在规定期限内作出决定的，经本行政机关负责人批准，可以延长二十日。

需要听证、检验、检测、检疫、鉴定、专家评审的，所需时间不计算在前款规定的期限内。

第四十六条 市场监督管理部门作出撤销行政许可决定的，应当出具加盖本行政机关印章并注明日期的纸质或者电子凭证。

第四十七条 撤销行政许可，可能对公共利益造成重大损害的，不予撤销。

依照本规定第四十条规定撤销行政许可，被许可人的合法权益受到损害的，作出被撤销的行政许可决定的市场监督管理部门应当依法给予赔偿。依照本规定第四十一条规定撤销行政许可的，被许可人基于行政许可取得的利益不受保护。

第三节 注　　销

第四十八条 有下列情形之一的，作出行政许可决定的市场监督管理部门依据申请办理行政许可注销手续：

（一）被许可人不再从事行政许可活动，并且不存在因涉嫌违法正在被市场监督管理部门或者司法机关调查的情形，申请办理注销手续的；

（二）被许可人或者清算人申请办理涉及主体资格的行政许可注销手续的；

（三）赋予自然人特定资格的行政许可，该自然人死亡或者丧失行为能力，其近亲属申请办理注销手续的；

（四）因不可抗力导致行政许可事项无法实施，被许可人申请办理注销手续的；

（五）法律、法规规定的依据申请办理行政许可注销手续的其他情形。

第四十九条 有下列情形之一的，作出行政许可决定的市场监督管理部门依据职权办理行政许可注销手续：

（一）行政许可有效期届满未延续的，但涉及主体资格的行政许可除外；

（二）赋予自然人特定资格的行政许可，市场监督管理部门发现该自然人死亡或者丧失行为能力，并且其近亲属未在其死亡或者丧失行为能力之日起六十日内申请办理注销手续的；

（三）法人或者其他组织依法终止的；

（四）行政许可依法被撤销、撤回，或者行政许可证件依法被吊销的，但涉及主体资格的行政许可除外；

（五）法律、法规规定的依据职权办理行政许可注销手续的其他情形。

第五十条 法律、法规、规章对办理食品生产、食品经营等行政许可注销手续另有规定的，依照其规定。

第五十一条 市场监督管理部门发现本行政区域内存在有本规定第四十九条规定的情形但尚未被注销的行政许可的，应当逐级上报或者通报作出行政许可决定的市场监督管理部门。收到报告或者通报的市场监督管理部门依法办理注销手续。

第五十二条 注销行政许可的，作出行政许可决定的市场监督管理部门应当收回行政许可证件或者公告行政许可证件作废。

第五章 听证程序

第五十三条 法律、法规、规章规定实施行政许可应当听证的事项，或者市场监督管理部门认为需要听证的其他涉及公共利益的重大行政许可事项，市场监督管理部门应当向社会公告，并举行听证。

行政许可直接涉及行政许可申请人与他人之间重大利益关系，行政许可申请人、利害关系人申请听证的，应当自被告知听证权利之日起五日内提出听证申请。市场监督管理部门应当自收到听证申请之日起二十日内组织听证。行政许可申请人、利害关系人未在被告知听证权利之日起五日内提出听证申请的，视为放弃此权利。

行政许可因存在本规定第三十六条第二项、第四十条、第四十一条规定情形可能被撤回、撤销，被许可人、利害关系人申请听证的，参照本条第二款规定执行。

第五十四条 市场监督管理部门应当自依据职权决定组织听证之日起三日内或者自收到听证申请之日起三日内确定听证主持人。必要时，可以设一至二名听证员,协助听证主持人进行听证。记录员由听证主持人指定,具体承担听证准备和听证记录工作。

与听证的行政许可相关的工作人员不得担任听证主持人、听证员和记录员。

第五十五条　行政许可申请人或者被许可人、申请听证的利害关系人是听证当事人。

与行政许可有利害关系的其他组织或者个人,可以作为第三人申请参加听证,或者由听证主持人通知其参加听证。

与行政许可有关的证人、鉴定人等经听证主持人同意,可以参加听证。

听证当事人、第三人以及与行政许可有关的证人、鉴定人等,不承担市场监督管理部门组织听证的费用。

第五十六条　听证当事人、第三人可以委托一至二人代为参加听证。

委托他人代为参加听证的,应当向市场监督管理部门提交由委托人签字或者盖章的授权委托书以及委托人、委托代理人的身份证明文件。

授权委托书应当载明委托事项及权限。委托代理人代为撤回听证申请或者明确放弃听证权利,应当具有委托人的明确授权。

第五十七条　听证准备及听证参照《市场监督管理行政处罚听证办法》有关规定执行。

第五十八条　记录员应当如实记录听证情况。听证当事人、第三人以及与行政许可有关的证人、鉴定人等应当在听证会结束后核对听证笔录,经核对无误后当场签字或者盖章。听证当事人、第三人拒绝签字或者盖章的,应当予以记录。

第五十九条　市场监督管理部门应当根据听证笔录,作出有关行政许可决定。

第六章　送达程序

第六十条　市场监督管理部门按照本规定作出的行政许可相关凭证或者行政许可证件,应当依法送达行政许可申请人或者被许可人。

第六十一条　行政许可申请人、被许可人应当提供有效的联系电话和通讯地址,配合市场监督管理部门送达行政许可相关凭证或者行政许可证件。

第六十二条　市场监督管理部门参照《市场监督管理行政处罚程序规定》有关规定进行送达。

第七章　监督管理

第六十三条　国家市场监督管理总局以及地方性法规、地方政府规章制定机关所在地市场监督管理部门可以根据工作需要对本行政机关以及下级市场监督管理部门行政许可的实施情况及其必要性进行评价。

自然人、法人或者其他组织可以向市场监督管理部门就行政许可的实施提出意见和建议。

第六十四条　市场监督管理部门可以自行评价,也可以委托第三方机构进行评价。评价可以采取问卷调查、听证会、论证会、座谈会等方式进行。

第六十五条　行政许可评价的内容应当包括:

(一)实施行政许可的总体状况;

(二)实施行政许可的社会效益和社会成本;

（三）实施行政许可是否达到预期的管理目标；

（四）行政许可在实施过程中遇到的问题和原因；

（五）行政许可继续实施的必要性和合理性；

（六）其他需要评价的内容。

第六十六条　国家市场监督管理总局完成评价后，应当对法律、行政法规设定的行政许可提出取消、保留、合并或者调整行政许可实施层级等意见建议，并形成评价报告，报送行政许可设定机关。

地方性法规、地方政府规章制定机关所在地市场监督管理部门完成评价后，对法律、行政法规设定的行政许可，应当将评价报告报送国家市场监督管理总局；对地方性法规、地方政府规章设定的行政许可，应当将评价报告报送行政许可设定机关。

第六十七条　市场监督管理部门发现本行政机关实施的行政许可存在违法或者不当的，应当及时予以纠正。

上级市场监督管理部门应当加强对下级市场监督管理部门实施行政许可的监督检查，及时发现和纠正行政许可实施中的违法或者不当行为。

第六十八条　委托实施行政许可的，委托机关应当通过定期或者不定期检查等方式，加强对受委托机关实施行政许可的监督检查，及时发现和纠正行政许可实施中的违法或者不当行为。

第六十九条　行政许可依法需要实施检验、检测、检疫或者鉴定、专家评审的，市场监督管理部门应当加强对有关组织和人员的监督检查，及时发现和纠正检验、检测、检疫或者鉴定、专家评审活动中的违法或者不当行为。

第八章　法律责任

第七十条　行政许可申请人隐瞒有关情况或者提供虚假材料申请行政许可的，市场监督管理部门不予受理或者不予行政许可，并给予警告；行政许可申请属于直接关系公共安全、人身健康、生命财产安全事项的，行政许可申请人在一年内不得再次申请该行政许可。

第七十一条　被许可人以欺骗、贿赂等不正当手段取得行政许可的，市场监督管理部门应当依法给予行政处罚；取得的行政许可属于直接关系公共安全、人身健康、生命财产安全事项的，被许可人在三年内不得再次申请该行政许可；涉嫌构成犯罪，依法需要追究刑事责任的，按照有关规定移送公安机关。

第七十二条　受委托机关超越委托权限或者再委托其他组织和个人实施行政许可的，由委托机关责令改正，予以通报。

第七十三条　市场监督管理部门及其工作人员有下列情形之一的，由其上级市场监督管理部门责令改正；情节严重的，对直接负责的主管人员和其他直接责任人员依法给予行政处分：

（一）对符合法定条件的行政许可申请不予受理的；

（二）未按照规定公示依法应当公示的内容的；

（三）未向行政许可申请人、利害关系人履行法定告知义务的；

（四）申请人提交的申请材料不齐全或者不符合法定形式，未一次告知申请人需要补正的全部内容的；

（五）未依法说明不予受理行政许可申请或者不予行政许可的理由的；

（六）依法应当举行听证而未举行的。

第九章 附　则

第七十四条　本规定下列用语的含义：

行政许可撤回，指因存在法定事由，为了公共利益的需要，市场监督管理部门依法确认已经生效的行政许可失效的行为。

行政许可撤销，指因市场监督管理部门与被许可人一方或者双方在作出行政许可决定前存在法定过错，由市场监督管理部门对已经生效的行政许可依法确认无效的行为。

行政许可注销，指因存在导致行政许可效力终结的法定事由，市场监督管理部门依据法定程序收回行政许可证件或者确认行政许可证件作废的行为。

第七十五条　市场监督管理部门在履行职责过程中产生的行政许可准予、变更、延续、撤回、撤销、注销等信息，按照有关规定予以公示。

第七十六条　除法律、行政法规另有规定外，市场监督管理部门实施行政许可，不得收取费用。

第七十七条　本规定规定的期限以工作日计算，不含法定节假日。按照日计算期限的，开始的当日不计入，自下一日开始计算。

本规定所称"以上"，包含本数。

第七十八条　药品监督管理部门和知识产权行政部门实施行政许可，适用本规定。

第七十九条　本规定自2019年10月1日起施行。2012年10月26日原国家质量监督检验检疫总局令第149号公布的《质量监督检验检疫行政许可实施办法》同时废止。

市场监督管理行政处罚程序规定

1. 2018年12月21日国家市场监督管理总局令第2号公布
2. 根据2021年7月2日国家市场监督管理总局令第42号《关于修改〈市场监督管理行政处罚程序暂行规定〉等二部规章的决定》第一次修正
3. 根据2022年9月29日国家市场监督管理总局令第61号《关于修改和废止部分部门规章的决定》第二次修正

第一章 总　则

第一条　为了规范市场监督管理行政处罚程序，保障市场监督管理部门依法实施行政处罚，保护自然人、法人和其他组织的合法权益，根据《中华人民共和国行政处罚法》《中华人民共和国行政强制法》等法律、行政法规，制定本规定。

第二条　市场监督管理部门实施行政处罚，适用本规定。

第三条　市场监督管理部门实施行政处罚，应当遵循公正、公开的原则，坚持处罚与教育相结合，做到事实清楚、证据确凿、适用依据正确、程序合法、处罚适当。

第四条　市场监督管理部门实施行政处罚实行回避制度。参与案件办理的有关人员与案件有直接利害关系或者有其他关系可能影响公正执法的,应当回避。市场监督管理部门主要负责人的回避,由市场监督管理部门负责人集体讨论决定;市场监督管理部门其他负责人的回避,由市场监督管理部门主要负责人决定;其他有关人员的回避,由市场监督管理部门负责人决定。

回避决定作出之前,不停止案件调查。

第五条　市场监督管理部门及参与案件办理的有关人员对实施行政处罚过程中知悉的国家秘密、商业秘密和个人隐私应当依法予以保密。

第六条　上级市场监督管理部门对下级市场监督管理部门实施行政处罚,应当加强监督。

各级市场监督管理部门对本部门内设机构及其派出机构、受委托组织实施行政处罚,应当加强监督。

第二章　管　辖

第七条　行政处罚由违法行为发生地的县级以上市场监督管理部门管辖。法律、行政法规、部门规章另有规定的,从其规定。

第八条　县级、设区的市级市场监督管理部门依职权管辖本辖区内发生的行政处罚案件。法律、法规、规章规定由省级以上市场监督管理部门管辖的,从其规定。

第九条　市场监督管理部门派出机构在本部门确定的权限范围内以本部门的名义实施行政处罚,法律、法规授权以派出机构名义实施行政处罚的除外。

县级以上市场监督管理部门可以在法定权限内书面委托符合《中华人民共和国行政处罚法》规定条件的组织实施行政处罚。受委托组织在委托范围内,以委托行政机关名义实施行政处罚;不得再委托其他任何组织或者个人实施行政处罚。

委托书应当载明委托的具体事项、权限、期限等内容。委托行政机关和受委托组织应当将委托书向社会公布。

第十条　网络交易平台经营者和通过自建网站、其他网络服务销售商品或者提供服务的网络交易经营者的违法行为由其住所地县级以上市场监督管理部门管辖。

平台内经营者的违法行为由其实际经营地县级以上市场监督管理部门管辖。网络交易平台经营者住所地县级以上市场监督管理部门先行发现违法线索或者收到投诉、举报的,也可以进行管辖。

第十一条　对利用广播、电影、电视、报纸、期刊、互联网等大众传播媒介发布违法广告的行为实施行政处罚,由广告发布者所在地市场监督管理部门管辖。广告发布者所在地市场监督管理部门管辖异地广告主、广告经营者有困难的,可以将广告主、广告经营者的违法情况移送广告主、广告经营者所在地市场监督管理部门处理。

对于互联网广告违法行为,广告主所在地、广告经营者所在地市场监督管理部门先行发现违法线索或者收到投诉、举报的，也可以进行管辖。

对广告主自行发布违法互联网广告的行为实施行政处罚，由广告主所在地市场监督管理部门管辖。

第十二条　对当事人的同一违法行为，两个以上市场监督管理部门都有管辖权的，由最先立案的市场监督管理部门管辖。

第十三条　两个以上市场监督管理部门因管辖权发生争议的，应当自发生争议之日起七个工作日内协商解决，协商不成的，报请共同的上一级市场监督管理部门指定管辖；也可以直接由共同的上一级市场监督管理部门指定管辖。

第十四条　市场监督管理部门发现立案查处的案件不属于本部门管辖的，应当将案件移送有管辖权的市场监督管理部门。受移送的市场监督管理部门对管辖权有异议的，应当报请共同的上一级市场监督管理部门指定管辖，不得再自行移送。

第十五条　上级市场监督管理部门认为必要时，可以将本部门管辖的案件交由下级市场监督管理部门管辖。法律、法规、规章明确规定案件应当由上级市场监督管理部门管辖的，上级市场监督管理部门不得将案件交由下级市场监督管理部门管辖。

上级市场监督管理部门认为必要时，可以直接查处下级市场监督管理部门管辖的案件，也可以将下级市场监督管理部门管辖的案件指定其他下级市场监督管理部门管辖。

下级市场监督管理部门认为依法由其管辖的案件存在特殊原因，难以办理的，可以报请上一级市场监督管理部门管辖或者指定管辖。

第十六条　报请上一级市场监督管理部门管辖或者指定管辖的，上一级市场监督管理部门应当在收到报送材料之日起七个工作日内确定案件的管辖部门。

第十七条　市场监督管理部门发现立案查处的案件属于其他行政管理部门管辖的，应当及时依法移送其他有关部门。

市场监督管理部门发现违法行为涉嫌犯罪的，应当及时将案件移送司法机关，并对涉案物品以及与案件有关的其他材料依照有关规定办理交接手续。

第三章　行政处罚的普通程序

第十八条　市场监督管理部门对依据监督检查职权或者通过投诉、举报、其他部门移送、上级交办等途径发现的违法行为线索，应当自发现线索或者收到材料之日起十五个工作日内予以核查，由市场监督管理部门负责人决定是否立案；特殊情况下，经市场监督管理部门负责人批准，可以延长十五个工作日。法律、法规、规章另有规定的除外。

检测、检验、检疫、鉴定以及权利人辨认或者鉴别等所需时间，不计入前款规定期限。

第十九条　经核查，符合下列条件的，应当立案：

（一）有证据初步证明存在违反市场监督管理法律、法规、规章的行为；

（二）依据市场监督管理法律、法规、规章应当给予行政处罚；

（三）属于本部门管辖；

（四）在给予行政处罚的法定期限内。

决定立案的，应当填写立案审批表，由办案机构负责人指定两名以上具有行政执法资格的办案人员负责调查处理。

第二十条 经核查，有下列情形之一的，可以不予立案：

（一）违法行为轻微并及时改正，没有造成危害后果；

（二）初次违法且危害后果轻微并及时改正；

（三）当事人有证据足以证明没有主观过错，但法律、行政法规另有规定的除外；

（四）依法可以不予立案的其他情形。

决定不予立案的，应当填写不予立案审批表。

第二十一条 办案人员应当全面、客观、公正、及时进行案件调查，收集、调取证据，并依照法律、法规、规章的规定进行检查。

首次向当事人收集、调取证据的，应当告知其享有陈述权、申辩权以及申请回避的权利。

第二十二条 办案人员调查或者进行检查时不得少于两人，并应当主动向当事人或者有关人员出示执法证件。

第二十三条 办案人员应当依法收集证据。证据包括：

（一）书证；

（二）物证；

（三）视听资料；

（四）电子数据；

（五）证人证言；

（六）当事人的陈述；

（七）鉴定意见；

（八）勘验笔录、现场笔录。

立案前核查或者监督检查过程中依法取得的证据材料，可以作为案件的证据使用。

对于移送的案件，移送机关依职权调查收集的证据材料，可以作为案件的证据使用。

上述证据，应当符合法律、法规、规章关于证据的规定，并经查证属实，才能作为认定案件事实的根据。以非法手段取得的证据，不得作为认定案件事实的根据。

第二十四条 收集、调取的书证、物证应当是原件、原物。调取原件、原物有困难的，可以提取复制件、影印件或者抄录件，也可以拍摄或者制作足以反映原件、原物外形或者内容的照片、录像。复制件、影印件、抄录件和照片、录像由证据提供人核对无误后注明与原件、原物一致，并注明出证日期、证据出处，同时签名或者盖章。

第二十五条 收集、调取的视听资料应当是有关资料的原始载体。调取视听资料原始载体有困难的，可以提取复制件，并注明制作方法、制作时间、制作人等。声音资料应当附有该声音内容的文字记录。

第二十六条 收集、调取的电子数据应当是有关数据的原始载体。收集电子数据原始载体有困难的，可以采用拷贝复制、委托分析、书式固定、拍照录像等方式取证,并注明制作方法、制作时间、制作人等。

市场监督管理部门可以利用互联网信息系统或者设备收集、固定违法行为证据。用来收集、固定违法行为证据的互联网信息系统或者设备应当符合相关规定,保证所收集、固定电子数据的真实性、完整性。

市场监督管理部门可以指派或者聘请具有专门知识的人员,辅助办案人员对案件关联的电子数据进行调查取证。

市场监督管理部门依照法律、行政法规规定利用电子技术监控设备收集、固定违法事实的,依照《中华人民共和国行政处罚法》有关规定执行。

第二十七条 在中华人民共和国领域外形成的公文书证,应当经所在国公证机关证明,或者履行中华人民共和国与该所在国订立的有关条约中规定的证明手续。涉及身份关系的证据,应当经所在国公证机关证明,并经中华人民共和国驻该国使领馆认证,或者履行中华人民共和国与该所在国订立的有关条约中规定的证明手续。

在中华人民共和国香港特别行政区、澳门特别行政区和台湾地区形成的证据,应当履行相关的证明手续。

外文书证或者外国语视听资料等证据应当附有由具有翻译资质的机构翻译的或者其他翻译准确的中文译本,由翻译机构盖章或者翻译人员签名。

第二十八条 对有违法嫌疑的物品或者场所进行检查时,应当通知当事人到场。办案人员应当制作现场笔录,载明时间、地点、事件等内容,由办案人员、当事人签名或者盖章。

第二十九条 办案人员可以询问当事人及其他有关单位和个人。询问应当个别进行。询问应当制作笔录,询问笔录应当交被询问人核对;对阅读有困难的,应当向其宣读。笔录如有差错、遗漏,应当允许其更正或者补充。涂改部分应当由被询问人签名、盖章或者以其他方式确认。经核对无误后,由被询问人在笔录上逐页签名、盖章或者以其他方式确认。办案人员应当在笔录上签名。

第三十条 办案人员可以要求当事人及其他有关单位和个人在一定期限内提供证明材料或者与涉嫌违法行为有关的其他材料,并由材料提供人在有关材料上签名或者盖章。

市场监督管理部门在查处侵权假冒等案件过程中,可以要求权利人对涉案产品是否为权利人生产或者其许可生产的产品进行辨认,也可以要求其对有关事项进行鉴别。

第三十一条 市场监督管理部门抽样取证时,应当通知当事人到场。办案人员应当制作抽样记录,对样品加贴封条,开具清单,由办案人员、当事人在封条和相关记录上签名或者盖章。

通过网络、电话购买等方式抽样取证的,应当采取拍照、截屏、录音、录像等方式对交易过程、商品拆包查验及封样等过程进行记录。

法律、法规、规章或者国家有关规定对实施抽样机构的资质或者抽样方式有明确要求的,市场监督管理部门应当委托相关机构或者按照规定方式抽取样品。

第三十二条　为查明案情,需要对案件中专门事项进行检测、检验、检疫、鉴定的,市场监督管理部门应当委托具有法定资质的机构进行;没有法定资质机构的,可以委托其他具备条件的机构进行。检测、检验、检疫、鉴定结果应当告知当事人。

第三十三条　在证据可能灭失或者以后难以取得的情况下,市场监督管理部门可以对与涉嫌违法行为有关的证据采取先行登记保存措施。采取或者解除先行登记保存措施,应当经市场监督管理部门负责人批准。

情况紧急,需要当场采取先行登记保存措施的,办案人员应当在二十四小时内向市场监督管理部门负责人报告,并补办批准手续。市场监督管理部门负责人认为不应当采取先行登记保存措施的,应当立即解除。

第三十四条　先行登记保存有关证据,应当当场清点,开具清单,由当事人和办案人员签名或者盖章,交当事人一份,并当场交付先行登记保存证据通知书。

先行登记保存期间,当事人或者有关人员不得损毁、销毁或者转移证据。

第三十五条　对于先行登记保存的证据,应当在七个工作日内采取以下措施:

(一)根据情况及时采取记录、复制、拍照、录像等证据保全措施;

(二)需要检测、检验、检疫、鉴定的,送交检测、检验、检疫、鉴定;

(三)依据有关法律、法规规定可以采取查封、扣押等行政强制措施的,决定采取行政强制措施;

(四)违法事实成立,应当予以没收的,作出行政处罚决定,没收违法物品;

(五)违法事实不成立,或者违法事实成立但依法不应当予以查封、扣押或者没收的,决定解除先行登记保存措施。

逾期未采取相关措施的,先行登记保存措施自动解除。

第三十六条　市场监督管理部门可以依据法律、法规的规定采取查封、扣押等行政强制措施。采取或者解除行政强制措施,应当经市场监督管理部门负责人批准。

情况紧急,需要当场采取行政强制措施的,办案人员应当在二十四小时内向市场监督管理部门负责人报告,并补办批准手续。市场监督管理部门负责人认为不应当采取行政强制措施的,应当立即解除。

第三十七条　市场监督管理部门实施行政强制措施应当依照《中华人民共和国行政强制法》规定的程序进行,并当场交付实施行政强制措施决定书和清单。

第三十八条　查封、扣押的期限不得超过三十日;情况复杂的,经市场监督管理部门负责人批准,可以延长,但是延长期限不得超过三十日。法律、行政法规另有规定的除外。

延长查封、扣押的决定应当及时书面告知当事人,并说明理由。

对物品需要进行检测、检验、检疫、鉴定的,查封、扣押的期间不包括检测、检验、检疫、鉴定的期间。检测、检验、检疫、鉴定的期间应当明确,并书面告知当事人。

第三十九条 扣押当事人托运的物品,应当制作协助扣押通知书,通知有关单位协助办理,并书面通知当事人。

第四十条 对当事人家存或者寄存的涉嫌违法物品,需要扣押的,责令当事人取出;当事人拒绝取出的,应当会同当地有关部门或者单位将其取出,并办理扣押手续。

第四十一条 查封、扣押的场所、设施或者财物应当妥善保管,不得使用或者损毁;市场监督管理部门可以委托第三人保管,第三人不得损毁或者擅自转移、处置。

查封的场所、设施或者财物,应当加贴市场监督管理部门封条,任何人不得随意动用。

除法律、法规另有规定外,容易损毁、灭失、变质、保管困难或者保管费用过高、季节性商品等不宜长期保存的物品,在确定为罚没财物前,经权利人同意或者申请,并经市场监督管理部门负责人批准,在采取相关措施留存证据后,可以依法先行处置;权利人不明确的,可以依法公告,公告期满后仍没有权利人同意或者申请的,可以依法先行处置。先行处置所得款项按照涉案现金管理。

第四十二条 有下列情形之一的,市场监督管理部门应当及时作出解除查封、扣押决定:

(一)当事人没有违法行为;

(二)查封、扣押的场所、设施或者财物与违法行为无关;

(三)对违法行为已经作出处理决定,不再需要查封、扣押;

(四)查封、扣押期限已经届满;

(五)其他不再需要采取查封、扣押措施的情形。

解除查封、扣押应当立即退还财物,并由办案人员和当事人在财物清单上签名或者盖章。市场监督管理部门已将财物依法先行处置并有所得款项的,应当退还所得款项。先行处置明显不当,给当事人造成损失的,应当给予补偿。

当事人下落不明或者无法确定涉案物品所有人的,应当按照本规定第八十二条第五项规定的公告送达方式告知领取。公告期满仍无人领取的,经市场监督管理部门负责人批准,将涉案物品上缴或者依法拍卖后将所得款项上缴国库。

第四十三条 办案人员在调查取证过程中,无法通知当事人,当事人不到场或者拒绝接受调查,当事人拒绝签名、盖章或者以其他方式确认的,办案人员应当在笔录或者其他材料上注明情况,并采取录音、录像等方式记录,必要时可以邀请有关人员作为见证人。

第四十四条 进行现场检查、询问当事人及其他有关单位和个人、抽样取证、采取先行登记保存措施、实施查封或者扣押等行政强制措施时,按照有关规定采取拍照、录音、录像等方式记录现场情况。

第四十五条 市场监督管理部门在办理行政处罚案件时,确需有关机关或者其他市场监督管理部门协助调查取证的,应当出具协助调查函。

收到协助调查函的市场监督管理部门对属于本部门职权范围的协助事项应当予以协助,在接到协助调查函之日起十五个工作日内完成相关工作。需要延期完成的,应当在期限届满前告知提出协查请求的市场监督管理部门。

第四十六条　有下列情形之一的,经市场监督管理部门负责人批准,中止案件调查:

（一）行政处罚决定须以相关案件的裁判结果或者其他行政决定为依据,而相关案件尚未审结或者其他行政决定尚未作出的;

（二）涉及法律适用等问题,需要送请有权机关作出解释或者确认的;

（三）因不可抗力致使案件暂时无法调查的;

（四）因当事人下落不明致使案件暂时无法调查的;

（五）其他应当中止调查的情形。

中止调查的原因消除后,应当立即恢复案件调查。

第四十七条　因涉嫌违法的自然人死亡或者法人、其他组织终止,并且无权利义务承受人等原因,致使案件调查无法继续进行的,经市场监督管理部门负责人批准,案件终止调查。

第四十八条　案件调查终结,办案机构应当撰写调查终结报告。案件调查终结报告包括以下内容:

（一）当事人的基本情况;

（二）案件来源、调查经过及采取行政强制措施的情况;

（三）调查认定的事实及主要证据;

（四）违法行为性质;

（五）处理意见及依据;

（六）自由裁量的理由等其他需要说明的事项。

第四十九条　办案机构应当将调查终结报告连同案件材料,交由市场监督管理部门审核机构进行审核。

审核分为法制审核和案件审核。

办案人员不得作为审核人员。

第五十条　对情节复杂或者重大违法行为给予行政处罚的下列案件,在市场监督管理部门负责人作出行政处罚的决定之前,应当由从事行政处罚决定法制审核的人员进行法制审核;未经法制审核或者审核未通过的,不得作出决定:

（一）涉及重大公共利益的;

（二）直接关系当事人或者第三人重大权益,经过听证程序的;

（三）案件情况疑难复杂、涉及多个法律关系的;

（四）法律、法规规定应当进行法制审核的其他情形。

前款第二项规定的案件,在听证程序结束后进行法制审核。

县级以上市场监督管理部门可以对第一款的法制审核案件范围作出具体规定。

第五十一条　法制审核由市场监督管理部门法制机构或者其他机构负责实施。

市场监督管理部门中初次从事行政处罚决定法制审核的人员,应当通过国家统一法律职业资格考试取得法律职业资格。

第五十二条　除本规定第五十条第一款

规定以外适用普通程序的案件,应当进行案件审核。

案件审核由市场监督管理部门办案机构或者其他机构负责实施。

市场监督管理部门派出机构以自己的名义实施行政处罚的案件,由派出机构负责案件审核。

第五十三条 审核的主要内容包括:

(一)是否具有管辖权;

(二)当事人的基本情况是否清楚;

(三)案件事实是否清楚、证据是否充分;

(四)定性是否准确;

(五)适用依据是否正确;

(六)程序是否合法;

(七)处理是否适当。

第五十四条 审核机构对案件进行审核,区别不同情况提出书面意见和建议:

(一)对事实清楚、证据充分、定性准确、适用依据正确、程序合法、处理适当的案件,同意案件处理意见;

(二)对定性不准、适用依据错误、程序不合法、处理不当的案件,建议纠正;

(三)对事实不清、证据不足的案件,建议补充调查;

(四)认为有必要提出的其他意见和建议。

第五十五条 审核机构应当自接到审核材料之日起十个工作日内完成审核。特殊情况下,经市场监督管理部门负责人批准可以延长。

第五十六条 审核机构完成审核并退回案件材料后,对于拟给予行政处罚的案件,办案机构应当将案件材料、行政处罚建议及审核意见报市场监督管理部门负责人批准,并依法履行告知等程序;对于建议给予其他行政处理的案件,办案机构应当将案件材料、审核意见报市场监督管理部门负责人审查决定。

第五十七条 拟给予行政处罚的案件,市场监督管理部门在作出行政处罚决定之前,应当书面告知当事人拟作出的行政处罚内容及事实、理由、依据,并告知当事人依法享有陈述权、申辩权。拟作出的行政处罚属于听证范围的,还应当告知当事人有要求听证的权利。法律、法规规定在行政处罚决定作出前需责令当事人退还多收价款的,一并告知拟责令退还的数额。

当事人自告知书送达之日起五个工作日内,未行使陈述、申辩权,未要求听证的,视为放弃此权利。

第五十八条 市场监督管理部门在告知当事人拟作出的行政处罚决定后,应当充分听取当事人的意见,对当事人提出的事实、理由和证据进行复核。当事人提出的事实、理由或者证据成立的,市场监督管理部门应当予以采纳,不得因当事人陈述、申辩或者要求听证而给予更重的行政处罚。

第五十九条 法律、法规要求责令当事人退还多收价款的,市场监督管理部门应当在听取当事人意见后作出行政处罚决定前,向当事人发出责令退款通知书,责令当事人限期退还。难以查找多付价款的消费者或者其他经营者的,责令公告查找。

第六十条 市场监督管理部门负责人经

对案件调查终结报告、审核意见、当事人陈述和申辩意见或者听证报告等进行审查,根据不同情况,分别作出以下决定:

（一）确有依法应当给予行政处罚的违法行为的,根据情节轻重及具体情况,作出行政处罚决定;

（二）确有违法行为,但有依法不予行政处罚情形的,不予行政处罚;

（三）违法事实不能成立的,不予行政处罚;

（四）不属于市场监督管理部门管辖的,移送其他行政管理部门处理;

（五）违法行为涉嫌犯罪的,移送司法机关。

对本规定第五十条第一款规定的案件,拟给予行政处罚的,应当由市场监督管理部门负责人集体讨论决定。

第六十一条　对当事人的违法行为依法不予行政处罚的,市场监督管理部门应当对当事人进行教育。

第六十二条　市场监督管理部门作出行政处罚决定,应当制作行政处罚决定书,并加盖本部门印章。行政处罚决定书的内容包括:

（一）当事人的姓名或者名称、地址等基本情况;

（二）违反法律、法规、规章的事实和证据;

（三）当事人陈述、申辩的采纳情况及理由;

（四）行政处罚的内容和依据;

（五）行政处罚的履行方式和期限;

（六）申请行政复议、提起行政诉讼的途径和期限;

（七）作出行政处罚决定的市场监督管理部门的名称和作出决定的日期。

第六十三条　市场监督管理部门作出的具有一定社会影响的行政处罚决定应当按照有关规定向社会公开。

公开的行政处罚决定被依法变更、撤销、确认违法或者确认无效的,市场监督管理部门应当在三个工作日内撤回行政处罚决定信息并公开说明理由。

第六十四条　适用普通程序办理的案件应当自立案之日起九十日内作出处理决定。因案情复杂或者其他原因,不能在规定期限内作出处理决定的,经市场监督管理部门负责人批准,可以延长三十日。案情特别复杂或者有其他特殊情况,经延期仍不能作出处理决定的,应当由市场监督管理部门负责人集体讨论决定是否继续延期,决定继续延期的,应当同时确定延长的合理期限。

案件处理过程中,中止、听证、公告和检测、检验、检疫、鉴定、权利人辨认或者鉴别、责令退还多收价款等时间不计入前款所指的案件办理期限。

第六十五条　发生重大传染病疫情等突发事件,为了控制、减轻和消除突发事件引起的社会危害,市场监督管理部门对违反突发事件应对措施的行为,依法快速、从重处罚。

第四章　行政处罚的简易程序

第六十六条　违法事实确凿并有法定依据,对自然人处以二百元以下、对法人或者其他组织处以三千元以下罚款或者警告的行政处罚的，可以当场作出行政处罚决定。法律另有规定的，从其规定。

第六十七条 适用简易程序当场查处违法行为，办案人员应当向当事人出示执法证件，当场调查违法事实，收集必要的证据，填写预定格式、编有号码的行政处罚决定书。

行政处罚决定书应当由办案人员签名或者盖章，并当场交付当事人。当事人拒绝签收的，应当在行政处罚决定书上注明。

第六十八条 当场制作的行政处罚决定书应当载明当事人的基本情况、违法行为、行政处罚依据、处罚种类、罚款数额、缴款途径和期限、救济途径和期限、部门名称、时间、地点，并加盖市场监督管理部门印章。

第六十九条 办案人员在行政处罚决定作出前，应当告知当事人拟作出的行政处罚内容及事实、理由、依据，并告知当事人有权进行陈述和申辩。当事人进行陈述和申辩的，办案人员应当记入笔录。

第七十条 适用简易程序查处案件的有关材料，办案人员应当在作出行政处罚决定之日起七个工作日内交至所在的市场监督管理部门归档保存。

第五章 执行与结案

第七十一条 行政处罚决定依法作出后，当事人应当在行政处罚决定书载明的期限内予以履行。

当事人对行政处罚决定不服申请行政复议或者提起行政诉讼的，行政处罚不停止执行，法律另有规定的除外。

第七十二条 市场监督管理部门对当事人作出罚款、没收违法所得行政处罚的，当事人应当自收到行政处罚决定书之日起十五日内，通过指定银行或者电子支付系统缴纳罚没款。有下列情形之一的，可以由办案人员当场收缴罚款：

（一）当场处以一百元以下罚款的；

（二）当场对自然人处以二百元以下、对法人或者其他组织处以三千元以下罚款，不当场收缴事后难以执行的；

（三）在边远、水上、交通不便地区，当事人向指定银行或者通过电子支付系统缴纳罚款确有困难，经当事人提出的。

办案人员当场收缴罚款的，必须向当事人出具国务院财政部门或者省、自治区、直辖市财政部门统一制发的专用票据。

第七十三条 办案人员当场收缴的罚款，应当自收缴罚款之日起二个工作日内交至所在市场监督管理部门。在水上当场收缴的罚款，应当自抵岸之日起二个工作日内交至所在市场监督管理部门。市场监督管理部门应当在二个工作日内将罚款缴付指定银行。

第七十四条 当事人确有经济困难，需要延期或者分期缴纳罚款的，应当提出书面申请。经市场监督管理部门负责人批准，同意当事人暂缓或者分期缴纳罚款的，市场监督管理部门应当书面告知当事人暂缓或者分期的期限。

第七十五条 当事人逾期不缴纳罚款的，市场监督管理部门可以每日按罚款数额的百分之三加处罚款,加处罚款的数额不得超出罚款的数额。

第七十六条　当事人在法定期限内不申请行政复议或者提起行政诉讼,又不履行行政处罚决定,且在收到催告书十个工作日后仍不履行行政处罚决定的,市场监督管理部门可以在期限届满之日起三个月内依法申请人民法院强制执行。

市场监督管理部门批准延期、分期缴纳罚款的,申请人民法院强制执行的期限,自暂缓或者分期缴纳罚款期限结束之日起计算。

第七十七条　适用普通程序的案件有以下情形之一的,办案机构应当在十五个工作日内填写结案审批表,经市场监督管理部门负责人批准后,予以结案:

（一）行政处罚决定执行完毕的;
（二）人民法院裁定终结执行的;
（三）案件终止调查的;
（四）作出本规定第六十条第一款第二项至五项决定的;
（五）其他应予结案的情形。

第七十八条　结案后,办案人员应当将案件材料按照档案管理的有关规定立卷归档。案卷归档应当一案一卷、材料齐全、规范有序。

案卷可以分正卷、副卷。正卷按照下列顺序归档:

（一）立案审批表;
（二）行政处罚决定书及送达回证;
（三）对当事人制发的其他法律文书及送达回证;
（四）证据材料;
（五）听证笔录;
（六）财物处理单据;
（七）其他有关材料。

副卷按照下列顺序归档:

（一）案源材料;
（二）调查终结报告;
（三）审核意见;
（四）听证报告;
（五）结案审批表;
（六）其他有关材料。

案卷的保管和查阅,按照档案管理的有关规定执行。

第七十九条　市场监督管理部门应当依法以文字、音像等形式,对行政处罚的启动、调查取证、审核、决定、送达、执行等进行全过程记录,依照本规定第七十八条的规定归档保存。

第六章　期间、送达

第八十条　期间以时、日、月计算,期间开始的时或者日不计算在内。期间不包括在途时间。期间届满的最后一日为法定节假日的,以法定节假日后的第一日为期间届满的日期。

第八十一条　市场监督管理部门送达行政处罚决定书,应当在宣告后当场交付当事人。当事人不在场的,应当在七个工作日内按照本规定第八十二条、第八十三条的规定,将行政处罚决定书送达当事人。

第八十二条　市场监督管理部门送达执法文书,应当按照下列方式进行:

（一）直接送达的,由受送达人在送达回证上注明签收日期,并签名或者盖章,受送达人在送达回证上注明的签收日期为送达日期。受送达人是自然人的,本人不在时交其同住成年家属签收；受送达人是法人或者其他组织的，应当由法人的法定代表人、其他组织的主要负责人或者该法人、其他组织负责收件的人签收；受送达人有代理人的，可以送交其代理人签收；受送达人已向市场监督管理部门指定代收人的，送交代收人签收。受送达人的同住成年家属，法人或者其他组织负责收件的人，代理人或者代收人在送达回证上签收的日期为送达日期。

（二）受送达人或者其同住成年家属拒绝签收的，市场监督管理部门可以邀请有关基层组织或者所在单位的代表到场，说明情况，在送达回证上载明拒收事由和日期，由送达人、见证人签名或者以其他方式确认，将执法文书留在受送达人的住所；也可以将执法文书留在受送达人的住所，并采取拍照、录像等方式记录送达过程，即视为送达。

（三）经受送达人同意并签订送达地址确认书，可以采用手机短信、传真、电子邮件、即时通讯账号等能够确认其收悉的电子方式送达执法文书，市场监督管理部门应当通过拍照、截屏、录音、录像等方式予以记录，手机短信、传真、电子邮件、即时通讯信息等到达受送达人特定系统的日期为送达日期。

（四）直接送达有困难的，可以邮寄送达或者委托当地市场监督管理部门、转交其他部门代为送达。邮寄送达的，以回执上注明的收件日期为送达日期；委托、转交送达的，受送达人的签收日期为送达日期。

（五）受送达人下落不明或者采取

上述方式无法送达的，可以在市场监督管理部门公告栏和受送达人住所地张贴公告，也可以在报纸或者市场监督管理部门门户网站等刊登公告。自公告发布之日起经过三十日，即视为送达。公告送达，应当在案件材料中载明原因和经过。在市场监督管理部门公告栏和受送达人住所地张贴公告的，应当采取拍照、录像等方式记录张贴过程。

第八十三条　市场监督管理部门可以要求受送达人签署送达地址确认书，送达至受送达人确认的地址，即视为送达。受送达人送达地址发生变更的，应当及时书面告知市场监督管理部门；未及时告知的，市场监督管理部门按原地址送达，视为依法送达。

因受送达人提供的送达地址不准确、送达地址变更未书面告知市场监督管理部门，导致执法文书未能被受送达人实际接收的，直接送达的，执法文书留在该地址之日为送达之日；邮寄送达的，执法文书被退回之日为送达之日。

第七章　附　　则

第八十四条　本规定中的"以上""以下""内"均包括本数。

第八十五条　国务院药品监督管理部门和省级药品监督管理部门实施行政处罚，适用本规定。

法律、法规授权的履行市场监督管理职能的组织实施行政处罚，适用本规定。

对违反《中华人民共和国反垄断法》规定的行为实施行政处罚的程序，

按照国务院市场监督管理部门专项规定执行。专项规定未作规定的,参照本规定执行。

第八十六条　行政处罚文书格式范本,由国务院市场监督管理部门统一制定。各省级市场监督管理部门可以参照文书格式范本,制定本行政区域适用的行政处罚文书格式并自行印制。

第八十七条　本规定自2019年4月1日起施行。1996年9月18日原国家技术监督局令第45号公布的《技术监督行政处罚委托实施办法》、2001年4月9日原国家质量技术监督局令第16号公布的《质量技术监督罚没物品管理和处置办法》、2007年9月4日原国家工商行政管理总局令第28号公布的《工商行政管理机关行政处罚程序规定》、2011年3月2日原国家质量监督检验检疫总局令第137号公布的《质量技术监督行政处罚程序规定》、2011年3月2日原国家质量监督检验检疫总局令第138号公布的《质量技术监督行政处罚案件审理规定》、2014年4月28日原国家食品药品监督管理总局令第3号公布的《食品药品行政处罚程序规定》同时废止。

市场监管执法行为规范

1. 2024年10月18日市场监管总局印发
2. 国市监稽发〔2024〕98号

第一章　总　　则

第一条　为进一步规范市场监管行政执法工作,提升公正文明执法水平,树立执法队伍良好形象,根据相关法律法规规章规定,结合工作实际,制定本规范。

第二条　市场监管行政执法人员(以下简称执法人员)在实施行政检查、行政处罚和行政强制等行政执法行为时适用本规范。

第三条　执法人员应当坚守"坚定信念、忠于国家、服务人民、恪尽职守、依法办事、公正廉洁"的基本职业道德。

第四条　执法人员在执法活动中应当尊重不同民族、不同地区的风俗习惯。

第五条　各级市场监管部门应当建立执法人员权益保护机制,保障正常行政执法活动不受干扰,维护执法权威性,为执法人员依法履职创造良好环境。

第二章　作风纪律规范

第六条　执法人员应当严格遵守"八个严禁":

(一)严禁滥用职权、违反程序,随意执法;

(二)严禁徇私舞弊、滥用裁量,选择执法;

(三)严禁吃拿卡要、以罚代收,趋利执法;

(四)严禁畸轻畸重、过罚不当,机械执法;

(五)严禁以罚代管、只罚不管,简单执法;

(六)严禁有案不查、压案不办,消极执法;

(七)严禁态度恶劣、训斥威胁,粗暴执法;

(八)严禁诱导欺骗、故设圈套,钓鱼执法。

第七条　执法人员应当严格落实"十个

不得"：

（一）不得以办案名义随意干扰企业正常生产经营活动；

（二）不得私自留置、处理、占用被罚没或被扣押财物；

（三）不得违规泄露案件当事人商业秘密、个人隐私以及举报人信息等；

（四）不得私下与案件当事人或相关利益人接触；

（五）不得向案件当事人通风报信，为其隐瞒证据、开脱责任；

（六）不得利用执法权力谋取私利，为配偶、子女及其配偶或他人经商办企业提供便利条件；

（七）不得接受案件当事人或相关利益人安排的吃请、旅游、娱乐、休闲等活动，索要或收受可能影响公正执法的现金、实物、有价证券、其他支付凭证或报销应由个人支付的费用；

（八）不得在工作期间饮酒；

（九）不得酒后驾车、公车私用、驾驶执法车辆搭乘与工作无关的人员；

（十）不得着制式服装出入娱乐场所，因工作需要除外。

第三章　仪容举止规范

第八条　执法人员应当举止文明，行为得体，服饰整洁，仪表端庄，精神饱满。

第九条　执法人员非公务外出时，一般应着便装。

第十条　工作时应当按照规定着装、戴帽和佩戴标识，不得与便服混穿，不得佩戴与执法身份不符的其他标志标识或者饰品。

第十一条　着制式服装时不得在公共场所或者其他禁止吸烟的场所吸烟，不得勾肩搭背、高声喧哗、嬉笑打闹。

第十二条　男性不得留长发、大鬓角、蓄胡须，女性着制式服装时不得披头散发、留长指甲、化浓妆。

第四章　执法用语规范

第十三条　执法用语应当规范、文明、准确。一般使用普通话，也可根据情况使用容易沟通的语言，不得使用粗俗、歧视性、侮辱性以及威胁性语言，不得通过含糊、敷衍的用语诱导和推卸责任等。

第十四条　执法人员应当根据不同执法情形对当事人使用相应的执法用语：

（一）表明身份：你好！我们是XX（行政执法主体名称）执法人员XX和XX，这是我们的行政执法证件。

（二）检查调查：我们根据XX（依据）依法对你（单位）进行XX（具体事项）检查（核查），请你（单位）协助和配合。

（三）音像记录：根据工作要求，我们将通过执法记录仪对执法工作进行记录，记录所产生的音像资料将作为视听资料证据。

（四）开展询问：请你带齐XX材料并于XX月XX日前到XX单位XX部门接受询问调查，如有疑问，请拨打XX电话联系XX同志。

（五）笔录签字：以上是本次询问情况的记录，请核对/已向你宣读。如有遗漏或错误，请你指出并由我们进行补充或更正；如核对无误，请你逐页签字/盖章。如果你拒绝签字，我们将记录在案，依法处理。

（六）拟作出行政处罚告知：通过

检查(核查),发现你(单位)XX行为涉嫌违反了《XX》(具体法律法规规章)第XX条(第XX款)(第XX项)的规定,属于XX违法行为,依法拟对你(单位)处以XX处罚,你(单位)依法享有陈述、申辩的权利。现在你(单位)可以进行陈述和申辩(拟作出的行政处罚属于听证范围的,还应当告知当事人有要求听证的权利)。

(七)行政处罚决定书宣告:经查实,你(单位)XX行为,违反了《XX》(具体法律法规规章)第XX条(第XX款)(第XX项)的规定,根据《XX》(具体法律法规规章)第XX条(第XX款)(第XX项)的规定,我局现作出XX(行政处罚决定书编号)《行政处罚决定书》,决定对你(单位)处以XX(具体行政处罚内容)。请在XX日内XX(履行方式和途径)履行。

(八)行政强制措施宣告:你(单位)正在进行的XX行为涉嫌违反了《XX》(具体法律法规规章)第XX条(第XX款)(第XX项)的规定,依据《XX》(设定行政强制措施的具体法律法规)第XX条(第XX款)(第XX项)的规定,我局执法人员需要对XX场所(XX物品或XX工具)实施XX强制措施,实施期限为XX日,请你(单位)配合。你(单位)依法享有陈述、申辩的权利。这是《实施行政强制措施决定书》和《场所/设施/财物清单》,请你核对。如果没有异议,请你在现场笔录和清单上签名或盖章。

(九)救济途径告知:你(单位)如不服本行政处罚/行政强制决定,可以在收到本《行政处罚决定书》/《实施行政强制措施决定书》之日起60日内依法向XX人民政府申请行政复议(执法主体为国家市场监督管理总局的,向国家市场监督管理总局申请行政复议),或者6个月内向人民法院提起行政诉讼。(对当场作出的行政处罚决定不服,应当先向行政复议机关申请行政复议,对行政复议决定不服的,可以再依法向人民法院提起行政诉讼。)

(十)听证告知:根据你(单位)的要求,本局决定在XX年XX月XX日在XX地点对你(单位)涉嫌XX一案公开/不公开举行听证。由XX担任听证主持人,XX担任听证员,XX担任记录员,XX担任翻译人员,你如认为上述人员与你(单位)存在直接利害关系,有权申请回避。

(十一)妨碍公务时告知当事人:

请保持冷静!我们是XX(行政执法主体名称)的执法人员,正在依法执行公务,并开启了执法记录仪。

你单位应当协助调查或者检查,不得拒绝或者阻挠,请立即停止妨碍公务的行为,否则将承担法律责任(按照相关法律规定具体表述)。

如果对我们的执法过程有异议或其它问题的,可以向XX市场监管局或有关纪检监察部门反映。

以上用语根据现场实际情况参照使用。

第五章 案件办理规范

第十五条 执法人员应当持证上岗,开展调查或者进行检查时不得少于两人。

第十六条 执法人员应当在规定的时限

内履行执法程序。

第十七条 执法人员应当按照规定携带装备,并规范使用执法记录仪等设备。

第十八条 执法人员在办案过程中应当以文字、音像等形式,对行政处罚的启动、调查取证、审核、决定、送达、执行等进行全过程记录。

第十九条 执法人员在开展执法活动时应当首先向当事人表明执法人员身份并出示执法证件,告知行政执法主体的名称。

第二十条 执法人员应当告知当事人具体执法事项和依据,当事人享有的权利与应承担的义务。

第二十一条 检查或核查发现涉嫌违法行为时,应当依法收集证据,作出是否立案决定。拟作出行政处罚的,告知当事人违法事实、处罚理由与依据、处罚内容,并告知当事人依法享有的权利,听取当事人陈述申辩意见,对当事人提出的事实、理由和证据进行复核。属于听证范围的,告知当事人具有要求听证的权利。适用行政处罚简易程序的,应当场作出行政处罚。

第二十二条 检查/调查/听证/处罚结束后执法人员应当依法要求当事人、见证人及第三人等在核对无误的笔录和文书上签字或盖章,如当事人拒绝,应当进行记录。若当事人存在阅读障碍,需向其如实宣读。

第二十三条 当事人要求听证时,应当按照程序确定听证主持人,听证主持人审阅案件材料,准备听证提纲、确定听证时间、地点,将听证通知书送达当事人并依法发布公告;听证结束后听证主持人撰写听证报告,听证主持人、听证员签字后连同笔录送办案机构。

第二十四条 执法人员在实施行政强制措施时应当严格依法执行,禁止无法律、法规依据查封、扣押涉案的场所、设施或者财物。禁止随意扩大强制措施对象范围。查封、扣押的场所、设施或者财物应当妥善保管,不得使用、损毁或转移。非强制性措施可以达到行政管理目的的,不得实施强制。

第二十五条 当事人不配合工作或暴力抗法时,执法人员应当保持冷静克制,规范执法行为用语,做到有理、有据、有节。

第二十六条 遇到不明真相的围观群众阻挠执法时,执法人员应当出示证件,说明情况。

第二十七条 群众或当事人录音录像时,执法人员应当告知其不能干扰妨碍正常执法,不能拍摄涉商业秘密、个人隐私等不宜公开的内容,不能将获取的音像材料歪曲裁剪恶意发布,否则将承担法律责任。

第二十八条 执法人员应当强化安全意识,提前做好工作方案和突发情况处置预案,加强安全防范。

第二十九条 遇到与执法对象存在利害关系的,执法人员应当主动回避。

第三十条 坚持处罚与教育相结合,实施处罚时执法人员应当开展说理与普法教育,纠正违法行为。

第六章 附 则

第三十一条 法律、法规、规章对行政执法行为规范另有规定的,从其规定。

第三十二条 各地市场监管部门可根据本规范,结合实际情况制定细化规定,加强执法人员教育、管理与监督,推动严格规范公正文明执法。

第三十三条 本规范由市场监管总局负责解释。

第三十四条 本规范自印发之日起施行。

市场监管总局关于查处哄抬价格违法行为的指导意见

1. 2022 年 6 月 2 日
2. 国市监竞争发〔2022〕60 号

各省、自治区、直辖市和新疆生产建设兵团市场监管局(厅、委):

当前,受国际局势和疫情影响,部分领域出现价格异常波动。为维护市场价格基本稳定,规范市场监管部门执法行为,现就市场监管部门查处哄抬价格违法行为时如何适用《中华人民共和国价格法》《价格违法行为行政处罚规定》等法律法规,提出以下指导意见。

一、哄抬价格违法行为认定

(一)经营者有下列推动或者可能推动商品价格过快、过高上涨行为之一的,市场监管部门可以认定构成《价格违法行为行政处罚规定》第六条第一项规定的哄抬价格违法行为:

1. 捏造生产、进货成本信息并散布的;

2. 捏造货源紧张或者市场需求激增信息并散布的;

3. 捏造其他经营者已经或者准备提价信息并散布的;

4. 散布信息含有"即将全面提价""涨价潮"等紧迫性用语或者诱导性用语,推高价格预期的;

5. 散布信息,诱导其他经营者提高价格的;

6. 捏造、散布推动或者可能推动商品价格过快、过高上涨的其他信息的。

(二)经营者有下列推动或者可能推动商品价格过快、过高上涨行为之一的,市场监管部门可以认定构成《价格违法行为行政处罚规定》第六条第二项规定的哄抬价格违法行为:

1. 生产环节经营者,无正当理由不及时将已生产的产品对外销售,超出正常的存储数量或者存储周期,大量囤积市场供应紧张、价格发生异常波动的商品,经市场监管部门告诫仍继续囤积的;

2. 生产环节经营者,除生产自用外,超出正常的存储数量或者存储周期,大量囤积市场供应紧张、价格发生异常波动的原材料,经市场监管部门告诫仍继续囤积的;

3. 流通环节经营者,无正当理由不及时将商品对外销售,超出正常的存储数量或者存储周期,大量囤积市场供应紧张、价格发生异常波动的商品,经市场监管部门告诫仍继续囤积的。

经营者存在前款规定情形,但能够证明其行为属于按照政府或者政府有关部门要求进行物资储备或者调拨的,不构成哄抬价格违法行为。

市场监管部门已经通过公告、会议、约谈、书面提醒等形式,公开告诫不得囤积的,视为已依法履行告诫程序,可以不再单独告诫。

(三)经营者有下列推动商品价格

过快、过高上涨行为之一的,市场监管部门可以认定构成《价格违法行为行政处罚规定》第六条第三项规定的哄抬价格违法行为:

1. 在销售商品过程中,强制搭售商品,变相大幅度提高商品价格的;

2. 未提高商品价格,但不合理大幅度提高运输费用或者收取其他不合理费用的;

3. 在成本未明显增加时大幅度提高商品价格,或者成本虽有增加但商品价格上涨幅度明显高于成本增长幅度的;

4. 利用其他手段哄抬价格,推动商品价格过快、过高上涨的。

前款"大幅度提高""明显高于"等,由市场监管部门综合考虑经营者的实际经营状况、主观恶意、商品种类和违法行为社会危害程度等因素,在案件查办过程中结合实际具体认定。

二、法律适用

经营者构成哄抬价格违法行为的,依据《中华人民共和国价格法》第十四条、第四十条和《价格违法行为行政处罚规定》第六条规定处罚。经营者有下列情形之一的,可以依法从重处罚:

(一)捏造、散布商品供求关系紧张的虚假信息,引发市场恐慌,推高价格预期的;

(二)同时使用多种手段哄抬价格的;

(三)哄抬价格行为持续时间长、影响范围广的;

(四)一年内有两次以上哄抬价格违法行为被查处的;

(五)伪造、隐匿、毁灭相关证据材料的;

(六)阻碍或者拒不配合依法开展的价格监督检查的;

(七)其他可以被认定为依法从重的情形。

行业协会或者为商品交易提供服务的单位构成哄抬价格违法行为的,依据《价格违法行为行政处罚规定》第六条规定处罚。

经营者不执行法定的价格干预措施、紧急措施的,依照《中华人民共和国价格法》第三十九条和《价格违法行为行政处罚规定》第十条规定处罚。经营者相互串通,操纵市场价格,造成商品价格较大幅度上涨的,依照《中华人民共和国价格法》第十四条、第四十条和《价格违法行为行政处罚规定》第五条规定处罚。

三、工作要求

(一)坚持依法行政。在自然灾害、公共卫生事件等突发事件期间,应急、涉疫物资以及重要民生商品服务价格会出现或者可能出现异常波动。国际国内市场供求失衡,也会导致大宗商品价格大幅上涨。在上述条件下,市场监管部门要充分运用市场化、法治化手段,依法查处哄抬价格等违法行为,切实维护市场价格秩序。

(二)提高价格异常波动处置能力。各级市场监管部门要健全市场价格异常波动应急机制,完善应急处置预案,强化监测预警,密切掌握价格动态,研判分析价格走势,提高价格异常波动的敏锐性,增强监管的预判性、有效性、针对性。

（三）加大监管执法力度。各级市场监管部门要加大市场巡查力度，及时梳理投诉举报线索，密切关注群众反映问题，加强对重点区域、重点环节、重点商品的价格监管，依法查处哄抬价格等价格违法行为。对性质严重、社会影响大的典型案例要公开曝光，发挥震慑和警示作用。

（四）充分发挥行政指导作用。各级市场监管部门要通过行政指导、行政约谈等形式进行提醒告诫，做好价格监管政策解读，督促指导经营者依法合规经营，形成良好社会预期。密切关注价格舆情，及时回应社会关切，发布权威信息，维护市场价格秩序。

（五）做好相关政策衔接。市场监管部门查处经营者哄抬服务价格违法行为，可以参照本意见。各省、自治区、直辖市和新疆生产建设兵团市场监管部门可以根据本意见，制定具体实施意见。市场监管部门发现经营者哄抬价格违法行为构成犯罪的，应当依法移送公安机关。《市场监管总局关于新型冠状病毒感染肺炎疫情防控期间查处哄抬价格违法行为的指导意见》（国市监竞争〔2020〕21号）同时废止。

本意见自发布之日起施行。

关于规范市场监督管理行政处罚裁量权的指导意见

2022年10月8日国家市场监督管理总局发布

第一条 为了规范市场监督管理行政处罚行为，保障市场监管部门依法行使行政处罚裁量权，保护自然人、法人和其他组织的合法权益，根据《中华人民共和国行政处罚法》等法律、法规、规章和国家有关规定，结合市场监管工作实际，制定本意见。

第二条 本意见所称行政处罚裁量权，是指各级市场监管部门在实施行政处罚时，根据法律、法规、规章的规定，综合考虑违法行为的事实、性质、情节、社会危害程度以及当事人主观过错等因素，决定是否给予行政处罚、给予行政处罚的种类和幅度的权限。

第三条 市场监管部门行使行政处罚裁量权，应当坚持以下原则：

（一）合法原则。依据法定权限，符合法律、法规、规章规定的裁量条件、处罚种类和幅度，遵守法定程序。

（二）过罚相当原则。以事实为依据，处罚的种类和幅度与违法行为的事实、性质、情节、社会危害程度等相当。

（三）公平公正原则。对违法事实、性质、情节、社会危害程度等基本相同的违法行为实施行政处罚时，适用的法律依据、处罚种类和幅度基本一致。

（四）处罚和教育相结合原则。兼顾纠正违法行为和教育当事人，引导当事人自觉守法。

（五）综合裁量原则。综合考虑个案情况，兼顾地区经济社会发展状况、当事人主客观情况等相关因素，实现政治效果、社会效果、法律效果的统一。

第四条 省级和设区的市级市场监管部门可以参照本意见，结合地区实际制定行政处罚裁量权基准。

县级市场监管部门可以在法定范围内，对上级市场监管部门制定的行政处罚裁量权基准适用的标准、条件、种类、幅度、方式、时限予以合理细化量化。

第五条　对同一行政处罚事项，上级市场监管部门已经制定行政处罚裁量权基准的，下级市场监管部门原则上应当直接适用；如下级市场监管部门不能直接适用，可以结合地区经济社会发展状况，在法律、法规、规章规定的行政处罚裁量权范围内进行合理细化量化，但不能超出上级市场监管部门划定的阶次或者幅度。

下级市场监管部门制定的行政处罚裁量权基准与上级市场监管部门制定的行政处罚裁量权基准冲突的，应当适用上级市场监管部门制定的行政处罚裁量权基准。

第六条　行政处罚裁量权基准应当包括违法行为、法定依据、裁量阶次、适用条件和具体标准等内容。

制定行政处罚裁量权基准，应当对以下内容进行细化和量化：

（一）法律、法规、规章规定可以选择决定是否给予行政处罚的，明确是否给予处罚的具体情形；

（二）法律、法规、规章规定可以选择行政处罚种类的，明确适用不同处罚种类的具体情形；

（三）法律、法规、规章规定可以选择行政处罚幅度的，明确划分易于操作的裁量阶次，并确定适用不同阶次的具体情形；

（四）法律、法规、规章规定可以单处或者并处行政处罚的，明确规定单处或者并处行政处罚的具体情形；

（五）需要在法定处罚种类或者幅度以下减轻行政处罚的，应当在严格评估后明确具体情形、适用条件和处罚标准。

第七条　市场监管部门实施行政处罚应当以法律、法规、规章为依据。有行政处罚裁量权基准的，应当在行政处罚决定书中对行政处罚裁量权基准的适用情况予以明确。

第八条　市场监管部门实施行政处罚，适用本部门制定的行政处罚裁量权基准可能出现明显不当、显失公平，或者行政处罚裁量权基准适用的客观情况发生变化的，经本部门主要负责人批准或者集体讨论通过后可以调整适用，批准材料或者集体讨论记录应列入处罚案卷归档保存。

适用上级市场监管部门制定的行政处罚裁量权基准可能出现前款情形的，逐级报请该基准制定部门批准后，可以调整适用。

第九条　建立行政处罚裁量权基准动态调整机制，行政处罚裁量权基准所依据的法律、法规、规章作出修改，或者客观情况发生重大变化的，及时进行调整。

第十条　本意见中下列用语的含义如下：

（一）不予行政处罚是指因法定原因对特定违法行为不给予行政处罚。

（二）减轻行政处罚是指适用法定行政处罚最低限度以下的处罚种类或处罚幅度。包括在违法行为应当受到的一种或者几种处罚种类之外选择更轻的处罚种类,或者在应当并处时不并处,也包括在法定最低罚款限值以下确定罚款数额。

（三）从轻行政处罚是指在依法可以选择的处罚种类和处罚幅度内,适用较轻、较少的处罚种类或者较低的处罚幅度。其中,罚款的数额应当在从最低限到最高限这一幅度中较低的30%部分。

（四）从重行政处罚是指在依法可以选择的处罚种类和处罚幅度内,适用较重、较多的处罚种类或者较高的处罚幅度。其中,罚款的数额应当在从最低限到最高限这一幅度中较高的30%部分。

第十一条　有下列情形之一的,应当依法不予行政处罚：

（一）不满十四周岁的未成年人有违法行为的；

（二）精神病人、智力残疾人在不能辨认或者不能控制自己行为时有违法行为的；

（三）违法行为轻微并及时改正,没有造成危害后果的；

（四）除法律、行政法规另有规定外,当事人有证据足以证明没有主观过错的；

（五）除法律另有规定外,涉及公民生命健康安全、金融安全且有危害后果的违法行为在五年内未被发现的,其他违法行为在二年内未被发现的；

（六）其他依法应当不予行政处罚的。

第十二条　初次违法且危害后果轻微并及时改正的,可以不予行政处罚。市场监管部门可以依照有关规定制定轻微违法行为依法免予处罚清单并进行动态调整。

第十三条　有下列情形之一的,应当依法从轻或者减轻行政处罚：

（一）已满十四周岁不满十八周岁的未成年人有违法行为的；

（二）主动消除或者减轻违法行为危害后果的；

（三）受他人胁迫或者诱骗实施违法行为的；

（四）主动供述市场监管部门尚未掌握的违法行为的；

（五）配合市场监管部门查处违法行为有立功表现的,包括但不限于当事人揭发市场监管领域其他重大违法行为或者提供查处市场监管领域其他重大违法行为的关键线索或证据,并经查证属实的；

（六）其他依法应当从轻或者减轻行政处罚的。

第十四条　有下列情形之一的,可以依法从轻或者减轻行政处罚：

（一）尚未完全丧失辨认或者控制自己行为能力的精神病人、智力残疾人有违法行为的；

（二）积极配合市场监管部门调查并主动提供证据材料的；

（三）违法行为轻微,社会危害性较小的；

（四）在共同违法行为中起次要或者辅助作用的；

（五）当事人因残疾或者重大疾病等原因生活确有困难的；

（六）其他依法可以从轻或者减轻行政处罚的。

第十五条 有下列情形之一的,应当依法从重行政处罚:
（一）在重大传染病疫情等突发事件期间,有违反突发事件应对措施行为的;
（二）其他依法应当从重行政处罚的。

第十六条 有下列情形之一的,可以依法从重行政处罚:
（一）违法行为造成他人人身伤亡或者重大财产损失等严重危害后果的;
（二）教唆、胁迫、诱骗他人实施违法行为的;
（三）因同一性质的违法行为受过刑事处罚,或者一年内因同一性质的违法行为受过行政处罚的;
（四）阻碍或者拒不配合行政执法人员依法执行职务或者对行政执法人员打击报复的;
（五）隐藏、转移、损毁、使用、处置市场监管部门依法查封、扣押的财物或者先行登记保存的证据的;
（六）伪造、隐匿、毁灭证据的;
（七）其他依法可以从重行政处罚的。

当事人因前款第四至六项所涉行为已被行政处罚的,该行为不再作为从重行政处罚情节。

第十七条 当事人既有从轻或者减轻行政处罚情节,又有从重行政处罚情节的,市场监管部门应当结合案件情况综合考虑后作出裁量决定。

第十八条 市场监管部门制定的行政处罚裁量权基准应当主动向社会公开。

第十九条 市场监管部门应当按照《市场监督管理执法监督暂行规定》（市场监管总局令第22号）的要求,加强对行政处罚裁量权基准制度执行情况的监督检查。

第二十条 本意见自发布之日起实施。《市场监管总局关于规范市场监督管理行政处罚裁量权的指导意见》（国市监法〔2019〕244号）同时废止。

3. 城乡规划、自然资源、生态环境

中华人民共和国土地管理法

1. 1986年6月25日第六届全国人民代表大会常务委员会第十六次会议通过
2. 根据1988年12月29日第七届全国人民代表大会常务委员会第五次会议《关于修改〈中华人民共和国土地管理法〉的决定》第一次修正
3. 1998年8月29日第九届全国人民代表大会常务委员会第四次会议修订
4. 根据2004年8月28日第十届全国人民代表大会常务委员会第十一次会议《关于修改〈中华人民共和国土地管理法〉的决定》第二次修正
5. 根据2019年8月26日第十三届全国人民代表大会常务委员会第十二次会议《关于修改〈中华人民共和国土地管理法〉、〈中华人民共和国城市房地产管理法〉的决定》第三次修正

目 录

第一章 总 则

第二章　土地的所有权和使用权
第三章　土地利用总体规划
第四章　耕地保护
第五章　建设用地
第六章　监督检查
第七章　法律责任
第八章　附　　则

第一章　总　　则

第一条　【立法目的和根据】为了加强土地管理，维护土地的社会主义公有制，保护、开发土地资源，合理利用土地，切实保护耕地，促进社会经济的可持续发展，根据宪法，制定本法。

第二条　【所有制形式】中华人民共和国实行土地的社会主义公有制，即全民所有制和劳动群众集体所有制。

全民所有，即国家所有土地的所有权由国务院代表国家行使。

任何单位和个人不得侵占、买卖或者以其他形式非法转让土地。土地使用权可以依法转让。

国家为了公共利益的需要，可以依法对土地实行征收或者征用并给予补偿。

国家依法实行国有土地有偿使用制度。但是，国家在法律规定的范围内划拨国有土地使用权的除外。

第三条　【基本国策】十分珍惜、合理利用土地和切实保护耕地是我国的基本国策。各级人民政府应当采取措施，全面规划，严格管理，保护、开发土地资源，制止非法占用土地的行为。

第四条　【土地用途管制制度】国家实行土地用途管制制度。

国家编制土地利用总体规划，规定土地用途，将土地分为农用地、建设用地和未利用地。严格限制农用地转为建设用地，控制建设用地总量，对耕地实行特殊保护。

前款所称农用地是指直接用于农业生产的土地，包括耕地、林地、草地、农田水利用地、养殖水面等；建设用地是指建造建筑物、构筑物的土地，包括城乡住宅和公共设施用地、工矿用地、交通水利设施用地、旅游用地、军事设施用地等；未利用地是指农用地和建设用地以外的土地。

使用土地的单位和个人必须严格按照土地利用总体规划确定的用途使用土地。

第五条　【主管部门】国务院自然资源主管部门统一负责全国土地的管理和监督工作。

县级以上地方人民政府自然资源主管部门的设置及其职责，由省、自治区、直辖市人民政府根据国务院有关规定确定。

第六条　【督察机构】国务院授权的机构对省、自治区、直辖市人民政府以及国务院确定的城市人民政府土地利用和土地管理情况进行督察。

第七条　【单位、个人的权利和义务】任何单位和个人都有遵守土地管理法律、法规的义务，并有权对违反土地管理法律、法规的行为提出检举和控告。

第八条　【奖励】在保护和开发土地资源、合理利用土地以及进行有关的科学研究等方面成绩显著的单位和个人，由人民政府给予奖励。

第二章 土地的所有权和使用权

第九条 【所有权归属】城市市区的土地属于国家所有。

农村和城市郊区的土地,除由法律规定属于国家所有的以外,属于农民集体所有;宅基地和自留地、自留山,属于农民集体所有。

第十条 【单位、个人的土地使用权和相应义务】国有土地和农民集体所有的土地,可以依法确定给单位或者个人使用。使用土地的单位和个人,有保护、管理和合理利用土地的义务。

第十一条 【集体所有土地的经营、管理】农民集体所有的土地依法属于村农民集体所有的,由村集体经济组织或者村民委员会经营、管理;已经分别属于村内两个以上农村集体经济组织的农民集体所有的,由村内各该农村集体经济组织或者村民小组经营、管理;已经属于乡(镇)农民集体所有的,由乡(镇)农村集体经济组织经营、管理。

第十二条 【土地登记】土地的所有权和使用权的登记,依照有关不动产登记的法律、行政法规执行。

依法登记的土地的所有权和使用权受法律保护,任何单位和个人不得侵犯。

第十三条 【承包期限】农民集体所有和国家所有依法由农民集体使用的耕地、林地、草地,以及其他依法用于农业的土地,采取农村集体经济组织内部的家庭承包方式承包,不宜采取家庭承包方式的荒山、荒沟、荒丘、荒滩等,可以采取招标、拍卖、公开协商等方式承包,从事种植业、林业、畜牧业、渔业生产。家庭承包的耕地的承包期为三十年,草地的承包期为三十年至五十年,林地的承包期为三十年至七十年;耕地承包期届满后再延长三十年,草地、林地承包期届满后依法相应延长。

国家所有依法用于农业的土地可以由单位或者个人承包经营,从事种植业、林业、畜牧业、渔业生产。

发包方和承包方应当依法订立承包合同,约定双方的权利和义务。承包经营土地的单位和个人,有保护和按照承包合同约定的用途合理利用土地的义务。

第十四条 【争议解决】土地所有权和使用权争议,由当事人协商解决;协商不成的,由人民政府处理。

单位之间的争议,由县级以上人民政府处理;个人之间、个人与单位之间的争议,由乡级人民政府或者县级以上人民政府处理。

当事人对有关人民政府的处理决定不服的,可以自接到处理决定通知之日起三十日内,向人民法院起诉。

在土地所有权和使用权争议解决前,任何一方不得改变土地利用现状。

第三章 土地利用总体规划

第十五条 【规划要求、期限】各级人民政府应当依据国民经济和社会发展规划、国土整治和资源环境保护的要求、土地供给能力以及各项建设对土地的需求,组织编制土地利用总体规划。

土地利用总体规划的规划期限由国务院规定。

第十六条 【规划权限】下级土地利用总体规划应当依据上一级土地利用总体规划编制。

地方各级人民政府编制的土地利用总体规划中的建设用地总量不得超过上一级土地利用总体规划确定的控制指标,耕地保有量不得低于上一级土地利用总体规划确定的控制指标。

省、自治区、直辖市人民政府编制的土地利用总体规划,应当确保本行政区域内耕地总量不减少。

第十七条 【编制原则】土地利用总体规划按照下列原则编制:

(一)落实国土空间开发保护要求,严格土地用途管制;

(二)严格保护永久基本农田,严格控制非农业建设占用农用地;

(三)提高土地节约集约利用水平;

(四)统筹安排城乡生产、生活、生态用地,满足乡村产业和基础设施用地合理需求,促进城乡融合发展;

(五)保护和改善生态环境,保障土地的可持续利用;

(六)占用耕地与开发复垦耕地数量平衡、质量相当。

第十八条 【规划体系】国家建立国土空间规划体系。编制国土空间规划应当坚持生态优先,绿色、可持续发展,科学有序统筹安排生态、农业、城镇等功能空间,优化国土空间结构和布局,提升国土空间开发、保护的质量和效率。

经依法批准的国土空间规划是各类开发、保护、建设活动的基本依据。已经编制国土空间规划的,不再编制土地利用总体规划和城乡规划。

第十九条 【土地用途】县级土地利用总体规划应当划分土地利用区,明确土地用途。

乡(镇)土地利用总体规划应当划分土地利用区,根据土地使用条件,确定每一块土地的用途,并予以公告。

第二十条 【分级审批】土地利用总体规划实行分级审批。

省、自治区、直辖市的土地利用总体规划,报国务院批准。

省、自治区人民政府所在地的市、人口在一百万以上的城市以及国务院指定的城市的土地利用总体规划,经省、自治区人民政府审查同意后,报国务院批准。

本条第二款、第三款规定以外的土地利用总体规划,逐级上报省、自治区、直辖市人民政府批准;其中,乡(镇)土地利用总体规划可以由省级人民政府授权的设区的市、自治州人民政府批准。

土地利用总体规划一经批准,必须严格执行。

第二十一条 【建设用地规模】城市建设用地规模应当符合国家规定的标准,充分利用现有建设用地,不占或者尽量少占农用地。

城市总体规划、村庄和集镇规划,应当与土地利用总体规划相衔接,城市总体规划、村庄和集镇规划中建设用地规模不得超过土地利用总体规划确定的城市和村庄、集镇建设用地规模。

在城市规划区内、村庄和集镇规划区内,城市和村庄、集镇建设用地应当符合城市规划、村庄和集镇规划。

第二十二条 【规划的衔接】江河、湖泊综合治理和开发利用规划,应当与土地利用总体规划相衔接。在江河、湖泊、水库的管理和保护范围以及蓄洪滞洪区内,土地利用应当符合江河、湖泊综合治理和开发利用规划,符合河道、湖泊行洪、蓄洪和输水的要求。

第二十三条 【计划管理】各级人民政府应当加强土地利用计划管理,实行建设用地总量控制。

土地利用年度计划,根据国民经济和社会发展计划、国家产业政策、土地利用总体规划以及建设用地和土地利用的实际状况编制。土地利用年度计划应当对本法第六十三条规定的集体经营性建设用地作出合理安排。土地利用年度计划的编制审批程序与土地利用总体规划的编制审批程序相同,一经审批下达,必须严格执行。

第二十四条 【计划执行情况报告】省、自治区、直辖市人民政府应当将土地利用年度计划的执行情况列为国民经济和社会发展计划执行情况的内容,向同级人民代表大会报告。

第二十五条 【规划的修改】经批准的土地利用总体规划的修改,须经原批准机关批准;未经批准,不得改变土地利用总体规划确定的土地用途。

经国务院批准的大型能源、交通、水利等基础设施建设用地,需要改变土地利用总体规划的,根据国务院的批准文件修改土地利用总体规划。

经省、自治区、直辖市人民政府批准的能源、交通、水利等基础设施建设用地,需要改变土地利用总体规划的,属于省级人民政府土地利用总体规划批准权限内的,根据省级人民政府的批准文件修改土地利用总体规划。

第二十六条 【土地调查】国家建立土地调查制度。

县级以上人民政府自然资源主管部门会同同级有关部门进行土地调查。土地所有者或者使用者应当配合调查,并提供有关资料。

第二十七条 【土地等级评定】县级以上人民政府自然资源主管部门会同同级有关部门根据土地调查成果、规划土地用途和国家制定的统一标准,评定土地等级。

第二十八条 【土地统计】国家建立土地统计制度。

县级以上人民政府统计机构和自然资源主管部门依法进行土地统计调查,定期发布土地统计资料。土地所有者或者使用者应当提供有关资料,不得拒报、迟报,不得提供不真实、不完整的资料。

统计机构和自然资源主管部门共同发布的土地面积统计资料是各级人民政府编制土地利用总体规划的依据。

第二十九条 【动态监测】国家建立全国土地管理信息系统,对土地利用状况进行动态监测。

第四章 耕地保护

第三十条 【耕地补偿制度】国家保护耕地,严格控制耕地转为非耕地。

国家实行占用耕地补偿制度。非农业建设经批准占用耕地的,按照"占多少,垦多少"的原则,由占用耕地的单位负责开垦与所占用耕地的数量和质量相当的耕地；没有条件开垦或者开垦的耕地不符合要求的，应当按照省、自治区、直辖市的规定缴纳耕地开垦费，专款用于开垦新的耕地。

省、自治区、直辖市人民政府应当制定开垦耕地计划，监督占用耕地的单位按照计划开垦耕地或者按照计划组织开垦耕地，并进行验收。

第三十一条　【耕地耕作层土壤】县级以上地方人民政府可以要求占用耕地的单位将所占用耕地耕作层的土壤用于新开垦耕地、劣质地或者其他耕地的土壤改良。

第三十二条　【耕地总量和质量】省、自治区、直辖市人民政府应当严格执行土地利用总体规划和土地利用年度计划，采取措施，确保本行政区域内耕地总量不减少、质量不降低。耕地总量减少的，由国务院责令在规定期限内组织开垦与所减少耕地的数量与质量相当的耕地；耕地质量降低的，由国务院责令在规定期限内组织整治。新开垦和整治的耕地由国务院自然资源主管部门会同农业农村主管部门验收。

个别省、直辖市确因土地后备资源匮乏，新增建设用地后，新开垦耕地的数量不足以补偿所占用耕地的数量的，必须报经国务院批准减免本行政区域内开垦耕地的数量，易地开垦数量和质量相当的耕地。

第三十三条　【基本农田保护制度】国家实行永久基本农田保护制度。下列耕地应当根据土地利用总体规划划为永久基本农田，实行严格保护：

（一）经国务院农业农村主管部门或者县级以上地方人民政府批准确定的粮、棉、油、糖等重要农产品生产基地内的耕地；

（二）有良好的水利与水土保持设施的耕地，正在实施改造计划以及可以改造的中、低产田和已建成的高标准农田；

（三）蔬菜生产基地；

（四）农业科研、教学试验田；

（五）国务院规定应当划为永久基本农田的其他耕地。

各省、自治区、直辖市划定的永久基本农田一般应当占本行政区域内耕地的百分之八十以上，具体比例由国务院根据各省、自治区、直辖市耕地实际情况规定。

第三十四条　【永久基本农田的划定、管理】永久基本农田划定以乡（镇）为单位进行，由县级人民政府自然资源主管部门会同同级农业农村主管部门组织实施。永久基本农田应当落实到地块，纳入国家永久基本农田数据库严格管理。

乡（镇）人民政府应当将永久基本农田的位置、范围向社会公告，并设立保护标志。

第三十五条　【永久基本农田的转用、征收】永久基本农田经依法划定后，任何单位和个人不得擅自占用或者改变其用途。国家能源、交通、水利、军事设施等重点建设项目选址确实难以避让永久基本农田，涉及农用地转用或者土地征收的，必须经国务院批准。

禁止通过擅自调整县级土地利用总体规划、乡（镇）土地利用总体规划等方式规避永久基本农田农用地转用或者土地征收的审批。

第三十六条 【改良土壤】各级人民政府应当采取措施,引导因地制宜轮作休耕,改良土壤,提高地力,维护排灌工程设施,防止土地荒漠化、盐渍化、水土流失和土壤污染。

第三十七条 【非农业建设使用土地】非农业建设必须节约使用土地,可以利用荒地的,不得占用耕地;可以利用劣地的,不得占用好地。

禁止占用耕地建窑、建坟或者擅自在耕地上建房、挖砂、采石、采矿、取土等。

禁止占用永久基本农田发展林果业和挖塘养鱼。

第三十八条 【闲置、荒芜耕地】禁止任何单位和个人闲置、荒芜耕地。已经办理审批手续的非农业建设占用耕地,一年内不用而又可以耕种并收获的,应当由原耕种该幅耕地的集体或者个人恢复耕种,也可以由用地单位组织耕种;一年以上未动工建设的,应当按照省、自治区、直辖市的规定缴纳闲置费;连续二年未使用的,经原批准机关批准,由县级以上人民政府无偿收回用地单位的土地使用权;该幅土地原为农民集体所有的,应当交由原农村集体经济组织恢复耕种。

在城市规划区范围内,以出让方式取得土地使用权进行房地产开发的闲置土地,依照《中华人民共和国城市房地产管理法》的有关规定办理。

第三十九条 【土地开发】国家鼓励单位和个人按照土地利用总体规划,在保护和改善生态环境、防止水土流失和土地荒漠化的前提下,开发未利用的土地;适宜开发为农用地的,应当优先开发成农用地。

国家依法保护开发者的合法权益。

第四十条 【开垦条件】开垦未利用的土地,必须经过科学论证和评估,在土地利用总体规划划定的可开垦的区域内,经依法批准后进行。禁止毁坏森林、草原开垦耕地,禁止围湖造田和侵占江河滩地。

根据土地利用总体规划,对破坏生态环境开垦、围垦的土地,有计划有步骤地退耕还林、还牧、还湖。

第四十一条 【开垦组织使用权】开发未确定使用权的国有荒山、荒地、荒滩从事种植业、林业、畜牧业、渔业生产的,经县级以上人民政府依法批准,可以确定给开发单位或者个人长期使用。

第四十二条 【土地整理】国家鼓励土地整理。县、乡(镇)人民政府应当组织农村集体经济组织,按照土地利用总体规划,对田、水、路、林、村综合整治,提高耕地质量,增加有效耕地面积,改善农业生产条件和生态环境。

地方各级人民政府应当采取措施,改造中、低产田,整治闲散地和废弃地。

第四十三条 【土地复垦】因挖损、塌陷、压占等造成土地破坏,用地单位和个人应当按照国家有关规定负责复垦;没有条件复垦或者复垦不符合要求的,应当缴纳土地复垦费,专项用于土地复垦。复垦的土地应当优先用于农业。

第五章 建设用地

第四十四条 【农用地转用审批】建设占

用土地,涉及农用地转为建设用地的,应当办理农用地转用审批手续。

永久基本农田转为建设用地的,由国务院批准。

在土地利用总体规划确定的城市和村庄、集镇建设用地规模范围内,为实施该规划而将永久基本农田以外的农用地转为建设用地的,按土地利用年度计划分批次按照国务院规定由原批准土地利用总体规划的机关或者其授权的机关批准。在已批准的农用地转用范围内,具体建设项目用地可以由市、县人民政府批准。

在土地利用总体规划确定的城市和村庄、集镇建设用地规模范围外,将永久基本农田以外的农用地转为建设用地的,由国务院或者国务院授权的省、自治区、直辖市人民政府批准。

第四十五条 【农村集体所有土地的征收】为了公共利益的需要,有下列情形之一,确需征收农民集体所有的土地的,可以依法实施征收:

(一)军事和外交需要用地的;

(二)由政府组织实施的能源、交通、水利、通信、邮政等基础设施建设需要用地的;

(三)由政府组织实施的科技、教育、文化、卫生、体育、生态环境和资源保护、防灾减灾、文物保护、社区综合服务、社会福利、市政公用、优抚安置、英烈保护等公共事业需要用地的;

(四)由政府组织实施的扶贫搬迁、保障性安居工程建设需要用地的;

(五)在土地利用总体规划确定的城镇建设用地范围内,经省级以上人民政府批准由县级以上地方人民政府组织实施的成片开发建设需要用地的;

(六)法律规定为公共利益需要可以征收农民集体所有的土地的其他情形。前款规定的建设活动,应当符合国民经济和社会发展规划、土地利用总体规划、城乡规划和专项规划;第(四)项、第(五)项规定的建设活动,还应当纳入国民经济和社会发展年度计划;第(五)项规定的成片开发并应当符合国务院自然资源主管部门规定的标准。

第四十六条 【土地征收的审批】征收下列土地的,由国务院批准:

(一)永久基本农田;

(二)永久基本农田以外的耕地超过三十五公顷的;

(三)其他土地超过七十公顷的。

征收前款规定以外的土地的,由省、自治区、直辖市人民政府批准。

征收农用地的,应当依照本法第四十四条的规定先行办理农用地转用审批。其中,经国务院批准农用地转用的,同时办理征地审批手续,不再另行办理征地审批;经省、自治区、直辖市人民政府在征地批准权限内批准农用地转用的,同时办理征地审批手续,不再另行办理征地审批,超过征地批准权限的,应当依照本条第一款的规定另行办理征地审批。

第四十七条 【土地征收的公告】国家征收土地的,依照法定程序批准后,由县级以上地方人民政府予以公告并组织实施。

县级以上地方人民政府拟申请征收土地的,应当开展拟征收土地现状调查和社会稳定风险评估，并将征收范围、土地现状、征收目的、补偿标准、安置方式和社会保障等在拟征收土地所在的乡（镇）和村、村民小组范围内公告至少三十日，听取被征地的农村集体经济组织及其成员、村民委员会和其他利害关系人的意见。

多数被征地的农村集体经济组织成员认为征地补偿安置方案不符合法律、法规规定的，县级以上地方人民政府应当组织召开听证会，并根据法律、法规的规定和听证会情况修改方案。

拟征收土地的所有权人、使用权人应当在公告规定期限内，持不动产权属证明材料办理补偿登记。县级以上地方人民政府应当组织有关部门测算并落实有关费用，保证足额到位，与拟征收土地的所有权人、使用权人就补偿、安置等签订协议；个别确实难以达成协议的，应当在申请征收土地时如实说明。

相关前期工作完成后，县级以上地方人民政府方可申请征收土地。

第四十八条　【征收土地补偿】征收土地应当给予公平、合理的补偿，保障被征地农民原有生活水平不降低、长远生计有保障。

征收土地应当依法及时足额支付土地补偿费、安置补助费以及农村村民住宅、其他地上附着物和青苗等的补偿费用，并安排被征地农民的社会保障费用。

征收农用地的土地补偿费、安置补助费标准由省、自治区、直辖市通过制定公布区片综合地价确定。制定区片综合地价应当综合考虑土地原用途、土地资源条件、土地产值、土地区位、土地供求关系、人口以及经济社会发展水平等因素，并至少每三年调整或者重新公布一次。

征收农用地以外的其他土地、地上附着物和青苗等的补偿标准，由省、自治区、直辖市制定。对其中的农村村民住宅，应当按照先补偿后搬迁、居住条件有改善的原则，尊重农村村民意愿，采取重新安排宅基地建房、提供安置房或者货币补偿等方式给予公平、合理的补偿，并对因征收造成的搬迁、临时安置等费用予以补偿，保障农村村民居住的权利和合法的住房财产权益。

县级以上地方人民政府应当将被征地农民纳入相应的养老等社会保障体系。被征地农民的社会保障费用主要用于符合条件的被征地农民的养老保险等社会保险缴费补贴。被征地农民社会保障费用的筹集、管理和使用办法，由省、自治区、直辖市制定。

第四十九条　【补偿费用收支情况公布】被征地的农村集体经济组织应当将征收土地的补偿费用的收支状况向本集体经济组织的成员公布，接受监督。

禁止侵占、挪用被征收土地单位的征地补偿费用和其他有关费用。

第五十条　【政府支持】地方各级人民政府应当支持被征地的农村集体经济组织和农民从事开发经营，兴办企业。

第五十一条　【大型工程征地】大中型水利、水电工程建设征收土地的补偿费标准和移民安置办法，由国务院另行规定。

第五十二条　【建设项目可行性审查】建

设项目可行性研究论证时,自然资源主管部门可以根据土地利用总体规划、土地利用年度计划和建设用地标准,对建设用地有关事项进行审查,并提出意见。

第五十三条 【国有建设用地的审批】经批准的建设项目需要使用国有建设用地的,建设单位应当持法律、行政法规规定的有关文件,向有批准权的县级以上人民政府自然资源主管部门提出建设用地申请,经自然资源主管部门审查,报本级人民政府批准。

第五十四条 【使用权取得方式】建设单位使用国有土地,应当以出让等有偿使用方式取得;但是,下列建设用地,经县级以上人民政府依法批准,可以以划拨方式取得:

(一)国家机关用地和军事用地;

(二)城市基础设施用地和公益事业用地;

(三)国家重点扶持的能源、交通、水利等基础设施用地;

(四)法律、行政法规规定的其他用地。

第五十五条 【土地有偿使用费】以出让等有偿使用方式取得国有土地使用权的建设单位,按照国务院规定的标准和办法,缴纳土地使用权出让金等土地有偿使用费和其他费用后,方可使用土地。

自本法施行之日起,新增建设用地的土地有偿使用费,百分之三十上缴中央财政,百分之七十留给有关地方人民政府。具体使用管理办法由国务院财政部门会同有关部门制定,并报国务院批准。

第五十六条 【建设用途】建设单位使用国有土地的,应当按照土地使用权出让等有偿使用合同的约定或者土地使用权划拨批准文件的规定使用土地;确需改变该幅土地建设用途的,应当经有关人民政府自然资源主管部门同意,报原批准用地的人民政府批准。其中,在城市规划区内改变土地用途的,在报批前,应当先经有关城市规划行政主管部门同意。

第五十七条 【临时用地】建设项目施工和地质勘查需要临时使用国有土地或者农民集体所有的土地的,由县级以上人民政府自然资源主管部门批准。其中,在城市规划区内的临时用地,在报批前,应当先经有关城市规划行政主管部门同意。土地使用者应当根据土地权属,与有关自然资源主管部门或者农村集体经济组织、村民委员会签订临时使用土地合同,并按照合同的约定支付临时使用土地补偿费。

临时使用土地的使用者应当按照临时使用土地合同约定的用途使用土地,并不得修建永久性建筑物。

临时使用土地期限一般不超过二年。

第五十八条 【收回国有土地使用权】有下列情形之一的,由有关人民政府自然资源主管部门报经原批准用地的人民政府或者有批准权的人民政府批准,可以收回国有土地使用权:

(一)为实施城市规划进行旧城区改建以及其他公共利益需要,确需使用土地的;

(二)土地出让等有偿使用合同约定的使用期限届满,土地使用者未申请续期或者申请续期未获批准的；

（三）因单位撤销、迁移等原因，停止使用原划拨的国有土地的；

（四）公路、铁路、机场、矿场等经核准报废的。

依照前款第（一）项的规定收回国有土地使用权的，对土地使用权人应当给予适当补偿。

第五十九条 【乡镇建设用地规划及审批】乡镇企业、乡（镇）村公共设施、公益事业、农村村民住宅等乡（镇）村建设，应当按照村庄和集镇规划，合理布局，综合开发，配套建设；建设用地，应当符合乡（镇）土地利用总体规划和土地利用年度计划，并依照本法第四十四条、第六十条、第六十一条、第六十二条的规定办理审批手续。

第六十条 【乡镇企业用地审批】农村集体经济组织使用乡（镇）土地利用总体规划确定的建设用地兴办企业或者与其他单位、个人以土地使用权入股、联营等形式共同举办企业的，应当持有关批准文件，向县级以上地方人民政府自然资源主管部门提出申请，按照省、自治区、直辖市规定的批准权限，由县级以上地方人民政府批准；其中，涉及占用农用地的，依照本法第四十四条的规定办理审批手续。

按照前款规定兴办企业的建设用地，必须严格控制。省、自治区、直辖市可以按照乡镇企业的不同行业和经营规模，分别规定用地标准。

第六十一条 【公共设施公益事业建设用地审批】乡（镇）村公共设施、公益事业建设，需要使用土地的，经乡（镇）人民政府审核，向县级以上地方人民政府自然资源主管部门提出申请，按照省、自治区、直辖市规定的批准权限，由县级以上地方人民政府批准；其中，涉及占用农用地的，依照本法第四十四条的规定办理审批手续。

第六十二条 【宅基地】农村村民一户只能拥有一处宅基地，其宅基地的面积不得超过省、自治区、直辖市规定的标准。

人均土地少、不能保障一户拥有一处宅基地的地区，县级人民政府在充分尊重农村村民意愿的基础上，可以采取措施，按照省、自治区、直辖市规定的标准保障农村村民实现户有所居。

农村村民建住宅，应当符合乡（镇）土地利用总体规划、村庄规划，不得占用永久基本农田，并尽量使用原有的宅基地和村内空闲地。编制乡（镇）土地利用总体规划、村庄规划应当统筹并合理安排宅基地用地，改善农村村民居住环境和条件。

农村村民住宅用地，由乡（镇）人民政府审核批准；其中，涉及占用农用地的，依照本法第四十四条的规定办理审批手续。

农村村民出卖、出租、赠与住宅后，再申请宅基地的，不予批准。

国家允许进城落户的农村村民依法自愿有偿退出宅基地，鼓励农村集体经济组织及其成员盘活利用闲置宅基地和闲置住宅。

国务院农业农村主管部门负责全国农村宅基地改革和管理有关工作。

第六十三条 【使用权转移】土地利用总体规划、城乡规划确定为工业、商业等经营性用途,并经依法登记的集体经营性建设用地,土地所有权人可以通过出让、出租等方式交由单位或者个人使用,并应当签订书面合同,载明土地界址、面积、动工期限、使用期限、土地用途、规划条件和双方其他权利义务。

前款规定的集体经营性建设用地出让、出租等,应当经本集体经济组织成员的村民会议三分之二以上成员或者三分之二以上村民代表的同意。

通过出让等方式取得的集体经营性建设用地使用权可以转让、互换、出资、赠与或者抵押,但法律、行政法规另有规定或者土地所有权人、土地使用权人签订的书面合同另有约定的除外。

集体经营性建设用地的出租,集体建设用地使用权的出让及其最高年限、转让、互换、出资、赠与、抵押等,参照同类用途的国有建设用地执行。具体办法由国务院制定。

第六十四条 【土地使用规范】集体建设用地的使用者应当严格按照土地利用总体规划、城乡规划确定的用途使用土地。

第六十五条 【禁止重建、扩建的情形】在土地利用总体规划制定前已建的不符合土地利用总体规划确定的用途的建筑物、构筑物,不得重建、扩建。

第六十六条 【收回集体土地使用权】有下列情形之一的,农村集体经济组织报经原批准用地的人民政府批准,可以收回土地使用权:

(一)为乡(镇)村公共设施和公益事业建设,需要使用土地的;

(二)不按照批准的用途使用土地的;

(三)因撤销、迁移等原因而停止使用土地的。

依照前款第(一)项规定收回农民集体所有的土地的,对土地使用权人应当给予适当补偿。

收回集体经营性建设用地使用权,依照双方签订的书面合同办理,法律、行政法规另有规定的除外。

第六章 监督检查

第六十七条 【检查机关】县级以上人民政府自然资源主管部门对违反土地管理法律、法规的行为进行监督检查。

县级以上人民政府农业农村主管部门对违反农村宅基地管理法律、法规的行为进行监督检查的,适用本法关于自然资源主管部门监督检查的规定。

土地管理监督检查人员应当熟悉土地管理法律、法规,忠于职守、秉公执法。

第六十八条 【监督措施】县级以上人民政府自然资源主管部门履行监督检查职责时,有权采取下列措施:

(一)要求被检查的单位或者个人提供有关土地权利的文件和资料,进行查阅或者予以复制;

(二)要求被检查的单位或者个人就有关土地权利的问题作出说明;

(三)进入被检查单位或者个人非法占用的土地现场进行勘测;

(四)责令非法占用土地的单位或者个人停止违反土地管理法律、法规的行为。

第六十九条 【出示检查证件】土地管理监督检查人员履行职责,需要进入现场进行勘测、要求有关单位或者个人提供文件、资料和作出说明的,应当出示土地管理监督检查证件。

第七十条 【合作义务】有关单位和个人对县级以上人民政府自然资源主管部门就土地违法行为进行的监督检查应当支持与配合,并提供工作方便,不得拒绝与阻碍土地管理监督检查人员依法执行职务。

第七十一条 【对国家工作人员的监督】县级以上人民政府自然资源主管部门在监督检查工作中发现国家工作人员的违法行为,依法应当给予处分的,应当依法予以处理;自己无权处理的,应当依法移送监察机关或者有关机关处理。

第七十二条 【违法行为的处理】县级以上人民政府自然资源主管部门在监督检查工作中发现土地违法行为构成犯罪的,应当将案件移送有关机关,依法追究刑事责任;尚不构成犯罪的,应当依法给予行政处罚。

第七十三条 【上级监督下级】依照本法规定应当给予行政处罚,而有关自然资源主管部门不给予行政处罚的,上级人民政府自然资源主管部门有权责令有关自然资源主管部门作出行政处罚决定或者直接给予行政处罚,并给予有关自然资源主管部门的负责人处分。

第七章 法 律 责 任

第七十四条 【非法转让土地、将农用地改为建设用地责任】买卖或者以其他形式非法转让土地的,由县级以上人民政府自然资源主管部门没收违法所得;对违反土地利用总体规划擅自将农用地改为建设用地的,限期拆除在非法转让的土地上新建的建筑物和其他设施,恢复土地原状,对符合土地利用总体规划的,没收在非法转让的土地上新建的建筑物和其他设施;可以并处罚款;对直接负责的主管人员和其他直接责任人员,依法给予处分;构成犯罪的,依法追究刑事责任。

第七十五条 【非法占用耕地责任】违反本法规定,占用耕地建窑、建坟或者擅自在耕地上建房、挖砂、采石、采矿、取土等,破坏种植条件的,或者因开发土地造成土地荒漠化、盐渍化的,由县级以上人民政府自然资源主管部门、农业农村主管部门等按照职责责令限期改正或者治理,可以并处罚款;构成犯罪的,依法追究刑事责任。

第七十六条 【拒绝复垦土地责任】违反本法规定,拒不履行土地复垦义务的,由县级以上人民政府自然资源主管部门责令限期改正;逾期不改正的,责令缴纳复垦费,专项用于土地复垦,可以处以罚款。

第七十七条 【非法占用土地责任】未经批准或者采取欺骗手段骗取批准,非法占用土地的,由县级以上人民政府自然资源主管部门责令退还非法占用的土地,对违反土地利用总体规划擅自将农用地改为建设用地的,限期拆除在非法占用的土地上新建的建筑物和其他设施,恢复土地原状,对符合土地利用总体规划的,没收在非法占用的土地上新建的建筑物和其他设施,可以并处罚款;对非法占用土地单位的直接负责的主管人员和其他直接责任人员,依法给予处分;构成犯罪的,依法追究刑事责任。

超过批准的数量占用土地,多占的土地以非法占用土地论处。

第七十八条 【非法建住宅责任】农村村民未经批准或者采取欺骗手段骗取批准,非法占用土地建住宅的,由县级以上人民政府农业农村主管部门责令退还非法占用的土地,限期拆除在非法占用的土地上新建的房屋。

超过省、自治区、直辖市规定的标准,多占的土地以非法占用土地论处。

第七十九条 【非法批准责任】无权批准征收、使用土地的单位或者个人非法批准占用土地的,超越批准权限非法批准占用土地的,不按照土地利用总体规划确定的用途批准用地的,或者违反法律规定的程序批准占用、征收土地的,其批准文件无效,对非法批准征收、使用土地的直接负责的主管人员和其他直接责任人员,依法给予处分;构成犯罪的,依法追究刑事责任。非法批准、使用的土地应当收回,有关当事人拒不归还的,以非法占用土地论处。

非法批准征收、使用土地,对当事人造成损失的,依法应当承担赔偿责任。

第八十条 【非法侵占征地补偿费责任】侵占、挪用被征收土地单位的征地补偿费用和其他有关费用,构成犯罪的,依法追究刑事责任;尚不构成犯罪的,依法给予处分。

第八十一条 【拒还土地责任】依法收回国有土地使用权当事人拒不交出土地的,临时使用土地期满拒不归还的,或者不按照批准的用途使用国有土地的,由县级以上人民政府自然资源主管部门责令交还土地,处以罚款。

第八十二条 【擅自转移土地使用权责任】擅自将农民集体所有的土地通过出让、转让使用权或者出租等方式用于非农业建设,或者违反本法规定,将集体经营性建设用地通过出让、出租等方式交由单位或者个人使用的,由县级以上人民政府自然资源主管部门责令限期改正,没收违法所得,并处罚款。

第八十三条 【不拆除责任】依照本法规定,责令限期拆除在非法占用的土地上新建的建筑物和其他设施的,建设单位或者个人必须立即停止施工,自行拆除;对继续施工的,作出处罚决定的机关有权制止。建设单位或者个人对责令限期拆除的行政处罚决定不服的,可以在接到责令限期拆除决定之日起十五日内,向人民法院起诉;期满不起诉又不自行拆除的,由作出处罚决定的机关依法申请人民法院强制执行,费用由违法者承担。

第八十四条 【渎职】自然资源主管部门、农业农村主管部门的工作人员玩忽职守、滥用职权、徇私舞弊,构成犯罪的,依法追究刑事责任;尚不构成犯罪的,依法给予处分。

第八章 附 则

第八十五条 【法律适用】外商投资企业使用土地的,适用本法;法律另有规定的,从其规定。

第八十六条 【执行】在根据本法第十八条的规定编制国土空间规划前,经依法批准的土地利用总体规划和城乡规划继续执行。

第八十七条 【施行日期】本法自1999年1月1日起施行。

国有土地上房屋征收与补偿条例

2011年1月21日国务院令第590号公布施行

第一章 总　　则

第一条　【适用范围】为了规范国有土地上房屋征收与补偿活动,维护公共利益,保障被征收房屋所有权人的合法权益,制定本条例。

第二条　【征收条件】为了公共利益的需要,征收国有土地上单位、个人的房屋,应当对被征收房屋所有权人(以下称被征收人)给予公平补偿。

第三条　【基本原则】房屋征收与补偿应当遵循决策民主、程序正当、结果公开的原则。

第四条　【房屋征收部门】市、县级人民政府负责本行政区域的房屋征收与补偿工作。

市、县级人民政府确定的房屋征收部门(以下称房屋征收部门)组织实施本行政区域的房屋征收与补偿工作。

市、县级人民政府有关部门应当依照本条例的规定和本级人民政府规定的职责分工,互相配合,保障房屋征收与补偿工作的顺利进行。

第五条　【房屋征收实施单位】房屋征收部门可以委托房屋征收实施单位,承担房屋征收与补偿的具体工作。房屋征收实施单位不得以营利为目的。

房屋征收部门对房屋征收实施单位在委托范围内实施的房屋征收与补偿行为负责监督,并对其行为后果承担法律责任。

第六条　【监督、指导】上级人民政府应当加强对下级人民政府房屋征收与补偿工作的监督。

国务院住房城乡建设主管部门和省、自治区、直辖市人民政府住房城乡建设主管部门应当会同同级财政、国土资源、发展改革等有关部门,加强房屋征收与补偿实施工作的指导。

第七条　【举报、监察】任何组织和个人对违反本条例规定的行为,都有权向有关人民政府、房屋征收部门和其他有关部门举报。接到举报的有关人民政府、房屋征收部门和其他有关部门对举报应当及时核实、处理。

监察机关应当加强对参与房屋征收与补偿工作的政府和有关部门或者单位及其工作人员的监察。

第二章　征　收　决　定

第八条　【公共利益】为了保障国家安全、促进国民经济和社会发展等公共利益的需要,有下列情形之一,确需征收房屋的,由市、县级人民政府作出房屋征收决定:

(一)国防和外交的需要;

(二)由政府组织实施的能源、交通、水利等基础设施建设的需要;

(三)由政府组织实施的科技、教育、文化、卫生、体育、环境和资源保护、防灾减灾、文物保护、社会福利、市政公用等公共事业的需要;

(四)由政府组织实施的保障性安

居工程建设的需要；

（五）由政府依照城乡规划法有关规定组织实施的对危房集中、基础设施落后等地段进行旧城区改建的需要；

（六）法律、行政法规规定的其他公共利益的需要。

第九条 【规划、年度计划】依照本条例第八条规定，确需征收房屋的各项建设活动，应当符合国民经济和社会发展规划、土地利用总体规划、城乡规划和专项规划。保障性安居工程建设、旧城区改建，应当纳入市、县级国民经济和社会发展年度计划。

制定国民经济和社会发展规划、土地利用总体规划、城乡规划和专项规划，应当广泛征求社会公众意见，经过科学论证。

第十条 【征收补偿方案】房屋征收部门拟定征收补偿方案，报市、县级人民政府。

市、县级人民政府应当组织有关部门对征收补偿方案进行论证并予以公布，征求公众意见。征求意见期限不得少于30日。

第十一条 【征收补偿方案征求意见】市、县级人民政府应当将征求意见情况和根据公众意见修改的情况及时公布。

因旧城区改建需要征收房屋，多数被征收人认为征收补偿方案不符合本条例规定的，市、县级人民政府应当组织由被征收人和公众代表参加的听证会，并根据听证会情况修改方案。

第十二条 【征收补偿决定作出程序】市、县级人民政府作出房屋征收决定前，应当按照有关规定进行社会稳定风险评估；房屋征收决定涉及被征收人数量较多的，应当经政府常务会议讨论决定。

作出房屋征收决定前，征收补偿费用应当足额到位、专户存储、专款专用。

第十三条 【征收补偿决定作出后的要求】市、县级人民政府作出房屋征收决定后应当及时公告。公告应当载明征收补偿方案和行政复议、行政诉讼权利等事项。

市、县级人民政府及房屋征收部门应当做好房屋征收与补偿的宣传、解释工作。

房屋被依法征收的，国有土地使用权同时收回。

第十四条 【被征收人救济权利】被征收人对市、县级人民政府作出的房屋征收决定不服的，可以依法申请行政复议，也可以依法提起行政诉讼。

第十五条 【征收调查】房屋征收部门应当对房屋征收范围内房屋的权属、区位、用途、建筑面积等情况组织调查登记，被征收人应当予以配合。调查结果应当在房屋征收范围内向被征收人公布。

第十六条 【征收范围确定后的限制】房屋征收范围确定后，不得在房屋征收范围内实施新建、扩建、改建房屋和改变房屋用途等不当增加补偿费用的行为；违反规定实施的，不予补偿。

房屋征收部门应当将前款所列事项书面通知有关部门暂停办理相关手续。暂停办理相关手续的书面通知应当载明暂停期限。暂停期限最长不得超过1年。

第三章 补 偿

第十七条 【征收补偿内容】作出房屋征收决定的市、县级人民政府对被征收人给予的补偿包括：

（一）被征收房屋价值的补偿；

（二）因征收房屋造成的搬迁、临时安置的补偿；

（三）因征收房屋造成的停产停业损失的补偿。

市、县级人民政府应当制定补助和奖励办法，对被征收人给予补助和奖励。

第十八条 【住房保障】征收个人住宅，被征收人符合住房保障条件的，作出房屋征收决定的市、县级人民政府应当优先给予住房保障。具体办法由省、自治区、直辖市制定。

第十九条 【房屋征收评估】对被征收房屋价值的补偿，不得低于房屋征收决定公告之日被征收房屋类似房地产的市场价格。被征收房屋的价值，由具有相应资质的房地产价格评估机构按照房屋征收评估办法评估确定。

对评估确定的被征收房屋价值有异议的，可以向房地产价格评估机构申请复核评估。对复核结果有异议的，可以向房地产价格评估专家委员会申请鉴定。

房屋征收评估办法由国务院住房城乡建设主管部门制定，制定过程中，应当向社会公开征求意见。

第二十条 【评估机构选择】房地产价格评估机构由被征收人协商选定；协商不成的，通过多数决定、随机选定等方式确定，具体办法由省、自治区、直辖市制定。

房地产价格评估机构应当独立、客观、公正地开展房屋征收评估工作，任何单位和个人不得干预。

第二十一条 【补偿方式】被征收人可以选择货币补偿，也可以选择房屋产权调换。

被征收人选择房屋产权调换的，市、县级人民政府应当提供用于产权调换的房屋，并与被征收人计算、结清被征收房屋价值与用于产权调换房屋价值的差价。

因旧城区改建征收个人住宅，被征收人选择在改建地段进行房屋产权调换的，作出房屋征收决定的市、县级人民政府应当提供改建地段或者就近地段的房屋。

第二十二条 【搬迁费、临时安置房、周转用房】因征收房屋造成搬迁的，房屋征收部门应当向被征收人支付搬迁费；选择房屋产权调换的，产权调换房屋交付前，房屋征收部门应当向被征收人支付临时安置费或者提供周转用房。

第二十三条 【停产停业损失的补偿】对因征收房屋造成停产停业损失的补偿，根据房屋被征收前的效益、停产停业期限等因素确定。具体办法由省、自治区、直辖市制定。

第二十四条 【征收违法建筑】市、县级人民政府及其有关部门应当依法加强对建设活动的监督管理，对违反城乡规划进行建设的，依法予以处理。

市、县级人民政府作出房屋征收决定前，应当组织有关部门依法对征收范围内未经登记的建筑进行调查、认定和处理。对认定为合法建筑和未超过批准期限的临时建筑的,应当给予补偿;对认定为违法建筑和超过批准期限的临时建筑的,不予补偿。

第二十五条 【补偿协议】房屋征收部门与被征收人依照本条例的规定,就补偿方式、补偿金额和支付期限、用于产权调换房屋的地点和面积、搬迁费、临时安置费或者周转用房、停产停业损失、搬迁期限、过渡方式和过渡期限等事项,订立补偿协议。

补偿协议订立后,一方当事人不履行补偿协议约定的义务的,另一方当事人可以依法提起诉讼。

第二十六条 【征收补偿决定】房屋征收部门与被征收人在征收补偿方案确定的签约期限内达不成补偿协议,或者被征收房屋所有权人不明确的,由房屋征收部门报请作出房屋征收决定的市、县级人民政府依照本条例的规定,按照征收补偿方案作出补偿决定,并在房屋征收范围内予以公告。

补偿决定应当公平,包括本条例第二十五条第一款规定的有关补偿协议的事项。

被征收人对补偿决定不服的,可以依法申请行政复议,也可以依法提起行政诉讼。

第二十七条 【被征收人搬迁】实施房屋征收应当先补偿、后搬迁。

作出房屋征收决定的市、县级人民政府对被征收人给予补偿后,被征收人应当在补偿协议约定或者补偿决定确定的搬迁期限内完成搬迁。

任何单位和个人不得采取暴力、威胁或者违反规定中断供水、供热、供气、供电和道路通行等非法方式迫使被征收人搬迁。禁止建设单位参与搬迁活动。

第二十八条 【强制搬迁】被征收人在法定期限内不申请行政复议或者不提起行政诉讼,在补偿决定规定的期限内又不搬迁的,由作出房屋征收决定的市、县级人民政府依法申请人民法院强制执行。

强制执行申请书应当附具补偿金额和专户存储账号、产权调换房屋和周转用房的地点和面积等材料。

第二十九条 【补偿结果公开】房屋征收部门应当依法建立房屋征收补偿档案,并将分户补偿情况在房屋征收范围内向被征收人公布。

审计机关应当加强对征收补偿费用管理和使用情况的监督,并公布审计结果。

第四章 法律责任

第三十条 【政府及房屋征收部门的法律责任】市、县级人民政府及房屋征收部门的工作人员在房屋征收与补偿工作中不履行本条例规定的职责,或者滥用职权、玩忽职守、徇私舞弊的,由上级人民政府或者本级人民政府责令改正,通报批评;造成损失的,依法承担赔偿责任;对直接负责的主管人员和其他直接责任人员,依法给予处分;构成犯罪的,依法追究刑事责任。

第三十一条 【暴力强拆的法律责任】采取暴力、威胁或者违反规定中断供水、供热、供气、供电和道路通行等非法方式迫使被征收人搬迁,造成损失的,依法承担赔偿责任；对直接负责的主管人员和其他直接责任人员，构成犯罪的，依法追究刑事责任；尚不构成犯罪的，依法给予处分；构成违反治安管理行为的，依法给予治安管理处罚。

第三十二条　【暴力抗拆的法律责任】采取暴力、威胁等方法阻碍依法进行的房屋征收与补偿工作，构成犯罪的，依法追究刑事责任；构成违反治安管理行为的，依法给予治安管理处罚。

第三十三条　【非法占用征收补偿费用的法律责任】贪污、挪用、私分、截留、拖欠征收补偿费用的，责令改正，追回有关款项，限期退还违法所得，对有关责任单位通报批评、给予警告；造成损失的，依法承担赔偿责任；对直接负责的主管人员和其他直接责任人员，构成犯罪的，依法追究刑事责任；尚不构成犯罪的，依法给予处分。

第三十四条　【违法评估的法律责任】房地产价格评估机构或者房地产估价师出具虚假或者有重大差错的评估报告的，由发证机关责令限期改正，给予警告，对房地产价格评估机构并处5万元以上20万元以下罚款，对房地产估价师并处1万元以上3万元以下罚款，并记入信用档案；情节严重的，吊销资质证书、注册证书；造成损失的，依法承担赔偿责任；构成犯罪的，依法追究刑事责任。

第五章　附　　则

第三十五条　【施行日期】本条例自公布之日起施行。2001年6月13日国务院公布的《城市房屋拆迁管理条例》同时废止。本条例施行前已依法取得房屋拆迁许可证的项目，继续沿用原有的规定办理，但政府不得责成有关部门强制拆迁。

违反土地管理规定
行为处分办法

1. 2008年5月9日监察部、人力资源和社会保障部、国土资源部令第15号公布
2. 自2008年6月1日起施行

第一条　为了加强土地管理，惩处违反土地管理规定的行为，根据《中华人民共和国土地管理法》、《中华人民共和国行政监察法》、《中华人民共和国公务员法》、《行政机关公务员处分条例》及其他有关法律、行政法规，制定本办法。

第二条　有违反土地管理规定行为的单位，其负有责任的领导人员和直接责任人员，以及有违反土地管理规定行为的个人，应当承担纪律责任，属于下列人员的（以下统称有关责任人员），由任免机关或者监察机关按照管理权限依法给予处分：

（一）行政机关公务员；

（二）法律、法规授权的具有公共事务管理职能的事业单位中经批准参照《中华人民共和国公务员法》管理的工作人员；

（三）行政机关依法委托的组织中除工勤人员以外的工作人员；

（四）企业、事业单位中由行政机关任命的人员。

法律、行政法规、国务院决定和国务院监察机关、国务院人力资源和社

会保障部门制定的处分规章对违反土地管理规定行为的处分另有规定的，从其规定。

第三条　有下列行为之一的，对县级以上地方人民政府主要领导人员和其他负有责任的领导人员，给予警告或者记过处分；情节较重的，给予记大过或者降级处分；情节严重的，给予撤职处分：

（一）土地管理秩序混乱，致使一年度内本行政区域违法占用耕地面积占新增建设用地占用耕地总面积的比例达到15％以上或者虽然未达到15％，但造成恶劣影响或者其他严重后果的；

（二）发生土地违法案件造成严重后果的；

（三）对违反土地管理规定行为不制止、不组织查处的；

（四）对违反土地管理规定行为隐瞒不报、压案不查的。

第四条　行政机关在土地审批和供应过程中不执行或者违反国家土地调控政策，有下列行为之一的，对有关责任人员，给予记大过处分；情节较重的，给予降级或者撤职处分；情节严重的，给予开除处分：

（一）对国务院明确要求暂停土地审批仍不停止审批的；

（二）对国务院明确禁止供地的项目提供建设用地的。

第五条　行政机关及其公务员违反土地管理规定，滥用职权，非法批准征收、占用土地的，对有关责任人员，给予记过或者记大过处分；情节较重的，给予降级或者撤职处分；情节严重的，给予开除处分。

有前款规定行为，且有徇私舞弊情节的，从重处分。

第六条　行政机关及其公务员有下列行为之一的，对有关责任人员，给予记过或者记大过处分；情节较重的，给予降级或者撤职处分；情节严重的，给予开除处分：

（一）不按照土地利用总体规划确定的用途批准用地的；

（二）通过调整土地利用总体规划，擅自改变基本农田位置，规避建设占用基本农田由国务院审批规定的；

（三）没有土地利用计划指标擅自批准用地的；

（四）没有新增建设占用农用地计划指标擅自批准农用地转用的；

（五）批准以"以租代征"等方式擅自占用农用地进行非农业建设的。

第七条　行政机关及其公务员有下列行为之一的，对有关责任人员，给予警告或者记过处分；情节较重的，给予记大过或者降级处分；情节严重的，给予撤职处分：

（一）违反法定条件，进行土地登记、颁发或者更换土地证书的；

（二）明知建设项目用地涉嫌违反土地管理规定，尚未依法处理，仍为其办理用地审批、颁发土地证书的；

（三）在未按照国家规定的标准足额收缴新增建设用地土地有偿使用费前，下发用地批准文件的；

（四）对符合规定的建设用地申请或者土地登记申请，无正当理由不予受理或者超过规定期限未予办理的；

（五）违反法定程序批准征收、占

用土地的。

第八条 行政机关及其公务员违反土地管理规定,滥用职权,非法低价或者无偿出让国有建设用地使用权的,对有关责任人员,给予记过或者记大过处分;情节较重的,给予降级或者撤职处分;情节严重的,给予开除处分。

有前款规定行为,且有徇私舞弊情节的,从重处分。

第九条 行政机关及其公务员在国有建设用地使用权出让中,有下列行为之一的,对有关责任人员,给予警告或者记过处分;情节较重的,给予记大过或者降级处分;情节严重的,给予撤职处分:

(一)应当采取出让方式而采用划拨方式或者应当招标拍卖挂牌出让而协议出让国有建设用地使用权的;

(二)在国有建设用地使用权招标拍卖挂牌出让中,采取与投标人、竞买人恶意串通,故意设置不合理的条件限制或者排斥潜在的投标人、竞买人等方式,操纵中标人、竞得人的确定或者出让结果的;

(三)违反规定减免或者变相减免国有建设用地使用权出让金的;

(四)国有建设用地使用权出让合同签订后,擅自批准调整土地用途、容积率等土地使用条件的;

(五)其他违反规定出让国有建设用地使用权的行为。

第十条 未经批准或者采取欺骗手段骗取批准,非法占用土地的,对有关责任人员,给予警告、记过或者记大过处分;情节较重的,给予降级或者撤职处分;情节严重的,给予开除处分。

第十一条 买卖或者以其他形式非法转让土地的,对有关责任人员,给予警告、记过或者记大过处分;情节较重的,给予降级或者撤职处分;情节严重的,给予开除处分。

第十二条 行政机关侵占、截留、挪用被征收土地单位的征地补偿费用和其他有关费用的,对有关责任人员,给予记大过处分;情节较重的,给予降级或者撤职处分;情节严重的,给予开除处分。

第十三条 行政机关在征收土地过程中,有下列行为之一的,对有关责任人员,给予警告或者记过处分;情节较重的,给予记大过或者降级处分;情节严重的,给予撤职处分:

(一)批准低于法定标准的征地补偿方案的;

(二)未按规定落实社会保障费用而批准征地的;

(三)未按期足额支付征地补偿费用的。

第十四条 县级以上地方人民政府未按期缴纳新增建设用地土地有偿使用费的,责令限期缴纳;逾期仍不缴纳的,对有关责任人员,给予记大过处分;情节较重的,给予降级或者撤职处分;情节严重的,给予开除处分。

第十五条 行政机关及其公务员在办理农用地转用或者土地征收申报、报批等过程中,有谎报、瞒报用地位置、地类、面积等弄虚作假行为,造成不良后果的,对有关责任人员,给予记过或者记大过处分;情节较重的,给予降级或者撤职处分;情节严重的,给予开除处分。

第十六条　国土资源行政主管部门及其工作人员有下列行为之一的，对有关责任人员，给予记过或者记大过处分；情节较重的，给予降级或者撤职处分；情节严重的，给予开除处分：

（一）对违反土地管理规定行为按规定应报告而不报告的；

（二）对违反土地管理规定行为不制止、不依法查处的；

（三）在土地供应过程中，因严重不负责任，致使国家利益遭受损失的。

第十七条　有下列情形之一的，应当从重处分：

（一）致使土地遭受严重破坏的；

（二）造成财产严重损失的；

（三）影响群众生产、生活，造成恶劣影响或者其他严重后果的。

第十八条　有下列情形之一的，应当从轻处分：

（一）主动交代违反土地管理规定行为的；

（二）保持或者恢复土地原貌的；

（三）主动纠正违反土地管理规定行为，积极落实有关部门整改意见的；

（四）主动退还违法违纪所得或者侵占、挪用的征地补偿安置费等有关费用的；

（五）检举他人重大违反土地管理规定行为，经查证属实的。

主动交代违反土地管理规定行为，并主动采取措施有效避免或者挽回损失的，应当减轻处分。

第十九条　任免机关、监察机关和国土资源行政主管部门建立案件移送制度。

任免机关、监察机关查处的土地违法违纪案件，依法应当由国土资源行政主管部门给予行政处罚的，应当将有关案件材料移送国土资源行政主管部门。国土资源行政主管部门应当依法及时查处，并将处理结果书面告知任免机关、监察机关。

国土资源行政主管部门查处的土地违法案件，依法应当给予处分，且本部门无权处理的，应当在作出行政处罚决定或者其他处理决定后10日内将有关案件材料移送任免机关或者监察机关。任免机关或者监察机关应当依法及时查处，并将处理结果书面告知国土资源行政主管部门。

第二十条　任免机关、监察机关和国土资源行政主管部门移送案件时要做到事实清楚、证据齐全、程序合法、手续完备。

移送的案件材料应当包括以下内容：

（一）本单位有关领导或者主管单位同意移送的意见；

（二）案件的来源及立案材料；

（三）案件调查报告；

（四）有关证据材料；

（五）其他需要移送的材料。

第二十一条　任免机关、监察机关或者国土资源行政主管部门应当移送而不移送案件的，由其上一级机关责令其移送。

第二十二条　有违反土地管理规定行为，应当给予党纪处分的，移送党的纪律检查机关处理；涉嫌犯罪的，移送司法机关依法追究刑事责任。

第二十三条　本办法由监察部、人力资源和社会保障部、国土资源部负责解释。

第二十四条 本办法自 2008 年 6 月 1 日起施行。

城市管理执法办法

1. 2017 年 1 月 24 日住房和城乡建设部令第 34 号公布
2. 自 2017 年 5 月 1 日起施行

第一章 总 则

第一条 为了规范城市管理执法工作,提高执法和服务水平,维护城市管理秩序,保护公民、法人和其他组织的合法权益,根据行政处罚法、行政强制法等法律法规的规定,制定本办法。

第二条 城市、县人民政府所在地镇建成区内的城市管理执法活动以及执法监督活动,适用本办法。

本办法所称城市管理执法,是指城市管理执法主管部门在城市管理领域根据法律法规规章规定履行行政处罚、行政强制等行政执法职责的行为。

第三条 城市管理执法应当遵循以人为本、依法治理、源头治理、权责一致、协调创新的原则,坚持严格规范公正文明执法。

第四条 国务院住房城乡建设主管部门负责全国城市管理执法的指导监督协调工作。

各省、自治区人民政府住房城乡建设主管部门负责本行政区域内城市管理执法的指导监督考核协调工作。

城市、县人民政府城市管理执法主管部门负责本行政区域内的城市管理执法工作。

第五条 城市管理执法主管部门应当推动建立城市管理协调机制,协调有关部门做好城市管理执法工作。

第六条 城市管理执法主管部门应当加强城市管理法律法规规章的宣传普及工作,增强全民守法意识,共同维护城市管理秩序。

第七条 城市管理执法主管部门应当积极为公众监督城市管理执法活动提供条件。

第二章 执法范围

第八条 城市管理执法的行政处罚权范围依照法律法规和国务院有关规定确定,包括住房城乡建设领域法律法规规章规定的行政处罚权,以及环境保护管理、工商管理、交通管理、水务管理、食品药品监管方面与城市管理相关部分的行政处罚权。

第九条 需要集中行使的城市管理执法事项,应当同时具备下列条件:

(一)与城市管理密切相关;

(二)与群众生产生活密切相关、多头执法扰民问题突出;

(三)执法频率高、专业技术要求适宜;

(四)确实需要集中行使的。

第十条 城市管理执法主管部门依法相对集中行使行政处罚权的,可以实施法律法规规定的与行政处罚权相关的行政强制措施。

第十一条 城市管理执法事项范围确定后,应当向社会公开。

第十二条 城市管理执法主管部门集中行使原由其他部门行使的行政处罚权的,应当与其他部门明确职责权限和工作机制。

第三章 执 法 主 体

第十三条 城市管理执法主管部门按照权责清晰、事权统一、精简效能的原则设置执法队伍。

第十四条 直辖市、设区的市城市管理执法推行市级执法或者区级执法。

直辖市、设区的市的城市管理执法事项,市辖区人民政府城市管理执法主管部门能够承担的,可以实行区级执法。

直辖市、设区的市人民政府城市管理执法主管部门可以承担跨区域和重大复杂违法案件的查处。

第十五条 市辖区人民政府城市管理执法主管部门可以向街道派出执法机构。直辖市、设区的市人民政府城市管理执法主管部门可以向市辖区或者街道派出执法机构。

派出机构以设立该派出机构的城市管理执法主管部门的名义,在所辖区域范围内履行城市管理执法职责。

第十六条 城市管理执法主管部门应当依据国家相关标准,提出确定城市管理执法人员数量的合理意见,并按程序报同级编制主管部门审批。

第十七条 城市管理执法人员应当持证上岗。

城市管理执法主管部门应当定期开展执法人员的培训和考核。

第十八条 城市管理执法主管部门可以配置城市管理执法协管人员,配合执法人员从事执法辅助事务。

协管人员从事执法辅助事务产生的法律后果,由本级城市管理执法主管部门承担。

城市管理执法主管部门应当严格协管人员的招录程序、资格条件,规范执法辅助行为,建立退出机制。

第十九条 城市管理执法人员依法开展执法活动和协管人员依法开展执法辅助事务,受法律保护。

第四章 执 法 保 障

第二十条 城市管理执法主管部门应当按照规定配置执法执勤用车以及调查取证设施、通讯设施等装备配备,并规范管理。

第二十一条 城市管理执法制式服装、标志标识应当全国统一,由国务院住房城乡建设主管部门制定式样和标准。

第二十二条 城市管理执法应当保障必要的工作经费。

工作经费按规定已列入同级财政预算,城市管理执法主管部门不得以罚没收入作为经费来源。

第二十三条 城市管理领域应当建立数字化城市管理平台,实现城市管理的信息采集、指挥调度、督察督办、公众参与等功能,并逐步实现与有关部门信息平台的共享。

城市管理领域应当整合城市管理相关电话服务平台,建立统一的城市管理服务热线。

第二十四条 城市管理执法需要实施鉴定、检验、检测的,城市管理执法主管部门可以开展鉴定、检验、检测,或者按照有关规定委托第三方实施。

第五章 执 法 规 范

第二十五条 城市管理执法主管部门依照法定程序开展执法活动,应当保障当事人依法享有的陈述、申辩、听证等权利。

第二十六条 城市管理执法主管部门开展执法活动,应当根据违法行为的性质和危害后果依法给予相应的行政处罚。

对违法行为轻微的,可以采取教育、劝诫、疏导等方式予以纠正。

第二十七条 城市管理执法人员开展执法活动,可以依法采取以下措施:

(一)以勘验、拍照、录音、摄像等方式进行现场取证;

(二)在现场设置警示标志;

(三)询问案件当事人、证人等;

(四)查阅、调取、复制有关文件资料等;

(五)法律、法规规定的其他措施。

第二十八条 城市管理执法主管部门应当依法、全面、客观收集相关证据,规范建立城市管理执法档案并完整保存。

城市管理执法主管部门应当运用执法记录仪、视频监控等技术,实现执法活动全过程记录。

第二十九条 城市管理执法主管部门对查封、扣押的物品,应当妥善保管,不得使用、截留、损毁或者擅自处置。查封、扣押的物品属非法物品的,移送有关部门处理。

第三十条 城市管理执法主管部门不得对罚款、没收违法所得设定任务和目标。

罚款、没收违法所得的款项,应当按照规定全额上缴。

第三十一条 城市管理执法主管部门应当确定法制审核机构,配备一定比例符合条件的法制审核人员,对重大执法决定在执法主体、管辖权限、执法程序、事实认定、法律适用等方面进行法制审核。

第三十二条 城市管理执法主管部门开展执法活动,应当使用统一格式的行政执法文书。

第三十三条 行政执法文书的送达,依照民事诉讼法等法律规定执行。

当事人提供送达地址或者同意电子送达的,可以按照其提供的地址或者传真、电子邮件送达。

采取直接、留置、邮寄、委托、转交等方式无法送达的,可以通过报纸、门户网站等方式公告送达。

第三十四条 城市管理执法主管部门应当通过门户网站、办事窗口等渠道或者场所,公开行政执法职责、权限、依据、监督方式等行政执法信息。

第六章 协作与配合

第三十五条 城市管理执法主管部门应当与有关部门建立行政执法信息互通共享机制,及时通报行政执法信息和相关行政管理信息。

第三十六条 城市管理执法主管部门可以对城市管理执法事项实行网格化管理。

第三十七条 城市管理执法主管部门在执法活动中发现依法应当由其他部门查处的违法行为,应当及时告知或者移送有关部门。

第七章 执法监督

第三十八条 城市管理执法主管部门应当向社会公布投诉、举报电话及其他监督方式。

城市管理执法主管部门应当为投诉人、举报人保密。

第三十九条 城市管理执法主管部门违

反本办法规定,有下列行为之一的,由上级城市管理执法主管部门或者有关部门责令改正,通报批评;情节严重的,对直接负责的主管人员和其他直接责任人员依法给予处分。

(一)没有法定依据实施行政处罚的;

(二)违反法定程序实施行政处罚的;

(三)以罚款、没收违法所得作为经费来源的;

(四)使用、截留、损毁或者擅自处置查封、扣押物品的;

(五)其他违反法律法规和本办法规定的。

第四十条 非城市管理执法人员着城市管理执法制式服装的,城市管理执法主管部门应当予以纠正,依法追究法律责任。

第八章 附 则

第四十一条 本办法第二条第一款规定范围以外的城市管理执法工作,参照本办法执行。

第四十二条 本办法自2017年5月1日起施行。1992年6月3日发布的《城建监察规定》(建设部令第20号)同时废止。

自然资源行政复议规定

1. 2019年7月19日自然资源部令第3号公布
2. 自2019年9月1日起施行

第一条 为规范自然资源行政复议工作,及时高效化解自然资源行政争议,保护公民、法人和其他组织的合法权益,推进自然资源法治建设,根据《中华人民共和国行政复议法》和《中华人民共和国行政复议法实施条例》,制定本规定。

第二条 县级以上自然资源主管部门依法办理行政复议案件,履行行政复议决定,指导和监督行政复议工作,适用本规定。

第三条 自然资源部对全国自然资源行政复议工作进行指导和监督。

上级自然资源主管部门对下级自然资源主管部门的行政复议工作进行指导和监督。

第四条 本规定所称行政复议机关,是指依据法律法规规定履行行政复议职责的自然资源主管部门。

本规定所称行政复议机构,是指自然资源主管部门的法治工作机构。

行政复议机关可以委托所属事业单位承担有关行政复议的事务性工作。

第五条 行政复议机关可以根据工作需要设立行政复议委员会,审议重大、复杂、疑难的行政复议案件,研究行政复议工作中的重大问题。

第六条 行政复议工作人员应当具备与履行职责相适应的政治素质、法治素养和业务能力,忠于宪法和法律,清正廉洁,恪尽职守。

初次从事行政复议的人员,应当通过国家统一法律职业资格考试取得法律职业资格。

第七条 行政复议机关应当依照有关规定配备专职行政复议人员,并定期组织培训,保障其每年参加专业培训的时间不少于三十六个学时。

行政复议机关应当保障行政复议工作经费、装备和其他必要的工作条件。

第八条 行政复议机关应当定期对行政复议工作情况、行政复议决定履行情况以及典型案例等进行统计、分析、通报,并将有关情况向上一级自然资源主管部门报告。

行政复议机关应当建立行政复议信息管理系统,提高案件办理、卷宗管理、统计分析、便民服务的信息化水平。

第九条 县级以上自然资源主管部门应当将行政复议工作情况纳入本部门考核内容,考核结果作为评价领导班子、评先表彰、干部使用的重要依据。

第十条 行政复议机构统一受理行政复议申请。

行政复议机关的其他机构收到行政复议申请的,应当自收到之日起1个工作日内将申请材料转送行政复议机构。

行政复议机构应当对收到的行政复议申请进行登记。

第十一条 行政复议机构收到申请人提出的批评、意见、建议、控告、检举、投诉等信访请求的,应当将相关材料转交信访纪检等工作机构处理,告知申请人并做好记录。

第十二条 行政复议机构认为行政复议申请材料不齐全、表述不清楚或者不符合法定形式的,应当自收到该行政复议申请书之日起5个工作日内,一次性书面通知申请人补正。

补正通知书应当载明下列事项:

(一)需要更改、补充的具体内容;

(二)需要补正的材料、证据;

(三)合理的补正期限;

(四)无正当理由逾期未补正的法律后果。

无正当理由逾期未提交补正材料的,视为申请人放弃行政复议申请。补正申请材料所用时间不计入复议审理期限。

第十三条 有下列情形之一的,行政复议机关不予受理:

(一)未按照本规定第十二条规定的补正通知要求提供补正材料的;

(二)对下级自然资源主管部门作出的行政复议决定或者行政复议告知不服,申请行政复议的;

(三)其他不符合法定受理条件的。

对同一申请人以基本相同的事实和理由重复提出同一行政复议申请的,行政复议机关不再重复受理。

第十四条 对政府信息公开答复不服申请行政复议,有下列情形之一,被申请人已经履行法定告知义务或者说明理由的,行政复议机关可以驳回行政复议申请:

(一)要求提供已经主动公开的政府信息,或者要求公开申请人已经知晓的政府信息,自然资源主管部门依法作出处理、答复的;

(二)要求自然资源主管部门制作、搜集政府信息和对已有政府信息进行汇总、分析、加工等,自然资源主管部门依法作出处理、答复的;

(三)申请人以政府信息公开申请

的形式进行信访、投诉、举报等活动，自然资源主管部门告知申请人不作为政府信息公开申请处理的；

（四）申请人的政府信息公开申请符合《中华人民共和国政府信息公开条例》第三十六条第三、五、六、七项规定，自然资源主管部门依法作出处理、答复的；

（五）法律法规规定的其他情形。

符合前款规定情形的，行政复议机关可以不要求被申请人提供书面答复及证据、依据。

第十五条 对投诉、举报、检举和反映问题等事项的处理不服申请行政复议的，属于下列情形之一，自然资源主管部门已经将处理情况予以告知，且告知行为未对申请人的实体权利义务产生不利影响的，行政复议机关可以不予受理或者受理审查后驳回行政复议申请：

（一）信访处理意见、复查意见、复核意见，或者未履行信访法定职责的行为；

（二）履行内部层级监督职责作出的处理、答复，或者未履行该职责的行为；

（三）对明显不具有事务、地域或者级别管辖权的投诉举报事项作出的处理、答复，或者未作处理、答复的行为；

（四）未设定申请人权利义务的重复处理行为、说明性告知行为及过程性行为。

第十六条 行政复议机构应当自受理行政复议申请之日起7个工作日内，向被申请人发出答复通知书，并将行政复议申请书副本或者申请笔录复印件一并发送被申请人。

第十七条 行政复议机构认为申请人以外的公民、法人或者其他组织与被复议的行政行为有利害关系的，可以通知其作为第三人参加行政复议。

申请人以外的公民、法人或者其他组织也可以向行政复议机构提出申请，并提交有利害关系的证明材料，经审查同意后作为第三人参加行政复议。

第十八条 自然资源部为被申请人的，由行政行为的承办机构提出书面答复，报分管部领导审定。

地方自然资源主管部门为被申请人的，由行政行为的承办机构提出书面答复，报本部门负责人签发，并加盖本部门印章。

难以确定行政复议答复承办机构的，由本部门行政复议机构确定。承办机构有异议的，由行政复议机构报本部门负责人确定。

行政行为的承办机构应当指定1至2名代理人参加行政复议。

第十九条 被申请人应当提交行政复议答复书及作出原行政行为的证据、依据和其他有关材料，并对其提交的证据材料分类编号，对证据材料的来源、证明对象和内容作简要说明。涉及国家秘密的，应当作出明确标识。

被申请人未按期提交行政复议答复书及证据材料的，视为原行政行为没有证据、依据，行政复议机关应当作出撤销该行政行为的行政复议决定。

第二十条 被申请人应当自收到答复通知书之日起10日内，提交行政复议答复书。

行政复议答复书应当载明下列事项：

（一）被申请人的名称、地址、法定代表人的姓名、职务；

（二）委托代理人的姓名、单位、职务、联系方式；

（三）作出行政行为的事实和有关证据；

（四）作出行政行为所依据的法律、法规、规章和规范性文件的具体条款和内容；

（五）对申请人复议请求的意见和理由；

（六）作出答复的日期。

第二十一条　行政复议机关应当为申请人、第三人及其代理人查阅行政复议案卷材料提供必要的便利条件。

申请人、第三人申请查阅行政复议案卷材料的，应当出示身份证件；代理人申请查阅行政复议案卷材料的，应当出示身份证件及授权委托书。申请人、第三人及其代理人查阅行政复议案卷材料时，行政复议机构工作人员应当在场。

第二十二条　对受理的行政复议案件，行政复议机构可以根据案件审理的需要，征求本行政复议机关相关机构的意见。

相关机构应当按照本机构职责范围，按期对行政复议案件提出明确意见，并说明理由。

第二十三条　行政复议案件以书面审理为主。必要时，行政复议机构可以采取实地调查、审查会、听证会、专家论证等方式审理行政复议案件。

重大、复杂、疑难的行政复议案件，行政复议机构应当提请行政复议委员会审议。

第二十四条　申请人对自然资源主管部门作出的同一行政行为或者内容基本相同的行政行为，提出多个行政复议申请的，行政复议机构可以合并审理。

已经作出过行政复议决定，其他申请人以基本相同的事实和理由，对同一行政行为再次提出行政复议申请的，行政复议机构可以简化审理程序。

第二十五条　行政复议期间有下列情形之一的，行政复议中止：

（一）双方当事人书面提出协商解决申请，行政复议机构认为有利于实质性解决纠纷，维护申请人合法权益的；

（二）申请人不以保护自身合法权益为目的，反复提起行政复议申请，扰乱复议机关行政管理秩序的；

（三）法律法规规定需要中止审理的其他情形。

属于前款第一项规定情形的，双方当事人应当明确协商解决的期限。期限届满未能协商解决的，案件恢复审理。

属于前款第二项规定情形，情节严重的，行政复议机关应当及时向有关国家机关通报。

行政复议机构中止行政复议案件审理的，应当书面通知当事人，并告知中止原因；行政复议中止的原因消除后，应当及时恢复行政复议案件的审理。

第二十六条　行政复议机关作出行政复议决定，应当制作行政复议决定书。

行政复议决定书应当符合法律法规的规定,并加盖行政复议机关的印章或者行政复议专用章。

行政复议决定书应当载明申请人不服行政复议决定的法律救济途径和期限。

第二十七条　被复议行政行为的处理结果正确,且不损害申请人的实体权利,但在事实认定、引用依据、证据提交方面有轻微错误的,行政复议机关可以作出驳回复议申请或者维持原行政行为的决定,但应当在行政复议决定书中对被申请人予以指正。

被申请人应当在收到行政复议决定书之日起60日内,向行政复议机关作出书面说明,并报告改正情况。

第二十八条　行政行为被行政复议机关撤销、变更、确认违法的,或者行政复议机关责令履行法定职责的,行政行为的承办机构应当适时制作行政复议决定分析报告,向本机关负责人报告,并抄送法治工作机构。

第二十九条　行政复议机关在行政复议过程中,发现被申请人相关行政行为的合法性存在问题,或者需要做好善后工作的,应当制发行政复议意见书,向被申请人指出存在的问题,提出整改要求。

被申请人应当责成行政行为的承办机构在收到行政复议意见书之日起60日内完成整改工作,并将整改情况书面报告行政复议机关。

被申请人拒不整改或者整改不符合要求,情节严重的,行政复议机关应当报请有关国家机关依法处理。

行政复议期间,行政复议机构发现法律、法规、规章实施中带有普遍性的问题,可以制作行政复议建议书,向有关机关提出完善制度和改进行政执法的建议。相关机关应当及时向行政复议机构反馈落实情况。

第三十条　有下列情形之一,在整改期限内拒不整改或整改不符合要求的,上级自然资源主管部门可以约谈下级自然资源主管部门负责人,通报有关地方人民政府:

(一)不依法履行行政复议职责,故意将行政复议案件上交的;

(二)反复发生群体性行政复议案件的;

(三)同类行政复议案件反复发生,未采取措施解决的;

(四)逾期不履行行政复议决定、不反馈行政复议意见书和建议书的;

(五)提交虚假证据材料的;

(六)其他事项需要约谈的。

第三十一条　行政复议机关应当将行政复议申请受理情况等信息在本机关门户网站、官方微信等媒体上向社会公开。

推行行政复议决定书网上公开,加强社会对行政复议决定履行情况的监督。

第三十二条　被申请人应当在法定期限内履行生效的行政复议决定,并在履行行政复议决定后30日内将履行情况及相关法律文书送达情况书面报告行政复议机关。

第三十三条　行政复议决定履行期满,被申请人不履行行政复议决定的,申请人可以向行政复议机关提出责令履行申请。

第三十四条 行政复议机关收到责令履行申请书,应当向被申请人进行调查或者核实,依照下列规定办理:

(一)被申请人已经履行行政复议决定,并将履行情况相关法律文书送达申请人的,应当联系申请人予以确认,并做好记录;

(二)被申请人已经履行行政复议决定,但尚未将履行情况相关法律文书送达申请人的,应当督促被申请人将相关法律文书送达申请人;

(三)被申请人逾期未履行行政复议决定的,应当责令被申请人在规定的期限内履行。被申请人拒不履行的,行政复议机关可以将有关材料移送纪检监察机关。

属于本条第一款第二项规定情形的,被申请人应当将相关法律文书送达情况及时报告行政复议机关。

属于本条第一款第三项规定情形的,被申请人应当在收到书面通知之日起30日内履行完毕,并书面报告行政复议机关。被申请人认为没有条件履行的,应当说明理由并提供相关证据、依据。

第三十五条 有下列情形之一,行政复议机关可以决定被申请人中止履行行政复议决定:

(一)有新的事实和证据,足以影响行政复议决定履行的;

(二)行政复议决定履行需要以其他案件的审理结果为依据,而其他案件尚未审结的;

(三)被申请人与申请人达成中止履行协议,双方提出中止履行申请的;

(四)因不可抗力等其他原因需要中止履行的。

本条前款第三项规定的中止履行协议不得损害国家利益、社会公共利益和他人的合法权益。

第三十六条 决定中止履行行政复议决定的,行政复议机关应当向当事人发出行政复议决定中止履行通知书。

行政复议决定中止履行通知书应当载明中止履行的理由和法律依据。中止履行期间,不计算在履行期限内。

中止履行的情形消除后,行政复议机关应当向当事人发出行政复议决定恢复履行通知书。

第三十七条 经审查,被申请人不履行行政复议决定的理由不成立的,行政复议机关应当作出责令履行行政复议决定通知书,并送达被申请人。

第三十八条 被责令重新作出行政行为的,被申请人不得以同一事实和理由作出与原行政行为相同或者基本相同的行为,因违反法定程序被责令重新作出行政行为的除外。

第三十九条 行政复议机关工作人员违反本规定,有下列情形之一,情节严重的,对直接负责的责任人员依法给予处分:

(一)未登记行政复议申请,导致记录不全或者遗漏的;

(二)未按时将行政复议申请转交行政复议机构的;

(三)未保障行政复议当事人、代理人阅卷权的;

(四)未妥善保管案卷材料,或者未按要求将行政复议案卷归档,导致案卷不全或者遗失的;

(五)未对收到的责令履行申请书

进行调查核实的；

（六）未履行行政复议职责，导致矛盾上交或者激化的。

第四十条 被申请人及其工作人员违反本规定，有下列情形之一，情节严重的，对直接负责的责任人员依法给予处分：

（一）不提出行政复议答复或者无正当理由逾期答复的；

（二）不提交作出原行政行为的证据、依据和其他有关材料的；

（三）不配合行政复议机关开展行政复议案件审理工作的；

（四）不配合行政复议机关调查核实行政复议决定履行情况的；

（五）不履行或者无正当理由拖延履行行政复议决定的；

（六）不与行政复议机关在共同应诉工作中沟通、配合，导致不良后果的；

（七）对收到的行政复议意见书无正当理由，不予书面答复或者逾期作出答复的。

第四十一条 行政复议案件审结后，案件承办机构应当及时将案件材料立卷归档。

第四十二条 申请人对国家林业和草原局行政行为不服的，应当向国家林业和草原局提起行政复议。

申请人对地方林业和草原主管部门的行政行为不服，选择向其上一级主管部门申请行政复议的，应当向上一级林业和草原主管部门提起行政复议。

自然资源主管部门对不属于本机关受理的行政复议申请，能够明确属于同级林业和草原主管部门职责范围的，应当将该申请转送同级林业和草原主管部门，并告知申请人。

第四十三条 本规定自2019年9月1日起施行。原国土资源部2017年11月21日发布的《国土资源行政复议规定》（国土资源部令第76号）同时废止。

自然资源行政处罚办法

1. 2014年5月7日国土资源部令第60号公布
2. 根据2020年3月20日《自然资源部关于第二批废止和修改的部门规章的决定》修正
3. 根据2024年1月24日自然资源部第1次部务会议修订
4. 2024年1月31日自然资源部令第12号公布
5. 自2024年5月1日起施行

第一章 总　　则

第一条 为规范自然资源行政处罚的实施，保障和监督自然资源主管部门依法履行职责，保护公民、法人或者其他组织的合法权益，根据《中华人民共和国行政处罚法》以及《中华人民共和国土地管理法》、《中华人民共和国城市房地产管理法》、《中华人民共和国矿产资源法》、《中华人民共和国测绘法》、《中华人民共和国城乡规划法》等自然资源管理法律法规，制定本办法。

第二条 县级以上自然资源主管部门依照法定职权和程序，对公民、法人或者其他组织违反土地、矿产、测绘地理信息、城乡规划等自然资源管理法律法规的行为实施行政处罚,适用本办法。

综合行政执法部门、乡镇人民政府、街道办事处等依法对公民、法人或者其他组织违反土地、矿产、测绘地理信息、城乡规划等自然资源法律法规的行为实施行政处罚,可以适用本办法。

第三条　自然资源主管部门实施行政处罚,遵循公正、公开的原则,做到事实清楚,证据确凿,定性准确,依据正确,程序合法,处罚适当。

第四条　自然资源行政处罚包括:

（一）警告、通报批评;

（二）罚款、没收违法所得、没收非法财物;

（三）暂扣许可证件、降低资质等级、吊销许可证件;

（四）责令停产停业;

（五）限期拆除在非法占用土地上的新建建筑物和其他设施;

（六）法律法规规定的其他行政处罚。

第五条　省级自然资源主管部门应当结合本地区社会经济发展的实际情况,依法制定行政处罚裁量基准,规范行使行政处罚裁量权,并向社会公布。

第二章　管辖和适用

第六条　土地、矿产、城乡规划违法案件由不动产所在地的县级自然资源主管部门管辖。

测绘地理信息违法案件由违法行为发生地的县级自然资源主管部门管辖。难以确定违法行为发生地的,可以由涉嫌违法的公民、法人或者其他组织的单位注册地、办公场所所在地、个人户籍所在地的县级自然资源主管部门管辖。

法律法规另有规定的除外。

第七条　自然资源部管辖全国范围内重大、复杂和法律法规规定应当由其管辖的自然资源违法案件。

前款规定的全国范围内重大、复杂的自然资源违法案件,是指:

（一）党中央、国务院要求自然资源部管辖的自然资源违法案件;

（二）跨省级行政区域的自然资源违法案件;

（三）自然资源部认为应当由其管辖的其他自然资源违法案件。

第八条　省级、市级自然资源主管部门管辖本行政区域内重大、复杂的,涉及下一级人民政府的和法律法规规定应当由其管辖的自然资源违法案件。

第九条　有下列情形之一的,上级自然资源主管部门有权管辖下级自然资源主管部门管辖的案件:

（一）下级自然资源主管部门应当立案而不予立案的;

（二）案情复杂,情节恶劣,有重大影响,需要由上级自然资源主管部门管辖的。

上级自然资源主管部门可以将本级管辖的案件交由下级自然资源主管部门管辖,但是法律法规规定应当由其管辖的除外。

第十条　两个以上自然资源主管部门都有管辖权的,由最先立案的自然资源主管部门管辖。

自然资源主管部门之间因管辖权发生争议,应当协商解决。协商不成的,报请共同的上一级自然资源主管部门指定管辖;也可以直接由共同的上一级自然资源主管部门指定管辖。

上一级自然资源主管部门应当在收到指定管辖申请之日起七日内,作出管辖决定。

第十一条　自然资源主管部门发现违法案件不属于本部门管辖的,应当移送有管辖权的自然资源主管部门或者其他部门。

受移送的自然资源主管部门对管辖权有异议的,应当报请上一级自然资源主管部门指定管辖,不得再自行移送。

第十二条　自然资源主管部门实施行政处罚时,依照《中华人民共和国行政处罚法》第二十六条规定,可以向有关机关提出协助请求。

第十三条　违法行为涉嫌犯罪的,自然资源主管部门应当及时将案件移送司法机关。发现涉及国家公职人员违法犯罪问题线索的,应当及时移送监察机关。

自然资源主管部门应当与司法机关加强协调配合,建立健全案件移送制度,加强证据材料移交、接收衔接,完善案件处理信息通报机制。

第十四条　自然资源行政处罚当事人有违法所得,除依法应当退赔的外,应当予以没收。

违法所得是指实施自然资源违法行为所取得的款项,但可以扣除合法成本和投入,具体扣除办法由自然资源部另行规定。

第三章　立案、调查和审理

第十五条　自然资源主管部门发现公民、法人或者其他组织行为涉嫌违法的,应当及时核查。对正在实施的违法行为,应当依法及时下达责令停止违法行为通知书予以制止。

责令停止违法行为通知书应当记载下列内容:

(一)违法行为人的姓名或者名称;

(二)违法事实和依据;

(三)其他应当记载的事项。

第十六条　符合下列条件的,自然资源主管部门应当在发现违法行为后及时立案:

(一)有明确的行为人;

(二)有违反自然资源管理法律法规的事实;

(三)依照自然资源管理法律法规应当追究法律责任;

(四)属于本部门管辖;

(五)违法行为没有超过追诉时效。

违法行为轻微并及时纠正,没有造成危害后果的,可以不予立案。

第十七条　立案后,自然资源主管部门应当指定具有行政执法资格的承办人员,及时组织调查取证。

调查取证时,案件调查人员不得少于两人,并应当主动向当事人或者有关人员出示执法证件。当事人或者有关人员有权要求调查人员出示执法证件。调查人员不出示执法证件的,当事人或者有关人员有权拒绝接受调查或者检查。

当事人或者有关人员应当如实回

答询问,并协助调查或者检查,不得拒绝或者阻挠。

第十八条 调查人员与案件有直接利害关系或者有其他关系可能影响公正执法的,应当回避。

当事人认为调查人员与案件有直接利害关系或者有其他关系可能影响公正执法的,有权申请回避。

当事人提出回避申请的,自然资源主管部门应当依法审查,由自然资源主管部门负责人决定。决定作出之前,不停止调查。

第十九条 自然资源主管部门进行调查取证,有权采取下列措施:

(一)要求被调查的单位或者个人提供有关文件和资料,并就与案件有关的问题作出说明;

(二)询问当事人以及相关人员,进入违法现场进行检查、勘测、拍照、录音、摄像,查阅和复印相关材料;

(三)依法可以采取的其他措施。

第二十条 当事人拒绝调查取证或者采取暴力、威胁的方式阻碍自然资源主管部门调查取证的,自然资源主管部门可以提请公安机关、检察机关、监察机关或者相关部门协助,并向本级人民政府或者上一级自然资源主管部门报告。

第二十一条 调查人员应当收集、调取与案件有关的书证、物证、视听资料、电子数据的原件、原物、原始载体;收集、调取原件、原物、原始载体确有困难的,可以收集、调取复印件、复制件、节录本、照片、录像等。声音资料应当附有该声音内容的文字记录。

第二十二条 证人证言应当符合下列要求:

(一)注明证人的姓名、年龄、性别、职业、住址、联系方式等基本情况;

(二)有与案件相关的事实;

(三)有证人的签名,不能签名的,应当按手印或者盖章;

(四)注明出具日期;

(五)附有居民身份证复印件等证明证人身份的文件。

第二十三条 当事人请求自行提供陈述材料的,应当准许。必要时,调查人员也可以要求当事人自行书写。当事人应当在其提供的陈述材料上签名、按手印或者盖章。

第二十四条 询问应当个别进行,并制作询问笔录。询问笔录应当记载询问的时间、地点和询问情况等。

第二十五条 现场勘验一般由案件调查人员实施,也可以委托有资质的单位实施。现场勘验应当通知当事人到场,制作现场勘验笔录,必要时可以采取拍照、录像或者其他方式记录现场情况。

无法找到当事人或者当事人拒不到场、当事人拒绝签名或盖章的,调查人员应当在笔录中注明事由,可以邀请有关基层组织的代表见证。

第二十六条 为查明事实,需要对案件中的有关问题进行认定或者鉴定的,自然资源主管部门可以根据实际情况出具认定意见,也可以委托具有相应资质的机构出具鉴定意见。

第二十七条 因不可抗力、意外事件等致使案件暂时无法调查的,经自然资源主管部门负责人批准,中止调查。中止调查情形消失,自然资源主管部门应当及时恢复调查。自然资源主管部门作出调查中止和恢复调查决定的,应当以书面形式在三个工作日内告知当事人。

第二十八条 有下列情形之一的,经自然资源主管部门负责人批准,终止调查:

（一）调查过程中,发现违法事实不成立的;

（二）违法行为已过行政处罚追诉时效的;

（三）不属于本部门管辖,需要向其他部门移送的;

（四）其他应当终止调查的情形。

第二十九条 案件调查终结,案件承办人员应当提交调查报告。调查报告应当包括当事人的基本情况、违法事实以及法律依据、相关证据、违法性质、违法情节、违法后果,并提出依法是否应当给予行政处罚以及给予何种行政处罚的处理意见。

涉及需要追究党纪、政务或者刑事责任的,应当提出移送有权机关的建议。

第三十条 自然资源主管部门在审理案件调查报告时,应当就下列事项进行审理:

（一）是否符合立案条件;

（二）违法主体是否认定准确;

（三）事实是否清楚、证据是否确凿;

（四）定性是否准确;

（五）适用法律是否正确;

（六）程序是否合法;

（七）拟定的处理意见是否适当;

（八）其他需要审理的内容和事项。

经审理发现调查报告存在问题的,可以要求调查人员重新调查或者补充调查。

第四章 决　　定

第三十一条 审理结束后,自然资源主管部门根据不同情况,分别作出下列决定:

（一）违法事实清楚、证据确凿、依据正确、调查审理符合法定程序的,作出行政处罚决定;

（二）违法行为轻微,依法可以不给予行政处罚的,不予行政处罚;

（三）初次违法且危害后果轻微并及时改正的,可以不予行政处罚;

（四）违法事实不能成立的,不予行政处罚;

（五）违法行为涉及需要追究党纪、政务或者刑事责任的,移送有权机关。

对情节复杂或者重大违法行为给予行政处罚,行政机关负责人应当集体讨论决定。

第三十二条 在自然资源主管部门作出重大行政处罚决定前,应当进行法制审核;未经法制审核或者审核未通过的,自然资源主管部门不得作出决定。

自然资源行政处罚法制审核适用《自然资源执法监督规定》。

第三十三条 违法行为依法需要给予行政处罚的,自然资源主管部门应当制作行政处罚告知书,告知当事人拟作出的行政处罚内容及事实、理由、依据,以及当事人依法享有的陈述、申辩权利,按照法律规定的方式,送达当事人。

当事人要求陈述和申辩的,应当在收到行政处罚告知书后五日内提出。口头形式提出的,案件承办人员应当制作笔录。

第三十四条 拟作出下列行政处罚决定的,自然资源主管部门应当制作行政处罚听证告知书,按照法律规定的方式,送达当事人：

（一）较大数额罚款;

（二）没收违法用地上的新建建筑物和其他设施;

（三）没收较大数额违法所得、没收较大价值非法财物;

（四）限期拆除在非法占用土地上的新建建筑物和其他设施;

（五）暂扣许可证件、降低资质等级、吊销许可证件;

（六）责令停产停业;

（七）其他较重的行政处罚;

（八）法律、法规、规章规定的其他情形。

当事人要求听证的,应当在收到行政处罚听证告知书后五日内提出。自然资源行政处罚听证的其他规定,适用《自然资源听证规定》。

第三十五条 当事人未在规定时间内陈述、申辩或者要求听证的,以及陈述、申辩或者听证中提出的事实、理由或者证据不成立的,自然资源主管部门应当依法制作行政处罚决定书,并按照法律规定的方式,送达当事人。

行政处罚决定书中应当记载行政处罚告知、当事人陈述、申辩或者听证的情况,并加盖作出处罚决定的自然资源主管部门的印章。

行政处罚决定书一经送达,即发生法律效力。当事人对行政处罚决定不服申请行政复议或者提起行政诉讼的,行政处罚不停止执行,法律另有规定的除外。

第三十六条 法律法规规定的责令改正或者责令限期改正,可以与行政处罚决定一并作出,也可以在作出行政处罚决定之前单独作出。

第三十七条 当事人有两个以上自然资源违法行为的,自然资源主管部门可以制作一份行政处罚决定书,合并执行。行政处罚决定书应当明确对每个违法行为的处罚内容和合并执行的内容。

违法行为有两个以上当事人的,可以并列当事人分别作出行政处罚决定,制作一式多份行政处罚决定书,分别送达当事人。行政处罚决定书应当明确给予每个当事人的处罚内容。

第三十八条 自然资源主管部门应当自立案之日起九十日内作出行政处罚决定;案情复杂不能在规定期限内作出行政处罚决定的,经本级自然资源主管部门负责人批准,可以适当延长,但延长期限不得超过三十日,案情特别复杂的除外。

案件办理过程中,鉴定、听证、公告、邮递在途等时间不计入前款规定的期限;涉嫌犯罪移送的,等待公安机关、检察机关作出决定的时间,不计入前款规定的期限。

第三十九条 自然资源主管部门应当依法公开具有一定社会影响的行政处罚决定。

公开的行政处罚决定被依法变更、撤销、确认违法或者确认无效的,自然资源主管部门应当在三日内撤回行政处罚决定信息并公开说明理由。

第五章 执　　行

第四十条　行政处罚决定生效后,当事人逾期不履行的,自然资源主管部门除采取法律法规规定的措施外,还可以采取以下措施:

（一）向本级人民政府和上一级自然资源主管部门报告；

（二）向当事人所在单位或者其上级主管部门抄送；

（三）依照法律法规停止办理或者告知相关部门停止办理当事人与本案有关的许可、审批、登记等手续。

第四十一条　自然资源主管部门申请人民法院强制执行前,有充分理由认为被执行人可能逃避执行的,可以申请人民法院采取财产保全措施。

第四十二条　当事人确有经济困难,申请延期或者分期缴纳罚款的,经作出处罚决定的自然资源主管部门批准,可以延期或者分期缴纳罚款。

第四十三条　自然资源主管部门作出没收矿产品、建筑物或者其他设施的行政处罚决定后,应当在行政处罚决定生效后九十日内移交本级人民政府或者其指定的部门依法管理和处置。法律法规另有规定的,从其规定。

第四十四条　自然资源主管部门申请人民法院强制执行前,应当催告当事人履行义务。

当事人在法定期限内不申请行政复议或者提起行政诉讼,又不履行的,自然资源主管部门可以自期限届满之日起三个月内,向有管辖权的人民法院申请强制执行。

第四十五条　自然资源主管部门向人民法院申请强制执行,应当提供下列材料:

（一）强制执行申请书；

（二）行政处罚决定书及作出决定的事实、理由和依据；

（三）当事人的意见以及催告情况；

（四）申请强制执行标的情况；

（五）法律法规规定的其他材料。

强制执行申请书应当加盖自然资源主管部门的印章。

第四十六条　符合下列条件之一的,经自然资源主管部门负责人批准,案件结案:

（一）案件已经移送管辖的；

（二）终止调查的；

（三）决定不予行政处罚的；

（四）执行完毕的；

（五）终结执行的；

（六）已经依法申请人民法院或者人民政府强制执行；

（七）其他应当结案的情形。

涉及需要移送有关部门追究党纪、政务或者刑事责任的,应当在结案前移送。

第四十七条　自然资源主管部门应当依法以文字、音像等形式,对行政处罚的启动、调查取证、审核、决定、送达、执行等进行全过程记录,归档保存。

第六章 监督管理

第四十八条　自然资源主管部门应当通过定期或者不定期检查等方式,加强对下级自然资源主管部门实施行政处罚工作的监督,并将发现和制止违法行为、依法实施行政处罚等情况作为监督检查的重点内容。

第四十九条 自然资源主管部门应当建立重大违法案件挂牌督办制度。

省级以上自然资源主管部门可以对符合下列情形之一的违法案件挂牌督办,公开督促下级自然资源主管部门限期办理,向社会公开处理结果,接受社会监督:

(一)违反城乡规划和用途管制,违法突破耕地和永久基本农田、生态保护红线、城镇开发边界等控制线,造成严重后果的;

(二)违法占用耕地,特别是占用永久基本农田面积较大、造成种植条件严重毁坏的;

(三)违法批准征占土地、违法批准建设、违法批准勘查开采矿产资源,造成严重后果的;

(四)严重违反国家土地供应政策、土地市场政策,以及严重违法开发利用土地的;

(五)违法勘查开采矿产资源,情节严重或者造成生态环境严重损害的;

(六)严重违反测绘地理信息管理法律法规的;

(七)隐瞒不报、压案不查、久查不决、屡查屡犯,造成恶劣社会影响的;

(八)需要挂牌督办的其他情形。

第五十条 自然资源主管部门应当建立重大违法案件公开通报制度,将案情和处理结果向社会公开通报并接受社会监督。

第五十一条 自然资源主管部门应当建立违法案件统计制度。下级自然资源主管部门应当定期将本行政区域内的违法形势分析、案件发生情况、查处情况等逐级上报。

第五十二条 自然资源主管部门应当建立自然资源违法案件错案追究制度。行政处罚决定错误并造成严重后果的,作出处罚决定的机关应当承担相应的责任。

第五十三条 自然资源主管部门应当配合有关部门加强对行政处罚实施过程中的社会稳定风险防控。

第七章 法律责任

第五十四条 县级以上自然资源主管部门直接负责的主管人员和其他直接责任人员,违反本办法规定,有下列情形之一,致使公民、法人或者其他组织的合法权益、公共利益和社会秩序遭受损害的,应当依法给予处分:

(一)对违法行为未依法制止的;

(二)应当依法立案查处,无正当理由未依法立案查处的;

(三)在制止以及查处违法案件中受阻,依照有关规定应当向本级人民政府或者上级自然资源主管部门报告而未报告的;

(四)应当依法给予行政处罚而未依法处罚的;

(五)应当依法申请强制执行、移送有关机关追究责任,而未依法申请强制执行、移送有关机关的;

(六)其他徇私枉法、滥用职权、玩忽职守的情形。

第八章 附 则

第五十五条 依法经书面委托的自然资

源主管部门执法队伍在受委托范围内,以委托机关的名义对公民、法人或者其他组织违反土地、矿产、测绘地理信息、城乡规划等自然资源法律法规的行为实施行政处罚,适用本办法。

第五十六条　自然资源行政处罚法律文书格式,由自然资源部统一制定。

第五十七条　本办法中"三日"、"五日"、"七日"、"十日"指工作日,不含法定节假日。

第五十八条　本办法自2024年5月1日起施行。

自然资源执法监督规定

1. 2018年1月2日国土资源部令第79号公布
2. 根据2020年3月20日自然资源部令第6号《关于第二批废止和修改的部门规章的决定》修正

第一条　为了规范自然资源执法监督行为,依法履行自然资源执法监督职责,切实保护自然资源,维护公民、法人和其他组织的合法权益,根据《中华人民共和国土地管理法》、《中华人民共和国矿产资源法》等法律法规,制定本规定。

第二条　本规定所称自然资源执法监督,是指县级以上自然资源主管部门依照法定职权和程序,对公民、法人和其他组织违反自然资源法律法规的行为进行检查、制止和查处的行政执法活动。

第三条　自然资源执法监督,遵循依法、规范、严格、公正、文明的原则。

第四条　县级以上自然资源主管部门应当强化遥感监测、视频监控等科技和信息化手段的应用,明确执法工作技术支撑机构。可以通过购买社会服务等方式提升执法监督效能。

第五条　对在执法监督工作中认真履行职责,依法执行公务成绩显著的自然资源主管部门及其执法人员,由上级自然资源主管部门给予通报表扬。

第六条　任何单位和个人发现自然资源违法行为,有权向县级以上自然资源主管部门举报。接到举报的自然资源主管部门应当依法依规处理。

第七条　县级以上自然资源主管部门依照法律法规规定,履行下列执法监督职责:

（一）对执行和遵守自然资源法律法规的情况进行检查;

（二）对发现的违反自然资源法律法规的行为进行制止,责令限期改正;

（三）对涉嫌违反自然资源法律法规的行为进行调查;

（四）对违反自然资源法律法规的行为依法实施行政处罚和行政处理;

（五）对违反自然资源法律法规依法应当追究国家工作人员责任的,依照有关规定移送监察机关或者有关机关处理;

（六）对违反自然资源法律法规涉嫌犯罪的,将案件移送有关机关;

（七）法律法规规定的其他职责。

第八条　县级以上地方自然资源主管部门根据工作需要,可以委托自然资源执法监督队伍行使执法监督职权。具体职权范围由委托机关决定。

上级自然资源主管部门应当加强

对下级自然资源主管部门行政执法行为的监督和指导。

第九条 县级以上地方自然资源主管部门应当加强与人民法院、人民检察院和公安机关的沟通和协作,依法配合有关机关查处涉嫌自然资源犯罪的行为。

第十条 从事自然资源执法监督的工作人员应当具备下列条件:
（一）具有较高的政治素质,忠于职守、秉公执法、清正廉明；
（二）熟悉自然资源法律法规和相关专业知识；
（三）取得执法证件。

第十一条 自然资源执法人员依法履行执法监督职责时,应当主动出示执法证件,并且不得少于2人。

第十二条 县级以上自然资源主管部门可以组织特邀自然资源监察专员参与自然资源执法监督活动,为自然资源执法监督工作提供意见和建议。

第十三条 市、县自然资源主管部门可以根据工作需要,聘任信息员、协管员,收集自然资源违法行为信息,协助及时发现自然资源违法行为。

第十四条 县级以上自然资源主管部门履行执法监督职责,依法可以采取下列措施:
（一）要求被检查的单位或者个人提供有关文件和资料,进行查阅或者予以复制；
（二）要求被检查的单位或者个人就有关问题作出说明,询问违法案件的当事人、嫌疑人和证人；
（三）进入被检查单位或者个人违法现场进行勘测、拍照、录音和摄像等；

（四）责令当事人停止正在实施的违法行为,限期改正；
（五）对当事人拒不停止违法行为的,应当将违法事实书面报告本级人民政府和上一级自然资源主管部门,也可以提请本级人民政府协调有关部门和单位采取相关措施；
（六）对涉嫌违反自然资源法律法规的单位和个人,依法暂停办理其与该行为有关的审批或者登记发证手续；
（七）对执法监督中发现有严重违反自然资源法律法规,自然资源管理秩序混乱,未积极采取措施消除违法状态的地区,其上级自然资源主管部门可以建议本级人民政府约谈该地区人民政府主要负责人；
（八）执法监督中发现有地区存在违反自然资源法律法规的苗头性或者倾向性问题,可以向该地区的人民政府或者自然资源主管部门进行反馈,提出执法监督建议；
（九）法律法规规定的其他措施。

第十五条 县级以上地方自然资源主管部门应当按照有关规定保障自然资源执法监督工作的经费、车辆、装备等必要条件,并为执法人员提供人身意外伤害保险等职业风险保障。

第十六条 市、县自然资源主管部门应当建立执法巡查、抽查制度,组织开展巡查、抽查活动,发现、报告和依法制止自然资源违法行为。

第十七条 自然资源部在全国部署开展自然资源卫片执法监督。

省级自然资源主管部门按照自然资源部的统一部署,组织所辖行政区域内的市、县自然资源主管部门开展自然资源卫片执法监督,并向自然资源部报告结果。

第十八条 省级以上自然资源主管部门实行自然资源违法案件挂牌督办和公开通报制度。

第十九条 对上级自然资源主管部门交办的自然资源违法案件,下级自然资源主管部门拖延办理的,上级自然资源主管部门可以发出督办通知,责令限期办理;必要时,可以派员督办或者挂牌督办。

第二十条 县级以上自然资源主管部门实行行政执法全过程记录制度。根据情况可以采取下列记录方式,实现全过程留痕和可回溯管理:

(一)将行政执法文书作为全过程记录的基本形式;

(二)对现场检查、随机抽查、调查取证、听证、行政强制、送达等容易引发争议的行政执法过程,进行音像记录;

(三)对直接涉及重大财产权益的现场执法活动和执法场所,进行音像记录;

(四)对重大、复杂、疑难的行政执法案件,进行音像记录;

(五)其他对当事人权利义务有重大影响的,进行音像记录。

第二十一条 县级以上自然资源主管部门实行重大行政执法决定法制审核制度。在作出重大行政处罚决定前,由该部门的法制工作机构对拟作出决定的合法性、适当性进行审核。未经法制审核或者审核未通过的,不得作出决定。

重大行政处罚决定,包括没收违法采出的矿产品,没收违法所得,没收违法建筑物,限期拆除违法建筑物,吊销勘查许可证或者采矿许可证、地质灾害防治单位资质、测绘资质等。

第二十二条 县级以上自然资源主管部门的执法监督机构提请法制审核的,应当提交以下材料:

(一)拟作出的处罚决定情况说明;

(二)案件调查报告;

(三)法律法规规章依据;

(四)相关的证据材料;

(五)需要提供的其他相关材料。

第二十三条 法制审核原则上采取书面审核的方式,审核以下内容:

(一)执法主体是否合法;

(二)是否超越本机关执法权限;

(三)违法定性是否准确;

(四)法律适用是否正确;

(五)程序是否合法;

(六)行政裁量权行使是否适当;

(七)行政执法文书是否完备规范;

(八)违法行为是否涉嫌犯罪、需要移送司法机关等;

(九)其他需要审核的内容。

第二十四条 县级以上自然资源主管部门的法制工作机构自收到送审材料之日起5个工作日内完成审核。情况复杂需要进一步调查研究的,可以适当延长,但延长期限不超过10个工作日。

经过审核,对拟作出的重大行政处罚决定符合本规定第二十八条的,法制工作机构出具通过法制审核的书面意见;对不符合规定的,不予通过法制审核。

第二十五条 县级以上自然资源主管部门实行行政执法公示制度。县级以上自然资源主管部门建立行政执法公示平台,依法及时向社会公开下列信息,接受社会公众监督:

(一)本部门执法查处的法律依据、管辖范围、工作流程、救济方式等相关规定;

(二)本部门自然资源执法证件持有人姓名、编号等信息;

(三)本部门作出的生效行政处罚决定和行政处理决定;

(四)本部门公开挂牌督办案件处理结果;

(五)本部门认为需要公开的其他执法监督事项。

第二十六条 有下列情形之一的,县级以上自然资源主管部门及其执法人员,应当采取相应处置措施,履行执法监督职责:

(一)对于下达《责令停止违法行为通知书》后制止无效的,及时报告本级人民政府和上一级自然资源主管部门;

(二)依法没收建筑物或者其他设施,没收后应当及时向有关部门移交;

(三)发现违法线索需要追究刑事责任的,应当依法向有关部门移送违法犯罪线索;

(四)依法申请人民法院强制执行,人民法院不予受理的,应当作出明确记录。

第二十七条 上级自然资源主管部门应当通过检查、抽查等方式,评议考核下级自然资源主管部门执法监督工作。

评议考核结果应当在适当范围内予以通报,并作为年度责任目标考核、评优、奖惩的重要依据,以及干部任用的重要参考。

评议考核不合格的,上级自然资源主管部门可以对其主要负责人进行约谈,责令限期整改。

第二十八条 县级以上自然资源主管部门实行错案责任追究制度。自然资源执法人员在查办自然资源违法案件过程中,因过错造成损害后果的,所在的自然资源主管部门应当予以纠正,并依照有关规定追究相关人员的过错责任。

第二十九条 县级以上自然资源主管部门及其执法人员有下列情形之一,致使公共利益或者公民、法人和其他组织的合法权益遭受重大损害的,应当依法给予处分:

(一)对发现的自然资源违法行为未依法制止的;

(二)应当依法立案查处,无正当理由,未依法立案查处的;

(三)已经立案查处,依法应当申请强制执行、移送有关机关追究责任,无正当理由,未依法申请强制执行、移送有关机关的。

第三十条 县级以上自然资源主管部门及其执法人员有下列情形之一的,应当依法给予处分;构成犯罪的,依法追究刑事责任:

(一)伪造、销毁、藏匿证据,造成严重后果的;

（二）篡改案件材料，造成严重后果的；

（三）不依法履行职责，致使案件调查、审核出现重大失误的；

（四）违反保密规定，向案件当事人泄露案情，造成严重后果的；

（五）越权干预案件调查处理，造成严重后果的；

（六）有其他徇私舞弊、玩忽职守、滥用职权行为的。

第三十一条 阻碍自然资源主管部门依法履行执法监督职责，对自然资源执法人员进行威胁、侮辱、殴打或者故意伤害，构成违反治安管理行为的，依法给予治安管理处罚；构成犯罪的，依法追究刑事责任。

第三十二条 本规定自2018年3月1日起施行。原国家土地管理局1995年6月12日发布的《土地监察暂行规定》同时废止。

生态环境行政处罚办法

1. 2023年5月8日生态环境部令第30号公布
2. 自2023年7月1日起施行

第一章 总 则

第一条 为了规范生态环境行政处罚的实施，监督和保障生态环境主管部门依法实施行政处罚，维护公共利益和社会秩序，保护公民、法人或者其他组织的合法权益，根据《中华人民共和国行政处罚法》《中华人民共和国行政强制法》《中华人民共和国环境保护法》等法律、行政法规，制定本办法。

第二条 公民、法人或者其他组织违反生态环境保护法律、法规或者规章规定，应当给予行政处罚的，依照《中华人民共和国行政处罚法》和本办法规定的程序实施。

第三条 实施生态环境行政处罚，纠正违法行为，应当坚持教育与处罚相结合，服务与管理相结合，引导和教育公民、法人或者其他组织自觉守法。

第四条 实施生态环境行政处罚，应当依法维护公民、法人及其他组织的合法权益。对实施行政处罚过程中知悉的国家秘密、商业秘密或者个人隐私，应当依法予以保密。

第五条 生态环境行政处罚遵循公正、公开原则。

第六条 有下列情形之一的，执法人员应当自行申请回避，当事人也有权申请其回避：

（一）是本案当事人或者当事人近亲属的；

（二）本人或者近亲属与本案有直接利害关系的；

（三）与本案有其他关系可能影响公正执法的；

（四）法律、法规或者规章规定的其他回避情形。

申请回避，应当说明理由。生态环境主管部门应当对回避申请及时作出决定并通知申请人。

生态环境主管部门主要负责人的回避，由该部门负责人集体讨论决定；生态环境主管部门其他负责人的回避，由该部门主要负责人决定；其他执法人员的回避，由该部门负责人决定。

第七条 对当事人的同一个违法行为，

不得给予两次以上罚款的行政处罚。同一个违法行为违反多个法律规范应当给予罚款处罚的,按照罚款数额高的规定处罚。

实施行政处罚,适用违法行为发生时的法律、法规、规章的规定。但是,作出行政处罚决定时,法律、法规、规章已经被修改或者废止,且新的规定处罚较轻或者不认为是违法的,适用新的规定。

第八条 根据法律、行政法规,生态环境行政处罚的种类包括:

(一)警告、通报批评;

(二)罚款、没收违法所得、没收非法财物;

(三)暂扣许可证件、降低资质等级、吊销许可证件、一定时期内不得申请行政许可;

(四)限制开展生产经营活动、责令停产整治、责令停产停业、责令关闭、限制从业、禁止从业;

(五)责令限期拆除;

(六)行政拘留;

(七)法律、行政法规规定的其他行政处罚种类。

第九条 生态环境主管部门实施行政处罚时,应当责令当事人改正或者限期改正违法行为。

责令改正违法行为决定可以单独下达,也可以与行政处罚决定一并下达。

责令改正或者限期改正不适用行政处罚程序的规定。

第十条 生态环境行政处罚应当由具有行政执法资格的执法人员实施。执法人员不得少于两人,法律另有规定的除外。

第二章 实施主体与管辖

第十一条 生态环境主管部门在法定职权范围内实施生态环境行政处罚。

法律、法规授权的生态环境保护综合行政执法机构等组织在法定授权范围内实施生态环境行政处罚。

第十二条 生态环境主管部门可以在其法定权限内书面委托符合《中华人民共和国行政处罚法》第二十一条规定条件的组织实施行政处罚。

受委托组织应当依照《中华人民共和国行政处罚法》和本办法的有关规定实施行政处罚。

第十三条 生态环境行政处罚由违法行为发生地的具有行政处罚权的生态环境主管部门管辖。法律、行政法规另有规定的,从其规定。

第十四条 两个以上生态环境主管部门都有管辖权的,由最先立案的生态环境主管部门管辖。

对管辖发生争议的,应当协商解决,协商不成的,报请共同的上一级生态环境主管部门指定管辖;也可以直接由共同的上一级生态环境主管部门指定管辖。

第十五条 下级生态环境主管部门认为其管辖的案件重大、疑难或者实施处罚有困难的,可以报请上一级生态环境主管部门指定管辖。

上一级生态环境主管部门认为确有必要的,经通知下级生态环境主管部门和当事人,可以对下级生态环境主管部门管辖的案件直接管辖,或者指定其他有管辖权的生态环境主管部门管辖。

上级生态环境主管部门可以将其管辖的案件交由有管辖权的下级生态环境主管部门实施行政处罚。

第十六条　对不属于本机关管辖的案件,生态环境主管部门应当移送有管辖权的生态环境主管部门处理。

受移送的生态环境主管部门对管辖权有异议的,应当报请共同的上一级生态环境主管部门指定管辖,不得再自行移送。

第十七条　生态环境主管部门发现不属于本部门管辖的案件,应当按照有关要求和时限移送有管辖权的机关处理。

对涉嫌违法依法应当实施行政拘留的案件,生态环境主管部门应当移送公安机关或者海警机构。

违法行为涉嫌犯罪的,生态环境主管部门应当及时将案件移送司法机关。不得以行政处罚代替刑事处罚。

对涉嫌违法依法应当由人民政府责令停业、关闭的案件,生态环境主管部门应当报有批准权的人民政府。

第三章　普通程序
第一节　立　案

第十八条　除依法可以当场作出的行政处罚外,生态环境主管部门对涉嫌违反生态环境保护法律、法规和规章的违法行为,应当进行初步审查,并在十五日内决定是否立案。特殊情况下,经本机关负责人批准,可以延长十五日。法律、法规另有规定的除外。

第十九条　经审查,符合下列四项条件的,予以立案:

(一)有初步证据材料证明有涉嫌违反生态环境保护法律、法规和规章的违法行为;

(二)依法应当或者可以给予行政处罚;

(三)属于本机关管辖;

(四)违法行为未超过《中华人民共和国行政处罚法》规定的追责期限。

第二十条　对已经立案的案件,根据新情况发现不符合本办法第十九条立案条件的,应当撤销立案。

第二节　调查取证

第二十一条　生态环境主管部门对登记立案的生态环境违法行为,应当指定专人负责,全面、客观、公正地调查,收集有关证据。

第二十二条　生态环境主管部门在办理行政处罚案件时,需要其他行政机关协助调查取证的,可以向有关机关发送协助调查函,提出协助请求。

生态环境主管部门在办理行政处罚案件时,需要其他生态环境主管部门协助调查取证的,可以发送协助调查函。收到协助调查函的生态环境主管部门对属于本机关职权范围的协助事项应当依法予以协助。无法协助的,应当及时函告请求协助调查的生态环境主管部门。

第二十三条　执法人员在调查或者进行检查时,应当主动向当事人或者有关人员出示执法证件。当事人或者有关人员有权要求执法人员出示执法证件。执法人员不出示执法证件的,当事人或者有关人员有权拒绝接受调查或者检查。

当事人或者有关人员应当如实回答询问,并协助调查或者检查,不得拒绝、阻挠或者在接受检查时弄虚作假。询问或者检查应当制作笔录。

第二十四条 执法人员有权采取下列措施:

(一)进入有关场所进行检查、勘察、监测、录音、拍照、录像;

(二)询问当事人及有关人员,要求其说明相关事项和提供有关材料;

(三)查阅、复制生产记录、排污记录和其他有关材料。

必要时,生态环境主管部门可以采取暗查或者其他方式调查。在调查或者检查时,可以组织监测等技术人员提供技术支持。

第二十五条 执法人员负有下列责任:

(一)对当事人的基本情况、违法事实、危害后果、违法情节等情况进行全面、客观、及时、公正的调查;

(二)依法收集与案件有关的证据,不得以暴力、威胁、引诱、欺骗以及其他违法手段获取证据;

(三)询问当事人,应当告知其依法享有的权利;

(四)听取当事人、证人或者其他有关人员的陈述、申辩,并如实记录。

第二十六条 生态环境行政处罚证据包括:

(一)书证;

(二)物证;

(三)视听资料;

(四)电子数据;

(五)证人证言;

(六)当事人的陈述;

(七)鉴定意见;

(八)勘验笔录、现场笔录。

证据必须经查证属实,方可作为认定案件事实的根据。

以非法手段取得的证据,不得作为认定案件事实的根据。

第二十七条 生态环境主管部门立案前依法取得的证据材料,可以作为案件的证据。

其他机关依法依职权调查收集的证据材料,可以作为案件的证据。

第二十八条 对有关物品或者场所进行检查(勘察)时,应当制作现场检查(勘察)笔录,并可以根据实际情况进行音像记录。

现场检查(勘察)笔录应当载明现场检查起止时间、地点,执法人员基本信息,当事人或者有关人员基本信息,执法人员出示执法证件、告知当事人或者有关人员申请回避权利和配合调查义务情况,现场检查情况等信息,并由执法人员、当事人或者有关人员签名或者盖章。

当事人不在场、拒绝签字或者盖章的,执法人员应当在现场检查(勘察)笔录中注明。

第二十九条 生态环境主管部门现场检查时,可以按照相关技术规范要求现场采样,获取的监测(检测)数据可以作为认定案件事实的证据。

执法人员应当将采样情况记入现场检查(勘察)笔录,可以采取拍照、录像记录采样情况。

生态环境主管部门取得监测(检

测)报告或者鉴定意见后,应当将监测(检测)、鉴定结果告知当事人。

第三十条 排污单位应当依法对自动监测数据的真实性和准确性负责,不得篡改、伪造。

实行自动监测数据标记规则行业的排污单位,应当按照国务院生态环境主管部门的规定对数据进行标记。经过标记的自动监测数据,可以作为认定案件事实的证据。

同一时段的现场监测(检测)数据与自动监测数据不一致,现场监测(检测)符合法定的监测标准和监测方法的,以该现场监测(检测)数据作为认定案件事实的证据。

第三十一条 生态环境主管部门依照法律、行政法规规定利用电子技术监控设备收集、固定违法事实的,依照《中华人民共和国行政处罚法》有关规定执行。

第三十二条 在证据可能灭失或者以后难以取得的情况下,经生态环境主管部门负责人批准,执法人员可以对与涉嫌违法行为有关的证据采取先行登记保存措施。

情况紧急的,执法人员需要当场采取先行登记保存措施的,可以采用即时通讯方式报请生态环境主管部门负责人同意,并在实施后二十四小时内补办批准手续。

先行登记保存有关证据,应当当场清点,开具清单,由当事人和执法人员签名或者盖章。

先行登记保存期间,当事人或者有关人员不得损毁、销毁或者转移证据。

第三十三条 对于先行登记保存的证据,应当在七日内采取以下措施:

(一)根据情况及时采取记录、复制、拍照、录像等证据保全措施;

(二)需要鉴定的,送交鉴定;

(三)根据有关法律、法规规定可以查封、扣押的,决定查封、扣押;

(四)违法事实不成立,或者违法事实成立但依法不应当查封、扣押或者没收的,决定解除先行登记保存措施。

超过七日未作出处理决定的,先行登记保存措施自动解除。

第三十四条 生态环境主管部门实施查封、扣押等行政强制措施,应当有法律、法规的明确规定,按照《中华人民共和国行政强制法》及相关规定执行。

第三十五条 有下列情形之一的,经生态环境主管部门负责人批准,中止案件调查:

(一)行政处罚决定须以相关案件的裁判结果或者其他行政决定为依据,而相关案件尚未审结或者其他行政决定尚未作出的;

(二)涉及法律适用等问题,需要送请有权机关作出解释或者确认的;

(三)因不可抗力致使案件暂时无法调查的;

(四)因当事人下落不明致使案件暂时无法调查的;

(五)其他应当中止调查的情形。

中止调查的原因消除后,应当立即恢复案件调查。

第三十六条 有下列情形之一致使案件调查无法继续进行的,经生态环境主

管部门负责人批准,调查终止:

(一)涉嫌违法的公民死亡的;

(二)涉嫌违法的法人、其他组织终止,无法人或者其他组织承受其权利义务的;

(三)其他依法应当终止调查的情形。

第三十七条 有下列情形之一的,终结调查:

(一)违法事实清楚、法律手续完备、证据充分的;

(二)违法事实不成立的;

(三)其他依法应当终结调查的情形。

第三十八条 调查终结的,案件调查人员应当制作调查报告,提出已查明违法行为的事实和证据、初步处理意见,移送进行案件审查。

本案的调查人员不得作为本案的审查人员。

第三节 案件审查

第三十九条 案件审查的主要内容包括:

(一)本机关是否有管辖权;

(二)违法事实是否清楚;

(三)证据是否合法充分;

(四)调查取证是否符合法定程序;

(五)是否超过行政处罚追责期限;

(六)适用法律、法规、规章是否准确,裁量基准运用是否适当。

第四十条 违法事实不清、证据不充分或者调查程序违法的,审查人员应当退回调查人员补充调查取证或者重新调查取证。

第四十一条 行使生态环境行政处罚裁量权应当符合立法目的,并综合考虑以下情节:

(一)违法行为造成的环境污染、生态破坏以及社会影响;

(二)当事人的主观过错程度;

(三)违法行为的具体方式或者手段;

(四)违法行为持续的时间;

(五)违法行为危害的具体对象;

(六)当事人是初次违法还是再次违法;

(七)当事人改正违法行为的态度和所采取的改正措施及效果。

同类违法行为的情节相同或者相似、社会危害程度相当的,行政处罚种类和幅度应当相当。

第四十二条 违法行为轻微并及时改正,没有造成生态环境危害后果的,不予行政处罚。初次违法且生态环境危害后果轻微并及时改正的,可以不予行政处罚。

当事人有证据足以证明没有主观过错的,不予行政处罚。法律、行政法规另有规定的,从其规定。

对当事人的违法行为依法不予行政处罚的,生态环境主管部门应当对当事人进行教育。

第四十三条 当事人有下列情形之一的,应当从轻或者减轻行政处罚:

(一)主动消除或者减轻生态环境违法行为危害后果的;

(二)受他人胁迫或者诱骗实施生态环境违法行为的;

(三)主动供述生态环境主管部门

尚未掌握的生态环境违法行为的；

（四）配合生态环境主管部门查处生态环境违法行为有立功表现的；

（五）法律、法规、规章规定其他应当从轻或者减轻行政处罚的。

第四节 告知和听证

第四十四条 生态环境主管部门在作出行政处罚决定之前,应当告知当事人拟作出的行政处罚内容及事实、理由、依据和当事人依法享有的陈述、申辩、要求听证等权利,当事人在收到告知书后五日内进行陈述、申辩；未依法告知当事人,或者拒绝听取当事人的陈述、申辩的,不得作出行政处罚决定,当事人明确放弃陈述或者申辩权利的除外。

第四十五条 当事人进行陈述、申辩的,生态环境主管部门应当充分听取当事人意见,将当事人的陈述、申辩材料归入案卷。对当事人提出的事实、理由和证据,应当进行复核。当事人提出的事实、理由或者证据成立的,应当予以采纳；不予采纳的,应当说明理由。

不得因当事人的陈述、申辩而给予更重的处罚。

第四十六条 拟作出以下行政处罚决定,当事人要求听证的,生态环境主管部门应当组织听证：

（一）较大数额罚款；

（二）没收较大数额违法所得、没收较大价值非法财物；

（三）暂扣许可证件、降低资质等级、吊销许可证件、一定时期内不得申请行政许可；

（四）限制开展生产经营活动、责令停产整治、责令停产停业、责令关闭、限制从业、禁止从业；

（五）其他较重的行政处罚；

（六）法律、法规、规章规定的其他情形。

当事人不承担组织听证的费用。

第四十七条 听证应当依照以下程序组织：

（一）当事人要求听证的,应当在生态环境主管部门告知后五日内提出；

（二）生态环境主管部门应当在举行听证的七日前,通知当事人及有关人员听证的时间、地点；

（三）除涉及国家秘密、商业秘密或者个人隐私依法予以保密外,听证公开举行；

（四）听证由生态环境主管部门指定的非本案调查人员主持；当事人认为主持人与本案有直接利害关系的,有权申请回避；

（五）当事人可以亲自参加听证,也可以委托一至二人代理；

（六）当事人及其代理人无正当理由拒不出席听证或者未经许可中途退出听证的,视为放弃听证权利,生态环境主管部门终止听证；

（七）举行听证时,调查人员提出当事人违法的事实、证据和行政处罚建议,当事人进行申辩和质证；

（八）听证应当制作笔录。笔录应当交当事人或者其代理人核对无误后签字或者盖章。当事人或者其代理人拒绝签字或者盖章的,由听证主持人在笔录中注明。

第四十八条 听证结束后,生态环境主管部门应当根据听证笔录,依照本办法第五十三条的规定,作出决定。

第五节 法制审核和集体讨论

第四十九条 有下列情形之一,生态环境主管部门负责人作出行政处罚决定之前,应当由生态环境主管部门负责重大执法决定法制审核的机构或者法制审核人员进行法制审核;未经法制审核或者审核未通过的,不得作出决定:

(一)涉及重大公共利益的;

(二)直接关系当事人或者第三人重大权益,经过听证程序的;

(三)案件情况疑难复杂、涉及多个法律关系的;

(四)法律、法规规定应当进行法制审核的其他情形。

设区的市级以上生态环境主管部门可以根据实际情况,依法对应当进行法制审核的案件范围作出具体规定。

初次从事行政处罚决定法制审核的人员,应当通过国家统一法律职业资格考试取得法律职业资格。

第五十条 法制审核的内容包括:

(一)行政执法主体是否合法,是否超越执法机关法定权限;

(二)行政执法人员是否具备执法资格;

(三)行政执法程序是否合法;

(四)案件事实是否清楚,证据是否合法充分;

(五)适用法律、法规、规章是否准确,裁量基准运用是否适当;

(六)行政执法文书是否完备、规范;

(七)违法行为是否涉嫌犯罪、需要移送司法机关。

第五十一条 法制审核以书面审核为主。对案情复杂、法律争议较大的案件,生态环境主管部门可以组织召开座谈会、专家论证会开展审核工作。

生态环境主管部门进行法制审核时,可以请相关领域专家、法律顾问提出书面意见。

对拟作出的处罚决定进行法制审核后,应当区别不同情况以书面形式提出如下意见:

(一)主要事实清楚,证据充分,程序合法,内容适当,未发现明显法律风险的,提出同意的意见;

(二)主要事实不清,证据不充分,程序不当或者适用依据不充分,存在明显法律风险,但是可以改进或者完善的,指出存在的问题,并提出改进或者完善的建议;

(三)存在明显法律风险,且难以改进或者完善的,指出存在的问题,提出不同意的审核意见。

第五十二条 对情节复杂或者重大违法行为给予行政处罚的,作出处罚决定的生态环境主管部门负责人应当集体讨论决定。

有下列情形之一的,属于情节复杂或者重大违法行为给予行政处罚的案件:

(一)情况疑难复杂、涉及多个法律关系的;

(二)拟罚款、没收违法所得、没收非法财物数额五十万元以上的;

（三）拟吊销许可证件、一定时期内不得申请行政许可的；

（四）拟责令停产整治、责令停产停业、责令关闭、限制从业、禁止从业的；

（五）生态环境主管部门负责人认为应当提交集体讨论的其他案件。

集体讨论情况应当予以记录。

地方性法规、地方政府规章另有规定的，从其规定。

第六节 决 定

第五十三条 生态环境主管部门负责人经过审查，根据不同情况，分别作出如下决定：

（一）确有应受行政处罚的违法行为的，根据情节轻重及具体情况，作出行政处罚决定；

（二）违法行为轻微，依法可以不予行政处罚的，不予行政处罚；

（三）违法事实不能成立的，不予行政处罚；

（四）违法行为涉嫌犯罪的，移送司法机关。

第五十四条 生态环境主管部门向司法机关移送涉嫌生态环境犯罪案件之前已经依法作出的警告、责令停产停业、暂扣或者吊销许可证件等行政处罚决定，不停止执行。

涉嫌犯罪案件的移送办理期间，不计入行政处罚期限。

第五十五条 决定给予行政处罚的，应当制作行政处罚决定书。

对同一当事人的两个或者两个以上环境违法行为，可以分别制作行政处罚决定书，也可以列入同一行政处罚决定书。

符合本办法第五十三条第二项规定的情况，决定不予行政处罚的，应当制作不予行政处罚决定书。

第五十六条 行政处罚决定书应当载明以下内容：

（一）当事人的基本情况，包括当事人姓名或者名称、居民身份证号码或者统一社会信用代码、住址或者住所地、法定代表人（负责人）姓名等；

（二）违反法律、法规或者规章的事实和证据；

（三）当事人陈述、申辩的采纳情况及理由；符合听证条件的，还应当载明听证的情况；

（四）行政处罚的种类、依据，以及行政处罚裁量基准运用的理由和依据；

（五）行政处罚的履行方式和期限；

（六）不服行政处罚决定，申请行政复议、提起行政诉讼的途径和期限；

（七）作出行政处罚决定的生态环境主管部门名称和作出决定的日期，并加盖印章。

第五十七条 生态环境主管部门应当自立案之日起九十日内作出处理决定。因案情复杂或者其他原因，不能在规定期限内作出处理决定的，经生态环境主管部门负责人批准，可以延长三十日。案情特别复杂或者有其他特殊情况，经延期仍不能作出处理决定的，应当由生态环境主管部门负责人集体讨论决定是否继续延期，决定继续延期的,继续延长期限不得超过三十日。

案件办理过程中,中止、听证、公告、监测(检测)、评估、鉴定、认定、送达等时间不计入前款所指的案件办理期限。

第五十八条 行政处罚决定书应当在宣告后当场交付当事人;当事人不在场的,应当在七日内将行政处罚决定书送达当事人。

生态环境主管部门可以根据需要将行政处罚决定书抄送与案件有关的单位和个人。

第五十九条 生态环境主管部门送达执法文书,可以采取直接送达、留置送达、委托送达、邮寄送达、电子送达、转交送达、公告送达等法律规定的方式。

送达行政处罚文书应当使用送达回证并存档。

第六十条 当事人同意并签订确认书的,生态环境主管部门可以采用传真、电子邮件、移动通信等能够确认其收悉的电子方式送达执法文书,并通过拍照、截屏、录音、录像等方式予以记录。传真、电子邮件、移动通信等到达当事人特定系统的日期为送达日期。

第七节 信息公开

第六十一条 生态环境主管部门应当依法公开其作出的生态环境行政处罚决定。

第六十二条 生态环境主管部门依法公开生态环境行政处罚决定的下列信息:

(一)行政处罚决定书文号;

(二)被处罚的公民姓名,被处罚的法人或者其他组织名称和统一社会信用代码、法定代表人(负责人)姓名;

(三)主要违法事实;

(四)行政处罚结果和依据;

(五)作出行政处罚决定的生态环境主管部门名称和作出决定的日期。

第六十三条 涉及国家秘密或者法律、行政法规禁止公开的信息的,以及公开后可能危及国家安全、公共安全、经济安全、社会稳定的行政处罚决定信息,不予公开。

第六十四条 公开行政处罚决定时,应当隐去以下信息:

(一)公民的肖像、居民身份证号码、家庭住址、通信方式、出生日期、银行账号、健康状况、财产状况等个人隐私信息;

(二)本办法第六十二条第(二)项规定以外的公民姓名,法人或者其他组织的名称和统一社会信用代码、法定代表人(负责人)姓名;

(三)法人或者其他组织的银行账号;

(四)未成年人的姓名及其他可能识别出其身份的信息;

(五)当事人的生产配方、工艺流程、购销价格及客户名称等涉及商业秘密的信息;

(六)法律、法规规定的其他应当隐去的信息。

第六十五条 生态环境行政处罚决定应当自作出之日起七日内公开。法律、行政法规另有规定的,从其规定。

第六十六条 公开的行政处罚决定被依

法变更、撤销、确认违法或者确认无效的,生态环境主管部门应当在三日内撤回行政处罚决定信息并公开说明理由。

第四章 简易程序

第六十七条　违法事实确凿并有法定依据,对公民处以二百元以下、对法人或者其他组织处以三千元以下罚款或者警告的行政处罚的,可以适用简易程序,当场作出行政处罚决定。法律另有规定的,从其规定。

第六十八条　当场作出行政处罚决定时,应当遵守下列简易程序:

（一）执法人员应当向当事人出示有效执法证件;

（二）现场查清当事人的违法事实,并依法取证;

（三）向当事人说明违法的事实、拟给予行政处罚的种类和依据、罚款数额、时间、地点,告知当事人享有的陈述、申辩权利;

（四）听取当事人的陈述和申辩。当事人提出的事实、理由或者证据成立的,应当采纳;

（五）填写预定格式、编有号码、盖有生态环境主管部门印章的行政处罚决定书,由执法人员签名或者盖章,并将行政处罚决定书当场交付当事人;当事人拒绝签收的,应当在行政处罚决定书上注明;

（六）告知当事人如对当场作出的行政处罚决定不服,可以依法申请行政复议或者提起行政诉讼,并告知申请行政复议、提起行政诉讼的途径和期限。

以上过程应当制作笔录。

执法人员当场作出的行政处罚决定,应当在决定之日起三日内报所属生态环境主管部门备案。

第五章 执　　行

第六十九条　当事人应当在行政处罚决定书载明的期限内,履行处罚决定。

申请行政复议或者提起行政诉讼的,行政处罚决定不停止执行,法律另有规定的除外。

第七十条　当事人到期不缴纳罚款的,作出行政处罚决定的生态环境主管部门可以每日按罚款数额的百分之三加处罚款,加处罚款的数额不得超出罚款的数额。

第七十一条　当事人在法定期限内不申请行政复议或者提起行政诉讼,又不履行行政处罚决定的,作出处罚决定的生态环境主管部门可以自期限届满之日起三个月内依法申请人民法院强制执行。

第七十二条　作出加处罚款的强制执行决定前或者申请人民法院强制执行前,生态环境主管部门应当依法催告当事人履行义务。

第七十三条　当事人实施违法行为,受到处以罚款、没收违法所得或者没收非法财物等处罚后,发生企业分立、合并或者其他资产重组等情形,由承受当事人权利义务的法人、其他组织作为被执行人。

第七十四条　确有经济困难,需要延期或者分期缴纳罚款的,当事人应当在行政处罚决定书确定的缴纳期限届满前,向作出行政处罚决定的生态环境主管部门提出延期或者分期缴纳的书面申请。

批准当事人延期或者分期缴纳罚款的,应当制作同意延期(分期)缴纳罚款通知书,并送达当事人和收缴罚款的机构。

生态环境主管部门批准延期、分期缴纳罚款的,申请人民法院强制执行的期限,自暂缓或者分期缴纳罚款期限结束之日起计算。

第七十五条 依法没收的非法财物,应当按照国家规定处理。

销毁物品,应当按照国家有关规定处理;没有规定的,经生态环境主管部门负责人批准,由两名以上执法人员监督销毁,并制作销毁记录。

处理物品应当制作清单。

第七十六条 罚款、没收的违法所得或者没收非法财物拍卖的款项,应当全部上缴国库,任何单位或者个人不得以任何形式截留、私分或者变相私分。

罚款、没收的违法所得或者没收非法财物拍卖的款项,不得同作出行政处罚决定的生态环境主管部门及其工作人员的考核、考评直接或者变相挂钩。

第六章 结案和归档

第七十七条 有下列情形之一的,执法人员应当制作结案审批表,经生态环境主管部门负责人批准后予以结案:

(一)责令改正和行政处罚决定由当事人履行完毕的;

(二)生态环境主管部门依法申请人民法院强制执行行政处罚决定,人民法院依法受理的;

(三)不予行政处罚等无须执行的;

(四)按照本办法第三十六条规定终止案件调查的;

(五)按照本办法第十七条规定完成案件移送,且依法无须由生态环境主管部门再作出行政处罚决定的;

(六)行政处罚决定被依法撤销的;

(七)生态环境主管部门认为可以结案的其他情形。

第七十八条 结案的行政处罚案件,应当按照下列要求将案件材料立卷归档:

(一)一案一卷,案卷可以分正卷、副卷;

(二)各类文书齐全,手续完备;

(三)书写文书用签字笔、钢笔或者打印;

(四)案卷装订应当规范有序,符合文档要求。

第七十九条 正卷按下列顺序装订:

(一)行政处罚决定书及送达回证;

(二)立案审批材料;

(三)调查取证及证据材料;

(四)行政处罚事先告知书、听证告知书、听证通知书等法律文书及送达回证;

(五)听证笔录;

(六)财物处理材料;

(七)执行材料;

(八)结案材料;

(九)其他有关材料。

副卷按下列顺序装订:

（一）投诉、申诉、举报等案源材料；

（二）涉及当事人有关商业秘密的材料；

（三）听证报告；

（四）审查意见；

（五）法制审核材料、集体讨论记录；

（六）其他有关材料。

第八十条　案卷归档后，任何单位、个人不得修改、增加、抽取案卷材料。案卷保管及查阅，按档案管理有关规定执行。

第八十一条　生态环境主管部门应当建立行政处罚案件统计制度，并按照生态环境部有关环境统计的规定向上级生态环境主管部门报送本行政区域的行政处罚情况。

第七章　监　　督

第八十二条　上级生态环境主管部门负责对下级生态环境主管部门的行政处罚工作情况进行监督检查。

第八十三条　生态环境主管部门应当建立行政处罚备案制度。

下级生态环境主管部门对上级生态环境主管部门督办的处罚案件，应当在结案后二十日内向上一级生态环境主管部门备案。

第八十四条　生态环境主管部门实施行政处罚应当接受社会监督。公民、法人或者其他组织对生态环境主管部门实施行政处罚的行为，有权申诉或者检举；生态环境主管部门应当认真审查，发现有错误的，应当主动改正。

第八十五条　生态环境主管部门发现行政处罚决定有文字表述错误、笔误或者计算错误，以及行政处罚决定书部分内容缺失等情形，但未损害公民、法人或者其他组织的合法权益的，应当予以补正或者更正。

补正或者更正应当以书面决定的方式及时作出。

第八十六条　生态环境主管部门通过接受申诉和检举，或者通过备案审查等途径，发现下级生态环境主管部门的行政处罚决定违法或者显失公正的，应当督促其纠正。

依法应当给予行政处罚，而有关生态环境主管部门不给予行政处罚的，有处罚权的上级生态环境主管部门可以直接作出行政处罚决定。

第八十七条　生态环境主管部门可以通过案件评查或者其他方式评议、考核行政处罚工作，加强对行政处罚的监督检查，规范和保障行政处罚的实施。对在行政处罚工作中做出显著成绩的单位和个人，可以依照国家或者地方的有关规定给予表彰和奖励。

第八章　附　　则

第八十八条　当事人有违法所得，除依法应当退赔的外，应当予以没收。违法所得是指实施违法行为所取得的款项。

法律、行政法规对违法所得的计算另有规定的，从其规定。

第八十九条　本办法第四十六条所称"较大数额""较大价值"，对公民是指人民币（或者等值物品价值）五千元以上、对法人或者其他组织是指人民币（或者等值物品价值）二十万元以上。

地方性法规、地方政府规章对"较大数额""较大价值"另有规定的,从其规定。

第九十条　本办法中"三日""五日""七日"的规定是指工作日,不含法定节假日。

期间开始之日,不计算在内。期间届满的最后一日是节假日的,以节假日后的第一日为期间届满的日期。期间不包括在途时间,行政处罚文书在期满前交邮的,视为在有效期内。

第九十一条　本办法未作规定的其他事项,适用《中华人民共和国行政处罚法》《中华人民共和国行政强制法》等有关法律、法规和规章的规定。

第九十二条　本办法自2023年7月1日起施行。原环境保护部发布的《环境行政处罚办法》(环境保护部令第8号)同时废止。

生态环境部行政复议办法

1. 2024年4月11日生态环境部令第33号公布
2. 自2024年6月1日起施行

第一章　总　　则

第一条　为防止和纠正违法的或者不当的行政行为,保护公民、法人和其他组织的合法权益,监督和保障生态环境部依法行使职权,发挥行政复议化解行政争议的主渠道作用,依据《中华人民共和国行政复议法》等法律、行政法规,制定本办法。

第二条　生态环境部受理行政复议申请、办理行政复议案件,适用本办法。

第三条　行政复议工作坚持中国共产党的领导。

生态环境部履行行政复议职责,应当遵循合法、公正、公开、高效、便民、为民的原则,坚持有错必纠,保障法律、法规的正确实施。

第四条　生态环境部办理行政复议案件,可以进行调解。

调解应当遵循合法、自愿的原则,不得损害国家利益、社会公共利益和他人合法权益,不得违反法律、法规的强制性规定。

第五条　生态环境部法制工作部门是生态环境部行政复议机构,具体办理行政复议案件。生态环境部行政复议机构同时组织办理生态环境部的行政应诉事项。

第六条　生态环境部行政复议机构中初次从事行政复议工作的人员,应当通过国家统一法律职业资格考试取得法律职业资格,并参加统一职前培训。

第七条　对在生态环境部行政复议工作中做出显著成绩的单位和个人,按照国家有关规定给予表彰和奖励。

第八条　生态环境部应当确保行政复议机构的人员配备与所承担的工作任务相适应,提高行政复议人员专业素质,根据工作需要保障办案场所、装备等设施。行政复议工作经费列入本级预算。

第二章　行政复议申请

第九条　生态环境部管辖下列行政复议案件:

(一)对生态环境部作出的行政行为不服的;

（二）对生态环境部依法设立的派出机构依照法律、行政法规、部门规章规定，以派出机构的名义作出的行政行为不服的；

（三）对生态环境部管理的法律、行政法规、部门规章授权的组织作出的行政行为不服的。

前款规定的生态环境部、生态环境部依法设立的派出机构和生态环境部管理的法律、行政法规、部门规章授权组织，以下简称为生态环境部及其派出机构、管理的组织。

公民、法人或者其他组织对生态环境部和其他国务院部门以共同名义作出的同一行政行为不服的，可以向生态环境部或者其他共同作出行政行为的国务院部门提出行政复议申请，由生态环境部和其他作出行政行为的国务院部门共同作出行政复议决定。

第十条　公民、法人或者其他组织可以依照行政复议法第十一条规定的行政复议范围，向生态环境部申请行政复议。

下列事项不属于行政复议范围：

（一）国防、外交等国家行为；

（二）行政法规、规章或者行政机关制定、发布的具有普遍约束力的决定、命令等规范性文件；

（三）生态环境部及其派出机构、管理的组织对本机关工作人员的奖惩、任免等决定；

（四）生态环境部及其派出机构、管理的组织对民事纠纷作出的调解。

信访事项按照《信访工作条例》有关规定办理。

第十一条　公民、法人或者其他组织认为被复议的行政行为所依据的规范性文件不合法，在对行政行为申请行政复议时，可以依据行政复议法第十三条的规定，一并向生态环境部提出对该规范性文件的附带审查申请。

第十二条　依照行政复议法规定申请行政复议的公民、法人或者其他组织是申请人。

同一行政复议案件申请人人数众多的，可以由申请人推选代表人参加行政复议。

代表人参加行政复议的行为对其所代表的申请人发生效力，但是代表人变更行政复议请求、撤回行政复议申请、承认第三人请求的，应当经被代表的申请人同意。

第十三条　申请人以外的同被申请行政复议的行政行为或者行政复议案件处理结果有利害关系的公民、法人或者其他组织，可以作为第三人申请参加行政复议，或者由生态环境部行政复议机构通知其作为第三人参加行政复议。

第三人不参加行政复议，不影响行政复议案件的审理。

第十四条　申请人、第三人可以委托一至二名律师、基层法律服务工作者或者其他代理人代为参加行政复议。

申请人、第三人委托代理人的，应当向生态环境部行政复议机构提交授权委托书，委托人及被委托人的身份证明文件。授权委托书应当载明委托事项、权限和期限。申请人、第三人变更或者解除代理人权限的，应当书面告知生态环境部行政复议机构。

第十五条　公民、法人或者其他组织认

为生态环境部及其派出机构、管理的组织的行政行为侵犯其合法权益的,可以自知道或者应当知道该行政行为之日起六十日内提出行政复议申请;但是法律规定的申请期限超过六十日的除外。

因不可抗力或者其他正当理由耽误法定申请期限的,申请期限自障碍消除之日起继续计算。

生态环境部及其派出机构、管理的组织作出行政行为时,未告知公民、法人或者其他组织申请行政复议的权利、行政复议机关和申请期限的,申请期限自公民、法人或者其他组织知道或者应当知道申请行政复议的权利、行政复议机关和申请期限之日起计算,但是自知道或者应当知道行政行为内容之日起最长不得超过一年。

因不动产提出的行政复议申请自行政行为作出之日起超过二十年,其他行政复议申请自行政行为作出之日起超过五年的,生态环境部不予受理。

第十六条 申请人申请行政复议,可以书面申请;书面申请有困难的,也可以口头申请。

书面申请的,可以通过邮寄或者生态环境部指定的互联网渠道等方式提交行政复议申请书,也可以当面提交行政复议申请书。生态环境部及其派出机构、管理的组织通过互联网渠道送达行政行为决定书的,应当同时提供提交行政复议申请书的互联网渠道。

口头申请的,生态环境部应当当场记录申请人的基本情况、行政复议请求、申请行政复议的主要事实、理由和时间。

申请人对两个以上行政行为不服的,应当分别申请行政复议。

第十七条 有下列情形之一的,申请人应当先向生态环境部申请行政复议,对行政复议决定不服的,可以再依法向人民法院提起行政诉讼:

(一)对生态环境部及其派出机构、管理的组织当场作出的行政处罚决定不服的;

(二)认为生态环境部及其派出机构、管理的组织存在行政复议法第十一条规定的未履行法定职责情形的;

(三)申请政府信息公开,生态环境部及其派出机构、管理的组织不予公开的;

(四)法律、行政法规规定应当先申请行政复议的其他情形。

对前款规定的情形,生态环境部及其派出机构、管理的组织在作出行政行为时应当告知公民、法人或者其他组织先向生态环境部申请行政复议。

第三章 行政复议受理

第十八条 生态环境部收到行政复议申请后,应当在五日内进行审查。对符合下列规定的,生态环境部应当予以受理:

(一)有明确的申请人和符合行政复议法规定的被申请人;

(二)申请人与被申请行政复议的行政行为有利害关系;

(三)有具体的行政复议请求和理由;

(四)在法定申请期限内提出;

（五）属于行政复议法规定的行政复议范围；

（六）属于生态环境部的管辖范围；

（七）行政复议机关未受理过该申请人就同一行政行为提出的行政复议申请，并且人民法院未受理过该申请人就同一行政行为提起的行政诉讼。

对不符合前款规定的行政复议申请，生态环境部应当在审查期限内决定不予受理并说明理由；不属于生态环境部管辖的，还应当在不予受理决定中告知申请人有管辖权的行政复议机关。

行政复议申请的审查期限届满，生态环境部未作出不予受理决定的，审查期限届满之日起视为受理。

第十九条 行政复议申请材料不齐全或者表述不清楚，无法判断行政复议申请是否符合本办法第十八条第一款规定的，生态环境部应当自收到申请之日起五日内书面通知申请人补正。补正通知应当一次性载明需要补正的事项。

申请人应当自收到补正通知之日起十日内提交补正材料。有正当理由不能按期补正的，生态环境部可以延长合理的补正期限。无正当理由逾期不补正的，视为申请人放弃行政复议申请，并记录在案。

生态环境部收到补正材料后，依照本办法第十八条的规定处理。

第二十条 生态环境部受理行政复议申请后，发现该行政复议申请不符合本办法第十八条第一款规定的，应当决定驳回申请并说明理由。

第四章 行政复议审理

第二十一条 生态环境部行政复议机构应当指定行政复议人员负责办理行政复议案件。

行政复议人员对办理行政复议案件过程中知悉的国家秘密、商业秘密和个人隐私，应当予以保密。

第二十二条 被申请人对其作出的行政行为的合法性、适当性负有举证责任。

有下列情形之一的，申请人应当提供证据：

（一）认为被申请人不履行法定职责的，提供曾经要求被申请人履行法定职责的证据，但是被申请人应当依职权主动履行法定职责或者申请人因正当理由不能提供的除外；

（二）提出行政赔偿请求的，提供受行政行为侵害而造成损害的证据，但是因被申请人原因导致申请人无法举证的，由被申请人承担举证责任；

（三）法律、法规规定需要申请人提供证据的其他情形。

第二十三条 生态环境部有权向有关单位和个人调查取证，查阅、复制、调取有关文件和资料，向有关人员进行询问。

调查取证时，行政复议人员不得少于两人，并应当出示行政复议工作证件。

被调查取证的单位和个人应当积极配合行政复议人员的工作，不得拒绝或者阻挠。

第二十四条 行政复议期间涉及专门事项需要鉴定的，当事人可以自行委托鉴定机构进行鉴定，也可以申请生态环境部行政复议机构委托鉴定机构进行鉴定。

案件复杂、涉及专业问题以及其他需要现场勘验情形的,可以委托专业机构进行现场勘验。

鉴定、现场勘验所用时间不计入行政复议审理期限。鉴定、现场勘验的启动和终止,应当告知申请人。

第二十五条　行政复议期间有行政复议法第三十九条规定的中止情形的,行政复议中止。

行政复议中止的原因消除后,应当及时恢复行政复议案件的审理。

生态环境部中止、恢复行政复议案件的审理,应当书面告知当事人。

第二十六条　行政复议期间有行政复议法第四十一条规定的终止情形的,生态环境部决定终止行政复议。

第二十七条　行政复议期间行政行为不停止执行;但是有行政复议法第四十二条规定情形的,应当停止执行。

第二十八条　适用普通程序审理的行政复议案件,生态环境部行政复议机构应当自行政复议申请受理之日起七日内,将行政复议申请书副本或者行政复议申请笔录复印件发送被申请人。被申请人应当自收到行政复议申请书副本或者行政复议申请笔录复印件之日起十日内,提出书面答复,并提交作出行政行为的证据、依据和其他有关材料。

第二十九条　适用普通程序审理的行政复议案件,生态环境部行政复议机构应当当面或者通过互联网、电话等方式听取当事人的意见,并将听取的意见记录在案。因当事人原因不能听取意见的,可以书面审理。

第三十条　审理重大、疑难、复杂的行政复议案件,生态环境部行政复议机构应当组织听证。

生态环境部行政复议机构认为有必要听证,或者申请人请求听证的,生态环境部行政复议机构可以组织听证。

听证由一名行政复议人员任主持人,两名以上行政复议人员任听证员,一名记录员制作听证笔录。

第三十一条　生态环境部审理下列复议案件,认为事实清楚、权利义务关系明确、争议不大的,可以适用简易程序:

(一)被申请行政复议的行政行为是当场作出;

(二)被申请行政复议的行政行为是警告或者通报批评;

(三)案件涉及款额三千元以下;

(四)属于政府信息公开案件。

除前款规定以外的行政复议案件,当事人各方同意适用简易程序的,可以适用简易程序。

第三十二条　适用简易程序审理的行政复议案件,生态环境部行政复议机构应当自受理行政复议申请之日起三日内,将行政复议申请书副本或者行政复议申请笔录复印件发送被申请人。被申请人应当自收到行政复议申请书副本或者行政复议申请笔录复印件之日起五日内,提出书面答复,并提交作出行政行为的证据、依据和其他有关材料。

适用简易程序审理的行政复议案件,可以书面审理。

适用简易程序审理的行政复议案件,生态环境部行政复议机构认为不宜适用简易程序的,经生态环境部行政复议机构的负责人批准,可以转为普通程序审理。

第三十三条　申请人依照行政复议法第十三条的规定提出对有关规范性文件的附带审查申请的,或者生态环境部对被申请人作出的行政行为进行审查时,认为其依据不合法的,生态环境部依据行政复议法第五十六条、第五十七条、第五十八条、第五十九条、第六十条的规定进行处理。

第三十四条　行政复议期间,申请人、第三人及其委托代理人可以按照规定查阅、复制被申请人提出的书面答复、作出行政行为的证据、依据和其他有关材料,除涉及国家秘密、商业秘密、个人隐私或者可能危及国家安全、公共安全、社会稳定的情形外,生态环境部行政复议机构应当同意。

第五章　行政复议决定

第三十五条　当事人在行政复议决定作出前可以自愿达成和解,和解内容不得损害国家利益、社会公共利益和他人合法权益,不得违反法律、法规的强制性规定。

当事人达成和解后,由申请人向生态环境部行政复议机构撤回行政复议申请。生态环境部行政复议机构准予撤回行政复议申请、生态环境部决定终止行政复议的,申请人不得再以同一事实和理由提出行政复议申请。但是,申请人能够证明撤回行政复议申请违背其真实意愿的除外。

第三十六条　当事人经调解达成协议的,生态环境部应当制作行政复议调解书,经各方当事人签字或者签章,并加盖生态环境部印章,即具有法律效力。

调解未达成协议或者调解书生效前一方反悔的,生态环境部应当依法审查或者及时作出行政复议决定。

第三十七条　生态环境部依照行政复议法审理行政复议案件,由生态环境部行政复议机构对行政行为进行审查,提出意见,经生态环境部的负责人同意或者集体讨论通过后,以生态环境部的名义作出行政复议决定。

生态环境部作出行政复议决定,应当制作行政复议决定书,并加盖生态环境部印章。

行政复议决定书一经送达,即发生法律效力。

第三十八条　被申请人不按照本办法第二十八条、第三十二条的规定提出书面答复、提交作出行政行为的证据、依据和其他有关材料的,视为该行政行为没有证据、依据,生态环境部决定撤销、部分撤销该行政行为,确认该行政行为违法、无效或者决定被申请人在一定期限内履行,但是行政行为涉及第三人合法权益,第三人提供证据的除外。

第三十九条　适用普通程序审理的行政复议案件,生态环境部应当自受理申请之日起六十日内作出行政复议决定;但是法律规定的行政复议期限少于六十日的除外。情况复杂,不能在规定期限内作出行政复议决定的,经生态环境部行政复议机构的负责人批准,可以适当延长,并书面告知当事人;但是延长期限最多不得超过三十日。

适用简易程序审理的行政复议案件,生态环境部应当自受理申请之日起三十日内作出行政复议决定。

第四十条　生态环境部在办理行政复议案件过程中,发现被申请人或者其他下级行政机关的有关行政行为违法或者不当的,可以向其制发行政复议意见书。有关机关应当自收到行政复议意见书之日起六十日内,将纠正相关违法或者不当行政行为的情况报送生态环境部。

第四十一条　被申请人不履行或者无正当理由拖延履行行政复议决定书、调解书、意见书的,生态环境部应当责令其限期履行,并可以约谈被申请人的有关负责人或者予以通报批评。

第四十二条　申请人、第三人逾期不起诉又不履行行政复议决定书、调解书的,按照下列规定分别处理:

（一）维持行政行为的行政复议决定书,由作出行政行为的生态环境部及其派出机构、管理的组织依法强制执行,或者申请人民法院强制执行;

（二）变更行政行为的行政复议决定书,由生态环境部依法强制执行,或者申请人民法院强制执行;

（三）行政复议调解书,由生态环境部依法强制执行,或者申请人民法院强制执行。

第四十三条　生态环境部依照行政复议法等法律、行政法规和国务院有关规定,加强对下级生态环境主管部门依法行政、行政复议答复与行政应诉有关工作的指导。

第六章　附　　则

第四十四条　办结的行政复议案件应当一案一档,由承办人员按时间顺序将案件材料进行整理,立卷归档。

第四十五条　生态环境部应当按照国务院行政复议机构有关行政复议案件和行政应诉案件统计的要求,向国务院行政复议机构报送行政复议和行政应诉情况。

第四十六条　本办法关于行政复议期间有关"三日""五日""七日""十日"的规定是指工作日,不含法定休假日。

期间开始之日,不计算在内。期间届满的最后一日是节假日的,以节假日后的第一日为期间届满的日期。期间不包括在途时间,行政复议文书在期满前交邮的,不算过期。

第四十七条　本办法自2024年6月1日起施行。2008年12月30日原环境保护部发布的《环境行政复议办法》同时废止。

4. 卫生健康、医疗保障

医疗事故处理条例

1. 2002年4月4日国务院令第351号公布
2. 自2002年9月1日起施行

第一章　总　　则

第一条　为了正确处理医疗事故,保护患者和医疗机构及其医务人员的合法权益,维护医疗秩序,保障医疗安全,促进医学科学的发展,制定本条例。

第二条　本条例所称医疗事故,是指医

疗机构及其医务人员在医疗活动中，违反医疗卫生管理法律、行政法规、部门规章和诊疗护理规范、常规,过失造成患者人身损害的事故。

第三条 处理医疗事故,应当遵循公开、公平、公正、及时、便民的原则,坚持实事求是的科学态度,做到事实清楚、定性准确、责任明确、处理恰当。

第四条 根据对患者人身造成的损害程度,医疗事故分为四级：

一级医疗事故：造成患者死亡、重度残疾的；

二级医疗事故：造成患者中度残疾、器官组织损伤导致严重功能障碍的；

三级医疗事故：造成患者轻度残疾、器官组织损伤导致一般功能障碍的；

四级医疗事故：造成患者明显人身损害的其他后果的。

具体分级标准由国务院卫生行政部门制定。

第二章　医疗事故的预防与处置

第五条 医疗机构及其医务人员在医疗活动中,必须严格遵守医疗卫生管理法律、行政法规、部门规章和诊疗护理规范、常规,恪守医疗服务职业道德。

第六条 医疗机构应当对其医务人员进行医疗卫生管理法律、行政法规、部门规章和诊疗护理规范、常规的培训和医疗服务职业道德教育。

第七条 医疗机构应当设置医疗服务质量监控部门或者配备专（兼）职人员,具体负责监督本医疗机构的医务人员的医疗服务工作,检查医务人员执业情况,接受患者对医疗服务的投诉,向其提供咨询服务。

第八条 医疗机构应当按照国务院卫生行政部门规定的要求,书写并妥善保管病历资料。

因抢救危急患者,未能及时书写病历的,有关医务人员应当在抢救结束后6小时内据实补记,并加以注明。

第九条 严禁涂改、伪造、隐匿、销毁或者抢夺病历资料。

第十条 患者有权复印或者复制其门诊病历、住院志、体温单、医嘱单、化验单（检验报告）、医学影像检查资料、特殊检查同意书、手术同意书、手术及麻醉记录单、病理资料、护理记录以及国务院卫生行政部门规定的其他病历资料。

患者依照前款规定要求复印或者复制病历资料的,医疗机构应当提供复印或者复制服务并在复印或者复制的病历资料上加盖证明印记。复印或者复制病历资料时,应当有患者在场。

医疗机构应患者的要求,为其复印或者复制病历资料,可以按照规定收取工本费。具体收费标准由省、自治区、直辖市人民政府价格主管部门会同同级卫生行政部门规定。

第十一条 在医疗活动中,医疗机构及其医务人员应当将患者的病情、医疗措施、医疗风险等如实告知患者,及时解答其咨询；但是,应当避免对患者产生不利后果。

第十二条 医疗机构应当制定防范、处理医疗事故的预案,预防医疗事故的发生,减轻医疗事故的损害。

第十三条 医务人员在医疗活动中发生或者发现医疗事故、可能引起医疗事故的医疗过失行为或者发生医疗事故争议的,应当立即向所在科室负责人报告,科室负责人应当及时向本医疗机构负责医疗服务质量监控的部门或者专(兼)职人员报告;负责医疗服务质量监控的部门或者专(兼)职人员接到报告后,应当立即进行调查、核实,将有关情况如实向本医疗机构的负责人报告,并向患者通报、解释。

第十四条 发生医疗事故的,医疗机构应当按照规定向所在地卫生行政部门报告。

发生下列重大医疗过失行为的,医疗机构应当在12小时内向所在地卫生行政部门报告:

(一)导致患者死亡或者可能为二级以上的医疗事故;

(二)导致3人以上人身损害后果;

(三)国务院卫生行政部门和省、自治区、直辖市人民政府卫生行政部门规定的其他情形。

第十五条 发生或者发现医疗过失行为,医疗机构及其医务人员应当立即采取有效措施,避免或者减轻对患者身体健康的损害,防止损害扩大。

第十六条 发生医疗事故争议时,死亡病例讨论记录、疑难病例讨论记录、上级医师查房记录、会诊意见、病程记录应当在医患双方在场的情况下封存和启封。封存的病历资料可以是复印件,由医疗机构保管。

第十七条 疑似输液、输血、注射、药物等引起不良后果的,医患双方应当共同对现场实物进行封存和启封,封存的现场实物由医疗机构保管;需要检验的,应当由双方共同指定的、依法具有检验资格的检验机构进行检验;双方无法共同指定时,由卫生行政部门指定。

疑似输血引起不良后果,需要对血液进行封存保留的,医疗机构应当通知提供该血液的采供血机构派员到场。

第十八条 患者死亡,医患双方当事人不能确定死因或者对死因有异议的,应当在患者死亡后48小时内进行尸检;具备尸体冻存条件的,可以延长至7日。尸检应当经死者近亲属同意并签字。

尸检应当由按照国家有关规定取得相应资格的机构和病理解剖专业技术人员进行。承担尸检任务的机构和病理解剖专业技术人员有进行尸检的义务。

医疗事故争议双方当事人可以请法医病理学人员参加尸检,也可以委派代表观察尸检过程。拒绝或者拖延尸检,超过规定时间,影响对死因判定的,由拒绝或者拖延的一方承担责任。

第十九条 患者在医疗机构内死亡的,尸体应当立即移放太平间。死者尸体存放时间一般不得超过2周。逾期不处理的尸体,经医疗机构所在地卫生行政部门批准,并报经同级公安部门备案后,由医疗机构按照规定进行处理。

第三章 医疗事故的技术鉴定

第二十条 卫生行政部门接到医疗机构关于重大医疗过失行为的报告或者医疗事故争议当事人要求处理医疗事故争议的申请后,对需要进行医疗事故技术鉴定的,应当交由负责医疗事故技术鉴定工作的医学会组织鉴定;医患双方协商解决医疗事故争议,需要进行医疗事故技术鉴定的,由双方当事人共同委托负责医疗事故技术鉴定工作的医学会组织鉴定。

第二十一条 设区的市级地方医学会和省、自治区、直辖市直接管辖的县(市)地方医学会负责组织首次医疗事故技术鉴定工作。省、自治区、直辖市地方医学会负责组织再次鉴定工作。

必要时,中华医学会可以组织疑难、复杂并在全国有重大影响的医疗事故争议的技术鉴定工作。

第二十二条 当事人对首次医疗事故技术鉴定结论不服的,可以自收到首次鉴定结论之日起15日内向医疗机构所在地卫生行政部门提出再次鉴定的申请。

第二十三条 负责组织医疗事故技术鉴定工作的医学会应当建立专家库。

专家库由具备下列条件的医疗卫生专业技术人员组成:

(一)有良好的业务素质和执业品德;

(二)受聘于医疗卫生机构或者医学教学、科研机构并担任相应专业高级技术职务3年以上。

符合前款第(一)项规定条件并具备高级技术任职资格的法医可以受聘进入专家库。

负责组织医疗事故技术鉴定工作的医学会依照本条例规定聘请医疗卫生专业技术人员和法医进入专家库,可以不受行政区域的限制。

第二十四条 医疗事故技术鉴定,由负责组织医疗事故技术鉴定工作的医学会组织专家鉴定组进行。

参加医疗事故技术鉴定的相关专业的专家,由医患双方在医学会主持下从专家库中随机抽取。在特殊情况下,医学会根据医疗事故技术鉴定工作的需要,可以组织医患双方在其他医学会建立的专家库中随机抽取相关专业的专家参加鉴定或者函件咨询。

符合本条例第二十三条规定条件的医疗卫生专业技术人员和法医有义务受聘进入专家库,并承担医疗事故技术鉴定工作。

第二十五条 专家鉴定组进行医疗事故技术鉴定,实行合议制。专家鉴定组人数为单数,涉及的主要学科的专家一般不得少于鉴定组成员的二分之一;涉及死因、伤残等级鉴定的,并应当从专家库中随机抽取法医参加专家鉴定组。

第二十六条 专家鉴定组成员有下列情形之一的,应当回避,当事人也可以以口头或者书面的方式申请其回避:

(一)是医疗事故争议当事人或者当事人的近亲属的;

(二)与医疗事故争议有利害关系的;

(三)与医疗事故争议当事人有其他关系,可能影响公正鉴定的。

第二十七条 专家鉴定组依照医疗卫生

管理法律、行政法规、部门规章和诊疗护理规范、常规,运用医学科学原理和专业知识,独立进行医疗事故技术鉴定,对医疗事故进行鉴别和判定,为处理医疗事故争议提供医学依据。

任何单位或者个人不得干扰医疗事故技术鉴定工作,不得威胁、利诱、辱骂、殴打专家鉴定组成员。

专家鉴定组成员不得接受双方当事人的财物或者其他利益。

第二十八条 负责组织医疗事故技术鉴定工作的医学会应当自受理医疗事故技术鉴定之日起5日内通知医疗事故争议双方当事人提交进行医疗事故技术鉴定所需的材料。

当事人应当自收到医学会的通知之日起10日内提交有关医疗事故技术鉴定的材料、书面陈述及答辩。医疗机构提交的有关医疗事故技术鉴定的材料应当包括下列内容:

(一)住院患者的病程记录、死亡病例讨论记录、疑难病例讨论记录、会诊意见、上级医师查房记录等病历资料原件;

(二)住院患者的住院志、体温单、医嘱单、化验单(检验报告)、医学影像检查资料、特殊检查同意书、手术同意书、手术及麻醉记录单、病理资料、护理记录等病历资料原件;

(三)抢救急危患者,在规定时间内补记的病历资料原件;

(四)封存保留的输液、注射用物品和血液、药物等实物,或者依法具有检验资格的检验机构对这些物品、实物作出的检验报告;

(五)与医疗事故技术鉴定有关的其他材料。

在医疗机构建有病历档案的门诊、急诊患者,其病历资料由医疗机构提供;没有在医疗机构建立病历档案的,由患者提供。

医患双方应当依照本条例的规定提交相关材料。医疗机构无正当理由未依照本条例的规定如实提供相关材料,导致医疗事故技术鉴定不能进行的,应当承担责任。

第二十九条 负责组织医疗事故技术鉴定工作的医学会应当自接到当事人提交的有关医疗事故技术鉴定的材料、书面陈述及答辩之日起45日内组织鉴定并出具医疗事故技术鉴定书。

负责组织医疗事故技术鉴定工作的医学会可以向双方当事人调查取证。

第三十条 专家鉴定组应当认真审查双方当事人提交的材料,听取双方当事人的陈述及答辩并进行核实。

双方当事人应当按照本条例的规定如实提交进行医疗事故技术鉴定所需要的材料,并积极配合调查。当事人任何一方不予配合,影响医疗事故技术鉴定的,由不予配合的一方承担责任。

第三十一条 专家鉴定组应当在事实清楚、证据确凿的基础上,综合分析患者的病情和个体差异,作出鉴定结论,并制作医疗事故技术鉴定书。鉴定结论以专家鉴定组成员的过半数通过。鉴定过程应当如实记载。

医疗事故技术鉴定书应当包括下列主要内容:

(一)双方当事人的基本情况及

要求；

（二）当事人提交的材料和负责组织医疗事故技术鉴定工作的医学会的调查材料；

（三）对鉴定过程的说明；

（四）医疗行为是否违反医疗卫生管理法律、行政法规、部门规章和诊疗护理规范、常规；

（五）医疗过失行为与人身损害后果之间是否存在因果关系；

（六）医疗过失行为在医疗事故损害后果中的责任程度；

（七）医疗事故等级；

（八）对医疗事故患者的医疗护理医学建议。

第三十二条 医疗事故技术鉴定办法由国务院卫生行政部门制定。

第三十三条 有下列情形之一的，不属于医疗事故：

（一）在紧急情况下为抢救垂危患者生命而采取紧急医学措施造成不良后果的；

（二）在医疗活动中由于患者病情异常或者患者体质特殊而发生医疗意外的；

（三）在现有医学科学技术条件下，发生无法预料或者不能防范的不良后果的；

（四）无过错输血感染造成不良后果的；

（五）因患方原因延误诊疗导致不良后果的；

（六）因不可抗力造成不良后果的。

第三十四条 医疗事故技术鉴定，可以收取鉴定费用。经鉴定，属于医疗事故的，鉴定费用由医疗机构支付；不属于医疗事故的，鉴定费用由提出医疗事故处理申请的一方支付。鉴定费用标准由省、自治区、直辖市人民政府价格主管部门会同同级财政部门、卫生行政部门规定。

第四章 医疗事故的行政处理与监督

第三十五条 卫生行政部门应当依照本条例和有关法律、行政法规、部门规章的规定，对发生医疗事故的医疗机构和医务人员作出行政处理。

第三十六条 卫生行政部门接到医疗机构关于重大医疗过失行为的报告后，除责令医疗机构及时采取必要的医疗救治措施，防止损害后果扩大外，应当组织调查，判定是否属于医疗事故；对不能判定是否属于医疗事故的，应当依照本条例的有关规定交由负责医疗事故技术鉴定工作的医学会组织鉴定。

第三十七条 发生医疗事故争议，当事人申请卫生行政部门处理的，应当提出书面申请。申请书应当载明申请人的基本情况、有关事实、具体请求及理由等。

当事人自知道或者应当知道其身体健康受到损害之日起1年内，可以向卫生行政部门提出医疗事故争议处理申请。

第三十八条 发生医疗事故争议，当事人申请卫生行政部门处理的，由医疗机构所在地的县级人民政府卫生行政部门受理。医疗机构所在地是直辖市的，由医疗机构所在地的区、县人民政府卫生行政部门受理。

有下列情形之一的，县级人民政府卫生行政部门应当自接到医疗机构的报告或者当事人提出医疗事故争议处理申请之日起7日内移送上一级人民政府卫生行政部门处理：

（一）患者死亡；

（二）可能为二级以上的医疗事故；

（三）国务院卫生行政部门和省、自治区、直辖市人民政府卫生行政部门规定的其他情形。

第三十九条　卫生行政部门应当自收到医疗事故争议处理申请之日起10日内进行审查，作出是否受理的决定。对符合本条例规定，予以受理，需要进行医疗事故技术鉴定的，应当自作出受理决定之日起5日内将有关材料交由负责医疗事故技术鉴定工作的医学会组织鉴定并书面通知申请人；对不符合本条例规定，不予受理的，应当书面通知申请人并说明理由。

当事人对首次医疗事故技术鉴定结论有异议，申请再次鉴定的，卫生行政部门应当自收到申请之日起7日内交由省、自治区、直辖市地方医学会组织再次鉴定。

第四十条　当事人既向卫生行政部门提出医疗事故争议处理申请，又向人民法院提起诉讼的，卫生行政部门不予受理；卫生行政部门已经受理的，应当终止处理。

第四十一条　卫生行政部门收到负责组织医疗事故技术鉴定工作的医学会出具的医疗事故技术鉴定书后，应当对参加鉴定的人员资格和专业类别、鉴定程序进行审核；必要时，可以组织调查，听取医疗事故争议双方当事人的意见。

第四十二条　卫生行政部门经审核，对符合本条例规定作出的医疗事故技术鉴定结论，应当作为对发生医疗事故的医疗机构和医务人员作出行政处理以及进行医疗事故赔偿调解的依据；经审核，发现医疗事故技术鉴定不符合本条例规定的，应当要求重新鉴定。

第四十三条　医疗事故争议由双方当事人自行协商解决的，医疗机构应当自协商解决之日起7日内向所在地卫生行政部门作出书面报告，并附具协议书。

第四十四条　医疗事故争议经人民法院调解或者判决解决的，医疗机构应当自收到生效的人民法院的调解书或者判决书之日起7日内向所在地卫生行政部门作出书面报告，并附具调解书或者判决书。

第四十五条　县级以上地方人民政府卫生行政部门应当按照规定逐级将当地发生的医疗事故以及依法对发生医疗事故的医疗机构和医务人员作出行政处理的情况，上报国务院卫生行政部门。

第五章　医疗事故的赔偿

第四十六条　发生医疗事故的赔偿等民事责任争议，医患双方可以协商解决；不愿意协商或者协商不成的，当事人可以向卫生行政部门提出调解申请，也可以直接向人民法院提起民事诉讼。

第四十七条 双方当事人协商解决医疗事故的赔偿等民事责任争议的,应当制作协议书。协议书应当载明双方当事人的基本情况和医疗事故的原因、双方当事人共同认定的医疗事故等级以及协商确定的赔偿数额等,并由双方当事人在协议书上签名。

第四十八条 已确定为医疗事故的,卫生行政部门应医疗事故争议双方当事人请求,可以进行医疗事故赔偿调解。调解时,应当遵循当事人双方自愿原则,并应当依据本条例的规定计算赔偿数额。

经调解,双方当事人就赔偿数额达成协议的,制作调解书,双方当事人应当履行;调解不成或者经调解达成协议后一方反悔的,卫生行政部门不再调解。

第四十九条 医疗事故赔偿,应当考虑下列因素,确定具体赔偿数额:

(一)医疗事故等级;

(二)医疗过失行为在医疗事故损害后果中的责任程度;

(三)医疗事故损害后果与患者原有疾病状况之间的关系。

不属于医疗事故的,医疗机构不承担赔偿责任。

第五十条 医疗事故赔偿,按照下列项目和标准计算:

(一)医疗费:按照医疗事故对患者造成的人身损害进行治疗所发生的医疗费用计算,凭据支付,但不包括原发病医疗费用。结案后确实需要继续治疗的,按照基本医疗费用支付。

(二)误工费:患者有固定收入的,按照本人因误工减少的固定收入计算,对收入高于医疗事故发生地上一年度职工年平均工资3倍以上的,按照3倍计算;无固定收入的,按照医疗事故发生地上一年度职工年平均工资计算。

(三)住院伙食补助费:按照医疗事故发生地国家机关一般工作人员的出差伙食补助标准计算。

(四)陪护费:患者住院期间需要专人陪护的,按照医疗事故发生地上一年度职工年平均工资计算。

(五)残疾生活补助费:根据伤残等级,按照医疗事故发生地居民年平均生活费计算,自定残之月起最长赔偿30年;但是,60周岁以上的,不超过15年;70周岁以上的,不超过5年。

(六)残疾用具费:因残疾需要配置补偿功能器具的,凭医疗机构证明,按照普及型器具的费用计算。

(七)丧葬费:按照医疗事故发生地规定的丧葬费补助标准计算。

(八)被扶养人生活费:以死者生前或者残疾者丧失劳动能力前实际扶养且没有劳动能力的人为限,按照其户籍所在地或者居所地居民最低生活保障标准计算。对不满16周岁的,扶养到16周岁。对年满16周岁但无劳动能力的,扶养20年;但是,60周岁以上的,不超过15年;70周岁以上的,不超过5年。

(九)交通费:按照患者实际必需的交通费用计算,凭据支付。

(十)住宿费:按照医疗事故发生地国家机关一般工作人员的出差住宿补助标准计算,凭据支付。

(十一)精神损害抚慰金:按照医

疗事故发生地居民年平均生活费计算。造成患者死亡的，赔偿年限最长不超过6年；造成患者残疾的，赔偿年限最长不超过3年。

第五十一条 参加医疗事故处理的患者近亲属所需交通费、误工费、住宿费，参照本条例第五十条的有关规定计算，计算费用的人数不超过2人。

医疗事故造成患者死亡的，参加丧葬活动的患者的配偶和直系亲属所需交通费、误工费、住宿费，参照本条例第五十条的有关规定计算，计算费用的人数不超过2人。

第五十二条 医疗事故赔偿费用，实行一次性结算，由承担医疗事故责任的医疗机构支付。

第六章 罚 则

第五十三条 卫生行政部门的工作人员在处理医疗事故过程中违反本条例的规定，利用职务上的便利收受他人财物或者其他利益，滥用职权，玩忽职守，或者发现违法行为不予查处，造成严重后果的，依照刑法关于受贿罪、滥用职权罪、玩忽职守罪或者其他有关罪的规定，依法追究刑事责任；尚不够刑事处罚的，依法给予降级或者撤职的行政处分。

第五十四条 卫生行政部门违反本条例的规定，有下列情形之一的，由上级卫生行政部门给予警告并责令限期改正；情节严重的，对负有责任的主管人员和其他直接责任人员依法给予行政处分：

（一）接到医疗机构关于重大医疗过失行为的报告后，未及时组织调查的；

（二）接到医疗事故争议处理申请后，未在规定时间内审查或者移送上一级人民政府卫生行政部门处理的；

（三）未将应当进行医疗事故技术鉴定的重大医疗过失行为或者医疗事故争议移交医学会组织鉴定的；

（四）未按照规定逐级将当地发生的医疗事故以及依法对发生医疗事故的医疗机构和医务人员的行政处理情况上报的；

（五）未依照本条例规定审核医疗事故技术鉴定书的。

第五十五条 医疗机构发生医疗事故的，由卫生行政部门根据医疗事故等级和情节，给予警告；情节严重的，责令限期停业整顿直至由原发证部门吊销执业许可证，对负有责任的医务人员依照刑法关于医疗事故罪的规定，依法追究刑事责任；尚不够刑事处罚的，依法给予行政处分或者纪律处分。

对发生医疗事故的有关医务人员，除依照前款处罚外，卫生行政部门并可以责令暂停6个月以上1年以下执业活动；情节严重的，吊销其执业证书。

第五十六条 医疗机构违反本条例的规定，有下列情形之一的，由卫生行政部门责令改正；情节严重的，对负有责任的主管人员和其他直接责任人员依法给予行政处分或者纪律处分：

（一）未如实告知患者病情、医疗措施和医疗风险的；

（二）没有正当理由，拒绝为患

者提供复印或者复制病历资料服务的；

（三）未按照国务院卫生行政部门规定的要求书写和妥善保管病历资料的；

（四）未在规定时间内补记抢救工作病历内容的；

（五）未按照本条例的规定封存、保管和启封病历资料和实物的；

（六）未设置医疗服务质量监控部门或者配备专（兼）职人员的；

（七）未制定有关医疗事故防范和处理预案的；

（八）未在规定时间内向卫生行政部门报告重大医疗过失行为的；

（九）未按照本条例的规定向卫生行政部门报告医疗事故的；

（十）未按照规定进行尸检和保存、处理尸体的。

第五十七条　参加医疗事故技术鉴定工作的人员违反本条例的规定，接受申请鉴定双方或者一方当事人的财物或者其他利益，出具虚假医疗事故技术鉴定书，造成严重后果的，依照刑法关于受贿罪的规定，依法追究刑事责任；尚不够刑事处罚的，由原发证部门吊销其执业证书或者资格证书。

第五十八条　医疗机构或者其他有关机构违反本条例的规定，有下列情形之一的，由卫生行政部门责令改正，给予警告；对负有责任的主管人员和其他直接责任人员依法给予行政处分和纪律处分；情节严重的，由原发证部门吊销其执业证书或者资格证书：

（一）承担尸检任务的机构没有正当理由，拒绝进行尸检的；

（二）涂改、伪造、隐匿、销毁病历资料的。

第五十九条　以医疗事故为由，寻衅滋事、抢夺病历资料，扰乱医疗机构正常医疗秩序和医疗事故技术鉴定工作，依照刑法关于扰乱社会秩序罪的规定，依法追究刑事责任；尚不够刑事处罚的，依法给予治安管理处罚。

第七章　附　　则

第六十条　本条例所称医疗机构，是指依照《医疗机构管理条例》的规定取得《医疗机构执业许可证》的机构。

县级以上城市从事计划生育技术服务的机构依照《计划生育技术服务管理条例》的规定开展与计划生育有关的临床医疗服务，发生的计划生育技术服务事故，依照本条例的有关规定处理；但是，其中不属于医疗机构的县级以上城市从事计划生育技术服务的机构发生的计划生育技术服务事故，由计划生育行政部门行使依照本条例有关规定由卫生行政部门承担的受理、交由负责医疗事故技术鉴定工作的医学会组织鉴定和赔偿调解的职能；对发生计划生育技术服务事故的该机构及其有关责任人员，依法进行处理。

第六十一条　非法行医，造成患者人身损害，不属于医疗事故，触犯刑律的，依法追究刑事责任；有关赔偿，由受害人直接向人民法院提起诉讼。

第六十二条　军队医疗机构的医疗事故处理办法，由中国人民解放军卫生主管部门会同国务院卫生行政部门依据本条例制定。

第六十三条 本条例自 2002 年 9 月 1 日起施行。1987 年 6 月 29 日国务院发布的《医疗事故处理办法》同时废止。本条例施行前已经处理结案的医疗事故争议,不再重新处理。

医疗废物管理行政处罚办法

1. 2004 年 5 月 27 日卫生部、国家环境保护总局令第 21 号公布
2. 根据 2010 年 12 月 22 日环境保护部令第 16 号《关于废止、修改部分环保部门规章和规范性文件的决定》修订

第一条 根据《中华人民共和国传染病防治法》、《中华人民共和国固体废物污染环境防治法》和《医疗废物管理条例》(以下简称《条例》),县级以上人民政府卫生行政主管部门和环境保护行政主管部门按照各自职责,对违反医疗废物管理规定的行为实施的行政处罚,适用本办法。

第二条 医疗卫生机构有《条例》第四十五条规定的下列情形之一的,由县级以上地方人民政府卫生行政主管部门责令限期改正,给予警告;逾期不改正的,处 2000 元以上 5000 元以下的罚款:

（一）未建立、健全医疗废物管理制度,或者未设置监控部门或者专(兼)职人员的;

（二）未对有关人员进行相关法律和专业技术、安全防护以及紧急处理等知识培训的;

（三）未对医疗废物进行登记或者未保存登记资料的;

（四）对使用后的医疗废物运送工具或者运送车辆未在指定地点及时进行消毒和清洁的;

（五）依照《条例》自行建有医疗废物处置设施的医疗卫生机构未定期对医疗废物处置设施的污染防治和卫生学效果进行检测、评价,或者未将检测、评价效果存档、报告的。

第三条 医疗废物集中处置单位有《条例》第四十五条规定的下列情形之一的,由县级以上地方人民政府环境保护行政主管部门责令限期改正,给予警告;逾期不改正的,处 2000 元以上 5000 元以下的罚款:

（一）未建立、健全医疗废物管理制度,或者未设置监控部门或者专(兼)职人员的;

（二）未对有关人员进行相关法律和专业技术、安全防护以及紧急处理等知识培训的;

（三）未对医疗废物进行登记或者未保存登记资料的;

（四）对使用后的医疗废物运送车辆未在指定地点及时进行消毒和清洁的;

（五）未及时收集、运送医疗废物的;

（六）未定期对医疗废物处置设施的污染防治和卫生学效果进行检测、评价,或者未将检测、评价效果存档、报告的。

第四条 医疗卫生机构、医疗废物集中处置单位有《条例》第四十五条规定的情形,未对从事医疗废物收集、运送、贮存、处置等工作的人员和管理人员采取职业卫生防护措施的,由县级以

上地方人民政府卫生行政主管部门责令限期改正,给予警告;逾期不改正的,处2000元以上5000元以下的罚款。

第五条 医疗卫生机构有《条例》第四十六条规定的下列情形之一的,由县级以上地方人民政府卫生行政主管部门责令限期改正,给予警告,可以并处5000元以下的罚款,逾期不改正的,处5000元以上3万元以下的罚款:

(一)贮存设施或者设备不符合环境保护、卫生要求的;

(二)未将医疗废物按照类别分置于专用包装物或者容器的;

(三)未使用符合标准的运送工具运送医疗废物的。

第六条 医疗废物集中处置单位有《条例》第四十六条规定的下列情形之一的,由县级以上地方人民政府环境保护行政主管部门责令限期改正,给予警告,可以并处5000元以下的罚款,逾期不改正的,处5000元以上3万元以下的罚款:

(一)贮存设施或者设备不符合环境保护、卫生要求的;

(二)未将医疗废物按照类别分置于专用包装物或者容器的;

(三)未使用符合标准的专用车辆运送医疗废物的;

(四)未安装污染物排放在线监控装置或者监控装置未经常处于正常运行状态的。

第七条 医疗卫生机构有《条例》第四十七条规定的下列情形之一的,由县级以上地方人民政府卫生行政主管部门责令限期改正,给予警告,并处5000元以上1万元以下的罚款;逾期不改正的,处1万元以上3万元以下的罚款:

(一)在医疗卫生机构内运送过程中丢弃医疗废物,在非贮存地点倾倒、堆放医疗废物或者将医疗废物混入其他废物和生活垃圾的;

(二)未按照《条例》的规定对污水、传染病病人或者疑似传染病病人的排泄物,进行严格消毒的,或者未达到国家规定的排放标准,排入医疗卫生机构内的污水处理系统的;

(三)对收治的传染病病人或者疑似传染病病人产生的生活垃圾,未按照医疗废物进行管理和处置的。

医疗卫生机构在医疗卫生机构外运送过程中丢弃医疗废物,在非贮存地点倾倒、堆放医疗废物或者将医疗废物混入其他废物和生活垃圾的,由县级以上地方人民政府环境保护行政主管部门依照《中华人民共和国固体废物污染环境防治法》第七十五条规定责令停止违法行为,限期改正,处一万元以上十万元以下的罚款。

第八条 医疗废物集中处置单位有《条例》第四十七条规定的情形,在运送过程中丢弃医疗废物,在非贮存地点倾倒、堆放医疗废物或者将医疗废物混入其他废物和生活垃圾的,由县级以上地方人民政府环境保护行政主管部门依照《中华人民共和国固体废物污染环境防治法》第七十五条规定责令停止违法行为,限期改正,处一万元以上十万元以下的罚款。

第九条 医疗废物集中处置单位和依照《条例》自行建有医疗废物处置设施的

医疗卫生机构,有《条例》第四十七条规定的情形,对医疗废物的处置不符合国家规定的环境保护、卫生标准、规范的,由县级以上地方人民政府环境保护行政主管部门责令限期改正,给予警告,并处5000元以上1万元以下的罚款;逾期不改正的,处1万元以上3万元以下的罚款。

第十条　医疗卫生机构、医疗废物集中处置单位有《条例》第四十七条规定的下列情形之一的,由县级以上人民政府环境保护行政主管部门依照《中华人民共和国固体废物污染环境防治法》第七十五条规定责令停止违法行为,限期改正,处二万元以上二十万元以下的罚款:

（一）未执行危险废物转移联单管理制度的;

（二）将医疗废物交给或委托给未取得经营许可证的单位或者个人收集、运送、贮存、处置的。

第十一条　有《条例》第四十九条规定的情形,医疗卫生机构发生医疗废物流失、泄露、扩散时,未采取紧急处理措施,或者未及时向卫生行政主管部门报告的,由县级以上地方人民政府卫生行政主管部门责令改正,给予警告,并处1万元以上3万元以下的罚款。

医疗废物集中处置单位发生医疗废物流失、泄露、扩散时,未采取紧急处理措施,或者未及时向环境保护行政主管部门报告的,由县级以上地方人民政府环境保护行政主管部门责令改正,给予警告,并处1万元以上3万元以下的罚款。

第十二条　有《条例》第五十条规定的情形,医疗卫生机构、医疗废物集中处置单位阻碍卫生行政主管部门执法人员执行职务,拒绝执法人员进入现场,或者不配合执法部门的检查、监测、调查取证的,由县级以上地方人民政府卫生行政主管部门责令改正,给予警告;拒不改正的,由原发证的卫生行政主管部门暂扣或者吊销医疗卫生机构的执业许可证件。

医疗卫生机构、医疗废物集中处置单位阻碍环境保护行政主管部门执法人员执行职务,拒绝执法人员进入现场,或者不配合执法部门的检查、监测、调查取证的,由县级以上地方人民政府环境保护行政主管部门依照《中华人民共和国固体废物污染环境防治法》第七十条规定责令限期改正;拒不改正或者在检查时弄虚作假的,处二千元以上二万元以下的罚款。

第十三条　有《条例》第五十一条规定的情形,不具备集中处置医疗废物条件的农村,医疗卫生机构未按照卫生行政主管部门有关疾病防治的要求处置医疗废物的,由县级人民政府卫生行政主管部门责令限期改正,给予警告;逾期不改正的,处1000元以上5000元以下的罚款;未按照环境保护行政主管部门有关环境污染防治的要求处置医疗废物的,由县级人民政府环境保护行政主管部门责令限期改正,给予警告;逾期不改正的,处1000元以上5000元以下的罚款。

第十四条　有《条例》第五十二条规定的情形,未取得经营许可证从事医疗废物的收集、运送、贮存、处置等活动的,由县级以上人民政府环境保护行政主管部门依照《中华人民共和国固体废物污染环境防治法》第七十七条规定责令停止违法行为，没收违法所得，可以并处违法所得三倍以下的罚款。

第十五条　有《条例》第四十七条、第四十八条、第四十九条、第五十一条规定的情形，医疗卫生机构造成传染病传播的，由县级以上地方人民政府卫生行政主管部门依法处罚，并由原发证的卫生行政主管部门暂扣或者吊销执业许可证件；造成环境污染事故的，由县级以上地方人民政府环境保护行政主管部门依照《中华人民共和国固体废物污染环境防治法》有关规定予以处罚，并由原发证的卫生行政主管部门暂扣或者吊销执业许可证件。

医疗废物集中处置单位造成传染病传播的，由县级以上地方人民政府卫生行政主管部门依法处罚，并由原发证的环境保护行政主管部门暂扣或者吊销经营许可证件；造成环境污染事故的，由县级以上地方人民政府环境保护行政主管部门依照《中华人民共和国固体废物污染环境防治法》有关规定予以处罚，并由原发证的环境保护行政主管部门暂扣或者吊销经营许可证件。

第十六条　有《条例》第五十三条规定的情形，转让、买卖医疗废物，邮寄或者通过铁路、航空运输医疗废物，或者违反《条例》规定通过水路运输医疗废物的，由县级以上地方人民政府环境保护行政主管部门责令转让、买卖双方、邮寄人、托运人立即停止违法行为，给予警告，没收违法所得；违法所得5000元以上的，并处违法所得2倍以上5倍以下的罚款；没有违法所得或者违法所得不足5000元的，并处5000元以上2万元以下的罚款。

承运人明知托运人违反《条例》的规定运输医疗废物，仍予以运输的，按照前款的规定予以处罚；承运人将医疗废物与旅客在同一工具上载运的，由县级以上人民政府环境保护行政主管部门依照《中华人民共和国固体废物污染环境防治法》第七十五条规定责令停止违法行为，限期改正，处一万元以上十万元以下的罚款。

第十七条　本办法自2004年6月1日起施行。

卫生行政处罚程序

1. 1997年6月19日卫生部令第53号发布
2. 根据2006年2月13日《卫生部关于修改〈卫生行政处罚程序〉第二十九条的通知》（卫政法发〔2006〕68号）修订

第一章　总　　则

第一条　为保证卫生行政机关正确行使行政处罚职权，保护公民、法人和其他组织的合法权益，维护公共利益和社会秩序，根据《行政处罚法》和有关卫生法律、法规的规定，制定本程序。

第二条　本程序所指行政处罚，是指县级以上卫生行政机关依据卫生法律、法规、规章，对应受制裁的违法行为，作出的警告、罚款、没收违法所得、责令停产停业、吊销许可证以及卫生法律、行政法规规定的其他行政处罚。

第三条 县级以上卫生行政机关对违反卫生法律、法规、规章的单位或个人进行行政处罚,适用本程序。

卫生法律、法规授予卫生行政处罚职权的卫生机构行使卫生行政处罚权的,依照本程序执行。

第四条 卫生行政机关实施行政处罚必须事实清楚,证据确凿,适用法律、法规、规章正确,坚持先调查取证后裁决、合法、适当、公正、公开和处罚与教育相结合的原则。

第五条 卫生行政机关应当建立对卫生行政处罚的监督制度。上级卫生行政机关对下级卫生行政机关实施行政处罚进行监督,卫生行政机关内部法制机构对本机关实施行政处罚进行监督。

第二章 管 辖

第六条 县级以上卫生行政机关负责查处所辖区域内的违反卫生法律、法规、规章的案件。

省级卫生行政机关可依据卫生法律、法规、规章和本地区的实际,规定所辖区内管辖的具体分工。

卫生部负责查处重大、复杂的案件。

第七条 上级卫生行政机关可将自己管辖的案件移交下级卫生行政机关处理;也可根据下级卫生行政机关的请求处理下级卫生行政机关管辖的案件。

第八条 两个以上卫生行政机关,在管辖发生争议时,报请其共同的上级卫生行政机关指定管辖。

第九条 卫生行政机关发现查处的案件不属于自己管辖,应当及时书面移送给有管辖权的卫生行政机关。

受移送的卫生行政机关应当将案件查处结果函告移送的卫生行政机关。

受移送地的卫生行政机关如果认为移送不当,应当报请共同的上级卫生行政机关指定管辖,不得再自行移送。

第十条 上级卫生行政机关在接到有关解决管辖争议或者报请移送管辖的请示后,应当在十日内作出具体管辖决定。

第十一条 国境卫生检疫机关依据国境卫生检疫法律、法规实施的行政处罚,由违法行为发生地的国境卫生检疫机关管辖。

卫生部卫生检疫局负责查处重大、复杂的案件。

卫生部卫生检疫局下设的国境卫生检疫机关间对管辖发生争议时,报请卫生部卫生检疫局指定管辖。

第十二条 法律、法规规定的受卫生部委托的有关部门的卫生主管机构,或者由卫生部会同其规定监督职责的国务院有关部门的卫生主管机构,负责规定管辖范围内的案件。

第十三条 卫生行政机关与第十二条所指的有关部门的卫生主管机构对管辖发生争议的,报请省级卫生行政机关指定管辖。

第三章 受理与立案

第十四条 卫生行政机关对下列案件应当及时受理并做好记录:

(一)在卫生监督管理中发现的;

（二）卫生机构监测报告的；

（三）社会举报的；

（四）上级卫生行政机关交办、下级卫生行政机关报请的或者有关部门移送的。

第十五条 卫生行政机关受理的案件符合下列条件的，应当在七日内立案：

（一）有明确的违法行为人或者危害后果；

（二）有来源可靠的事实依据；

（三）属于卫生行政处罚的范围；

（四）属于本机关管辖。

卫生行政机关对决定立案的应当制作报告，由直接领导批准，并确定立案日期和两名以上卫生执法人员为承办人。

第十六条 承办人有下列情形之一的，应当自行回避：

（一）是本案当事人的近亲属；

（二）与本案有利害关系；

（三）与本案当事人有其他利害关系，可能影响案件公正处理的。

当事人有权申请承办人回避。

回避申请由受理的卫生行政机关负责人决定。

第四章 调查取证

第十七条 对于依法给予卫生行政处罚的违法行为，卫生行政机关应当调查取证，查明违法事实。案件的调查取证，必须有两名以上执法人员参加，并出示有关证件。

对涉及国家机密、商业秘密和个人隐私的，应当保守秘密。

第十八条 卫生执法人员应分别询问当事人或证人，并当场制作询问笔录。询问笔录经核对无误后，卫生执法人员和被询问人应当在笔录上签名。被询问人拒绝签名的，应当由两名卫生执法人员在笔录上签名并注明情况。

第十九条 卫生执法人员进行现场检查时，应制作现场检查笔录，笔录经核对无误后，卫生执法人员和被检查人应当在笔录上签名，被检查人拒绝签名的，应当由两名卫生执法人员在笔录上签名并注明情况。

第二十条 调查取证的证据应当是原件、原物，调查取证原件、原物确有困难的，可由提交证据的单位或个人在复制品、照片等物件上签章，并注明"与原件（物）相同"字样或文字说明。

第二十一条 书证、物证、视听材料、证人证言、当事人陈述、鉴定结论、勘验笔录、现场检查笔录等，经卫生执法人员审查或调查属实，为卫生行政处罚证据。

第二十二条 卫生行政机关在收集证据时，在证据可能灭失、或者以后难以取得的情况下，经卫生行政机关负责人批准，可以先行登记保存。执法人员应向当事人出具由行政机关负责人签发的保存证据通知书。

卫生行政机关应当在七日内作出处理决定。卫生法律、法规另有规定的除外。

第二十三条 卫生执法人员调查违法事实，需要采集鉴定检验样品的，应当填写采样记录。所采集的样品应标明编号并及时进行鉴定检验。

第二十四条 调查终结后，承办人应当写出调查报告。其内容应当包括案由、案情、违法事实、违反法律、法规或规章的具体款项等。

第五章 处罚决定
第一节 一般程序

第二十五条 承办人在调查终结后,应当对违法行为的事实、性质、情节以及社会危害程度进行合议并作好记录,合议应当根据认定的违法事实,依照有关卫生法律、法规和规章的规定分别提出下列处理意见:

（一）确有应当受行政处罚的违法行为的,依法提出卫生行政处罚的意见;

（二）违法行为轻微的,依法提出不予卫生行政处罚的意见;

（三）违法事实不能成立的,依法提出不予卫生行政处罚的意见;

（四）违法行为不属于本机关管辖的,应当移送有管辖权的机关处理;

（五）违法行为构成犯罪需要追究刑事责任的,应当移送司法机关。同时应当予以行政处罚的,还应当依法提出卫生行政处罚的意见。

除前款第一项、第五项所述情形之外,承办人应制作结案报告,并经本机关负责人批准后结案。

第二十六条 卫生行政机关在作出合议之后,应当及时告知当事人行政处罚认定的事实、理由和依据,以及当事人依法享有的权利。适用听证程序的按本程序第三十三条规定。

卫生行政机关必须充分听取当事人的陈述和申辩,并进行复核,当事人提出的事实、理由或者证据成立的,应当采纳。

卫生行政机关不得因当事人申辩而加重处罚。

第二十七条 对当事人违法事实已查清,依据卫生法律、法规、规章的规定应给予行政处罚的,承办人应起草行政处罚决定书文稿,报卫生行政机关负责人审批。

卫生行政机关负责人应根据情节轻重及具体情况作出行政处罚决定。对于重大、复杂的行政处罚案件,应当由卫生行政机关负责人集体讨论决定。

行政处罚决定作出后,卫生行政机关应当制作行政处罚决定书。

第二十八条 卫生行政机关适用一般程序实施行政处罚时,对已有证据证明的违法行为,应当在发现违法行为或调查违法事实时,书面责令当事人改正或限期改正违法行为。

第二十九条 卫生行政机关应当自立案之日起三个月内作出行政处罚决定。

因特殊原因,需要延长前款规定的时间的,应当报请上级卫生行政机关批准。省级卫生行政机关需要延长时间的,由省级卫生行政机关负责人集体讨论决定。

第二节 听证程序

第三十条 卫生行政机关在作出的责令停产停业、吊销许可证或者较大数额罚款等行政处罚决定前,应当告知当事人有要求举行听证的权利。当事人要求听证的,卫生行政机关应当组织听证。听证由卫生行政机关内部法制机构或主管法制工作的综合机构负责。

对较大数额罚款的听证范围依照省、自治区、直辖市人大常委会或人民政府的具体规定执行。

国境卫生检疫机关对二万元以上数额的罚款实行听证。

第三十一条　听证遵循公正、公开的原则。除涉及国家秘密、商业秘密或者个人隐私外,听证应当以公开的方式进行。

听证实行告知、回避制度,依法保障当事人的陈述权和申辩权。

第三十二条　听证由作出行政处罚的卫生行政机关组织。当事人不承担卫生行政机关听证的费用。

第三十三条　卫生行政机关对于适用听证程序的卫生行政处罚案件,应当在作出行政处罚决定前,向当事人送达听证告知书。

听证告知书应当载明下列主要事项:

（一）当事人的姓名或者名称;

（二）当事人的违法行为、行政处罚的理由、依据和拟作出的行政处罚决定;

（三）告知当事人有要求听证的权利;

（四）告知提出听证要求的期限和听证组织机关。

听证告知书必须盖有卫生行政机关的印章。

第三十四条　卫生行政机关决定予以听证的,听证主持人应当在当事人提出听证要求之日起二日内确定举行听证时间、地点和方式,并在举行听证的七日前,将听证通知书送达当事人。

听证通知书应载明下列事项并加盖卫生行政机关印章:

（一）当事人的姓名或者名称;

（二）举行听证的时间、地点和方式;

（三）听证人员的姓名;

（四）告知当事人有权申请回避;

（五）告知当事人准备证据、通知证人等事项。

第三十五条　当事人接到听证通知书后,应当按期出席听证会。因故不能如期参加听证的,应当事先告知主持听证的卫生行政机关,并且获得批准。无正当理由不按期参加听证的,视为放弃听证要求,卫生行政机关予以书面记载。在听证举行过程中当事人放弃申辩和退出听证的,卫生行政机关可以宣布听证终止,并记入听证笔录。

第三十六条　卫生行政机关的听证人员包括听证主持人、听证员和书记员。

听证主持人由行政机关负责人指定本机关内部的非本案调查人员担任,一般由本机关法制机构人员或者专职法制人员担任。

听证员由卫生行政机关指定一至二名本机关内部的非本案调查人员担任。协助听证主持人组织听证。

书记员由卫生行政机关内部的一名非本案调查人员担任,负责听证笔录的制作和其他事务。

第三十七条　当事人认为听证主持人、听证员和书记员与本案有利害关系的,有权申请回避。听证员和书记员的回避,由听证主持人决定;听证主持人的回避由听证机构行政负责人决定。

第三十八条　有下列情形之一的,可以

延期举行听证：

（一）当事人有正当理由未到场的；

（二）当事人提出回避申请理由成立，需要重新确定主持人的；

（三）需要通知新的证人到场，或者有新的事实需要重新调查核实的；

（四）其他需要延期的情形。

第三十九条　举行听证时，案件调查人提出当事人违法事实、证据和适用听证程序的行政处罚建议，当事人进行陈述、申辩和质证。

案件调查人员对认定的事实负有举证责任，当事人对自己提出的主张负有举证责任。

第四十条　听证应当制作笔录，听证笔录应当载明下列事项：

（一）案由；

（二）听证参加人姓名或名称、地址；

（三）听证主持人、听证员、书记员姓名；

（四）举行听证的时间、地点、方式；

（五）案件调查人员提出的事实、证据和适用听证程序的行政处罚建议；

（六）当事人陈述、申辩和质证的内容；

（七）听证参加人签名或盖章。

听证主持人应当在听证后将听证笔录当场交当事人和案件调查人审核，并签名或盖章。当事人拒绝签名的，由听证主持人在听证笔录上说明情况。

第四十一条　听证结束后，听证主持人应当依据听证情况，提出书面意见。

第四十二条　卫生行政机关应当根据听证情况进行复核，违法事实清楚的，依法作出行政处罚决定；违法事实与原来认定有出入的，可以进行调查核实，在查清事实后，作出行政处罚决定。

第三节　简易程序

第四十三条　对于违法事实清楚、证据确凿并有下列情形之一的，卫生行政机关可当场作出卫生行政处罚决定：

（一）予以警告的行政处罚；

（二）对公民处以五十元以下罚款的行政处罚；

（三）对法人或者其他组织处以一千元以下罚款的行政处罚。

第四十四条　卫生行政执法人员当场作出行政处罚决定的，应当向当事人出示证件，填写预定格式、编有号码并加盖卫生行政机关印章的当场行政处罚决定书。

前款规定的行政处罚决定书应当载明当事人的违法行为、行政处罚依据(适用的法律、法规、规章名称及条、款、项、目)、具体处罚决定、时间、地点、卫生行政机关名称，并由执法人员签名或盖章。

第四十五条　卫生行政机关适用简易程序作出卫生行政处罚决定的，应在处罚决定书中书面责令当事人改正或限期改正违法行为。

第四十六条　卫生行政执法人员当场作出的行政处罚决定，应当在七日内报所属卫生行政机关备案。

第四节　送　达

第四十七条　卫生行政处罚决定书应当

在宣告后当场交付当事人并取得送达回执。当事人不在场的,卫生行政机关应当在七日内依照本节规定,将卫生行政处罚决定书送达当事人。

卫生行政处罚决定书由承办人送达被处罚的单位或个人签收,受送达人在送达回执上记明收到日期、签名或盖章。受送达人在送达回执上的签收日期为送达日期。

送达行政处罚决定书应直接送交受送达人。受送达人是公民的,本人不在时,交同住成年家属签收;受送达人是法人或者其他组织的,应由法定代表人、其他组织的主要负责人或者该法人、其他组织负责收件人员签收。

第四十八条　受送达人或者其同住成年家属拒收行政处罚决定书的,送达人应当邀请有关基层组织或者所在单位人员到场并说明情况,在行政处罚决定书送达回执上注明拒收事由和日期,由送达人、见证人签名(盖章),将行政处罚决定书留在被处罚单位或者个人处,即视为送达。

第四十九条　直接送达有困难的,可以委托就近的卫生行政机关代送或者用挂号邮寄送达,回执注明的收件日期即为送达日期。

第五十条　受送达人下落不明,或者依据本程序的其他方式无法送达的,以公告方式送达。

自发出公告之日起,经过六十日,即视为送达。

第六章　执行与结案

第五十一条　卫生行政处罚决定作出后,当事人应当在处罚决定的期限内予以履行。

第五十二条　当事人对卫生行政处罚决定不服申请行政复议或者提起行政诉讼的,行政处罚不停止执行,但行政复议或行政诉讼期间裁定停止执行的除外。

第五十三条　作出罚款决定的卫生行政机关应当与收缴罚款的机关分离,除按规定当场收缴的罚款外,作出行政处罚决定的卫生行政机关及卫生执法人员不得自行收缴罚款。

第五十四条　依据本程序第四十三条当场作出卫生行政处罚决定,有下列情形之一的,卫生执法人员可以当场收缴罚款:

(一)依法给予二十元以下罚款的;

(二)不当场收缴事后难以执行的。

卫生行政机关及其卫生执法人员当场收缴罚款的,必须向当事人出具省、自治区、直辖市财政部门统一制发的罚款收据。

第五十五条　在边远、水上、交通不便地区,卫生行政机关及卫生执法人员依照本程序规定作出处罚决定后,当事人向指定的银行缴纳罚款确有困难的,经当事人提出,卫生行政机关及其卫生执法人员可以当场收缴罚款。

第五十六条　当事人在法定期限内不申请行政复议或者不提起行政诉讼又不履行的,卫生行政机关可以采取下列措施:

(一)到期不缴纳罚款的每日按罚款数额的百分之三加处罚款;

(二)申请人民法院强制执行。

第五十七条　卫生行政处罚决定履行或

者执行后,承办人应当制作结案报告。并将有关案件材料进行整理装订,加盖案件承办人印章,归档保存。

第五十八条 卫生行政机关应当将适用听证程序的行政处罚案件在结案后一个月内报上一级卫生行政机关法制机构备案。

卫生部卫生检疫局适用听证程序的行政处罚案件,应当报卫生部法制机构备案。

第七章 附 则

第五十九条 本程序所称卫生执法人员是指依照卫生法律、法规、规章聘任的卫生监督员。

第六十条 卫生行政机关及其卫生执法人员违反本程序实施行政处罚,将依照《行政处罚法》的有关规定,追究法律责任。

第六十一条 卫生行政处罚文书规范由卫生部另行制定。

第六十二条 本程序由卫生部负责解释。

第六十三条 本程序自发布之日起实行。以前发布的有关规定与本程序不符的,以本程序为准。

卫生健康行政执法全过程记录工作规范

1. 2018年12月21日
2. 国卫监督发〔2018〕54号

第一章 总 则

第一条 为规范卫生健康行政执法全过程记录工作,促进严格规范公正文明执法,提高执法效能,维护人民群众合法权益,结合卫生健康行政执法工作实际,制定本规范。

第二条 卫生健康行政执法全过程记录,是指卫生健康执法人员运用执法文书制作、音像记录、电子数据采集等方式,对执法行为进行记录和归档,实现全过程留痕和可回溯管理。

第三条 本规范适用于行政许可、行政处罚、行政强制、行政监督检查等执法事项,其他执法种类由省级卫生健康行政部门根据法律法规和国家卫生健康委有关规章、规范性文件要求,结合本地区工作实际另行规定。

第四条 卫生健康行政执法全过程记录应当遵循合法、客观、全面、有效的原则。

第五条 各级卫生健康监督机构及其执法人员应当以执法文书作为全过程记录的基本形式,严格规范执法文书制作,逐步实现执法数据电子化采集和音像记录等全面普及。

第六条 国家卫生健康委负责指导全国卫生健康行政执法全过程记录工作。

县级以上地方卫生健康行政部门负责组织本辖区卫生健康行政执法全过程记录工作,制订行政执法全过程记录工作规划,建立健全卫生健康行政执法全过程记录具体制度。

各级卫生健康监督机构应当落实行政执法全过程记录工作制度,指导执法人员规范开展执法全过程记录。

第七条 各级卫生健康行政部门应当加强行政执法信息化建设,按照相关规定配备手持执法终端、执法记录仪等现场执法记录设备和音像记录资料自动传输、存储、管理等设备,提高执法效率和规范化水平。

第二章 记录方式及要求

第八条 卫生健康行政执法全过程记录包括执法文书制作、音像记录和电子数据采集等形式。

执法文书制作指采用纸质（或电子）卫生行政执法文书及其他纸质（或电子）文件对执法过程进行的书面记录，包括手写文书、经电子签章的电子文书和信息系统打印文书。

音像记录指通过照相机、录音机、摄像机、执法记录仪、视频监控等记录设备，实时对行政执法活动进行记录的方式。

电子数据采集指通过行政执法信息平台，记录各类卫生行政处罚活动过程中产生的数据资料，包括信息填报和网上运行等产生的数据记录资料以及据此生成的汇总数据和统计表等相关数据文件。

第九条 执法文书是执法全过程记录的基本形式。各级卫生健康监督机构及其执法人员应当严格按照法律法规规章和卫生健康行政执法文书规范等有关要求制作执法文书。

第十条 音像记录是执法文书制作和电子数据采集的有效补充。各级卫生健康监督机构及其执法人员可以在执法文书、信息数据采集的基础上对现场执法、调查取证、证据保存、举行听证、强制措施、留置送达和公告送达等容易引发争议的行政执法过程进行音像记录；对直接涉及生命健康、重大财产权益的现场执法活动和执法场所，应当进行全过程音像记录。

第十一条 电子数据采集是卫生健康行政执法全过程记录的重要内容。各级卫生健康监督机构及其执法人员应当严格按照法律法规规章和卫生健康监督信息报告工作要求进行记录，数据填报内容应当与执法文书相一致。

第十二条 执法音像记录应当包括执法时间、执法人员、执法对象以及执法内容，重点摄录以下内容：

（一）执法现场或相关内外部环境；

（二）当事人、证人等相关人员的体貌特征和言行举止；

（三）相关书证、物证、电子数据等现场证据，以及其他可以证明执法行为的证据；

（四）执法人员现场张贴公告，开具、送达法律文书和对有关财物采取措施情况；

（五）其他应当记录的重要内容。

固定场所音像记录内容应当包括监控地点、起止时间及相关事情经过等内容。

音像记录反映的执法过程起止时间应当与相应文书记载的起止时间一致。

第十三条 卫生健康行政执法中遇有涉及国家秘密、工作秘密、商业秘密及个人隐私的应当按保密权限和规定执行；因天气等其他不可抗力因素不能使用的可以停止使用音像记录。

对上述情况，执法人员应当在执法结束后及时制作工作记录，写明无法使用的原因，报本机构主要负责人审核后，一并存档。

第三章 记录保管、归档及调取

第十四条 各级卫生健康监督机构应当

指定专人负责卫生健康行政执法全过程记录资料的归档和管理。

第十五条 卫生健康执法人员应当在现场执法过程结束后2个工作日内,按要求将信息储存至执法信息系统或者专用存储器保存,不得由经办人员自行保存。如遇特殊情况不能移交的,需经机构主管领导批准延期移交。

第十六条 卫生健康行政执法事项办结后,应当依照有关要求,将行政执法过程中形成的记录资料整理成案卷后归档保存。

第十七条 各类执法文书、检测报告、相关工作记录等纸质记录资料保存期限参照文件材料归档范围和文书档案保管期限执行。

作为证据使用的音像记录资料保存期限应当与案卷保存期限相同;不作为证据使用的音像记录资料至少保存6个月。

第十八条 执法音像记录资料的使用应当综合考虑部门职责、岗位性质、工作职权等因素,严格限定使用权限。

音像记录需要作为证据使用的,应当由执法人员报经本机构负责人同意后,制作文字说明材料,注明制作人、提取人、提取时间等信息,将其复制后提供,并对调取情况记录在案。

第四章　工作考核及责任追究

第十九条 各级卫生健康行政部门应当定期对本级卫生健康监督机构执行全过程记录制度和设备设施管理情况进行检查,发现问题应当及时纠正。检查结果作为卫生健康监督机构及其执法人员重要考核依据。

第二十条 各级卫生健康监督机构应当将执法全过程记录制度的建立和实施情况纳入稽查,对执法全过程记录档案开展抽查工作,稽查结果应当纳入考核评议范围。

第二十一条 各级卫生健康监督机构及其执法人员在实施执法全过程记录中有下列情形之一的,由上级机关或有关部门责令限期整改;情节严重或造成严重后果的,对直接责任人及相关负责人依法给予处理。

(一)对应当记录的执法活动未予记录或丢失记录,影响案件事件处理或者造成其他不良影响的;

(二)剪接、删改、损毁现场执法音像记录资料的;

(三)擅自对外提供或者公开发布现场执法音像记录资料的。

第五章　附　　则

第二十二条 各级卫生健康行政部门可以根据本规范,结合本地区实际制订实施细则,并报上一级卫生健康行政部门备案。

第二十三条 本规范自印发之日起施行。

医疗保障行政处罚程序暂行规定

1. 2021年6月11日国家医疗保障局令第4号公布
2. 自2021年7月15日起施行

第一章　总　　则

第一条 为了规范医疗保障领域行政处

罚程序,确保医疗保障行政部门依法实施行政处罚,维护医疗保障基金安全,保护公民、法人和其他组织的合法权益,根据《中华人民共和国行政处罚法》《中华人民共和国行政强制法》等法律、行政法规,制定本规定。

第二条　医疗保障领域行政处罚,适用本规定。

第三条　医疗保障行政部门实施行政处罚遵循公正、公开的原则。坚持以事实为依据,与违法行为的事实、性质、情节以及社会危害程度相当。坚持处罚与教育相结合,做到事实清楚、证据确凿、依据正确、程序合法、处罚适当。

第四条　医疗保障行政部门应当全面落实行政执法公示制度、执法全过程记录制度、重大执法决定法制审核制度。

第五条　执法人员与案件有直接利害关系或者有其他关系可能影响公正执法的,应当回避。

当事人认为执法人员与案件有直接利害关系或者有其他关系可能影响公正执法的,有权申请回避。

当事人提出回避申请的,医疗保障行政部门应当依法审查。医疗保障行政部门主要负责人的回避,由医疗保障行政部门负责人集体讨论决定;医疗保障行政部门其他负责人的回避,由医疗保障行政部门主要负责人决定;其他有关人员的回避,由医疗保障行政部门负责人决定。决定作出前,不停止调查。

第六条　违法行为在二年内未被发现的,不再给予行政处罚;涉及公民生命健康安全且有危害后果的,上述期限延长至五年。

前款规定的期限,从违法行为发生之日起计算;违法行为有连续或者继续状态的,从行为终了之日起计算。

第七条　上级医疗保障行政部门对下级医疗保障行政部门实施的行政处罚,应当加强监督。

医疗保障行政部门法制机构对本部门实施的行政处罚,应当加强监督。

第八条　各级医疗保障行政部门可以依法委托符合法定条件的组织开展行政执法工作。行政强制措施权不得委托。

受委托组织在委托范围内,以委托行政机关的名义实施行政处罚,不得再委托其他组织或者个人实施行政处罚。

委托书应当载明委托的具体事项、权限、期限等内容。委托行政机关和受委托组织应当将委托书向社会公布。

委托行政机关对受委托组织实施行政处罚的行为应当负责监督,并对该行为的后果承担法律责任。

第二章　管辖和适用

第九条　医疗保障领域行政处罚由违法行为发生地的县级以上医疗保障行政部门管辖。法律、行政法规、部门规章另有规定的,从其规定。

医疗保障异地就医的违法行为,由就医地医疗保障行政部门调查处理。仅参保人员违法的,由参保地医疗保障行政部门调查处理。

第十条 两个以上医疗保障行政部门因管辖权发生争议的,应当自发生争议之日起七个工作日内协商解决;协商不成的,报请共同的上一级医疗保障行政部门指定管辖;也可以直接由共同的上一级医疗保障行政部门指定管辖。

第十一条 上级医疗保障行政部门认为有必要时,可以直接管辖下级医疗保障行政部门管辖的案件,也可以将本部门管辖的案件交由下级医疗保障行政部门管辖。法律、法规、规章明确规定案件应当由上级医疗保障行政部门管辖的,上级医疗保障部门不得将案件交由下级医疗保障行政部门管辖。

下级医疗保障行政部门认为依法应由其管辖的案件存在特殊原因,难以办理的,可以报请上一级医疗保障行政部门管辖或者指定管辖。上一级医疗保障行政部门应当自收到报送材料之日起七个工作日内作出书面决定。

第十二条 医疗保障行政部门发现所查处的案件属于其他医疗保障行政部门或其他行政管理部门管辖的,应当依法移送。

受移送的医疗保障行政部门对管辖权有异议的,应当报请共同的上一级医疗保障行政部门指定管辖,不得再自行移送。

第十三条 医疗保障行政部门实施行政处罚时,应当责令当事人改正或者限期改正违法行为。

第三章 行政处罚的普通程序

第十四条 医疗保障行政部门对依据监督检查职权或者通过投诉、举报、其他部门移送、上级交办等途径发现的违法行为线索,应当自发现线索或者收到材料之日起十五个工作日内予以核查,并决定是否立案;特殊情况下,经医疗保障行政部门主要负责人批准后,可以延长十五个工作日。

第十五条 立案应当符合下列标准:
（一）有明确的违法嫌疑人;
（二）经核查认为存在涉嫌违反医疗保障监督管理法律、法规、规章规定,应当给予行政处罚的行为;
（三）属于本部门管辖。
符合立案标准的,应当及时立案。

第十六条 行政处罚应当由具有医疗保障行政执法资格的执法人员实施,执法人员不得少于两人。

执法人员应当文明执法,尊重和保护当事人合法权益。

第十七条 除依据《行政处罚法》第五十一条规定的可以当场作出的行政处罚外,医疗保障行政部门发现公民、法人或者其他组织有依法应当给予行政处罚的行为的,必须全面、客观、公正地调查,收集有关证据;必要时,依照法律、法规的规定,可以进行检查。

医疗保障行政部门及参与案件办理的有关单位和人员对调查或者检查过程中知悉的国家秘密、商业秘密和个人隐私应当依法保密。不得将调查或者检查过程中获取、知悉的被调查或者被检查对象的资料或者相关信息用于医疗保障基金使用监管管理以外的其他目的,不得泄露、篡改、毁损、非法向他人提供当事人的个人信息和商业秘密。

第十八条 医疗保障行政部门开展行政执法,可以采取下列措施:

(一)进入被调查对象有关的场所进行检查,询问与调查事项有关的单位和个人,要求其对有关问题作出解释说明、提供有关材料;

(二)采取记录、录音、录像、照相或者复制等方式收集有关情况和资料;

(三)从相关信息系统中调取数据,要求被检查对象对疑点数据作出解释和说明;

(四)对可能被转移、隐匿或者灭失的资料等予以封存;

(五)聘请符合条件的会计师事务所等第三方机构和专业人员协助开展检查;

(六)法律、法规规定的其他措施。

第十九条 办案人员应当依法收集证据。证据包括:

(一)书证;

(二)物证;

(三)视听资料;

(四)电子数据;

(五)证人证言;

(六)当事人的陈述;

(七)鉴定意见;

(八)勘验笔录、现场笔录。

立案前核查或者监督检查过程中依法取得的证据材料,可以作为案件的证据使用。

对于移送的案件,移送机关依职权调查收集的证据材料,可以作为案件的证据使用。

证据经查证属实,作为认定案件事实的根据。

第二十条 办案人员在进入现场检查时,应当通知当事人或者有关人员到场,并按照有关规定采取拍照、录音、录像等方式记录现场情况。现场检查应当制作现场笔录,并由当事人或者有关人员以逐页签名或盖章等方式确认。

无法通知当事人或者有关人员到场,当事人或者有关人员拒绝接受调查及签名、盖章或者拒绝以其他方式确认的,办案人员应当在笔录或者其他材料上注明情况。

第二十一条 收集、调取的书证、物证应当是原件、原物。调取原件、原物有困难的,可以提取复制件、影印件或者抄录件,也可以拍摄或者制作足以反映原件、原物外形或者内容的照片、录像。复制件、影印件、抄录件和照片、录像由证据提供人核对无误后注明与原件、原物一致,并注明取证日期、证据出处,同时由证据提供人签名或者盖章。

第二十二条 收集、调取的视听资料应当是有关资料的原始载体。调取视听资料原始载体有困难的,可以提取复制件,并注明制作方法、制作时间、制作人等。声音资料应当附有该声音内容的文字记录。视听资料制作记录、声音文字记录同时由证据提供人核对无误后签名或者盖章。

第二十三条 医疗保障行政部门可以利用网络信息系统或者设备收集、固定违法行为证据。用来收集、固定违法行为证据的网络信息系统或者设备应当符合相关规定,保证所收集、固定电子数据的真实性、完整性。

医疗保障行政部门可以指派或者聘请具有专门知识的人员,辅助办案人员对案件关联的电子数据进行调取。

收集、调取的电子数据应当是有关数据的原始载体。收集电子数据原始载体有困难的,可以采用拷贝复制、委托分析、书式固定、拍照录像等方式取证,并注明制作方法、制作时间、制作人等。

医疗保障行政部门利用电子技术监控设备收集、固定违法事实的,证据记录内容应符合法律、法规的规定。

第二十四条 办案人员可以询问当事人及其他有关单位和个人。询问应当个别进行。询问应当制作笔录,笔录应当交被询问人核对;对阅读有困难的,应当向其宣读。笔录如有差错、遗漏,应当允许其更正或者补充。涂改部分应当由被询问人签名、盖章或者以其他方式确认。经核对无误后,由被询问人在笔录上逐页签名、盖章或者以其他方式确认。办案人员应当在笔录上签名。

第二十五条 为查明案情,需要对案件相关医疗文书、医疗证明等内容进行评审的,医疗保障行政部门可以组织有关专家进行评审。

第二十六条 医疗保障行政部门在收集证据时,在证据可能灭失或者以后难以取得的情况下,经医疗保障行政部门负责人批准,可以先行登记保存,并应当在七个工作日内及时作出处理决定。

情况紧急,需要当场采取先行登记保存措施的,执法人员应当在二十四小时内向医疗保障行政部门负责人报告,并补办批准手续。医疗保障行政部门负责人认为不应当采取先行登记保存措施的,应当立即解除。

第二十七条 先行登记保存有关证据,应当当场清点,开具清单,由当事人和办案人员签名或者盖章。清单交当事人一份,并当场交付先行登记保存证据通知书。

先行登记保存期间,当事人或者有关人员不得损毁、销毁或者转移证据。

第二十八条 对于先行登记保存的证据,医疗保障行政部门可以根据案件需要采取以下处理措施:

(一)根据情况及时采取记录、复制、拍照、录像等证据保全措施;

(二)可依法采取封存措施的,决定予以封存;

(三)违法事实不成立,或者违法事实成立但不予行政处罚的,决定解除先行登记保存措施。

逾期未采取相关措施的,先行登记保存措施自动解除。

第二十九条 医疗保障行政部门对可能被转移、隐匿或者灭失的资料,无法以先行登记保存措施加以证据保全,采取封存措施;采取或者解除封存措施的,应当经医疗保障行政部门负责人批准。

情况紧急,需要当场采取封存等行政强制措施的,执法人员应当在二十四小时内向医疗保障行政部门负责人报告,并补办批准手续。医疗保障行政部门负责人认为不应当采取行政强制措施的,应当立即解除。

第三十条　医疗保障行政部门实施封存等行政强制措施应当依照《中华人民共和国行政强制法》规定的程序进行,并当场交付实施行政强制措施决定书和清单。

第三十一条　封存的期限不得超过三十日;情况复杂的,经医疗保障行政部门负责人批准,可以延长,但是延长期限不得超过三十日。延长封存的决定应当及时书面告知当事人,并说明理由。

第三十二条　封存的资料应妥善保管,防止丢失、损毁、篡改和非法借阅;医疗保障行政部门可以委托第三人保管,第三人不得损毁、篡改或者擅自转移、处置。

第三十三条　有下列情形之一的,医疗保障行政部门应当及时作出解除封存决定:

（一）当事人没有违法行为;

（二）封存的资料与违法行为无关;

（三）对违法行为已经作出处理决定,不再需要封存;

（四）封存期限已经届满;

（五）其他不再需要采取封存措施的情形。

解除封存应当立即退还资料,并由办案人员和当事人在资料清单上签名或者盖章。

第三十四条　医疗保障行政部门在案件办理过程中需要其他行政区域医疗保障行政部门协助调查取证的,应当出具书面协助调查函。被请求协助的医疗保障行政部门在接到协助调查函之日起十五日内完成相关协查工作。需要延期完成或者无法协助的,应当在期限届满前告知提出协查请求的医疗保障行政部门。

第三十五条　医疗保障行政部门应当依法以文字、音像等形式,对行政处罚的立案、调查取证、审核决定、送达执行等进行全过程记录,归档保存。

第三十六条　案件调查终结,办案机构应当撰写案件调查终结报告,案件调查终结报告包括以下内容:

（一）当事人的基本情况;

（二）案件来源、调查经过及采取行政强制措施的情况;

（三）调查认定的事实及主要证据;

（四）违法行为性质;

（五）处理意见及依据;

（六）其他需要说明的事项。

第三十七条　有下列情形之一,在医疗保障行政部门负责人作出决定之前,应当进行法制审核,未经法制审核或者审核未通过的,不得作出决定:

（一）责令追回医保基金或者罚款数额较大的;

（二）责令解除医保服务协议等直接关系到当事人或第三人重大权益,经过听证程序的;

（三）案件情况疑难复杂、涉及多个法律关系的;

（四）涉及重大公共利益的;

（五）法律、法规规定的其他需要审核的重大行政执法情形。

法制审核由医疗保障行政部门法

制机构负责实施,同一案件的办案人员不得作为审核人员。

第三十八条 法制审核的主要内容包括:

(一)行政执法主体是否合法,行政执法人员是否具备执法资格;

(二)是否具有管辖权;

(三)案件事实是否清楚、证据是否充分;

(四)定性是否准确;

(五)适用依据是否正确;

(六)程序是否合法;

(七)处理是否适当;

(八)行政执法文书是否完备、规范;

(九)违法行为是否涉嫌犯罪、需要移送司法机关;

(十)其他需要合法性审核的内容。

第三十九条 法制机构经对案件进行审核,区别不同情况提出书面意见和建议:

(一)事实清楚、证据确凿充分、定性准确、适用法律正确、处罚适当、程序合法的,提出同意的意见;

(二)主要事实不清、证据不足的,提出继续调查或不予作出行政执法决定的意见;

(三)定性不准、适用法律不准确和执行裁量基准不当的,提出变更意见;

(四)超越执法权限或程序不合法的,提出纠正意见;

(五)认为有必要提出的其他意见和建议。

行政执法机构或办案人员应根据法制机构提出的上述第二项至第四项意见作出相应处理后再次进行法制审核。

第四十条 法制机构收到相关资料后,于十个工作日内审核完毕。因特殊情况需要延长的,经法制机构负责人批准后可延长十个工作日,但不得超过法定时限要求。

行政执法机构或办案人员与法制机构对审核意见不一致时,法制机构可以组织有关专家、法律顾问或者委托第三方专业机构论证,将论证意见等相关材料提交医疗保障行政部门负责人,由医疗保障行政部门负责人组织集体讨论决定。

第四十一条 根据调查情况,拟给予行政处罚的案件,医疗保障行政部门在作出行政处罚决定之前应当书面告知当事人拟作出行政处罚决定的事实、理由及依据,并告知当事人依法享有陈述权、申辩权。

医疗保障行政部门应当充分听取当事人陈述、申辩意见,对当事人提出的事实、理由和证据进行复核。

拟作出的行政处罚属于听证范围的,应当告知当事人有要求举行听证的权利,当事人要求听证的,医疗保障行政部门应当依法组织听证。

当事人提出的事实、理由或者证据成立的,医疗保障行政部门应当予以采纳,不得因当事人陈述、申辩或者申请听证而加重行政处罚。

第四十二条 有下列情形之一的,经医疗保障行政部门负责人批准,中止案件调查,并制作案件中止调查决定书:

（一）行政处罚决定必须以相关案件的裁判结果或者其他行政决定为依据，而相关案件尚未审结或者其他行政决定尚未作出；

（二）涉及法律适用等问题，需要送请有权机关作出解释或者确认；

（三）因不可抗力致使案件暂时无法调查；

（四）因当事人下落不明致使案件暂时无法调查；

（五）其他应当中止调查的情形。

中止调查的原因消除后，应当立即恢复案件调查。

第四十三条 医疗保障行政部门负责人经对案件调查终结报告、法制审核意见、当事人陈述和申辩意见或者听证报告等进行审查，根据不同情况，分别作出以下决定：

（一）确有依法应当给予行政处罚的违法行为的，根据情节轻重及具体情况，作出行政处罚决定；

（二）确有违法行为，但有依法不予行政处罚情形的，不予行政处罚；

（三）违法事实不能成立的，不得给予行政处罚；

（四）依法应移送其他行政管理部门或者医疗保障经办机构处理的，作出移送决定；

（五）违法行为涉嫌犯罪的，移送司法机关。

第四十四条 对下列情节复杂或者重大违法行为给予行政处罚的案件，应当由医疗保障行政部门负责人集体讨论决定：

（一）涉及重大安全问题或者有重大社会影响的案件；

（二）调查处理意见与法制审核意见存在重大分歧的案件；

（三）医疗保障行政部门负责人认为应当提交集体讨论的其他案件。

集体讨论应当形成讨论记录，集体讨论中有不同意见的，应当如实记录。讨论记录经参加讨论人员确认签字，存入案卷。

第四十五条 适用普通程序办理的案件应当自立案之日起九十日内作出处理决定。

因案情复杂或者其他原因，不能在规定期限内作出处理决定的，经医疗保障行政部门负责人批准，可以延长三十日。

案情特别复杂或者有其他特殊情况，经延期仍不能作出处理决定的，应当由医疗保障行政部门负责人集体讨论决定是否继续延期，决定继续延期的，应当同时确定延长的合理期限，但最长不得超过六十日。

案件处理过程中，检测检验、鉴定、听证、公告和专家评审时间不计入前款所指的案件办理期限。

第四十六条 医疗保障行政部门作出的行政处罚决定应当按照政府信息公开及行政执法公示制度等有关规定予以公开。公开的行政处罚决定被依法变更、撤销、确认违法或者确认无效的，医疗保障行政部门应在三日内变更行政处罚决定相关信息并说明理由。

第四十七条 具有下列情形之一的，经医疗保障行政部门负责人批准，终止案件调查：

（一）涉嫌违法的公民死亡（或者

下落不明长期无法调查的)或者法人、其他组织终止,并且无权利义务承受人等原因,致使案件调查无法继续进行的;

(二)移送司法机关追究刑事责任的;

(三)其他依法应当终止调查的。

对于终止调查的案件,已经采取强制措施的应当同时解除。

第四章 行政处罚的简易程序

第四十八条 违法事实确凿并有法定依据,对公民处以二百元以下、对法人或者其他组织处以三千元以下罚款或者警告的行政处罚的,可以当场作出行政处罚决定。

第四十九条 适用简易程序当场查处违法行为,办案人员应当向当事人出示执法证件,填写预定格式、编有号码的行政处罚决定书,并当场交付当事人。当事人拒绝签收的,应当在行政处罚决定书上注明。

第五十条 办案人员在行政处罚决定作出前,应当告知当事人拟作出的行政处罚内容及事实、理由、依据,并告知当事人有权进行陈述和申辩。当事人进行陈述和申辩的,办案人员应当记入笔录。

第五十一条 适用简易程序当场作出行政处罚决定的,办案人员应当在作出行政处罚决定之日起七个工作日内将处罚决定及相关材料报所属医疗保障行政部门备案。

第五章 执行与结案

第五十二条 依照本法规定当场作出行政处罚决定,有下列情形之一的,办案人员可以当场收缴罚款:

(一)依法给予一百元以下的罚款的;

(二)不当场收缴事后难以执行的。

办案人员当场收缴罚款的,必须向当事人出具国务院财政部门或者省、自治区、直辖市人民政府财政部门统一制发的专用票据;不出具财政部门统一制发的专用票据的,当事人有权拒绝缴纳罚款。

办案人员当场收缴的罚款,应当自收缴罚款之日起二个工作日内,交至医疗保障行政部门;医疗保障行政部门应当在二个工作日内将罚款缴付指定的银行。

第五十三条 退回的基金退回原医疗保障基金财政专户;罚款、没收的违法所得依法上缴国库。

行政处罚决定依法作出后,当事人应当在行政处罚决定规定的期限内予以履行。

当事人对行政处罚决定不服申请行政复议或者提起行政诉讼的,行政处罚决定不停止执行。法律另有规定的除外。

第五十四条 当事人确有经济困难,需要暂缓或者分期缴纳罚款的,应当提出申请。经医疗保障行政部门负责人批准,同意当事人暂缓或者分期缴纳罚款的,医疗保障行政部门应当书面告知当事人暂缓或者分期的期限以及罚款金额。

第五十五条 当事人逾期不履行行政处罚决定的,作出行政处罚决定的医疗保障行政部门可以采取下列措施:

（一）到期不缴纳罚款的，每日按罚款数额的百分之三加处罚款，加处罚款的数额不得超出罚款的数额；

（二）依照《中华人民共和国行政强制法》的规定申请人民法院强制执行。

医疗保障行政部门批准暂缓、分期缴纳罚款的，申请人民法院强制执行的期限，自暂缓或者分期缴纳罚款期限结束之日起计算。

第五十六条 有下列情形之一的，医疗保障行政部门可以结案：

（一）行政处罚决定执行完毕的；

（二）医疗保障行政部门依法申请人民法院强制执行行政处罚决定，人民法院依法受理的；

（三）不予行政处罚等无须执行的；

（四）医疗保障行政部门认为可以结案的其他情形。

办案人员应当填写行政处罚结案报告，经医疗保障行政部门负责人批准后，予以结案。

第五十七条 医疗保障行政部门应当按照下列要求及时将案件材料立卷归档：

（一）一案一卷；

（二）文书齐全，手续完备；

（三）案卷应当按顺序装订。

第六章 期间、送达

第五十八条 期间以时、日、月计算，期间开始的时或者日不计算在内。期间不包括在途时间。期间届满的最后一日为法定节假日的，以法定节假日后的第一日为期间届满的日期。

第五十九条 行政处罚决定书应当在宣告后当场交付当事人；当事人不在场的，医疗保障行政部门应当在七个工作日内依照《中华人民共和国民事诉讼法》的有关规定，将行政处罚决定书送达当事人。

当事人同意并签订确认书的，医疗保障行政部门可以采用传真、电子邮件等方式，将行政处罚决定书等送达当事人。

第七章 附 则

第六十条 本规定中的"以上"、"以下"、"内"均包括本数。

第六十一条 外国人、无国籍人、外国组织在中华人民共和国领域内有医疗保障违法行为，应当给予行政处罚的，适用本规定，法律、法规另有规定的除外。

第六十二条 本规定自2021年7月15日起施行。

5. 教育、文化旅游

中华人民共和国教育法

1. 1995年3月18日第八届全国人民代表大会第三次会议通过
2. 根据2009年8月27日第十一届全国人民代表大会常务委员会第十次会议《关于修改部分法律的决定》第一次修正
3. 根据2015年12月27日第十二届全国人民代表大会常务委员会第十八次会议《关于修改〈中华人民共和国教育法〉的决定》第二次修正
4. 根据2021年4月29日第十三届全国人民代表大会常务委员会第二十八次会议《关

于修改〈中华人民共和国教育法〉的决定》第三次修正

目 录

第一章 总 则
第二章 教育基本制度
第三章 学校及其他教育机构
第四章 教师和其他教育工作者
第五章 受教育者
第六章 教育与社会
第七章 教育投入与条件保障
第八章 教育对外交流与合作
第九章 法律责任
第十章 附 则

第一章 总 则

第一条 【立法目的和根据】为了发展教育事业,提高全民族的素质,促进社会主义物质文明和精神文明建设,根据宪法,制定本法。

第二条 【适用范围】在中华人民共和国境内的各级各类教育,适用本法。

第三条 【指导思想和基本原则】国家坚持中国共产党的领导,坚持以马克思列宁主义、毛泽东思想、邓小平理论、"三个代表"重要思想、科学发展观、习近平新时代中国特色社会主义思想为指导,遵循宪法确定的基本原则,发展社会主义的教育事业。

第四条 【教育的地位】教育是社会主义现代化建设的基础,对提高人民综合素质、促进人的全面发展、增强中华民族创新创造活力、实现中华民族伟大复兴具有决定性意义,国家保障教育事业优先发展。

全社会应当关心和支持教育事业的发展。

全社会应当尊重教师。

第五条 【教育的任务】教育必须为社会主义现代化建设服务、为人民服务,必须与生产劳动和社会实践相结合,培养德智体美劳全面发展的社会主义建设者和接班人。

第六条 【教育基本内容】教育应当坚持立德树人,对受教育者加强社会主义核心价值观教育,增强受教育者的社会责任感、创新精神和实践能力。

国家在受教育者中进行爱国主义、集体主义、中国特色社会主义的教育,进行理想、道德、纪律、法治、国防和民族团结的教育。

第七条 【继承和吸收】教育应当继承和弘扬中华优秀传统文化、革命文化、社会主义先进文化,吸收人类文明发展的一切优秀成果。

第八条 【教育与国家和社会利益】教育活动必须符合国家和社会公共利益。

国家实行教育与宗教相分离。任何组织和个人不得利用宗教进行妨碍国家教育制度的活动。

第九条 【公民的教育权利和义务】中华人民共和国公民有受教育的权利和义务。

公民不分民族、种族、性别、职业、财产状况、宗教信仰等,依法享有平等的受教育机会。

第十条 【帮助、扶持的教育】国家根据各少数民族的特点和需要,帮助各少数民族地区发展教育事业。

国家扶持边远贫困地区发展教育事业。

国家扶持和发展残疾人教育事业。

第十一条 【教育改革、公平、科研】国家适应社会主义市场经济发展和社会进步的需要,推进教育改革,推动各级各类教育协调发展、衔接融通,完善现代国民教育体系,健全终身教育体系,提高教育现代化水平。

国家采取措施促进教育公平,推动教育均衡发展。

国家支持、鼓励和组织教育科学研究,推广教育科学研究成果,促进教育质量提高。

第十二条 【语言文字】国家通用语言文字为学校及其他教育机构的基本教育教学语言文字,学校及其他教育机构应当使用国家通用语言文字进行教育教学。

民族自治地方以少数民族学生为主的学校及其他教育机构,从实际出发,使用国家通用语言文字和本民族或者当地民族通用的语言文字实施双语教育。

国家采取措施,为少数民族学生为主的学校及其他教育机构实施双语教育提供条件和支持。

第十三条 【奖励对象】国家对发展教育事业做出突出贡献的组织和个人,给予奖励。

第十四条 【管理体制】国务院和地方各级人民政府根据分级管理、分工负责的原则,领导和管理教育工作。

中等及中等以下教育在国务院领导下,由地方人民政府管理。

高等教育由国务院和省、自治区、直辖市人民政府管理。

第十五条 【教育行政部门】国务院教育行政部门主管全国教育工作,统筹规划、协调管理全国的教育事业。

县级以上地方各级人民政府教育行政部门主管本行政区域内的教育工作。

县级以上各级人民政府其他有关部门在各自的职责范围内,负责有关的教育工作。

第十六条 【人大监督】国务院和县级以上地方各级人民政府应当向本级人民代表大会或者其常务委员会报告教育工作和教育经费预算、决算情况,接受监督。

第二章 教育基本制度

第十七条 【教育阶段制度】国家实行学前教育、初等教育、中等教育、高等教育的学校教育制度。

国家建立科学的学制系统。学制系统内的学校和其他教育机构的设置、教育形式、修业年限、招生对象、培养目标等,由国务院或者由国务院授权教育行政部门规定。

第十八条 【学前教育】国家制定学前教育标准,加快普及学前教育,构建覆盖城乡,特别是农村的学前教育公共服务体系。

各级人民政府应当采取措施,为适龄儿童接受学前教育提供条件和支持。

第十九条 【义务教育】国家实行九年制义务教育制度。

各级人民政府采取各种措施保障适龄儿童、少年就学。

适龄儿童、少年的父母或者其他

监护人以及有关社会组织和个人有义务使适龄儿童、少年接受并完成规定年限的义务教育。

第二十条　【职业教育和继续教育】国家实行职业教育制度和继续教育制度。

各级人民政府、有关行政部门和行业组织以及企业事业组织应当采取措施，发展并保障公民接受职业学校教育或者各种形式的职业培训。

国家鼓励发展多种形式的继续教育，使公民接受适当形式的政治、经济、文化、科学、技术、业务等方面的教育，促进不同类型学习成果的互认和衔接，推动全民终身学习。

第二十一条　【考试制度】国家实行国家教育考试制度。

国家教育考试由国务院教育行政部门确定种类，并由国家批准的实施教育考试的机构承办。

第二十二条　【学业证书】国家实行学业证书制度。

经国家批准设立或者认可的学校及其他教育机构按照国家有关规定，颁发学历证书或者其他学业证书。

第二十三条　【学位制度】国家实行学位制度。

学位授予单位依法对达到一定学术水平或者专业技术水平的人员授予相应的学位，颁发学位证书。

第二十四条　【扫盲教育】各级人民政府、基层群众性自治组织和企业事业组织应当采取各种措施，开展扫除文盲的教育工作。

按照国家规定具有接受扫除文盲教育能力的公民，应当接受扫除文盲的教育。

第二十五条　【教育督导和教育评估】国家实行教育督导制度和学校及其他教育机构教育评估制度。

第三章　学校及其他教育机构

第二十六条　【举办学校及其他教育机构】国家制定教育发展规划，并举办学校及其他教育机构。

国家鼓励企业事业组织、社会团体、其他社会组织及公民个人依法举办学校及其他教育机构。

国家举办学校及其他教育机构，应当坚持勤俭节约的原则。

以财政性经费、捐赠资产举办或者参与举办的学校及其他教育机构不得设立为营利性组织。

第二十七条　【设立条件】设立学校及其他教育机构，必须具备下列基本条件：

（一）有组织机构和章程；

（二）有合格的教师；

（三）有符合规定标准的教学场所及设施、设备等；

（四）有必备的办学资金和稳定的经费来源。

第二十八条　【审批、注册和备案制度】学校及其他教育机构的设立、变更和终止，应当按照国家有关规定办理审核、批准、注册或者备案手续。

第二十九条　【学校权利】学校及其他教育机构行使下列权利：

（一）按照章程自主管理；

（二）组织实施教育教学活动；

（三）招收学生或者其他受教育者；

（四）对受教育者进行学籍管理，实施奖励或者处分；

（五）对受教育者颁发相应的学业证书；

（六）聘任教师及其他职工，实施奖励或者处分；

（七）管理、使用本单位的设施和经费；

（八）拒绝任何组织和个人对教育教学活动的非法干涉；

（九）法律、法规规定的其他权利。

国家保护学校及其他教育机构的合法权益不受侵犯。

第三十条　【学校义务】学校及其他教育机构应当履行下列义务：

（一）遵守法律、法规；

（二）贯彻国家的教育方针，执行国家教育教学标准，保证教育教学质量；

（三）维护受教育者、教师及其他职工的合法权益；

（四）以适当方式为受教育者及其监护人了解受教育者的学业成绩及其他有关情况提供便利；

（五）遵照国家有关规定收取费用并公开收费项目；

（六）依法接受监督。

第三十一条　【学校内部管理体制】学校及其他教育机构的举办者按照国家有关规定，确定其所举办的学校或者其他教育机构的管理体制。

学校及其他教育机构的校长或者主要行政负责人必须由具有中华人民共和国国籍、在中国境内定居、并具备国家规定任职条件的公民担任，其任免按照国家有关规定办理。学校的教学及其他行政管理，由校长负责。

学校及其他教育机构应当按照国家有关规定，通过以教师为主体的教职工代表大会等组织形式，保障教职工参与民主管理和监督。

第三十二条　【学校的法律地位】学校及其他教育机构具备法人条件的，自批准设立或者登记注册之日起取得法人资格。

学校及其他教育机构在民事活动中依法享有民事权利，承担民事责任。

学校及其他教育机构中的国有资产属于国家所有。

学校及其他教育机构兴办的校办产业独立承担民事责任。

第四章　教师和其他教育工作者

第三十三条　【教师的权利义务】教师享有法律规定的权利，履行法律规定的义务，忠诚于人民的教育事业。

第三十四条　【教师待遇】国家保护教师的合法权益，改善教师的工作条件和生活条件，提高教师的社会地位。

教师的工资报酬、福利待遇，依照法律、法规的规定办理。

第三十五条　【教师制度】国家实行教师资格、职务、聘任制度，通过考核、奖励、培养和培训，提高教师素质，加强教师队伍建设。

第三十六条　【管理人员和教辅人员等】学校及其他教育机构中的管理人员，实行教育职员制度。

学校及其他教育机构中的教学辅助人员和其他专业技术人员，实行专业技术职务聘任制度。

第五章　受 教 育 者

第三十七条　【受教育者的平等权】受教育者在入学、升学、就业等方面依法享有平等权利。

学校和有关行政部门应当按照国家有关规定,保障女子在入学、升学、就业、授予学位、派出留学等方面享有同男子平等的权利。

第三十八条 【国家和社会资助】国家、社会对符合入学条件、家庭经济困难的儿童、少年、青年,提供各种形式的资助。

第三十九条 【残疾人教育】国家、社会、学校及其他教育机构应当根据残疾人身心特性和需要实施教育,并为其提供帮助和便利。

第四十条 【违法犯罪的未成年人】国家、社会、家庭、学校及其他教育机构应当为有违法犯罪行为的未成年人接受教育创造条件。

第四十一条 【职业教育】从业人员有依法接受职业培训和继续教育的权利和义务。

国家机关、企业事业组织和其他社会组织,应当为本单位职工的学习和培训提供条件和便利。

第四十二条 【终身教育】国家鼓励学校及其他教育机构、社会组织采取措施,为公民接受终身教育创造条件。

第四十三条 【受教育者权利】受教育者享有下列权利:

(一)参加教育教学计划安排的各种活动,使用教育教学设施、设备、图书资料;

(二)按照国家有关规定获得奖学金、贷学金、助学金;

(三)在学业成绩和品行上获得公正评价,完成规定的学业后获得相应的学业证书、学位证书;

(四)对学校给予的处分不服向有关部门提出申诉,对学校、教师侵犯其人身权、财产权等合法权益,提出申诉或者依法提起诉讼;

(五)法律、法规规定的其他权利。

第四十四条 【受教育者义务】受教育者应当履行下列义务:

(一)遵守法律、法规;

(二)遵守学生行为规范,尊敬师长,养成良好的思想品德和行为习惯;

(三)努力学习,完成规定的学习任务;

(四)遵守所在学校或者其他教育机构的管理制度。

第四十五条 【学校、体育和卫生保健】教育、体育、卫生行政部门和学校及其他教育机构应当完善体育、卫生保健设施,保护学生的身心健康。

第六章 教育与社会

第四十六条 【社会环境】国家机关、军队、企业事业组织、社会团体及其他社会组织和个人,应当依法为儿童、少年、青年学生的身心健康成长创造良好的社会环境。

第四十七条 【社会合作】国家鼓励企业事业组织、社会团体及其他社会组织同高等学校、中等职业学校在教学、科研、技术开发和推广等方面进行多种形式的合作。

企业事业组织、社会团体及其他社会组织和个人,可以通过适当形式,支持学校的建设,参与学校管理。

第四十八条 【学生实习和社会实践】国家机关、军队、企业事业组织及其他社会组织应当为学校组织的学生实习、社会实践活动提供帮助和便利。

第四十九条　【社会公益活动】学校及其他教育机构在不影响正常教育教学活动的前提下,应当积极参加当地的社会公益活动。

第五十条　【家庭教育】未成年人的父母或者其他监护人应当为其未成年子女或者其他被监护人受教育提供必要条件。

未成年人的父母或者其他监护人应当配合学校及其他教育机构,对其未成年子女或者其他被监护人进行教育。

学校、教师可以对学生家长提供家庭教育指导。

第五十一条　【文化单位义务】图书馆、博物馆、科技馆、文化馆、美术馆、体育馆(场)等社会公共文化体育设施,以及历史文化古迹和革命纪念馆(地),应当对教师、学生实行优待,为受教育者接受教育提供便利。

广播、电视台(站)应当开设教育节目,促进受教育者思想品德、文化和科学技术素质的提高。

第五十二条　【校外教育】国家、社会建立和发展对未成年人进行校外教育的设施。

学校及其他教育机构应当同基层群众性自治组织、企业事业组织、社会团体相互配合,加强对未成年人的校外教育工作。

第五十三条　【社会文化教育】国家鼓励社会团体、社会文化机构及其他社会组织和个人开展有益于受教育者身心健康的社会文化教育活动。

第七章　教育投入与条件保障

第五十四条　【经费筹措体制】国家建立以财政拨款为主、其他多种渠道筹措教育经费为辅的体制,逐步增加对教育的投入,保证国家举办的学校教育经费的稳定来源。

企业事业组织、社会团体及其他社会组织和个人依法举办的学校及其他教育机构,办学经费由举办者负责筹措,各级人民政府可以给予适当支持。

第五十五条　【财政经费比例】国家财政性教育经费支出占国民生产总值的比例应当随着国民经济的发展和财政收入的增长逐步提高。具体比例和实施步骤由国务院规定。

全国各级财政支出总额中教育经费所占比例应当随着国民经济的发展逐步提高。

第五十六条　【经费支出与增长】各级人民政府的教育经费支出,按照事权和财权相统一的原则,在财政预算中单独列项。

各级人民政府教育财政拨款的增长应当高于财政经常性收入的增长,并使按在校学生人数平均的教育费用逐步增长,保证教师工资和学生人均公用经费逐步增长。

第五十七条　【专项资金】国务院及县级以上地方各级人民政府应当设立教育专项资金,重点扶持边远贫困地区、少数民族地区实施义务教育。

第五十八条　【教育费附加】税务机关依法足额征收教育费附加,由教育行政部门统筹管理,主要用于实施义务教育。

省、自治区、直辖市人民政府根据国务院的有关规定,可以决定开征用于教育的地方附加费,专款专用。

第五十九条 【校办产业】国家采取优惠措施,鼓励和扶持学校在不影响正常教育教学的前提下开展勤工俭学和社会服务,兴办校办产业。

第六十条 【捐资助学】国家鼓励境内、境外社会组织和个人捐资助学。

第六十一条 【经费、捐赠使用】国家财政性教育经费、社会组织和个人对教育的捐赠,必须用于教育,不得挪用、克扣。

第六十二条 【教育信贷】国家鼓励运用金融、信贷手段,支持教育事业的发展。

第六十三条 【经费监管】各级人民政府及其教育行政部门应当加强对学校及其他教育机构教育经费的监督管理,提高教育投资效益。

第六十四条 【学校基建】地方各级人民政府及其有关行政部门必须把学校的基本建设纳入城乡建设规划,统筹安排学校的基本建设用地及所需物资,按照国家有关规定实行优先、优惠政策。

第六十五条 【教学用品】各级人民政府对教科书及教学用图书资料的出版发行,对教学仪器、设备的生产和供应,对用于学校教育教学和科学研究的图书资料、教学仪器、设备的进口,按照国家有关规定实行优先、优惠政策。

第六十六条 【现代化教学手段】国家推进教育信息化,加快教育信息基础设施建设,利用信息技术促进优质教育资源普及共享,提高教育教学水平和教育管理水平。

县级以上人民政府及其有关部门应当发展教育信息技术和其他现代化教学方式,有关行政部门应当优先安排,给予扶持。

国家鼓励学校及其他教育机构推广运用现代化教学方式。

第八章 教育对外交流与合作

第六十七条 【对外交流合作原则】国家鼓励开展教育对外交流与合作,支持学校及其他教育机构引进优质教育资源,依法开展中外合作办学,发展国际教育服务,培养国际化人才。

教育对外交流与合作坚持独立自主、平等互利、相互尊重的原则,不得违反中国法律,不得损害国家主权、安全和社会公共利益。

第六十八条 【出国管理】中国境内公民出国留学、研究、进行学术交流或者任教,依照国家有关规定办理。

第六十九条 【境外人员入境学习】中国境外个人符合国家规定的条件并办理有关手续后,可以进入中国境内学校及其他教育机构学习、研究、进行学术交流或者任教,其合法权益受国家保护。

第七十条 【境外学业证书承认】中国对境外教育机构颁发的学位证书、学历证书及其他学业证书的承认,依照中华人民共和国缔结或者加入的国际条约办理,或者按照国家有关规定办理。

第九章 法律责任

第七十一条 【有关经费的违法责任】

违反国家有关规定,不按照预算核拨教育经费的,由同级人民政府限期核拨;情节严重的,对直接负责的主管人员和其他直接责任人员,依法给予处分。

违反国家财政制度、财务制度,挪用、克扣教育经费的,由上级机关责令限期归还被挪用、克扣的经费,并对直接负责的主管人员和其他直接责任人员,依法给予处分;构成犯罪的,依法追究刑事责任。

第七十二条 【扰乱教学秩序等行为的法律责任】结伙斗殴、寻衅滋事,扰乱学校及其他教育机构教育教学秩序或者破坏校舍、场地及其他财产的,由公安机关给予治安管理处罚;构成犯罪的,依法追究刑事责任。

侵占学校及其他教育机构的校舍、场地及其他财产的,依法承担民事责任。

第七十三条 【对有危险的教学设施不采取措施的法律责任】明知校舍或者教育教学设施有危险,而不采取措施,造成人员伤亡或者重大财产损失的,对直接负责的主管人员和其他直接责任人员,依法追究刑事责任。

第七十四条 【乱收费用的法律责任】违反国家有关规定,向学校或者其他教育机构收取费用的,由政府责令退还所收费用;对直接负责的主管人员和其他直接责任人员,依法给予处分。

第七十五条 【违法办学的法律责任】违反国家有关规定,举办学校或者其他教育机构的,由教育行政部门或者其他有关行政部门予以撤销;有违法所得的,没收违法所得;对直接负责的主管人员和其他直接责任人员,依法给予处分。

第七十六条 【违规招生的法律责任】学校或者其他教育机构违反国家有关规定招收学生的,由教育行政部门或者其他有关行政部门责令退回招收的学生,退还所收费用;对学校、其他教育机构给予警告,可以处违法所得五倍以下罚款;情节严重的,责令停止相关招生资格一年以上三年以下,直至撤销招生资格、吊销办学许可证;对直接负责的主管人员和其他直接责任人员,依法给予处分;构成犯罪的,依法追究刑事责任。

第七十七条 【徇私舞弊招生的法律责任】在招收学生工作中滥用职权、玩忽职守、徇私舞弊的,由教育行政部门或者其他有关行政部门责令退回招收的不符合入学条件的人员;对直接负责的主管人员和其他直接责任人员,依法给予处分;构成犯罪的,依法追究刑事责任。

盗用、冒用他人身份,顶替他人取得的入学资格的,由教育行政部门或者其他有关行政部门责令撤销入学资格,并责令停止参加相关国家教育考试二年以上五年以下;已经取得学位证书、学历证书或者其他学业证书的,由颁发机构撤销相关证书;已经成为公职人员的,依法给予开除处分;构成违反治安管理行为的,由公安机关依法给予治安管理处罚;构成犯罪的,依法追究刑事责任。

与他人串通,允许他人冒用本人身份,顶替本人取得的入学资格的,由教育行政部门或者其他有关行政部门责令停止参加相关国家教育考试一年以上三年以下;有违法所得的,没收违法所得;已经成为公职人员的,依法给予处分;构成违反治安管理行为的,由公安机关依法给予治安管理处罚;构成犯罪的,依法追究刑事责任。

组织、指使盗用或者冒用他人身份,顶替他人取得的入学资格的,有违法所得的,没收违法所得;属于公职人员的,依法给予处分;构成违反治安管理行为的,由公安机关依法给予治安管理处罚;构成犯罪的,依法追究刑事责任。

入学资格被顶替权利受到侵害的,可以请求恢复其入学资格。

第七十八条 【乱收学杂费的法律责任】 学校及其他教育机构违反国家有关规定向受教育者收取费用的,由教育行政部门或者其他有关行政部门责令退还所收费用;对直接负责的主管人员和其他直接责任人员,依法给予处分。

第七十九条 【非法获取试题或答案等行为的法律责任】 考生在国家教育考试中有下列行为之一的,由组织考试的教育考试机构工作人员在考试现场采取必要措施予以制止并终止其继续参加考试;组织考试的教育考试机构可以取消其相关考试资格或者考试成绩;情节严重的,由教育行政部门责令停止参加相关国家教育考试一年以上三年以下;构成违反治安管理行为的,由公安机关依法给予治安管理处罚;构成犯罪的,依法追究刑事责任:

(一)非法获取考试试题或者答案的;

(二)携带或者使用考试作弊器材、资料的;

(三)抄袭他人答案的;

(四)让他人代替自己参加考试的;

(五)其他以不正当手段获得考试成绩的作弊行为。

第八十条 【组织作弊等行为的法律责任】 任何组织或者个人在国家教育考试中有下列行为之一,有违法所得的,由公安机关没收违法所得,并处违法所得一倍以上五倍以下罚款;情节严重的,处五日以上十五日以下拘留;构成犯罪的,依法追究刑事责任;属于国家机关工作人员的,还应当依法给予处分:

(一)组织作弊的;

(二)通过提供考试作弊器材等方式为作弊提供帮助或者便利的;

(三)代替他人参加考试的;

(四)在考试结束前泄露、传播考试试题或者答案的;

(五)其他扰乱考试秩序的行为。

第八十一条 【疏于管理的法律责任】 举办国家教育考试,教育行政部门、教育考试机构疏于管理,造成考场秩序混乱、作弊情况严重的,对直接负责的主管人员和其他直接责任人员,依法给予处分;构成犯罪的,依法追究刑事责任。

第八十二条 【违法颁发学业证书等行为的法律责任】 学校或者其他教育机构违反本法规定,颁发学位证书、学历证书或者其他学业证书的,由教育行政部门或者其他有关行政部门宣布证书无效,责令收回或者予以没收;有违法所得的,没收违法所得;情节严重的,责令停止相关招生资格一年以上三年以下,直至撤销招生资格、颁发证书资格;对直接负责的主管人员和其他直接责任人员,依法给予处分。

前款规定以外的任何组织或者个人制造、销售、颁发假冒学位证书、学历证书或者其他学业证书,构成违反治安管理行为的,由公安机关依法给予治安管理处罚;构成犯罪的,依法追究刑事责任。

以作弊、剽窃、抄袭等欺诈行为或者其他不正当手段获得学位证书、学历证书或者其他学业证书的,由颁发机构撤销相关证书。购买、使用假冒学位证书、学历证书或者其他学业证书,构成违反治安管理行为的,由公安机关依法给予治安管理处罚。

第八十三条　【侵权行为的法律责任】违反本法规定,侵犯教师、受教育者、学校或者其他教育机构的合法权益,造成损失、损害的,应当依法承担民事责任。

第十章　附　　则

第八十四条　【军事和宗教教育】军事学校教育由中央军事委员会根据本法的原则规定。

宗教学校教育由国务院另行规定。

第八十五条　【外资办学】境外的组织和个人在中国境内办学和合作办学的办法,由国务院规定。

第八十六条　【施行日期】本法自1995年9月1日起施行。

文化市场综合行政执法管理办法

1. 2011年12月19日文化部令第52号发布
2. 自2012年2月1日起施行

第一章　总　　则

第一条　为规范文化市场综合行政执法行为,加强文化市场管理,维护文化市场秩序,保护公民、法人和其他组织的合法权益,促进文化市场健康发展,根据《中华人民共和国行政处罚法》、《中华人民共和国行政强制法》等国家有关法律、法规,制定本办法。

第二条　本办法所称文化市场综合行政执法是指文化市场综合行政执法机构(以下简称综合执法机构),依照国家有关法律、法规、规章的规定,对公民、法人或者其他组织的文化经营活动进行监督检查,并对违法行为进行处理的具体行政行为。

第三条　本办法所称综合执法机构包括:

(一)经法律、法规授权实施文化市场综合行政执法,对同级人民政府负责的执法机构;

(二)接受有关行政部门委托实施文化市场综合行政执法,接受委托机关的指导和监督,对委托机关负责的执法机构。

第四条　文化市场综合行政执法应当遵循公平、公正、公开的原则,建立权责明确、行为规范、监督有效、保障有力的行政执法运行机制。

第五条　文化部负责指导全国文化市场综合行政执法,建立统一完善的文化市场综合行政执法工作制度,建设全国文化市场技术监管体系,加强文化市场综合行政执法队伍的专业化、规范化、信息化建设,完善对文化市场综合行政执法工作的绩效考核。

各有关行政部门在各自职责权限范围内,指导综合执法机构依法开展执法业务。

各级综合执法机构依照职责分工负责本行政区域内的文化市场综合行政执法工作。

第二章　执法机构与执法人员

第六条　综合执法机构与各有关行政部门应当建立协作机制,及时掌握行政执法的依据、标准以及相关行政许可情况,定期通报市场动态和行政执法情况,提出政策或者工作建议。

第七条　文化市场综合行政执法人员(以下简称执法人员)应当具备以下条件:

(一)具有中华人民共和国国籍;
(二)年满十八周岁;
(三)遵纪守法、品行良好、身体健康;
(四)熟悉文化市场管理法律法规,掌握文化市场管理所需的业务知识和技能;
(五)无犯罪或者开除公职记录;
(六)法律法规规定的其他条件。

录用执法人员应当参照《中华人民共和国公务员法》的有关规定公开招考,择优录取。

第八条　执法人员经岗位培训和考试合格,取得《中华人民共和国文化市场综合行政执法证》或者各级人民政府核发的行政执法证后,方可从事行政执法工作。

综合执法机构应当每年对执法人员进行业务考核。对考核不合格的执法人员,应当暂扣执法证件。

第九条　综合执法机构应当有计划地对执法人员进行业务培训,鼓励和支持执法人员参加在职继续教育。

第十条　综合执法机构应当配备调查询问、证据保存等专用房间及交通、通讯、取证、检测等行政执法所必需的设施设备;为执法人员购买人身意外伤害保险。

第十一条　综合执法机构应当实行执法人员定期岗位轮换制度。执法人员在同一执法岗位上连续工作时间原则上不超过5年。

第十二条　各有关行政部门或者综合执法机构可按有关规定对工作成绩显著的综合执法机构和执法人员给予表彰、奖励。

第三章　执 法 程 序

第十三条　综合执法机构应当建立健全12318文化市场举报体系,向社会公布举报方式,依法及时有效受理、办理举报,对举报有功人员可给予一定奖励。

对日常巡查或者定期检查中发现的违法行为,公民、法人及其他组织举报的违法行为,上级交办的、下级报请处理的或者有关部门移送的案件,应当及时处理。

第十四条　重大案件发生后12小时内,

当地综合执法机构应当将案件情况向上级报告。上级综合执法机构或者委托机关应当对重大案件的查处进行督办。

第十五条 文化市场行政违法案件由违法行为发生地所在的县级以上有关行政部门或者综合执法机构管辖。法律、法规、规章另有规定的,从其规定。对管辖发生争议的,报请共同的上一级行政机关指定管辖。

发现受理的案件不属于自己管辖的,应当及时将案件移交给有管辖权的有关行政部门、综合执法机构;违法行为涉嫌构成犯罪的,应当移送司法机关依法处理。

第十六条 执法人员依法执行公务时,应当规范着装,佩戴执法标志。

第十七条 综合执法机构开展行政执法活动,应当严格按照法律、法规和本办法规定的程序进行,并依法制作执法文书。

第十八条 对于公民、法人或者其他组织违反文化市场管理法律法规的行为,依法应当给予行政处罚的,必须查明事实;违法事实不清的,不得给予行政处罚。

第十九条 在作出行政处罚之前,应当告知当事人作出行政处罚决定的事实、理由和依据,并告知当事人依法享有的权利。

执法人员应当充分听取当事人的陈述和申辩,并制作笔录,对当事人提出的事实、理由和证据进行复核,经复核成立的应当采纳。

第二十条 违法事实确凿并有法定依据,对公民处以50元以下、对法人或者其他组织处以1000元以下罚款或者警告的行政处罚的,可以当场作出处罚决定;执法人员应当填写预定格式、编有号码的行政处罚决定书,经签名或者盖章后,当场交付当事人。

执法人员应当自作出当场处罚决定之日起3日内向所属综合执法机构报告并备案。

第二十一条 除依法可以当场作出的行政处罚外,发现公民、法人或者其他组织有依法应当给予行政处罚的行为的,应当登记立案,客观公正地进行调查,收集有关证据,必要时可以依照法律、法规的有关规定进行检查。

证据包括书证、物证、证人证言、视听资料、当事人陈述、鉴定结论、勘验笔录和现场笔录或者其他有关证据。证据必须查证属实,才能作为认定事实的根据。

第二十二条 在调查或者执法检查时,执法人员不得少于2名,并应当向当事人或者有关人员出示执法证件。当事人及有关人员应当如实回答询问,并协助调查或者检查。执法人员应当制作调查询问或者现场检查笔录,经当事人或者有关人员核对无误后,由当事人或者有关人员签名或者盖章。当事人或者有关人员拒绝的,由2名以上执法人员在笔录上注明情况并签名。

执法人员与当事人有直接利害关系的,应当回避。

第二十三条 在调查或者执法检查中,发现正在发生的违法违规行为,情况紧急无法立案的,执法人员可以采取以下措施:

（一）对违法行为予以制止或者纠正；

（二）依据相关法律法规规定，对有关物品、工具进行查封或者扣押；

（三）收集、提取有关证据。

第二十四条　执法人员在收集证据时，可以采取抽样取证的方法；在证据可能灭失或者以后难以取得的情况下，经依法批准后，可以采取先行登记保存等措施。

对证据进行抽样取证或者登记保存，应当有当事人在场；当事人不在场或者拒绝到场的，可以请在场的其他人员见证并注明。

对抽样取证或者登记保存的物品应当开列清单，并依据情况分别制作抽样取证凭证或者证据登记保存清单，标明物品名称、数量、单价等事项，由执法人员、当事人签名或者盖章，交付当事人。当事人拒绝签名、盖章或者接收的，由2名以上执法人员在凭证或者清单上注明情况并签名。

登记保存物品时，在原地保存可能灭失或者妨害公共安全的，可以异地保存。

第二十五条　对先行登记保存的证据，应当在7日内作出下列处理决定：

（一）需要进行技术检验或者鉴定的，送交检验或者鉴定；

（二）依法不需要没收的物品，退还当事人；

（三）依法应当移交有关部门处理的，移交有关部门。

法律法规另有规定的，从其规定。

第二十六条　对情节复杂或者重大的案件作出责令停业整顿、吊销许可证或者较大数额罚款等行政处罚前，应当经过集体讨论后，再做决定。

第二十七条　拟作出责令停业整顿、吊销许可证、较大数额罚款等行政处罚决定的，应当告知当事人有听证的权利。当事人要求听证的，应当组织听证。

第二十八条　听证会应当按照以下程序进行：

（一）听证主持人宣布听证开始，宣布案由、听证纪律、当事人的权利和义务，宣布和核对听证参加人员名单；

（二）调查人员提出当事人违法的事实、证据、处罚依据和行政处罚的理由；

（三）当事人可以提出证据，进行陈述和申辩，对调查人员提出的证据进行质证；

（四）听证主持人向当事人、调查人员、证人等有关人员询问；

（五）当事人最后陈述；

（六）听证主持人宣布听证结束。

第二十九条　听证会应当制作笔录，交当事人核阅无误后签字或者盖章。

听证主持人应当依据听证情况作出书面报告，报告的主要内容为：案由、听证时间、地点、听证参加人姓名或者名称，申辩和质证的事项，证据鉴别和事实认定情况。

第三十条　行政处罚决定书应当在宣告后当场交付当事人，由当事人在送达回证上记明收到日期，签名或者盖章。

当事人不在场的，应当自作出行政处罚决定之日起7日内依照民事诉讼法的有关规定，将行政处罚决定书送达当事人。

第三十一条　作出责令停业整顿、吊销许可证等重大行政处罚的,应当自作出行政处罚决定之日起15日内,报许可机关和上级综合执法机构备案,必要时可将处罚决定抄告有关部门。

第三十二条　依法没收的财物,必须按照国家有关规定公开拍卖或者处理。

依法应当予以销毁的物品,经综合执法机构负责人批准,由2名以上执法人员监督销毁,并制作销毁记录。

第三十三条　执法文书及有关材料,应当依照有关法律、法规、规章的规定,编目装订,立卷归档。

第四章　执法监督与责任追究

第三十四条　上级综合执法机构对下级综合执法机构及执法人员的执法行为实行执法监督。

综合执法机构接受同级人民政府及有关行政部门的执法监督。

第三十五条　执法监督的内容包括:

（一）执法主体;

（二）执法程序;

（三）法律、法规、规章的适用;

（四）履行法定职责的情况;

（五）罚没财物的处理;

（六）其他需要监督的内容。

第三十六条　执法监督的方式:

（一）受理对违法违规执法行为的申诉、控告和检举,并直接处理或者责成有关部门处理;

（二）对执法工作进行检查;

（三）调阅执法案卷和其他资料;

（四）在职权范围内采取的其他方式。

第三十七条　在执法过程中有下列情形之一的,应当予以纠正或者撤销行政处罚,损害当事人合法权益的,应当依法给予赔偿:

（一）执法主体不合法的;

（二）执法程序违法的;

（三）具体行政行为适用法律、法规、规章错误的;

（四）违法处置罚没或者扣押财物的。

第三十八条　因第三十七条列举情形造成以下后果的,应当依法追究直接责任人和主要负责人的责任:

（一）人民法院撤销、变更行政处罚决定的;

（二）复议机关撤销、变更行政处罚决定的。

第三十九条　执法人员有下列情形之一,尚不构成犯罪的,应当依法给予行政处分,并收回其执法证件;情节严重,构成犯罪的,依法追究刑事责任:

（一）滥用职权,侵犯公民、法人及其他组织合法权益的;

（二）利用职权或者工作之便索取或者收受他人财物,或者支持、纵容、包庇文化市场违法经营活动的;

（三）伪造、篡改、隐匿和销毁证据的;

（四）玩忽职守、贻误工作的;

（五）泄露举报内容和执法行动安排的;

（六）其他违反法律、法规、规章的行为。

第四十条　执法人员在被暂扣执法证件期间,不得从事行政执法工作;执法人员被收回执法证件的,应当调离执法岗位,不得再从事行政执法工作。

第五章 附 则

第四十一条 《中华人民共和国文化市场综合行政执法证》是执法人员履行职责时的合法证件,由文化部统一制式,省级文化行政部门或者综合执法机构监制并核发。

各级人民政府核发的行政执法证,也是执法人员履行职责时的合法证件。

执法文书由文化部统一格式,省级文化行政部门或者综合执法机构监制。

第四十二条 本办法所称"较大数额罚款"是指对公民处以1万元以上、对法人或者其他组织处以5万元以上的罚款,法律、法规、规章另有规定的,从其规定。

第四十三条 本办法由文化部负责解释。

第四十四条 本办法自2012年2月1日起施行。2006年7月1日文化部发布的《文化市场行政执法管理办法》同时废止。

文化市场综合执法行政处罚裁量权适用办法

1. 2021年2月9日文化和旅游部发布
2. 文旅综执发〔2021〕11号
3. 自2021年7月15日起施行

第一条 为进一步规范文化市场综合执法行政处罚裁量权的适用和监督,保障文化和旅游行政部门和文化市场综合执法机构(以下合并简称"执法部门")合法、合理地行使行政处罚裁量权,保护公民、法人和其他组织的合法权益,根据《中华人民共和国行政处罚法》以及国务院有关规定,制定本办法。

第二条 本办法所称文化市场综合执法行政处罚裁量权(以下简称"行政处罚裁量权"),是指执法部门对文化市场综合执法领域发生的违法行为实施行政处罚时,在法律、法规、规章规定的处罚种类和幅度内,综合考量违法行为的事实、性质、情节和社会危害程度等因素,决定是否给予处罚、给予何种种类和幅度的处罚的权限。

第三条 执法部门行使行政处罚裁量权,适用本办法。法律、法规、规章另有规定的,从其规定。

第四条 行使行政处罚裁量权,应当以事实为依据,与违法行为的事实、性质、情节以及社会危害程度相当,与违法行为发生地的经济社会发展水平相适应。同一行政区域对违法行为相同、相近或者相似的案件,适用的法律依据、处罚种类、处罚幅度应当基本一致。

第五条 行使行政处罚裁量权,应当坚持处罚与教育相结合的原则,纠正违法行为,教育公民、法人或者其他组织自觉守法。

第六条 同一违法行为违反不同法律、法规、规章的,在适用法律、法规、规章时应当遵循上位法优先、特别法优先的原则。

第七条 文化和旅游部可以根据需要,

针对特定的行政处罚事项制定裁量基准，规范统一裁量尺度。

第八条　法律、法规、规章对行政处罚事项规定有裁量空间的，省级执法部门应当根据本办法的规定，综合考虑裁量因素，制定本地区行政处罚裁量基准，供本地区执法部门实施行政处罚时参照执行。省级行政处罚裁量基准应当根据行政处罚裁量权依据的变动和执法工作实际，及时修订。

鼓励市县两级执法部门对省级行政处罚裁量基准进一步细化、量化。

各级执法部门应当在裁量基准正式印发后十五日内报上级执法部门和同级司法部门备案。

第九条　制定行政处罚裁量基准，应当参考既往行政处罚案例，对具备裁量基准条件的行政处罚事项的下列内容进行细化和量化：

（一）法律、法规、规章规定可以选择是否给予行政处罚的，应当明确是否处罚的具体适用情形；

（二）法律、法规、规章规定可以选择行政处罚种类的，应当明确适用不同处罚种类的具体适用情形；

（三）法律、法规、规章规定可以选择处罚幅度的，应当明确划分易于操作的裁量阶次，并对每一阶次行政处罚的具体适用情形及幅度等作出规定；

（四）法律、法规、规章规定可以单处或者并处行政处罚的，应当明确规定单处或者并处行政处罚的具体适用情形。

第十条　法律、法规、规章设定的处罚种类和罚款数额，在相应的幅度范围内分为从轻处罚、一般处罚、从重处罚。

除法律、法规、规章另有规定外，罚款处罚的数额按照以下标准确定：

（一）罚款为一定幅度的数额，应当在最高罚款数额与最低罚款数额之间合理划分三个区间，从轻处罚的数额应当介于最低区间范围，一般处罚应当介于中间区间范围，从重处罚应当介于最高区间范围；

（二）罚款为一定金额的倍数，应当在最高罚款倍数与最低罚款倍数之间合理划分三个区间，从轻处罚的倍数应当介于最低区间范围，一般处罚应当介于中间区间范围，从重处罚应当介于最高区间范围。

第十一条　同时具有两个以上从重情节且不具有从轻情节的，应当在违法行为对应的处罚幅度内按照最高档次实施行政处罚。

同时具有多种情节的，应当综合考虑违法行为的性质和主要情节，确定对应的处罚幅度实施行政处罚。

第十二条　有下列情形之一的，应当依法不予行政处罚：

（一）不满十四周岁的未成年人有违法行为的；

（二）精神病人、智力残疾人在不能辨认或者不能控制自己行为时有违法行为的；

（三）违法行为轻微并及时改正，没有造成危害后果的；

（四）当事人有证据足以证明没有主观过错的（法律、行政法规另有规定的，从其规定）；

（五）法律、法规、规章规定的其他

情形。

初次违法且危害后果轻微并及时改正的,可以不予行政处罚。

对当事人的违法行为依法不予行政处罚的,执法部门应当对当事人进行教育;有第一款第(一)项规定情形的,应当责令其监护人加以管教;有第一款第(二)项规定情形的,应当责令其监护人严加看管和治疗。

违法行为在二年内未被发现的,不再给予行政处罚,法律另有规定的除外。

第十三条 有下列情形之一的,应当依法从轻或者减轻处罚:

(一)已满十四周岁不满十八周岁的未成年人有违法行为的;

(二)主动消除或者减轻违法行为危害后果的;

(三)受他人胁迫或者诱骗实施违法行为的;

(四)主动供述执法部门尚未掌握的违法行为的;

(五)配合执法部门查处违法行为有立功表现的;

(六)法律、法规、规章规定的其他情形。

尚未完全丧失辨认或者控制自己行为能力的精神病人、智力残疾人有违法行为的,可以从轻或者减轻行政处罚。

第十四条 有下列情形之一的,应当依法从重处罚:

(一)危害国家文化安全和意识形态安全,严重扰乱市场经营秩序的;

(二)在共同实施的违法行为中起主要作用或者教唆、胁迫、诱骗他人实施违法行为的;

(三)经执法部门通过新闻媒体、发布公告等方式禁止或者告诫后,继续实施违法行为的;

(四)经执法部门责令改正违法行为后,继续实施同一违法行为的;

(五)因同种违法行为一年内受到三次及以上行政处罚的;

(六)隐匿、破坏、销毁、篡改有关证据,或者拒不配合、阻碍、以暴力威胁执法人员依法执行职务的;

(七)对证人、举报人或者执法人员打击报复的;

(八)违法行为引起群众强烈反映、引发群体性事件或者造成其他不良社会影响的;

(九)违反未成年人保护相关规定且情节严重的;

(十)扰乱公共秩序、妨害公共安全和社会管理,情节严重、尚未构成犯罪的;

(十一)法律、法规、规章规定的其他情形。

第十五条 违法行为不具有从轻或者减轻、从重情形的,应当给予一般处罚。

第十六条 案件调查终结后,承办案件的执法人员应当在充分考虑当事人的陈述和申辩后,对拟作出行政处罚的种类和幅度提出建议,并说明行使行政处罚裁量权的理由和依据;案件审核人员应当对行使行政处罚裁量权的情况提出审核意见,并逐级报批。

第十七条 从事法制审核工作的执法人员应当对行政处罚裁量权的行使进行合法性、合理性审核。

对情节复杂或者重大违法行为给

予行政处罚的,还应当履行集体讨论程序,并在集体讨论笔录中说明理由和依据。

第十八条　行政处罚事先告知书和行政处罚决定书应当具体说明行使行政处罚裁量权的理由和依据。

第十九条　除法律、法规、规章另有规定外,执法部门应当自立案之日起九十日内作出行政处罚决定。

执法部门在作出行政处罚决定前,依法需要公告、鉴定、听证的,所需时间不计算在前款规定的期限内。

第二十条　各级执法部门应当建立文化市场综合执法行政处罚典型案例指导、案卷评查、评议考核等制度,规范本地区行政处罚裁量权的行使。

第二十一条　执法部门应当应用文化市场综合执法信息化管理平台对行政处罚裁量权的行使情况实施监督检查。

第二十二条　执法部门发现本部门行政处罚裁量权行使不当的,应当及时、主动改正。

上级执法部门应当对下级执法部门行使行政处罚裁量权的情况进行指导、监督,发现下级执法部门行政处罚裁量权行使不当的,应当责令其及时改正。

第二十三条　执法人员滥用行政处罚裁量权的,依法追究行政责任;涉嫌违纪、犯罪的,移交纪检监察机关、司法机关依法依规处理。

第二十四条　县级以上执法部门制定的行政处罚裁量权基准,应当及时向社会公开。

第二十五条　本办法由文化和旅游部负责解释。

第二十六条　本办法自2021年7月15日起施行。原文化部2012年12月18日发布的《文化市场行政处罚自由裁量权适用办法(试行)》同时废止。

旅游行政处罚办法

1. 2013年5月12日国家旅游局令第38号公布
2. 自2013年10月1日起施行

第一章　总　　则

第一条　为规范旅游行政处罚行为,维护旅游市场秩序,保护旅游者、旅游经营者和旅游从业人员的合法权益,根据《中华人民共和国行政处罚法》、《中华人民共和国行政强制法》、《中华人民共和国旅游法》及有关法律、法规,制定本办法。

第二条　旅游行政处罚的实施和监督,应当遵守《中华人民共和国行政处罚法》、《中华人民共和国行政强制法》、《中华人民共和国旅游法》及有关法律、法规和本办法的规定。

第三条　实施旅游行政处罚,应当遵循合法合理、公正公开、处罚与教育相结合的原则。

第四条　旅游行政处罚的种类包括:

（一）警告;

（二）罚款;

（三）没收违法所得;

（四）暂停或者取消出国（境）旅游业务经营资格;

（五）责令停业整顿;

（六）暂扣或者吊销导游证、领队证;

（七）吊销旅行社业务经营许可证；

（八）法律、行政法规规定的其他种类。

第五条 县级以上人民政府组织旅游主管部门、有关主管部门和工商行政管理、产品质量监督、交通等执法部门对相关旅游经营行为实施监督检查。

县级以上旅游主管部门应当在同级人民政府的组织和领导下，加强与相关部门的执法协作和联合检查。

县级以上地方旅游主管部门应逐步建立跨地区协同执法机制，加强执法协作，共享旅游违法行为查处信息，配合、协助其他地区旅游主管部门依法对本地区旅游经营者和从业人员实施的行政处罚。

第六条 对在行政处罚中获取的涉及相对人商业秘密或者个人隐私的内容，旅游主管部门及其执法人员应当予以保密。

第七条 除涉及国家秘密、商业秘密和个人隐私外，行政处罚结果应当向社会公开。

第二章 旅游行政处罚的实施主体与管辖

第八条 县级以上旅游主管部门应当在法定职权范围内实施行政处罚。

法律、法规授权从事旅游执法的机构，应当在法定授权范围内以自己的名义实施行政处罚，并对该行为的后果独立承担法律责任。

第九条 旅游主管部门可以在其法定职权范围内委托符合法定条件的旅游质监执法机构实施行政处罚，并对该行为的后果承担法律责任。受委托机构在委托范围内，以作出委托的旅游主管部门的名义实施行政处罚。

旅游主管部门委托实施行政处罚的，应当与受委托机构签订书面委托书，载明受委托机构名称、委托的依据、事项、权限和责任等内容，报上一级旅游主管部门备案，并将受委托机构名称、委托权限和事项向社会公示。

委托实施行政处罚，可以设定委托期限。

第十条 县级以上旅游主管部门应当加强行政执法队伍建设，强化对执法人员的教育和培训，全面提高执法人员素质。

国家旅游局执法人员应当取得本局颁发的行政执法证件；县级以上地方旅游主管部门的执法人员应当取得县级以上地方人民政府颁发的行政执法证件。

第十一条 旅游行政处罚由违法行为发生地的县级以上地方旅游主管部门管辖。

旅行社组织境内旅游，旅游主管部门在查处地接社的违法行为时，发现组团社有其他违法行为的，应当将有关材料或其副本送组团社所在地县级以上地方旅游主管部门。旅行社组织出境旅游违法行为的处罚，由组团社所在地县级以上地方旅游主管部门管辖。

第十二条 国家旅游局负责查处在全国范围内有重大影响的案件。

省、自治区、直辖市旅游主管部门负责查处本地区内重大、复杂的案件。

设区的市级和县级旅游主管部门

的管辖权限,由省、自治区、直辖市旅游主管部门确定。

吊销旅行社业务经营许可证、导游证、领队证或者取消出国(境)旅游业务经营资格的行政处罚,由设区的市级以上旅游主管部门作出。

第十三条 旅游主管部门发现已立案的案件不属于自己管辖的,应当在10日内移送有管辖权的旅游主管部门或者其他部门处理。接受移送的旅游主管部门认为案件不属于本部门管辖的,应当报上级旅游主管部门指定管辖,不得再自行移送。

违法行为构成犯罪的,应当按照《行政执法机关移送涉嫌犯罪案件的规定》,将案件移送司法机关,不得以行政处罚代替刑事处罚。

第十四条 两个以上旅游主管部门都有管辖权的行政处罚案件,由最先立案的旅游主管部门管辖,或者由相关旅游主管部门协商;协商不成的,报共同的上级旅游主管部门指定管辖。

第十五条 上级旅游主管部门有权查处下级旅游主管部门管辖的案件,也可以把自己管辖的案件移交下级旅游主管部门查处。

下级旅游主管部门对其管辖的案件,认为需要由上级旅游主管部门查处的,可以报请上级旅游主管部门决定。

第三章 旅游行政处罚的适用

第十六条 国家旅游局逐步建立、完善旅游行政裁量权指导标准。各级旅游主管部门行使旅游行政处罚裁量权应当综合考虑下列情节:

(一)违法行为的具体方式、手段、程度或者次数;

(二)违法行为危害的对象或者所造成的危害后果;

(三)当事人改正违法行为的态度、措施和效果;

(四)当事人的主观过错程度。

旅游主管部门实施处罚时,对性质相同、情节相近、危害后果基本相当、违法主体类同的违法行为,处罚种类及处罚幅度应当基本一致。

第十七条 当事人的同一违法行为同时违反两个以上法律、法规或者规章规定的,效力高的优先适用。

法律、法规、规章规定两种以上处罚可以单处或者并处的,可以选择适用;规定应当并处的,不得选择适用。

对当事人的同一违法行为,不得给予两次以上罚款的行政处罚。

第十八条 违法行为轻微并及时纠正,且没有造成危害后果的,不予处罚。违法行为在2年内未被发现的,不再给予行政处罚,但法律另有规定的除外。

第十九条 有下列情形之一的,应当从轻或者减轻处罚:

(一)主动消除或者减轻违法行为危害后果的;

(二)受他人胁迫实施违法行为的;

(三)配合行政机关查处违法行为有立功表现的;

(四)其他依法应当从轻或者减轻处罚的情形。

第二十条 执法人员在现场检查中发现违法行为或者实施行政处罚时,应当责令当事人立即改正违法行为。不能立即改正的,应当责令限期改正,限期改正期限一般不得超过 15 日,改正期间当事人应当停止相关违法行为。

责令改正应当以书面形式作出,可以一并列入行政处罚决定书。单独出具责令改正通知书的,应当说明违法行为的事实,以及责令改正的依据、期限、要求。

第四章 旅游行政处罚的一般程序

第一节 立案和调查

第二十一条 旅游主管部门在监督检查、接到举报、处理投诉或者接受移送、交办的案件,发现当事人的行为涉嫌违反旅游法律、法规、规章时,对符合下列条件的,应当在 7 个工作日内立案:

(一)对该行为可能作出行政处罚的;

(二)属于本部门管辖的;

(三)违法行为未过追责时效的。

立案应当经案件承办机构或者旅游主管部门负责人批准。

案件情况复杂的,经承办机构负责人批准,立案时间可以延长至 14 个工作日内。

第二十二条 旅游主管部门对不符合立案条件的,不予立案;立案后发现不符合立案条件的,应当撤销立案。

对实名投诉、举报不予立案或者撤销立案的,应当告知投诉人、举报人,并说明理由。

第二十三条 在现场检查中发现旅游违法行为时,认为证据以后难以取得的,可以先行调查取证,并在 10 日内决定是否立案和补办立案手续。

第二十四条 对已经立案的案件,案件承办机构应当指定两名以上的执法人员承办,及时组织调查取证。

第二十五条 执法人员有下列情形之一的,应当自行回避,当事人及其代理人也有权申请其回避:

(一)是本案当事人或者其近亲属的;

(二)本人或者其近亲属与本案有直接利害关系的;

(三)与当事人有其他关系,可能影响公正执法的。

第二十六条 需要委托其他旅游主管部门协助调查取证的,应当出具书面委托调查函。受委托的旅游主管部门应当予以协助;有正当理由确实无法协助的,应当及时函告。

第二十七条 执法人员在调查、检查时,有权采取下列措施:

(一)进入有关场所进行检查、勘验、先行登记保存证据、录音、拍照、录像;

(二)询问当事人及有关人员,要求其说明相关事项和提供有关材料;

(三)查阅、复制经营记录和其他有关材料。

第二十八条 执法人员在调查、检查时,应当遵守下列规定:

(一)不得少于两人;

(二)佩戴执法标志,并向当事人或者有关人员出示执法证件;

(三)全面、客观、及时、公正地调查违法事实、违法情节和危害后果等情况;

（四）询问当事人时，应当告知其依法享有的权利；

（五）依法收集与案件有关的证据，不得以诱导、欺骗等违法手段获取证据；

（六）如实记录当事人、证人或者其他有关人员的陈述；

（七）除必要情况外，应当避免延误团队旅游行程。

第二十九条 旅游行政处罚的证据包括当事人的陈述和辩解、证人证言、现场笔录、勘验笔录、询问笔录、听证笔录、鉴定意见、视听资料、电子数据和书证、物证等。

据以认定事实的证据，应当合法取得，并经查证属实。

旅游主管部门办理移送或者指定管辖的案件，应当对原案件办理部门依法取得的证据进行核实。

第三十条 执法人员现场检查、勘验时，应当通知当事人到场，可以采取拍照、录像或者其他方式记录现场情况，并制作笔录，载明时间、地点和事件等内容。无法找到当事人、当事人拒绝到场或者在笔录上签名、盖章的，应当注明原因。有其亲属、所在单位人员或者基层组织人员等其他人在现场的，可由其他人签名。

第三十一条 执法人员询问当事人和有关人员时，应当单独进行，并制作询问笔录，由执法人员、被询问人、陈述人、谈话人签名或者盖章。一份询问笔录只能对应一个被询问人、陈述人或者谈话人。

第三十二条 执法人员应当收集、调取与案件有关的书证、物证、视听资料和电子数据等原始凭证作为证据，调取原始证据确有困难的，可以提取相应的复印件、复制件、照片、节录本或者录像。

书证应当经核对与原件无误，注明出证日期和证据出处，由证据提供人和执法人员签名或者盖章；证据提供人拒绝签名或者盖章的，应当注明原因。

第三十三条 在证据可能灭失或者以后难以取得的情况下，经旅游主管部门负责人批准，执法人员可以采取先行登记保存措施，并移转保存。执法人员难以保存或者无须移转的，可以就地保存。

情况紧急的，执法人员可以先采取登记保存措施，再报请旅游主管部门负责人批准。

先行登记保存有关证据，应当当场出具先行登记保存证据决定书，载明先行登记保存证据的名称、单位、数量以及保存地点、时间、要求等内容，送达当事人。

第三十四条 对于先行登记保存的证据，应当在7日内采取下列措施：

（一）及时采取记录、复制、拍照、录像、公证等证据保全措施；

（二）需要鉴定的，送交鉴定。

旅游主管部门应当在期限届满前，解除先行登记保存措施。已移转保存的，应当返还当事人。

第三十五条 有下列情形之一的，可以终结调查：

（一）违法事实清楚、证据充分的；

（二）违法事实不成立的；

（三）作为当事人的自然人死亡的；

(四)作为当事人的法人或者其他组织终止,无法人或者其他组织承受其权利义务,又无其他关系人可以追查的;

(五)其他依法应当终结调查的情形。

调查终结后,对违法行为应当给予处罚的,执法人员应当提出行政处罚建议,并报案件承办机构或者旅游主管部门负责人批准;不予处罚或者免予处罚的,报案件承办机构或者旅游主管部门负责人批准后,终止案件。

第二节 告知和听证

第三十六条 旅游主管部门在作出行政处罚决定前,应当以书面形式告知当事人作出行政处罚决定的事实、理由、依据和当事人依法享有的陈述、申辩权利。

旅游主管部门可以就违法行为的性质、情节、危害后果、主观过错等因素,以及选择的处罚种类、幅度等情况,向当事人作出说明。

第三十七条 旅游主管部门应当充分听取当事人的陈述和申辩并制作笔录,对当事人提出的事实、理由和证据,应当进行复核。当事人提出的事实、理由或者证据成立的,应当予以采纳;不能成立而不予采纳的,应当向当事人说明理由。

旅游主管部门不得因当事人申辩而加重处罚。

第三十八条 旅游主管部门作出较大数额罚款、没收较大数额违法所得、取消出国(境)旅游业务经营资格、责令停业整顿、吊销旅行社业务经营许可证、导游证或者领队证等行政处罚决定前,应当以书面形式告知当事人有申请听证的权利。

听证告知的内容应当包括:提出听证申请的期限,未如期提出申请的法律后果,以及受理听证申请的旅游主管部门名称、地址等内容。

第一款所称较大数额,对公民为1万元人民币以上、对法人或者其他组织为5万元人民币以上;地方人民代表大会及其常务委员会或者地方人民政府另有规定的,从其规定。

第三十九条 听证应当遵循公开、公正和效率的原则,保障当事人的合法权益。

除涉及国家秘密、商业秘密或者个人隐私的外,应当公开听证。

第四十条 当事人要求听证的,应当在收到行政处罚听证告知书后3日内,向听证部门提出申请。

旅游主管部门接到申请后,应当在30日内举行听证,并在听证7日前,将举行听证的时间、地点、主持人,以及当事人可以申请听证回避、公开、延期、委托代理人、提供证据等事项,书面通知当事人。

申请人不是本案当事人,当事人未在规定期限内提出申请,或者有其他不符合听证条件的情形,旅游主管部门可以不举行听证,但应当向申请人说明理由。

第四十一条 同一旅游行政处罚案件的两个以上当事人分别提出听证申请的,可以合并举行听证;部分当事人提出听证申请的,可以只对该部分当事人的有关情况进行听证。

第四十二条 当事人应当按期参加听证,未按期参加听证且未事先说明理由的,视为放弃听证权利。

当事人有正当理由要求延期的,经听证承办机构负责人批准可以延期一次,并通知听证参加人。延期不得超过15日。

第四十三条 听证应当由旅游主管部门负责法制工作的机构承办。听证由一名主持人和若干名听证员组织,也可以由主持人一人组织。听证主持人、听证员、书记员应当由旅游主管部门负责人指定的非本案调查人员担任。

涉及专业知识的听证案件,可以邀请有关专家担任听证员。

听证参加人由案件调查人员、当事人和与本案处理结果有直接利害关系的第三人及其委托代理人等组成。公开举行的听证,公民、法人或者其他组织可以申请参加旁听。

当事人认为听证主持人、听证员或者书记员与本案有直接利害关系的,有权向旅游主管部门提出回避申请。

第四十四条 当事人在听证中有下列权利:

(一)对案件事实、适用法律及有关情况进行陈述和申辩;

(二)对案件调查人员提出的证据进行质证并提出新的证据;

(三)核对听证笔录,依法查阅案卷相关证据材料。

当事人、案件调查人员、第三人、有关证人举证、质证应当客观、真实,如实陈述案件事实和回答主持人的提问,遵守听证纪律。

听证主持人有权对参加人不当的辩论内容予以制止,维护正常的听证程序。听证参加人和旁听人员违反听证纪律的,听证主持人可以予以警告,情节特别严重的,可以责令其退出会场。

第四十五条 组织听证应当按下列程序进行:

(一)听证主持人询问核实案件调查人员、听证当事人、第三人的身份,宣布听证的目的、会场纪律、注意事项、当事人的权利和义务,介绍听证主持人、听证员和书记员,询问当事人、第三人是否申请回避,宣布听证开始;

(二)调查人员就当事人的违法事实进行陈述,并向听证主持人提交有关证据、处罚依据;

(三)当事人就案件的事实进行陈述和辩解,提交有关证据;

(四)第三人陈述事实,并就其要求提出理由,提交证据;

(五)调查人员、当事人、第三人对相关证据进行质证,听证主持人对重要的事实及证据予以核实;

(六)调查人员、当事人、第三人就与本案相关的事实、处罚理由和依据进行辩论;

(七)调查人员、当事人、第三人作最后陈述;

(八)主持人宣布听证结束。

听证过程应当制作笔录,案件调查人员、当事人、第三人应当在听证结束后核对听证笔录,确认无误后签名或者盖章。

第四十六条 听证主持人认为听证过程中提出的新的事实、理由、依据有待进一步调查核实或者鉴定的,可以中止听证并通知听证参加人。经调查核实或者作出鉴定意见后,应当恢复听证。

第四十七条 有下列情形之一的,终止听证:

(一)申请人撤回听证申请的;

(二)申请人无正当理由不参加听证会、在听证中擅自退场,或者严重违反听证纪律被听证主持人责令退场的;

(三)应当终止听证的其他情形。

听证举行过程中终止听证的,应当记入听证笔录。

第四十八条 听证结束后,听证主持人应当向旅游主管部门提交听证报告,并对拟作出的行政处罚决定,依照下列情形提出意见:

(一)违法事实清楚、证据充分、适用法律、法规、规章正确,过罚相当的,建议作出处罚;

(二)违法事实清楚、证据充分,但适用法律、法规、规章错误或者处罚显失公正的,建议重新作出处罚;

(三)违法事实不清、证据不足,或者由于违反法定程序可能影响案件公正处理的,建议另行指定执法人员重新调查。

听证会结束后,行政处罚决定作出前,执法人员发现新的违法事实,对当事人可能加重处罚的,应当按照本办法第三十六条、第四十条的规定,重新履行处罚决定告知和听证告知程序。

第四十九条 旅游主管部门组织听证所需费用,列入本部门行政经费,不得向当事人收取任何费用。

第三节 审查和决定

第五十条 案件调查终结并依法告知、听证后,需要作出行政处罚的,执法人员应当填写行政处罚审批表,经案件承办机构负责人同意后,报旅游主管部门负责人批准。

旅游主管部门应当对调查结果进行审查,根据下列情况,分别作出处理:

(一)确有应受行政处罚的违法行为的,根据情节轻重及具体情况,作出行政处罚决定;

(二)违法行为轻微,依法可以不予行政处罚的,不予行政处罚;

(三)违法事实不能成立的,不得给予行政处罚;

(四)违法行为已构成犯罪的,移送司法机关。

对情节复杂的案件或者因重大违法行为给予公民3万元以上罚款、法人或者其他组织20万元以上罚款,取消出国(境)旅游业务经营资格,责令停业整顿,吊销旅行社业务经营许可证、导游证、领队证等行政处罚的,旅游主管部门负责人应当集体讨论决定。地方人民代表大会及其常务委员会或者地方人民政府对集体讨论的情形另有规定的,从其规定。

第五十一条 决定给予行政处罚的,应当制作行政处罚决定书。旅游行政处罚决定书应当载明下列内容:

(一)当事人的姓名或者名称、证照号码、地址、联系方式等基本情况;

(二)违反法律、法规或者规章的事实和证据;

(三)行政处罚的种类和依据;

（四）行政处罚的履行方式和期限；

（五）逾期不缴纳罚款的后果；

（六）不服行政处罚决定，申请行政复议或者提起行政诉讼的途径和期限；

（七）作出行政处罚决定的旅游主管部门名称和作出决定的日期，并加盖部门印章。

第五十二条 旅游行政处罚案件应当自立案之日起的3个月内作出决定；案情复杂或者重大的，经旅游主管部门负责人批准可以延长，但不得超过3个月。

案件办理过程中组织听证、鉴定证据、送达文书，以及请示法律适用或者解释的时间，不计入期限。

第五十三条 旅游行政处罚文书应当送达当事人，并符合下列要求：

（一）有送达回证并直接送交受送达人，由受送达人在送达回证上载明收到的日期，并签名或者盖章；

（二）受送达人是个人的，本人不在交他的同住成年家属签收，并在送达回证上载明与受送达人的关系；

（三）受送达人或者他的同住成年家属拒绝接收的，送达人可以邀请有关基层组织的代表或者有关人员到场，说明情况，在送达回证上载明拒收的事由和日期，由送达人、见证人签名或者盖章，把文书留置受送达人的住所或者收发部门，也可以把文书留在受送达人的住所，并采用拍照、录像等方式记录送达过程；

（四）受送达人是法人或者其他组织的，应当由法人的法定代表人、其他组织的主要负责人或者该法人、组织办公室、收发室等负责收件的人签收或者盖章，拒绝签收或者盖章的，适用第（三）项留置送达的规定；

（五）经受送达人同意，可以采用传真、电子邮件等能够确认其收悉的方式送达行政处罚决定书以外的文书；

（六）受送达人有代理人或者指定代收人的，可以送交代理人或者代收人签收并载明受当事人委托的情况；

（七）直接送达确有困难的，可以用挂号信邮寄送达，也可以委托当地旅游主管部门代为送达，代收机关收到文书后，应当立即送交受送达人签收。

受送达人下落不明，或者以前款规定的方式无法送达的，可以在受送达人原住所地张贴公告，或者通过报刊、旅游部门网站公告送达，执法人员应当在送达文书上注明原因和经过。自公告发布之日起经过60日，即视为送达。

第五十四条 旅游行政处罚决定书应当在宣告后当场交付当事人；当事人不在场的，旅游主管部门应当按照本办法第五十三条的规定，在7日内送达当事人，并根据需要抄送与案件有关的单位和个人。

第五十五条 在案件处理过程中，当事人委托代理人的，应当提交授权委托书，载明委托人及其代理人的基本信息、委托事项及权限、代理权的起止日期、委托日期和委托人签名或者盖章。

第五十六条 违法行为发生地的旅游主管部门对非本部门许可的旅游经营者

作出行政处罚的,应当依法将被处罚人的违法事实、处理结果告知原许可的旅游主管部门。取消出国(境)旅游业务经营资格或者吊销旅行社业务经营许可证、导游证、领队证的,原许可的旅游主管部门应当注销或者换发许可证件。

第五章 旅游行政处罚的简易程序

第五十七条 违法事实清楚、证据确凿并有法定依据,对公民处以50元以下、对法人或者其他组织处以1000元以下罚款或者警告的旅游行政处罚,可以适用本章简易程序,当场作出行政处罚决定。

第五十八条 当场作出旅游行政处罚决定时,执法人员应当制作笔录,并遵守下列规定:

(一)不得少于两人,并向当事人出示行政执法证件;

(二)向当事人说明违法的事实、处罚的理由和依据以及拟给予的行政处罚;

(三)询问当事人对违法事实、处罚依据是否有异议,并告知当事人有陈述、申辩的权利,听取当事人的陈述和申辩;

(四)责令当事人改正违法行为,并填写预定格式、编有号码、盖有旅游主管部门印章的行政处罚决定书,由执法人员和当事人签名或者盖章,并将行政处罚决定书当场交付当事人;

(五)依法当场收缴罚款的,应当向当事人出具省、自治区、直辖市财政部门统一制发的罚款收据。

当场作出行政处罚决定的,执法人员应当在决定之日起3日内向旅游主管部门报告;当场收缴的罚款应当在规定时限内存入指定的银行。

第五十九条 当场处罚决定书应当载明第五十一条规定的内容和作出处罚的地点。

第六章 旅游行政处罚的执行

第六十条 当事人应当在行政处罚决定书确定的期限内,履行处罚决定;被处以罚款的,应当自收到行政处罚决定书之日起15日内,向指定的银行缴纳罚款。

申请行政复议或者提起行政诉讼的,不停止行政处罚决定的执行,但有下列情形的除外:

(一)处罚机关认为需要停止执行的;

(二)行政复议机关认为需要停止执行的;

(三)申请人申请停止执行,行政复议机关认为其要求合理决定停止执行,或者人民法院认为执行会造成难以弥补的损失,并且停止执行不损害社会性公共利益,裁定停止执行的;

(四)法律、法规规定的其他情形。

第六十一条 当事人逾期不履行处罚决定的,作出处罚决定的旅游主管部门可以采取下列措施:

(一)到期不缴纳罚款的,每日按罚款数额的百分之三加处罚款,但加处罚款的数额不得超出罚款额;

(二)向旅游主管部门所在地有管辖权的人民法院申请强制执行。

第六十二条 申请人民法院强制执行应

当在下列期限内提出：

（一）行政处罚决定书送达后，当事人未申请行政复议或者提起行政诉讼的，在处罚决定书送达之日起3个月后起算的3个月内；

（二）复议决定书送达后当事人未提起行政诉讼的，在复议决定书送达之日起15日后起算的3个月内；

（三）人民法院对当事人提起行政诉讼作出的判决、裁定生效之日起3个月内。

第六十三条 旅游主管部门申请人民法院强制执行前，应当催告当事人履行义务。催告应当以书面形式作出，并载明下列事项：

（一）履行义务的期限；

（二）履行义务的方式；

（三）涉及金钱给付的，应当有明确的金额和给付方式；

（四）当事人依法享有的陈述权和申辩权。

旅游主管部门应当充分听取当事人的意见，对当事人提出的事实、理由和证据，应当进行记录、复核。当事人提出的事实、理由或者证据成立的，应当采纳。

催告书送达10日后当事人仍未履行义务的，可以申请强制执行。

第六十四条 旅游主管部门向人民法院申请强制执行，应当提供下列材料：

（一）强制执行申请书；

（二）处罚决定书及作出决定的事实、理由和依据；

（三）旅游主管部门的催告及当事人的陈述或申辩情况；

（四）申请强制执行标的情况；

（五）法律、行政法规规定的其他材料。

强制执行申请书应当由旅游主管部门负责人签名，加盖旅游主管部门的印章，并注明日期。

第六十五条 当事人确有经济困难，需要延期或者分期缴纳罚款的，应当在行政处罚决定书确定的缴纳期限届满前，向作出行政处罚决定的旅游主管部门提出延期或者分期缴纳的书面申请。

批准当事人延期或者分期缴纳罚款的，应当制作同意延期（分期）缴纳罚款通知书，送达当事人，并告知当事人缴纳罚款时，应当向收缴机构出示。

延期、分期缴纳罚款的，最长不得超过6个月，或者最后一期缴纳时间不得晚于申请人民法院强制执行的最后期限。

第六十六条 旅游主管部门和执法人员应当严格执行罚缴分离的规定，不得非法自行收缴罚款。

罚没款及没收物品的变价款，应当全部上缴国库，任何单位和个人不得截留、私分或者变相私分。

第七章 旅游行政处罚的结案和归档

第六十七条 有下列情形之一的，应当结案：

（一）行政处罚决定由当事人履行完毕的；

（二）行政处罚决定依法强制执行完毕的；

（三）不予处罚或者免予处罚等无须执行的；

(四)行政处罚决定被依法撤销的;

(五)旅游主管部门认为可以结案的其他情形。

第六十八条 结案的旅游行政处罚案件,应当制作结案报告,报案件承办机构负责人批准。结案报告应当包括案由、案源、立案时间、当事人基本情况、主要案情、案件办理情况、复议和诉讼情况、执行情况、承办人结案意见等内容。

第六十九条 旅游行政处罚案件结案后15日内,案件承办人员应当将案件材料立卷,并符合下列要求:

(一)一案一卷;

(二)与案件相关的各类文书应当齐全,手续完备;

(三)书写文书用签字笔或者钢笔;

(四)案卷装订应当规范有序,符合文档要求。

第七十条 案卷材料可以分为正卷、副卷。主要文书、外部程序的材料立正卷;请示报告与批示、集体讨论材料、涉密文件等内部程序的材料立副卷。

第七十一条 立卷完成后应当立即将案卷统一归档。案卷保管及查阅,按档案管理有关规定执行,任何单位、个人不得非法修改、增加、抽取案卷材料。

第八章 旅游行政处罚的监督

第七十二条 各级旅游主管部门应当加强行政处罚监督工作。

各级旅游主管部门负责对本部门和受其委托的旅游质监执法机构实施的行政处罚行为,进行督促、检查和纠正;上级旅游主管部门负责对下级旅游主管部门及其委托的旅游质监执法机构实施的行政处罚行为,进行督促、检查和纠正。

各级旅游主管部门法制工作机构,应当在本级旅游主管部门的组织、领导下,具体实施、协调和指导行政处罚工作。

各级旅游主管部门应当设立法制工作机构或者配备行政执法监督检查人员。

第七十三条 旅游行政处罚监督的主要内容包括:

(一)旅游行政执法主体资格是否符合规定;

(二)执法人员及其执法证件是否合法、有效;

(三)行政检查和行政处罚行为是否符合权限;

(四)对违法行为查处是否及时;

(五)适用的行政处罚依据是否准确、规范;

(六)行政处罚的种类和幅度是否合法、适当;

(七)行政处罚程序是否合法;

(八)行政处罚文书使用是否规范;

(九)重大行政处罚备案情况。

第七十四条 对旅游行政处罚的监督,可以采取定期或者不定期方式,通过案卷评查和现场检查等形式进行;处理对行政处罚行为的投诉、举报时,可以进行调查、查询,调阅旅游行政处罚案卷和其他有关材料。

第七十五条 各级旅游主管部门及其委托的旅游质监执法机构不履行法定职责,或者实施的行政处罚行为违反法律、法规和本办法规定、处罚不当的,应当主动纠正。

上级旅游主管部门在行政处罚监督中,发现下级旅游主管部门有不履行法定职责、处罚不当或者实施的行政处罚行为违反法律、法规和本办法规定等情形的,应当责令其纠正。

第七十六条 重大旅游行政处罚案件实行备案制度。

县级以上地方旅游主管部门作出的行政处罚决定,符合本办法第三十八条第一款规定的听证条件的,应当自结案之日起15日内,将行政处罚决定书的副本,报上一级旅游主管部门备案。

第七十七条 旅游行政处罚实行工作报告制度。

县级以上地方旅游主管部门应当分别于当年7月和翌年1月,汇总本地区旅游行政处罚案件,并对旅游行政处罚工作的基本情况、存在的问题以及改进建议,提出工作报告,报上一级旅游主管部门。

省、自治区、直辖市旅游主管部门应当在当年8月31日和翌年2月28日前,将工作总结和案件汇总情况报国家旅游局。

第七十八条 承担行政复议职责的旅游主管部门应当认真履行行政复议职责,依照有关规定配备专职行政复议人员,依法对违法的行政处罚决定予以撤销、变更或者确认,保障法律、法规的正确实施和对行政处罚工作的监督。

第七十九条 各级旅游主管部门应当建立健全对案件承办机构和执法人员旅游行政处罚工作的投诉、举报制度,并公布投诉、举报电话。受理投诉、举报的机构应当按照信访、纪检等有关规定对投诉、举报内容核查处理或者责成有关机构核查处理,并将处理结果通知投诉、举报人。受理举报、投诉的部门应当为举报、投诉人保密。

第八十条 各级旅游主管部门可以采取组织考评、个人自我考评和互查互评相结合,案卷评查和听取行政相对人意见相结合,日常评议考核和年度评议考核相结合的方法,对本部门案件承办机构和执法人员的行政处罚工作进行评议考核。

第八十一条 对在行政处罚工作中做出显著成绩和贡献的单位和个人,旅游主管部门可以依照国家或者地方的有关规定给予表彰和奖励。

旅游行政执法人员有下列行为之一的,由任免机关、监察机关依法给予行政处分;构成犯罪的,依法追究刑事责任:

(一)不依法履行行政执法职责的;

(二)滥用职权、徇私舞弊的;

(三)其他失职、渎职的行为。

第九章 附 则

第八十二条 本办法有关期间的规定,除第二十一条的规定外,均按自然日计算。期间开始之日,不计算在内。期间届满的最后一日是节假日的,以节假日后的第一日为期间届满的日期。行政处罚文书在期满前邮寄的,视为在有效期内。

第八十三条 本办法所称的"以上"包括本数或者本级,所称的"以下"不包括本数。

第八十四条　省、自治区、直辖市人民政府决定旅游行政处罚权由其他部门集中行使的,其旅游行政处罚的实施参照适用本办法。

第八十五条　本办法自2013年10月1日起施行。

旅游行政许可办法

1. 2018年3月9日国家旅游局令第46号公布
2. 自2018年5月1日起施行

第一章　总　　则

第一条　为了规范旅游行政许可行为,保护公民、法人和其他组织的合法权益,保障和监督旅游主管部门有效实施行政管理,根据《行政许可法》及有关法律、行政法规,结合旅游工作实际,制定本办法。

第二条　本办法所称旅游行政许可,是指旅游主管部门及具有旅游行政许可权的其他行政机关根据公民、法人或者其他组织的申请,经依法审查,准予其从事特定活动的行为。

第三条　旅游行政许可的设定、实施和监督检查,应当遵守《行政许可法》《旅游法》及有关法律、法规和本办法的规定。

旅游主管部门对其他机关或者对其直接管理的事业单位的人事、财务、外事等事项的审批,不适用本办法。

第四条　实施旅游行政许可,应当依照法定的权限、范围、条件和程序,遵循公开、公平、公正的原则。

旅游主管部门应当按照国家有关规定将行政许可事项向社会公布,未经公布不得实施相关行政许可。行政许可的实施和结果,除涉及国家秘密、商业秘密或者个人隐私的外,应当公开。

符合法定条件、标准的,申请人有依法取得旅游行政许可的平等权利,旅游主管部门不得歧视。

第五条　实施旅游行政许可,应当遵循便民、高效的原则,以行政许可标准化建设为指引,运用标准化原理、方法和技术,提高办事效率,提供优质服务。

国家旅游局负责建立完善旅游行政许可全国网上审批平台,逐步推动旅游行政许可事项的网上办理和审批。地方各级旅游主管部门应当逐步将本部门旅游行政许可事项纳入或者接入全国网上审批平台统一实施。

实施行政许可的旅游主管部门应当编制旅游行政许可服务指南,建立和实施旅游行政许可信息公开制、一次性告知制、首问责任制、顶岗补位制、服务承诺制、责任追究制和文明服务制等服务制度和规范。

第六条　旅游行政规章、规范性文件及其他文件一律不得设定行政许可。

旅游行政规章可以在上位法设定的行政许可事项范围内,对实施该行政许可作出具体规定,但不得增设行政许可;对行政许可条件作出的具体规定,不得增设违反上位法的其他条件。

第七条　公民、法人或者其他组织对旅游主管部门实施行政许可,享有陈述权、申辩权;有权依法申请行政复议或者提起行政诉讼;其合法权益因旅游主管部门违法实施行政许可受到损害的,有权依法要求赔偿。

第八条 旅游行政许可决定依法作出即具有法律效力,非经法定程序不得改变。

旅游行政许可所依据的法律、法规、规章修改或者废止,或者准予行政许可所依据的客观情况发生重大变化的,为了公共利益的需要,旅游主管部门可以依法变更或者撤回已经生效的行政许可。由此给公民、法人或者其他组织造成财产损失的,应当依法给予补偿。

第二章 实施机关

第九条 旅游行政许可由旅游主管部门或者具有旅游行政许可权的其他行政机关在其法定职权范围内实施。

旅游主管部门内设机构和派出机构不得以自己的名义实施行政许可。

第十条 旅游主管部门可以在其法定职权范围内委托具有权限的下级旅游主管部门实施行政许可,并应当将受委托的旅游主管部门和委托实施的旅游行政许可事项予以公告。

委托的旅游主管部门对委托行为的后果,依法承担法律责任。

受委托的旅游主管部门在委托范围内,以委托的旅游主管部门名义实施行政许可,不得转委托。

第十一条 旅游主管部门应当确定具体承担旅游行政许可办理工作的内设机构(以下简称承办机构)。承办机构的主要职责包括:

(一)受理、审查旅游行政许可申请,并向旅游主管部门提出许可决定建议;

(二)组织旅游行政许可听证工作;

(三)送达旅游行政许可决定和证件;

(四)旅游行政许可的信息统计、信息公开工作;

(五)旅游行政许可档案管理工作;

(六)提供旅游行政许可业务咨询服务;

(七)依法对被许可人从事旅游行政许可事项的活动进行监督检查。

承办机构需要其他业务机构协助办理的,相关业务机构应当积极配合。

第三章 申请与受理

第十二条 从事依法需要取得旅游行政许可活动的,应当向行政机关提出申请。申请书需要采用格式文本的,旅游主管部门应当免费提供申请书格式文本和常见错误实例。申请书格式文本中不得包含与申请行政许可事项没有直接关系的内容。

申请人依法委托代理人提出行政许可申请的,应当提交申请人、代理人的身份证明文件和授权委托书。授权委托书应当载明授权委托事项和授权范围。

第十三条 旅游主管部门应当将旅游行政许可事项、依据、申请条件、数量限制、办理流程、办结期限及申请材料目录和申请书示范文本等,在办公场所或者受理场所及政务网站公示,方便申请人索取使用、获取信息。

申请人要求对公示内容予以说明、解释的,承办机构应当说明、解释,提供准确、可靠的信息。

第十四条　旅游主管部门应当设置一个固定场所作为旅游行政许可业务办理窗口,配备政治素质高、业务能力强、熟悉掌握旅游行政许可业务工作的受理人员,统一受理申请、提供咨询和送达决定,并在办公区域显著位置设立指示标志,引导申请人到受理窗口办理许可业务。

旅游行政许可事项纳入行政服务大厅集中受理的,按照相关规定和要求执行。

第十五条　申请人申请行政许可,应当如实向旅游主管部门提交有关材料和反映真实情况,并对其申请材料实质内容的真实性负责。旅游主管部门不得要求申请人提交与其申请的行政许可事项无关的材料。

第十六条　受理申请时,旅游行政许可受理人员应当审查下列事项:

（一）申请事项是否属于本部门行政许可受理范围;

（二）申请人或者代理人提交的身份证件和授权委托书是否合法有效,授权事项及范围是否明确;

（三）申请材料中是否明确附有申请人签名或者盖章;

（四）申请人提交的材料是否符合所申请事项的各项受理要求。

第十七条　对申请人提出的行政许可申请,旅游主管部门应当根据下列情况分别作出处理:

（一）申请事项依法不需要取得行政许可的,应当即时告知申请人不受理,并向申请人出具《行政许可申请不予受理通知书》,说明理由和依据;

（二）申请事项依法不属于本部门职权范围的,应当即时作出不予受理的决定,并向申请人出具《行政许可申请不予受理通知书》,告知申请人向有关行政机关申请;

（三）申请材料存在文字、计算等可以当场更正的错误的,应当允许申请人当场更正,并告知其在修改处签名或者盖章确认;

（四）申请材料不齐全或者不符合法定形式的,应当当场或者在5日内一次性告知申请人需要补正的全部内容,并向申请人出具《行政许可申请补正材料通知书》。逾期不告知的,自收到申请材料之日起即为受理;

（五）申请人未在规定的期限内提交补正材料,或者提交的材料仍不符合要求但拒绝再补正的,应当作出不予受理的决定,并向申请人出具《行政许可申请不予受理通知书》,说明理由和依据;

（六）申请事项属于本部门职权范围,申请材料齐全、符合法定形式或者申请人依照本部门要求提交全部补正材料的,应当受理行政许可申请,并向申请人出具符合行政许可受理单制度要求的《行政许可申请受理通知书》。

旅游主管部门出具前款规定的相关书面凭证,应当加盖单位印章或者行政许可专用印章,并注明日期。

第四章　审查与决定

第十八条　旅游主管部门应当根据申请人提交的申请材料,对其是否具备许可条件、是否存在不予许可的情形等进行书面审查;依法需要对申请材料的实质内容进行核实的,应当指派两名以上工作人员进行现场核查。

核查人员在现场核查或者询问时,应当出示证件,并制作现场核查笔录或者询问笔录。现场核查笔录、询问笔录应当如实记载核查的时间、地点、参加人和内容,经被核查人、被询问人核对无误后签名或者盖章,并由核查人员签字。当事人或者有关人员应当如实回答询问,并协助核查。

第十九条　旅游主管部门对行政许可申请进行审查时,发现该行政许可事项直接关系他人重大利益的,应当告知该利害关系人。申请人、利害关系人有权进行陈述和申辩。

行政许可办理工作人员对申请人、利害关系人的口头陈述和申辩,应当制作陈述、申辩笔录;经复核,申请人、利害关系人提出的事实、理由成立的,应当采纳。

第二十条　申请人在作出行政许可决定前自愿撤回行政许可申请的,旅游主管部门应当准许。

申请人撤回申请的,应当以书面形式提出,并返还旅游主管部门已出具的相关书面凭证。对纸质申请材料,旅游主管部门应当留存复制件,并将原件退回。

第二十一条　有下列情形之一的,旅游主管部门应当作出中止审查的决定,并通知申请人:

（一）申请人因涉嫌侵害旅游者合法权益等违法违规行为被行政机关调查,或者被司法机关侦查,尚未结案,对其行政许可事项影响重大的;

（二）申请人被依法采取限制业务活动、责令停业整顿、指定其他机构托管、接管等措施,尚未解除的;

（三）对有关法律、法规、规章的规定,需要进一步明确具体含义,请求有关机关作出解释的;

（四）申请人主动要求中止审查,理由正当的。

法律、法规、规章对前款情形另有规定的,从其规定。

行政许可中止的原因消除后,应当及时恢复审查。中止审查的时间不计算在法定期限内。

第二十二条　有下列情形之一的,旅游主管部门应当作出终止审查的决定,并通知申请人:

（一）申请人自愿撤回申请的;

（二）作为申请人的自然人死亡或者丧失行为能力的;

（三）作为申请人的法人或者其他组织终止的。

第二十三条　旅游主管部门对行政许可申请进行审查后,能够当场作出决定的,应当当场作出书面行政许可决定;不能当场作出决定的,应当在法定期限内按照规定程序作出行政许可决定。

第二十四条　申请人的申请符合法定条件、标准的,旅游主管部门应当依法作出准予行政许可的书面决定;不符合法定条件、标准的,旅游主管部门应当依法作出不予行政许可的书面决定,说明理由,并告知申请人享有依法申请行政复议或者提起行政诉讼的权利。

行政许可书面决定应当载明作出决定的时间,并加盖单位印章或者行政许可专用印章。

第二十五条　旅游主管部门作出准予行政许可的决定，需要颁发行政许可证件的，应当在法定期限内向申请人颁发加盖单位印章或者行政许可专用印章的行政许可证件。

行政许可证件一般应当载明证件名称、发证机关名称、被许可人名称、行政许可事项、证件编号、发证日期和证件有效期等事项。

第二十六条　旅游主管部门可以采取下列方式送达行政许可决定以及其他行政许可文书：

（一）受送达人到旅游主管部门办公场所或者受理场所直接领取，在送达回证上注明收到日期，并签名或者盖章；

（二）邮寄送达的，申请书载明的联系地址为送达地址，受送达人及其代收人应当在邮件回执上签名或者盖章，回执上注明的收件日期为送达日期；

（三）受送达人拒绝接收行政许可文书的，送达人可以邀请有关基层组织或者所在单位的代表到场，说明情况，在送达回证上记明拒收事由和日期，由送达人、见证人签名或者盖章，把许可文书留在受送达人的住所；也可以把许可文书留在受送达人的住所，并采用拍照、录像等方式记录送达过程，即视为送达。

（四）直接送达有困难的，可以委托当地旅游主管部门送达；

（五）无法采取上述方式送达的，可以在公告栏、受送达人住所地张贴公告，也可以在报刊上刊登公告。自公告发布之日起60日后，即视为送达。

第二十七条　旅游主管部门作出的准予行政许可决定，应当按照《政府信息公开条例》的规定予以公开，并允许公众查阅。

第二十八条　旅游主管部门应当在颁发行政许可证件之日起30日内，逐级向上级旅游主管部门备案被许可人名称、行政许可事项、证件编号、发证日期和证件有效期等事项或者共享相关信息。

第五章　听　证

第二十九条　法律、法规、规章规定实施旅游行政许可应当听证的事项，或者旅游主管部门认为需要听证的其他涉及公共利益的重大行政许可事项，旅游主管部门应当向社会公告，并举行听证。

第三十条　旅游行政许可直接涉及申请人与他人之间重大利益关系的，旅游主管部门应当在作出行政许可决定前发出《行政许可听证告知书》，告知申请人、利害关系人有要求听证的权利。

第三十一条　申请人、利害关系人要求听证的，应当在收到旅游主管部门《行政许可听证告知书》之日起5日内提交申请听证的书面材料；逾期不提交的，视为放弃听证权利。

第三十二条　旅游主管部门应当在接到申请人、利害关系人申请听证的书面材料后20日内组织听证，并在举行听证的7日前，发出《行政许可听证通知书》，将听证的事项、时间、地点通知申请人、利害关系人,必要时予以公告。

第三十三条 听证主持人由旅游主管部门从审查该行政许可申请的工作人员以外的人员中指定,申请人、利害关系人认为主持人与该行政许可事项有直接利害关系的,有权申请回避。

第三十四条 行政许可审查工作人员应当在举行听证5日前,向听证主持人提交行政许可审查意见的证据、理由等全部材料。申请人、利害关系人也可以提出证据。

第三十五条 听证会按照下列程序公开进行:

(一)主持人宣布会场纪律;

(二)核对听证参加人姓名、年龄、身份,告知听证参加人权利、义务;

(三)行政许可审查工作人员提出审查意见的证据、理由;

(四)申请人、利害关系人进行申辩和质证;

(五)行政许可审查工作人员与申请人、利害关系人就争议事实进行辩论;

(六)行政许可审查工作人员与申请人、利害关系人作最后陈述;

(七)主持人宣布听证会中止、延期或者结束。

第三十六条 对于申请人、利害关系人或者其委托的代理人无正当理由不出席听证、未经听证主持人许可中途退出或者放弃申辩和质证权利退出听证会的,听证主持人可以宣布听证取消或者终止。

第三十七条 听证记录员应当将听证的全部活动制作笔录,由听证主持人和记录员签名。

听证笔录应当经听证参加人确认无误或者补正后,当场签名或者盖章。听证参加人拒绝签名或者盖章的,由听证主持人记明情况,在听证笔录中予以载明。

第三十八条 旅游主管部门应当根据听证笔录,作出行政许可决定。对听证笔录中未认证、记载的事实依据,或者听证结束后申请人提交的证据,旅游主管部门不予采信。

第六章 档案管理

第三十九条 旅游主管部门应当按照档案管理法律、法规和标准要求,建立科学的管理制度,配备必要的设施设备,指定专门的人员,采用先进技术,加强旅游行政许可档案管理。

第四十条 旅游行政许可档案管理内容主要包括下列材料:

(一)申请人依法提交的各项申请材料;

(二)旅游主管部门实施许可过程中直接形成的材料;

(三)法律、法规规定需要管理的其他材料。

材料形式应当包括文字、图标、声像等不同形式的记录。

第四十一条 承办机构应当对档案材料进行分类、编号、排列、登记、装订,及时整理立卷,并定期移交本部门档案管理机构归档。

档案交接、保管、借阅、查阅、复制等,应当遵守有关规定,严格履行签收、登记、审批手续。涉及国家秘密的,还应当依照《保密法》及其实施条例的规定办理。

第四十二条　旅游主管部门应当明确有关许可档案的保管期限。保管期限到期时，经鉴定档案无保存价值的，可按有关规定销毁。

第七章　监督检查

第四十三条　旅游主管部门应当建立健全旅游行政许可监督检查制度，采取定期或者不定期抽查等方式，对许可实施情况进行监督检查，及时纠正行政许可实施中的违法行为。

旅游主管部门应当制定旅游行政许可实施评价方案，明确评价主体、方式、指标和程序，并组织开展评价，依据评估结果持续提高许可工作质量。

第四十四条　旅游主管部门应当依法对被许可人从事旅游行政许可事项的活动进行监督检查，并将监督检查的情况和处理结果予以记录，由监督检查人员签字后归档。公众有权查阅监督检查记录。

第四十五条　有《行政许可法》规定的撤销、注销情形的，旅游主管部门应当依法作出撤销决定、办理注销手续。

第四十六条　旅游主管部门及其工作人员在实施行政许可、监督检查过程中滥用职权、玩忽职守、徇私舞弊的，由有权机关依法给予行政处分；构成犯罪的，依法追究刑事责任。

第四十七条　行政许可申请人、被许可人有违反《行政许可法》《旅游法》及有关法律、法规和本办法规定行为的，旅游主管部门应当依法给予处理；构成犯罪的，依法追究刑事责任。

公民、法人或者其他组织未经行政许可，擅自从事依法应当取得旅游行政许可的活动的，旅游主管部门应当依法采取措施予以制止，并依法给予行政处罚；构成犯罪的，依法追究刑事责任。

第八章　附　则

第四十八条　本办法规定的期限以工作日计算，但第二十六条和第二十八条规定的期限除外。

第四十九条　法规、规章对旅游主管部门实施旅游行政许可有特别规定的，按照有关规定执行。

省、自治区、直辖市人民政府决定旅游行政许可权由其他部门集中行使的，其旅游行政许可的实施参照适用本办法。

第五十条　本办法自2018年5月1日起施行。2006年11月7日国家旅游局发布的《国家旅游局行政许可实施暂行办法》同时废止。

6. 应急管理、劳动和社会保障

中华人民共和国突发事件应对法

1. 2007年8月30日第十届全国人民代表大会常务委员会第二十九次会议通过
2. 2024年6月28日第十四届全国人民代表大会常务委员会第十次会议修订

目　录

第一章　总　则
第二章　管理与指挥体制

第三章　预防与应急准备
第四章　监测与预警
第五章　应急处置与救援
第六章　事后恢复与重建
第七章　法律责任
第八章　附　　则

第一章　总　　则

第一条　【立法目的】为了预防和减少突发事件的发生,控制、减轻和消除突发事件引起的严重社会危害,提高突发事件预防和应对能力,规范突发事件应对活动,保护人民生命财产安全,维护国家安全、公共安全、生态环境安全和社会秩序,根据宪法,制定本法。

第二条　【突发事件定义、调整范围及法律适用】本法所称突发事件,是指突然发生,造成或者可能造成严重社会危害,需要采取应急处置措施予以应对的自然灾害、事故灾难、公共卫生事件和社会安全事件。

突发事件的预防与应急准备、监测与预警、应急处置与救援、事后恢复与重建等应对活动,适用本法。

《中华人民共和国传染病防治法》等有关法律对突发公共卫生事件应对作出规定的,适用其规定。有关法律没有规定的,适用本法。

第三条　【突发事件分级和分级标准的制定】按照社会危害程度、影响范围等因素,突发自然灾害、事故灾难、公共卫生事件分为特别重大、重大、较大和一般四级。法律、行政法规或者国务院另有规定的,从其规定。

突发事件的分级标准由国务院或者国务院确定的部门制定。

第四条　【指导思想、领导体制和治理体系】突发事件应对工作坚持中国共产党的领导,坚持以马克思列宁主义、毛泽东思想、邓小平理论、"三个代表"重要思想、科学发展观、习近平新时代中国特色社会主义思想为指导,建立健全集中统一、高效权威的中国特色突发事件应对工作领导体制,完善党委领导、政府负责、部门联动、军地联合、社会协同、公众参与、科技支撑、法治保障的治理体系。

第五条　【应对工作原则】突发事件应对工作应当坚持总体国家安全观,统筹发展与安全;坚持人民至上、生命至上;坚持依法科学应对,尊重和保障人权;坚持预防为主、预防与应急相结合。

第六条　【社会动员机制】国家建立有效的社会动员机制,组织动员企业事业单位、社会组织、志愿者等各方力量依法有序参与突发事件应对工作,增强全民的公共安全和防范风险的意识,提高全社会的避险救助能力。

第七条　【信息发布制度】国家建立健全突发事件信息发布制度。有关人民政府和部门应当及时向社会公布突发事件相关信息和有关突发事件应对的决定、命令、措施等信息。

任何单位和个人不得编造、故意传播有关突发事件的虚假信息。有关人民政府和部门发现影响或者可能影响社会稳定、扰乱社会和经济管理秩序的虚假或者不完整信息的,应当及时发布准确的信息予以澄清。

第八条　【新闻采访报道制度和公益宣传】国家建立健全突发事件新闻采访

报道制度。有关人民政府和部门应当做好新闻媒体服务引导工作，支持新闻媒体开展采访报道和舆论监督。

新闻媒体采访报道突发事件应当及时、准确、客观、公正。

新闻媒体应当开展突发事件应对法律法规、预防与应急、自救与互救知识等的公益宣传。

第九条 【投诉、举报制度】国家建立突发事件应对工作投诉、举报制度，公布统一的投诉、举报方式。

对于不履行或者不正确履行突发事件应对工作职责的行为，任何单位和个人有权向有关人民政府和部门投诉、举报。

接到投诉、举报的人民政府和部门应当依照规定立即组织调查处理，并将调查处理结果以适当方式告知投诉人、举报人；投诉、举报事项不属于其职责的，应当及时移送有关机关处理。

有关人民政府和部门对投诉人、举报人的相关信息应当予以保密，保护投诉人、举报人的合法权益。

第十条 【应对措施合理性原则】突发事件应对措施应当与突发事件可能造成的社会危害的性质、程度和范围相适应；有多种措施可供选择的，应当选择有利于最大程度地保护公民、法人和其他组织权益，且对他人权益损害和生态环境影响较小的措施，并根据情况变化及时调整，做到科学、精准、有效。

第十一条 【特殊群体优先保护】国家在突发事件应对工作中，应当对未成年人、老年人、残疾人、孕产期和哺乳期的妇女、需要及时就医的伤病人员等群体给予特殊、优先保护。

第十二条 【应急征用与补偿】县级以上人民政府及其部门为应对突发事件的紧急需要，可以征用单位和个人的设备、设施、场地、交通工具等财产。被征用的财产在使用完毕或者突发事件应急处置工作结束后，应当及时返还。财产被征用或者征用后毁损、灭失的，应当给予公平、合理的补偿。

第十三条 【时效中止、程序中止】因依法采取突发事件应对措施，致使诉讼、监察调查、行政复议、仲裁、国家赔偿等活动不能正常进行的，适用有关时效中止和程序中止的规定，法律另有规定的除外。

第十四条 【国际合作与交流】中华人民共和国政府在突发事件的预防与应急准备、监测与预警、应急处置与救援、事后恢复与重建等方面，同外国政府和有关国际组织开展合作与交流。

第十五条 【表彰、奖励】对在突发事件应对工作中做出突出贡献的单位和个人，按照国家有关规定给予表彰、奖励。

第二章 管理与指挥体制

第十六条 【应急管理体制和工作体系】国家建立统一指挥、专常兼备、反应灵敏、上下联动的应急管理体制和综合协调、分类管理、分级负责、属地管理为主的工作体系。

第十七条 【突发事件应对管理工作的属地管辖】县级人民政府对本行政区域内突发事件的应对管理工作负责。突发事件发生后，发生地县级人民政府应当立即采取措施控制事态发展,组织开展应急救援和处置工作,并立即向上一级人民政府报告,必要时可以越级上报,具备条件的,应当进行网络直报或者自动速报。

突发事件发生地县级人民政府不能消除或者不能有效控制突发事件引起的严重社会危害的,应当及时向上级人民政府报告。上级人民政府应当及时采取措施,统一领导应急处置工作。

法律、行政法规规定由国务院有关部门对突发事件应对管理工作负责的,从其规定;地方人民政府应当积极配合并提供必要的支持。

第十八条 【涉及两个以上行政区域的突发事件管辖】突发事件涉及两个以上行政区域的,其应对管理工作由有关行政区域共同的上一级人民政府负责,或者由各有关行政区域的上一级人民政府共同负责。共同负责的人民政府应当按照国家有关规定,建立信息共享和协调配合机制。根据共同应对突发事件的需要,地方人民政府之间可以建立协同应对机制。

第十九条 【行政领导机关与应急指挥机构】县级以上人民政府是突发事件应对管理工作的行政领导机关。

国务院在总理领导下研究、决定和部署特别重大突发事件的应对工作;根据实际需要,设立国家突发事件应急指挥机构,负责突发事件应对工作;必要时,国务院可以派出工作组指导有关工作。

县级以上地方人民政府设立由本级人民政府主要负责人、相关部门负责人、国家综合性消防救援队伍和驻当地中国人民解放军、中国人民武装警察部队有关负责人等组成的突发事件应急指挥机构,统一领导、协调本级人民政府各有关部门和下级人民政府开展突发事件应对工作;根据实际需要,设立相关类别突发事件应急指挥机构,组织、协调、指挥突发事件应对工作。

第二十条 【应急指挥机构发布决定、命令、措施】突发事件应急指挥机构在突发事件应对过程中可以依法发布有关突发事件应对的决定、命令、措施。突发事件应急指挥机构发布的决定、命令、措施与设立它的人民政府发布的决定、命令、措施具有同等效力,法律责任由设立它的人民政府承担。

第二十一条 【应对管理职责分工】县级以上人民政府应急管理部门和卫生健康、公安等有关部门应当在各自职责范围内做好有关突发事件应对管理工作,并指导、协助下级人民政府及其相应部门做好有关突发事件的应对管理工作。

第二十二条 【乡镇街道、基层群众性自治组织的职责】乡级人民政府、街道办事处应当明确专门工作力量,负责突发事件应对有关工作。

居民委员会、村民委员会依法协助人民政府和有关部门做好突发事件应对工作。

第二十三条 【公众参与】公民、法人和其他组织有义务参与突发事件应对工作。

第二十四条 【武装力量参加突发事件应急救援和处置】中国人民解放军、中国人民武装警察部队和民兵组织依照本法和其他有关法律、行政法规、军事法规的规定以及国务院、中央军事委员会的命令,参加突发事件的应急救援和处置工作。

第二十五条　【人大常委会对突发事件应对工作的监督】县级以上人民政府及其设立的突发事件应急指挥机构发布的有关突发事件应对的决定、命令、措施,应当及时报本级人民代表大会常务委员会备案;突发事件应急处置工作结束后,应当向本级人民代表大会常务委员会作出专项工作报告。

第三章　预防与应急准备

第二十六条　【突发事件应急预案体系】国家建立健全突发事件应急预案体系。

国务院制定国家突发事件总体应急预案,组织制定国家突发事件专项应急预案;国务院有关部门根据各自的职责和国务院相关应急预案,制定国家突发事件部门应急预案并报国务院备案。

地方各级人民政府和县级以上地方人民政府有关部门根据有关法律、法规、规章、上级人民政府及其有关部门的应急预案以及本地区、本部门的实际情况,制定相应的突发事件应急预案并按国务院有关规定备案。

第二十七条　【应急管理部门指导应急预案体系建设】县级以上人民政府应急管理部门指导突发事件应急预案体系建设,综合协调应急预案衔接工作,增强有关应急预案的衔接性和实效性。

第二十八条　【应急预案的制定与修订】应急预案应当根据本法和其他有关法律、法规的规定,针对突发事件的性质、特点和可能造成的社会危害,具体规定突发事件应对管理工作的组织指挥体系与职责和突发事件的预防与预警机制、处置程序、应急保障措施以及事后恢复与重建措施等内容。

应急预案制定机关应当广泛听取有关部门、单位、专家和社会各方面意见,增强应急预案的针对性和可操作性,并根据实际需要、情势变化、应急演练中发现的问题等及时对应急预案作出修订。

应急预案的制定、修订、备案等工作程序和管理办法由国务院规定。

第二十九条　【纳入、制定相关规划】县级以上人民政府应当将突发事件应对工作纳入国民经济和社会发展规划。县级以上人民政府有关部门应当制定突发事件应急体系建设规划。

第三十条　【国土空间规划符合预防、处置突发事件的需要】国土空间规划等规划应当符合预防、处置突发事件的需要,统筹安排突发事件应对工作所必需的设备和基础设施建设,合理确定应急避难、封闭隔离、紧急医疗救治等场所,实现日常使用和应急使用的相互转换。

第三十一条　【应急避难场所的规划、建设和管理】国务院应急管理部门会同卫生健康、自然资源、住房城乡建设等部门统筹、指导全国应急避难场所的建设和管理工作,建立健全应急避难场所标准体系。县级以上地方人民政府负责本行政区域内应急避难场所的规划、建设和管理工作。

第三十二条　【突发事件风险评估体系】国家建立健全突发事件风险评估体系,对可能发生的突发事件进行综合性评估,有针对性地采取有效防范措施,减少突发事件的发生,最大限度减轻突发事件的影响。

第三十三条　【危险源、危险区域的调查、登记与风险评估】县级人民政府应当对本行政区域内容易引发自然灾害、事故灾难和公共卫生事件的危险源、危险区域进行调查、登记、风险评估,定期进行检查、监控,并责令有关单位采取安全防范措施。

省级和设区的市级人民政府应当对本行政区域内容易引发特别重大、重大突发事件的危险源、危险区域进行调查、登记、风险评估,组织进行检查、监控,并责令有关单位采取安全防范措施。

县级以上地方人民政府应当根据情况变化,及时调整危险源、危险区域的登记。登记的危险源、危险区域及其基础信息,应当按照国家有关规定接入突发事件信息系统,并及时向社会公布。

第三十四条　【及时调解处理矛盾纠纷】县级人民政府及其有关部门、乡级人民政府、街道办事处、居民委员会、村民委员会应当及时调解处理可能引发社会安全事件的矛盾纠纷。

第三十五条　【单位安全管理制度】所有单位应当建立健全安全管理制度,定期开展危险源辨识评估,制定安全防范措施;定期检查本单位各项安全防范措施的落实情况,及时消除事故隐患;掌握并及时处理本单位存在的可能引发社会安全事件的问题,防止矛盾激化和事态扩大;对本单位可能发生的突发事件和采取安全防范措施的情况,应当按照规定及时向所在地人民政府或者有关部门报告。

第三十六条　【高危行业单位的突发事件预防义务】矿山、金属冶炼、建筑施工单位和易燃易爆物品、危险化学品、放射性物品等危险物品的生产、经营、运输、储存、使用单位,应当制定具体应急预案,配备必要的应急救援器材、设备和物资,并对生产经营场所、有危险物品的建筑物、构筑物及周边环境开展隐患排查,及时采取措施管控风险和消除隐患,防止发生突发事件。

第三十七条　【人员密集场所的经营或者管理单位的预防义务】公共交通工具、公共场所和其他人员密集场所的经营单位或者管理单位应当制定具体应急预案,为交通工具和有关场所配备报警装置和必要的应急救援设备、设施,注明其使用方法,并显著标明安全撤离的通道、路线,保证安全通道、出口的畅通。

有关单位应当定期检测、维护其报警装置和应急救援设备、设施,使其处于良好状态,确保正常使用。

第三十八条　【培训制度】县级以上人民政府应当建立健全突发事件应对管理培训制度,对人民政府及其有关部门负有突发事件应对管理职责的工作人员以及居民委员会、村民委员会有关人员定期进行培训。

第三十九条　【应急救援队伍】国家综合性消防救援队伍是应急救援的综合性

常备骨干力量,按照国家有关规定执行综合应急救援任务。县级以上人民政府有关部门可以根据实际需要设立专业应急救援队伍。

县级以上人民政府及其有关部门可以建立由成年志愿者组成的应急救援队伍。乡级人民政府、街道办事处和有条件的居民委员会、村民委员会可以建立基层应急救援队伍,及时、就近开展应急救援。单位应当建立由本单位职工组成的专职或者兼职应急救援队伍。

国家鼓励和支持社会力量建立提供社会化应急救援服务的应急救援队伍。社会力量建立的应急救援队伍参与突发事件应对工作应当服从履行统一领导职责或者组织处置突发事件的人民政府、突发事件应急指挥机构的统一指挥。

县级以上人民政府应当推动专业应急救援队伍与非专业应急救援队伍联合培训、联合演练,提高合成应急、协同应急的能力。

第四十条 【应急救援人员保险与职业资格】 地方各级人民政府、县级以上人民政府有关部门、有关单位应当为其组建的应急救援队伍购买人身意外伤害保险,配备必要的防护装备和器材,防范和减少应急救援人员的人身伤害风险。

专业应急救援人员应当具备相应的身体条件、专业技能和心理素质,取得国家规定的应急救援职业资格,具体办法由国务院应急管理部门会同国务院有关部门制定。

第四十一条 【武装力量应急救援专门训练】 中国人民解放军、中国人民武装警察部队和民兵组织应当有计划地组织开展应急救援的专门训练。

第四十二条 【应急知识宣传普及和应急演练】 县级人民政府及其有关部门、乡级人民政府、街道办事处应当组织开展面向社会公众的应急知识宣传普及活动和必要的应急演练。

居民委员会、村民委员会、企业事业单位、社会组织应当根据所在地人民政府的要求,结合各自的实际情况,开展面向居民、村民、职工等的应急知识宣传普及活动和必要的应急演练。

第四十三条 【学校应急知识教育和应急演练】 各级各类学校应当把应急教育纳入教育教学计划,对学生及教职工开展应急知识教育和应急演练,培养安全意识,提高自救与互救能力。

教育主管部门应当对学校开展应急教育进行指导和监督,应急管理等部门应当给予支持。

第四十四条 【经费保障与资金管理】 各级人民政府应当将突发事件应对工作所需经费纳入本级预算,并加强资金管理,提高资金使用绩效。

第四十五条 【国家应急物资储备保障制度】 国家按照集中管理、统一调拨、平时服务、灾时应急、采储结合、节约高效的原则,建立健全应急物资储备保障制度,动态更新应急物资储备品种目录,完善重要应急物资的监管、生产、采购、储备、调拨和紧急配送体系,促进安全应急产业发展,优化产业布局。

国家储备物资品种目录、总体发展规划,由国务院发展改革部门会同国务院有关部门拟订。国务院应急管理等部门依据职责制定应急物资储备规划、品种目录,并组织实施。应急物资储备规划应当纳入国家储备总体发展规划。

第四十六条 【地方应急物资储备保障制度】设区的市级以上人民政府和突发事件易发、多发地区的县级人民政府应当建立应急救援物资、生活必需品和应急处置装备的储备保障制度。

县级以上地方人民政府应当根据本地区的实际情况和突发事件应对工作的需要,依法与有条件的企业签订协议,保障应急救援物资、生活必需品和应急处置装备的生产、供给。有关企业应当根据协议,按照县级以上地方人民政府要求,进行应急救援物资、生活必需品和应急处置装备的生产、供给,并确保符合国家有关产品质量的标准和要求。

国家鼓励公民、法人和其他组织储备基本的应急自救物资和生活必需品。有关部门可以向社会公布相关物资、物品的储备指南和建议清单。

第四十七条 【应急运输保障体系】国家建立健全应急运输保障体系,统筹铁路、公路、水运、民航、邮政、快递等运输和服务方式,制定应急运输保障方案,保障应急物资、装备和人员及时运输。

县级以上地方人民政府和有关主管部门应当根据国家应急运输保障方案,结合本地区实际做好应急调度和运力保障,确保运输通道和客货运枢纽畅通。

国家发挥社会力量在应急运输保障中的积极作用。社会力量参与突发事件应急运输保障,应当服从突发事件应急指挥机构的统一指挥。

第四十八条 【能源应急保障体系】国家建立健全能源应急保障体系,提高能源安全保障能力,确保受突发事件影响地区的能源供应。

第四十九条 【应急通信、应急广播保障体系】国家建立健全应急通信、应急广播保障体系,加强应急通信系统、应急广播系统建设,确保突发事件应对工作的通信、广播安全畅通。

第五十条 【突发事件卫生应急体系】国家建立健全突发事件卫生应急体系,组织开展突发事件中的医疗救治、卫生学调查处置和心理援助等卫生应急工作,有效控制和消除危害。

第五十一条 【急救医疗服务网络】县级以上人民政府应当加强急救医疗服务网络的建设,配备相应的医疗救治物资、设施设备和人员,提高医疗卫生机构应对各类突发事件的救治能力。

第五十二条 【社会力量支持】国家鼓励公民、法人和其他组织为突发事件应对工作提供物资、资金、技术支持和捐赠。

接受捐赠的单位应当及时公开接受捐赠的情况和受赠财产的使用、管理情况,接受社会监督。

第五十三条 【红十字会与慈善组织的职责】红十字会在突发事件中,应当对伤病人员和其他受害者提供紧急救援和人道救助,并协助人民政府开展与其职责相关的其他人道主义服务活动。有关人民政府应当给予红十字会支持和资助,保障其依法参与应对突发事件。

慈善组织在发生重大突发事件时开展募捐和救助活动,应当在有关人民政府的统筹协调、有序引导下依法进行。有关人民政府应当通过提供必要的需求信息、政府购买服务等方式,对慈善组织参与应对突发事件、开展应急慈善活动予以支持。

第五十四条　【应急救援资金、物资的管理】有关单位应当加强应急救援资金、物资的管理,提高使用效率。

任何单位和个人不得截留、挪用、私分或者变相私分应急救援资金、物资。

第五十五条　【巨灾风险保险体系】国家发展保险事业,建立政府支持、社会力量参与、市场化运作的巨灾风险保险体系,并鼓励单位和个人参加保险。

第五十六条　【人才培养和科技赋能】国家加强应急管理基础科学、重点行业领域关键核心技术的研究,加强互联网、云计算、大数据、人工智能等现代技术手段在突发事件应对工作中的应用,鼓励、扶持有条件的教学科研机构、企业培养应急管理人才和科技人才,研发、推广新技术、新材料、新设备和新工具,提高突发事件应对能力。

第五十七条　【专家咨询论证制度】县级以上人民政府及其有关部门应当建立健全突发事件专家咨询论证制度,发挥专业人员在突发事件应对工作中的作用。

第四章　监测与预警

第五十八条　【突发事件监测制度】国家建立健全突发事件监测制度。

县级以上人民政府及其有关部门应当根据自然灾害、事故灾难和公共卫生事件的种类和特点,建立健全基础信息数据库,完善监测网络,划分监测区域,确定监测点,明确监测项目,提供必要的设备、设施,配备专职或者兼职人员,对可能发生的突发事件进行监测。

第五十九条　【突发事件信息系统】国务院建立全国统一的突发事件信息系统。

县级以上地方人民政府应当建立或者确定本地区统一的突发事件信息系统,汇集、储存、分析、传输有关突发事件的信息,并与上级人民政府及其有关部门、下级人民政府及其有关部门、专业机构、监测网点和重点企业的突发事件信息系统实现互联互通,加强跨部门、跨地区的信息共享与情报合作。

第六十条　【信息收集与报告制度】县级以上人民政府及其有关部门、专业机构应当通过多种途径收集突发事件信息。

县级人民政府应当在居民委员会、村民委员会和有关单位建立专职或者兼职信息报告员制度。

公民、法人或者其他组织发现发生突发事件,或者发现可能发生突发事件的异常情况,应当立即向所在地人民政府、有关主管部门或者指定的专业机构报告。接到报告的单位应当按照规定立即核实处理,对于不属于其职责的,应当立即移送相关单位核实处理。

第六十一条　【信息报送制度】地方各级

人民政府应当按照国家有关规定向上级人民政府报送突发事件信息。县级以上人民政府有关主管部门应当向本级人民政府相关部门通报突发事件信息，并报告上级人民政府主管部门。专业机构、监测网点和信息报告员应当及时向所在地人民政府及其有关主管部门报告突发事件信息。

有关单位和人员报送、报告突发事件信息，应当做到及时、客观、真实，不得迟报、谎报、瞒报、漏报，不得授意他人迟报、谎报、瞒报，不得阻碍他人报告。

第六十二条 【突发事件隐患和监测信息的分析评估】县级以上地方人民政府应当及时汇总分析突发事件隐患和监测信息，必要时组织相关部门、专业技术人员、专家学者进行会商，对发生突发事件的可能性及其可能造成的影响进行评估；认为可能发生重大或者特别重大突发事件的，应当立即向上级人民政府报告，并向上级人民政府有关部门、当地驻军和可能受到危害的毗邻或者相关地区的人民政府通报，及时采取预防措施。

第六十三条 【突发事件预警制度】国家建立健全突发事件预警制度。

可以预警的自然灾害、事故灾难和公共卫生事件的预警级别，按照突发事件发生的紧急程度、发展态势和可能造成的危害程度分为一级、二级、三级和四级，分别用红色、橙色、黄色和蓝色标示，一级为最高级别。

预警级别的划分标准由国务院或者国务院确定的部门制定。

第六十四条 【警报信息发布、报告及明确的内容】可以预警的自然灾害、事故灾难或者公共卫生事件即将发生或者发生的可能性增大时，县级以上地方人民政府应当根据有关法律、行政法规和国务院规定的权限和程序，发布相应级别的警报，决定并宣布有关地区进入预警期，同时向上一级人民政府报告，必要时可以越级上报；具备条件的，应当进行网络直报或者自动速报；同时向当地驻军和可能受到危害的毗邻或者相关地区的人民政府通报。

发布警报应当明确预警类别、级别、起始时间、可能影响的范围、警示事项、应当采取的措施、发布单位和发布时间等。

第六十五条 【预警发布平台及预警信息的传播】国家建立健全突发事件预警发布平台，按照有关规定及时、准确向社会发布突发事件预警信息。

广播、电视、报刊以及网络服务提供者、电信运营商应当按照国家有关规定，建立突发事件预警信息快速发布通道，及时、准确、无偿播发或者刊载突发事件预警信息。

公共场所和其他人员密集场所，应当指定专门人员负责突发事件预警信息接收和传播工作，做好相关设备、设施维护，确保突发事件预警信息及时、准确接收和传播。

第六十六条 【三级、四级预警的应对措施】发布三级、四级警报，宣布进入预警期后，县级以上地方人民政府应当根据即将发生的突发事件的特点和可能造成的危害，采取下列措施：

（一）启动应急预案；

（二）责令有关部门、专业机构、监测网点和负有特定职责的人员及时收集、报告有关信息，向社会公布反映突发事件信息的渠道，加强对突发事件发生、发展情况的监测、预报和预警工作；

（三）组织有关部门和机构、专业技术人员、有关专家学者，随时对突发事件信息进行分析评估，预测发生突发事件可能性的大小、影响范围和强度以及可能发生的突发事件的级别；

（四）定时向社会发布与公众有关的突发事件预测信息和分析评估结果，并对相关信息的报道工作进行管理；

（五）及时按照有关规定向社会发布可能受到突发事件危害的警告，宣传避免、减轻危害的常识，公布咨询或者求助电话等联络方式和渠道。

第六十七条 【一级、二级预警的应对措施】发布一级、二级警报，宣布进入预警期后，县级以上地方人民政府除采取本法第六十六条规定的措施外，还应当针对即将发生的突发事件的特点和可能造成的危害，采取下列一项或者多项措施：

（一）责令应急救援队伍、负有特定职责的人员进入待命状态，并动员后备人员做好参加应急救援和处置工作的准备；

（二）调集应急救援所需物资、设备、工具，准备应急设施和应急避难、封闭隔离、紧急医疗救治等场所，并确保其处于良好状态、随时可以投入正常使用；

（三）加强对重点单位、重要部位和重要基础设施的安全保卫，维护社会治安秩序；

（四）采取必要措施，确保交通、通信、供水、排水、供电、供气、供热、医疗卫生、广播电视、气象等公共设施的安全和正常运行；

（五）及时向社会发布有关采取特定措施避免或者减轻危害的建议、劝告；

（六）转移、疏散或者撤离易受突发事件危害的人员并予以妥善安置，转移重要财产；

（七）关闭或者限制使用易受突发事件危害的场所，控制或者限制容易导致危害扩大的公共场所的活动；

（八）法律、法规、规章规定的其他必要的防范性、保护性措施。

第六十八条 【预警期内对重要商品和服务市场情况的监测】发布警报，宣布进入预警期后，县级以上人民政府应当对重要商品和服务市场情况加强监测，根据实际需要及时保障供应、稳定市场。必要时，国务院和省、自治区、直辖市人民政府可以按照《中华人民共和国价格法》等有关法律规定采取相应措施。

第六十九条 【社会安全事件报告制度】对即将发生或者已经发生的社会安全事件，县级以上地方人民政府及其有关主管部门应当按照规定向上一级人民政府及其有关主管部门报告，必要时可以越级上报，具备条件的，应当进行网络直报或者自动速报。

第七十条 【预警调整和解除】发布突发事件警报的人民政府应当根据事态的发展，按照有关规定适时调整预警级别并重新发布。

有事实证明不可能发生突发事件或者危险已经解除的,发布警报的人民政府应当立即宣布解除警报,终止预警期,并解除已经采取的有关措施。

第五章　应急处置与救援

第七十一条　【应急响应制度】国家建立健全突发事件应急响应制度。

突发事件的应急响应级别,按照突发事件的性质、特点、可能造成的危害程度和影响范围等因素分为一级、二级、三级和四级,一级为最高级别。

突发事件应急响应级别划分标准由国务院或者国务院确定的部门制定。县级以上人民政府及其有关部门应当在突发事件应急预案中确定应急响应级别。

第七十二条　【采取应急处置措施的要求】突发事件发生后,履行统一领导职责或者组织处置突发事件的人民政府应当针对其性质、特点、危害程度和影响范围等,立即启动应急响应,组织有关部门,调动应急救援队伍和社会力量,依照法律、法规、规章和应急预案的规定,采取应急处置措施,并向上级人民政府报告;必要时,可以设立现场指挥部,负责现场应急处置与救援,统一指挥进入突发事件现场的单位和个人。

启动应急响应,应当明确响应事项、级别、预计期限、应急处置措施等。

履行统一领导职责或者组织处置突发事件的人民政府,应当建立协调机制,提供需求信息,引导志愿服务组织和志愿者等社会力量及时有序参与应急处置与救援工作。

第七十三条　【自然灾害、事故灾难或者公共卫生事件的应急处置措施】自然灾害、事故灾难或者公共卫生事件发生后,履行统一领导职责的人民政府应当采取下列一项或者多项应急处置措施:

(一)组织营救和救治受害人员,转移、疏散、撤离并妥善安置受到威胁的人员以及采取其他救助措施;

(二)迅速控制危险源,标明危险区域,封锁危险场所,划定警戒区,实行交通管制、限制人员流动、封闭管理以及其他控制措施;

(三)立即抢修被损坏的交通、通信、供水、排水、供电、供气、供热、医疗卫生、广播电视、气象等公共设施,向受到危害的人员提供避难场所和生活必需品,实施医疗救护和卫生防疫以及其他保障措施;

(四)禁止或者限制使用有关设备、设施,关闭或者限制使用有关场所,中止人员密集的活动或者可能导致危害扩大的生产经营活动以及采取其他保护措施;

(五)启用本级人民政府设置的财政预备费和储备的应急救援物资,必要时调用其他急需物资、设备、设施、工具;

(六)组织公民、法人和其他组织参加应急救援和处置工作,要求具有特定专长的人员提供服务;

(七)保障食品、饮用水、药品、燃料等基本生活必需品的供应;

(八)依法从严惩处囤积居奇、哄抬价格、牟取暴利、制假售假等扰乱市

场秩序的行为,维护市场秩序;

(九)依法从严惩处哄抢财物、干扰破坏应急处置工作等扰乱社会秩序的行为,维护社会治安;

(十)开展生态环境应急监测,保护集中式饮用水水源地等环境敏感目标,控制和处置污染物;

(十一)采取防止发生次生、衍生事件的必要措施。

第七十四条 【社会安全事件的应急处置措施】社会安全事件发生后,组织处置工作的人民政府应当立即启动应急响应,组织有关部门针对事件的性质和特点,依照有关法律、行政法规和国家其他有关规定,采取下列一项或者多项应急处置措施:

(一)强制隔离使用器械相互对抗或者以暴力行为参与冲突的当事人,妥善解决现场纠纷和争端,控制事态发展;

(二)对特定区域内的建筑物、交通工具、设备、设施以及燃料、燃气、电力、水的供应进行控制;

(三)封锁有关场所、道路,查验现场人员的身份证件,限制有关公共场所内的活动;

(四)加强对易受冲击的核心机关和单位的警卫,在国家机关、军事机关、国家通讯社、广播电台、电视台、外国驻华使领馆等单位附近设置临时警戒线;

(五)法律、行政法规和国务院规定的其他必要措施。

第七十五条 【突发事件严重影响国民经济正常运行的应急措施】发生突发事件,严重影响国民经济正常运行时,国务院或者国务院授权的有关主管部门可以采取保障、控制等必要的应急措施,保障人民群众的基本生活需要,最大限度地减轻突发事件的影响。

第七十六条 【应急协作机制】履行统一领导职责或者组织处置突发事件的人民政府及其有关部门,必要时可以向单位和个人征用应急救援所需设备、设施、场地、交通工具和其他物资,请求其他地方人民政府及其有关部门提供人力、物力、财力或者技术支援,要求生产、供应生活必需品和应急救援物资的企业组织生产、保证供给,要求提供医疗、交通等公共服务的组织提供相应的服务。

履行统一领导职责或者组织处置突发事件的人民政府和有关主管部门,应当组织协调运输经营单位,优先运送处置突发事件所需物资、设备、工具、应急救援人员和受到突发事件危害的人员。

履行统一领导职责或者组织处置突发事件的人民政府及其有关部门,应当为受突发事件影响无人照料的无民事行为能力人、限制民事行为能力人提供及时有效帮助;建立健全联系帮扶应急救援人员家庭制度,帮助解决实际困难。

第七十七条 【基层群众性自治组织应急救援职责】突发事件发生地的居民委员会、村民委员会和其他组织应当按照当地人民政府的决定、命令,进行宣传动员,组织群众开展自救与互救,协助维护社会秩序;情况紧急的,应当立即组织群众开展自救与互救等先期处置工作。

第七十八条　【突发事件发生地有关单位的应急救援职责】受到自然灾害危害或者发生事故灾难、公共卫生事件的单位，应当立即组织本单位应急救援队伍和工作人员营救受害人员，疏散、撤离、安置受到威胁的人员，控制危险源，标明危险区域，封锁危险场所，并采取其他防止危害扩大的必要措施，同时向所在地县级人民政府报告；对因本单位的问题引发的或者主体是本单位人员的社会安全事件，有关单位应当按照规定上报情况，并迅速派出负责人赶赴现场开展劝解、疏导工作。

突发事件发生地的其他单位应当服从人民政府发布的决定、命令，配合人民政府采取的应急处置措施，做好本单位的应急救援工作，并积极组织人员参加所在地的应急救援和处置工作。

第七十九条　【突发事件发生地个人的义务】突发事件发生地的个人应当依法服从人民政府、居民委员会、村民委员会或者所属单位的指挥和安排，配合人民政府采取的应急处置措施，积极参加应急救援工作，协助维护社会秩序。

第八十条　【城乡社区应急工作机制】国家支持城乡社区组织健全应急工作机制，强化城乡社区综合服务设施和信息平台应急功能，加强与突发事件信息系统数据共享，增强突发事件应急处置中保障群众基本生活和服务群众能力。

第八十一条　【心理援助工作】国家采取措施，加强心理健康服务体系和人才队伍建设，支持引导心理健康服务人员和社会工作者对受突发事件影响的各类人群开展心理健康教育、心理评估、心理疏导、心理危机干预、心理行为问题诊治等心理援助工作。

第八十二条　【遗体处置及遗物保管】对于突发事件遇难人员的遗体，应当按照法律和国家有关规定，科学规范处置，加强卫生防疫，维护逝者尊严。对于逝者的遗物应当妥善保管。

第八十三条　【信息收集与个人信息保护】县级以上人民政府及其有关部门根据突发事件应对工作需要，在履行法定职责所必需的范围和限度内，可以要求公民、法人和其他组织提供应急处置与救援需要的信息。公民、法人和其他组织应当予以提供，法律另有规定的除外。县级以上人民政府及其有关部门对获取的相关信息，应当严格保密，并依法保护公民的通信自由和通信秘密。

第八十四条　【有关单位和个人获取他人个人信息的要求及限制】在突发事件应急处置中，有关单位和个人因依照本法规定配合突发事件应对工作或者履行相关义务，需要获取他人个人信息的，应当依照法律规定的程序和方式取得并确保信息安全，不得非法收集、使用、加工、传输他人个人信息，不得非法买卖、提供或者公开他人个人信息。

第八十五条　【个人信息的用途限制和销毁要求】因依法履行突发事件应对工作职责或者义务获取的个人信息，只能用于突发事件应对，并在突发事件应对工作结束后予以销毁。确因依法作为证据使用或者调查评估需要留存或者延期销毁的,应当按照规定进行合法性、必要性、安全性评估,并采取相应保护和处理措施,严格依法使用。

第六章 事后恢复与重建

第八十六条 【解除应急响应、停止执行应急处置措施】 突发事件的威胁和危害得到控制或者消除后,履行统一领导职责或者组织处置突发事件的人民政府应当宣布解除应急响应,停止执行依照本法规定采取的应急处置措施,同时采取或者继续实施必要措施,防止发生自然灾害、事故灾难、公共卫生事件的次生、衍生事件或者重新引发社会安全事件,组织受影响地区尽快恢复社会秩序。

第八十七条 【突发事件影响和损失的调查评估】 突发事件应急处置工作结束后,履行统一领导职责的人民政府应当立即组织对突发事件造成的影响和损失进行调查评估,制定恢复重建计划,并向上一级人民政府报告。

受突发事件影响地区的人民政府应当及时组织和协调应急管理、卫生健康、公安、交通、铁路、民航、邮政、电信、建设、生态环境、水利、能源、广播电视等有关部门恢复社会秩序,尽快修复被损坏的交通、通信、供水、排水、供电、供气、供热、医疗卫生、水利、广播电视等公共设施。

第八十八条 【恢复重建的支持与指导】 受突发事件影响地区的人民政府开展恢复重建工作需要上一级人民政府支持的,可以向上一级人民政府提出请求。上一级人民政府应当根据受影响地区遭受的损失和实际情况,提供资金、物资支持和技术指导,组织协调其他地区和有关方面提供资金、物资和人力支援。

第八十九条 【善后工作】 国务院根据受突发事件影响地区遭受损失的情况,制定扶持该地区有关行业发展的优惠政策。

受突发事件影响地区的人民政府应当根据本地区遭受的损失和采取应急处置措施的情况,制定救助、补偿、抚慰、抚恤、安置等善后工作计划并组织实施,妥善解决因处置突发事件引发的矛盾纠纷。

第九十条 【公民参加应急工作的权益保障】 公民参加应急救援工作或者协助维护社会秩序期间,其所在单位应当保证其工资待遇和福利不变,并可以按照规定给予相应补助。

第九十一条 【伤亡人员的待遇保障与致病人员的救治】 县级以上人民政府对在应急救援工作中伤亡的人员依法落实工伤待遇、抚恤或者其他保障政策,并组织做好应急救援工作中致病人员的医疗救治工作。

第九十二条 【突发事件情况和应急处置工作报告】 履行统一领导职责的人民政府在突发事件应对工作结束后,应当及时查明突发事件的发生经过和原因,总结突发事件应急处置工作的经验教训,制定改进措施,并向上一级人民政府提出报告。

第九十三条 【审计监督】 突发事件应对工作中有关资金、物资的筹集、管理、分配、拨付和使用等情况,应当依法接受审计机关的审计监督。

第九十四条 【档案管理】国家档案主管部门应当建立健全突发事件应对工作相关档案收集、整理、保护、利用工作机制。突发事件应对工作中形成的材料,应当按照国家规定归档,并向相关档案馆移交。

第七章 法律责任

第九十五条 【政府及有关部门不履行或不正确履行法定职责的法律责任】地方各级人民政府和县级以上人民政府有关部门违反本法规定,不履行或者不正确履行法定职责的,由其上级行政机关责令改正;有下列情形之一,由有关机关综合考虑突发事件发生的原因、后果、应对处置情况、行为人过错等因素,对负有责任的领导人员和直接责任人员依法给予处分:

(一)未按照规定采取预防措施,导致发生突发事件,或者未采取必要的防范措施,导致发生次生、衍生事件的;

(二)迟报、谎报、瞒报、漏报或者授意他人迟报、谎报、瞒报以及阻碍他人报告有关突发事件的信息,或者通报、报送、公布虚假信息,造成后果的;

(三)未按照规定及时发布突发事件警报、采取预警期的措施,导致损害发生的;

(四)未按照规定及时采取措施处置突发事件或者处置不当,造成后果的;

(五)违反法律规定采取应对措施,侵犯公民生命健康权益的;

(六)不服从上级人民政府对突发事件应急处置工作的统一领导、指挥和协调的;

(七)未及时组织开展生产自救、恢复重建等善后工作的;

(八)截留、挪用、私分或者变相私分应急救援资金、物资的;

(九)不及时归还征用的单位和个人的财产,或者对被征用财产的单位和个人不按照规定给予补偿的。

第九十六条 【有关单位的法律责任】有关单位有下列情形之一,由所在地履行统一领导职责的人民政府有关部门责令停产停业,暂扣或者吊销许可证件,并处五万元以上二十万元以下的罚款;情节特别严重的,并处二十万元以上一百万元以下的罚款:

(一)未按照规定采取预防措施,导致发生较大以上突发事件的;

(二)未及时消除已发现的可能引发突发事件的隐患,导致发生较大以上突发事件的;

(三)未做好应急物资储备和应急设备、设施日常维护、检测工作,导致发生较大以上突发事件或者突发事件危害扩大的;

(四)突发事件发生后,不及时组织开展应急救援工作,造成严重后果的。

其他法律对前款行为规定了处罚的,依照较重的规定处罚。

第九十七条 【编造、传播虚假信息的法律责任】违反本法规定,编造并传播有关突发事件的虚假信息,或者明知是有关突发事件的虚假信息而进行传播的,责令改正,给予警告;造成严重后果的,依法暂停其业务活动或者吊销其许可证件;负有直接责任的人员是公职人员的,还应当依法给予处分。

第九十八条　【不服从决定、命令或不配合的法律责任】单位或者个人违反本法规定,不服从所在地人民政府及其有关部门依法发布的决定、命令或者不配合其依法采取的措施的,责令改正;造成严重后果的,依法给予行政处罚;负有直接责任的人员是公职人员的,还应当依法给予处分。

第九十九条　【违反个人信息保护规定的责任】单位或者个人违反本法第八十四条、第八十五条关于个人信息保护规定的,由主管部门依照有关法律规定给予处罚。

第一百条　【民事责任】单位或者个人违反本法规定,导致突发事件发生或者危害扩大,造成人身、财产或者其他损害的,应当依法承担民事责任。

第一百零一条　【紧急避险的适用】为了使本人或者他人的人身、财产免受正在发生的危险而采取避险措施的,依照《中华人民共和国民法典》、《中华人民共和国刑法》等法律关于紧急避险的规定处理。

第一百零二条　【行政与刑事责任】违反本法规定,构成违反治安管理行为的,依法给予治安管理处罚;构成犯罪的,依法追究刑事责任。

第八章　附　　则

第一百零三条　【紧急状态】发生特别重大突发事件,对人民生命财产安全、国家安全、公共安全、生态环境安全或者社会秩序构成重大威胁,采取本法和其他有关法律、法规、规章规定的应急处置措施不能消除或者有效控制、减轻其严重社会危害,需要进入紧急状态的,由全国人民代表大会常务委员会或者国务院依照宪法和其他有关法律规定的权限和程序决定。

　　紧急状态期间采取的非常措施,依照有关法律规定执行或者由全国人民代表大会常务委员会另行规定。

第一百零四条　【保护管辖】中华人民共和国领域外发生突发事件,造成或者可能造成中华人民共和国公民、法人和其他组织人身伤亡、财产损失的,由国务院外交部门会同国务院其他有关部门、有关地方人民政府,按照国家有关规定做好应对工作。

第一百零五条　【外国人、无国籍人的属地管辖】在中华人民共和国境内的外国人、无国籍人应当遵守本法,服从所在地人民政府及其有关部门依法发布的决定、命令,并配合其依法采取的措施。

第一百零六条　【施行日期】本法自2024年11月1日起施行。

国务院关于特大安全事故行政责任追究的规定

2001年4月21日国务院令第302号公布施行

第一条　为了有效地防范特大安全事故的发生,严肃追究特大安全事故的行政责任,保障人民群众生命、财产安全,制定本规定。

第二条　地方人民政府主要领导人和政府有关部门正职负责人对下列特大安

全事故的防范、发生,依照法律、行政法规和本规定的规定有失职、渎职情形或者负有领导责任的,依照本规定给予行政处分;构成玩忽职守罪或者其他罪的,依法追究刑事责任:

（一）特大火灾事故;

（二）特大交通安全事故;

（三）特大建筑质量安全事故;

（四）民用爆炸物品和化学危险品特大安全事故;

（五）煤矿和其他矿山特大安全事故;

（六）锅炉、压力容器、压力管道和特种设备特大安全事故;

（七）其他特大安全事故。

地方人民政府和政府有关部门对特大安全事故的防范、发生直接负责的主管人员和其他直接责任人员,比照本规定给予行政处分;构成玩忽职守罪或者其他罪的,依法追究刑事责任。

特大安全事故肇事单位和个人的刑事处罚、行政处罚和民事责任,依照有关法律、法规和规章的规定执行。

第三条 特大安全事故的具体标准,按照国家有关规定执行。

第四条 地方各级人民政府及政府有关部门应当依照有关法律、法规和规章的规定,采取行政措施,对本地区实施安全监督管理,保障本地区人民群众生命、财产安全,对本地区或者职责范围内防范特大安全事故的发生、特大安全事故发生后的迅速和妥善处理负责。

第五条 地方各级人民政府应当每个季度至少召开一次防范特大安全事故工作会议,由政府主要领导人或者政府主要领导人委托政府分管领导人召集有关部门正职负责人参加,分析、布置、督促、检查本地区防范特大安全事故的工作。会议应当作出决定并形成纪要,会议确定的各项防范措施必须严格实施。

第六条 市(地、州)、县(市、区)人民政府应当组织有关部门按照职责分工对本地区容易发生特大安全事故的单位、设施和场所安全事故的防范明确责任、采取措施,并组织有关部门对上述单位、设施和场所进行严格检查。

第七条 市(地、州)、县(市、区)人民政府必须制定本地区特大安全事故应急处理预案。本地区特大安全事故应急处理预案经政府主要领导人签署后,报上一级人民政府备案。

第八条 市(地、州)、县(市、区)人民政府应当组织有关部门对本规定第二条所列各类特大安全事故的隐患进行查处;发现特大安全事故隐患的,责令立即排除;特大安全事故隐患排除前或者排除过程中,无法保证安全的,责令暂时停产、停业或者停止使用。法律、行政法规对查处机关另有规定的,依照其规定。

第九条 市(地、州)、县(市、区)人民政府及其有关部门对本地区存在的特大安全事故隐患,超出其管辖或者职责范围的,应当立即向有管辖权或者负有职责的上级人民政府或者政府有关部门报告;情况紧急的,可以立即采取包括责令暂时停产、停业在内的紧急措施,同时报告;有关上级人民政府或者政府有关部门接到报告后,应当立即组织查处。

第十条 中小学校对学生进行劳动技能教育以及组织学生参加公益劳动等社会实践活动,必须确保学生安全。严禁以任何形式、名义组织学生从事接触易燃、易爆、有毒、有害等危险品的劳动或者其他危险性劳动。严禁将学校场地出租作为从事易燃、易爆、有毒、有害等危险品的生产、经营场所。

中小学校违反前款规定的,按照学校隶属关系,对县(市、区)、乡(镇)人民政府主要领导人和县(市、区)人民政府教育行政部门正职负责人,根据情节轻重,给予记过、降级直至撤职的行政处分;构成玩忽职守罪或者其他罪的,依法追究刑事责任。

中小学校违反本条第一款规定的,对校长给予撤职的行政处分,对直接组织者给予开除公职的行政处分;构成非法制造爆炸物罪或者其他罪的,依法追究刑事责任。

第十一条 依法对涉及安全生产事项负责行政审批(包括批准、核准、许可、注册、认证、颁发证照、竣工验收等,下同)的政府部门或者机构,必须严格依照法律、法规和规章规定的安全条件和程序进行审查;不符合法律、法规和规章规定的安全条件的,不得批准;不符合法律、法规和规章规定的安全条件,弄虚作假、骗取批准或者勾结串通行政审批工作人员取得批准的,负责行政审批的政府部门或者机构除必须立即撤销原批准外,应当对弄虚作假骗取批准或者勾结串通行政审批工作人员的当事人依法给予行政处分;构成行贿罪或者其他罪的,依法追究刑事责任。

负责行政审批的政府部门或者机构违反前款规定,对不符合法律、法规和规章规定的安全条件予以批准的,对部门或者机构的正职负责人,根据情节轻重,给予降级、撤职直至开除公职的行政处分;与当事人勾结串通的,应当开除公职;构成受贿罪、玩忽职守罪或者其他罪的,依法追究刑事责任。

第十二条 对依照本规定第十一条第一款的规定取得批准的单位和个人,负责行政审批的政府部门或者机构必须对其实施严格监督检查;发现其不再具备安全条件的,必须立即撤销原批准。

负责行政审批的政府部门或者机构违反前款规定,不对取得批准的单位和个人实施严格监督检查,或者发现其不再具备安全条件而不立即撤销原批准的,对部门或者机构的正职负责人,根据情节轻重,给予降级或者撤职的行政处分;构成受贿罪、玩忽职守罪或者其他罪的,依法追究刑事责任。

第十三条 对未依法取得批准,擅自从事有关活动的,负责行政审批的政府部门或者机构发现或者接到举报后,应当立即予以查封、取缔,并依法给予行政处罚;属于经营单位的,由工商行政管理部门依法相应吊销营业执照。

负责行政审批的政府部门或者机构违反前款规定,对发现或者举报的未依法取得批准而擅自从事有关活动的,不予查封、取缔、不依法给予行政处罚,工商行政管理部门不予吊销营业执照的,对部门或者机构的正职负责人,根据情节轻重,给予降级或者撤职的行政处分；构成受贿罪、玩忽职守罪或者其他罪的，依法追究刑事责任。

第十四条 市（地、州）、县（市、区）人民政府依照本规定应当履行职责而未履行，或者未按照规定的职责和程序履行，本地区发生特大安全事故的，对政府主要领导人，根据情节轻重，给予降级或者撤职的行政处分；构成玩忽职守罪的，依法追究刑事责任。

负责行政审批的政府部门或者机构、负责安全监督管理的政府有关部门，未依照本规定履行职责，发生特大安全事故的，对部门或者机构的正职负责人，根据情节轻重，给予撤职或者开除公职的行政处分；构成玩忽职守罪或者其他罪的，依法追究刑事责任。

第十五条 发生特大安全事故，社会影响特别恶劣或者性质特别严重的，由国务院对负有领导责任的省长、自治区主席、直辖市市长和国务院有关部门正职负责人给予行政处分。

第十六条 特大安全事故发生后，有关县（市、区）、市（地、州）和省、自治区、直辖市人民政府及政府有关部门应当按照国家规定的程序和时限立即上报，不得隐瞒不报、谎报或者拖延报告，并应当配合、协助事故调查，不得以任何方式阻碍、干涉事故调查。

特大安全事故发生后，有关地方人民政府及政府有关部门违反前款规定的，对政府主要领导人和政府部门正职负责人给予降级的行政处分。

第十七条 特大安全事故发生后，有关地方人民政府应当迅速组织救助，有关部门应当服从指挥、调度，参加或者配合救助，将事故损失降到最低限度。

第十八条 特大安全事故发生后，省、自治区、直辖市人民政府应当按照国家有关规定迅速、如实发布事故消息。

第十九条 特大安全事故发生后，按照国家有关规定组织调查组对事故进行调查。事故调查工作应当自事故发生之日起60日内完成，并由调查组提出调查报告；遇有特殊情况的，经调查组提出并报国家安全生产监督管理机构批准后，可以适当延长时间。调查报告应当包括依照本规定对有关责任人员追究行政责任或者其他法律责任的意见。

省、自治区、直辖市人民政府应当自调查报告提交之日起30日内，对有关责任人员作出处理决定；必要时，国务院可以对特大安全事故的有关责任人员作出处理决定。

第二十条 地方人民政府或者政府部门阻挠、干涉对特大安全事故有关责任人员追究行政责任的，对该地方人民政府主要领导人或者政府部门正职负责人，根据情节轻重，给予降级或者撤职的行政处分。

第二十一条 任何单位和个人均有权向有关地方人民政府或者政府部门报告特大安全事故隐患，有权向上级人民政府或者政府部门举报地方人民政府或者政府部门不履行安全监督管理职责或者不按照规定履行职责的情况。接到报告或者举报的有关人民政府或者政府部门，应当立即组织对事故隐患进行查处，或者对举报的不履行、不按照规定履行安全监督管理职责的情况进行调查处理。

第二十二条 监察机关依照行政监察法

的规定,对地方各级人民政府和政府部门及其工作人员履行安全监督管理职责实施监察。

第二十三条 对特大安全事故以外的其他安全事故的防范、发生追究行政责任的办法,由省、自治区、直辖市人民政府参照本规定制定。

第二十四条 本规定自公布之日起施行。

消防安全责任制实施办法

1. 2017年10月29日国务院办公厅发布
2. 国办发〔2017〕87号

第一章 总 则

第一条 为深入贯彻《中华人民共和国消防法》《中华人民共和国安全生产法》和党中央、国务院关于安全生产及消防安全的重要决策部署,按照政府统一领导、部门依法监管、单位全面负责、公民积极参与的原则,坚持党政同责、一岗双责、齐抓共管、失职追责,进一步健全消防安全责任制,提高公共消防安全水平,预防火灾和减少火灾危害,保障人民群众生命财产安全,制定本办法。

第二条 地方各级人民政府负责本行政区域内的消防工作,政府主要负责人为第一责任人,分管负责人为主要责任人,班子其他成员对分管范围内的消防工作负领导责任。

第三条 国务院公安部门对全国的消防工作实施监督管理。县级以上地方人民政府公安机关对本行政区域内的消防工作实施监督管理。县级以上人民政府其他有关部门按照管行业必须管安全、管业务必须管安全、管生产经营必须管安全的要求,在各自职责范围内依法依规做好本行业、本系统的消防安全工作。

第四条 坚持安全自查、隐患自除、责任自负。机关、团体、企业、事业等单位是消防安全的责任主体,法定代表人、主要负责人或实际控制人是本单位、本场所消防安全责任人,对本单位、本场所消防安全全面负责。

消防安全重点单位应当确定消防安全管理人,组织实施本单位的消防安全管理工作。

第五条 坚持权责一致、依法履职、失职追责。对不履行或不按规定履行消防安全职责的单位和个人,依法依规追究责任。

第二章 地方各级人民政府消防工作职责

第六条 县级以上地方各级人民政府应当落实消防工作责任制,履行下列职责:

(一)贯彻执行国家法律法规和方针政策,以及上级党委、政府关于消防工作的部署要求,全面负责本地区消防工作,每年召开消防工作会议,研究部署本地区消防工作重大事项。每年向上级人民政府专题报告本地区消防工作情况。健全由政府主要负责人或分管负责人牵头的消防工作协调机制,推动落实消防工作责任。

(二)将消防工作纳入经济社会发展总体规划,将包括消防安全布局、消防站、消防供水、消防通信、消防车通道、消防装备等内容的消防规划纳入城乡规划,并负责组织实施,确保消防工作与经济社会发展相适应。

(三)督促所属部门和下级人民政府落实消防安全责任制,在农业收获季节、森林和草原防火期间、重大节假日和重要活动期间以及火灾多发季节,组织开展消防安全检查。推动消防科学研究和技术创新,推广使用先进消防和应急救援技术、设备。组织开展经常性的消防宣传工作。大力发展消防公益事业。采取政府购买公共服务等方式,推进消防教育培训、技术服务和物防、技防等工作。

(四)建立常态化火灾隐患排查整治机制,组织实施重大火灾隐患和区域性火灾隐患整治工作。实行重大火灾隐患挂牌督办制度。对报请挂牌督办的重大火灾隐患和停产停业整改报告,在7个工作日内作出同意或不同意的决定,并组织有关部门督促隐患单位采取措施予以整改。

(五)依法建立公安消防队和政府专职消防队。明确政府专职消防队公益属性,采取招聘、购买服务等方式招录政府专职消防员,建设营房,配齐装备;按规定落实其工资、保险和相关福利待遇。

(六)组织领导火灾扑救和应急救援工作。组织制定灭火救援应急预案,定期组织开展演练;建立灭火救援社会联动和应急反应处置机制,落实人员、装备、经费和灭火药剂等保障,根据需要调集灭火救援所需工程机械和特殊装备。

(七)法律、法规、规章规定的其他消防工作职责。

第七条 省、自治区、直辖市人民政府除履行第六条规定的职责外,还应当履行下列职责:

(一)定期召开政府常务会议、办公会议,研究部署消防工作。

(二)针对本地区消防安全特点和实际情况,及时提请同级人大及其常委会制定、修订地方性法规,组织制定、修订政府规章、规范性文件。

(三)将消防安全的总体要求纳入城市总体规划,并严格审核。

(四)加大消防投入,保障消防事业发展所需经费。

第八条 市、县级人民政府除履行第六条规定的职责外,还应当履行下列职责:

(一)定期召开政府常务会议、办公会议,研究部署消防工作。

(二)科学编制和严格落实城乡消防规划,预留消防队站、训练设施等建设用地。加强消防水源建设,按照规定建设市政消防供水设施,制定市政消防水源管理办法,明确建设、管理维护部门和单位。

(三)在本级政府预算中安排必要的资金,保障消防站、消防供水、消防通信等公共消防设施和消防装备建设,促进消防事业发展。

(四)将消防公共服务事项纳入政府民生工程或为民办实事工程;在社会福利机构、幼儿园、托儿所、居民家庭、小旅馆、群租房以及住宿与生产、储存、经营合用的场所推广安装简易喷淋装置、独立式感烟火灾探测报警器。

（五）定期分析评估本地区消防安全形势，组织开展火灾隐患排查整治工作；对重大火灾隐患，应当组织有关部门制定整改措施，督促限期消除。

（六）加强消防宣传教育培训，有计划地建设公益性消防科普教育基地，开展消防科普教育活动。

（七）按照立法权限，针对本地区消防安全特点和实际情况，及时提请同级人大及其常委会制定、修订地方性法规，组织制定、修订地方政府规章、规范性文件。

第九条　乡镇人民政府消防工作职责：

（一）建立消防安全组织，明确专人负责消防工作，制定消防安全制度，落实消防安全措施。

（二）安排必要的资金，用于公共消防设施建设和业务经费支出。

（三）将消防安全内容纳入镇总体规划、乡规划，并严格组织实施。

（四）根据当地经济发展和消防工作的需要建立专职消防队、志愿消防队，承担火灾扑救、应急救援等职能，并开展消防宣传、防火巡查、隐患查改。

（五）因地制宜落实消防安全"网格化"管理的措施和要求，加强消防宣传和应急疏散演练。

（六）部署消防安全整治，组织开展消防安全检查，督促整改火灾隐患。

（七）指导村（居）民委员会开展群众性的消防工作，确定消防安全管理人，制定防火安全公约，根据需要建立志愿消防队或微型消防站，开展防火安全检查、消防宣传教育和应急疏散演练，提高城乡消防安全水平。

街道办事处应当履行前款第（一）、（四）、（五）、（六）、（七）项职责，并保障消防工作经费。

第十条　开发区管理机构、工业园区管理机构等地方人民政府的派出机关，负责管理区域内的消防工作，按照本办法履行同级别人民政府的消防工作职责。

第十一条　地方各级人民政府主要负责人应当组织实施消防法律法规、方针政策和上级部署要求，定期研究部署消防工作，协调解决本行政区域内的重大消防安全问题。

地方各级人民政府分管消防安全的负责人应当协助主要负责人，综合协调本行政区域内的消防工作，督促检查各有关部门、下级政府落实消防工作的情况。班子其他成员要定期研究部署分管领域的消防工作，组织工作督查，推动分管领域火灾隐患排查整治。

第三章　县级以上人民政府工作部门消防安全职责

第十二条　县级以上人民政府工作部门应当按照谁主管、谁负责的原则，在各自职责范围内履行下列职责：

（一）根据本行业、本系统业务工作特点，在行业安全生产法规政策、规划计划和应急预案中纳入消防安全内容，提高消防安全管理水平。

（二）依法督促本行业、本系统相关单位落实消防安全责任制，建立消防安全管理制度，确定专（兼）职消防安全管理人员，落实消防工作经费；开展针对性消防安全检查治理，消除火灾隐患;加强消防宣传教育培训,每年组织应急演练,提高行业从业人员消防安全意识。

(三)法律、法规和规章规定的其他消防安全职责。

第十三条 具有行政审批职能的部门,对审批事项中涉及消防安全的法定条件要依法严格审批,凡不符合法定条件的,不得核发相关许可证照或批准开办。对已经依法取得批准的单位,不再具备消防安全条件的应当依法予以处理。

(一)公安机关负责对消防工作实施监督管理,指导、督促机关、团体、企业、事业等单位履行消防工作职责。依法实施建设工程消防设计审核、消防验收,开展消防监督检查,组织针对性消防安全专项治理,实施消防行政处罚。组织和指挥火灾现场扑救,承担或参加重大灾害事故和其他以抢救人员生命为主的应急救援工作。依法组织或参与火灾事故调查处理工作,办理失火罪和消防责任事故罪案件。组织开展消防宣传教育培训和应急疏散演练。

(二)教育部门负责学校、幼儿园管理中的行业消防安全。指导学校消防安全教育宣传工作,将消防安全教育纳入学校安全教育活动统筹安排。

(三)民政部门负责社会福利、特困人员供养、救助管理、未成年人保护、婚姻、殡葬、救灾物资储备、烈士纪念、军休军供、优抚医院、光荣院、养老机构等民政服务机构审批或管理中的行业消防安全。

(四)人力资源社会保障部门负责职业培训机构、技工院校审批或管理中的行业消防安全。做好政府专职消防队员、企业专职消防队员依法参加工伤保险工作。将消防法律法规和消防知识纳入公务员培训、职业培训内容。

(五)城乡规划管理部门依据城乡规划配合制定消防设施布局专项规划,依据规划预留消防站规划用地,并负责监督实施。

(六)住房城乡建设部门负责依法督促建设工程责任单位加强对房屋建筑和市政基础设施工程建设的安全管理,在组织制定工程建设规范以及推广新技术、新材料、新工艺时,应充分考虑消防安全因素,满足有关消防安全性能及要求。

(七)交通运输部门负责在客运车站、港口、码头及交通工具管理中依法督促有关单位落实消防安全主体责任和有关消防工作制度。

(八)文化部门负责文化娱乐场所审批或管理中的行业消防安全工作,指导、监督公共图书馆、文化馆(站)、剧院等文化单位履行消防安全职责。

(九)卫生计生部门负责医疗卫生机构、计划生育技术服务机构审批或管理中的行业消防安全。

(十)工商行政管理部门负责依法对流通领域消防产品质量实施监督管理,查处流通领域消防产品质量违法行为。

(十一)质量技术监督部门负责依法督促特种设备生产单位加强特种设备生产过程中的消防安全管理,在组织制定特种设备产品及使用标准时,应充分考虑消防安全因素,满足有关消防安全性能及要求,积极推广消防新技术在特种设备产品中的应用。按照职责分工对消防产品质量实施监督管理,依法查处消防产品质量违法行为。做好消防安全相关标准制修订工作,负责消防相关产品质量认证监督管理工作。

(十二)新闻出版广电部门负责指导新闻出版广播影视机构消防安全管理,协助监督管理印刷业、网络视听节目服务机构消防安全。督促新闻媒体发布针对性消防安全提示,面向社会开展消防宣传教育。

(十三)安全生产监督管理部门要严格依法实施有关行政审批,凡不符合法定条件的,不得核发有关安全生产许可。

第十四条 具有行政管理或公共服务职能的部门,应当结合本部门职责为消防工作提供支持和保障。

(一)发展改革部门应当将消防工作纳入国民经济和社会发展中长期规划。地方发展改革部门应当将公共消防设施建设列入地方固定资产投资计划。

(二)科技部门负责将消防科技进步纳入科技发展规划和中央财政科技计划(专项、基金等)并组织实施。组织指导消防安全重大科技攻关、基础研究和应用研究,会同有关部门推动消防科研成果转化应用。将消防知识纳入科普教育内容。

(三)工业和信息化部门负责指导督促通信业、通信设施建设以及民用爆炸物品生产、销售的消防安全管理。依据职责负责危险化学品生产、储存的行业规划和布局。将消防产业纳入应急产业同规划、同部署、同发展。

(四)司法行政部门负责指导监督监狱系统、司法行政系统强制隔离戒毒场所的消防安全管理。将消防法律法规纳入普法教育内容。

(五)财政部门负责按规定对消防资金进行预算管理。

(六)商务部门负责指导、督促商贸行业的消防安全管理工作。

(七)房地产管理部门负责指导、督促物业服务企业按照合同约定做好住宅小区共用消防设施的维护管理工作,并指导业主依照有关规定使用住宅专项维修资金对住宅小区共用消防设施进行维修、更新、改造。

(八)电力管理部门依法对电力企业和用户执行电力法律、行政法规的情况进行监督检查,督促企业严格遵守国家消防技术标准,落实企业主体责任。推广采用先进的火灾防范技术设施,引导用户规范用电。

(九)燃气管理部门负责加强城镇燃气安全监督管理工作,督促燃气经营者指导用户安全用气并对燃气设施定期进行安全检查、排除隐患,会同有关部门制定燃气安全事故应急预案,依法查处燃气经营者和燃气用户等各方主体的燃气违法行为。

(十)人防部门负责对人民防空工程的维护管理进行监督检查。

(十一)文物部门负责文物保护单位、世界文化遗产和博物馆的行业消防安全管理。

(十二)体育、宗教事务、粮食等部

门负责加强体育类场馆、宗教活动场所、储备粮储存环节等消防安全管理,指导开展消防安全标准化管理。

(十三)银行、证券、保险等金融监管机构负责督促银行业金融机构、证券业机构、保险机构及服务网点、派出机构落实消防安全管理。保险监管机构负责指导保险公司开展火灾公众责任保险业务,鼓励保险机构发挥火灾风险评估管控和火灾事故预防功能。

(十四)农业、水利、交通运输等部门应当将消防水源、消防车通道等公共消防设施纳入相关基础设施建设工程。

(十五)互联网信息、通信管理等部门应当指导网站、移动互联网媒体等开展公益性消防安全宣传。

(十六)气象、水利、地震部门应当及时将重大灾害事故预警信息通报公安消防部门。

(十七)负责公共消防设施维护管理的单位应当保持消防供水、消防通信、消防车通道等公共消防设施的完好有效。

第四章 单位消防安全职责

第十五条 机关、团体、企业、事业等单位应当落实消防安全主体责任,履行下列职责:

(一)明确各级、各岗位消防安全责任人及其职责,制定本单位的消防安全制度、消防安全操作规程、灭火和应急疏散预案。定期组织开展灭火和应急疏散演练,进行消防工作检查考核,保证各项规章制度落实。

(二)保证防火检查巡查、消防设施器材维护保养、建筑消防设施检测、火灾隐患整改、专职或志愿消防队和微型消防站建设等消防工作所需资金的投入。生产经营单位安全费用应当保证适当比例用于消防工作。

(三)按照相关标准配备消防设施、器材,设置消防安全标志,定期检验维修,对建筑消防设施每年至少进行一次全面检测,确保完好有效。设有消防控制室的,实行24小时值班制度,每班不少于2人,并持证上岗。

(四)保障疏散通道、安全出口、消防车通道畅通,保证防火防烟分区、防火间距符合消防技术标准。人员密集场所的门窗不得设置影响逃生和灭火救援的障碍物。保证建筑构件、建筑材料和室内装修装饰材料等符合消防技术标准。

(五)定期开展防火检查、巡查,及时消除火灾隐患。

(六)根据需要建立专职或志愿消防队、微型消防站,加强队伍建设,定期组织训练演练,加强消防装备配备和灭火药剂储备,建立与公安消防队联勤联动机制,提高扑救初起火灾能力。

(七)消防法律、法规、规章以及政策文件规定的其他职责。

第十六条 消防安全重点单位除履行第十五条规定的职责外,还应当履行下列职责:

(一)明确承担消防安全管理工作的机构和消防安全管理人并报知当地公安消防部门,组织实施本单位消防安全管理。消防安全管理人应当经过消防培训。

（二）建立消防档案，确定消防安全重点部位，设置防火标志，实行严格管理。

（三）安装、使用电器产品、燃气用具和敷设电气线路、管线必须符合相关标准和用电、用气安全管理规定，并定期维护保养、检测。

（四）组织员工进行岗前消防安全培训，定期组织消防安全培训和疏散演练。

（五）根据需要建立微型消防站，积极参与消防安全区域联防联控，提高自防自救能力。

（六）积极应用消防远程监控、电气火灾监测、物联网技术等技防物防措施。

第十七条　对容易造成群死群伤火灾的人员密集场所、易燃易爆单位和高层、地下公共建筑等火灾高危单位，除履行第十五条、第十六条规定的职责外，还应当履行下列职责：

（一）定期召开消防安全工作例会，研究本单位消防工作，处理涉及消防经费投入、消防设施设备购置、火灾隐患整改等重大问题。

（二）鼓励消防安全管理人取得注册消防工程师执业资格，消防安全责任人和特有工种人员须经消防安全培训；自动消防设施操作人员应当取得建（构）筑物消防员资格证书。

（三）专职消防队或微型消防站应当根据本单位火灾危险特性配备相应的消防装备器材，储备足够的灭火救援药剂和物资，定期组织消防业务学习和灭火技能训练。

（四）按照国家标准配备应急逃生设施设备和疏散引导器材。

（五）建立消防安全评估制度，由具有资质的机构定期开展评估，评估结果向社会公开。

（六）参加火灾公众责任保险。

第十八条　同一建筑物由两个以上单位管理或使用的，应当明确各方的消防安全责任，并确定责任人对共用的疏散通道、安全出口、建筑消防设施和消防车通道进行统一管理。

物业服务企业应当按照合同约定提供消防安全防范服务，对管理区域内的共用消防设施和疏散通道、安全出口、消防车通道进行维护管理，及时劝阻和制止占用、堵塞、封闭疏散通道、安全出口、消防车通道等行为，劝阻和制止无效的，立即向公安机关等主管部门报告。定期开展防火检查巡查和消防宣传教育。

第十九条　石化、轻工等行业组织应当加强行业消防安全自律管理，推动本行业消防工作，引导行业单位落实消防安全主体责任。

第二十条　消防设施检测、维护保养和消防安全评估、咨询、监测等消防技术服务机构和执业人员应当依法获得相应的资质、资格，依法依规提供消防安全技术服务，并对服务质量负责。

第二十一条　建设工程的建设、设计、施工和监理等单位应当遵守消防法律、法规、规章和工程建设消防技术标准，在工程设计使用年限内对工程的消防设计、施工质量承担终身责任。

第五章　责任落实

第二十二条　国务院每年组织对省级人

民政府消防工作完成情况进行考核，考核结果交由中央干部主管部门，作为对各省级人民政府主要负责人和领导班子综合考核评价的重要依据。

第二十三条　地方各级人民政府应当建立健全消防工作考核评价体系，明确消防工作目标责任，纳入日常检查、政务督查的重要内容，组织年度消防工作考核，确保消防安全责任落实。加强消防工作考核结果运用，建立与主要负责人、分管负责人和直接责任人履职评定、奖励惩处相挂钩的制度。

第二十四条　地方各级消防安全委员会、消防安全联席会议等消防工作协调机制应当定期召开成员单位会议，分析研判消防安全形势，协调指导消防工作开展，督促解决消防工作重大问题。

第二十五条　各有关部门应当建立单位消防安全信用记录，纳入全国信用信息共享平台，作为信用评价、项目核准、用地审批、金融扶持、财政奖补等方面的参考依据。

第二十六条　公安机关及其工作人员履行法定消防工作职责时，应当做到公正、严格、文明、高效。

公安机关及其工作人员进行消防设计审核、消防验收和消防安全检查等，不得收取费用，不得谋取利益，不得利用职务指定或者变相指定消防产品的品牌、销售单位或者消防技术服务机构、消防设施施工单位。

国务院公安部门要加强对各地公安机关及其工作人员进行消防设计审核、消防验收和消防安全检查等行为的监督管理。

第二十七条　地方各级人民政府和有关部门不依法履行职责，在涉及消防安全行政审批、公共消防设施建设、重大火灾隐患整改、消防力量发展等方面工作不力、失职渎职的，依法依规追究有关人员的责任，涉嫌犯罪的，移送司法机关处理。

第二十八条　因消防安全责任不落实发生一般及以上火灾事故的，依法依规追究单位直接责任人、法定代表人、主要负责人或实际控制人的责任，对履行职责不力、失职渎职的政府及有关部门负责人和工作人员实行问责，涉嫌犯罪的，移送司法机关处理。

发生造成人员死亡或产生社会影响的一般火灾事故的，由事故发生地县级人民政府负责组织调查处理；发生较大火灾事故的，由事故发生地设区的市级人民政府负责组织调查处理；发生重大火灾事故的，由事故发生地省级人民政府负责组织调查处理；发生特别重大火灾事故的，由国务院或国务院授权有关部门负责组织调查处理。

第六章　附　　则

第二十九条　具有固定生产经营场所的个体工商户，参照本办法履行单位消防安全职责。

第三十条　微型消防站是单位、社区组建的有人员、有装备，具备扑救初起火灾能力的志愿消防队。具体标准由公安消防部门确定。

第三十一条　本办法自印发之日起施行。地方各级人民政府、国务院有关部门等可结合实际制定具体实施办法。

中华人民共和国安全生产法

1. 2002年6月29日第九届全国人民代表大会常务委员会第二十八次会议通过
2. 根据2009年8月27日第十一届全国人民代表大会常务委员会第十次会议《关于修改部分法律的决定》第一次修正
3. 根据2014年8月31日第十二届全国人民代表大会常务委员会第十次会议《关于修改〈中华人民共和国安全生产法〉的决定》第二次修正
4. 根据2021年6月10日第十三届全国人民代表大会常务委员会第二十九次会议《关于修改〈中华人民共和国安全生产法〉的决定》第三次修正

目　　录

第一章　总　　则
第二章　生产经营单位的安全生产保障
第三章　从业人员的安全生产权利义务
第四章　安全生产的监督管理
第五章　生产安全事故的应急救援与调查处理
第六章　法律责任
第七章　附　　则

第一章　总　　则

第一条　【立法目的】为了加强安全生产工作,防止和减少生产安全事故,保障人民群众生命和财产安全,促进经济社会持续健康发展,制定本法。

第二条　【效力范围】在中华人民共和国领域内从事生产经营活动的单位(以下统称生产经营单位)的安全生产,适用本法;有关法律、行政法规对消防安全和道路交通安全、铁路交通安全、水上交通安全、民用航空安全以及核与辐射安全、特种设备安全另有规定的,适用其规定。

第三条　【工作方针、理念、机制】安全生产工作坚持中国共产党的领导。

安全生产工作应当以人为本,坚持人民至上、生命至上,把保护人民生命安全摆在首位,树牢安全发展理念,坚持安全第一、预防为主、综合治理的方针,从源头上防范化解重大安全风险。

安全生产工作实行管行业必须管安全、管业务必须管安全、管生产经营必须管安全,强化和落实生产经营单位主体责任与政府监管责任,建立生产经营单位负责、职工参与、政府监管、行业自律和社会监督的机制。

第四条　【生产经营单位的基本义务】生产经营单位必须遵守本法和其他有关安全生产的法律、法规,加强安全生产管理,建立健全全员安全生产责任制和安全生产规章制度,加大对安全生产资金、物资、技术、人员的投入保障力度,改善安全生产条件,加强安全生产标准化、信息化建设,构建安全风险分级管控和隐患排查治理双重预防机制,健全风险防范化解机制,提高安全生产水平,确保安全生产。

平台经济等新兴行业、领域的生产经营单位应当根据本行业、领域的特点,建立健全并落实全员安全生产责任制,加强从业人员安全生产教育和培训,履行本法和其他法律、法规规定的有关安全生产义务。

第五条　【生产经营单位主要负责人及其他负责人的职责】生产经营单位的主要负责人是本单位安全生产第一责任人,对本单位的安全生产工作全面负责。其他负责人对职责范围内的安全生产工作负责。

第六条　【从业人员安全生产权利义务】生产经营单位的从业人员有依法获得安全生产保障的权利,并应当依法履行安全生产方面的义务。

第七条　【工会职责】工会依法对安全生产工作进行监督。

生产经营单位的工会依法组织职工参加本单位安全生产工作的民主管理和民主监督,维护职工在安全生产方面的合法权益。生产经营单位制定或者修改有关安全生产的规章制度,应当听取工会的意见。

第八条　【安全生产规划】国务院和县级以上地方各级人民政府应当根据国民经济和社会发展规划制定安全生产规划,并组织实施。安全生产规划应当与国土空间规划等相关规划相衔接。

各级人民政府应当加强安全生产基础设施建设和安全生产监管能力建设,所需经费列入本级预算。

县级以上地方各级人民政府应当组织有关部门建立完善安全风险评估与论证机制,按照安全风险管控要求,进行产业规划和空间布局,并对位置相邻、行业相近、业态相似的生产经营单位实施重大安全风险联防联控。

第九条　【各级人民政府安全生产工作职责】国务院和县级以上地方各级人民政府应当加强对安全生产工作的领导,建立健全安全生产工作协调机制,支持、督促各有关部门依法履行安全生产监督管理职责,及时协调、解决安全生产监督管理中存在的重大问题。

乡镇人民政府和街道办事处,以及开发区、工业园区、港区、风景区等应当明确负责安全生产监督管理的有关工作机构及其职责,加强安全生产监管力量建设,按照职责对本行政区域或者管理区域内生产经营单位安全生产状况进行监督检查,协助人民政府有关部门或者按照授权依法履行安全生产监督管理职责。

第十条　【安全生产监督管理体制】国务院应急管理部门依照本法,对全国安全生产工作实施综合监督管理;县级以上地方各级人民政府应急管理部门依照本法,对本行政区域内安全生产工作实施综合监督管理。

国务院交通运输、住房和城乡建设、水利、民航等有关部门依照本法和其他有关法律、行政法规的规定,在各自的职责范围内对有关行业、领域的安全生产工作实施监督管理;县级以上地方各级人民政府有关部门依照本法和其他有关法律、法规的规定,在各自的职责范围内对有关行业、领域的安全生产工作实施监督管理。对新兴行业、领域的安全生产监督管理职责不明确的,由县级以上地方各级人民政府按照业务相近的原则确定监督管理部门。

应急管理部门和对有关行业、领域的安全生产工作实施监督管理的部门,统称负有安全生产监督管理职责的部门。负有安全生产监督管理职责的部门应当相互配合、齐抓共管、信息共享、资源共用,依法加强安全生产监督管理工作。

第十一条 【安全生产相关标准】国务院有关部门应当按照保障安全生产的要求,依法及时制定有关的国家标准或者行业标准,并根据科技进步和经济发展适时修订。

生产经营单位必须执行依法制定的保障安全生产的国家标准或者行业标准。

第十二条 【安全生产国家标准的制定】国务院有关部门按照职责分工负责安全生产强制性国家标准的项目提出、组织起草、征求意见、技术审查。国务院应急管理部门统筹提出安全生产强制性国家标准的立项计划。国务院标准化行政主管部门负责安全生产强制性国家标准的立项、编号、对外通报和授权批准发布工作。国务院标准化行政主管部门、有关部门依据法定职责对安全生产强制性国家标准的实施进行监督检查。

第十三条 【安全生产教育】各级人民政府及其有关部门应当采取多种形式,加强对有关安全生产的法律、法规和安全生产知识的宣传,增强全社会的安全生产意识。

第十四条 【协会组织职责】有关协会组织依照法律、行政法规和章程,为生产经营单位提供安全生产方面的信息、培训等服务,发挥自律作用,促进生产经营单位加强安全生产管理。

第十五条 【为安全生产提供技术、管理服务机构的职责】依法设立的为安全生产提供技术、管理服务的机构,依照法律、行政法规和执业准则,接受生产经营单位的委托为其安全生产工作提供技术、管理服务。

生产经营单位委托前款规定的机构提供安全生产技术、管理服务的,保证安全生产的责任仍由本单位负责。

第十六条 【生产安全事故责任追究制度】国家实行生产安全事故责任追究制度,依照本法和有关法律、法规的规定,追究生产安全事故责任单位和责任人员的法律责任。

第十七条 【安全生产权力和责任清单】县级以上各级人民政府应当组织负有安全生产监督管理职责的部门依法编制安全生产权力和责任清单,公开并接受社会监督。

第十八条 【国家鼓励安全生产科研及技术推广】国家鼓励和支持安全生产科学技术研究和安全生产先进技术的推广应用,提高安全生产水平。

第十九条 【国家奖励】国家对在改善安全生产条件、防止生产安全事故、参加抢险救护等方面取得显著成绩的单位和个人,给予奖励。

第二章 生产经营单位的安全生产保障

第二十条 【生产经营单位应当具备安全生产条件】生产经营单位应当具备本法和有关法律、行政法规和国家标准或者行业标准规定的安全生产条件;不具备安全生产条件的,不得从事生产经营活动。

第二十一条 【生产经营单位的主要负责人的职责】生产经营单位的主要负责人对本单位安全生产工作负有下列

职责：

（一）建立健全并落实本单位全员安全生产责任制，加强安全生产标准化建设；

（二）组织制定并实施本单位安全生产规章制度和操作规程；

（三）组织制定并实施本单位安全生产教育和培训计划；

（四）保证本单位安全生产投入的有效实施；

（五）组织建立并落实安全风险分级管控和隐患排查治理双重预防工作机制，督促、检查本单位的安全生产工作，及时消除生产安全事故隐患；

（六）组织制定并实施本单位的生产安全事故应急救援预案；

（七）及时、如实报告生产安全事故。

第二十二条 【全员安全生产责任制】生产经营单位的全员安全生产责任制应当明确各岗位的责任人员、责任范围和考核标准等内容。

生产经营单位应当建立相应的机制，加强对全员安全生产责任制落实情况的监督考核，保证全员安全生产责任制的落实。

第二十三条 【安全投入保障义务】生产经营单位应当具备的安全生产条件所必需的资金投入，由生产经营单位的决策机构、主要负责人或者个人经营的投资人予以保证，并对由于安全生产所必需的资金投入不足导致的后果承担责任。

有关生产经营单位应当按照规定提取和使用安全生产费用，专门用于改善安全生产条件。安全生产费用在成本中据实列支。安全生产费用提取、使用和监督管理的具体办法由国务院财政部门会同国务院应急管理部门征求国务院有关部门意见后制定。

第二十四条 【安全生产管理机构及人员的设置、配备】矿山、金属冶炼、建筑施工、运输单位和危险物品的生产、经营、储存、装卸单位，应当设置安全生产管理机构或者配备专职安全生产管理人员。

前款规定以外的其他生产经营单位，从业人员超过一百人的，应当设置安全生产管理机构或者配备专职安全生产管理人员；从业人员在一百人以下的，应当配备专职或者兼职的安全生产管理人员。

第二十五条 【安全生产管理机构及管理人员的职责】生产经营单位的安全生产管理机构以及安全生产管理人员履行下列职责：

（一）组织或者参与拟订本单位安全生产规章制度、操作规程和生产安全事故应急救援预案；

（二）组织或者参与本单位安全生产教育和培训，如实记录安全生产教育和培训情况；

（三）组织开展危险源辨识和评估，督促落实本单位重大危险源的安全管理措施；

（四）组织或者参与本单位应急救援演练；

（五）检查本单位的安全生产状况，及时排查生产安全事故隐患，提出改进安全生产管理的建议；

（六）制止和纠正违章指挥、强令冒险作业、违反操作规程的行为；

（七）督促落实本单位安全生产整改措施。

生产经营单位可以设置专职安全生产分管负责人，协助本单位主要负责人履行安全生产管理职责。

第二十六条 【履职要求与履职保障】生产经营单位的安全生产管理机构以及安全生产管理人员应当恪尽职守，依法履行职责。

生产经营单位作出涉及安全生产的经营决策，应当听取安全生产管理机构以及安全生产管理人员的意见。

生产经营单位不得因安全生产管理人员依法履行职责而降低其工资、福利等待遇或者解除与其订立的劳动合同。

危险物品的生产、储存单位以及矿山、金属冶炼单位的安全生产管理人员的任免，应当告知主管的负有安全生产监督管理职责的部门。

第二十七条 【知识和管理能力】生产经营单位的主要负责人和安全生产管理人员必须具备与本单位所从事的生产经营活动相应的安全生产知识和管理能力。

危险物品的生产、经营、储存、装卸单位以及矿山、金属冶炼、建筑施工、运输单位的主要负责人和安全生产管理人员，应当由主管的负有安全生产监督管理职责的部门对其安全生产知识和管理能力考核合格。考核不得收费。

危险物品的生产、储存、装卸单位以及矿山、金属冶炼单位应当有注册安全工程师从事安全生产管理工作。鼓励其他生产经营单位聘用注册安全工程师从事安全生产管理工作。注册安全工程师按专业分类管理，具体办法由国务院人力资源和社会保障部门、国务院应急管理部门会同国务院有关部门制定。

第二十八条 【安全生产教育和培训】生产经营单位应当对从业人员进行安全生产教育和培训，保证从业人员具备必要的安全生产知识，熟悉有关的安全生产规章制度和安全操作规程，掌握本岗位的安全操作技能，了解事故应急处理措施，知悉自身在安全生产方面的权利和义务。未经安全生产教育和培训合格的从业人员，不得上岗作业。

生产经营单位使用被派遣劳动者的，应当将被派遣劳动者纳入本单位从业人员统一管理，对被派遣劳动者进行岗位安全操作规程和安全操作技能的教育和培训。劳务派遣单位应当对被派遣劳动者进行必要的安全生产教育和培训。

生产经营单位接收中等职业学校、高等学校学生实习的，应当对实习学生进行相应的安全生产教育和培训，提供必要的劳动防护用品。学校应当协助生产经营单位对实习学生进行安全生产教育和培训。

生产经营单位应当建立安全生产教育和培训档案，如实记录安全生产教育和培训的时间、内容、参加人员以及考核结果等情况。

第二十九条 【技术更新的安全教育培训】生产经营单位采用新工艺、新技术、新材料或者使用新设备，必须了解、掌握其安全技术特性，采取有效的安全防护措施,并对从业人员进行专门的安全生产教育和培训。

第三十条 【特种作业人员安全管理规定】生产经营单位的特种作业人员必须按照国家有关规定经专门的安全作业培训,取得相应资格,方可上岗作业。

特种作业人员的范围由国务院应急管理部门会同国务院有关部门确定。

第三十一条 【建设项目安全设施"三同时"制度】生产经营单位新建、改建、扩建工程项目(以下统称建设项目)的安全设施,必须与主体工程同时设计、同时施工、同时投入生产和使用。安全设施投资应当纳入建设项目概算。

第三十二条 【特殊建设项目安全评价】矿山、金属冶炼建设项目和用于生产、储存、装卸危险物品的建设项目,应当按照国家有关规定进行安全评价。

第三十三条 【建设项目安全设计审查】建设项目安全设施的设计人、设计单位应当对安全设施设计负责。

矿山、金属冶炼建设项目和用于生产、储存、装卸危险物品的建设项目的安全设施设计应当按照国家有关规定报经有关部门审查,审查部门及其负责审查的人员对审查结果负责。

第三十四条 【建设项目安全设施施工与验收】矿山、金属冶炼建设项目和用于生产、储存、装卸危险物品的建设项目的施工单位必须按照批准的安全设施设计施工,并对安全设施的工程质量负责。

矿山、金属冶炼建设项目和用于生产、储存、装卸危险物品的建设项目竣工投入生产或者使用前,应当由建设单位负责组织对安全设施进行验收;验收合格后,方可投入生产和使用。负有安全生产监督管理职责的部门应当加强对建设单位验收活动和验收结果的监督核查。

第三十五条 【安全警示标志】生产经营单位应当在有较大危险因素的生产经营场所和有关设施、设备上,设置明显的安全警示标志。

第三十六条 【安全设备管理】安全设备的设计、制造、安装、使用、检测、维修、改造和报废,应当符合国家标准或者行业标准。

生产经营单位必须对安全设备进行经常性维护、保养,并定期检测,保证正常运转。维护、保养、检测应当作好记录,并由有关人员签字。

生产经营单位不得关闭、破坏直接关系生产安全的监控、报警、防护、救生设备、设施,或者篡改、隐瞒、销毁其相关数据、信息。

餐饮等行业的生产经营单位使用燃气的,应当安装可燃气体报警装置,并保障其正常使用。

第三十七条 【特种设备安全管理】生产经营单位使用的危险物品的容器、运输工具,以及涉及人身安全、危险性较大的海洋石油开采特种设备和矿山井下特种设备,必须按照国家有关规定,由专业生产单位生产,并经具有专业资质的检测、检验机构检测、检验合格,取得安全使用证或者安全标志,方可投入使用。检测、检验机构对检测、检验结果负责。

第三十八条 【工艺、设备淘汰制度】国家对严重危及生产安全的工艺、设备实行淘汰制度,具体目录由国务院应急管理部门会同国务院有关部门制定并公布。法律、行政法规对目录的制定另有规定的,适用其规定。

省、自治区、直辖市人民政府可以根据本地区实际情况制定并公布具体目录,对前款规定以外的危及生产安全的工艺、设备予以淘汰。

生产经营单位不得使用应当淘汰的危及生产安全的工艺、设备。

第三十九条 【危险物品的监管】生产、经营、运输、储存、使用危险物品或者处置废弃危险物品的,由有关主管部门依照有关法律、法规的规定和国家标准或者行业标准审批并实施监督管理。

生产经营单位生产、经营、运输、储存、使用危险物品或者处置废弃危险物品,必须执行有关法律、法规和国家标准或者行业标准,建立专门的安全管理制度,采取可靠的安全措施,接受有关主管部门依法实施的监督管理。

第四十条 【重大危险源安全管理】生产经营单位对重大危险源应当登记建档,进行定期检测、评估、监控,并制定应急预案,告知从业人员和相关人员在紧急情况下应当采取的应急措施。

生产经营单位应当按照国家有关规定将本单位重大危险源及有关安全措施、应急措施报有关地方人民政府应急管理部门和有关部门备案。有关地方人民政府应急管理部门和有关部门应当通过相关信息系统实现信息共享。

第四十一条 【风险管控和隐患排查治理】生产经营单位应当建立安全风险分级管控制度,按照安全风险分级采取相应的管控措施。

生产经营单位应当建立健全并落实生产安全事故隐患排查治理制度,采取技术、管理措施,及时发现并消除事故隐患。事故隐患排查治理情况应当如实记录,并通过职工大会或者职工代表大会、信息公示栏等方式向从业人员通报。其中,重大事故隐患排查治理情况应当及时向负有安全生产监督管理职责的部门和职工大会或者职工代表大会报告。

县级以上地方各级人民政府负有安全生产监督管理职责的部门应当将重大事故隐患纳入相关信息系统,建立健全重大事故隐患治理督办制度,督促生产经营单位消除重大事故隐患。

第四十二条 【生产经营场所和员工宿舍安全管理】生产、经营、储存、使用危险物品的车间、商店、仓库不得与员工宿舍在同一座建筑物内,并应当与员工宿舍保持安全距离。

生产经营场所和员工宿舍应当设有符合紧急疏散要求、标志明显、保持畅通的出口、疏散通道。禁止占用、锁闭、封堵生产经营场所或者员工宿舍的出口、疏散通道。

第四十三条 【危险作业现场安全管理】生产经营单位进行爆破、吊装、动火、临时用电以及国务院应急管理部门会同国务院有关部门规定的其他危险作业,应当安排专门人员进行现场安全管理,确保操作规程的遵守和安全措施的落实。

第四十四条 【从业人员安全管理】生产经营单位应当教育和督促从业人员严格执行本单位的安全生产规章制度和安全操作规程；并向从业人员如实告知作业场所和工作岗位存在的危险因素、防范措施以及事故应急措施。

生产经营单位应当关注从业人员的身体、心理状况和行为习惯，加强对从业人员的心理疏导、精神慰藉，严格落实岗位安全生产责任，防范从业人员行为异常导致事故发生。

第四十五条 【生产经营单位提供劳动防护用品】生产经营单位必须为从业人员提供符合国家标准或者行业标准的劳动防护用品，并监督、教育从业人员按照使用规则佩戴、使用。

第四十六条 【检查职责及重大事故隐患报告】生产经营单位的安全生产管理人员应当根据本单位的生产经营特点，对安全生产状况进行经常性检查；对检查中发现的安全问题，应当立即处理；不能处理的，应当及时报告本单位有关负责人，有关负责人应当及时处理。检查及处理情况应当如实记录在案。

生产经营单位的安全生产管理人员在检查中发现重大事故隐患，依照前款规定向本单位有关负责人报告，有关负责人不及时处理的，安全生产管理人员可以向主管的负有安全生产监督管理职责的部门报告，接到报告的部门应当依法及时处理。

第四十七条 【经费保障】生产经营单位应当安排用于配备劳动防护用品、进行安全生产培训的经费。

第四十八条 【交叉作业的安全管理】两个以上生产经营单位在同一作业区域内进行生产经营活动，可能危及对方生产安全的，应当签订安全生产管理协议，明确各自的安全生产管理职责和应当采取的安全措施，并指定专职安全生产管理人员进行安全检查与协调。

第四十九条 【发包与出租的安全生产责任】生产经营单位不得将生产经营项目、场所、设备发包或者出租给不具备安全生产条件或者相应资质的单位或者个人。

生产经营项目、场所发包或者出租给其他单位的，生产经营单位应当与承包单位、承租单位签订专门的安全生产管理协议，或者在承包合同、租赁合同中约定各自的安全生产管理职责；生产经营单位对承包单位、承租单位的安全生产工作统一协调、管理，定期进行安全检查，发现安全问题的，应当及时督促整改。

矿山、金属冶炼建设项目和用于生产、储存、装卸危险物品的建设项目的施工单位应当加强对施工项目的安全管理，不得倒卖、出租、出借、挂靠或者以其他形式非法转让施工资质，不得将其承包的全部建设工程转包给第三人或者将其承包的全部建设工程支解以后以分包的名义分别转包给第三人，不得将工程分包给不具备相应资质条件的单位。

第五十条 【事故发生时主要负责人职责】生产经营单位发生生产安全事故时，单位的主要负责人应当立即组织抢救，并不得在事故调查处理期间擅离职守。

第五十一条 【工伤保险和安全生产责任保险】生产经营单位必须依法参加工伤保险,为从业人员缴纳保险费。

国家鼓励生产经营单位投保安全生产责任保险;属于国家规定的高危行业、领域的生产经营单位,应当投保安全生产责任保险。具体范围和实施办法由国务院应急管理部门会同国务院财政部门、国务院保险监督管理机构和相关行业主管部门制定。

第三章 从业人员的安全生产权利义务

第五十二条 【劳动合同应载明的安全事项】生产经营单位与从业人员订立的劳动合同,应当载明有关保障从业人员劳动安全、防止职业危害的事项,以及依法为从业人员办理工伤保险的事项。

生产经营单位不得以任何形式与从业人员订立协议,免除或者减轻其对从业人员因生产安全事故伤亡依法应承担的责任。

第五十三条 【知情权和建议权】生产经营单位的从业人员有权了解其作业场所和工作岗位存在的危险因素、防范措施及事故应急措施,有权对本单位的安全生产工作提出建议。

第五十四条 【批评、检举、控告、拒绝权】从业人员有权对本单位安全生产工作中存在的问题提出批评、检举、控告;有权拒绝违章指挥和强令冒险作业。

生产经营单位不得因从业人员对本单位安全生产工作提出批评、检举、控告或者拒绝违章指挥、强令冒险作业而降低其工资、福利等待遇或者解除与其订立的劳动合同。

第五十五条 【紧急撤离权】从业人员发现直接危及人身安全的紧急情况时,有权停止作业或者在采取可能的应急措施后撤离作业场所。

生产经营单位不得因从业人员在前款紧急情况下停止作业或者采取紧急撤离措施而降低其工资、福利等待遇或者解除与其订立的劳动合同。

第五十六条 【及时救治义务及损害赔偿请求权】生产经营单位发生生产安全事故后,应当及时采取措施救治有关人员。

因生产安全事故受到损害的从业人员,除依法享有工伤保险外,依照有关民事法律尚有获得赔偿的权利的,有权提出赔偿要求。

第五十七条 【从业人员安全生产义务】从业人员在作业过程中,应当严格落实岗位安全责任,遵守本单位的安全生产规章制度和操作规程,服从管理,正确佩戴和使用劳动防护用品。

第五十八条 【从业人员接受安全生产教育培训】从业人员应当接受安全生产教育和培训,掌握本职工作所需的安全生产知识,提高安全生产技能,增强事故预防和应急处理能力。

第五十九条 【对事故隐患及不安全因素的报告义务】从业人员发现事故隐患或者其他不安全因素,应当立即向现场安全生产管理人员或者本单位负责人报告;接到报告的人员应当及时予以处理。

第六十条 【工会监督】工会有权对建设

项目的安全设施与主体工程同时设计、同时施工、同时投入生产和使用进行监督,提出意见。

工会对生产经营单位违反安全生产法律、法规,侵犯从业人员合法权益的行为,有权要求纠正;发现生产经营单位违章指挥、强令冒险作业或者发现事故隐患时,有权提出解决的建议,生产经营单位应当及时研究答复;发现危及从业人员生命安全的情况时,有权向生产经营单位建议组织从业人员撤离危险场所,生产经营单位必须立即作出处理。

工会有权依法参加事故调查,向有关部门提出处理意见,并要求追究有关人员的责任。

第六十一条 【被派遣劳动者的权利义务】生产经营单位使用被派遣劳动者的,被派遣劳动者享有本法规定的从业人员的权利,并应当履行本法规定的从业人员的义务。

第四章 安全生产的监督管理

第六十二条 【政府和应急管理部门职责】县级以上地方各级人民政府应当根据本行政区域内的安全生产状况,组织有关部门按照职责分工,对本行政区域内容易发生重大生产安全事故的生产经营单位进行严格检查。

应急管理部门应当按照分类分级监督管理的要求,制定安全生产年度监督检查计划,并按照年度监督检查计划进行监督检查,发现事故隐患,应当及时处理。

第六十三条 【安全生产事项的审批、验收】负有安全生产监督管理职责的部门依照有关法律、法规的规定,对涉及安全生产的事项需要审查批准(包括批准、核准、许可、注册、认证、颁发证照等,下同)或者验收的,必须严格依照有关法律、法规和国家标准或者行业标准规定的安全生产条件和程序进行审查;不符合有关法律、法规和国家标准或者行业标准规定的安全生产条件的,不得批准或者验收通过。对未依法取得批准或者验收合格的单位擅自从事有关活动的,负责行政审批的部门发现或者接到举报后应当立即予以取缔,并依法予以处理。对已经依法取得批准的单位,负责行政审批的部门发现其不再具备安全生产条件的,应当撤销原批准。

第六十四条 【审批、验收的禁止性规定】负有安全生产监督管理职责的部门对涉及安全生产的事项进行审查、验收,不得收取费用;不得要求接受审查、验收的单位购买其指定品牌或者指定生产、销售单位的安全设备、器材或者其他产品。

第六十五条 【现场检查权】应急管理部门和其他负有安全生产监督管理职责的部门依法开展安全生产行政执法工作,对生产经营单位执行有关安全生产的法律、法规和国家标准或者行业标准的情况进行监督检查,行使以下职权:

(一)进入生产经营单位进行检查,调阅有关资料,向有关单位和人员了解情况;

(二)对检查中发现的安全生产违法行为,当场予以纠正或者要求限期改正;对依法应当给予行政处罚的行

为,依照本法和其他有关法律、行政法规的规定作出行政处罚决定;

（三）对检查中发现的事故隐患,应当责令立即排除;重大事故隐患排除前或者排除过程中无法保证安全的,应当责令从危险区域内撤出作业人员,责令暂时停产停业或者停止使用相关设施、设备;重大事故隐患排除后,经审查同意,方可恢复生产经营和使用;

（四）对有根据认为不符合保障安全生产的国家标准或者行业标准的设施、设备、器材以及违法生产、储存、使用、经营、运输的危险物品予以查封或者扣押,对违法生产、储存、使用、经营危险物品的作业场所予以查封,并依法作出处理决定。

监督检查不得影响被检查单位的正常生产经营活动。

第六十六条 【配合监督检查】生产经营单位对负有安全生产监督管理职责的部门的监督检查人员（以下统称安全生产监督检查人员）依法履行监督检查职责,应当予以配合,不得拒绝、阻挠。

第六十七条 【安全生产监督检查人员的工作原则】安全生产监督检查人员应当忠于职守,坚持原则,秉公执法。

安全生产监督检查人员执行监督检查任务时,必须出示有效的行政执法证件;对涉及被检查单位的技术秘密和业务秘密,应当为其保密。

第六十八条 【书面记录】安全生产监督检查人员应当将检查的时间、地点、内容、发现的问题及其处理情况,作出书面记录,并由检查人员和被检查单位的负责人签字;被检查单位的负责人拒绝签字的,检查人员应当将情况记录在案,并向负有安全生产监督管理职责的部门报告。

第六十九条 【各部门联合检查】负有安全生产监督管理职责的部门在监督检查中,应当互相配合,实行联合检查;确需分别进行检查的,应当互通情况,发现存在的安全问题应当由其他有关部门进行处理的,应当及时移送其他有关部门并形成记录备查,接受移送的部门应当及时进行处理。

第七十条 【强制停止生产经营活动】负有安全生产监督管理职责的部门依法对存在重大事故隐患的生产经营单位作出停产停业、停止施工、停止使用相关设施或者设备的决定,生产经营单位应当依法执行,及时消除事故隐患。生产经营单位拒不执行,有发生生产安全事故的现实危险的,在保证安全的前提下,经本部门主要负责人批准,负有安全生产监督管理职责的部门可以采取通知有关单位停止供电、停止供应民用爆炸物品等措施,强制生产经营单位履行决定。通知应当采用书面形式,有关单位应当予以配合。

负有安全生产监督管理职责的部门依照前款规定采取停止供电措施,除有危及生产安全的紧急情形外,应当提前二十四小时通知生产经营单位。生产经营单位依法履行行政决定、采取相应措施消除事故隐患的,负有安全生产监督管理职责的部门应当及时解除前款规定的措施。

第七十一条 【监察】监察机关依照监察法的规定,对负有安全生产监督管理职责的部门及其工作人员履行安全生产监督管理职责实施监察。

第七十二条 【安全生产服务机构资质与义务】承担安全评价、认证、检测、检验职责的机构应当具备国家规定的资质条件,并对其作出的安全评价、认证、检测、检验结果的合法性、真实性负责。资质条件由国务院应急管理部门会同国务院有关部门制定。

承担安全评价、认证、检测、检验职责的机构应当建立并实施服务公开和报告公开制度,不得租借资质、挂靠、出具虚假报告。

第七十三条 【举报核查】负有安全生产监督管理职责的部门应当建立举报制度,公开举报电话、信箱或者电子邮件地址等网络举报平台,受理有关安全生产的举报;受理的举报事项经调查核实后,应当形成书面材料;需要落实整改措施的,报经有关负责人签字并督促落实。对不属于本部门职责,需要由其他有关部门进行调查处理的,转交其他有关部门处理。

涉及人员死亡的举报事项,应当由县级以上人民政府组织核查处理。

第七十四条 【举报权利和公益诉讼】任何单位或者个人对事故隐患或者安全生产违法行为,均有权向负有安全生产监督管理职责的部门报告或者举报。

因安全生产违法行为造成重大事故隐患或者导致重大事故,致使国家利益或者社会公共利益受到侵害的,人民检察院可以根据民事诉讼法、行政诉讼法的相关规定提起公益诉讼。

第七十五条 【居民委员会、村民委员会对安全隐患的报告义务】居民委员会、村民委员会发现其所在区域内的生产经营单位存在事故隐患或者安全生产违法行为时,应当向当地人民政府或者有关部门报告。

第七十六条 【举报奖励】县级以上各级人民政府及其有关部门对报告重大事故隐患或者举报安全生产违法行为的有功人员,给予奖励。具体奖励办法由国务院应急管理部门会同国务院财政部门制定。

第七十七条 【舆论监督】新闻、出版、广播、电影、电视等单位有进行安全生产公益宣传教育的义务,有对违反安全生产法律、法规的行为进行舆论监督的权利。

第七十八条 【违法行为信息库】负有安全生产监督管理职责的部门应当建立安全生产违法行为信息库,如实记录生产经营单位及其有关从业人员的安全生产违法行为信息;对违法行为情节严重的生产经营单位及其有关从业人员,应当及时向社会公告,并通报行业主管部门、投资主管部门、自然资源主管部门、生态环境主管部门、证券监督管理机构以及有关金融机构。有关部门和机构应当对存在失信行为的生产经营单位及其有关从业人员采取加大执法检查频次、暂停项目审批、上调有关保险费率、行业或者职业禁入等联合惩戒措施,并向社会公示。

负有安全生产监督管理职责的部门应当加强对生产经营单位行政处罚信息的及时归集、共享、应用和公开,对生产经营单位作出处罚决定后七个工作日内在监督管理部门公示系统予以公开曝光,强化对违法失信生产经营单位及其有关从业人员的社会监督,提高全社会安全生产诚信水平。

第五章　生产安全事故的应急救援与调查处理

第七十九条　【加强生产安全事故应急能力建设】国家加强生产安全事故应急能力建设,在重点行业、领域建立应急救援基地和应急救援队伍,并由国家安全生产应急救援机构统一协调指挥;鼓励生产经营单位和其他社会力量建立应急救援队伍,配备相应的应急救援装备和物资,提高应急救援的专业化水平。

　　国务院应急管理部门牵头建立全国统一的生产安全事故应急救援信息系统,国务院交通运输、住房和城乡建设、水利、民航等有关部门和县级以上地方人民政府建立健全相关行业、领域、地区的生产安全事故应急救援信息系统,实现互联互通、信息共享,通过推行网上安全信息采集、安全监管和监测预警,提升监管的精准化、智能化水平。

第八十条　【各级人民政府建立应急救援体系】县级以上地方各级人民政府应当组织有关部门制定本行政区域内生产安全事故应急救援预案,建立应急救援体系。

　　乡镇人民政府和街道办事处,以及开发区、工业园区、港区、风景区等应当制定相应的生产安全事故应急救援预案,协助人民政府有关部门或者按照授权依法履行生产安全事故应急救援工作职责。

第八十一条　【生产经营单位制定应急救援预案】生产经营单位应当制定本单位生产安全事故应急救援预案,与所在地县级以上地方人民政府组织制定的生产安全事故应急救援预案相衔接,并定期组织演练。

第八十二条　【高危行业生产经营单位的应急救援义务】危险物品的生产、经营、储存单位以及矿山、金属冶炼、城市轨道交通运营、建筑施工单位应当建立应急救援组织;生产经营规模较小的,可以不建立应急救援组织,但应当指定兼职的应急救援人员。

　　危险物品的生产、经营、储存、运输单位以及矿山、金属冶炼、城市轨道交通运营、建筑施工单位应当配备必要的应急救援器材、设备和物资,并进行经常性维护、保养,保证正常运转。

第八十三条　【安全事故报告和抢救义务】生产经营单位发生生产安全事故后,事故现场有关人员应当立即报告本单位负责人。

　　单位负责人接到事故报告后,应当迅速采取有效措施,组织抢救,防止事故扩大,减少人员伤亡和财产损失,并按照国家有关规定立即如实报告当地负有安全生产监督管理职责的部门,不得隐瞒不报、谎报或者迟报,不得故意破坏事故现场、毁灭有关证据。

第八十四条　【行政机关事故报告义务】负有安全生产监督管理职责的部门接到事故报告后,应当立即按照国家有关规定上报事故情况。负有安全生产监督管理职责的部门和有关地方人民政府对事故情况不得隐瞒不报、谎报或者迟报。

第八十五条 【事故抢救】有关地方人民政府和负有安全生产监督管理职责的部门的负责人接到生产安全事故报告后,应当按照生产安全事故应急救援预案的要求立即赶到事故现场,组织事故抢救。

参与事故抢救的部门和单位应当服从统一指挥,加强协同联动,采取有效的应急救援措施,并根据事故救援的需要采取警戒、疏散等措施,防止事故扩大和次生灾害的发生,减少人员伤亡和财产损失。

事故抢救过程中应当采取必要措施,避免或者减少对环境造成的危害。

任何单位和个人都应当支持、配合事故抢救,并提供一切便利条件。

第八十六条 【事故调查处理的原则】事故调查处理应当按照科学严谨、依法依规、实事求是、注重实效的原则,及时、准确地查清事故原因,查明事故性质和责任,评估应急处置工作,总结事故教训,提出整改措施,并对事故责任单位和人员提出处理建议。事故调查报告应当依法及时向社会公布。事故调查和处理的具体办法由国务院制定。

事故发生单位应当及时全面落实整改措施,负有安全生产监督管理职责的部门应当加强监督检查。

负责事故调查处理的国务院有关部门和地方人民政府应当在批复事故调查报告后一年内,组织有关部门对事故整改和防范措施落实情况进行评估,并及时向社会公开评估结果;对不履行职责导致事故整改和防范措施没有落实的有关单位和人员,应当按照有关规定追究责任。

第八十七条 【责任事故的法律后果】生产经营单位发生生产安全事故,经调查确定为责任事故的,除了应当查明事故单位的责任并依法予以追究外,还应当查明对安全生产的有关事项负有审查批准和监督职责的行政部门的责任,对有失职、渎职行为的,依照本法第九十条的规定追究法律责任。

第八十八条 【不得阻挠和干涉对事故的依法调查处理】任何单位和个人不得阻挠和干涉对事故的依法调查处理。

第八十九条 【定期统计分析生产安全事故情况】县级以上地方各级人民政府应急管理部门应当定期统计分析本行政区域内发生生产安全事故的情况,并定期向社会公布。

第六章 法律责任

第九十条 【监管部门工作人员的违法行为及责任】负有安全生产监督管理职责的部门的工作人员,有下列行为之一的,给予降级或者撤职的处分;构成犯罪的,依照刑法有关规定追究刑事责任:

(一)对不符合法定安全生产条件的涉及安全生产的事项予以批准或者验收通过的;

(二)发现未依法取得批准、验收的单位擅自从事有关活动或者接到举报后不予取缔或者不依法予以处理的;

(三)对已经依法取得批准的单位不履行监督管理职责,发现其不再具备安全生产条件而不撤销原批准或者发现安全生产违法行为不予查处的；

（四）在监督检查中发现重大事故隐患，不依法及时处理的。

负有安全生产监督管理职责的部门的工作人员有前款规定以外的滥用职权、玩忽职守、徇私舞弊行为的，依法给予处分；构成犯罪的，依照刑法有关规定追究刑事责任。

第九十一条 【监管部门违法责任】负有安全生产监督管理职责的部门，要求被审查、验收的单位购买其指定的安全设备、器材或者其他产品的，在对安全生产事项的审查、验收中收取费用的，由其上级机关或者监察机关责令改正，责令退还收取的费用；情节严重的，对直接负责的主管人员和其他直接责任人员依法给予处分。

第九十二条 【承担安全评价、认证、检测、检验职责的机构及责任人员的法律责任】承担安全评价、认证、检测、检验职责的机构出具失实报告的，责令停业整顿，并处三万元以上十万元以下的罚款；给他人造成损害的，依法承担赔偿责任。

承担安全评价、认证、检测、检验职责的机构租借资质、挂靠、出具虚假报告的，没收违法所得；违法所得在十万元以上的，并处违法所得二倍以上五倍以下的罚款，没有违法所得或者违法所得不足十万元的，单处或者并处十万元以上二十万元以下的罚款；对其直接负责的主管人员和其他直接责任人员处五万元以上十万元以下的罚款；给他人造成损害的，与生产经营单位承担连带赔偿责任；构成犯罪的，依照刑法有关规定追究刑事责任。

对有前款违法行为的机构及其直接责任人员，吊销其相应资质和资格，五年内不得从事安全评价、认证、检测、检验等工作；情节严重的，实行终身行业和职业禁入。

第九十三条 【未投入保证安全生产所必需的资金的法律责任】生产经营单位的决策机构、主要负责人或者个人经营的投资人不依照本法规定保证安全生产所必需的资金投入，致使生产经营单位不具备安全生产条件的，责令限期改正，提供必需的资金；逾期未改正的，责令生产经营单位停产停业整顿。

有前款违法行为，导致发生生产安全事故的，对生产经营单位的主要负责人给予撤职处分，对个人经营的投资人处二万元以上二十万元以下的罚款；构成犯罪的，依照刑法有关规定追究刑事责任。

第九十四条 【主要负责人未履行安全生产职责的法律责任】生产经营单位的主要负责人未履行本法规定的安全生产管理职责的，责令限期改正，处二万元以上五万元以下的罚款；逾期未改正的，处五万元以上十万元以下的罚款，责令生产经营单位停产停业整顿。

生产经营单位的主要负责人有前款违法行为，导致发生生产安全事故的，给予撤职处分；构成犯罪的，依照刑法有关规定追究刑事责任。

生产经营单位的主要负责人依照前款规定受刑事处罚或者撤职处分的，自刑罚执行完毕或者受处分之日起，五年内不得担任任何生产经营单位的主要负责人;对重大、特别重大生产安全事故负有责任的,终身不得担任本行业生产经营单位的主要负责人。

第九十五条 【发生生产安全事故后主要负责人的法律责任】生产经营单位的主要负责人未履行本法规定的安全生产管理职责,导致发生生产安全事故的,由应急管理部门依照下列规定处以罚款:

（一）发生一般事故的,处上一年年收入百分之四十的罚款;

（二）发生较大事故的,处上一年年收入百分之六十的罚款;

（三）发生重大事故的,处上一年年收入百分之八十的罚款;

（四）发生特别重大事故的,处上一年年收入百分之一百的罚款。

第九十六条 【其他负责人和安全生产管理人员未履行安全生产职责的法律责任】生产经营单位的其他负责人和安全生产管理人员未履行本法规定的安全生产管理职责的,责令限期改正,处一万元以上三万元以下的罚款;导致发生生产安全事故的,暂停或者吊销其与安全生产有关的资格,并处上一年年收入百分之二十以上百分之五十以下的罚款;构成犯罪的,依照刑法有关规定追究刑事责任。

第九十七条 【与从业人员、教育培训相关的违法行为及法律责任】生产经营单位有下列行为之一的,责令限期改正,处十万元以下的罚款;逾期未改正的,责令停产停业整顿,并处十万元以上二十万元以下的罚款,对其直接负责的主管人员和其他直接责任人员处二万元以上五万元以下的罚款:

（一）未按照规定设置安全生产管理机构或者配备安全生产管理人员、注册安全工程师的;

（二）危险物品的生产、经营、储存、装卸单位以及矿山、金属冶炼、建筑施工、运输单位的主要负责人和安全生产管理人员未按照规定经考核合格的;

（三）未按照规定对从业人员、被派遣劳动者、实习学生进行安全生产教育和培训,或者未按照规定如实告知有关的安全生产事项的;

（四）未如实记录安全生产教育和培训情况的;

（五）未将事故隐患排查治理情况如实记录或者未向从业人员通报的;

（六）未按照规定制定生产安全事故应急救援预案或者未定期组织演练的;

（七）特种作业人员未按照规定经专门的安全作业培训并取得相应资格,上岗作业的。

第九十八条 【与矿山、金属冶炼建设项目相关违法行为及法律后果】生产经营单位有下列行为之一的,责令停止建设或者停产停业整顿,限期改正,并处十万元以上五十万元以下的罚款,对其直接负责的主管人员和其他直接责任人员处二万元以上五万元以下的罚款;逾期未改正的,处五十万元以上一百万元以下的罚款,对其直接负责的主管人员和其他直接责任人员处五万元以上十万元以下的罚款;构成犯罪的,依照刑法有关规定追究刑事责任:

（一）未按照规定对矿山、金属冶炼建设项目或者用于生产、储存、装卸危险物品的建设项目进行安全评价的；

（二）矿山、金属冶炼建设项目或者用于生产、储存、装卸危险物品的建设项目没有安全设施设计或者安全设施设计未按照规定报经有关部门审查同意的；

（三）矿山、金属冶炼建设项目或者用于生产、储存、装卸危险物品的建设项目的施工单位未按照批准的安全设施设计施工的；

（四）矿山、金属冶炼建设项目或者用于生产、储存、装卸危险物品的建设项目竣工投入生产或者使用前，安全设施未经验收合格的。

第九十九条　【与安全设备相关的违法行为及法律后果】生产经营单位有下列行为之一的，责令限期改正，处五万元以下的罚款；逾期未改正的，处五万元以上二十万元以下的罚款，对其直接负责的主管人员和其他直接责任人员处一万元以上二万元以下的罚款；情节严重的，责令停产停业整顿；构成犯罪的，依照刑法有关规定追究刑事责任：

（一）未在有较大危险因素的生产经营场所和有关设施、设备上设置明显的安全警示标志的；

（二）安全设备的安装、使用、检测、改造和报废不符合国家标准或者行业标准的；

（三）未对安全设备进行经常性维护、保养和定期检测的；

（四）关闭、破坏直接关系生产安全的监控、报警、防护、救生设备、设施，或者篡改、隐瞒、销毁其相关数据、信息的；

（五）未为从业人员提供符合国家标准或者行业标准的劳动防护用品的；

（六）危险物品的容器、运输工具，以及涉及人身安全、危险性较大的海洋石油开采特种设备和矿山井下特种设备未经具有专业资质的机构检测、检验合格，取得安全使用证或者安全标志，投入使用的；

（七）使用应当淘汰的危及生产安全的工艺、设备的；

（八）餐饮等行业的生产经营单位使用燃气未安装可燃气体报警装置的。

第一百条　【违反危险物品安全管理的法律责任】未经依法批准，擅自生产、经营、运输、储存、使用危险物品或者处置废弃危险物品的，依照有关危险物品安全管理的法律、行政法规的规定予以处罚；构成犯罪的，依照刑法有关规定追究刑事责任。

第一百零一条　【与安全管理制度相关的违法行为及法律责任】生产经营单位有下列行为之一的，责令限期改正，处十万元以下的罚款；逾期未改正的，责令停产停业整顿，并处十万元以上二十万元以下的罚款，对其直接负责的主管人员和其他直接责任人员处二万元以上五万元以下的罚款；构成犯罪的，依照刑法有关规定追究刑事责任：

（一）生产、经营、运输、储存、使用危险物品或者处置废弃危险物品，未

建立专门安全管理制度、未采取可靠的安全措施的;

（二）对重大危险源未登记建档、未进行定期检测、评估、监控,未制定应急预案,或者未告知应急措施的;

（三）进行爆破、吊装、动火、临时用电以及国务院应急管理部门会同国务院有关部门规定的其他危险作业,未安排专门人员进行现场安全管理的;

（四）未建立安全风险分级管控制度或者未按照安全风险分级采取相应管控措施的;

（五）未建立事故隐患排查治理制度,或者重大事故隐患排查治理情况未按照规定报告的。

第一百零二条 【未采取措施消除事故隐患的法律责任】生产经营单位未采取措施消除事故隐患的,责令立即消除或者限期消除,处五万元以下的罚款;生产经营单位拒不执行的,责令停产停业整顿,对其直接负责的主管人员和其他直接责任人员处五万元以上十万元以下的罚款;构成犯罪的,依照刑法有关规定追究刑事责任。

第一百零三条 【违反承包、出租中安全管理职责的法律责任】生产经营单位将生产经营项目、场所、设备发包或者出租给不具备安全生产条件或者相应资质的单位或者个人的,责令限期改正,没收违法所得;违法所得十万元以上的,并处违法所得二倍以上五倍以下的罚款;没有违法所得或者违法所得不足十万元的,单处或者并处十万元以上二十万元以下的罚款;对其直接负责的主管人员和其他直接责任人员处一万元以上二万元以下的罚款;导致发生生产安全事故给他人造成损害的,与承包方、承租方承担连带赔偿责任。

生产经营单位未与承包单位、承租单位签订专门的安全生产管理协议或者未在承包合同、租赁合同中明确各自的安全生产管理职责,或者未对承包单位、承租单位的安全生产统一协调、管理的,责令限期改正,处五万元以下的罚款,对其直接负责的主管人员和其他直接责任人员处一万元以下的罚款;逾期未改正的,责令停产停业整顿。

矿山、金属冶炼建设项目和用于生产、储存、装卸危险物品的建设项目的施工单位未按照规定对施工项目进行安全管理的,责令限期改正,处十万元以下的罚款,对其直接负责的主管人员和其他直接责任人员处二万元以下的罚款;逾期未改正的,责令停产停业整顿。以上施工单位倒卖、出租、出借、挂靠或者以其他形式非法转让施工资质的,责令停产停业整顿,吊销资质证书,没收违法所得;违法所得十万元以上的,并处违法所得二倍以上五倍以下的罚款,没有违法所得或者违法所得不足十万元的,单处或者并处十万元以上二十万元以下的罚款;对其直接负责的主管人员和其他直接责任人员处五万元以上十万元以下的罚款;构成犯罪的,依照刑法有关规定追究刑事责任。

第一百零四条 【违反交叉作业安全管理的法律责任】两个以上生产经营单位在同一作业区域内进行可能危及对方安全生产的生产经营活动,未签订安全生产管理协议或者未指定专职安全生产管理人员进行安全检查与协调的,责令限期改正,处五万元以下的罚款,对其直接负责的主管人员和其他直接责任人员处一万元以下的罚款;逾期未改正的,责令停产停业。

第一百零五条 【员工宿舍不符合安全要求的法律责任】生产经营单位有下列行为之一的,责令限期改正,处五万元以下的罚款,对其直接负责的主管人员和其他直接责任人员处一万元以下的罚款;逾期未改正的,责令停产停业整顿;构成犯罪的,依照刑法有关规定追究刑事责任:

(一)生产、经营、储存、使用危险物品的车间、商店、仓库与员工宿舍在同一座建筑内,或者与员工宿舍的距离不符合安全要求的;

(二)生产经营场所和员工宿舍未设有符合紧急疏散需要、标志明显、保持畅通的出口、疏散通道,或者占用、锁闭、封堵生产经营场所或者员工宿舍出口、疏散通道的。

第一百零六条 【免责协议无效】生产经营单位与从业人员订立协议,免除或者减轻其对从业人员因生产安全事故伤亡依法应承担的责任的,该协议无效;对生产经营单位的主要负责人、个人经营的投资人处二万元以上十万元以下的罚款。

第一百零七条 【从业人员不服从安全管理的法律责任】生产经营单位的从业人员不落实岗位安全责任,不服从管理,违反安全生产规章制度或者操作规程的,由生产经营单位给予批评教育,依照有关规章制度给予处分;构成犯罪的,依照刑法有关规定追究刑事责任。

第一百零八条 【拒绝、阻碍安全检查的法律责任】违反本法规定,生产经营单位拒绝、阻碍负有安全生产监督管理职责的部门依法实施监督检查的,责令改正;拒不改正的,处二万元以上二十万元以下的罚款;对其直接负责的主管人员和其他直接责任人员处一万元以上二万元以下的罚款;构成犯罪的,依照刑法有关规定追究刑事责任。

第一百零九条 【未按规定投保的法律责任】高危行业、领域的生产经营单位未按照国家规定投保安全生产责任保险的,责令限期改正,处五万元以上十万元以下的罚款;逾期未改正的,处十万元以上二十万元以下的罚款。

第一百一十条 【主要负责人不立即组织抢救的法律责任】生产经营单位的主要负责人在本单位发生生产安全事故时,不立即组织抢救或者在事故调查处理期间擅离职守或者逃匿的,给予降级、撤职的处分,并由应急管理部门处上一年年收入百分之六十至百分之一百的罚款;对逃匿的处十五日以下拘留;构成犯罪的,依照刑法有关规定追究刑事责任。

生产经营单位的主要负责人对生产安全事故隐瞒不报、谎报或者迟报的,依照前款规定处罚。

第一百一十一条 【对生产安全事故隐瞒不报、谎报或者迟报的法律责任】有关地方人民政府、负有安全生产监督管理职责的部门,对生产安全事故隐瞒不报、谎报或者迟报的,对直接负责的主管人员和其他直接责任人员依法给予处分;构成犯罪的,依照刑法有关规定追究刑事责任。

第一百一十二条 【拒不改正的法律后果】生产经营单位违反本法规定,被责令改正且受到罚款处罚,拒不改正的,负有安全生产监督管理职责的部门可以自作出责令改正之日的次日起,按照原处罚数额按日连续处罚。

第一百一十三条 【"关闭"行政处罚的具体适用】生产经营单位存在下列情形之一的,负有安全生产监督管理职责的部门应当提请地方人民政府予以关闭,有关部门应当依法吊销其有关证照。生产经营单位主要负责人五年内不得担任任何生产经营单位的主要负责人;情节严重的,终身不得担任本行业生产经营单位的主要负责人:

(一)存在重大事故隐患,一百八十日内三次或者一年内四次受到本法规定的行政处罚的;

(二)经停产停业整顿,仍不具备法律、行政法规和国家标准或者行业标准规定的安全生产条件的;

(三)不具备法律、行政法规和国家标准或者行业标准规定的安全生产条件,导致发生重大、特别重大生产安全事故的;

(四)拒不执行负有安全生产监督管理职责的部门作出的停产停业整顿决定的。

第一百一十四条 【应急管理部门处以罚款的情形】发生生产安全事故,对负有责任的生产经营单位除要求其依法承担相应的赔偿等责任外,由应急管理部门依照下列规定处以罚款:

(一)发生一般事故的,处三十万元以上一百万元以下的罚款;

(二)发生较大事故的,处一百万元以上二百万元以下的罚款;

(三)发生重大事故的,处二百万元以上一千万元以下的罚款;

(四)发生特别重大事故的,处一千万元以上二千万元以下的罚款。

发生生产安全事故,情节特别严重、影响特别恶劣的,应急管理部门可以按照前款罚款数额的二倍以上五倍以下对负有责任的生产经营单位处以罚款。

第一百一十五条 【行政处罚决定机关】本法规定的行政处罚,由应急管理部门和其他负有安全生产监督管理职责的部门按照职责分工决定;其中,根据本法第九十五条、第一百一十条、第一百一十四条的规定应当给予民航、铁路、电力行业的生产经营单位及其主要负责人行政处罚的,也可以由主管的负有安全生产监督管理职责的部门进行处罚。予以关闭的行政处罚,由负有安全生产监督管理职责的部门报请县级以上人民政府按照国务院规定的权限决定;给予拘留的行政处罚,由公安机关依照治安管理处罚的规定决定。

第一百一十六条 【赔偿】生产经营单位发生生产安全事故造成人员伤亡、他人财产损失的,应当依法承担赔偿责任;拒不承担或者其负责人逃匿的,由人民法院依法强制执行。

生产安全事故的责任人未依法承担赔偿责任,经人民法院依法采取执行措施后,仍不能对受害人给予足额赔偿的,应当继续履行赔偿义务;受害人发现责任人有其他财产的,可以随时请求人民法院执行。

第七章 附 则

第一百一十七条 【法律术语】本法下列用语的含义：

危险物品，是指易燃易爆物品、危险化学品、放射性物品等能够危及人身安全和财产安全的物品。

重大危险源，是指长期地或者临时地生产、搬运、使用或者储存危险物品，且危险物品的数量等于或者超过临界量的单元(包括场所和设施)。

第一百一十八条 【安全事故的划分标准】本法规定的生产安全一般事故、较大事故、重大事故、特别重大事故的划分标准由国务院规定。

国务院应急管理部门和其他负有安全生产监督管理职责的部门应当根据各自的职责分工，制定相关行业、领域重大危险源的辨识标准和重大事故隐患的判定标准。

第一百一十九条 【施行日期】本法自2002年11月1日起施行。

安全生产违法行为行政处罚办法

1. 2007年11月30日国家安全生产监督管理总局令第15号公布
2. 根据2015年4月2日国家安全生产监督管理总局令第77号《关于修改〈《生产安全事故报告和调查处理条例》罚款处罚暂行规定〉等四部规章的决定》修正

第一章 总 则

第一条 为了制裁安全生产违法行为，规范安全生产行政处罚工作，依照行政处罚法、安全生产法及其他有关法律、行政法规的规定，制定本办法。

第二条 县级以上人民政府安全生产监督管理部门对生产经营单位及其有关人员在生产经营活动中违反有关生产的法律、行政法规、部门规章、国家标准、行业标准和规程的违法行为(以下统称安全生产违法行为)实施行政处罚，适用本办法。

煤矿安全监察机构依照本办法和煤矿安全监察行政处罚办法，对煤矿、煤矿安全生产中介机构等生产经营单位及其有关人员的安全生产违法行为实施行政处罚。

有关法律、行政法规对安全生产违法行为行政处罚的种类、幅度或者决定机关另有规定的，依照其规定。

第三条 对安全生产违法行为实施行政处罚，应当遵循公平、公正、公开的原则。

安全生产监督管理部门或者煤矿安全监察机构(以下统称安全监管监察部门)及其行政执法人员实施行政处罚，必须以事实为依据。行政处罚应当与安全生产违法行为的事实、性质、情节以及社会危害程度相当。

第四条 生产经营单位及其有关人员对安全监管监察部门给予的行政处罚，依法享有陈述权、申辩权和听证权；对行政处罚不服的，有权依法申请行政复议或者提起行政诉讼；因违法给予行政处罚受到损害的，有权依法申请国家赔偿。

第二章 行政处罚的种类、管辖

第五条 安全生产违法行为行政处罚的

种类：

（一）警告；

（二）罚款；

（三）没收违法所得、没收非法开采的煤炭产品、采掘设备；

（四）责令停产停业整顿、责令停产停业、责令停止建设、责令停止施工；

（五）暂扣或者吊销有关许可证，暂停或者撤销有关执业资格、岗位证书；

（六）关闭；

（七）拘留；

（八）安全生产法律、行政法规规定的其他行政处罚。

第六条　县级以上安全监管监察部门应当按照本章的规定，在各自的职责范围内对安全生产违法行为行政处罚行使管辖权。

安全生产违法行为的行政处罚，由安全生产违法行为发生地的县级以上安全监管监察部门管辖。中央企业及其所属企业、有关人员的安全生产违法行为的行政处罚，由安全生产违法行为发生地的设区的市级以上安全监管监察部门管辖。

暂扣、吊销有关许可证和暂停、撤销有关执业资格、岗位证书的行政处罚，由发证机关决定。其中，暂扣有关许可证和暂停有关执业资格、岗位证书的期限一般不得超过6个月；法律、行政法规另有规定的，依照其规定。

给予关闭的行政处罚，由县级以上安全监管监察部门报请县级以上人民政府按照国务院规定的权限决定。

给予拘留的行政处罚，由县级以上安全监管监察部门建议公安机关依照治安管理处罚法的规定决定。

第七条　两个以上安全监管监察部门因行政处罚管辖权发生争议的，由其共同的上一级安全监管监察部门指定管辖。

第八条　对报告或者举报的安全生产违法行为，安全监管监察部门应当受理；发现不属于自己管辖的，应当及时移送有管辖权的部门。

受移送的安全监管监察部门对管辖权有异议的，应当报请共同的上一级安全监管监察部门指定管辖。

第九条　安全生产违法行为涉嫌犯罪的，安全监管监察部门应当将案件移送司法机关，依法追究刑事责任；尚不够刑事处罚但依法应当给予行政处罚的，由安全监管监察部门管辖。

第十条　上级安全监管监察部门可以直接查处下级安全监管监察部门管辖的案件，也可以将自己管辖的案件交由下级安全监管监察部门管辖。

下级安全监管监察部门可以将重大、疑难案件报请上级安全监管监察部门管辖。

第十一条　上级安全监管监察部门有权对下级安全监管监察部门违法或者不适当的行政处罚予以纠正或者撤销。

第十二条　安全监管监察部门根据需要，可以在其法定职权范围内委托符合《行政处罚法》第十九条规定条件的组织或者乡、镇人民政府以及街道办事处、开发区管理机构等地方人民政府的派出机构实施行政处罚。受委托的单位在委托范围内，以委托的安全监管监察部门名义实施行政处罚。

委托的安全监管监察部门应当监督检查受委托的单位实施行政处罚,并对其实施行政处罚的后果承担法律责任。

第三章 行政处罚的程序

第十三条 安全生产行政执法人员在执行公务时,必须出示省级以上安全生产监督管理部门或者县级以上地方人民政府统一制作的有效行政执法证件。其中对煤矿进行安全监察,必须出示国家安全生产监督管理总局统一制作的煤矿安全监察员证。

第十四条 安全监管监察部门及其行政执法人员在监督检查时发现生产经营单位存在事故隐患的,应当按照下列规定采取现场处理措施:

(一)能够立即排除的,应当责令立即排除;

(二)重大事故隐患排除前或者排除过程中无法保证安全的,应当责令从危险区域撤出作业人员,并责令暂时停产停业、停止建设、停止施工或停止使用相关设施、设备,限期排除隐患。

隐患排除后,经安全监管监察部门审查同意,方可恢复生产经营和使用。

本条第一款第(二)项规定的责令暂时停产停业、停止建设、停止施工或者停止使用相关设施、设备的期限一般不超过6个月;法律、行政法规另有规定的,依照其规定。

第十五条 对有根据认为不符合安全生产的国家标准或者行业标准的在用设施、设备、器材,违法生产、储存、使用、经营、运输的危险物品,以及违法生产、储存、使用、经营危险物品的作业场所,安全监管监察部门应当依照《行政强制法》的规定予以查封或者扣押。查封或者扣押的期限不得超过30日,情况复杂的,经安全监管监察部门负责人批准,最多可以延长30日,并在查封或者扣押期限内作出处理决定:

(一)对违法事实清楚、依法应当没收的非法财物予以没收;

(二)法律、行政法规规定应当销毁的,依法销毁;

(三)法律、行政法规规定应当解除查封、扣押的,作出解除查封、扣押的决定。

实施查封、扣押,应当制作并当场交付查封、扣押决定书和清单。

第十六条 安全监管监察部门依法对存在重大事故隐患的生产经营单位作出停产停业、停止施工、停止使用相关设施、设备的决定,生产经营单位应当依法执行,及时消除事故隐患。生产经营单位拒不执行,有发生生产安全事故的现实危险的,在保证安全的前提下,经本部门主要负责人批准,安全监管监察部门可以采取通知有关单位停止供电、停止供应民用爆炸物品等措施,强制生产经营单位履行决定。通知应当采用书面形式,有关单位应当予以配合。

安全监管监察部门依照前款规定采取停止供电措施,除有危及生产安全的紧急情形外,应当提前24小时通知生产经营单位。生产经营单位依法履行行政决定、采取相应措施消除事故隐患的,安全监管监察部门应当及时解除前款规定的措施。

第十七条　生产经营单位被责令限期改正或者限期进行隐患排除治理的,应当在规定限期内完成。因不可抗力无法在规定限期内完成的,应当在进行整改或者治理的同时,于限期届满前10日内提出书面延期申请,安全监管监察部门应当在收到申请之日起5日内书面答复是否准予延期。

　　生产经营单位提出复查申请或者整改、治理限期届满的,安全监管监察部门应当自申请或者限期届满之日起10日内进行复查,填写复查意见书,由被复查单位和安全监管监察部门复查人员签名后存档。逾期未整改、未治理或者整改、治理不合格的,安全监管监察部门应当依法给予行政处罚。

第十八条　安全监管监察部门在作出行政处罚决定前,应当填写行政处罚告知书,告知当事人作出行政处罚决定的事实、理由、依据,以及当事人依法享有的权利,并送达当事人。当事人应当在收到行政处罚告知书之日起3日内进行陈述、申辩,或者依法提出听证要求,逾期视为放弃上述权利。

第十九条　安全监管监察部门应当充分听取当事人的陈述和申辩,对当事人提出的事实、理由和证据,应当进行复核;当事人提出的事实、理由和证据成立的,安全监管监察部门应当采纳。

　　安全监管监察部门不得因当事人陈述或者申辩而加重处罚。

第二十条　安全监管监察部门对安全生产违法行为实施行政处罚,应当符合法定程序,制作行政执法文书。

第一节　简易程序

第二十一条　违法事实确凿并有法定依据,对个人处以50元以下罚款、对生产经营单位处以1000元以下罚款或者警告的行政处罚的,安全生产行政执法人员可以当场作出行政处罚决定。

第二十二条　安全生产行政执法人员当场作出行政处罚决定,应当填写预定格式、编有号码的行政处罚决定书并当场交付当事人。

　　安全生产行政执法人员当场作出行政处罚决定后应当及时报告,并在5日内报所属安全监管监察部门备案。

第二节　一般程序

第二十三条　除依照简易程序当场作出的行政处罚外,安全监管监察部门发现生产经营单位及其有关人员有应当给予行政处罚的行为的,应当予以立案,填写立案审批表,并全面、客观、公正地进行调查,收集有关证据。对确需立即查处的安全生产违法行为,可以先行调查取证,并在5日内补办立案手续。

第二十四条　对已经立案的案件,由立案审批人指定两名或者两名以上安全生产行政执法人员进行调查。

　　有下列情形之一的,承办案件的安全生产行政执法人员应当回避:

　　(一)本人是本案的当事人或者当事人的近亲属的;

　　(二)本人或者其近亲属与本案有利害关系的;

　　(三)与本人有其他利害关系,可能影响案件的公正处理的。

安全生产行政执法人员的回避，由派出其进行调查的安全监管监察部门的负责人决定。进行调查的安全监管监察部门负责人的回避，由该部门负责人集体讨论决定。回避决定作出之前，承办案件的安全生产行政执法人员不得擅自停止对案件的调查。

第二十五条 进行案件调查时，安全生产行政执法人员不得少于两名。当事人或者有关人员应当如实回答安全生产行政执法人员的询问，并协助调查或者检查，不得拒绝、阻挠或者提供虚假情况。

询问或者检查应当制作笔录。笔录应当记载时间、地点、询问和检查情况，并由被询问人、被检查单位和安全生产行政执法人员签名或者盖章；被询问人、被检查单位要求补正的，应当允许。被询问人或者被检查单位拒绝签名或者盖章的，安全生产行政执法人员应当在笔录上注明原因并签名。

第二十六条 安全生产行政执法人员应当收集、调取与案件有关的原始凭证作为证据。调取原始凭证确有困难的，可以复制，复制件应当注明"经核对与原件无异"的字样和原始凭证存放的单位及其处所，并由出具证据的人员签名或者单位盖章。

第二十七条 安全生产行政执法人员在收集证据时，可以采取抽样取证的方法；在证据可能灭失或者以后难以取得的情况下，经本单位负责人批准，可以先行登记保存，并应当在7日内作出处理决定：

（一）违法事实成立依法应当没收的，作出行政处罚决定，予以没收；依法应当扣留或者封存的，予以扣留或者封存；

（二）违法事实不成立，或者依法不应当予以没收、扣留、封存的，解除登记保存。

第二十八条 安全生产行政执法人员对与案件有关的物品、场所进行勘验检查时，应当通知当事人到场，制作勘验笔录，并由当事人核对无误后签名或者盖章。当事人拒绝到场的，可以邀请在场的其他人员作证，并在勘验笔录中注明原因并签名；也可以采用录音、录像等方式记录有关物品、场所的情况后，再进行勘验检查。

第二十九条 案件调查终结后，负责承办案件的安全生产行政执法人员应当填写案件处理呈批表，连同有关证据材料一并报本部门负责人审批。

安全监管监察部门负责人应当及时对案件调查结果进行审查，根据不同情况，分别作出以下决定：

（一）确有应受行政处罚的违法行为的，根据情节轻重及具体情况，作出行政处罚决定；

（二）违法行为轻微，依法可以不予行政处罚的，不予行政处罚；

（三）违法事实不能成立，不得给予行政处罚；

（四）违法行为涉嫌犯罪的，移送司法机关处理。

对严重安全生产违法行为给予责令停产停业整顿、责令停产停业、责令停止建设、责令停止施工、吊销有关许可证、撤销有关执业资格或者岗位证书、5万元以上罚款、没收违法所得、没收非法开采的煤炭产品或者采掘设备价值5万元以上的行政处罚的,应当由安全监管监察部门的负责人集体讨论决定。

第三十条　安全监管监察部门依照本办法第二十九条的规定给予行政处罚,应当制作行政处罚决定书。行政处罚决定书应当载明下列事项:

（一）当事人的姓名或者名称、地址或者住址;

（二）违法事实和证据;

（三）行政处罚的种类和依据;

（四）行政处罚的履行方式和期限;

（五）不服行政处罚决定,申请行政复议或者提起行政诉讼的途径和期限;

（六）作出行政处罚决定的安全监管监察部门的名称和作出决定的日期。

行政处罚决定书必须盖有作出行政处罚决定的安全监管监察部门的印章。

第三十一条　行政处罚决定书应当在宣告后当场交付当事人;当事人不在场的,安全监管监察部门应当在7日内依照民事诉讼法的有关规定,将行政处罚决定书送达当事人或者其他的法定受送达人:

（一）送达必须有送达回执,由受送达人在送达回执上注明收到日期,签名或者盖章;

（二）送达应当直接送交受送达人。受送达人是个人的,本人不在交他的同住成年家属签收,并在行政罚决定书送达回执的备注栏内注明与受送达人的关系;

（三）受送达人是法人或者其他组织的,应当由法人的法定代表人、其他组织的主要负责人或者该法人、组织负责收件的人签收;

（四）受送达人指定代收人的,交代收人签收并注明受当事人委托的情况;

（五）直接送达确有困难的,可以挂号邮寄送达,也可以委托当地安全监管监察部门代为送达,代为送达的安全监管监察部门收到文书后,必须立即交受送达人签收;

（六）当事人或者他的同住成年家属拒绝接收的,送达人应当邀请有关基层组织或者所在单位的代表到场,说明情况,在行政处罚决定书送达回执上记明拒收的事由和日期,由送达人、见证人签名或者盖章,将行政处罚决定书留在当事人的住所;也可以把行政处罚决定书留在受送达人的住所,并采用拍照、录像等方式记录送达过程,即视为送达;

（七）受送达人下落不明,或者用以上方式无法送达的,可以公告送达,自公告发布之日起经过60日,即视为送达。公告送达,应当在案卷中注明原因和经过。

安全监管监察部门送达其他行政处罚执法文书,按照前款规定办理。

第三十二条　行政处罚案件应当自立案之日起30日内作出行政处罚决定;由于客观原因不能完成的,经安全监管监察部门负责人同意,可以延长,但不得超过90日;特殊情况需进一步延长的,应当经上一级安全监管监察部门批准,可延长至180日。

第三节 听证程序

第三十三条 安全监管监察部门作出责令停产停业整顿、责令停产停业、吊销有关许可证、撤销有关执业资格、岗位证书或者较大数额罚款的行政处罚决定之前,应当告知当事人有要求举行听证的权利;当事人要求听证的,安全监管监察部门应当组织听证,不得向当事人收取听证费用。

前款所称较大数额罚款,为省、自治区、直辖市人大常委会或者人民政府规定的数额;没有规定数额的,其数额对个人罚款为2万元以上,对生产经营单位罚款为5万元以上。

第三十四条 当事人要求听证的,应当在安全监管监察部门依照本办法第十八条规定告知后3日内以书面方式提出。

第三十五条 当事人提出听证要求后,安全监管监察部门应当在收到书面申请之日起15日内举行听证会,并在举行听证会的7日前,通知当事人举行听证的时间、地点。

当事人应当按期参加听证。当事人有正当理由要求延期的,经组织听证的安全监管监察部门负责人批准可以延期1次;当事人未按期参加听证,并且未事先说明理由的,视为放弃听证权利。

第三十六条 听证参加人由听证主持人、听证员、案件调查人员、当事人及其委托代理人、书记员组成。

听证主持人、听证员、书记员应由组织听证的安全监管监察部门负责人指定的非本案调查人员担任。

当事人可以委托1至2名代理人参加听证,并提交委托书。

第三十七条 除涉及国家秘密、商业秘密或者个人隐私外,听证应当公开举行。

第三十八条 当事人在听证中的权利和义务:

(一)有权对案件涉及的事实、适用法律及有关情况进行陈述和申辩;

(二)有权对案件调查人员提出的证据质证并提出新的证据;

(三)如实回答主持人的提问;

(四)遵守听证会场纪律,服从听证主持人指挥。

第三十九条 听证按照下列程序进行:

(一)书记员宣布听证会场纪律、当事人的权利和义务。听证主持人宣布案由,核实听证参加人名单,宣布听证开始;

(二)案件调查人员提出当事人的违法事实、出示证据,说明拟作出的行政处罚的内容及法律依据;

(三)当事人或者其委托代理人对案件的事实、证据、适用的法律等进行陈述和申辩,提交新的证据材料;

(四)听证主持人就案件的有关问题向当事人、案件调查人员、证人询问;

(五)案件调查人员、当事人或者其委托代理人相互辩论;

(六)当事人或者其委托代理人作最后陈述;

(七)听证主持人宣布听证结束。

听证笔录应当当场交当事人核对无误后签名或者盖章。

第四十条　有下列情形之一的,应当中止听证:

（一）需要重新调查取证的;

（二）需要通知新证人到场作证的;

（三）因不可抗力无法继续进行听证的。

第四十一条　有下列情形之一的,应当终止听证:

（一）当事人撤回听证要求的;

（二）当事人无正当理由不按时参加听证的;

（三）拟作出的行政处罚决定已经变更,不适用听证程序的。

第四十二条　听证结束后,听证主持人应当依据听证情况,填写听证会报告书,提出处理意见并附听证笔录报安全监管监察部门负责人审查。安全监管监察部门依照本办法第二十九条的规定作出决定。

第四章　行政处罚的适用

第四十三条　生产经营单位的决策机构、主要负责人、个人经营的投资人（包括实际控制人,下同）未依法保证下列安全生产所必需的资金投入之一,致使生产经营单位不具备安全生产条件的,责令限期改正,提供必需的资金,可以对生产经营单位处1万元以上3万元以下罚款,对生产经营单位的主要负责人、个人经营的投资人处5000元以上1万元以下罚款;逾期未改正的,责令生产经营单位停产停业整顿:

（一）提取或者使用安全生产费用;

（二）用于配备劳动防护用品的经费;

（三）用于安全生产教育和培训的经费;

（四）国家规定的其他安全生产所必须的资金投入。

生产经营单位主要负责人、个人经营的投资人有前款违法行为,导致发生生产安全事故的,依照《生产安全事故罚款处罚规定（试行）》的规定给予处罚。

第四十四条　生产经营单位的主要负责人未依法履行安全生产管理职责,导致生产安全事故发生的,依照《生产安全事故罚款处罚规定（试行）》的规定给予处罚。

第四十五条　生产经营单位及其主要负责人或者其他人员有下列行为之一的,给予警告,并可以对生产经营单位处1万元以上3万元以下罚款,对其主要负责人、其他有关人员处1000元以上1万元以下的罚款:

（一）违反操作规程或者安全管理规定作业的;

（二）违章指挥从业人员或者强令从业人员违章、冒险作业的;

（三）发现从业人员违章作业不加制止的;

（四）超过核定的生产能力、强度或者定员进行生产的;

（五）对被查封或者扣押的设施、设备、器材、危险物品和作业场所,擅自启封或者使用的;

（六）故意提供虚假情况或者隐瞒存在的事故隐患以及其他安全问题的;

（七）拒不执行安全监管监察部门依法下达的安全监管监察指令的。

第四十六条 危险物品的生产、经营、储存单位以及矿山、金属冶炼单位有下列行为之一的，责令改正，并可以处1万元以上3万元以下的罚款：

（一）未建立应急救援组织或者生产经营规模较小、未指定兼职应急救援人员的；

（二）未配备必要的应急救援器材、设备和物资，并进行经常性维护、保养，保证正常运转的。

第四十七条 生产经营单位与从业人员订立协议，免除或者减轻其对从业人员因生产安全事故伤亡依法应承担的责任的，该协议无效；对生产经营单位的主要负责人、个人经营的投资人按照下列规定处以罚款：

（一）在协议中减轻因生产安全事故伤亡对从业人员依法应承担的责任的，处2万元以上5万元以下的罚款；

（二）在协议中免除因生产安全事故伤亡对从业人员依法应承担的责任的，处5万元以上10万元以下的罚款。

第四十八条 生产经营单位不具备法律、行政法规和国家标准、行业标准规定的安全生产条件，经责令停产停业整顿仍不具备安全生产条件的，安全监管监察部门应当提请有管辖权的人民政府予以关闭；人民政府决定关闭的，安全监管监察部门应当依法吊销其有关许可证。

第四十九条 生产经营单位转让安全生产许可证的，没收违法所得，吊销安全生产许可证，并按照下列规定处以罚款：

（一）接受转让的单位和个人未发生生产安全事故的，处10万元以上30万元以下的罚款；

（二）接受转让的单位和个人发生生产安全事故但没有造成人员死亡的，处30万元以上40万元以下的罚款；

（三）接受转让的单位和个人发生人员死亡生产安全事故的，处40万元以上50万元以下的罚款。

第五十条 知道或者应当知道生产经营单位未取得安全生产许可证或者其他批准文件擅自从事生产经营活动，仍为其提供生产经营场所、运输、保管、仓储等条件的，责令立即停止违法行为，有违法所得的，没收违法所得，并处违法所得1倍以上3倍以下的罚款，但是最高不得超过3万元；没有违法所得的，并处5000元以上1万元以下的罚款。

第五十一条 生产经营单位及其有关人员弄虚作假，骗取或者勾结、串通行政审批工作人员取得安全生产许可证书及其他批准文件的，撤销许可及批准文件，并按照下列规定处以罚款：

（一）生产经营单位有违法所得的，没收违法所得，并处违法所得1倍以上3倍以下的罚款，但是最高不得超过3万元；没有违法所得的，并处5000元以上1万元以下的罚款；

（二）对有关人员处1000元以上1万元以下的罚款。

有前款规定违法行为的生产经营单位及其有关人员在3年内不得再次申请该行政许可。

生产经营单位及其有关人员未依法办理安全生产许可证书变更手续的,责令限期改正,并对生产经营单位处1万元以上3万元以下的罚款,对有关人员处1000元以上5000元以下的罚款。

第五十二条 未取得相应资格、资质证书的机构及其有关人员从事安全评价、认证、检测、检验工作,责令停止违法行为,并按照下列规定处以罚款:

（一）机构有违法所得的,没收违法所得,并处违法所得1倍以上3倍以下的罚款,但是最高不得超过3万元;没有违法所得的,并处5000元以上1万元以下的罚款;

（二）有关人员处5000元以上1万元以下的罚款。

第五十三条 生产经营单位及其有关人员触犯不同的法律规定,有两个以上应当给予行政处罚的安全生产违法行为的,安全监管监察部门应当适用不同的法律规定,分别裁量,合并处罚。

第五十四条 对同一生产经营单位及其有关人员的同一安全生产违法行为,不得给予两次以上罚款的行政处罚。

第五十五条 生产经营单位及其有关人员有下列情形之一的,应当从重处罚:

（一）危及公共安全或者其他生产经营单位安全的,经责令限期改正,逾期未改正的;

（二）一年内因同一违法行为受到两次以上行政处罚的;

（三）拒不整改或者整改不力,其违法行为呈持续状态的;

（四）拒绝、阻碍或者以暴力威胁行政执法人员的。

第五十六条 生产经营单位及其有关人员有下列情形之一的,应当依法从轻或者减轻行政处罚:

（一）已满14周岁不满18周岁的公民实施安全生产违法行为的;

（二）主动消除或者减轻安全生产违法行为危害后果的;

（三）受他人胁迫实施安全生产违法行为的;

（四）配合安全监管监察部门查处安全生产违法行为,有立功表现的;

（五）主动投案,向安全监管监察部门如实交待自己的违法行为的;

（六）具有法律、行政法规规定的其他从轻或者减轻处罚情形的。

有从轻处罚情节的,应当在法定处罚幅度的中档以下确定行政处罚标准,但不得低于法定处罚幅度的下限。

本条第一款第(四)项所称的立功表现,是指当事人有揭发他人安全生产违法行为,并经查证属实;或者提供查处其他安全生产违法行为的重要线索,并经查证属实;或者阻止他人实施安全生产违法行为;或者协助司法机关抓捕其他违法犯罪嫌疑人的行为。

安全生产违法行为轻微并及时纠正,没有造成危害后果的,不予行政处罚。

第五章 行政处罚的执行和备案

第五十七条 安全监管监察部门实施行政处罚时,应当同时责令生产经营单位及其有关人员停止、改正或者限期改正违法行为。

第五十八条 本办法所称的违法所得,按照下列规定计算:

（一）生产、加工产品的，以生产、加工产品的销售收入作为违法所得；

（二）销售商品的，以销售收入作为违法所得；

（三）提供安全生产中介、租赁等服务的，以服务收入或者报酬作为违法所得；

（四）销售收入无法计算的，按当地同类同等规模的生产经营单位的平均销售收入计算；

（五）服务收入、报酬无法计算的，按照当地同行业同种服务的平均收入或者报酬计算。

第五十九条 行政处罚决定依法作出后，当事人应当在行政处罚决定的期限内，予以履行；当事人逾期不履的，作出行政处罚决定的安全监管监察部门可以采取下列措施：

（一）到期不缴纳罚款的，每日按罚款数额的3%加处罚款，但不得超过罚款数额；

（二）根据法律规定，将查封、扣押的设施、设备、器材和危险物品拍卖所得价款抵缴罚款；

（三）申请人民法院强制执行。

当事人对行政处罚决定不服申请行政复议或者提起行政诉讼的，行政处罚不停止执行，法律另有规定的除外。

第六十条 安全生产行政执法人员当场收缴罚款的，应当出具省、自治区、直辖市财政部门统一制发的罚款收据；当场收缴的罚款，应当自收缴罚款之日起2日内，交至所属安全监管监察部门；安全监管监察部门应当在2日内将罚款缴付指定的银行。

第六十一条 除依法应当予以销毁的物品外，需要将查封、扣押的设施、设备、器材和危险物品拍卖抵缴罚款的，依照法律或者国家有关规定处理。销毁物品，依照国家有关规定处理；没有规定的，经县级以上安全监管监察部门负责人批准，由两名以上安全生产行政执法人员监督销毁，并制作销毁记录。处理物品，应当制作清单。

第六十二条 罚款、没收违法所得的款项和没收非法开采的煤炭产品、采掘设备，必须按照有关规定上缴，任何单位和个人不得截留、私分或者变相私分。

第六十三条 县级安全生产监督管理部门处以5万元以上罚款、没收违法所得、没收非法生产的煤炭产品或者采掘设备价值5万元以上、责令停产停业、停止建设、停止施工、停产停业整顿、吊销有关资格、岗位证书或者许可证的行政处罚的，应当自作出行政处罚决定之日起10日内报设区的市级安全生产监督管理部门备案。

第六十四条 设区的市级安全生产监管监察部门处以10万元以上罚款、没收违法所得、没收非法生产的煤炭产品或者采掘设备价值10万元以上、责令停产停业、停止建设、停止施工、停产停业整顿、吊销有关资格、岗位证书或者许可证的行政处罚的，应当自作出行政处罚决定之日起10日内报省级安全监管监察部门备案。

第六十五条 省级安全监管监察部门处以50万元以上罚款、没收违法所得、没收非法生产的煤炭产品或者采掘设备价值50万元以上、责令停产停业、停止建设、停止施工、停产停业整顿、吊销有关资格、岗位证书或者许可证的行政处罚的,应当自作出行政处罚决定之日起10日内报国家安全生产监督管理总局或者国家煤矿安全监察局备案。

对上级安全监管监察部门交办案件给予行政处罚的,由决定行政处罚的安全监管监察部门自作出行政处罚决定之日起10日内报上级安全监管监察部门备案。

第六十六条 行政处罚执行完毕后,案件材料应当按照有关规定立卷归档。

案卷立案归档后,任何单位和个人不得擅自增加、抽取、涂改和销毁案卷材料。未经安全监管监察部门负责人批准,任何单位和个人不得借阅案卷。

第六章 附 则

第六十七条 安全生产监督管理部门所用的行政处罚文书式样,由国家安全生产监督管理总局统一制定。

煤矿安全监察机构所用的行政处罚文书式样,由国家煤矿安全监察局统一制定。

第六十八条 本办法所称的生产经营单位,是指合法和非法从事生产或者经营活动的基本单元,包括企业法人、不具备企业法人资格的合伙组织、个体工商户和自然人等生产经营主体。

第六十九条 本办法自2008年1月1日起施行。原国家安全生产监督管理局(国家煤矿安全监察局)2003年5月19日公布的《安全生产违法行为行政处罚办法》、2001年4月27日公布的《煤矿安全监察程序暂行规定》同时废止。

应急管理行政执法人员
依法履职管理规定

1. 2022年10月13日应急管理部令第9号公布
2. 自2022年12月1日起施行

第一条 为了全面贯彻落实行政执法责任制和问责制,监督和保障应急管理行政执法人员依法履职尽责,激励新时代新担当新作为,根据《中华人民共和国公务员法》《中华人民共和国安全生产法》等法律法规和有关文件规定,制定本规定。

第二条 各级应急管理部门监督和保障应急管理行政执法人员依法履职尽责,适用本规定。法律、行政法规或者国务院另有规定的,从其规定。

本规定所称应急管理行政执法人员,是指应急管理部门履行行政检查、行政强制、行政处罚、行政许可等行政执法职责的人员。

应急管理系统矿山安全监察机构、地震工作机构、消防救援机构监督和保障有关行政执法人员依法履职尽责,按照本规定的相关规定执行。根据依法授权或者委托履行应急管理行政执法职责的乡镇政府、街道办事处以及开发区等组织,监督和保障有关行政执法人员依法履职尽责的,可以参照本规定执行。

第三条 监督和保障应急管理行政执法人员依法履职尽责,应当坚持中国共产党的领导,遵循职权法定、权责一致、过罚相当、约束与激励并重、惩戒与教育相结合的原则,做到尽职免责、失职问责。

第四条 应急管理部门应当按照本级人民政府的安排,梳理本部门行政执法依据,编制权责清单,将本部门依法承担的行政执法职责分解落实到所属执法机构和执法岗位。分解落实所属执法机构、执法岗位的执法职责,不得擅自增加或者减少本部门的行政执法权限。

应急管理部门应当制定安全生产年度监督检查计划,按照计划组织开展监督检查。同时,应急管理部门应当按照部署组织开展有关专项治理,依法组织查处违法行为和举报的事故隐患。应急管理部门应当统筹开展前述执法活动,确保对辖区内安全监管重点企业按照明确的时间周期固定开展"全覆盖"执法检查。

应急管理部门应当对照权责清单,对行政许可和其他直接影响行政相对人权利义务的重要权责事项,制定办事指南和运行流程图,并以适当形式向社会公众公开。

第五条 应急管理行政执法人员根据本部门的安排或者当事人的申请,在法定权限范围内依照法定程序履行行政检查、行政强制、行政处罚、行政许可等行政执法职责,做到严格规范公正文明执法,不得玩忽职守、超越职权、滥用职权、徇私舞弊。

第六条 应急管理行政执法人员因故意或者重大过失,未履行、不当履行或者违法履行有关行政执法职责,造成危害后果或者不良影响的,应当依法承担行政执法责任。

第七条 应急管理行政执法人员在履职过程中,有下列情形之一的,应当依法追究有关行政执法人员的行政执法责任:

(一)对符合行政处罚立案标准的案件不立案或者不及时立案的;

(二)对符合法定条件的行政许可申请不予受理的,或者未依照法定条件作出准予或者不予行政许可决定的;

(三)对监督检查中已经发现的违法行为和事故隐患,未依法予以处罚或者未依法采取处理措施的;

(四)涂改、隐匿、伪造、偷换、故意损毁有关记录或者证据,妨碍作证,或者指使、支持、授意他人做伪证,或者以欺骗、利诱等方式调取证据的;

(五)违法扩大查封、扣押范围,在查封、扣押法定期间不作出处理决定或者未依法及时解除查封、扣押,对查封、扣押场所、设施或者财物未尽到妥善保管义务,或者违法使用、损毁查封、扣押场所、设施或者财物的;

(六)违法实行检查措施或者强制措施,给公民人身或者财产造成损害、给法人或者其他组织造成损失的;

(七)选择性执法或者滥用自由裁量权,行政执法行为明显不当或者行政执法结果明显不公正的;

(八)擅自改变行政处罚种类、幅度,或者擅自改变行政强制对象、条件、方式的;

(九)行政执法过程中违反行政执法公示、执法全过程记录、重大执法决定法制审核制度的；

（十）违法增设行政相对人义务，或者粗暴、野蛮执法或者故意刁难行政相对人的；

（十一）截留、私分、变相私分罚款、没收的违法所得或者财物、查封或者扣押的财物以及拍卖和依法处理所得款项的；

（十二）对应当依法移送司法机关追究刑事责任的案件不移送，以行政处罚代替刑事处罚的；

（十三）无正当理由超期作出行政执法决定，不履行或者无正当理由拖延履行行政复议决定、人民法院生效裁判的；

（十四）接到事故报告信息不及时处置，或者弄虚作假、隐瞒真相、通风报信，干扰、阻碍事故调查处理的；

（十五）对属于本部门职权范围的投诉举报不依法处理的；

（十六）无法定依据、超越法定职权、违反法定程序行使行政执法职权的；

（十七）泄露国家秘密、工作秘密，或者泄露因履行职责掌握的商业秘密、个人隐私的；

（十八）法律、法规、规章规定的其他应当追究行政执法责任的情形。

第八条　应急管理行政执法人员在履职过程中，有下列情形之一的，应当从重追究其行政执法责任：

（一）干扰、妨碍、抗拒对其追究行政执法责任的；

（二）打击报复申诉人、控告人、检举人或者行政执法责任追究案件承办人员的；

（三）一年内出现2次以上应当追究行政执法责任情形的；

（四）违法或者不当执法行为造成重大经济损失或者严重社会影响的；

（五）法律、法规、规章规定的其他应当从重追究行政执法责任的情形。

第九条　应急管理行政执法人员在履职过程中，有下列情形之一的，可以从轻、减轻追究其行政执法责任：

（一）能够主动、及时报告过错行为并采取补救措施，有效避免损失、阻止危害后果发生或者挽回、消除不良影响的；

（二）在调查核实过程中，能够配合调查核实工作，如实说明本人行政执法过错情况的；

（三）检举同案人或者其他人应当追究行政执法责任的问题，或者有其他立功表现，经查证属实的；

（四）主动上交或者退赔违法所得的；

（五）法律、法规、规章规定的其他可以从轻、减轻追究行政执法责任的情形。

第十条　有下列情形之一的，不予追究有关行政执法人员的行政执法责任：

（一）因行政执法依据不明确或者对有关事实和依据的理解认识不一致，致使行政执法行为出现偏差的，但故意违法的除外；

（二）因行政相对人隐瞒有关情况或者提供虚假材料导致作出错误行政执法决定，且已按照规定认真履行审查职责的；

（三）依据检验、检测、鉴定、评价报告或者专家评审意见等作出行政执

法决定,且已按照规定认真履行审查职责的;

(四)行政相对人未依法申请行政许可或者登记备案,在其违法行为造成不良影响前,应急管理部门未接到投诉举报或者由于客观原因未能发现的,但未按照规定履行监督检查职责的除外;

(五)按照批准、备案的安全生产年度监督检查计划以及有关专项执法工作方案等检查计划已经认真履行监督检查职责,或者虽尚未进行监督检查,但未超过法定或者规定时限,行政相对人违法的;

(六)因出现新的证据致使原认定事实、案件性质发生变化,或者因标准缺失、科学技术、监管手段等客观条件的限制未能发现存在问题、无法定性的,但行政执法人员故意隐瞒或者因重大过失遗漏证据的除外;

(七)对发现的违法行为或者事故隐患已经依法立案查处、责令改正、采取行政强制措施等必要的处置措施,或者已依法作出行政处罚决定,行政相对人拒不改正、违法启用查封扣押的设备设施或者仍违法生产经营的;

(八)对拒不执行行政处罚决定的行政相对人,已经依法申请人民法院强制执行的;

(九)因不可抗力或者其他难以克服的因素,导致未能依法履行职责的;

(十)不当执法行为情节显著轻微并及时纠正,未造成危害后果或者不良影响的;

(十一)法律、法规、规章规定的其他不予追究行政执法责任的情形。

第十一条 在推进应急管理行政执法改革创新中因缺乏经验、先行先试出现的失误,尚无明确限制的探索性试验中的失误,为推动发展的无意过失,免予或者不予追究行政执法责任。但是,应当及时依法予以纠正。

第十二条 应急管理部门对发现的行政执法过错行为线索,依照《行政机关公务员处分条例》等规定的程序予以调查和处理。

第十三条 追究应急管理行政执法人员行政执法责任,应当充分听取当事执法人员的意见,全面收集相关证据材料,以法律、法规、规章等规定为依据,综合考虑行政执法过错行为的性质、情节、危害程度以及执法人员的主观过错等因素,做到事实清楚、证据确凿、定性准确、处理恰当、程序合法、手续完备。

行政执法过错行为情节轻微、危害较小,且具有法定从轻或者减轻情形的,根据不同情况,可以予以谈话提醒、批评教育、责令检查、诫勉、取消当年评优评先资格、调离执法岗位等处理,免予或者不予处分。

第十四条 应急管理部门发现有关行政执法人员涉嫌违反党纪或者涉嫌职务违法、职务犯罪的,应当依照有关规定及时移送纪检监察机关处理。

纪检监察机关和其他有权单位介入调查的,应急管理部门可以按照要求对有关行政执法人员是否依法履职、是否存在行政执法过错行为等问题,组织相关专业人员进行论证并出具书面论证意见,作为有权机关、单位认定责任的参考。

对同一行政执法过错行为,纪检监察机关已经给予党纪、政务处分的,应急管理部门不再重复处理。

第十五条 应急管理行政执法人员依法履行职责受法律保护。有权拒绝任何单位和个人违反法定职责、法定程序或者有碍执法公正的要求。

对地方各级党委、政府以及有关部门、单位领导干部及相关人员非法干预应急管理行政执法活动的,应急管理行政执法人员应当全面、如实记录,其所在应急管理部门应当及时向有关机关通报反映情况。

第十六条 应急管理行政执法人员因依法履行职责遭受不实举报、诬告陷害以及侮辱诽谤,致使名誉受到损害的,其所在的应急管理部门应当以适当方式及时澄清事实,消除不良影响,维护应急管理行政执法人员声誉,并依法追究相关单位或者个人的责任。

应急管理行政执法人员因依法履行职责,本人或者其近亲属遭受恐吓威胁、滋事骚扰、攻击辱骂或者人身、财产受到侵害的,其所在的应急管理部门应当及时告知当地公安机关并协助依法处置。

第十七条 各级应急管理部门应当为应急管理行政执法人员依法履行职责提供必要的办公用房、执法装备、后勤保障等条件,并采取措施保障其人身健康和生命安全。

第十八条 各级应急管理部门应当加强对应急管理行政执法人员的专业培训,建立标准化制度化培训机制,提升应急管理行政执法人员依法履职能力。

应急管理部门应当适应综合行政执法体制改革需要,组织开展应急管理领域综合行政执法人才能力提升行动,培养应急管理行政执法骨干人才。

第十九条 应急管理部门应当建立健全评议考核制度,遵循公开、公平、公正原则,将应急管理行政执法人员依法履职尽责情况纳入行政执法评议考核范围,有关考核标准、过程和结果以适当方式在一定范围内公开。强化考核结果分析运用,并将其作为干部选拔任用、评优评先的重要依据。

第二十条 对坚持原则、敢抓敢管、勇于探索、担当作为,在防范化解重大安全风险、应急抢险救援等方面或者在行政执法改革创新中作出突出贡献的应急管理行政执法人员,应当按照规定给予表彰奖励。

第二十一条 本规定自2022年12月1日起施行。原国家安全生产监督管理总局2009年7月25日公布、2013年8月29日第一次修正、2015年4月2日第二次修正的《安全生产监管监察职责和行政执法责任追究的规定》同时废止。

劳动保障监察条例

1. 2004年11月1日国务院令第423号公布
2. 自2004年12月1日起施行

第一章　总　　则

第一条 为了贯彻实施劳动和社会保障(以下称劳动保障)法律、法规和规章,规范劳动保障监察工作,维护劳动者的合法权益,根据劳动法和有关法律,制定本条例。

第二条　对企业和个体工商户(以下称用人单位)进行劳动保障监察,适用本条例。

对职业介绍机构、职业技能培训机构和职业技能考核鉴定机构进行劳动保障监察,依照本条例执行。

第三条　国务院劳动保障行政部门主管全国的劳动保障监察工作。县级以上地方各级人民政府劳动保障行政部门主管本行政区域内的劳动保障监察工作。

县级以上各级人民政府有关部门根据各自职责,支持、协助劳动保障行政部门的劳动保障监察工作。

第四条　县级、设区的市级人民政府劳动保障行政部门可以委托符合监察执法条件的组织实施劳动保障监察。

劳动保障行政部门和受委托实施劳动保障监察的组织中的劳动保障监察员应当经过相应的考核或者考试录用。

劳动保障监察证件由国务院劳动保障行政部门监制。

第五条　县级以上地方各级人民政府应当加强劳动保障监察工作。劳动保障监察所需经费列入本级财政预算。

第六条　用人单位应当遵守劳动保障法律、法规和规章,接受并配合劳动保障监察。

第七条　各级工会依法维护劳动者的合法权益,对用人单位遵守劳动保障法律、法规和规章的情况进行监督。

劳动保障行政部门在劳动保障监察工作中应当注意听取工会组织的意见和建议。

第八条　劳动保障监察遵循公正、公开、高效、便民的原则。

实施劳动保障监察,坚持教育与处罚相结合,接受社会监督。

第九条　任何组织或者个人对违反劳动保障法律、法规或者规章的行为,有权向劳动保障行政部门举报。

劳动者认为用人单位侵犯其劳动保障合法权益的,有权向劳动保障行政部门投诉。

劳动保障行政部门应当为举报人保密;对举报属实,为查处重大违反劳动保障法律、法规或者规章的行为提供主要线索和证据的举报人,给予奖励。

第二章　劳动保障监察职责

第十条　劳动保障行政部门实施劳动保障监察,履行下列职责:

(一)宣传劳动保障法律、法规和规章,督促用人单位贯彻执行;

(二)检查用人单位遵守劳动保障法律、法规和规章的情况;

(三)受理对违反劳动保障法律、法规或者规章的行为的举报、投诉;

(四)依法纠正和查处违反劳动保障法律、法规或者规章的行为。

第十一条　劳动保障行政部门对下列事项实施劳动保障监察:

(一)用人单位制定内部劳动保障规章制度的情况;

(二)用人单位与劳动者订立劳动合同的情况;

(三)用人单位遵守禁止使用童工规定的情况;

(四)用人单位遵守女职工和未成

年工特殊劳动保护规定的情况；

（五）用人单位遵守工作时间和休息休假规定的情况；

（六）用人单位支付劳动者工资和执行最低工资标准的情况；

（七）用人单位参加各项社会保险和缴纳社会保险费的情况；

（八）职业介绍机构、职业技能培训机构和职业技能考核鉴定机构遵守国家有关职业介绍、职业技能培训和职业技能考核鉴定的规定的情况；

（九）法律、法规规定的其他劳动保障监察事项。

第十二条　劳动保障监察员依法履行劳动保障监察职责，受法律保护。

劳动保障监察员应当忠于职守，秉公执法，勤政廉洁，保守秘密。

任何组织或者个人对劳动保障监察员的违法违纪行为，有权向劳动保障行政部门或者有关机关检举、控告。

第三章　劳动保障监察的实施

第十三条　对用人单位的劳动保障监察，由用人单位用工所在地的县级或者设区的市级劳动保障行政部门管辖。

上级劳动保障行政部门根据工作需要，可以调查处理下级劳动保障行政部门管辖的案件。劳动保障行政部门对劳动保障监察管辖发生争议的，报请共同的上一级劳动保障行政部门指定管辖。

省、自治区、直辖市人民政府可以对劳动保障监察的管辖制定具体办法。

第十四条　劳动保障监察以日常巡视检查、审查用人单位按照要求报送的书面材料以及接受举报投诉等形式进行。

劳动保障行政部门认为用人单位有违反劳动保障法律、法规或者规章的行为，需要进行调查处理的，应当及时立案。

劳动保障行政部门或者受委托实施劳动保障监察的组织应当设立举报、投诉信箱和电话。

对因违反劳动保障法律、法规或者规章的行为引起的群体性事件，劳动保障行政部门应当根据应急预案，迅速会同有关部门处理。

第十五条　劳动保障行政部门实施劳动保障监察，有权采取下列调查、检查措施：

（一）进入用人单位的劳动场所进行检查；

（二）就调查、检查事项询问有关人员；

（三）要求用人单位提供与调查、检查事项相关的文件资料，并作出解释和说明，必要时可以发出调查询问书；

（四）采取记录、录音、录像、照像或者复制等方式收集有关情况和资料；

（五）委托会计师事务所对用人单位工资支付、缴纳社会保险费的情况进行审计；

（六）法律、法规规定可以由劳动保障行政部门采取的其他调查、检查措施。

劳动保障行政部门对事实清楚、

证据确凿、可以当场处理的违反劳动保障法律、法规或者规章的行为有权当场予以纠正。

第十六条　劳动保障监察员进行调查、检查,不得少于2人,并应当佩戴劳动保障监察标志、出示劳动保障监察证件。

劳动保障监察员办理的劳动保障监察事项与本人或者其近亲属有直接利害关系的,应当回避。

第十七条　劳动保障行政部门对违反劳动保障法律、法规或者规章的行为的调查,应当自立案之日起60个工作日内完成;对情况复杂的,经劳动保障行政部门负责人批准,可以延长30个工作日。

第十八条　劳动保障行政部门对违反劳动保障法律、法规或者规章的行为,根据调查、检查的结果,作出以下处理:

（一）对依法应当受到行政处罚的,依法作出行政处罚决定;

（二）对应当改正未改正的,依法责令改正或者作出相应的行政处理决定;

（三）对情节轻微且已改正的,撤销立案。

发现违法案件不属于劳动保障监察事项的,应当及时移送有关部门处理;涉嫌犯罪的,应当依法移送司法机关。

第十九条　劳动保障行政部门对违反劳动保障法律、法规或者规章的行为作出行政处罚或者行政处理决定前,应当听取用人单位的陈述、申辩;作出行政处罚或者行政处理决定,应当告知用人单位依法享有申请行政复议或者提起行政诉讼的权利。

第二十条　违反劳动保障法律、法规或者规章的行为在2年内未被劳动保障行政部门发现,也未被举报、投诉的,劳动保障行政部门不再查处。

前款规定的期限,自违反劳动保障法律、法规或者规章的行为发生之日起计算;违反劳动保障法律、法规或者规章的行为有连续或者继续状态的,自行为终了之日起计算。

第二十一条　用人单位违反劳动保障法律、法规或者规章,对劳动者造成损害的,依法承担赔偿责任。劳动者与用人单位就赔偿发生争议的,依照国家有关劳动争议处理的规定处理。

对应当通过劳动争议处理程序解决的事项或者已经按照劳动争议处理程序申请调解、仲裁或者已经提起诉讼的事项,劳动保障行政部门应当告知投诉人依照劳动争议处理或者诉讼的程序办理。

第二十二条　劳动保障行政部门应当建立用人单位劳动保障守法诚信档案。用人单位有重大违反劳动保障法律、法规或者规章的行为的,由有关的劳动保障行政部门向社会公布。

第四章　法律责任

第二十三条　用人单位有下列行为之一的,由劳动保障行政部门责令改正,按照受侵害的劳动者每人1000元以上5000元以下的标准计算,处以罚款:

（一）安排女职工从事矿山井下劳动、国家规定的第四级体力劳动强度的劳动或者其他禁忌从事的劳动的;

（二）安排女职工在经期从事高处、低温、冷水作业或者国家规定的第三级体力劳动强度的劳动的；

（三）安排女职工在怀孕期间从事国家规定的第三级体力劳动强度的劳动或者孕期禁忌从事的劳动的；

（四）安排怀孕7个月以上的女职工夜班劳动或者延长其工作时间的；

（五）女职工生育享受产假少于90天的；

（六）安排女职工在哺乳未满1周岁的婴儿期间从事国家规定的第三级体力劳动强度的劳动或者哺乳期禁忌从事的其他劳动，以及延长其工作时间或者安排其夜班劳动的；

（七）安排未成年工从事矿山井下、有毒有害、国家规定的第四级体力劳动强度的劳动或者其他禁忌从事的劳动的；

（八）未对未成年工定期进行健康检查的。

第二十四条　用人单位与劳动者建立劳动关系不依法订立劳动合同的，由劳动保障行政部门责令改正。

第二十五条　用人单位违反劳动保障法律、法规或者规章延长劳动者工作时间的，由劳动保障行政部门给予警告，责令限期改正，并可以按照受侵害的劳动者每人100元以上500元以下的标准计算，处以罚款。

第二十六条　用人单位有下列行为之一的，由劳动保障行政部门分别责令限期支付劳动者的工资报酬、劳动者工资低于当地最低工资标准的差额或者解除劳动合同的经济补偿；逾期不支付的，责令用人单位按照应付金额50%以上1倍以下的标准计算，向劳动者加付赔偿金：

（一）克扣或者无故拖欠劳动者工资报酬的；

（二）支付劳动者的工资低于当地最低工资标准的；

（三）解除劳动合同未依法给予劳动者经济补偿的。

第二十七条　用人单位向社会保险经办机构申报应缴纳的社会保险费数额时，瞒报工资总额或者职工人数的，由劳动保障行政部门责令改正，并处瞒报工资数额1倍以上3倍以下的罚款。

骗取社会保险待遇或者骗取社会保险基金支出的，由劳动保障行政部门责令退还，并处骗取金额1倍以上3倍以下的罚款；构成犯罪的，依法追究刑事责任。

第二十八条　职业介绍机构、职业技能培训机构或者职业技能考核鉴定机构违反国家有关职业介绍、职业技能培训或者职业技能考核鉴定的规定的，由劳动保障行政部门责令改正，没收违法所得，并处1万元以上5万元以下的罚款；情节严重的，吊销许可证。

未经劳动保障行政部门许可，从事职业介绍、职业技能培训或者职业技能考核鉴定的组织或者个人，由劳动保障行政部门、工商行政管理部门依照国家有关无照经营查处取缔的规定查处取缔。

第二十九条　用人单位违反《中华人民共和国工会法》，有下列行为之一的，由劳动保障行政部门责令改正：

（一）阻挠劳动者依法参加和组织工会，或者阻挠上级工会帮助、指导劳动者筹建工会的；

（二）无正当理由调动依法履行职责的工会工作人员的工作岗位，进行打击报复的；

（三）劳动者因参加工会活动而被解除劳动合同的；

（四）工会工作人员因依法履行职责被解除劳动合同的。

第三十条 有下列行为之一的，由劳动保障行政部门责令改正；对有第（一）项、第（二）项或者第（三）项规定的行为的，处2000元以上2万元以下的罚款：

（一）无理抗拒、阻挠劳动保障行政部门依照本条例的规定实施劳动保障监察的；

（二）不按照劳动保障行政部门的要求报送书面材料，隐瞒事实真相，出具伪证或者隐匿、毁灭证据的；

（三）经劳动保障行政部门责令改正拒不改正，或者拒不履行劳动保障行政部门的行政处理决定的；

（四）打击报复举报人、投诉人的。

违反前款规定，构成违反治安管理行为的，由公安机关依法给予治安管理处罚；构成犯罪的，依法追究刑事责任。

第三十一条 劳动保障监察员滥用职权、玩忽职守、徇私舞弊或者泄露在履行职责过程中知悉的商业秘密的，依法给予行政处分；构成犯罪的，依法追究刑事责任。

劳动保障行政部门和劳动保障监察员违法行使职权，侵犯用人单位或者劳动者的合法权益的，依法承担赔偿责任。

第三十二条 属于本条例规定的劳动保障监察事项，法律、其他行政法规对处罚另有规定的，从其规定。

第五章 附 则

第三十三条 对无营业执照或者已被依法吊销营业执照，有劳动用工行为的，由劳动保障行政部门依照本条例实施劳动保障监察，并及时通报工商行政管理部门予以查处取缔。

第三十四条 国家机关、事业单位、社会团体执行劳动保障法律、法规和规章的情况，由劳动保障行政部门根据其职责，依照本条例实施劳动保障监察。

第三十五条 劳动安全卫生的监督检查，由卫生部门、安全生产监督管理部门、特种设备安全监督管理部门等有关部门依照有关法律、行政法规的规定执行。

第三十六条 本条例自2004年12月1日起施行。

劳动行政处罚听证程序规定

1. 1996年9月27日劳动部令第2号公布
2. 根据2022年1月7日人力资源社会保障部令第47号《关于修改部分规章的决定》修订

第一条 为规范劳动行政处罚听证程序，根据《中华人民共和国行政处罚法》，制定本规定。

第二条 本规定适用于依法享有行政处罚权的县级以上劳动行政部门和依法

申请听证的行政处罚当事人。

县级以上劳动行政部门的法制工作机构或承担法制工作的机构负责本部门的听证工作。

劳动行政部门的法制工作机构与劳动行政执法机构为同一机构的,应遵循听证与案件调查取证职责分离的原则。

第三条 劳动行政部门作出下列行政处罚决定,应当告知当事人有要求听证的权利,当事人要求听证的,劳动行政部门应当组织听证:

(一)较大数额罚款;

(二)没收较大数额违法所得、没收较大价值非法财物;

(三)降低资质等级、吊销许可证件;

(四)责令停产停业、责令关闭、限制从业;

(五)其他较重的行政处罚;

(六)法律、法规、规章规定的其他情形。

当事人不承担组织听证的费用。

第四条 听证由听证主持人、听证记录员、案件调查取证人员、当事人及其委托代理人、与案件的处理结果有直接利害关系的第三人参加。

第五条 劳动行政部门应当从本部门的下列人员中指定一名听证主持人、一名听证记录员:

(一)法制工作机构的公务员;

(二)未设法制机构的,承担法制工作的其他机构的公务员;

(三)法制机构与行政执法机构为同一机构的,该机构其他非参与本案调查的公务员。

第六条 听证主持人享有下列权利:

(一)决定举行听证的时间和地点;

(二)就案件的事实或者与之相关的法律进行询问、发问;

(三)维护听证秩序,对违反听证秩序的人员进行警告或者批评;

(四)中止或者终止听证;

(五)就听证案件的处理向劳动行政部门的负责人提出书面建议。

第七条 听证主持人承担下列义务:

(一)将与听证有关的通知及有关材料依法及时送达当事人及其他有关人员;

(二)根据听证认定的证据,依法独立、客观、公正地作出判断并写出书面报告;

(三)保守与案件相关的国家秘密、商业秘密和个人隐私。

听证记录员负责制作听证笔录,并承担前款第(三)项的义务。

第八条 听证案件的当事人依法享有下列权利:

(一)申请回避权。依法申请听证主持人、听证记录员回避;

(二)委托代理权。当事人可以亲自参加听证,也可以委托一至二人代理参加听证;

(三)质证权。对本案的证据向调查人员及其证人进行质询;

(四)申辩权。就本案的事实与法律问题进行申辩;

(五)最后陈述权。听证结束前有权就本案的事实、法律及处理进行最后陈述。

第九条 听证案件的当事人依法承担下

列义务：

（一）按时参加听证；

（二）如实回答听证主持人的询问；

（三）遵守听证秩序。

第十条 与案件的处理结果有直接利害关系的第三人享有与当事人相同的权利并承担相同的义务。

第十一条 劳动行政部门告知当事人有要求举行听证的权利，可以用书面形式告知，也可以用口头形式告知。以口头形式告知应当制作笔录，并经当事人签名。在告知当事人有权要求听证的同时，必须告知当事人要求举行听证的期限，即应在告知后5个工作日内提出。

当事人要求听证的，应当在接受劳动行政部门告知后5个工作日内以书面或者口头形式提出。经口头形式提出的，劳动行政部门应制作笔录，并经当事人签名。逾期不提出者，视为放弃听证权。

第十二条 劳动行政部门负责听证的机构接到当事人要求听证的申请后，应当立即确定听证主持人和听证记录员。由听证主持人在举行听证的7个工作日前送达听证通知书。听证通知书应载明听证主持人和听证记录员姓名、听证时间、听证地点、调查取证人员认定的违法事实、证据及行政处罚建议等内容。

劳动行政部门的有关机构或人员接到当事人要求听证的申请后，应立即告知本部门负责听证的机构。

除涉及国家秘密、商业秘密或者个人隐私依法予以保密外，听证应当公开进行。对于公开举行的听证，劳动行政部门可以先期公布听证案由、听证时间及地点。

第十三条 听证主持人有下列情况之一的，应当自行回避，当事人也有权申请其回避：

（一）参与本案的调查取证人员；

（二）本案当事人的近亲属或者与当事人有其他利害关系的人员；

（三）与案件的处理结果有利害关系，可能影响听证公正进行的人员。

听证记录员的回避适用前款的规定。

听证主持人和听证记录员的回避，由劳动行政部门负责人决定。

第十四条 听证应当按照下列程序进行：

（一）由听证主持人宣布听证会开始，宣布听证纪律、告知当事人听证中的权利和义务；

（二）由案件调查取证人员宣布案件的事实、证据、适用的法律、法规和规章，以及拟作出的行政处罚决定的理由；

（三）听证主持人询问当事人、案件调查取证人员、证人和其他有关人员并要求出示有关证据材料；

（四）由当事人或者其代理人从事实和法律上进行答辩，并对证据材料进行质证；

（五）当事人或者其代理人和本案调查取证人员就本案相关的事实和法律问题进行辩论；

（六）辩论结束后，当事人作最后陈述；

（七）听证主持人宣布听证会结束。当事人及其代理人无正当理由拒不出席听证或者未经许可中途退出听证的,视为放弃听证权利,劳动行政部门终止听证。

第十五条 听证应当制作笔录。笔录由听证记录员制作。听证笔录在听证结束后,应当立即交当事人或者其代理人核对无误后签字或者盖章。当事人或者其代理人拒绝签字或者盖章的,由听证主持人在笔录中注明。

第十六条 所有与认定案件主要事实有关的证据都必须在听证中出示,并通过质证和辩论进行认定。劳动行政部门不得以未经听证认定的证据作为行政处罚的依据。

第十七条 听证结束后,听证主持人应当根据听证确定的事实和证据,依据法律、法规和规章,向劳动行政部门负责人提出对听证案件处理的书面建议。劳动行政部门应当根据听证笔录,依据《中华人民共和国行政处罚法》第五十七条的规定作出决定。

第十八条 本规定自1996年10月1日起施行。

7. 税　　收

税收执法督察规则

1. 2013年2月25日国家税务总局令第29号公布
2. 根据2018年6月15日国家税务总局令第44号《关于修改部分税务部门规章的决定》修正

第一章　总　　则

第一条 为了规范税收执法督察工作,促进税务机关依法行政,保证税收法律、行政法规和税收政策的贯彻实施,保护纳税人的合法权益,防范和化解税收执法风险,根据《中华人民共和国税收征收管理法》及其实施细则的有关规定,制定本规则。

第二条 各级税务机关开展税收执法督察工作,适用本规则。

第三条 本规则所称税收执法督察(以下简称执法督察),是指县以上(含县)各级税务机关对本级税务机关内设机构、直属机构、派出机构或者下级税务机关的税收执法行为实施检查和处理的行政监督。

第四条 执法督察应当服从和服务于税收中心工作,坚持依法督察,客观公正,实事求是。

第五条 被督察单位及其工作人员应当自觉接受和配合执法督察。

第二章　执法督察的组织管理

第六条 各级税务机关督察内审部门或者承担税收执法监督检查职责的部门(以下简称督察内审部门),代表本级税务机关组织开展执法督察工作,履行以下职责:

(一)依据上级税务机关执法督察工作制度和计划,制定本级税务机关执法督察工作制度和计划;

(二)组织实施执法督察,向本级税务机关提交税收执法督察报告,并制作《税收执法督察处理决定书》《税收执法督察处理意见书》或者《税收执法督察结论书》;

(三)组织实施税务系统税收执法责任制工作,牵头推行税收执法责任

制考核信息系统,实施执法疑点信息分析监控;

(四)督办执法督察所发现问题的整改和责任追究;

(五)配合外部监督部门对税务机关开展监督检查工作;

(六)向本级和上级税务机关报告执法督察工作情况;

(七)通报执法督察工作情况和执法督察结果;

(八)指导、监督和考核下级税务机关执法督察工作;

(九)其他相关工作。

第七条 执法督察实行统筹规划,归口管理。督察内审部门负责执法督察工作的具体组织、协调和落实。税务机关内部相关部门应当树立全局观念,积极参与、支持和配合执法督察工作。

各级税务机关根据工作需要,可以将执法督察与其他具有监督性质的工作协同开展。

第八条 各级税务机关应当统一安排专门的执法督察工作经费,根据年度执法督察工作计划和具体执法督察工作的开展情况,做好经费预算,并保障经费的正确合理使用。

第九条 上级税务机关对执法督察事项可以直接进行督察,也可以授权或者指定下级税务机关进行督察。

第十条 上级税务机关认为下级税务机关作出的执法督察结论不适当的,可以责成下级税务机关予以变更或者撤销,必要时也可以直接作出变更或者撤销的决定。

第十一条 各级税务机关可以采取复查、抽查等方式,对执法督察人员在执法督察工作中履行职责、遵守纪律、廉洁自律等情况进行监督检查。

第十二条 各级税务机关应当建立税收执法督察人才库,为执法督察储备人才。根据执法督察工作需要,确定执法督察人才库人员基数,实行动态管理,定期组织业务培训。下级税务机关应当向上级税务机关执法督察人才库输送人才。

第十三条 执法督察可以由督察内审部门人员独立完成,也可以抽调本级和下级税务机关税务人员实施,优先抽调执法督察人才库成员参加。相关单位和部门应当予以配合。

第三章 执法督察的内容和形式

第十四条 执法督察的内容包括:

(一)税收法律、行政法规、规章和规范性文件的执行情况;

(二)国务院和上级税务机关有关税收工作重要决策、部署的贯彻落实情况;

(三)税务机关制定或者与其他部门联合制定的涉税文件,以及税务机关以外的单位制定的涉税文件的合法性;

(四)外部监督部门依法查处或者督查、督办的税收执法事项;

(五)上级机关交办、有关部门转办的税收执法事项;

(六)执法督察所发现问题的整改和责任追究情况;

(七)其他需要实施执法督察的税收执法事项。

第十五条　执法督察可以通过全面执法督察、重点执法督察、专项执法督察和专案执法督察等形式开展。

第十六条　全面执法督察是指税务机关对本级和下级税务机关的税收执法行为进行的广泛、系统的监督检查。

第十七条　重点执法督察是指税务机关对本级和下级税务机关某些重点方面、重点环节、重点行业的税收执法行为所进行的监督检查。

第十八条　专项执法督察是指税务机关对本级和下级税务机关某项特定内容涉及到的税收执法行为进行的监督检查。

第十九条　专案执法督察是指税务机关对上级机关交办、有关部门转办的特定税收执法事项，以及通过信访、举报、媒体等途径反映的重大税收执法问题所涉及到的本级和下级税务机关的税收执法行为进行的监督检查。

第二十条　各级税务机关应当积极运用信息化手段，对与税收执法活动有关的各类信息系统执法数据进行分析、筛选、监控和提示，为各种形式的执法督察提供线索。

第四章　执法督察实施程序

第二十一条　执法督察工作要有计划、有组织、有步骤地开展，主要包括准备、实施、处理、整改、总结等阶段，根据工作需要可以进行复查。

第二十二条　督察内审部门应当科学、合理制定年度执法督察工作计划，报本级税务机关批准后统一部署实施。

未纳入年度执法督察工作计划的专案执法督察和其他特殊情况下需要启动的执法督察，应当在实施前报本级税务机关批准。

第二十三条　实施执法督察前，督察内审部门应当根据执法督察的对象和内容，制定包括组织领导、工作要求和执法督察的时限、重点、方法、步骤等内容的执法督察方案。

第二十四条　实施执法督察的税务机关应当成立执法督察组，负责具体实施执法督察。执法督察组人员不得少于2人，并实行组长负责制。

执法督察组组长应当对执法督察的总体质量负责。当执法督察组组长对被督察单位有关税收执法事项的意见与其他组员的意见不一致时，应当在税收执法督察报告中进行说明。

第二十五条　实施执法督察的税务机关应当根据执法督察的对象和内容对执法督察组人员进行查前培训，保证执法督察效率和质量。

第二十六条　实施执法督察，应当提前3个工作日向被督察单位下发税收执法督察通知，告知执法督察的时间、内容、方式，需要准备的资料，配合工作的要求等。被督察单位应当将税收执法督察通知在本单位范围内予以公布。

专案执法督察和其他特殊情况下，可以不予提前通知和公布。

第二十七条　执法督察可以采取下列工作方式：

（一）听取被督察单位税收执法情况汇报；

（二）调阅被督察单位收发文簿、会议纪要、涉税文件、税收执法卷宗和

文书,以及其他相关资料;

（三）查阅、调取与税收执法活动有关的各类信息系统电子文档和数据;

（四）与被督察单位有关人员谈话,了解有关情况;

（五）特殊情况下需要到相关纳税人和有关单位了解情况或者取证时,应当按照法律规定的权限进行,并商请主管税务机关予以配合;

（六）其他方式。

第二十八条　执法督察中,被督察单位应当及时提供相关资料,以及与税收执法活动有关的各类信息系统所有数据查询权限。被督察单位主要负责人对本单位所提供的税收执法资料的真实性和完整性负责。

第二十九条　实施执法督察应当制作《税收执法督察工作底稿》。

发现税收执法行为存在违法、违规问题的,应当收集相关证据材料,在工作底稿上写明行为的内容、时间、情节、证据的名称和出处,以及违法、违规的文件依据等,由被督察单位盖章或者由有关人员签字。拒不盖章或者拒不签字的,应当说明理由,记录在案。

收集证据材料时无法取得原件的,应当通过复印、照相、摄像、扫描、录音等手段提取或者复制有关资料,由原件保存单位或者个人在复制件上注明"与原件核对无误,原件存于我处",并由有关人员签字。原件由单位保存的,还应当由该单位盖章。

第三十条　执法督察组实施执法督察后,应当及时将发现的问题汇总,并向被督察单位反馈情况。

被督察单位或者个人可以对反馈的情况进行陈述和申辩,并提供陈述申辩的书面材料。

第三十一条　执法督察组实施执法督察后,应当起草税收执法督察报告,内容包括:

（一）执法督察的时间、内容、方法、步骤;

（二）被督察单位税收执法的基本情况;

（三）执法督察发现的具体问题,认定被督察单位存在违法、违规问题的基本事实和法律依据;

（四）对发现问题的拟处理意见;

（五）加强税收执法监督管理的建议;

（六）执法督察组认为应当报告的其他事项。

第三十二条　执法督察组实施执法督察后,应当将税收执法督察报告、工作底稿、证据材料、陈述申辩资料以及与执法督察情况有关的其他资料进行整理,提交督察内审部门。

第三十三条　督察内审部门收到税收执法督察报告和其他证据材料后,应当对以下内容进行审理:

（一）执法督察程序是否符合规定;

（二）事实是否清楚,证据是否确实充分,资料是否齐全;

（三）适用的法律、行政法规、规章、规范性文件和有关政策等是否正确;

（四）对被督察单位的评价是否准确,拟定的意见、建议等是否适当。

第三十四条　督察内审部门在审理中发现事实不清、证据不足、资料不全的，应当通知执法督察组对证据予以补正，也可以重新组织人员进行核实、检查。

第三十五条　督察内审部门在审理中对适用税收法律、行政法规和税收政策有疑义的问题，以及涉嫌违规的涉税文件，应当书面征求本级税务机关法规部门和业务主管部门意见，也可以提交本级税务机关集体研究，并做好会议记录；本级税务机关无法或者无权确定的，应当请示上级税务机关或者请有权机关解释或者确定。

第三十六条　督察内审部门根据审理结果修订税收执法督察报告，送被督察单位征求意见。被督察单位应当在15个工作日内提出书面反馈意见。在限期内未提出书面意见的，视同无异议。

督察内审部门应当对被督察单位提出的意见进行研究，对税收执法督察报告作必要修订，连同被督察单位的书面反馈意见一并报送本级税务机关审定。

第三十七条　督察内审部门根据本级税务机关审定的税收执法督察报告制作《税收执法督察处理决定书》、《税收执法督察处理意见书》或者《税收执法督察结论书》，经本级税务机关审批后下达被督察单位。

《税收执法督察处理决定书》适用于对被督察单位违反税收法律、行政法规和税收政策的行为进行处理。

《税收执法督察处理意见书》适用于对被督察单位提出自行纠正的事项和改进工作的建议。

《税收执法督察结论书》适用于对未发现违法、违规问题的被督察单位作出评价。

受本级税务机关委托，执法督察组组长可以就执法督察结果与被督察单位主要负责人或者有关人员进行谈话。

第三十八条　对违反税收法律、行政法规、规章和上级税收规范性文件的涉税文件，按下列原则作出执法督察决定：

（一）对下级税务机关制定，或者下级税务机关与其他部门联合制定的，责令停止执行，并予以纠正；

（二）对本级税务机关制定的，应当停止执行并提出修改建议；

（三）对地方政府和其他部门制定的，同级税务机关应当停止执行，向发文单位提出修改建议，并报告上级税务机关。

第三十九条　除第三十八条规定外，对其他不符合税收法律、行政法规、规章和上级税收规范性文件的税收执法行为，按下列原则作出执法督察处理决定：

（一）执法主体资格不合法的，依法予以撤销；

（二）未履行法定职责的，责令限期履行法定职责；

（三）事实不清、证据不足的，依法予以撤销，并可以责令重新作出执法行为；

（四）未正确适用法律依据的，依法予以变更或者撤销，并可以责令重新作出执法行为；

（五）严重违反法定程序的，依法予以变更或者撤销，并可以责令重新作出执法行为；

（六）超越职权或者滥用职权的，依法予以撤销；

（七）其他不符合税收法律、行政法规、规章和上级税收规范性文件的，依法予以变更或者撤销，并可以责令重新作出执法行为。

第四十条 被督察单位收到《税收执法督察处理决定书》和《税收执法督察处理意见书》后，应当在规定的期限内执行，并以书面形式向实施执法督察的税务机关报告下列执行结果：

（一）对违法、违规涉税文件的清理情况和清理结果；

（二）对违法、违规的税收执法行为予以变更、撤销和重新作出执法行为的情况；

（三）对有关责任人的责任追究情况；

（四）要求报送的其他文件和资料。

第四十一条 被督察单位对执法督察处理决定有异议的，可以在规定的期限内向实施执法督察的税务机关提出复核申请。实施执法督察的税务机关应当进行复核，并作出答复。

第四十二条 实施执法督察的税务机关应当在本单位范围内对执法督察结果和执法督察工作情况予以通报。

执法督察事项应当保密的，可以不予通报。

第四十三条 各级税务机关应当建立执法督察结果报告制度。

督察内审部门应当对执法督察所发现的问题进行归纳和分析，提出完善制度、加强管理等工作建议，向本级税务机关专题报告，并作为有关业务部门的工作参考。

发现税收政策或者税收征管制度存在问题的，各级税务机关应当及时向上级税务机关报告。

第四十四条 各级税务机关每年应当在规定时间内，向上级税务机关报送年度执法督察工作总结和报表等相关材料。

第四十五条 督察内审部门应当按照有关规定做好执法督察工作资料的立卷和归档工作。

执法督察档案应当做到资料齐全、分类清楚，便于质证和查阅。

第五章 责任追究及奖惩

第四十六条 执法督察中发现税收执法行为存在违法、违规问题的，应当按照有关规定和管理权限，对有关负责人和直接责任人予以责任追究。

第四十七条 执法督察中发现纳税人的税收违法行为，实施执法督察的税务机关应当责令主管税务机关调查处理；情节严重的，移交稽查部门处理。

第四十八条 执法督察中，被督察单位不如实提供相关资料和查询权限，或者无正当理由拒绝、拖延、阻挠执法督察的，由实施执法督察的税务机关责令限期改正；拒不改正的，对有关负责人和直接责任人予以责任追究。

第四十九条 被督察单位未按照《税收执法督察处理决定书》和《税收执法督察处理意见书》的要求执行，由实施执法督察的税务机关责令限期改正,并对其主要负责人和有关责任人予以责任追究。

第五十条 执法督察结果及其整改落实情况应当作为各级税务机关考核的重要内容。

各级税务机关应当对执法规范、成绩突出的单位和个人给予表彰和奖励,并予以通报,同时将其先进经验进行推广。存在重大执法问题的单位、部门及其主要负责人和有关责任人,不得参加先进评选。

第五十一条 对执法督察人员在执法督察中滥用职权、徇私舞弊、玩忽职守或者违反廉政建设有关规定的,应当按照有关规定追究其责任。

第五十二条 对在执法督察工作中业绩突出的执法督察人员,各级税务机关应当给予表扬和奖励,并将其业绩作为在优秀公务员等先进评选活动中的重要依据。

第六章 附 则

第五十三条 本规则相关文书式样,由国家税务总局另行规定。

第五十四条 各省、自治区、直辖市和计划单列市税务局可以依据本规则,结合本地区的具体情况制定具体实施办法。

第五十五条 本规则自2013年4月1日起施行,《国家税务总局关于印发〈税收执法检查规则〉的通知》(国税发〔2004〕126号)同时废止。

税务行政复议规则

1. 2010年2月10日国家税务总局令第21号公布
2. 根据2015年12月28日国家税务总局令第39号《关于修改〈税务行政复议规则〉的决定》第一次修正
3. 根据2018年6月15日国家税务总局令第44号《关于修改部分税务部门规章的决定》第二次修正

第一章 总 则

第一条 为了进一步发挥行政复议解决税务行政争议的作用,保护公民、法人和其他组织的合法权益,监督和保障税务机关依法行使职权,根据《中华人民共和国行政复议法》(以下简称行政复议法)、《中华人民共和国税收征收管理法》和《中华人民共和国行政复议法实施条例》(以下简称行政复议法实施条例),结合税收工作实际,制定本规则。

第二条 公民、法人和其他组织(以下简称申请人)认为税务机关的具体行政行为侵犯其合法权益,向税务行政复议机关申请行政复议,税务行政复议机关办理行政复议事项,适用本规则。

第三条 本规则所称税务行政复议机关(以下简称行政复议机关),指依法受理行政复议申请、对具体行政行为进行审查并作出行政复议决定的税务机关。

第四条 行政复议应当遵循合法、公正、公开、及时和便民的原则。

行政复议机关应当树立依法行

观念,强化责任意识和服务意识,认真履行行政复议职责,坚持有错必纠,确保法律正确实施。

第五条 行政复议机关在申请人的行政复议请求范围内,不得作出对申请人更为不利的行政复议决定。

第六条 申请人对行政复议决定不服的,可以依法向人民法院提起行政诉讼。

第七条 行政复议机关受理行政复议申请,不得向申请人收取任何费用。

第八条 各级税务机关行政首长是行政复议工作第一责任人,应当切实履行职责,加强对行政复议工作的组织领导。

第九条 行政复议机关应当为申请人、第三人查阅案卷资料、接受询问、调解、听证等提供专门场所和其他必要条件。

第十条 各级税务机关应当加大对行政复议工作的基础投入,推进行政复议工作信息化建设,配备调查取证所需的照相、录音、录像和办案所需的电脑、扫描、投影、传真、复印等设备,保障办案交通工具和相应经费。

第二章 税务行政复议机构和人员

第十一条 各级行政复议机关负责法制工作的机构(以下简称行政复议机构)依法办理行政复议事项,履行下列职责:

(一)受理行政复议申请。

(二)向有关组织和人员调查取证,查阅文件和资料。

(三)审查申请行政复议的具体行政行为是否合法和适当,起草行政复议决定。

(四)处理或者转送对本规则第十五条所列有关规定的审查申请。

(五)对被申请人违反行政复议法及其实施条例和本规则规定的行为,依照规定的权限和程序向相关部门提出处理建议。

(六)研究行政复议工作中发现的问题,及时向有关机关或者部门提出改进建议,重大问题及时向行政复议机关报告。

(七)指导和监督下级税务机关的行政复议工作。

(八)办理或者组织办理行政诉讼案件应诉事项。

(九)办理行政复议案件的赔偿事项。

(十)办理行政复议、诉讼、赔偿等案件的统计、报告、归档工作和重大行政复议决定备案事项。

(十一)其他与行政复议工作有关的事项。

第十二条 各级行政复议机关可以成立行政复议委员会,研究重大、疑难案件,提出处理建议。

行政复议委员会可以邀请本机关以外的具有相关专业知识的人员参加。

第十三条 行政复议工作人员应当具备与履行行政复议职责相适应的品行、专业知识和业务能力。

税务机关中初次从事行政复议的人员,应当通过国家统一法律职业资格考试取得法律职业资格。

第三章 税务行政复议范围

第十四条 行政复议机关受理申请人对税务机关下列具体行政行为不服提出的行政复议申请:

(一)征税行为,包括确认纳税主体、征税对象、征税范围、减税、免税、退税、抵扣税款、适用税率、计税依据、纳税环节、纳税期限、纳税地点和税款征收方式等具体行政行为,征收税款、加收滞纳金,扣缴义务人、受税务机关委托的单位和个人作出的代扣代缴、代收代缴、代征行为等。

(二)行政许可、行政审批行为。

(三)发票管理行为,包括发售、收缴、代开发票等。

(四)税收保全措施、强制执行措施。

(五)行政处罚行为:
1. 罚款;
2. 没收财物和违法所得;
3. 停止出口退税权。

(六)不依法履行下列职责的行为:
1. 颁发税务登记;
2. 开具、出具完税凭证、外出经营活动税收管理证明;
3. 行政赔偿;
4. 行政奖励;
5. 其他不依法履行职责的行为。

(七)资格认定行为。

(八)不依法确认纳税担保行为。

(九)政府信息公开工作中的具体行政行为。

(十)纳税信用等级评定行为。

(十一)通知出入境管理机关阻止出境行为。

(十二)其他具体行政行为。

第十五条 申请人认为税务机关的具体行政行为所依据的下列规定不合法,对具体行政行为申请行政复议时,可以一并向行政复议机关提出对有关规定的审查申请;申请人对具体行政行为提出行政复议申请时不知道该具体行政行为所依据的规定的,可以在行政复议机关作出行政复议决定以前提出对该规定的审查申请:

(一)国家税务总局和国务院其他部门的规定。

(二)其他各级税务机关的规定。

(三)地方各级人民政府的规定。

(四)地方人民政府工作部门的规定。

前款中的规定不包括规章。

第四章 税务行政复议管辖

第十六条 对各级税务局的具体行政行为不服的,向其上一级税务局申请行政复议。

对计划单列市税务局的具体行政行为不服的,向国家税务总局申请行政复议。

第十七条 对税务所(分局)、各级税务局的稽查局的具体行政行为不服的,向其所属税务局申请行政复议。

第十八条 对国家税务总局的具体行政行为不服的,向国家税务总局申请行政复议。对行政复议决定不服,申请人可以向人民法院提起行政诉讼,也可以向国务院申请裁决。国务院的裁决为最终裁决。

第十九条 对下列税务机关的具体行政行为不服的,按照下列规定申请行政复议：

（一）对两个以上税务机关以共同的名义作出的具体行政行为不服的，向共同上一级税务机关申请行政复议；对税务机关与其他行政机关以共同的名义作出的具体行政行为不服的，向其共同上一级行政机关申请行政复议。

（二）对被撤销的税务机关在撤销以前所作出的具体行政行为不服的，向继续行使其职权的税务机关的上一级税务机关申请行政复议。

（三）对税务机关作出逾期不缴纳罚款加处罚款的决定不服的，向作出行政处罚决定的税务机关申请行政复议。但是对已处罚款和加处罚款都不服的，一并向作出行政处罚决定的税务机关的上一级税务机关申请行政复议。

申请人向具体行政行为发生地的县级地方人民政府提交行政复议申请的，由接受申请的县级地方人民政府依照行政复议法第十五条、第十八条的规定予以转送。

第五章　税务行政复议申请人和被申请人

第二十条　合伙企业申请行政复议的，应当以核准登记的企业为申请人，由执行合伙事务的合伙人代表该企业参加行政复议；其他合伙组织申请行政复议的，由合伙人共同申请行政复议。

前款规定以外的不具备法人资格的其他组织申请行政复议的，由该组织的主要负责人代表该组织参加行政复议；没有主要负责人的，由共同推选的其他成员代表该组织参加行政复议。

第二十一条　股份制企业的股东大会、股东代表大会、董事会认为税务具体行政行为侵犯企业合法权益的，可以以企业的名义申请行政复议。

第二十二条　有权申请行政复议的公民死亡的，其近亲属可以申请行政复议；有权申请行政复议的公民为无行为能力人或者限制行为能力人，其法定代理人可以代理申请行政复议。

有权申请行政复议的法人或者其他组织发生合并、分立或终止的，承受其权利义务的法人或者其他组织可以申请行政复议。

第二十三条　行政复议期间，行政复议机关认为申请人以外的公民、法人或者其他组织与被审查的具体行政行为有利害关系的，可以通知其作为第三人参加行政复议。

行政复议期间，申请人以外的公民、法人或者其他组织与被审查的税务具体行政行为有利害关系的，可以向行政复议机关申请作为第三人参加行政复议。

第三人不参加行政复议，不影响行政复议案件的审理。

第二十四条　非具体行政行为的行政管理相对人，但其权利直接被该具体行政行为所剥夺、限制或者被赋予义务的公民、法人或其他组织，在行政管理相对人没有申请行政复议时，可以单独申请行政复议。

第二十五条　同一行政复议案件申请人超过5人的，应当推选1至5名代表参加行政复议。

第二十六条 申请人对具体行政行为不服申请行政复议的,作出该具体行政行为的税务机关为被申请人。

第二十七条 申请人对扣缴义务人的扣缴税款行为不服的,主管该扣缴义务人的税务机关为被申请人;对税务机关委托的单位和个人的代征行为不服的,委托税务机关为被申请人。

第二十八条 税务机关与法律、法规授权的组织以共同的名义作出具体行政行为的,税务机关和法律、法规授权的组织为共同被申请人。

税务机关与其他组织以共同名义作出具体行政行为的,税务机关为被申请人。

第二十九条 税务机关依照法律、法规和规章规定,经上级税务机关批准作出具体行政行为的,批准机关为被申请人。

申请人对经重大税务案件审理程序作出的决定不服的,审理委员会所在税务机关为被申请人。

第三十条 税务机关设立的派出机构、内设机构或者其他组织,未经法律、法规授权,以自己名义对外作出具体行政行为的,税务机关为被申请人。

第三十一条 申请人、第三人可以委托1至2名代理人参加行政复议。申请人、第三人委托代理人的,应当向行政复议机构提交授权委托书。授权委托书应当载明委托事项、权限和期限。公民在特殊情况下无法书面委托的,可以口头委托。口头委托的,行政复议机构应当核实并记录在卷。申请人、第三人解除或者变更委托的,应当书面告知行政复议机构。

被申请人不得委托本机关以外人员参加行政复议。

第六章 税务行政复议申请

第三十二条 申请人可以在知道税务机关作出具体行政行为之日起60日内提出行政复议申请。

因不可抗力或者被申请人设置障碍等原因耽误法定申请期限的,申请期限的计算应当扣除被耽误时间。

第三十三条 申请人对本规则第十四条第(一)项规定的行为不服的,应当先向行政复议机关申请行政复议;对行政复议决定不服的,可以向人民法院提起行政诉讼。

申请人按照前款规定申请行政复议的,必须依照税务机关根据法律、法规确定的税额、期限,先行缴纳或者解缴税款和滞纳金,或者提供相应的担保,才可以在缴清税款和滞纳金以后或者所提供的担保得到作出具体行政行为的税务机关确认之日起60日内提出行政复议申请。

申请人提供担保的方式包括保证、抵押和质押。作出具体行政行为的税务机关应当对保证人的资格、资信进行审查,对不具备法律规定资格或者没有能力保证的,有权拒绝。作出具体行政行为的税务机关应当对抵押人、出质人提供的抵押担保、质押担保进行审查,对不符合法律规定的抵押担保、质押担保,不予确认。

第三十四条 申请人对本规则第十四条第(一)项规定以外的其他具体行政行为不服,可以申请行政复议,也可以直接向人民法院提起行政诉讼。

申请人对税务机关作出逾期不缴纳罚款加处罚款的决定不服的,应当先缴纳罚款和加处罚款,再申请行政复议。

第三十五条 本规则第三十二条第一款规定的行政复议申请期限的计算,依照下列规定办理:

(一)当场作出具体行政行为的,自具体行政行为作出之日起计算。

(二)载明具体行政行为的法律文书直接送达的,自受送达人签收之日起计算。

(三)载明具体行政行为的法律文书邮寄送达的,自受送达人在邮件签收单上签收之日起计算;没有邮件签收单的,自受送达人在送达回执上签名之日起计算。

(四)具体行政行为依法通过公告形式告知受送达人的,自公告规定的期限届满之日起计算。

(五)税务机关作出具体行政行为时未告知申请人,事后补充告知的,自该申请人收到税务机关补充告知的通知之日起计算。

(六)被申请人能够证明申请人知道具体行政行为的,自证据材料证明其知道具体行政行为之日起计算。

税务机关作出具体行政行为,依法应当向申请人送达法律文书而未送达的,视为该申请人不知道该具体行政行为。

第三十六条 申请人依照行政复议法第六条第(八)项、第(九)项、第(十)项的规定申请税务机关履行法定职责,税务机关未履行的,行政复议申请期限依照下列规定计算:

(一)有履行期限规定的,自履行期限届满之日起计算。

(二)没有履行期限规定的,自税务机关收到申请满60日起计算。

第三十七条 税务机关作出的具体行政行为对申请人的权利、义务可能产生不利影响的,应当告知其申请行政复议的权利、行政复议机关和行政复议申请期限。

第三十八条 申请人书面申请行政复议的,可以采取当面递交、邮寄或者传真等方式提出行政复议申请。

有条件的行政复议机关可以接受以电子邮件形式提出的行政复议申请。

对以传真、电子邮件形式提出行政复议申请的,行政复议机关应当审核确认申请人的身份、复议事项。

第三十九条 申请人书面申请行政复议的,应当在行政复议申请书中载明下列事项:

(一)申请人的基本情况,包括公民的姓名、性别、出生年月、身份证件号码、工作单位、住所、邮政编码、联系电话;法人或者其他组织的名称、住所、邮政编码、联系电话和法定代表人或者主要负责人的姓名、职务。

(二)被申请人的名称。

(三)行政复议请求、申请行政复议的主要事实和理由。

(四)申请人的签名或者盖章。

(五)申请行政复议的日期。

第四十条 申请人口头申请行政复议的,行政复议机构应当依照本规则第三十九条规定的事项,当场制作行政复议申请笔录,交申请人核对或者向申请人宣读,并由申请人确认。

第四十一条　有下列情形之一的,申请人应当提供证明材料:

（一）认为被申请人不履行法定职责的,提供要求被申请人履行法定职责而被申请人未履行的证明材料。

（二）申请行政复议时一并提出行政赔偿请求的,提供受具体行政行为侵害而造成损害的证明材料。

（三）法律、法规规定需要申请人提供证据材料的其他情形。

第四十二条　申请人提出行政复议申请时错列被申请人的,行政复议机关应当告知申请人变更被申请人。申请人不变更被申请人的,行政复议机关不予受理,或者驳回行政复议申请。

第四十三条　申请人向行政复议机关申请行政复议,行政复议机关已经受理的,在法定行政复议期限内申请人不得向人民法院提起行政诉讼;申请人向人民法院提起行政诉讼,人民法院已经依法受理的,不得申请行政复议。

第七章　税务行政复议受理

第四十四条　行政复议申请符合下列规定的,行政复议机关应当受理:

（一）属于本规则规定的行政复议范围。

（二）在法定申请期限内提出。

（三）有明确的申请人和符合规定的被申请人。

（四）申请人与具体行政行为有利害关系。

（五）有具体的行政复议请求和理由。

（六）符合本规则第三十三条和第三十四条规定的条件。

（七）属于收到行政复议申请的行政复议机关的职责范围。

（八）其他行政复议机关尚未受理同一行政复议申请,人民法院尚未受理同一主体就同一事实提起的行政诉讼。

第四十五条　行政复议机关收到行政复议申请以后,应当在5日内审查,决定是否受理。对不符合本规则规定的行政复议申请,决定不予受理,并书面告知申请人。

对不属于本机关受理的行政复议申请,应当告知申请人向有关行政复议机关提出。

行政复议机关收到行政复议申请以后未按照前款规定期限审查并作出不予受理决定的,视为受理。

第四十六条　对符合规定的行政复议申请,自行政复议机构收到之日即为受理;受理行政复议申请,应当书面告知申请人。

第四十七条　行政复议申请材料不齐全、表述不清楚的,行政复议机构可以自收到该行政复议申请之日起5日内书面通知申请人补正。补正通知应当载明需要补正的事项和合理的补正期限。无正当理由逾期不补正的,视为申请人放弃行政复议申请。

补正申请材料所用时间不计入行政复议审理期限。

第四十八条　上级税务机关认为行政复议机关不予受理行政复议申请的理由不成立的,可以督促其受理;经督促仍然不受理的,责令其限期受理。

上级税务机关认为行政复议申请

不符合法定受理条件的,应当告知申请人。

第四十九条 上级税务机关认为有必要的,可以直接受理或者提审由下级税务机关管辖的行政复议案件。

第五十条 对应当先向行政复议机关申请行政复议,对行政复议决定不服再向人民法院提起行政诉讼的具体行政行为,行政复议机关决定不予受理或者受理以后超过行政复议期限不作答复的,申请人可以自收到不予受理决定书之日起或者行政复议期满之日起15日内,依法向人民法院提起行政诉讼。

依照本规则第八十三条规定延长行政复议期限的,以延长以后的时间为行政复议期满时间。

第五十一条 行政复议期间具体行政行为不停止执行;但是有下列情形之一的,可以停止执行:

(一)被申请人认为需要停止执行的。

(二)行政复议机关认为需要停止执行的。

(三)申请人申请停止执行,行政复议机关认为其要求合理,决定停止执行的。

(四)法律规定停止执行的。

第八章 税务行政复议证据

第五十二条 行政复议证据包括以下类别:

(一)书证;
(二)物证;
(三)视听资料;
(四)电子数据;
(五)证人证言;
(六)当事人的陈述;
(七)鉴定意见;
(八)勘验笔录、现场笔录。

第五十三条 在行政复议中,被申请人对其作出的具体行政行为负有举证责任。

第五十四条 行政复议机关应当依法全面审查相关证据。行政复议机关审查行政复议案件,应当以证据证明的案件事实为依据。定案证据应当具有合法性、真实性和关联性。

第五十五条 行政复议机关应当根据案件的具体情况,从以下方面审查证据的合法性:

(一)证据是否符合法定形式。

(二)证据的取得是否符合法律、法规、规章和司法解释的规定。

(三)是否有影响证据效力的其他违法情形。

第五十六条 行政复议机关应当根据案件的具体情况,从以下方面审查证据的真实性:

(一)证据形成的原因。

(二)发现证据时的环境。

(三)证据是否为原件、原物,复制件、复制品与原件、原物是否相符。

(四)提供证据的人或者证人与行政复议参加人是否具有利害关系。

(五)影响证据真实性的其他因素。

第五十七条 行政复议机关应当根据案件的具体情况,从以下方面审查证据的关联性:

(一)证据与待证事实是否具有证明关系。

（二）证据与待证事实的关联程度。

（三）影响证据关联性的其他因素。

第五十八条　下列证据材料不得作为定案依据：

（一）违反法定程序收集的证据材料。

（二）以偷拍、偷录和窃听等手段获取侵害他人合法权益的证据材料。

（三）以利诱、欺诈、胁迫和暴力等不正当手段获取的证据材料。

（四）无正当事由超出举证期限提供的证据材料。

（五）无正当理由拒不提供原件、原物，又无其他证据印证，且对方不予认可的证据的复制件、复制品。

（六）无法辨明真伪的证据材料。

（七）不能正确表达意志的证人提供的证言。

（八）不具备合法性、真实性的其他证据材料。

行政复议机构依据本规则第十一条第（二）项规定的职责所取得的有关材料，不得作为支持被申请人具体行政行为的证据。

第五十九条　在行政复议过程中，被申请人不得自行向申请人和其他有关组织或者个人收集证据。

第六十条　行政复议机构认为必要时，可以调查取证。

行政复议工作人员向有关组织和人员调查取证时，可以查阅、复制和调取有关文件和资料，向有关人员询问。调查取证时，行政复议工作人员不得少于2人，并应当向当事人和有关人员出示证件。被调查单位和人员应当配合行政复议工作人员的工作，不得拒绝、阻挠。

需要现场勘验的，现场勘验所用时间不计入行政复议审理期限。

第六十一条　申请人和第三人可以查阅被申请人提出的书面答复、作出具体行政行为的证据、依据和其他有关材料，除涉及国家秘密、商业秘密或者个人隐私外，行政复议机关不得拒绝。

第九章　税务行政复议审查和决定

第六十二条　行政复议机构应当自受理行政复议申请之日起7日内，将行政复议申请书副本或者行政复议申请笔录复印件发送被申请人。被申请人应当自收到申请书副本或者申请笔录复印件之日起10日内提出书面答复，并提交当初作出具体行政行为的证据、依据和其他有关材料。

对国家税务总局的具体行政行为不服申请行政复议的案件，由原承办具体行政行为的相关机构向行政复议机构提出书面答复，并提交当初作出具体行政行为的证据、依据和其他有关材料。

第六十三条　行政复议机构审理行政复议案件，应当由2名以上行政复议工作人员参加。

第六十四条　行政复议原则上采用书面审查的办法，但是申请人提出要求或者行政复议机构认为有必要时，应当听取申请人、被申请人和第三人的意见，并可以向有关组织和人员调查了解情况。

第六十五条　对重大、复杂的案件,申请人提出要求或者行政复议机构认为必要时,可以采取听证的方式审理。

第六十六条　行政复议机构决定举行听证的,应当将举行听证的时间、地点和具体要求等事项通知申请人、被申请人和第三人。

　　第三人不参加听证的,不影响听证的举行。

第六十七条　听证应当公开举行,但是涉及国家秘密、商业秘密或者个人隐私的除外。

第六十八条　行政复议听证人员不得少于2人,听证主持人由行政复议机构指定。

第六十九条　听证应当制作笔录。申请人、被申请人和第三人应当确认听证笔录内容。

　　行政复议听证笔录应当附卷,作为行政复议机构审理案件的依据之一。

第七十条　行政复议机关应当全面审查被申请人的具体行政行为所依据的事实证据、法律程序、法律依据和设定的权利义务内容的合法性、适当性。

第七十一条　申请人在行政复议决定作出以前撤回行政复议申请的,经行政复议机构同意,可以撤回。

　　申请人撤回行政复议申请的,不得再以同一事实和理由提出行政复议申请。但是,申请人能够证明撤回行政复议申请违背其真实意思表示的除外。

第七十二条　行政复议期间被申请人改变原具体行政行为的,不影响行政复议案件的审理。但是,申请人依法撤回行政复议申请的除外。

第七十三条　申请人在申请行政复议时,依据本规则第十五条规定一并提出对有关规定的审查申请的,行政复议机关对该规定有权处理的,应当在30日内依法处理;无权处理的,应当在7日内按照法定程序逐级转送有权处理的行政机关依法处理,有权处理的行政机关应当在60日内依法处理。处理期间,中止对具体行政行为的审查。

第七十四条　行政复议机关审查被申请人的具体行政行为时,认为其依据不合法,本机关有权处理的,应当在30日内依法处理;无权处理的,应当在7日内按照法定程序逐级转送有权处理的国家机关依法处理。处理期间,中止对具体行政行为的审查。

第七十五条　行政复议机构应当对被申请人的具体行政行为提出审查意见,经行政复议机关负责人批准,按照下列规定作出行政复议决定:

　　(一)具体行政行为认定事实清楚,证据确凿,适用依据正确,程序合法,内容适当的,决定维持。

　　(二)被申请人不履行法定职责的,决定其在一定期限内履行。

　　(三)具体行政行为有下列情形之一的,决定撤销、变更或者确认该具体行政行为违法;决定撤销或者确认该具体行政行为违法的,可以责令被申请人在一定期限内重新作出具体行政行为:

　　1.主要事实不清、证据不足的;

　　2.适用依据错误的;

　　3.违反法定程序的;

4.超越职权或者滥用职权的;

5.具体行政行为明显不当的。

(四)被申请人不按照本规则第六十二条的规定提出书面答复,提交当初作出具体行政行为的证据、依据和其他有关材料的,视为该具体行政行为没有证据、依据,决定撤销该具体行政行为。

第七十六条 行政复议机关责令被申请人重新作出具体行政行为的,被申请人不得以同一事实和理由作出与原具体行政行为相同或者基本相同的具体行政行为;但是行政复议机关以原具体行政行为违反法定程序决定撤销的,被申请人重新作出具体行政行为的除外。

行政复议机关责令被申请人重新作出具体行政行为的,被申请人不得作出对申请人更为不利的决定;但是行政复议机关以原具体行政行为主要事实不清、证据不足或适用依据错误决定撤销的,被申请人重新作出具体行政行为的除外。

第七十七条 有下列情形之一的,行政复议机关可以决定变更:

(一)认定事实清楚,证据确凿,程序合法,但是明显不当或者适用依据错误的。

(二)认定事实不清,证据不足,但是经行政复议机关审理查明事实清楚,证据确凿的。

第七十八条 有下列情形之一的,行政复议机关应当决定驳回行政复议申请:

(一)申请人认为税务机关不履行法定职责申请行政复议,行政复议机关受理以后发现该税务机关没有相应法定职责或者在受理以前已经履行法定职责的。

(二)受理行政复议申请后,发现该行政复议申请不符合行政复议法及其实施条例和本规则规定的受理条件的。

上级税务机关认为行政复议机关驳回行政复议申请的理由不成立的,应当责令限期恢复受理。行政复议机关审理行政复议申请期限的计算应当扣除因驳回耽误的时间。

第七十九条 行政复议期间,有下列情形之一的,行政复议中止:

(一)作为申请人的公民死亡,其近亲属尚未确定是否参加行政复议的。

(二)作为申请人的公民丧失参加行政复议的能力,尚未确定法定代理人参加行政复议的。

(三)作为申请人的法人或者其他组织终止,尚未确定权利义务承受人的。

(四)作为申请人的公民下落不明或者被宣告失踪的。

(五)申请人、被申请人因不可抗力,不能参加行政复议的。

(六)行政复议机关因不可抗力原因暂时不能履行工作职责的。

(七)案件涉及法律适用问题,需要有权机关作出解释或者确认的。

(八)案件审理需要以其他案件的审理结果为依据,而其他案件尚未审结的。

(九)其他需要中止行政复议的情形。

行政复议中止的原因消除以后,

应当及时恢复行政复议案件的审理。

行政复议机构中止、恢复行政复议案件的审理,应当告知申请人、被申请人、第三人。

第八十条　行政复议期间,有下列情形之一的,行政复议终止:

（一）申请人要求撤回行政复议申请,行政复议机构准予撤回的。

（二）作为申请人的公民死亡,没有近亲属,或者其近亲属放弃行政复议权利的。

（三）作为申请人的法人或者其他组织终止,其权利义务的承受人放弃行政复议权利的。

（四）申请人与被申请人依照本规则第八十七条的规定,经行政复议机构准许达成和解的。

（五）行政复议申请受理以后,发现其他行政复议机关已经先于本机关受理,或者人民法院已经受理的。

依照本规则第七十九条第一款第（一）项、第（二）项、第（三）项规定中止行政复议,满60日行政复议中止的原因未消除的,行政复议终止。

第八十一条　行政复议机关责令被申请人重新作出具体行政行为的,被申请人应当在60日内重新作出具体行政行为;情况复杂,不能在规定期限内重新作出具体行政行为的,经行政复议机关批准,可以适当延期,但是延期不得超过30日。

公民、法人或者其他组织对被申请人重新作出的具体行政行为不服,可以依法申请行政复议,或者提起行政诉讼。

第八十二条　申请人在申请行政复议时可以一并提出行政赔偿请求,行政复议机关对符合国家赔偿法的规定应当赔偿的,在决定撤销、变更具体行政行为或者确认具体行政行为违法时,应当同时决定被申请人依法赔偿。

申请人在申请行政复议时没有提出行政赔偿请求的,行政复议机关在依法决定撤销、变更原具体行政行为确定的税款、滞纳金、罚款和对财产的扣押、查封等强制措施时,应当同时责令被申请人退还税款、滞纳金和罚款,解除对财产的扣押、查封等强制措施,或者赔偿相应的价款。

第八十三条　行政复议机关应当自受理申请之日起60日内作出行政复议决定。情况复杂,不能在规定期限内作出行政复议决定的,经行政复议机关负责人批准,可以适当延期,并告知申请人和被申请人;但是延期不得超过30日。

行政复议机关作出行政复议决定,应当制作行政复议决定书,并加盖行政复议机关印章。

行政复议决定书一经送达,即发生法律效力。

第八十四条　被申请人应当履行行政复议决定。

被申请人不履行、无正当理由拖延履行行政复议决定的,行政复议机关或者有关上级税务机关应当责令其限期履行。

第八十五条　申请人、第三人逾期不起诉又不履行行政复议决定的,或者不履行最终裁决的行政复议决定的,按照下列规定分别处理:

（一）维持具体行政行为的行政复

议决定,由作出具体行政行为的税务机关依法强制执行,或者申请人民法院强制执行。

(二)变更具体行政行为的行政复议决定,由行政复议机关依法强制执行,或者申请人民法院强制执行。

第十章 税务行政复议和解与调解

第八十六条 对下列行政复议事项,按照自愿、合法的原则,申请人和被申请人在行政复议机关作出行政复议决定以前可以达成和解,行政复议机关也可以调解:

(一)行使自由裁量权作出的具体行政行为,如行政处罚、核定税额、确定应税所得率等。

(二)行政赔偿。

(三)行政奖励。

(四)存在其他合理性问题的具体行政行为。

行政复议审理期限在和解、调解期间中止计算。

第八十七条 申请人和被申请人达成和解的,应当向行政复议机构提交书面和解协议。和解内容不损害社会公共利益和他人合法权益的,行政复议机构应当准许。

第八十八条 经行政复议机构准许和解终止行政复议的,申请人不得以同一事实和理由再次申请行政复议。

第八十九条 调解应当符合下列要求:

(一)尊重申请人和被申请人的意愿。

(二)在查明案件事实的基础上进行。

(三)遵循客观、公正和合理原则。

(四)不得损害社会公共利益和他人合法权益。

第九十条 行政复议机关按照下列程序调解:

(一)征得申请人和被申请人同意。

(二)听取申请人和被申请人的意见。

(三)提出调解方案。

(四)达成调解协议。

(五)制作行政复议调解书。

第九十一条 行政复议调解书应当载明行政复议请求、事实、理由和调解结果,并加盖行政复议机关印章。行政复议调解书经双方当事人签字,即具有法律效力。

调解未达成协议,或者行政复议调解书不生效的,行政复议机关应当及时作出行政复议决定。

第九十二条 申请人不履行行政复议调解书的,由被申请人依法强制执行,或者申请人民法院强制执行。

第十一章 税务行政复议指导和监督

第九十三条 各级税务复议机关应当加强对履行行政复议职责的监督。行政复议机构负责对行政复议工作进行系统督促、指导。

第九十四条 各级税务机关应当建立健全行政复议工作责任制,将行政复议工作纳入本单位目标责任制。

第九十五条 各级税务机关应当按照职责权限,通过定期组织检查、抽查等方式,检查下级税务机关的行政复议工作,并及时向有关方面反馈检查结果。

第九十六条 行政复议期间行政复议机关发现被申请人和其他下级税务机关的相关行政行为违法或者需要做好善后工作的,可以制作行政复议意见书。有关机关应当自收到行政复议意见书之日起60日内将纠正相关行政违法行为或者做好善后工作的情况报告行政复议机关。

行政复议期间行政复议机构发现法律、法规和规章实施中带有普遍性的问题,可以制作行政复议建议书,向有关机关提出完善制度和改进行政执法的建议。

第九十七条 省以下各级税务机关应当定期向上一级税务机关提交行政复议、应诉、赔偿统计表和分析报告,及时将重大行政复议决定报上一级行政复议机关备案。

第九十八条 行政复议机构应当按照规定将行政复议案件资料立卷归档。

行政复议案卷应当按照行政复议申请分别装订立卷,一案一卷,统一编号,做到目录清晰、资料齐全、分类规范、装订整齐。

第九十九条 行政复议机构应当定期组织行政复议工作人员业务培训和工作交流,提高行政复议工作人员的专业素质。

第一百条 行政复议机关应当定期总结行政复议工作。对行政复议工作中做出显著成绩的单位和个人,依照有关规定表彰和奖励。

第十二章 附 则

第一百零一条 行政复议机关、行政复议机关工作人员和被申请人在税务行政复议活动中,违反行政复议法及其实施条例和本规则规定的,应当依法处理。

第一百零二条 外国人、无国籍人、外国组织在中华人民共和国境内向税务机关申请行政复议,适用本规则。

第一百零三条 行政复议机关在行政复议工作中可以使用行政复议专用章。行政复议专用章与行政复议机关印章在行政复议中具有同等效力。

第一百零四条 行政复议期间的计算和行政复议文书的送达,依照民事诉讼法关于期间、送达的规定执行。

本规则关于行政复议期间有关"5日"、"7日"的规定指工作日,不包括法定节假日。

第一百零五条 本规则自2010年4月1日起施行,2004年2月24日国家税务总局公布的《税务行政复议规则(暂行)》(国家税务总局令第8号)同时废止。

偷税案件行政处罚标准(试行)

1. 2000年2月22日国家税务总局发布
2. 国税稽函〔2000〕10号

第一条 为了规范偷税案件行政处罚的实施,维护纳税秩序和国家利益,保护纳税人、扣缴义务人的合法权益,根据《中华人民共和国税收征收管理法》(以下简称《税收征收管理法》)及有关规定,制定本标准。

第二条 本标准规定的行政处罚,适用于调查终结并依照《税收征收管理法》

及其他法律、行政法规确定为偷税的案件。

第三条 对偷税案件的行政处罚,应当根据违法的事实、性质、情节以及危害程度,依照法律、行政法规和本标准的有关规定作出决定,并坚持处罚与教育相结合的原则。

第四条 纳税人采取擅自销毁或者隐匿账簿、会计凭证的手段进行偷税的,处以偷税数额2倍以上5倍以下的罚款。

第五条 纳税人偷税有下列情形之一的,处以偷税数额1倍以上3倍以下的罚款:

（一）伪造、变造账簿、会计凭证的;

（二）不按照规定取得、开具发票的;

（三）账外经营或者利用虚假合同、协议隐瞒应税收入、项目的。

第六条 纳税人偷税有下列情形之一的,处以偷税数额0.5倍以上2.5倍以下的罚款:

（一）虚列成本费用减少应纳税所得额的;

（二）骗取减免税款或者先征后退税款等税收优惠的。

第七条 纳税人偷税有下列情形之一的,处以偷税数额0.5倍以上1.5倍以下的罚款:

（一）实现应税收入、项目不按照规定正确入账且不如实进行纳税申报的;

（二）销售收入或者视同销售的收入不按照规定计提销项税金的;

（三）将规定不得抵扣的进项税额申报抵扣或者不按照规定从进项税额中转出的;

（四）超标准列支或者不能税前列支的项目不按照规定申报调增应纳税所得额的;

（五）境内外投资收益不按照规定申报补税的;

（六）应税收入、项目擅自从低适用税率的;

（七）减免、返还的流转税款不按照规定并入应纳税所得额的。

第八条 纳税人偷税有本标准未列举的其他情形的,处以偷税数额0.5倍以下的罚款。法律、行政法规和国家税务总局另有规定的,从其规定。

第九条 纳税人实施两种以上偷税行为的,应当根据各偷税数额依照本标准规定的相应档次分别确定处罚数额。

纳税人同一偷税行为涉及本标准规定两种以上情形的,依照较高档次确定处罚。

第十条 扣缴义务人采取偷税手段,不缴或者少缴已扣、已收税款的,依照本标准有关规定处罚。

扣缴义务人采取偷税手段,不缴或者少缴已经承诺代行支付的税款的,依照本标准有关规定处罚。

第十一条 纳税人、扣缴义务人初次实施偷税行为,但能够积极配合税务机关调查并及时补缴所偷税款及滞纳金的,应当根据其偷税手段依照本标准规定的相应档次最低限处罚。

第十二条 纳税人、扣缴义务人偷税有下列情形之一的,应当在本标准规定的相应档次以内从重处罚:

（一）因偷税被处罚又采取同样的

手段进行偷税的；

（二）妨碍追查、干扰检查、拒绝提供情况，或者故意提供虚假情况，或者阻挠他人提供情况的；

（三）为逃避追缴税款、滞纳金而转移、隐匿资金、货物及其他财产的。

偷税手段特别恶劣，情节特别严重，给国家利益造成特别重大损失的，经省以上税务局稽查局批准，可以在本标准规定的相应档次以上加重处罚，但不得超过《税收征收管理法》及其他法律、行政法规规定的最高处罚限度。

第十三条 本标准自印发之日起施行。本标准印发之前尚未处理的偷税案件，适用本标准。

税收执法过错责任追究办法

1. 2005年3月22日国家税务总局发布
2. 国税发〔2005〕42号

第一章 总 则

第一条 为规范税收执法行为，提高税收执法水平，促进税务执法人员依法行政，维护纳税人的合法权益，根据国家相关法律、行政法规、规章制定本办法。

第二条 全国税务执法人员的执法过错责任追究，适用本办法。

第三条 本办法所称税收执法过错责任是指税务执法人员在执行职务过程中，因故意或者过失，导致税收执法行为违法应当承担的责任。

本办法所称税收执法过错责任追究是指给予税收执法过错责任人的行政处理和经济惩戒。

第四条 过错责任人员应当给予行政处分或者应当追究刑事责任的，依照其他法律、行政法规及规章的规定执行。

第五条 执法过错责任追究应当坚持公平公正公开、有错必究、过罚相当、教育与惩处相结合的原则。

第六条 执法过错责任追究应当建立统一领导、分工负责、简捷高效的工作机制。

第二章 追究形式

第七条 执法过错责任的追究形式分为行政处理和经济惩戒。

行政处理包括批评教育、责令作出书面检查、通报批评、责令待岗、取消执法资格。

经济惩戒是指扣发奖金、岗位津贴。

第八条 批评教育适用于执法过错行为性质较轻，后果轻微的责任人。该处理形式应当书面记载并附卷。

第九条 责令作出书面检查适用于执法过错行为性质一般，后果较轻但是发生频率较高的责任人。

第十条 通报批评适用于执法过错行为性质一般，但可能导致较重后果或者一定社会负面影响的责任人。

第十一条 责令待岗适用于执法过错行为性质较重，可能导致严重后果或者较大社会负面影响的责任人。待岗期限为一至六个月，待岗人员需接受适当形式的培训后方可重新上岗。

第十二条 取消执法资格适用于执法过错行为性质、后果严重的责任人。取消期限为一年。被取消执法资格人员需接受适当形式的培训后方可重新取得执法资格。

第十三条 对责任人员的追究决定,由其所在的县级以上税务机关局长办公会议集体作出。批评教育和责令作出书面检查可以由本单位负责人作出。

责任人的过错行为造成的后果能够纠正的,应当责令限期纠正。能消除影响的,就及时消除影响。

第三章 追究范围和适用

第十四条 税务执法人员有下列行为之一的,应当对其进行批评教育:

(一)未对逾期办理开业税务登记行为按违法违章进行处理的;

(二)未按规定制作非正常户认定书的;

(三)未按规定审批延期申报的;

(四)未对欠税进行公告的;

(五)未对欠税进行准确核算的;

(六)未按规定办理政策性退税的;

(七)对达到立案标准的案件未按规定立案的;

(八)未按规定查办举报案件的;

(九)未按规定的时限审结案件的;

(十)未按《行政许可法》的有关规定进行公开、公告的;

(十一)其他行为性质、后果较轻的执法过错行为。

第十五条 税务执法人员有下列行为之一的,应当责令作出书面检查:

(一)延期申报未按规定核定预缴税款的;

(二)未按规定发售发票的;

(三)未按规定代开发票的;

(四)未按规定对重号发票进行重复认证的;

(五)未按规定办理注销税务登记的;

(六)未按规定受理和审批减免税申请的;

(七)未按规定受理和审批税前扣除申请的;

(八)未按规定受理和审批纳税人享受税收优惠政策资格的;

(九)未按规定回复案件协查情况的;

(十)未按规定调取、退还纳税人账簿、资料的;

(十一)案件审理确认的事实不清楚,证据不确凿,定性不准确的;

(十二)未按规定程序组织行政处罚听证的;

(十三)未按规定执行处理(罚)决定的。

第十六条 税务执法人员有下列行为之一的,应当通报批评:

(一)未按规定在防伪税控系统内设置或者修改金税卡时钟的;

(二)金税工程各系统纳税人信息的录入和变动未及时、准确的;

(三)未按规定审批延期缴纳税款的;

(四)未按规定停供发票的;

(五)未按规定缴销发票的;

(六)未按规定将销售额超过小规模标准的纳税人按增值税一般纳税人管理的;

(七)税务行政处罚未按规定履行告知程序的;

（八）未按规定实施税收保全、强制执行措施的；

（九）未按规定受理税务行政处罚听证的申请；

（十）未按规定处理（罚）涉税违法行为的；

（十一）未在规定时限内办理税务行政复议事项的；

（十二）其他性质一般，但可能导致较重后果或者一定社会负面影响的执法过错行为。

第十七条　税务执法人员有下列行为之一的，应当责令待岗：

（一）未按规定认定、取消增值税一般纳税人资格的；

（二）未按规定对金税工程各系统进行数据备份的；

（三）认证不符或者密文有误发票未及时扣留、传递的；

（四）防伪税控的企业发行不符合规定的；

（五）未按规定移送涉嫌涉税犯罪案件的；

（六）未按规定受理税务行政复议申请的；

（七）其他性质较重，可能导致严重后果或者较大社会负面影响的执法过错行为。

第十八条　税务执法人员有下列行为之一的，应当取消执法资格：

（一）混淆税款入库级次的；

（二）违规提前征收和延缓征收税款的；

（三）违规多征、少征税款的；

（四）税务行政复议的决定不合法的；

（五）其他性质、后果严重的执法过错行为。

第十九条　对按照本办法第十四条、第十五条、第十六条、第十七条、第十八条进行责任追究的税务执法人员，税务机关可以根据责任人执法过错的原因、性质和后果，同时并处经济惩戒。具体数额由各省、自治区、直辖市和计划单列市国家税务局、地方税务局规定。

第二十条　执法过错行为按照下列方法明确责任：

（一）因承办人的个人原因造成执法过错的，承担全部过错责任；承办人为两人或者两人以上的，根据过错责任大小分别承担主要责任、次要责任；

（二）承办人的过错行为经过批准的，由承办人和批准人共同承担责任，批准人承担主要责任，承办人承担次要责任。承办人的过错行为经过审核后报经批准的，由批准人、审核人和承办人共同承担责任，审核人承担主要责任，批准人、承办人承担次要责任；

（三）因承办人弄虚作假导致批准错误的，由承办人承担全部过错责任；

（四）经复议维持的过错行为，由承办人和复议人员共同承担责任，其中复议人员承担主要责任，承办人承担次要责任；经复议撤销或者变更导致的过错行为，由复议人员承担全部责任；

（五）执法过错行为由集体研究决定的，由主要领导承担主要责任，其他责任人承担次要责任。

第二十一条 有下列情形之一的,不予追究税务执法人员的责任:

(一)因执行上级机关的答复、决定、命令、文件,导致执法过错的;

(二)有其他不予追究的情节或者行为的。

第二十二条 有下列情况之一的,行为人不承担责任:

(一)因所适用的法律、行政法规、规章的规定不明确,导致执法过错的;

(二)在集体研究中申明保留不同意见的;

(三)因不可抗力导致执法过错的;

(四)其他不承担责任的情节或行为的。

第二十三条 执法过错责任人有下列情形之一的,可以从轻或者减轻责任:

(一)主动承认过错并及时纠正错误、有效阻止危害结果发生、挽回影响的;

(二)经领导批准同意后实施,导致执法过错的;

(三)有其他从轻或者减轻的情节或者行为的。

过错行为情节显著轻微,没有造成危害后果的,可以对责任人免于追究。

第二十四条 执法过错责任人有下列情形之一的,应当从重或者加重责任,不受本办法第十四条、第十五条、第十六条、第十七条、第十八条规定的所应承担责任的限制,直至取消执法资格:

(一)同时具有本办法规定的两种以上过错行为的;

(二)同一年度内发生多起相同根据本办法应当追究执法过错行为的;

(三)转移、销毁有关证据,弄虚作假或者以其他方法阻碍、干扰执法过错责任调查、追究的;

(四)被责令限期改正而无正当理由逾期不改正的;

(五)导致国家税款流失数额较大的;

(六)导致较大社会负面影响的;

(七)导致税务行政诉讼案件终审败诉的;

(八)导致税务机关承担国家赔偿责任的。

第二十五条 各省、自治区、直辖市和计划单列市国家税务局、地方税务局可以规定对其他执法过错行为进行责任追究。

第二十六条 执法过错责任在五年内未被发现的,不再进行追究。法律、行政法规、规章另有规定的除外。

第四章 追究程序和实施

第二十七条 对执法过错行为的调查和对过错责任的初步定性由法制部门组织实施,相关部门共同参与。

对责任人员的追究决定由人事、财务、法制等职能部门分别组织实施。

第二十八条 各级税务机关的有关部门,应当将工作中通过评议考核渠道发现的执法过错行为及时提供给法制部门进行追究。

第二十九条 各级税务机关的有关部门

发现的执法过错线索,应当以书面形式列明责任人及责任人所属单位、执法过错行为的基本情况,并自发现之日起三个工作日内提交本机关法制部门。

法制部门还可以通过财政、审计、新闻媒体以及其他社会各界等各种渠道发现执法过错线索。

第三十条 法制部门应当根据掌握的执法过错线索,结合具体情况初步排查;对认为需要调查的,组织有关人员进行专案执法检查。

第三十一条 法制部门根据执法检查结果,发现存在执法过错,应当追究责任的提出拟处理意见报主管负责人或者局长办公会议审议。

第三十二条 法制部门根据主管负责人或者局长办公会议的决定,应当作出以下处理:

(一)对无过错或者不予追究或者免于追究的,制作相应决定;

(二)对应当承担执法过错责任的,制作追究决定,由人事、财务、法制等部门分别实施;责令待岗和取消执法资格的,自执法过错责任人收到追究决定之日起开始执行;

(三)执法过错行为能够予以纠正的,同时责令撤销、变更或者限期改正,或者提请有权机关予以撤销、变更或者重新作出;

(四)对依法应当给予行政处分或者涉嫌刑事责任的,移交相关部门处理。

处理决定应当以书面形式送达有关单位、部门和个人。

第三十三条 被调查人不服处理决定的,可以自收到处理决定之日起10日内以书面形式向作出决定的税务机关申辩,也可以自收到处理决定之日起10日内以书面形式直接向作出处理决定的税务机关的上一级税务机关申辩。

接受申辩的税务机关应当自接到申辩材料次日起30日内作出书面答复。

申辩期间处理决定不停止执行。

第三十四条 处理决定执行后,法制部门应当将全部资料立卷、归档。

第三十五条 对发现执法过错追究线索隐瞒不报的,隐瞒事实真相、出具伪证或者毁灭证据的,拒绝提供有关资料的,拒绝就调查人员所提问题作出解释和说明的,拒不执行处理决定的,按其情节和性质比照本办法处理。

第五章 附 则

第三十六条 各省、自治区、直辖市和计划单列市国家税务局、地方税务局可以依照本办法制定具体的实施细则,并报国家税务总局备案。

第三十七条 各省、自治区、直辖市和计划单列市国家税务局、地方税务局应当在每年二月底之前将上年度执法过错责任追究情况报国家税务总局。

第三十八条 本办法由国家税务总局负责解释。

第三十九条 本办法自下发之日起实施。2001年11月22日下发的《税收执法过错责任追究办法(试行)》同时废止。

8. 其 他

中华人民共和国海关行政处罚实施条例

1. 2004年9月19日国务院令第420号公布
2. 根据2022年3月29日国务院令第752号《关于修改和废止部分行政法规的决定》修订

第一章 总 则

第一条 为了规范海关行政处罚,保障海关依法行使职权,保护公民、法人或者其他组织的合法权益,根据《中华人民共和国海关法》(以下简称海关法)及其他有关法律的规定,制定本实施条例。

第二条 依法不追究刑事责任的走私行为和违反海关监管规定的行为,以及法律、行政法规规定由海关实施行政处罚的行为的处理,适用本实施条例。

第三条 海关行政处罚由发现违法行为的海关管辖,也可以由违法行为发生地海关管辖。

2个以上海关都有管辖权的案件,由最先发现违法行为的海关管辖。

管辖不明确的案件,由有关海关协商确定管辖,协商不成的,报请共同的上级海关指定管辖。

重大、复杂的案件,可以由海关总署指定管辖。

第四条 海关发现的依法应当由其他行政机关处理的违法行为,应当移送有关行政机关处理;违法行为涉嫌犯罪的,应当移送海关侦查走私犯罪公安机构、地方公安机关依法办理。

第五条 依照本实施条例处以警告、罚款等行政处罚,但不没收进出境货物、物品、运输工具的,不免除有关当事人依法缴纳税款、提交进出口许可证件、办理有关海关手续的义务。

第六条 抗拒、阻碍海关侦查走私犯罪公安机构依法执行职务的,由设在直属海关、隶属海关的海关侦查走私犯罪公安机构依照治安管理处罚的有关规定给予处罚。

抗拒、阻碍其他海关工作人员依法执行职务的,应当报告地方公安机关依法处理。

第二章 走私行为及其处罚

第七条 违反海关法及其他有关法律、行政法规,逃避海关监管,偷逃应纳税款、逃避国家有关进出境的禁止性或者限制性管理,有下列情形之一的,是走私行为:

(一)未经国务院或者国务院授权的机关批准,从未设立海关的地点运输、携带国家禁止或者限制进出境的货物、物品或者依法应当缴纳税款的货物、物品进出境的;

(二)经过设立海关的地点,以藏匿、伪装、瞒报、伪报或者其他方式逃避海关监管,运输、携带、邮寄国家禁止或者限制进出境的货物、物品或者依法应当缴纳税款的货物、物品进出境的;

(三)使用伪造、变造的手册、单证、印章、账册、电子数据或者以其他方式逃避海关监管,擅自将海关监管

货物、物品、进境的境外运输工具,在境内销售的;

（四）使用伪造、变造的手册、单证、印章、账册、电子数据或者以伪报加工贸易制成品单位耗料量等方式,致使海关监管货物、物品脱离监管的;

（五）以藏匿、伪装、瞒报、伪报或者其他方式逃避海关监管,擅自将保税区、出口加工区等海关特殊监管区域内的海关监管货物、物品,运出区外的;

（六）有逃避海关监管,构成走私的其他行为的。

第八条 有下列行为之一的,按走私行为论处:

（一）明知是走私进口的货物、物品,直接向走私人非法收购的;

（二）在内海、领海、界河、界湖,船舶及所载人员运输、收购、贩卖国家禁止或者限制进出境的货物、物品,或者运输、收购、贩卖依法应当缴纳税款的货物,没有合法证明的。

第九条 有本实施条例第七条、第八条所列行为之一的,依照下列规定处罚:

（一）走私国家禁止进出口的货物的,没收走私货物及违法所得,可以并处100万元以下罚款;走私国家禁止进出境的物品的,没收走私物品及违法所得,可以并处10万元以下罚款。

（二）应当提交许可证件而未提交但未偷逃税款,走私国家限制进出境的货物、物品的,没收走私货物、物品及违法所得,可以并处走私货物、物品等值以下罚款。

（三）偷逃应纳税款但未逃避许可证件管理,走私依法应当缴纳税款的货物、物品的,没收走私货物、物品及违法所得,可以并处偷逃应纳税款3倍以下罚款。

专门用于走私的运输工具或者用于掩护走私的货物、物品,2年内3次以上用于走私的运输工具或者用于掩护走私的货物、物品,应当予以没收。藏匿走私货物、物品的特制设备,夹层、暗格,应当予以没收或者责令拆毁。使用特制设备、夹层、暗格实施走私的,应当从重处罚。

第十条 与走私人通谋为走私人提供贷款、资金、账号、发票、证明、海关单证的,与走私人通谋为走私人提供走私货物、物品的提取、发运、运输、保管、邮寄或者其他方便的,以走私的共同当事人论处,没收违法所得,并依照本实施条例第九条的规定予以处罚。

第十一条 海关准予从事海关监管货物的运输、储存、加工、装配、寄售、展示等业务的企业,构成走私犯罪或者1年内有2次以上走私行为的,海关可以撤销其注册登记;报关企业、报关人员有上述情形的,禁止其从事报关活动。

第三章 违反海关监管规定的行为及其处罚

第十二条 违反海关法及其他有关法律、行政法规和规章但不构成走私行为的,是违反海关监管规定的行为。

第十三条 违反国家进出口管理规定,进出口国家禁止进出口的货物的,责令退运,处100万元以下罚款。

第十四条 违反国家进出口管理规定,进出口国家限制进出口的货物,进出口货物的收发货人向海关申报时不能提交许可证件的,进出口货物不予放行,处货物价值30%以下罚款。

违反国家进出口管理规定,进出口属于自动进出口许可管理的货物,进出口货物的收发货人向海关申报时不能提交自动许可证明的,进出口货物不予放行。

第十五条　进出口货物的品名、税则号列、数量、规格、价格、贸易方式、原产地、启运地、运抵地、最终目的地或者其他应当申报的项目未申报或者申报不实的,分别依照下列规定予以处罚,有违法所得的,没收违法所得:

（一）影响海关统计准确性的,予以警告或者处1000元以上1万元以下罚款;

（二）影响海关监管秩序的,予以警告或者处1000元以上3万元以下罚款;

（三）影响国家许可证件管理的,处货物价值5%以上30%以下罚款;

（四）影响国家税款征收的,处漏缴税款30%以上2倍以下罚款;

（五）影响国家外汇、出口退税管理的,处申报价格10%以上50%以下罚款。

第十六条　进出口货物收发货人未按照规定向报关企业提供所委托报关事项的真实情况,致使发生本实施条例第十五条规定情形的,对委托人依照本实施条例第十五条的规定予以处罚。

第十七条　报关企业、报关人员对委托人所提供情况的真实性未进行合理审查,或者因工作疏忽致使发生本实施条例第十五条规定情形的,可以对报关企业处货物价值10%以下罚款,暂停其6个月以内从事报关活动;情节严重的,禁止其从事报关活动。

第十八条　有下列行为之一的,处货物价值5%以上30%以下罚款,有违法所得的,没收违法所得:

（一）未经海关许可,擅自将海关监管货物开拆、提取、交付、发运、调换、改装、抵押、质押、留置、转让、更换标记、移作他用或者进行其他处置的;

（二）未经海关许可,在海关监管区以外存放海关监管货物的;

（三）经营海关监管货物的运输、储存、加工、装配、寄售、展示等业务,有关货物灭失、数量短少或者记录不真实,不能提供正当理由的;

（四）经营保税货物的运输、储存、加工、装配、寄售、展示等业务,不依照规定办理收存、交付、结转、核销等手续,或者中止、延长、变更、转让有关合同不依照规定向海关办理手续的;

（五）未如实向海关申报加工贸易制成品单位耗料量的;

（六）未按照规定期限将过境、转运、通运货物运输出境,擅自留在境内的;

（七）未按照规定期限将暂时进出口货物复运出境或者复运进境,擅自留在境内或者境外的;

（八）有违反海关监管规定的其他行为,致使海关不能或者中断对进出口货物实施监管的。

前款规定所涉货物属于国家限制进出口需要提交许可证件,当事人在规定期限内不能提交许可证件的,另处货物价值30%以下罚款;漏缴税款的,可以另处漏缴税款1倍以下罚款。

第十九条 有下列行为之一的,予以警告,可以处物品价值20%以下罚款,有违法所得的,没收违法所得:

(一)未经海关许可,擅自将海关尚未放行的进出境物品开拆、交付、投递、转移或者进行其他处置的;

(二)个人运输、携带、邮寄超过合理数量的自用物品进出境未向海关申报的;

(三)个人运输、携带、邮寄超过规定数量但仍属自用的国家限制进出境物品进出境,未向海关申报但没有以藏匿、伪装等方式逃避海关监管的;

(四)个人运输、携带、邮寄物品进出境,申报不实的;

(五)经海关登记准予暂时免税进境或者暂时免税出境的物品,未按照规定复带出境或者复带进境的;

(六)未经海关批准,过境人员将其所带物品留在境内的。

第二十条 运输、携带、邮寄国家禁止进出境的物品进出境,未向海关申报但没有以藏匿、伪装等方式逃避海关监管的,予以没收,或者责令退回,或者在海关监管下予以销毁或者进行技术处理。

第二十一条 有下列行为之一的,予以警告,可以处10万元以下罚款,有违法所得的,没收违法所得:

(一)运输工具不经设立海关的地点进出境的;

(二)在海关监管区停留的进出境运输工具,未经海关同意擅自驶离的;

(三)进出境运输工具从一个设立海关的地点驶往另一个设立海关的地点,尚未办结海关手续又未经海关批准,中途改驶境外或者境内未设立海关的地点的;

(四)进出境运输工具到达或者驶离设立海关的地点,未按照规定向海关申报、交验有关单证或者交验的单证不真实的。

第二十二条 有下列行为之一的,予以警告,可以处5万元以下罚款,有违法所得的,没收违法所得:

(一)未经海关同意,进出境运输工具擅自装卸进出境货物、物品或者上下进出境旅客的;

(二)未经海关同意,进出境运输工具擅自兼营境内客货运输或者用于进出境运输以外的其他用途的;

(三)未按照规定办理海关手续,进出境运输工具擅自改营境内运输的;

(四)未按照规定期限向海关传输舱单等电子数据、传输的电子数据不准确或者未按照规定期限保存相关电子数据,影响海关监管的;

(五)进境运输工具在进境以后向海关申报以前,出境运输工具在办结海关手续以后出境以前,不按照交通主管部门或者海关指定的路线行进的;

(六)载运海关监管货物的船舶、汽车不按照海关指定的路线行进的;

(七)进出境船舶和航空器,由于不可抗力被迫在未设立海关的地点停泊、降落或者在境内抛掷、起卸货物、物品,无正当理由不向附近海关报告的;

(八)无特殊原因,未将进出境船

舶、火车、航空器到达的时间、停留的地点或者更换的时间、地点事先通知海关的;

(九)不按照规定接受海关对进出境运输工具、货物、物品进行检查、查验的。

第二十三条 有下列行为之一的,予以警告,可以处3万元以下罚款:

(一)擅自开启或者损毁海关封志的;

(二)遗失海关制发的监管单证、手册等凭证,妨碍海关监管的;

(三)有违反海关监管规定的其他行为,致使海关不能或者中断对进出境运输工具、物品实施监管的。

第二十四条 伪造、变造、买卖海关单证的,处5万元以上50万元以下罚款,有违法所得的,没收违法所得;构成犯罪的,依法追究刑事责任。

第二十五条 进出口侵犯中华人民共和国法律、行政法规保护的知识产权的货物的,没收侵权货物,并处货物价值30%以下罚款;构成犯罪的,依法追究刑事责任。

需要向海关申报知识产权状况,进出口货物收发货人及其代理人未按照规定向海关如实申报有关知识产权状况,或者未提交合法使用有关知识产权的证明文件的,可以处5万元以下罚款。

第二十六条 海关准予从事海关监管货物的运输、储存、加工、装配、寄售、展示等业务的企业,有下列情形之一的,责令改正,给予警告,可以暂停其6个月以内从事有关业务:

(一)拖欠税款或者不履行纳税义务的;

(二)损坏或者丢失海关监管货物,不能提供正当理由的;

(三)有需要暂停其从事有关业务的其他违法行为的。

第二十七条 海关准予从事海关监管货物的运输、储存、加工、装配、寄售、展示等业务的企业,有下列情形之一的,海关可以撤销其注册登记:

(一)被海关暂停从事有关业务,恢复从事有关业务后1年内再次发生本实施条例第二十六条规定情形的;

(二)有需要撤销其注册登记的其他违法行为的。

第二十八条 报关企业、报关人员非法代理他人报关的,责令改正,处5万元以下罚款;情节严重的,禁止其从事报关活动。

第二十九条 进出口货物收发货人、报关企业、报关人员向海关工作人员行贿的,由海关禁止其从事报关活动,并处10万元以下罚款;构成犯罪的,依法追究刑事责任。

第三十条 未经海关备案从事报关活动的,责令改正,没收违法所得,可以并处10万元以下罚款。

第三十一条 提供虚假资料骗取海关注册登记,撤销其注册登记,并处30万元以下罚款。

第三十二条 法人或者其他组织有违反海关法的行为,除处罚该法人或者组织外,对其主管人员和直接责任人员予以警告,可以处5万元以下罚款,有违法所得的,没收违法所得。

第四章　对违反海关法行为的调查

第三十三条　海关发现公民、法人或者其他组织有依法应当由海关给予行政处罚的行为的,应当立案调查。

第三十四条　海关立案后,应当全面、客观、公正、及时地进行调查、收集证据。

海关调查、收集证据,应当按照法律、行政法规及其他有关规定的要求办理。

海关调查、收集证据时,海关工作人员不得少于2人,并应当向被调查人出示证件。

调查、收集的证据涉及国家秘密、商业秘密或者个人隐私的,海关应当保守秘密。

第三十五条　海关依法检查走私嫌疑人的身体,应当在隐蔽的场所或者非检查人员的视线之外,由2名以上与被检查人同性别的海关工作人员执行。

走私嫌疑人应当接受检查,不得阻挠。

第三十六条　海关依法检查运输工具和场所,查验货物、物品,应当制作检查、查验记录。

第三十七条　海关依法扣留走私犯罪嫌疑人,应当制发扣留走私犯罪嫌疑人决定书。对走私犯罪嫌疑人,扣留时间不超过24小时,在特殊情况下可以延长至48小时。

海关应当在法定扣留期限内对被扣留人进行审查。排除犯罪嫌疑或者法定扣留期限届满的,应当立即解除扣留,并制发解除扣留决定书。

第三十八条　下列货物、物品、运输工具及有关账册、单据等资料,海关可以依法扣留:

(一)有走私嫌疑的货物、物品、运输工具;

(二)违反海关法或者其他有关法律、行政法规的货物、物品、运输工具;

(三)与违反海关法或者其他有关法律、行政法规的货物、物品、运输工具有牵连的账册、单据等资料;

(四)法律、行政法规规定可以扣留的其他货物、物品、运输工具及有关账册、单据等资料。

第三十九条　有违法嫌疑的货物、物品、运输工具无法或者不便扣留的,当事人或者运输工具负责人应当向海关提供等值的担保,未提供等值担保的,海关可以扣留当事人等值的其他财产。

第四十条　海关扣留货物、物品、运输工具以及账册、单据等资料的期限不得超过1年。因案件调查需要,经直属海关关长或者其授权的隶属海关关长批准,可以延长,延长期限不得超过1年。但复议、诉讼期间不计算在内。

第四十一条　有下列情形之一的,海关应当及时解除扣留:

(一)排除违法嫌疑的;

(二)扣留期限、延长期限届满的;

(三)已经履行海关行政处罚决定的;

(四)法律、行政法规规定应当解除扣留的其他情形。

第四十二条　海关依法扣留货物、物品、运输工具、其他财产以及账册、单据等资料,应当制发海关扣留凭单,由海关工作人员、当事人或者其代理人、保管人、见证人签字或者盖章,并可以加施海关封志。加施海关封志的,当事人或者其代理人、保管人应当妥善保管。

海关解除对货物、物品、运输工具、其他财产以及账册、单据等资料的扣留,或者发还等值的担保,应当制发海关解除扣留通知书、海关解除担保通知书,并由海关工作人员、当事人或者其代理人、保管人、见证人签字或者盖章。

第四十三条 海关查问违法嫌疑人或者询问证人,应当个别进行,并告知其权利和作伪证应当承担的法律责任。违法嫌疑人、证人必须如实陈述、提供证据。

海关查问违法嫌疑人或者询问证人应当制作笔录,并当场交其辨认,没有异议的,立即签字确认;有异议的,予以更正后签字确认。

严禁刑讯逼供或者以威胁、引诱、欺骗等非法手段收集证据。

海关查问违法嫌疑人,可以到违法嫌疑人的所在单位或者住处进行,也可以要求其到海关或者海关指定的地点进行。

第四十四条 海关收集的物证、书证应当是原物、原件。收集原物、原件确有困难的,可以拍摄、复制,并可以指定或者委托有关单位或者个人对原物、原件予以妥善保管。

海关收集物证、书证,应当开列清单,注明收集的日期,由有关单位或者个人确认后签字或者盖章。

海关收集电子数据或者录音、录像等视听资料,应当收集原始载体。收集原始载体确有困难的,可以收集复制件,注明制作方法、制作时间、制作人等,并由有关单位或者个人确认后签字或者盖章。

第四十五条 根据案件调查需要,海关可以对有关货物、物品进行取样化验、鉴定。

海关提取样品时,当事人或者其代理人应当到场;当事人或者其代理人未到场的,海关应当邀请见证人到场。提取的样品,海关应当予以加封,并由海关工作人员及当事人或者其代理人、见证人确认后签字或者盖章。

化验、鉴定应当交由海关化验鉴定机构或者委托国家认可的其他机构进行。

化验人、鉴定人进行化验、鉴定后,应当出具化验报告、鉴定结论,并签字或者盖章。

第四十六条 根据海关法有关规定,海关可以查询案件涉嫌单位和涉嫌人员在金融机构、邮政企业的存款、汇款。

海关查询案件涉嫌单位和涉嫌人员在金融机构、邮政企业的存款、汇款,应当出示海关协助查询通知书。

第四十七条 海关依法扣留的货物、物品、运输工具,在人民法院判决或者海关行政处罚决定作出之前,不得处理。但是,危险品或者鲜活、易腐、易烂、易失效、易变质等不宜长期保存的货物、物品以及所有人申请先行变卖的货物、物品、运输工具,经直属海关关长或者其授权的隶属海关关长批准,可以先行依法变卖,变卖所得价款由海关保存,并通知其所有人。

第四十八条 当事人有权根据海关法的规定要求海关工作人员回避。

第五章 海关行政处罚的决定和执行

第四十九条 海关作出暂停从事有关业务、撤销海关注册登记、禁止从事报关活动、对公民处1万元以上罚款、对法人或者其他组织处10万元以上罚款、没收有关货物、物品、走私运输工具等行政处罚决定之前,应当告知当事人有要求举行听证的权利;当事人要求听证的,海关应当组织听证。

海关行政处罚听证办法由海关总署制定。

第五十条 案件调查终结,海关关长应当对调查结果进行审查,根据不同情况,依法作出决定。

对情节复杂或者重大违法行为给予较重的行政处罚,应当由海关案件审理委员会集体讨论决定。

第五十一条 同一当事人实施了走私和违反海关监管规定的行为且二者之间有因果关系的,依照本实施条例对走私行为的规定从重处罚,对其违反海关监管规定的行为不再另行处罚。

同一当事人就同一批货物、物品分别实施了2个以上违反海关监管规定的行为且二者之间有因果关系的,依照本实施条例分别规定的处罚幅度,择其重者处罚。

第五十二条 对2个以上当事人共同实施的违法行为,应当区别情节及责任,分别给予处罚。

第五十三条 有下列情形之一的,应当从重处罚:

(一)因走私被判处刑罚或者被海关行政处罚后在2年内又实施走私行为的;

(二)因违反海关监管规定被海关行政处罚后在1年内又实施同一违反海关监管规定的行为的;

(三)有其他依法应当从重处罚的情形的。

第五十四条 海关对当事人违反海关法的行为依法给予行政处罚的,应当制作行政处罚决定书。

对同一当事人实施的2个以上违反海关法的行为,可以制发1份行政处罚决定书。

对2个以上当事人分别实施的违反海关法的行为,应当分别制发行政处罚决定书。

对2个以上当事人共同实施的违反海关法的行为,应当制发1份行政处罚决定书,区别情况对各当事人分别予以处罚,但需另案处理的除外。

第五十五条 行政处罚决定书应当依照有关法律规定送达当事人。

依法予以公告送达的,海关应当将行政处罚决定书的正本张贴在海关公告栏内,并在报纸上刊登公告。

第五十六条 海关作出没收货物、物品、走私运输工具的行政处罚决定,有关货物、物品、走私运输工具无法或者不便没收的,海关应当追缴上述货物、物品、走私运输工具的等值价款。

第五十七条 法人或者其他组织实施违反海关法的行为后,有合并、分立或者其他资产重组情形的,海关应当以原法人、组织作为当事人。

对原法人、组织处以罚款、没收违法所得或者依法追缴货物、物品、走私运输工具的等值价款的,应当以承受其权利义务的法人、组织作为被执行人。

第五十八条 罚款、违法所得和依法追缴的货物、物品、走私运输工具的等值价款,应当在海关行政处罚决定规定的期限内缴清。

当事人按期履行行政处罚决定、办结海关手续的,海关应当及时解除其担保。

第五十九条 受海关处罚的当事人或者其法定代表人、主要负责人应当在出境前缴清罚款、违法所得和依法追缴的货物、物品、走私运输工具的等值价款。在出境前未缴清上述款项的,应当向海关提供相当于上述款项的担保。未提供担保,当事人是自然人的,海关可以通知出境管理机关阻止其出境;当事人是法人或者其他组织的,海关可以通知出境管理机关阻止其法定代表人或者主要负责人出境。

第六十条 当事人逾期不履行行政处罚决定的,海关可以采取下列措施:

(一)到期不缴纳罚款的,每日按罚款数额的3%加处罚款;

(二)根据海关法规定,将扣留的货物、物品、运输工具变价抵缴,或者以当事人提供的担保抵缴;

(三)申请人民法院强制执行。

第六十一条 当事人确有经济困难,申请延期或者分期缴纳罚款的,经海关批准,可以暂缓或者分期缴纳罚款。

当事人申请延期或者分期缴纳罚款的,应当以书面形式提出,海关收到申请后,应当在10个工作日内作出决定,并通知申请人。海关同意当事人暂缓或者分期缴纳的,应当及时通知收缴罚款的机构。

第六十二条 有下列情形之一的,有关货物、物品、违法所得、运输工具、特制设备由海关予以收缴:

(一)依照《中华人民共和国行政处罚法》第三十条、第三十一条规定不予行政处罚的当事人携带、邮寄国家禁止进出境的货物、物品进出境的;

(二)散发性邮寄国家禁止、限制进出境的物品进出境或者携带数量零星的国家禁止进出境的物品进出境,依法可以不予行政处罚的;

(三)依法应当没收的货物、物品、违法所得、走私运输工具、特制设备,在海关作出行政处罚决定前,作为当事人的自然人死亡或者作为当事人的法人、其他组织终止,且无权利义务承受人的;

(四)走私违法事实基本清楚,但当事人无法查清,自海关公告之日起满3个月的;

(五)有违反法律、行政法规,应当予以收缴的其他情形的。

海关收缴前款规定的货物、物品、违法所得、运输工具、特制设备,应当制发清单,由被收缴人或者其代理人、见证人签字或者盖章。被收缴人无法查清且无见证人的,应当予以公告。

第六十三条 人民法院判决没收的走私货物、物品、违法所得、走私运输工具、特制设备,或者海关决定没收、收缴的货物、物品、违法所得、走私运输工具、特制设备,由海关依法统一处理,所得价款和海关收缴的罚款,全部上缴中央国库。

第六章 附 则

第六十四条 本实施条例下列用语的含义是：

"设立海关的地点"，指海关在港口、车站、机场、国界孔道、国际邮件互换局（交换站）等海关监管区设立的卡口，海关在保税区、出口加工区等海关特殊监管区域设立的卡口，以及海关在海上设立的中途监管站。

"许可证件"，指依照国家有关规定，当事人应当事先申领，并由国家有关主管部门颁发的准予进口或者出口的证明、文件。

"合法证明"，指船舶及所载人员依照国家有关规定或者依照国际运输惯例所必须持有的证明其运输、携带、收购、贩卖所载货物、物品真实、合法、有效的商业单证、运输单证及其他有关证明、文件。

"物品"，指个人以运输、携带等方式进出境的行李物品、邮寄进出境的物品，包括货币、金银等。超出自用、合理数量的，视为货物。

"自用"，指旅客或者收件人本人自用、馈赠亲友而非为出售或者出租。

"合理数量"，指海关根据旅客或者收件人的情况、旅行目的和居留时间所确定的正常数量。

"货物价值"，指进出口货物的完税价格、关税、进口环节海关代征税之和。

"物品价值"，指进出境物品的完税价格、进口税之和。

"应纳税款"，指进出口货物、物品应当缴纳的进出口关税、进口环节海关代征税之和。

"专门用于走私的运输工具"，指专为走私而制造、改造、购买的运输工具。

"以上"、"以下"、"以内"、"届满"，均包括本数在内。

第六十五条 海关对外国人、无国籍人、外国企业或者其他组织给予行政处罚的，适用本实施条例。

第六十六条 国家禁止或者限制进出口的货物目录，由国务院对外贸易主管部门依照《中华人民共和国对外贸易法》的规定办理；国家禁止或者限制进出境的物品目录，由海关总署公布。

第六十七条 依照海关规章给予行政处罚的，应当遵守本实施条例规定的程序。

第六十八条 本实施条例自2004年11月1日起施行。1993年2月17日国务院批准修订、1993年4月1日海关总署发布的《中华人民共和国海关法行政处罚实施细则》同时废止。

农业行政处罚程序规定

1. 2021年12月21日农业农村部令2021年第4号公布
2. 自2022年2月1日起施行

第一章 总 则

第一条 为规范农业行政处罚程序，保障和监督农业农村主管部门依法实施行政管理，保护公民、法人或者其他组织的合法权益，根据《中华人民共和国行政处罚法》《中华人民共和国行政强制法》等有关法律、行政法规的规定，结合农业农村部门实际，制定本规定。

第二条　农业行政处罚机关实施行政处罚及其相关的行政执法活动，适用本规定。

本规定所称农业行政处罚机关，是指依法行使行政处罚权的县级以上人民政府农业农村主管部门。

第三条　农业行政处罚机关实施行政处罚，应当遵循公正、公开的原则，做到事实清楚，证据充分，程序合法，定性准确，适用法律正确，裁量合理，文书规范。

第四条　农业行政处罚机关实施行政处罚，应当坚持处罚与教育相结合，采取指导、建议等方式，引导和教育公民、法人或者其他组织自觉守法。

第五条　具有下列情形之一的，农业行政执法人员应当主动申请回避，当事人也有权申请其回避：

（一）是本案当事人或者当事人的近亲属；

（二）本人或者其近亲属与本案有直接利害关系；

（三）与本案当事人有其他利害关系，可能影响案件的公正处理。

农业行政处罚机关主要负责人的回避，由该机关负责人集体讨论决定；其他人员的回避，由该机关主要负责人决定。

回避决定作出前，主动申请回避或者被申请回避的人员不停止对案件的调查处理。

第六条　农业行政处罚应当由具有行政执法资格的农业行政执法人员实施。农业行政执法人员不得少于两人，法律另有规定的除外。

农业行政执法人员调查处理农业行政处罚案件时，应当主动向当事人或者有关人员出示行政执法证件，并按规定着装和佩戴执法标志。

第七条　各级农业行政处罚机关应当全面推行行政执法公示制度、执法全过程记录制度、重大执法决定法制审核制度，加强行政执法信息化建设，推进信息共享，提高行政处罚效率。

第八条　县级以上人民政府农业农村主管部门在法定职权范围内实施行政处罚。

县级以上地方人民政府农业农村主管部门内设或所属的农业综合行政执法机构承担并集中行使行政处罚以及与行政处罚有关的行政强制、行政检查职能，以农业农村主管部门名义统一执法。

第九条　县级以上人民政府农业农村主管部门依法设立的派出执法机构，应当在派出部门确定的权限范围内以派出部门的名义实施行政处罚。

第十条　上级农业农村主管部门依法监督下级农业农村主管部门实施的行政处罚。

县级以上人民政府农业农村主管部门负责监督本部门农业综合行政执法机构或者派出执法机构实施的行政处罚。

第十一条　农业行政处罚机关在工作中发现违纪、违法或者犯罪问题线索的，应当按照《执法机关和司法机关向纪检监察机关移送问题线索工作办法》的规定，及时移送纪检监察机关。

第二章　农业行政处罚的管辖

第十二条　农业行政处罚由违法行为发

生地的农业行政处罚机关管辖。法律、行政法规以及农业农村部规章另有规定的，从其规定。

省、自治区、直辖市农业行政处罚机关应当按照职权法定、属地管理、重心下移的原则，结合违法行为涉及区域、案情复杂程度、社会影响范围等因素，厘清本行政区域内不同层级农业行政处罚机关行政执法权限，明确职责分工。

第十三条 渔业行政违法行为有下列情况之一的，适用"谁查获、谁处理"的原则：

（一）违法行为发生在共管区、叠区；

（二）违法行为发生在管辖权不明确或者有争议的区域；

（三）违法行为发生地与查获地不一致。

第十四条 电子商务平台经营者和通过自建网站、其他网络服务销售商品或者提供服务的电子商务经营者的农业违法行为由其住所地县级以上农业行政处罚机关管辖。

平台内经营者的农业违法行为由其实际经营地县级以上农业行政处罚机关管辖。电子商务平台经营者住所地或者违法物品的生产、加工、存储、配送地的县级以上农业行政处罚机关先行发现违法线索或者收到投诉、举报的，也可以管辖。

第十五条 对当事人的同一违法行为，两个以上农业行政处罚机关都有管辖权的，应当由先立案的农业行政处罚机关管辖。

第十六条 两个以上农业行政处罚机关对管辖发生争议的，应当自发生争议之日起七日内协商解决，协商不成的，报请共同的上一级农业行政处罚机关指定管辖；也可以直接由共同的上一级农业行政机关指定管辖。

第十七条 农业行政处罚机关发现立案查处的案件不属于本部门管辖的，应当将案件移送有管辖权的农业行政处罚机关。受移送的农业行政处罚机关对管辖权有异议的，应当报请共同的上一级农业行政处罚机关指定管辖，不得再自行移送。

第十八条 上级农业行政处罚机关认为有必要时，可以直接管辖下级农业行政处罚机关管辖的案件，也可以将本机关管辖的案件交由下级农业行政处罚机关管辖，必要时可以将下级农业行政处罚机关管辖的案件指定其他下级农业行政处罚机关管辖，但不得违反法律、行政法规的规定。

下级农业行政处罚机关认为依法应由其管辖的农业行政处罚案件重大、复杂或者本地不适宜管辖的，可以报请上一级农业行政处罚机关直接管辖或者指定管辖。上一级农业行政处罚机关应当自收到报送材料之日起七日内作出书面决定。

第十九条 农业行政处罚机关实施农业行政处罚时，需要其他行政机关协助的，可以向有关机关发送协助函，提出协助请求。

农业行政处罚机关在办理跨行政区域案件时，需要其他地区农业行政处罚机关协查的，可以发送协查函。收到协查函的农业行政处罚机关应当予以协助并及时书面告知协查结果。

第二十条 农业行政处罚机关查处案件,对依法应当由原许可、批准的部门作出吊销许可证件等农业行政处罚决定的,应当自作出处理决定之日起十五日内将查处结果及相关材料书面报送或告知原许可、批准的部门,并提出处理建议。

第二十一条 农业行政处罚机关发现所查处的案件不属于农业农村主管部门管辖的,应当按照有关要求和时限移送有管辖权的部门处理。

违法行为涉嫌犯罪的案件,农业行政处罚机关应当依法移送司法机关,不得以行政处罚代替刑事处罚。

农业行政处罚机关应当与司法机关加强协调配合,建立健全案件移送制度,加强证据材料移交、接收衔接,完善案件处理信息通报机制。

农业行政处罚机关应当将移送案件的相关材料妥善保管、存档备查。

第三章 农业行政处罚的决定

第二十二条 公民、法人或者其他组织违反农业行政管理秩序的行为,依法应当给予行政处罚的,农业行政处罚机关必须查明事实;违法事实不清、证据不足的,不得给予行政处罚。

第二十三条 农业行政处罚机关作出农业行政处罚决定前,应当告知当事人拟作出行政处罚内容及事实、理由、依据,并告知当事人依法享有的陈述、申辩、要求听证等权利。

采取普通程序查办的案件,农业行政处罚机关应当制作行政处罚事先告知书送达当事人,并告知当事人可以在收到告知书之日起三日内进行陈述、申辩。符合听证条件的,应当告知当事人可以要求听证。

当事人无正当理由逾期提出陈述、申辩或者要求听证的,视为放弃上述权利。

第二十四条 当事人有权进行陈述和申辩。农业行政处罚机关必须充分听取当事人的意见,对当事人提出的事实、理由和证据,应当进行复核;当事人提出的事实、理由或者证据成立的,应当予以采纳。

农业行政处罚机关不得因当事人陈述、申辩而给予更重的处罚。

第一节 简易程序

第二十五条 违法事实确凿并有法定依据,对公民处以二百元以下、对法人或者其他组织处以三千元以下罚款或者警告的行政处罚的,可以当场作出行政处罚决定。法律另有规定的,从其规定。

第二十六条 当场作出行政处罚决定时,农业行政执法人员应当遵守下列程序:

(一)向当事人表明身份,出示行政执法证件;

(二)当场查清当事人的违法事实,收集和保存相关证据;

(三)在行政处罚决定作出前,应当告知当事人拟作出决定的内容及事实、理由、依据,并告知当事人有权进行陈述和申辩;

(四)听取当事人陈述、申辩,并记入笔录;

(五)填写预定格式、编有号码、盖有农业行政处罚机关印章的当场处罚决定书,由执法人员签名或者盖章,当场交付当事人;当事人拒绝签收的,应当在行政处罚决定书上注明。

前款规定的行政处罚决定书应当载明当事人的违法行为,行政处罚的种类和依据、罚款数额、时间、地点,申请行政复议、提起行政诉讼的途径和期限以及行政机关名称。

第二十七条　农业行政执法人员应当在作出当场处罚决定之日起、在水上办理渔业行政违法案件的农业行政执法人员应当自抵岸之日起二日内,将案件的有关材料交至所属农业行政处罚机关归档保存。

第二节　普通程序

第二十八条　实施农业行政处罚,除依法可以当场作出的行政处罚外,应当适用普通程序。

第二十九条　农业行政处罚机关对依据监督检查职责或者通过投诉、举报、其他部门移送、上级交办等途径发现的违法行为线索,应当自发现线索或者收到相关材料之日起七日内予以核查,由农业行政处罚机关负责人决定是否立案;因特殊情况不能在规定期限内立案的,经农业行政处罚机关负责人批准,可以延长七日。法律、法规、规章另有规定的除外。

第三十条　符合下列条件的,农业行政处罚机关应当予以立案,并填写行政处罚立案审批表:

（一）有涉嫌违反法律、法规和规章的行为;

（二）依法应当或者可以给予行政处罚;

（三）属于本机关管辖;

（四）违法行为发生之日起至被发现之日止未超过二年,或者违法行为有连续、继续状态,从违法行为终了之日起至被发现之日止未超过二年;涉及公民生命健康安全且有危害后果的,上述期限延长至五年。法律另有规定的除外。

第三十一条　对已经立案的案件,根据新的情况发现不符合本规定第三十条规定的立案条件的,农业行政处罚机关应当撤销立案。

第三十二条　农业行政处罚机关对立案的农业违法行为,必须全面、客观、公正地调查,收集有关证据;必要时,按照法律、法规的规定,可以进行检查。

农业行政执法人员在调查或者收集证据、进行检查时,不得少于两人。当事人或者有关人员有权要求农业行政执法人员出示执法证件。执法人员不出示执法证件的,当事人或者有关人员有权拒绝接受调查或者检查。

第三十三条　农业行政执法人员有权依法采取下列措施:

（一）查阅、复制书证和其他有关材料;

（二）询问当事人或者其他与案件有关的单位和个人;

（三）要求当事人或者有关人员在一定的期限内提供有关材料;

（四）采取现场检查、勘验、抽样、检验、检测、鉴定、评估、认定、录音、拍照、录像、调取现场及周边监控设备电子数据等方式进行调查取证;

（五）对涉案的场所、设施或者财物依法实施查封、扣押等行政强制措施；

（六）责令被检查单位或者个人停止违法行为，履行法定义务；

（七）其他法律、法规、规章规定的措施。

第三十四条　农业行政处罚证据包括书证、物证、视听资料、电子数据、证人证言、当事人的陈述、鉴定意见、勘验笔录和现场笔录。

证据必须经查证属实，方可作为农业行政处罚机关认定案件事实的根据。立案前依法取得或收集的证据材料，可以作为案件的证据使用。

以非法手段取得的证据，不得作为认定案件事实的根据。

第三十五条　收集、调取的书证、物证应当是原件、原物。收集、调取原件、原物确有困难的，可以提供与原件核对无误的复制件、影印件或者抄录件，也可以提供足以反映原物外形或者内容的照片、录像等其他证据。

复制件、影印件、抄录件和照片由证据提供人或者执法人员核对无误后注明与原件、原物一致，并注明出证日期、证据出处，同时签名或者盖章。

第三十六条　收集、调取的视听资料应当是有关资料的原始载体。调取原始载体确有困难的，可以提供复制件，并注明制作方法、制作时间、制作人和证明对象等。声音资料应当附有该声音内容的文字记录。

第三十七条　收集、调取的电子数据应当是有关数据的原始载体。收集电子数据原始载体确有困难的，可以采用拷贝复制、委托分析、书式固定、拍照录像等方式取证，并注明制作方法、制作时间、制作人等。

农业行政处罚机关可以利用互联网信息系统或者设备收集、固定违法行为证据。用来收集、固定违法行为证据的互联网信息系统或者设备应当符合相关规定，保证所收集、固定电子数据的真实性、完整性。

农业行政处罚机关可以指派或者聘请具有专门知识的人员或者专业机构，辅助农业行政执法人员对与案件有关的电子数据进行调查取证。

第三十八条　农业行政执法人员询问证人或者当事人，应当个别进行，并制作询问笔录。

询问笔录有差错、遗漏的，应当允许被询问人更正或者补充。更正或者补充的部分应当由被询问人签名、盖章或者按指纹等方式确认。

询问笔录经被询问人核对无误后，由被询问人在笔录上逐页签名、盖章或者按指纹等方式确认。农业行政执法人员应当在笔录上签名。被询问人拒绝签名、盖章或者按指纹的，由农业行政执法人员在笔录上注明情况。

第三十九条　农业行政执法人员对与案件有关的物品或者场所进行现场检查或者勘验，应当通知当事人到场，制作现场检查笔录或者勘验笔录，必要时可以采取拍照、录像或者其他方式记录现场情况。

当事人拒不到场、无法找到当事人或者当事人拒绝签名或盖章的，农业行政执法人员应当在笔录中注明，并可以请在场的其他人员见证。

第四十条　农业行政处罚机关在调查案件时，对需要检测、检验、鉴定、评估、认定的专门性问题,应当委托具有法定资质的机构进行;没有具有法定资质的机构的,可以委托其他具备条件的机构进行。

检验、检测、鉴定、评估、认定意见应当由检验、检测、鉴定、评估、认定人员签名或者盖章,并加盖所在机构公章。检验、检测、鉴定、评估、认定意见应当送达当事人。

第四十一条 农业行政处罚机关收集证据时,可以采取抽样取证的方法。农业行政执法人员应当制作抽样取证凭证,对样品加贴封条,并由执法人员和当事人在抽样取证凭证上签名或者盖章。当事人拒绝签名或者盖章的,应当采取拍照、录像或者其他方式记录抽样取证情况。

农业行政处罚机关抽样送检的,应当将抽样检测结果及时告知当事人,并告知当事人有依法申请复检的权利。

非从生产单位直接抽样取证的,农业行政处罚机关可以向产品标注生产单位发送产品确认通知书,对涉案产品是否为其生产的产品进行确认,并可以要求其在一定期限内提供相关证明材料。

第四十二条 在证据可能灭失或者以后难以取得的情况下,经农业行政处罚机关负责人批准,农业行政执法人员可以对与涉嫌违法行为有关的证据采取先行登记保存措施。

情况紧急,农业行政执法人员需要当场采取先行登记保存措施的,可以采用即时通讯方式报请农业行政处罚机关负责人同意,并在二十四小时内补办批准手续。

先行登记保存有关证据,应当当场清点,开具清单,填写先行登记保存执法文书,由农业行政执法人员和当事人签名、盖章或者按指纹,并向当事人交付先行登记保存证据通知书和物品清单。

第四十三条 先行登记保存物品时,就地由当事人保存的,当事人或者有关人员不得使用、销售、转移、损毁或者隐匿。

就地保存可能妨害公共秩序、公共安全,或者存在其他不适宜就地保存情况的,可以异地保存。对异地保存的物品,农业行政处罚机关应当妥善保管。

第四十四条 农业行政处罚机关对先行登记保存的证据,应当自采取登记保存之日起七日内作出下列处理决定并送达当事人:

(一)根据情况及时采取记录、复制、拍照、录像等证据保全措施;

(二)需要进行技术检测、检验、鉴定、评估、认定的,送交有关机构检测、检验、鉴定、评估、认定;

(三)对依法应予没收的物品,依照法定程序处理;

(四)对依法应当由有关部门处理的,移交有关部门;

(五)为防止损害公共利益,需要销毁或者无害化处理的,依法进行处理;

(六)不需要继续登记保存的,解除先行登记保存。

第四十五条 农业行政处罚机关依法对涉案场所、设施或者财物采取查封、扣押等行政强制措施,应当在实施前向农业行政处罚机关负责人报告并经批准,由具备资格的农业行政执法人员实施。

情况紧急,需要当场采取行政强制措施的,农业行政执法人员应当在二十四小时内向农业行政处罚机关负责人报告,并补办批准手续。农业行政处罚机关负责人认为不应当采取行政强制措施的,应当立即解除。

查封、扣押的场所、设施或者财物,应当妥善保管,不得使用或者损毁。除法律、法规另有规定外,鲜活产品、保管困难或者保管费用过高的物品和其他容易损毁、灭失、变质的物品,在确定为罚没财物前,经权利人同意或者申请,并经农业行政处罚机关负责人批准,在采取相关措施留存证据后,可以依法先行处置;权利人不明确的,可以依法公告,公告期满后仍没有权利人同意或者申请的,可以依法先行处置。先行处置所得款项按照涉案现金管理。

第四十六条 农业行政处罚机关实施查封、扣押等行政强制措施,应当履行《中华人民共和国行政强制法》规定的程序和要求,制作并当场交付查封、扣押决定书和清单。

第四十七条 经查明与违法行为无关或者不再需要采取查封、扣押措施的,应当解除查封、扣押措施,将查封、扣押的财物如数返还当事人,并由农业行政执法人员和当事人在解除查封或者扣押决定书和清单上签名、盖章或者按指纹。

第四十八条 有下列情形之一的,经农业行政处罚机关负责人批准,中止案件调查,并制作案件中止调查决定书:

(一)行政处罚决定必须以相关案件的裁判结果或者其他行政决定为依据,而相关案件尚未审结或者其他行政决定尚未作出;

(二)涉及法律适用等问题,需要送请有权机关作出解释或者确认;

(三)因不可抗力致使案件暂时无法调查;

(四)因当事人下落不明致使案件暂时无法调查;

(五)其他应当中止调查的情形。

中止调查的原因消除后,应当立即恢复案件调查。

第四十九条 农业行政执法人员在调查结束后,应当根据不同情形提出如下处理建议,并制作案件处理意见书,报请农业行政处罚机关负责人审查:

(一)确有应受行政处罚的违法行为的,根据情节轻重及具体情况,建议作出行政处罚;

(二)违法事实不能成立的,建议不予行政处罚;

(三)违法行为轻微并及时改正,没有造成危害后果的,建议不予行政处罚;

(四)当事人有证据足以证明没有主观过错的,建议不予行政处罚,但法律、行政法规另有规定的除外;

(五)初次违法且危害后果轻微并及时改正的,建议可以不予行政处罚;

(六)违法行为超过追责时效的,建议不再给予行政处罚;

(七)违法行为不属于农业行政处罚机关管辖的,建议移送其他行政机关；

（八）违法行为涉嫌犯罪应当移送司法机关的，建议移送司法机关；

（九）依法作出处理的其他情形。

第五十条 有下列情形之一，在农业行政处罚机关负责人作出农业行政处罚决定前，应当由从事农业行政处罚决定法制审核的人员进行法制审核；未经法制审核或者审核未通过的，农业行政处罚机关不得作出决定：

（一）涉及重大公共利益的；

（二）直接关系当事人或者第三人重大权益，经过听证程序的；

（三）案件情况疑难复杂、涉及多个法律关系的；

（四）法律、法规规定应当进行法制审核的其他情形。

农业行政处罚法制审核工作由农业行政处罚机关法制机构负责；未设置法制机构的，由农业行政处罚机关确定的承担法制审核工作的其他机构或者专门人员负责。

案件查办人员不得同时作为该案件的法制审核人员。农业行政处罚机关中初次从事法制审核的人员，应当通过国家统一法律职业资格考试取得法律职业资格。

第五十一条 农业行政处罚决定法制审核的主要内容包括：

（一）本机关是否具有管辖权；

（二）程序是否合法；

（三）案件事实是否清楚，证据是否确实、充分；

（四）定性是否准确；

（五）适用法律依据是否正确；

（六）当事人基本情况是否清楚；

（七）处理意见是否适当；

（八）其他应当审核的内容。

除本规定第五十条第一款规定以外，适用普通程序的其他农业行政处罚案件，在作出处罚决定前，应当参照前款规定进行案件审核。审核工作由农业行政处罚机关的办案机构或其他机构负责实施。

第五十二条 法制审核结束后，应当区别不同情况提出如下建议：

（一）对事实清楚、证据充分、定性准确、适用依据正确、程序合法、处理适当的案件，拟同意作出行政处罚决定；

（二）对定性不准、适用依据错误、程序不合法或者处理不当的案件，建议纠正；

（三）对违法事实不清、证据不充分的案件，建议补充调查或者撤销案件；

（四）违法行为轻微并及时纠正没有造成危害后果的，或者违法行为超过追责时效的，建议不予行政处罚；

（五）认为有必要提出的其他意见和建议。

第五十三条 法制审核机构或者法制审核人员应当自接到审核材料之日起五日内完成审核。特殊情况下，经农业行政处罚机关负责人批准，可以延长十五日。法律、法规、规章另有规定的除外。

第五十四条 农业行政处罚机关负责人应当对调查结果、当事人陈述申辩或者听证情况、案件处理意见和法制审核意见等进行全面审查，并区别不同情况分别作出如下处理决定：

（一）确有应受行政处罚的违法行为的，根据情节轻重及具体情况，作出行政处罚决定；

（二）违法事实不能成立的，不予行政处罚；

（三）违法行为轻微并及时改正，没有造成危害后果的，不予行政处罚；

（四）当事人有证据足以证明没有主观过错的，不予行政处罚，但法律、行政法规另有规定的除外；

（五）初次违法且危害后果轻微并及时改正的，可以不予行政处罚；

（六）违法行为超过追责时效的，不予行政处罚；

（七）不属于农业行政处罚机关管辖的，移送其他行政机关处理；

（八）违法行为涉嫌犯罪的，将案件移送司法机关。

第五十五条 下列行政处罚案件，应当由农业行政处罚机关负责人集体讨论决定：

（一）符合本规定第五十九条所规定的听证条件，且申请人申请听证的案件；

（二）案情复杂或者有重大社会影响的案件；

（三）有重大违法行为需要给予较重行政处罚的案件；

（四）农业行政处罚机关负责人认为应当提交集体讨论的其他案件。

第五十六条 农业行政处罚机关决定给予行政处罚的，应当制作行政处罚决定书。行政处罚决定书应当载明以下内容：

（一）当事人的姓名或者名称、地址；

（二）违反法律、法规、规章的事实和证据；

（三）行政处罚的种类和依据；

（四）行政处罚的履行方式和期限；

（五）申请行政复议、提起行政诉讼的途径和期限；

（六）作出行政处罚决定的农业行政处罚机关名称和作出决定的日期。

农业行政处罚决定书应当加盖作出行政处罚决定的行政机关的印章。

第五十七条 在边远、水上和交通不便的地区按普通程序实施处罚时，农业行政执法人员可以采用即时通讯方式，报请农业行政处罚机关负责人批准立案和对调查结果及处理意见进行审查。报批记录必须存档备案。当事人可当场向农业行政执法人员进行陈述和申辩。当事人当场书面放弃陈述和申辩的，视为放弃权利。

前款规定不适用于本规定第五十五条规定的应当由农业行政处罚机关负责人集体讨论决定的案件。

第五十八条 农业行政处罚案件应当自立案之日起九十日内作出处理决定；因案情复杂、调查取证困难等需要延长的，经本农业行政处罚机关负责人批准，可以延长三十日。案情特别复杂或者有其他特殊情况，延期后仍不能作出处理决定的，应当报经上一级农业行政处罚机关决定是否继续延期；决定继续延期的，应当同时确定延长的合理期限。

案件办理过程中，中止、听证、公告、检验、检测、鉴定等时间不计入前款所指的案件办理期限。

第三节 听证程序

第五十九条 农业行政处罚机关依照《中华人民共和国行政处罚法》第六十三条的规定，在作出较大数额罚款、没收较大数额违法所得、没收较大价值非法财物、降低资质等级、吊销许可证件、责令停产停业、责令关闭、限制从业等较重农业行政处罚决定前，应当告知当事人有要求举行听证的权利。当事人要求听证的，农业行政处罚机关应当组织听证。

前款所称的较大数额、较大价值，县级以上地方人民政府农业农村主管部门按所在省、自治区、直辖市人民代表大会及其常委会或者人民政府规定的标准执行。农业农村部规定的较大数额、较大价值，对个人是指超过一万元，对法人或者其他组织是指超过十万元。

第六十条 听证由拟作出行政处罚的农业行政处罚机关组织。具体实施工作由其法制机构或者相应机构负责。

第六十一条 当事人要求听证的，应当在收到行政处罚事先告知书之日起五日内向听证机关提出。

第六十二条 听证机关应当在举行听证会的七日前送达行政处罚听证会通知书，告知当事人及有关人员举行听证的时间、地点、听证人员名单及当事人可以申请回避和可以委托代理人等事项。

当事人可以亲自参加听证，也可以委托一至二人代理。当事人及其代理人应当按期参加听证，无正当理由拒不出席听证或者未经许可中途退出听证的，视为放弃听证权利，行政机关终止听证。

第六十三条 听证参加人由听证主持人、听证员、书记员、案件调查人员、当事人及其委托代理人等组成。

听证主持人、听证员、书记员应当由听证机关负责人指定的法制工作机构工作人员或者其他相应工作人员等非本案调查人员担任。

当事人委托代理人参加听证的，应当提交授权委托书。

第六十四条 除涉及国家秘密、商业秘密或者个人隐私依法予以保密等情形外，听证应当公开举行。

第六十五条 当事人在听证中的权利和义务：

（一）有权对案件的事实认定、法律适用及有关情况进行陈述和申辩；

（二）有权对案件调查人员提出的证据质证并提出新的证据；

（三）如实回答主持人的提问；

（四）遵守听证会场纪律，服从听证主持人指挥。

第六十六条 听证按下列程序进行：

（一）听证书记员宣布听证会场纪律、当事人的权利和义务，听证主持人宣布案由、核实听证参加人名单、宣布听证开始；

（二）案件调查人员提出当事人的违法事实、出示证据，说明拟作出的农业行政处罚的内容及法律依据；

（三）当事人或者其委托代理人对案件的事实、证据、适用的法律等进行陈述、申辩和质证，可以当场向听证会提交新的证据，也可以在听证会后三日内向听证机关补交证据；

（四）听证主持人就案件的有关问

题向当事人、案件调查人员、证人询问;

（五）案件调查人员、当事人或者其委托代理人相互辩论;

（六）当事人或者其委托代理人作最后陈述;

（七）听证主持人宣布听证结束。听证笔录交当事人和案件调查人员审核无误后签字或者盖章。

当事人或者其代理人拒绝签字或者盖章的,由听证主持人在笔录中注明。

第六十七条　听证结束后,听证主持人应当依据听证情况,制作行政处罚听证会报告书,连同听证笔录,报农业行政处罚机关负责人审查。农业行政处罚机关应当根据听证笔录,按照本规定第五十四条的规定,作出决定。

第六十八条　听证机关组织听证,不得向当事人收取费用。

第四章　执法文书的送达和处罚决定的执行

第六十九条　农业行政处罚机关送达行政处罚决定书,应当在宣告后当场交付当事人;当事人不在场的,应当在七日内依照《中华人民共和国民事诉讼法》的有关规定将行政处罚决定书送达当事人。

当事人同意并签订确认书的,农业行政处罚机关可以采用传真、电子邮件等方式,将行政处罚决定书等送达当事人。

第七十条　农业行政处罚机关送达行政执法文书,应当使用送达回证,由受送达人在送达回证上记明收到日期,签名或者盖章。

受送达人是公民的,本人不在时交其同住成年家属签收;受送达人是法人或者其他组织的,应当由法人的法定代表人、其他组织的主要负责人或者该法人、其他组织负责收件的有关人员签收;受送达人有代理人的,可以送交其代理人签收;受送达人已向农业行政处罚机关指定代收人的,送交代收人签收。

受送达人、受送达人的同住成年家属、法人或者其他组织负责收件的有关人员、代理人、代收人在送达回证上签收的日期为送达日期。

第七十一条　受送达人或者他的同住成年家属拒绝接收行政执法文书的,送达人可以邀请有关基层组织或者其所在单位的代表到场,说明情况,在送达回证上记明拒收事由和日期,由送达人、见证人签名或者盖章,把行政执法文书留在受送达人的住所;也可以把行政执法文书留在受送达人的住所,并采用拍照、录像等方式记录送达过程,即视为送达。

第七十二条　直接送达行政执法文书有困难的,农业行政处罚机关可以邮寄送达或者委托其他农业行政处罚机关代为送达。

受送达人下落不明,或者采用直接送达、留置送达、委托送达等方式无法送达的,农业行政处罚机关可以公告送达。

委托送达的,受送达人的签收日期为送达日期;邮寄送达的,以回执上注明的收件日期为送达日期;公告送达的,自发出公告之日起经过六十日,即视为送达。

第七十三条　当事人应当在行政处罚决定书确定的期限内,履行处罚决定。

农业行政处罚决定依法作出后,当事人对行政处罚决定不服,申请行政复议或者提起行政诉讼的,除法律另有规定外,行政处罚决定不停止执行。

第七十四条　除依照本规定第七十五条、第七十六条的规定当场收缴罚款外,农业行政处罚机关及其执法人员不得自行收缴罚款。决定罚款的农业行政处罚机关应当书面告知当事人在收到行政处罚决定书之日起十五日内,到指定的银行或者通过电子支付系统缴纳罚款。

第七十五条　依照本规定第二十五条的规定当场作出农业行政处罚决定,有下列情形之一,农业行政执法人员可以当场收缴罚款:

（一）依法给予一百元以下罚款的;

（二）不当场收缴事后难以执行的。

第七十六条　在边远、水上、交通不便地区,农业行政处罚机关及其执法人员依照本规定第二十五条、第五十四条、第五十五条的规定作出罚款决定后,当事人到指定的银行或者通过电子支付系统缴纳罚款确有困难,经当事人提出,农业行政处罚机关及其执法人员可以当场收缴罚款。

第七十七条　农业行政处罚机关及其执法人员当场收缴罚款的,应当向当事人出具国务院财政部门或者省、自治区、直辖市财政部门统一制发的专用票据,不出具财政部门统一制发的专用票据的,当事人有权拒绝缴纳罚款。

第七十八条　农业行政执法人员当场收缴的罚款,应当自返回农业行政处罚机关所在地之日起二日内,交至农业行政处罚机关;在水上当场收缴的罚款,应当自抵岸之日起二日内交至农业行政处罚机关;农业行政处罚机关应当自收到款项之日起二日内将罚款交至指定的银行。

第七十九条　对需要继续行驶的农业机械、渔业船舶实施暂扣或者吊销证照的行政处罚,农业行政处罚机关在实施行政处罚的同时,可以发给当事人相应的证明,责令农业机械、渔业船舶驶往预定或者指定的地点。

第八十条　对生效的农业行政处罚决定,当事人拒不履行的,作出农业行政处罚决定的农业行政处罚机关依法可以采取下列措施:

（一）到期不缴纳罚款的,每日按罚款数额的百分之三加处罚款,加处罚款的数额不得超出罚款的数额;

（二）根据法律规定,将查封、扣押的财物拍卖、依法处理或者将冻结的存款、汇款划拨抵缴罚款;

（三）依照《中华人民共和国行政强制法》的规定申请人民法院强制执行。

第八十一条　当事人确有经济困难,需要延期或者分期缴纳罚款的,应当在行政处罚决定书确定的缴纳期限届满前,向作出行政处罚决定的农业行政处罚机关提出延期或者分期缴纳罚款的书面申请。

农业行政处罚机关负责人批准当

事人延期或者分期缴纳罚款后,应当制作同意延期(分期)缴纳罚款通知书,并送达当事人和收缴罚款的机构。农业行政处罚机关批准延期、分期缴纳罚款的,申请人民法院强制执行的期限,自暂缓或者分期缴纳罚款期限结束之日起计算。

第八十二条 除依法应当予以销毁的物品外,依法没收的非法财物,必须按照国家规定公开拍卖或者按照国家有关规定处理。处理没收物品,应当制作罚没物品处理记录和清单。

第八十三条 罚款、没收的违法所得或者没收非法财物拍卖的款项,必须全部上缴国库,任何行政机关或者个人不得以任何形式截留、私分或者变相私分。

罚款、没收的违法所得或者没收非法财物拍卖的款项,不得同作出农业行政处罚决定的农业行政处罚机关及其工作人员的考核、考评直接或者变相挂钩。除依法应当退还、退赔的外,财政部门不得以任何形式向作出农业行政处罚决定的农业行政处罚机关返还罚款、没收的违法所得或者没收非法财物拍卖的款项。

第五章 结案和立卷归档

第八十四条 有下列情形之一的,农业行政处罚机关可以结案:

(一)行政处罚决定由当事人履行完毕的;

(二)农业行政处罚机关依法申请人民法院强制执行行政处罚决定,人民法院依法受理的;

(三)不予行政处罚等无须执行的;

(四)行政处罚决定被依法撤销的;

(五)农业行政处罚机关认为可以结案的其他情形。

农业行政执法人员应当填写行政处罚结案报告,经农业行政处罚机关负责人批准后结案。

第八十五条 农业行政处罚机关应当按照下列要求及时将案件材料立卷归档:

(一)一案一卷;

(二)文书齐全,手续完备;

(三)案卷应当按顺序装订。

第八十六条 案件立卷归档后,任何单位和个人不得修改、增加或者抽取案卷材料,不得修改案卷内容。案卷保管及查阅,按档案管理有关规定执行。

第八十七条 农业行政处罚机关应当建立行政处罚工作报告制度,并于每年1月31日前向上级农业行政处罚机关报送本行政区域上一年度农业行政处罚工作情况。

第六章 附 则

第八十八条 本规定中的"以上""以下""内"均包括本数。

第八十九条 本规定中"二日""三日""五日""七日"的规定是指工作日,不含法定节假日。

期间以时、日、月、年计算。期间开始的时或者日,不计算在内。

期间届满的最后一日是节假日的,以节假日后的第一日为期间届满的日期。

行政处罚文书的送达期间不包括在路途上的时间,行政处罚文书在期满前交邮的,视为在有效期内。

第九十条　农业行政处罚基本文书格式由农业农村部统一制定。各省、自治区、直辖市人民政府农业农村主管部门可以根据地方性法规、规章和工作需要，调整有关内容或者补充相应文书，报农业农村部备案。

第九十一条　本规定自2022年2月1日起实施。2020年1月14日农业农村部发布的《农业行政处罚程序规定》同时废止。

农业综合行政执法管理办法

1. 2022年11月22日农业农村部令2022年第9号公布
2. 自2023年1月1日起施行

第一章　总　　则

第一条　为加强农业综合行政执法机构和执法人员管理，规范农业行政执法行为，根据《中华人民共和国行政处罚法》等有关法律的规定，结合农业综合行政执法工作实际，制定本办法。

第二条　县级以上人民政府农业农村主管部门及农业综合行政执法机构开展农业综合行政执法工作及相关活动，适用本办法。

第三条　农业综合行政执法工作应当遵循合法行政、合理行政、诚实信用、程序正当、高效便民、权责统一的原则。

第四条　农业农村部负责指导和监督全国农业综合行政执法工作。

县级以上地方人民政府农业农村主管部门负责本辖区内农业综合行政执法工作。

第五条　县级以上地方人民政府农业农村主管部门应当明确农业综合行政执法机构与行业管理、技术支撑机构的职责分工，健全完善线索处置、信息共享、监督抽查、检打联动等协作配合机制，形成执法合力。

第六条　县级以上地方人民政府农业农村主管部门应当建立健全跨区域农业行政执法联动机制，加强与其他行政执法部门、司法机关的交流协作。

第七条　县级以上人民政府农业农村主管部门对农业行政执法工作中表现突出、有显著成绩和贡献或者有其他突出事迹的执法机构、执法人员，按照国家和地方人民政府有关规定给予表彰和奖励。

第八条　县级以上地方人民政府农业农村主管部门及其农业综合行政执法机构应当加强基层党组织和党员队伍建设，建立健全党风廉政建设责任制。

第二章　执法机构和人员管理

第九条　县级以上地方人民政府农业农村主管部门依法设立的农业综合行政执法机构承担并集中行使农业行政处罚以及与行政处罚相关的行政检查、行政强制职能，以农业农村部门名义统一执法。

第十条　省级农业综合行政执法机构承担并集中行使法律、法规、规章明确由省级人民政府农业农村主管部门及其所属单位承担的农业行政执法职责，负责查处具有重大影响的跨区域复杂违法案件，监督指导、组织协调辖区内农业行政执法工作。

市级农业综合行政执法机构承担并集中行使法律、法规、规章规定明确由市级人民政府农业农村主管部门及其所属单位承担的农业行政执法职责,负责查处具有较大影响的跨区域复杂违法案件及其直接管辖的市辖区内一般农业违法案件,监督指导、组织协调辖区内农业行政执法工作。

县级农业综合行政执法机构负责统一实施辖区内日常执法检查和一般农业违法案件查处工作。

第十一条　农业农村部建立健全执法办案指导机制,分领域遴选执法办案能手,组建全国农业行政执法专家库。

市级以上地方人民政府农业农村主管部门应当选调辖区内农业行政执法骨干组建执法办案指导小组,加强对基层农业行政执法工作的指导。

第十二条　县级以上地方人民政府农业农村主管部门应当建立与乡镇人民政府、街道办事处执法协作机制,引导和支持乡镇人民政府、街道办事处执法机构协助农业综合行政执法机构开展日常巡查、投诉举报受理以及调查取证等工作。

县级农业行政处罚权依法交由乡镇人民政府、街道办事处行使的,县级人民政府农业农村主管部门应当加强对乡镇人民政府、街道办事处综合行政执法机构的业务指导和监督,提供专业技术、业务培训等方面的支持保障。

第十三条　上级农业农村主管部门及其农业综合行政执法机构可以根据工作需要,经下级农业农村主管部门同意后,按程序调用下级农业综合行政执法机构人员开展调查、取证等执法工作。

持有行政执法证件的农业综合行政执法人员,可以根据执法协同工作需要,参加跨部门、跨区域、跨层级的行政执法活动。

第十四条　农业综合行政执法人员应当经过岗位培训,考试合格并取得行政执法证件后,方可从事行政执法工作。

农业综合行政执法机构应当鼓励和支持农业综合行政执法人员参加国家统一法律职业资格考试,取得法律职业资格。

第十五条　农业农村部负责制定全国农业综合行政执法人员培训大纲,编撰统编执法培训教材,组织开展地方执法骨干和师资培训。

县级以上地方人民政府农业农村主管部门应当制定培训计划,组织开展本辖区内执法人员培训。鼓励有条件的地方建设农业综合行政执法实训基地、现场教学基地。

农业综合行政执法人员每年应当接受不少于60学时的公共法律知识、业务法律知识和执法技能培训。

第十六条　县级以上人民政府农业农村主管部门应当定期开展执法练兵比武活动,选拔和培养业务水平高、综合素质强的执法办案能手。

第十七条　农业综合行政执法机构应当建立和实施执法人员定期轮岗制度,培养通专结合、一专多能的执法人才。

第十八条　县级以上人民政府农业农村主管部门可以根据工作需要,按照规定程序和权限为农业综合行政执法机构配置行政执法辅助人员。

行政执法辅助人员应当在农业综合行政执法机构及执法人员的指导和

监督下开展行政执法辅助性工作。禁止辅助人员独立执法。

第三章 执法行为规范

第十九条 县级以上人民政府农业农村主管部门实施行政处罚及相关执法活动,应当做到事实清楚,证据充分,程序合法,定性准确,适用法律正确,裁量合理,文书规范。

农业综合行政执法人员应当依照法定权限履行行政执法职责,做到严格规范公正文明执法,不得玩忽职守、超越职权、滥用职权。

第二十条 县级以上人民政府农业农村主管部门应当通过本部门或者本级政府官方网站、公示栏、执法服务窗口等平台,向社会公开行政执法人员、职责、依据、范围、权限、程序等农业行政执法基本信息,并及时根据法律法规及机构职能、执法人员等变化情况进行动态调整。

县级以上人民政府农业农村主管部门作出涉及农产品质量安全、农资质量、耕地质量、动植物疫情防控、农机、农业资源生态环境保护、植物新品种权保护等具有一定社会影响的行政处罚决定,应当依法向社会公开。

第二十一条 县级以上人民政府农业农村主管部门应当通过文字、音像等形式,对农业行政执法的启动、调查取证、审核决定、送达执行等全过程进行记录,全面系统归档保存,做到执法全过程留痕和可回溯管理。

查封扣押财产、收缴销毁违法物品产品等直接涉及重大财产权益的现场执法活动,以及调查取证、举行听证、留置送达和公告送达等容易引发争议的行政执法过程,应当全程音像记录。

农业行政执法制作的法律文书、音像等记录资料,应当按照有关法律法规和档案管理规定归档保存。

第二十二条 县级以上地方人民政府农业农村主管部门作出涉及重大公共利益,可能造成重大社会影响或引发社会风险,案件情况疑难复杂、涉及多个法律关系等重大执法决定前,应当依法履行法制审核程序。未经法制审核或者审核未通过的,不得作出决定。

县级以上地方人民政府农业农村主管部门应当结合本部门行政执法行为类别、执法层级、所属领域、涉案金额等,制定本部门重大执法决定法制审核目录清单。

第二十三条 农业综合行政执法机构制作农业行政执法文书,应当遵照农业农村部制定的农业行政执法文书制作规范和农业行政执法基本文书格式。

农业行政执法文书的内容应当符合有关法律、法规和规章的规定,做到格式统一、内容完整、表述清楚、逻辑严密、用语规范。

第二十四条 农业农村部可以根据统一和规范全国农业行政执法裁量尺度的需要,针对特定的农业行政处罚事项制定自由裁量权基准。

县级以上地方人民政府农业农村主管部门应当根据法律、法规、规章以及农业农村部规定,制定本辖区农业行政处罚自由裁量权基准,明确裁量标准和适用条件,并向社会公开。

县级以上人民政府农业农村主管

部门行使农业行政处罚自由裁量权,应当根据违法行为的事实、性质、情节、社会危害程度等,准确适用行政处罚种类和处罚幅度。

第二十五条 农业综合行政执法人员开展执法检查、调查取证、采取强制措施和强制执行、送达执法文书等执法时,应当主动出示执法证件,向当事人和相关人员表明身份,并按照规定要求统一着执法服装、佩戴农业执法标志。

第二十六条 农业农村部定期发布农业行政执法指导性案例,规范和统一全国农业综合行政执法法律适用。

县级以上人民政府农业农村主管部门应当及时发布辖区内农业行政执法典型案例,发挥警示和震慑作用。

第二十七条 农业综合行政执法机构应当坚持处罚与教育相结合,按照"谁执法谁普法"的要求,将法治宣传教育融入执法工作全过程。

县级农业综合行政执法人员应当采取包区包片等方式,与农村学法用法示范户建立联系机制。

第二十八条 农业综合行政执法人员依法履行法定职责受法律保护,非因法定事由、非经法定程序,不受处分。任何组织和个人不得阻挠、妨碍农业综合行政执法人员依法执行公务。

农业综合行政执法人员因故意或者重大过失,不履行或者违法履行行政执法职责,造成危害后果或者不良影响的,应当依法承担行政责任。

第二十九条 农业综合行政执法机构及其执法人员应当严格依照法律、法规、规章的要求进行执法,严格遵守下列规定:

(一)不准徇私枉法、庇护违法者;

(二)不准越权执法、违反程序办案;

(三)不准干扰市场主体正常经营活动;

(四)不准利用职务之便为自己和亲友牟利;

(五)不准执法随意、畸轻畸重、以罚代管;

(六)不准作风粗暴。

第四章 执法条件保障

第三十条 县级以上地方人民政府农业农村主管部门应当落实执法经费财政保障制度,将农业行政执法运行经费、执法装备建设经费、执法抽检经费、罚没物品保管处置经费等纳入部门预算,确保满足执法工作需要。

第三十一条 县级以上人民政府农业农村主管部门应当依托大数据、云计算、人工智能等信息技术手段,加强农业行政执法信息化建设,推进执法数据归集整合、互联互通。

农业综合行政执法机构应当充分利用已有执法信息系统和信息共享平台,全面推行掌上执法、移动执法,实现执法程序网上流转、执法活动网上监督、执法信息网上查询。

第三十二条 县级以上地方人民政府农业农村主管部门应当根据执法工作需要,为农业综合行政执法机构配置执法办公用房和问询室、调解室、听证室、物证室、罚没收缴扣押物品仓库等执法辅助用房。

第三十三条 县级以上地方人民政府农业农村主管部门应当按照党政机关公

务用车管理办法、党政机关执法执勤用车配备使用管理办法等有关规定,结合本辖区农业行政执法实际,为农业综合行政执法机构合理配备农业行政执法执勤用车。

县级以上地方人民政府农业农村主管部门应当按照有关执法装备配备标准为农业综合行政执法机构配备依法履职所需的基础装备、取证设备、应急设备和个人防护设备等执法装备。

第三十四条 县级以上地方人民政府农业农村主管部门内设或所属的农业综合行政执法机构中在编在职执法人员,统一配发农业综合行政执法制式服装和标志。

县级以上地方人民政府农业农村主管部门应当按照综合行政执法制式服装和标志管理办法及有关技术规范配发制式服装和标志,不得自行扩大着装范围和提高发放标准,不得改变制式服装和标志样式。

农业综合行政执法人员应当妥善保管制式服装和标志,辞职、调离或者被辞退、开除的,应当交回所有制式服装和帽徽、臂章、肩章等标志;退休的,应当交回帽徽、臂章、肩章等所有标志。

第三十五条 农业农村部制定、发布全国统一的农业综合行政执法标识。

县级以上地方人民政府农业农村主管部门应当按照农业农村部有关要求,规范使用执法标识,不得随意改变标识的内容、颜色、内部结构及比例。

农业综合行政执法标识所有权归农业农村部所有。未经许可,任何单位和个人不得擅自使用,不得将相同或者近似标识作为商标注册。

第五章 执法监督

第三十六条 上级农业农村部门应当对下级农业农村部门及其农业综合行政执法机构的行政执法工作情况进行监督,及时纠正违法或明显不当的行为。

第三十七条 属于社会影响重大、案情复杂或者可能涉及犯罪的重大违法案件,上级农业农村部门可以采取发函督办、挂牌督办、现场督办等方式,督促下级农业农村部门及其农业综合行政执法机构调查处理。接办案件的农业农村部门及其农业综合行政执法机构应当及时调查处置,并按要求反馈查处进展情况和结果。

第三十八条 县级以上人民政府农业农村主管部门应当建立健全行政执法文书和案卷评查制度,定期开展评查,发布评查结果。

第三十九条 县级以上地方人民政府农业农村主管部门应当定期对本单位农业综合行政执法工作情况进行考核评议。考核评议结果作为农业行政执法人员职级晋升、评优评先的重要依据。

第四十条 农业综合行政执法机构应当建立行政执法情况统计报送制度,按照农业农村部有关要求,于每年6月30日和12月31日前向本级农业农村主管部门和上一级农业综合行政执法机构报送半年、全年执法统计情况。

第四十一条 县级以上地方人民政府农业农村主管部门应当健全群众监督、舆论监督等社会监督机制,对人民群众举报投诉、新闻媒体曝光、有关部门移送的涉农违法案件及时回应,妥善处置。

第四十二条 鼓励县级以上地方人民政府农业农村主管部门会同财政、司法行政等有关部门建立重大违法行为举报奖励机制,结合本地实际对举报奖励范围、标准等予以具体规定,规范发放程序,做好全程监督。

第四十三条 县级以上人民政府农业农村主管部门应当建立领导干部干预执法活动、插手具体案件责任追究制度。

第四十四条 县级以上人民政府农业农村主管部门应当建立健全突发问题预警研判和应急处置机制,及时回应社会关切,提高风险防范及应对能力。

第六章 附　则

第四十五条 本办法自2023年1月1日起施行。

司法行政机关行政处罚听证程序规定

1998年2月11日司法部令第53号公布

第一章 总　则

第一条 为规范司法行政机关行政处罚听证程序,保障司法行政机关依法实施行政处罚,保护公民、法人或者其他组织的合法权益,根据《中华人民共和国行政处罚法》和有关法律法规,制定本规定。

第二条 司法行政机关对依法应当进行听证的行政处罚案件在作出行政处罚决定之前,依照本规定进行听证。

第三条 本规定适用于依法享有行政处罚权的县级以上司法行政机关和依法要求听证的行政处罚当事人和其他听证参加人。

第四条 司法行政机关行政处罚听证由法制工作部门或者承担法制工作的部门负责。

第五条 司法行政机关对依法应当进行听证的行政处罚案件不组织听证,行政处罚不能成立。

第六条 司法行政机关举行听证,应当遵循公开、公正原则。

第二章 听证主持人和听证参加人

第七条 司法行政机关的听证主持人、听证记录员由法制工作部门或者由承担法制工作的部门的公务员担任。

案件调查人员不得担任听证主持人。

第八条 听证主持人有下列情形之一的,应当自行回避,当事人有权以口头或者书面方式申请其回避:

（一）本案当事人或者委托代理人的近亲属；

（二）与本案有利害关系；

（三）与案件当事人有其他关系,可能影响听证公正进行的。

第九条 当事人提出回避申请,应当说明理由。听证主持人应当将当事人的回避申请报告本部门负责人,由本部门负责人决定其是否回避；本部门负责人担任听证主持人的,由本机关负责人决定其是否回避。

第十条 听证主持人在听证活动中依法行使下列职权:

（一）决定举行听证的时间和地点；

（二）决定听证的延期、中止或者终结；

（三）询问听证参加人；

（四）接收并审核有关证据；

（五）维护听证秩序，对违反听证秩序的人员进行警告，对情节严重者可以责令其退场；

（六）提出案件听证之后的处理意见；

（七）司法行政规章赋予的其他职权。

第十一条　听证主持人在听证活动中依法承担下列义务：

（一）将听证通知书依法及时送达当事人及其他有关人员；

（二）应当公开、公正地履行主持听证的职责，保证当事人行使陈述权、申辩权和质证权；

（三）保守听证案件涉及的国家秘密、商业秘密和个人隐私；

（四）不得徇私枉法，包庇纵容违法行为。

听证记录员应当认真、如实制作听证笔录，并承担本条第（三）项的义务。

第十二条　听证主持人有违反行政处罚法行为的，视情节轻重，给予行政处分。

第十三条　听证参加人是指案件调查人员、当事人、第三人、委托代理人、证人、鉴定人、勘验人、翻译人员。

第十四条　听证当事人是指要求举行听证的公民、法人或其他组织。听证当事人依法享有下列权利：

（一）依法申请听证主持人回避；

（二）当事人可以亲自参加听证，也可以委托一至二人代理参加听证；

（三）就案件调查人员提出的案件的事实、证据和行政处罚建议进行申辩；

（四）对案件的证据向调查人员及其证人进行质证；

（五）听证结束前进行最后陈述；

（六）审核听证笔录。

第十五条　听证案件的当事人依法承担下列义务：

（一）按时参加听证；

（二）依法举证；

（三）如实回答听证主持人的询问；

（四）遵守听证秩序。

第十六条　第三人是指与听证案件有利害关系的其他公民、法人或者其他组织。听证主持人可以通知其参加听证。

第十七条　听证当事人委托他人代理参加听证的，应当向司法行政机关提交由委托人签名或者盖章的授权委托书。

授权委托书应当载明委托事项及权限。

授权委托书应经听证主持人确认。

第十八条　案件调查人员应当参加听证，向听证主持人提出当事人违法的事实、证据和行政处罚建议。

第十九条　听证主持人可以通知与听证案件有关的证人、鉴定人、勘验人、翻译人员参加听证。

第三章　听证的受理

第二十条　司法行政机关在作出下列行

政处罚之前,案件调查部门应当告知当事人在三日内有要求举行听证的权利:

(一)责令停业;

(二)吊销许可证或者执业证书;

(三)对个人处以三千元以上罚款,对法人或者其他组织处以二万元以上罚款;

(四)法律法规以及规章规定的其他行政处罚。

第二十一条 案件调查部门可以直接将听证告知书送达当事人,也可以邮寄送达或者委托当事人住所地的司法行政机关代为送达。

第二十二条 当事人要求听证的,应当在接到听证告知书之日起三日内以书面或者口头形式提出,案件调查部门应当在当事人要求听证之日起三日内告知法制工作部门,并将案卷一并移送给法制工作部门。

第二十三条 当事人因不可抗力或者其他正当理由无法提出听证要求的,在障碍消除后三日以内,可以申请延长听证期限。案件调查部门对其申请和事实核实无误后,应当批准其申请。

第四章 听证举行

第二十四条 法制工作部门应当在接到案件调查部门移送的当事人要求听证的材料之后确定听证主持人,并应当于举行听证七日前给当事人、听证参加人送达听证通知书,并通知案件调查人员。

第二十五条 公开举行听证的,司法行政机关应当先期公告当事人姓名或者名称,案由,听证时间、地点。

对涉及国家秘密、商业秘密或者个人隐私不公开举行听证的案件,司法行政机关应当向听证参加人说明不公开听证的理由。

第二十六条 听证开始前,听证记录员应当查明听证参加人是否到场,并宣布以下听证纪律:

(一)未经听证主持人允许不得发言、提问;

(二)未经听证主持人允许不得录音、录相和摄影;

(三)未经听证主持人允许听证参加人不得退场;

(四)旁听人员不得大声喧哗,不得鼓掌、哄闹或者进行其他妨碍听证秩序的活动。

第二十七条 听证主持人核对听证参加人,宣布听证主持人、听证记录员名单,告知听证参加人在听证中的权利义务,询问当事人是否申请回避。

当事人申请回避的,由听证主持人宣布暂停听证,按本规定第八条、第九条处理。

第二十八条 听证应当按照下列程序进行:

(一)听证主持人宣布听证开始,宣布案由;

(二)案件调查人员提出当事人违法的事实、证据和行政处罚的建议;

(三)当事人及其委托代理人就调查人员提出的违法的事实、证据和行政处罚建议进行申辩和质证,并可以出示无违法事实、违法事实较轻,或者减轻、免除行政处罚的证据材料;

(四)案件调查人员和当事人经听证主持人允许,可以就有关证据进行

质问,也可以向到场的证人、鉴定人、勘验人发问;

（五）当事人作最后陈述;

（六）听证主持人宣布听证结束。

第二十九条 听证主持人根据下列情形,决定延期举行听证:

（一）当事人因不可抗拒的事由无法到场的;

（二）当事人临时申请回避的;

（三）其他应当延期的情形。

第三十条 听证主持人根据下列情形,可以中止听证:

（一）需要通知新的证人到场或者需要重新鉴定、勘验的;

（二）当事人因不可抗拒的事由,无法继续参加听证的;

（三）当事人死亡或者解散,需要等待权利义务继承人的;

（四）其他应当中止听证的情形。

第三十一条 延期、中止听证的情形消失后,由听证主持人决定恢复听证并将听证的时间、地点通知听证参加人。

第三十二条 听证主持人根据下列情形,应当终止听证:

（一）当事人撤回听证要求的;

（二）当事人无正当理由不参加听证的,或者未经听证主持人允许中途退场的;

（三）当事人死亡或者解散满三个月后,未确定权利义务继承人的;

（四）拟作出的行政处罚决定改变,依法不应举行听证的;

（五）其他应当终止听证的情形。

第三十三条 听证记录员应当将听证的全部活动记入笔录,由听证主持人和听证记录员签名。

听证笔录应当由当事人当场签名或者盖章。当事人拒绝签名或者盖章的,听证主持人在听证笔录上应当记明情况。

第三十四条 听证结束后,由法制工作部门写出听证报告,连同听证笔录、案件材料一并上报本机关负责人审批。

听证报告应当包括以下内容:

（一）听证案由;

（二）听证主持人和听证参加人的姓名、名称及其他情况;

（三）听证的时间、地点、方式;

（四）听证的过程;

（五）案件事实和认定的证据;

（六）对拟实施行政处罚的意见及处理意见。

第五章 附　　则

第三十五条 司法行政机关组织听证所需的费用由司法业务经费支出。

第三十六条 本规定由司法部解释。

第三十七条 本规定自公布之日起施行。

社会组织登记管理机关 行政处罚程序规定

1. 2021年9月14日民政部令第68号公布
2. 自2021年10月15日起施行

第一章 总　　则

第一条 为规范社会组织登记管理机关（以下简称登记管理机关）行政处罚程序,保护公民、法人或者其他组织的合法权益,促进社会组织健康发展,根据

《中华人民共和国行政处罚法》《中华人民共和国行政强制法》以及社会组织登记管理等法律、行政法规,制定本规定。

第二条　登记管理机关实施行政处罚应当遵循公正、公开的原则,坚持处罚与教育相结合,做到事实清楚、证据确凿、适用依据正确、程序合法、处罚适当。

第三条　各级登记管理机关负责管辖在本机关登记的社会组织的行政处罚案件。

第四条　登记管理机关发现不属于本机关管辖的社会组织在本行政区域内有违法行为的,应当及时通报有管辖权的登记管理机关。

有管辖权的登记管理机关可以书面委托违法行为发生地的登记管理机关对社会组织违法案件进行调查。

有管辖权的登记管理机关跨行政区域调查社会组织违法案件的,有关登记管理机关应当积极配合并协助调查。

第五条　登记管理机关发现所调查的案件不属于本机关管辖的,应当将案件移送有管辖权的机关处理。

第六条　登记管理机关应当依法以文字、音像等形式,对行政处罚的启动、调查取证、审核、决定、送达、执行等进行全过程记录,归档保存。

第二章　立案、调查取证

第七条　登记管理机关对同时符合以下条件的违法行为,应当及时立案:

（一）有违反社会组织登记管理规定的违法事实;

（二）属于登记管理机关行政处罚的范围;

（三）属于本机关管辖。

立案应当填写立案审批表,由登记管理机关负责人审批。

第八条　行政处罚应当由具有行政执法资格的执法人员实施,执法人员不得少于两人。

执法人员应当文明执法,尊重和保护当事人合法权益。

第九条　执法人员在调查或者进行检查时,应当主动向当事人或者有关人员出示执法证件。当事人或者有关人员有权要求执法人员出示执法证件。执法人员不出示执法证件的,当事人或者有关人员有权拒绝接受调查或者检查。

当事人或者有关人员应当如实回答询问,并协助调查或者检查,不得拒绝或者阻挠。询问或者检查应当制作笔录。

第十条　执法人员与案件有直接利害关系或者有其他关系可能影响公正执法的,应当回避。

当事人认为执法人员与案件有直接利害关系或者有其他关系可能影响公正执法的,有权申请回避。

当事人提出回避申请的,登记管理机关应当依法审查,由登记管理机关负责人决定。决定作出之前,不停止调查。

第十一条　执法人员调查和收集证据应当遵循全面、客观、公正原则。

证据包括:

（一）书证;

（二）物证;

（三）视听资料；
（四）电子数据；
（五）证人证言；
（六）当事人的陈述；
（七）鉴定意见；
（八）勘验笔录、现场笔录。

证据必须经查证属实，方可作为认定案件事实的根据。以非法手段取得的证据，不得作为认定案件事实的根据。

第十二条　执法人员应当收集与案件有关的原件、原物作为书证、物证。收集原件、原物确有困难的，可以提取复制品、照片、录像、副本、节录本，由证据提供人核对无误后注明与原件、原物一致，并注明出证日期、证据出处，同时签名或者盖章。

第十三条　执法人员收集视听资料、电子数据，应当收集有关资料、数据的原始载体，收集原始载体有困难的，可以提取复制件，注明制作方法、制作时间、制作人和证明对象等。声音资料应当附有该声音内容的文字记录。

第十四条　执法人员向当事人、证人或者其他有关人员调查了解情况时，应当单独询问，并制作询问笔录。

询问笔录应当交被询问人核对；对阅读有困难的，应当向其宣读。询问笔录如有错误、遗漏，应当允许被询问人更正或者补充。涂改部分应当由被询问人签名、盖章或者以其他方式确认。经核对无误后，由被询问人在询问笔录上逐页签名、盖章或者以其他方式确认。

执法人员应当在询问笔录上签名。

第十五条　执法人员可以要求当事人、证人或者其他有关人员提供证明材料，并要求其在提供的材料上签名或者盖章。

第十六条　对有违法嫌疑的物品或者场所进行检查时，应当通知当事人到场。当事人不到场的，邀请见证人到场。执法人员应当制作现场笔录，载明时间、地点、事件等内容，由执法人员、当事人或者见证人签名或者盖章。当事人拒绝签名、盖章或者不能签名、盖章的，应当注明原因。

第十七条　登记管理机关在收集证据时，在证据可能灭失或者以后难以取得的情况下，经登记管理机关负责人批准，可以采取先行登记保存措施。

第十八条　先行登记保存有关证据，执法人员应当通知当事人到场，送达先行登记保存通知书，当场告知当事人采取先行登记保存措施的理由、依据以及当事人依法享有的权利、救济途径，听取当事人的陈述和申辩，并按照本规定第十六条制作现场笔录。

执法人员应当当场清点证据，加封登记管理机关先行登记保存封条，并开具证据清单，由当事人和执法人员签名或者盖章，交当事人留存一份，归档一份。

登记保存证据期间，当事人或者有关人员不得损坏、销毁或者转移证据。

第十九条　先行登记保存证据后，登记管理机关应当在七个工作日内作出以下处理决定：
（一）对依法应予没收的物品，依照法定程序处理；

（二）对依法应当由有关部门处理的，移交有关部门；

（三）不需要继续登记保存的，解除登记保存，并根据情况及时对解除登记保存的证据采取记录、复制、拍照、录像等措施。

第二十条　执法人员应当围绕证据的真实性、关联性和合法性，针对有无证明效力对证据材料进行核实。

第二十一条　对收集到的证据材料，执法人员应当制作证据目录，并对证据材料的来源、证明对象和内容作简要说明。

第三章　行政处罚的决定

第二十二条　案件调查终结，执法人员应当制作案件调查终结报告。

案件调查终结报告的内容包括：社会组织的基本情况、案件来源、调查过程、案件事实、证据材料、法律依据、处理建议等。

第二十三条　登记管理机关在作出行政处罚决定之前，应当制作行政处罚事先告知书，告知当事人拟作出的行政处罚内容及事实、理由、依据，并告知当事人依法享有的陈述、申辩等权利。

当事人可以自收到行政处罚事先告知书之日起五个工作日内提出陈述和申辩。陈述和申辩可以书面或者口头形式提出。当事人口头提出的，执法人员应当制作陈述笔录，交由当事人核对无误后签字或者盖章。

第二十四条　登记管理机关应当充分听取当事人的意见，对当事人提出的事实、理由和证据，应当进行复核；当事人提出的事实、理由或者证据成立的，登记管理机关应当采纳。

登记管理机关不得因当事人陈述、申辩而给予更重的处罚。

第二十五条　登记管理机关作出较大数额罚款、没收较大数额违法所得、没收较大价值非法财物、限期停止活动、撤销登记、吊销登记证书的处罚决定前，应当在行政处罚事先告知书或者听证告知书中告知当事人有要求听证的权利。

当事人要求听证的，应当在登记管理机关告知后五个工作日内提出。登记管理机关应当在举行听证的七个工作日前，通知当事人以及有关人员听证的时间、地点。

听证应当制作笔录。笔录应当交当事人或者其代理人核对无误后签字或者盖章。当事人或者其代理人拒绝签字或者盖章的，由听证主持人在笔录中注明。听证结束后，登记管理机关应当根据听证笔录，依照本规定第二十七条作出决定。

第二十六条　当事人逾期未提出陈述、申辩或者要求听证的，视为放弃上述权利。

第二十七条　登记管理机关负责人应当对案件调查结果进行审查，根据不同情况分别作出如下决定：

（一）确有应受行政处罚的违法行为的，根据情节轻重及具体情况，作出行政处罚决定；

（二）违法行为轻微，依法可以不予行政处罚的，不予行政处罚；

（三）违法事实不能成立的，不予行政处罚；

（四）违法行为涉嫌犯罪的，移送

司法机关。

第二十八条 对下列案件,登记管理机关负责人应当集体讨论决定:

(一)拟给予较大数额罚款、没收较大数额违法所得、没收较大价值非法财物的;

(二)拟限期停止活动的;

(三)拟撤销登记或吊销登记证书的;

(四)其他情节复杂或者有重大违法行为的。

第二十九条 有下列情形之一,在登记管理机关负责人作出行政处罚的决定之前,应当由从事行政处罚决定法制审核的人员进行法制审核;未经法制审核或者审核未通过的,不得作出决定:

(一)涉及重大公共利益的;

(二)直接关系当事人或者第三人重大权益,经过听证程序的;

(三)案件情况疑难复杂、涉及多个法律关系的;

(四)法律、法规规定应当进行法制审核的其他情形。

登记管理机关中初次从事行政处罚决定法制审核的人员,应当通过国家统一法律职业资格考试取得法律职业资格。

第三十条 登记管理机关决定对社会组织给予行政处罚的,应当制作行政处罚决定书。行政处罚决定书应当载明下列事项:

(一)当事人的姓名或者名称、地址;

(二)违反法律、法规、规章的事实和证据;

(三)行政处罚的种类和依据;

(四)行政处罚的履行方式和期限;

(五)申请行政复议、提起行政诉讼的途径和期限;

(六)作出行政处罚决定的登记管理机关名称和作出决定的日期。

行政处罚决定书应当加盖作出行政处罚决定的登记管理机关的印章。

第三十一条 登记管理机关应当自行政处罚案件立案之日起九十日内作出行政处罚决定。因案情复杂或者其他原因,不能在规定期限内作出处理决定的,经登记管理机关负责人批准,可以延长三十日。案情特别复杂或者有其他特殊情况,经延期仍不能作出处理决定的,应当由登记管理机关负责人集体讨论决定是否继续延期,决定继续延期的,应当同时确定延长的合理期限。

案件处理过程中,听证、公告、审计和检测、鉴定等时间不计入前款所指的案件办理期限。

第三十二条 具有一定社会影响的行政处罚决定应当依法公开。公开的行政处罚决定被依法变更、撤销、确认违法或者确认无效的,登记管理机关应当在三日内撤回行政处罚决定信息并公开说明理由。

第三十三条 登记管理机关及其工作人员对实施行政处罚过程中知悉的国家秘密、商业秘密或者个人隐私,应当依法予以保密。

第四章 行政处罚的执行

第三十四条 当事人对登记管理机关的

行政处罚决定不服,申请行政复议或者提起行政诉讼的,行政处罚不停止执行,法律另有规定的除外。

第三十五条 登记管理机关对当事人作出罚没款处罚的,应当严格执行罚没款收缴分离制度。登记管理机关及其执法人员不得自行收缴罚没款。当事人应当自收到行政处罚决定书之日起十五日内到指定银行或者通过电子支付系统缴纳罚没款。

当事人确有经济困难,需要延期或者分期缴纳罚没款的,应当提出书面申请。经登记管理机关负责人批准,同意当事人延期或者分期缴纳的,登记管理机关应当书面告知当事人延期或者分期的期限、数额。

第三十六条 依法没收的非法财物,按照国家有关规定处理。

第三十七条 社会组织被限期停止活动的,由登记管理机关封存登记证书(含正本、副本)、印章和财务凭证。停止活动的期间届满,社会组织应当根据登记管理机关要求提交整改报告。

第三十八条 登记管理机关依法责令社会组织撤换直接负责的主管人员的,社会组织应当在登记管理机关规定的期限内执行。

第三十九条 登记管理机关对社会组织作出撤销登记或者吊销登记证书的处罚决定的,应当收缴登记证书(含正本、副本)和印章。

第四十条 当事人逾期不履行行政处罚决定的,登记管理机关可以采取下列措施:

(一)到期不缴纳罚款的,每日按罚款数额的百分之三加处罚款,加处罚款的标准应当告知当事人,加处罚款的数额不得超出原罚款数额;

(二)依照《中华人民共和国行政强制法》的规定申请人民法院强制执行;

(三)法律规定的其他措施。

登记管理机关批准延期、分期缴纳罚款的,申请人民法院强制执行的期限,自暂缓或者分期缴纳罚款期限结束之日起计算。

第五章 送 达

第四十一条 行政处罚决定书应当在宣告后当场交付当事人。当事人不在场的,应当在七个工作日内依照本规定将行政处罚决定书送达当事人。

第四十二条 执法人员送达法律文书应当有送达回证,由受送达人在送达回证上记明收到日期,签名或者盖章。

受送达人在送达回证上的签收日期为送达日期。

第四十三条 送达法律文书,应当直接送交受送达人。受送达人是自然人的,本人不在时交其同住成年家属签收;受送达人是法人或者其他组织的,应当由法人的法定代表人、其他组织的主要负责人或者该法人、其他组织负责收件的人签收;受送达人有委托代理人的,可以送交其代理人签收;受送达人已向登记管理机关指定代收人的,送交代收人签收。

第四十四条 受送达人拒绝签收法律文书的,送达人可以邀请有关基层组织或者所在单位的代表到场,说明情况,在送达回证上记明拒收事由和日期,由送达人、见证人签名或者盖章,把法律文书留在受送达人的住所；也可以把法律文书留在受送达人的住所，并采用拍照、录像等方式记录送达过程，即视为送达。

第四十五条　直接送达法律文书有困难的，有管辖权的登记管理机关可以委托其他登记管理机关代为送达，或者邮寄送达。邮寄送达的，以回执上注明的收件日期为送达日期。

第四十六条　当事人同意并签订确认书的，可以采用手机短信、传真、电子邮件、即时通讯账号等能够确认其收悉的电子方式向其送达法律文书，登记管理机关应当通过拍照、截屏、录音、录像等方式予以记录，手机短信、传真、电子邮件、即时通讯信息等到达受送达人特定系统的日期为送达日期。

第四十七条　本章规定的其他方式无法送达的，公告送达。可以在报纸或者登记管理机关门户网站等媒体刊登公告，自公告发布之日起，经过六十日，即视为送达，发出公告日期以刊登日期为准。公告送达，应当在案件材料中载明原因和经过。

第六章　结案、归档

第四十八条　有下列情形之一的，应予结案：

（一）行政处罚案件执行完毕的；

（二）作出不予行政处罚决定的；

（三）作出移送司法机关决定的。

第四十九条　结案后，登记管理机关应当按照下列要求及时将案件材料整理归档：

（一）案卷应当一案一卷，案卷可以分正卷、副卷；

（二）各类文书和证据材料齐全完整，不得损毁伪造；

（三）案卷材料书写时应当使用钢笔、毛笔或者签字笔。

第五十条　卷内材料应当按照处罚决定书和送达回证在前，其余材料按照办案时间顺序排列的原则排列。

内部审批件可以放入副卷。

卷内材料应当编制目录，并逐页标注页码。

第五十一条　案卷归档后，任何人不得私自增加或者抽取案卷材料。有关单位或者个人申请查阅案卷的，按照社会组织登记档案管理有关规定执行。

第七章　附　　则

第五十二条　本规定有关期间的规定，除注明工作日外，按自然日计算。

期间开始之日不计算在内。期间不包括在途时间，期间届满的最后一日为法定节假日的，以节假日后的第一日为期间届满的日期。

第五十三条　本规定自2021年10月15日起施行。2012年8月3日民政部发布的《社会组织登记管理机关行政处罚程序规定》同时废止。

证券期货违法行为行政处罚办法

2021年7月14日中国证券监督管理委员会令第186号公布

第一条　为了规范中国证券监督管理委员会（以下简称中国证监会）及其派出机构行政处罚的实施，维护证券期货市场秩序,保护公民、法人和其他组织的合法权益,根据《中华人民共和国行政处罚法》、《中华人民共和国证券法》、《中华人民共和国证券投资基金法》、《期货交易管理条例》等法律、法规,制定本办法。

第二条　中国证监会依法对全国证券期货市场实行集中统一监督管理。中国证监会派出机构按照授权,依法履行行政处罚职责。

第三条　自然人、法人或者其他组织违反证券期货法律、法规和规章规定,应当给予行政处罚的,中国证监会及其派出机构依照有关法律、法规、规章和本办法规定的程序实施。

第四条　中国证监会及其派出机构实施行政处罚,遵循公开、公平、公正、效率和审慎监管原则,依法、全面、客观地调查、收集有关证据。

第五条　中国证监会及其派出机构作出的行政处罚决定,应当事实清楚、证据确凿、依据正确、程序合法、处罚适当。

第六条　中国证监会及其派出机构发现自然人、法人或者其他组织涉嫌违反证券期货法律、法规和规章,符合下列条件,且不存在依法不予行政处罚等情形的,应当立案:

（一）有明确的违法行为主体。

（二）有证明违法事实的证据。

（三）法律、法规、规章规定有明确的行政处罚法律责任。

（四）尚未超过二年行政处罚时效。涉及金融安全且有危害后果的,尚未超过五年行政处罚时效。

第七条　中国证监会及其派出机构通过文字记录等形式对行政处罚进行全过程记录,归档保存。根据需要,可以对容易引发争议的行政处罚过程进行音像记录,被调查的单位和个人不配合的,执法人员对相关情况进行文字说明。

第八条　中国证监会及其派出机构执法人员必须忠于职守,依法办事,公正廉洁,不得滥用权力,或者利用职务便利牟取不正当利益;严格遵守保密规定,不得泄露案件查办信息,不得泄露所知悉的国家秘密、商业秘密和个人隐私;对于依法取得的个人信息,应当确保信息安全。

第九条　中国证监会及其派出机构进行调查时,执法人员不得少于二人,并应当出示执法证和调查通知书等执法文书。执法人员少于二人或者未出示执法证和调查通知书等执法文书的,被调查的单位和个人有权拒绝。

执法人员应当在询问笔录或现场笔录等材料中对出示情况进行记录。

第十条　被调查的单位和个人应当配合调查,如实回答询问,按要求提供有关文件和资料,不得拒绝、阻碍和隐瞒。

第十一条　中国证监会及其派出机构调查、收集的证据包括:

（一）书证;

（二）物证;

（三）视听资料;

（四）电子数据;

（五）证人证言;

（六）当事人的陈述;

（七）鉴定意见;

（八）勘验笔录、现场笔录。

证据必须经查证属实,方可作为

认定案件事实的根据。

以非法手段取得的证据,不得作为认定案件事实的根据。

第十二条 书证原则上应当收集原件。收集原件确有困难的,可以收集与原件核对无误的复印件、照片、节录本。复印件、照片、节录本由证据提供人核对无误后注明与原件一致,同时由证据提供人逐页签名或者盖章。提供复印内容较多且连续编码的,可以在首尾页及骑缝处签名、盖章。

第十三条 物证原则上应当收集原物。收集原物确有困难的,可以收集与原物核对无误的复制品或者证明该物证的照片、录像等其他证据。原物为数量较多的种类物的,可以收集其中一部分。收集复制品或者影像资料的,应当在现场笔录中说明取证情况。

第十四条 视听资料原则上应当收集有关资料的原始载体。收集原始载体确有困难的,可以收集与原始载体核对无误的复制件,并以现场笔录或其他方式注明制作方法、制作时间、制作人和证明对象等。声音资料应当附有该录音内容的文字记录。

第十五条 电子数据原则上应当收集有关数据的原始载体。收集电子数据原始载体确有困难的,可以制作复制件,并以现场笔录或其他方式记录参与人员、技术方法、收集对象、步骤和过程等。具备条件的,可以采取拍照或录像等方式记录取证过程。对于电子数据的关键内容,可以直接打印或者截屏打印,并由证据提供人签字确认。

第十六条 当事人的陈述、证人证言可以通过询问笔录、书面说明等方式调取。询问应当分别单独进行。询问笔录应当由被询问人员及至少二名参与询问的执法人员逐页签名并注明日期;如有修改,应当由被询问人签字确认。

通过书面说明方式调取的,书面说明应当由提供人逐页签名或者盖章并注明日期。

第十七条 对于涉众型违法行为,在能够充分证明基本违法事实的前提下,执法人员可以按一定比例收集和调取书证、证人证言等证据。

第十八条 下列证据材料,经审查符合真实性、合法性及关联性要求的,可以作为行政处罚的证据:

(一)中国证监会及其派出机构在立案前调查或者监督检查过程中依法取得的证据材料;

(二)司法机关、纪检监察机关、其他行政机关等保存、公布、移交的证据材料;

(三)中国证监会及其派出机构通过依法建立的跨境监督管理合作机制获取的证据材料;

(四)其他符合真实性、合法性及关联性要求的证据材料。

第十九条 中国证监会及其派出机构根据案情需要,可以委托下列单位和人员提供协助:

(一)委托具有法定鉴定资质的鉴定机构对涉案相关事项进行鉴定,鉴定意见应有鉴定人签名和鉴定机构盖章;

(二)委托会计师事务所、资产评估事务所、律师事务所等中介机构以及专家顾问提供专业支持;

（三）委托证券期货交易场所、登记结算机构等检验、测算相关数据或提供与其职能有关的其他协助。

第二十条　中国证监会及其派出机构可以依法要求当事人或与被调查事件有关的单位和个人，在指定的合理期限内，通过纸质、电子邮件、光盘等指定方式报送与被调查事件有关的文件和资料。

第二十一条　中国证监会及其派出机构依法需要采取冻结、查封、扣押、限制证券买卖等措施的，按照《中华人民共和国行政强制法》等法律、法规以及中国证监会的有关规定办理。

第二十二条　中国证监会及其派出机构依法需要采取封存、先行登记保存措施的，应当经单位负责人批准。

遇有紧急情况，需要立即采取上述措施的，执法人员应当在二十四小时内向单位负责人报告，并补办批准手续。单位负责人认为不应当采取的，应当立即解除。

第二十三条　采取封存、先行登记保存措施的，应当当场清点，出具决定书或通知书，开列清单并制作现场笔录。

对于封存、先行登记保存的证据，中国证监会及其派出机构可以自行或采取委托第三方等其他适当方式保管，当事人和有关人员不得隐藏、转移、变卖或者毁损。

第二十四条　对于先行登记保存的证据，应当在七日内采取下列措施：

（一）根据情况及时采取记录、复制、拍照、录像、提取电子数据等证据保全措施；

（二）需要检查、检验、鉴定、评估的，送交检查、检验、鉴定、评估；

（三）依据有关法律、法规可以采取查封、扣押、封存等措施的，作出查封、扣押、封存等决定；

（四）违法事实不成立，或者违法事实成立但依法不应予以查封、扣押、封存的，决定解除先行登记保存措施。

第二十五条　执法人员制作现场笔录的，应当载明时间、地点和事件等内容，并由执法人员和当事人等在场有关人员签名或者盖章。

当事人或者有关人员拒绝或不能在现场笔录、询问笔录、证据材料上签名、盖章的，执法人员应当在现场笔录、询问笔录、证据材料上说明或以录音录像等形式加以证明。必要时，执法人员可以请无利害关系第三方作为见证人签名。

第二十六条　实施行政处罚过程中，有下列情形之一的，中国证监会可以通知出境入境管理机关依法阻止涉嫌违法人员、涉嫌违法单位的主管人员和其他直接责任人员出境：

（一）相关人员涉嫌违法行为情节严重、影响恶劣，或存在本办法第三十八条规定的行为，出境后可能对行政处罚的实施产生不利影响的；

（二）相关人员涉嫌构成犯罪，可能承担刑事责任的；

（三）存在有必要阻止出境的其他情形的。

阻止出境的期限按照出境入境管理机关的规定办理，需要延长期限的，应当通知出境入境管理机关。到期不通知的，由出境入境管理机关按规定解除阻止出境措施。

经调查、审理,被阻止出境人员不属于涉嫌违法人员或责任人员,或者中国证监会认为没有必要继续阻止出境的,应当通知出境入境管理机关依法解除对相关人员的阻止出境措施。

第二十七条　案件调查终结,中国证监会及其派出机构根据案件不同情况,依法报单位负责人批准后,分别作出如下决定:

（一）确有应受行政处罚的违法行为的,根据情节轻重及具体情况,作出行政处罚决定;

（二）违法行为轻微,依法可以不予行政处罚的,不予行政处罚;

（三）违法事实不能成立的,不予行政处罚;

（四）违法行为涉嫌犯罪的,依法移送司法机关。

对情节复杂或者重大违法行为给予行政处罚,中国证监会及其派出机构负责人应当集体讨论决定。

第二十八条　中国证监会设立行政处罚委员会,对按照规定向其移交的案件提出审理意见、依法进行法制审核,报单位负责人批准后作出处理决定。

中国证监会派出机构负责人作出行政处罚的决定之前,依法由从事行政处罚决定法制审核的人员进行法制审核。

第二十九条　中国证监会及其派出机构在行政处罚过程中发现违法行为涉嫌犯罪的,应当依法、及时将案件移送司法机关处理。

司法机关依法不追究刑事责任或者免予刑事处罚,但应当给予行政处罚的,中国证监会及其派出机构依法作出行政处罚决定。

第三十条　行政处罚决定作出前,中国证监会及其派出机构应当向当事人送达行政处罚事先告知书,载明下列内容:

（一）拟作出行政处罚的事实、理由和依据;

（二）拟作出的行政处罚决定;

（三）当事人依法享有陈述和申辩的权利;

（四）符合《中国证券监督管理委员会行政处罚听证规则》所规定条件的,当事人享有要求听证的权利。

第三十一条　当事人要求听证的,按照听证相关规定办理。

当事人要求陈述、申辩但未要求听证的,应当在行政处罚事先告知书送达后五日内提出,并在行政处罚事先告知书送达后十五日内提出陈述、申辩意见。当事人书面申请延长陈述、申辩期限的,经同意后可以延期。

当事人存在下列情形的,视为明确放弃陈述、申辩、听证权利:

（一）当事人未按前两款规定提出听证要求或陈述、申辩要求的;

（二）要求听证的当事人未按听证通知书载明的时间、地点参加听证,截至听证当日也未提出陈述、申辩意见的;

（三）要求陈述、申辩但未要求听证的当事人,未在规定时间内提出陈述、申辩意见的。

第三十二条　中国证监会及其派出机构对已经送达的行政处罚事先告知书认定的主要事实、理由、依据或者拟处罚决定作出调整的,应当重新向当事人送达行政处罚事先告知书,但作出对当事人有利变更的除外。

第三十三条 当事人收到行政处罚事先告知书后,可以申请查阅涉及本人行政处罚事项的证据,但涉及国家秘密、他人的商业秘密和个人隐私的内容除外。

第三十四条 证券期货违法行为的违法所得,是指通过违法行为所获利益或者避免的损失,应根据违法行为的不同性质予以认定,具体规则由中国证监会另行制定。

第三十五条 中国证监会及其派出机构应当自立案之日起一年内作出行政处罚决定。有特殊情况需要延长的,应当报经单位负责人批准,每次延长期限不得超过六个月。

中国证监会及其派出机构作出行政处罚决定的,应当依照《中华人民共和国行政处罚法》的规定,在七日内将行政处罚决定书送达当事人,并按照政府信息公开等规定予以公开。

第三十六条 行政执法文书可以采取《中华人民共和国民事诉讼法》规定的方式送达当事人。当事人同意的,可以采用传真、电子邮件等方式送达。

第三十七条 申请适用行政执法当事人承诺制度的,按照有关规定办理。

第三十八条 有下列拒绝、阻碍执法情形之一的,按照《证券法》第二百一十八条的规定追究责任:

(一)殴打、围攻、推搡、抓挠、威胁、侮辱、谩骂执法人员的;

(二)限制执法人员人身自由的;

(三)抢夺、毁损执法装备及执法人员个人物品的;

(四)抢夺、毁损、伪造、隐藏证据材料的;

(五)不按要求报送文件资料,且无正当理由的;

(六)转移、变卖、毁损、隐藏被依法冻结、查封、扣押、封存的资金或涉案财产的;

(七)躲避推脱、拒不接受、无故离开等不配合执法人员询问,或在询问时故意提供虚假陈述、谎报案情的;

(八)其他不履行配合义务的情形。

第三十九条 本办法所称派出机构,是指中国证监会派驻各省、自治区、直辖市和计划单列市监管局。

中国证监会稽查总队、证券监管专员办事处根据职责或授权对证券期货违法行为进行立案、调查的,依照本办法执行。

第四十条 行政处罚相关信息记入证券期货市场诚信档案数据库。

第四十一条 本办法自公布之日起施行。

三、行政诉讼

中华人民共和国行政诉讼法

1. 1989年4月4日第七届全国人民代表大会第二次会议通过
2. 根据2014年11月1日第十二届全国人民代表大会常务委员会第十一次会议《关于修改〈中华人民共和国行政诉讼法〉的决定》第一次修正
3. 根据2017年6月27日第十二届全国人民代表大会常务委员会第二十八次会议《关于修改〈中华人民共和国民事诉讼法〉和〈中华人民共和国行政诉讼法〉的决定》第二次修正

目　　录

第一章　总　　则
第二章　受案范围
第三章　管　　辖
第四章　诉讼参加人
第五章　证　　据
第六章　起诉和受理
第七章　审理和判决
　第一节　一般规定
　第二节　第一审普通程序
　第三节　简易程序
　第四节　第二审程序
　第五节　审判监督程序
第八章　执　　行
第九章　涉外行政诉讼
第十章　附　　则

第一章　总　　则

第一条　【立法目的和根据】为保证人民法院公正、及时审理行政案件,解决行政争议,保护公民、法人和其他组织的合法权益,监督行政机关依法行使职权,根据宪法,制定本法。

第二条　【诉权】公民、法人或者其他组织认为行政机关和行政机关工作人员的行政行为侵犯其合法权益,有权依照本法向人民法院提起诉讼。

　　前款所称行政行为,包括法律、法规、规章授权的组织作出的行政行为。

第三条　【权利与义务】人民法院应当保障公民、法人和其他组织的起诉权利,对应当受理的行政案件依法受理。

　　行政机关及其工作人员不得干预、阻碍人民法院受理行政案件。

　　被诉行政机关负责人应当出庭应诉。不能出庭的,应当委托行政机关相应的工作人员出庭。

第四条　【独立行使审判权】人民法院依法对行政案件独立行使审判权,不受行政机关、社会团体和个人的干涉。

　　人民法院设行政审判庭,审理行政案件。

第五条　【以事实为根据,以法律为准绳原则】人民法院审理行政案件,以事实为根据,以法律为准绳。

第六条　【合法性审查原则】人民法院审

理行政案件,对行政行为是否合法进行审查。

第七条 【合议、回避、公开审判和两审终审原则】人民法院审理行政案件,依法实行合议、回避、公开审判和两审终审制度。

第八条 【法律地位平等原则】当事人在行政诉讼中的法律地位平等。

第九条 【本民族语言文字原则】各民族公民都有用本民族语言、文字进行行政诉讼的权利。

在少数民族聚居或者多民族共同居住的地区,人民法院应当用当地民族通用的语言、文字进行审理和发布法律文书。

人民法院应当对不通晓当地民族通用的语言、文字的诉讼参与人提供翻译。

第十条 【辩论原则】当事人在行政诉讼中有权进行辩论。

第十一条 【法律监督原则】人民检察院有权对行政诉讼实行法律监督。

第二章 受案范围

第十二条 【行政诉讼受案范围】人民法院受理公民、法人或者其他组织提起的下列诉讼:

(一)对行政拘留、暂扣或者吊销许可证和执照、责令停产停业、没收违法所得、没收非法财物、罚款、警告等行政处罚不服的;

(二)对限制人身自由或者对财产的查封、扣押、冻结等行政强制措施和行政强制执行不服的;

(三)申请行政许可,行政机关拒绝或者在法定期限内不予答复,或者对行政机关作出的有关行政许可的其他决定不服的;

(四)对行政机关作出的关于确认土地、矿藏、水流、森林、山岭、草原、荒地、滩涂、海域等自然资源的所有权或者使用权的决定不服的;

(五)对征收、征用决定及其补偿决定不服的;

(六)申请行政机关履行保护人身权、财产权等合法权益的法定职责,行政机关拒绝履行或者不予答复的;

(七)认为行政机关侵犯其经营自主权或者农村土地承包经营权、农村土地经营权的;

(八)认为行政机关滥用行政权力排除或者限制竞争的;

(九)认为行政机关违法集资、摊派费用或者违法要求履行其他义务的;

(十)认为行政机关没有依法支付抚恤金、最低生活保障待遇或者社会保险待遇的;

(十一)认为行政机关不依法履行、未按照约定履行或者违法变更、解除政府特许经营协议、土地房屋征收补偿协议等协议的;

(十二)认为行政机关侵犯其他人身权、财产权等合法权益的。

除前款规定外,人民法院受理法律、法规规定可以提起诉讼的其他行政案件。

第十三条 【受案范围的排除】人民法院不受理公民、法人或者其他组织对下列事项提起的诉讼:

(一)国防、外交等国家行为;

(二)行政法规、规章或者行政机

关制定、发布的具有普遍约束力的决定、命令；

（三）行政机关对行政机关工作人员的奖惩、任免等决定；

（四）法律规定由行政机关最终裁决的行政行为。

第三章 管　辖

第十四条 【基层人民法院管辖第一审行政案件】基层人民法院管辖第一审行政案件。

第十五条 【中级人民法院管辖的第一审行政案件】中级人民法院管辖下列第一审行政案件：

（一）对国务院部门或者县级以上地方人民政府所作的行政行为提起诉讼的案件；

（二）海关处理的案件；

（三）本辖区内重大、复杂的案件；

（四）其他法律规定由中级人民法院管辖的案件。

第十六条 【高级人民法院管辖的第一审行政案件】高级人民法院管辖本辖区内重大、复杂的第一审行政案件。

第十七条 【最高人民法院管辖的第一审行政案件】最高人民法院管辖全国范围内重大、复杂的第一审行政案件。

第十八条 【一般地域管辖和法院跨行政区域管辖】行政案件由最初作出行政行为的行政机关所在地人民法院管辖。经复议的案件，也可以由复议机关所在地人民法院管辖。

经最高人民法院批准，高级人民法院可以根据审判工作的实际情况，确定若干人民法院跨行政区域管辖行政案件。

第十九条 【限制人身自由行政案件的管辖】对限制人身自由的行政强制措施不服提起的诉讼，由被告所在地或者原告所在地人民法院管辖。

第二十条 【不动产行政案件的管辖】因不动产提起的行政诉讼，由不动产所在地人民法院管辖。

第二十一条 【选择管辖】两个以上人民法院都有管辖权的案件，原告可以选择其中一个人民法院提起诉讼。原告向两个以上有管辖权的人民法院提起诉讼的，由最先立案的人民法院管辖。

第二十二条 【移送管辖】人民法院发现受理的案件不属于本院管辖的，应当移送有管辖权的人民法院，受移送的人民法院应当受理。受移送的人民法院认为受移送的案件按照规定不属于本院管辖的，应当报请上级人民法院指定管辖，不得再自行移送。

第二十三条 【指定管辖】有管辖权的人民法院由于特殊原因不能行使管辖权的，由上级人民法院指定管辖。

人民法院对管辖权发生争议，由争议双方协商解决。协商不成的，报它们的共同上级人民法院指定管辖。

第二十四条 【管辖权转移】上级人民法院有权审理下级人民法院管辖的第一审行政案件。

下级人民法院对其管辖的第一审行政案件，认为需要由上级人民法院审理或者指定管辖的，可以报请上级人民法院决定。

第四章 诉讼参加人

第二十五条 【原告资格】行政行为的相对人以及其他与行政行为有利害关系

的公民、法人或者其他组织,有权提起诉讼。

有权提起诉讼的公民死亡,其近亲属可以提起诉讼。

有权提起诉讼的法人或者其他组织终止,承受其权利的法人或者其他组织可以提起诉讼。

人民检察院在履行职责中发现生态环境和资源保护、食品药品安全、国有财产保护、国有土地使用权出让等领域负有监督管理职责的行政机关违法行使职权或者不作为,致使国家利益或者社会公共利益受到侵害的,应当向行政机关提出检察建议,督促其依法履行职责。行政机关不依法履行职责的,人民检察院依法向人民法院提起诉讼。

第二十六条 【被告资格】公民、法人或者其他组织直接向人民法院提起诉讼的,作出行政行为的行政机关是被告。

经复议的案件,复议机关决定维持原行政行为的,作出原行政行为的行政机关和复议机关是共同被告;复议机关改变原行政行为的,复议机关是被告。

复议机关在法定期限内未作出复议决定,公民、法人或者其他组织起诉原行政行为的,作出原行政行为的行政机关是被告;起诉复议机关不作为的,复议机关是被告。

两个以上行政机关作出同一行政行为的,共同作出行政行为的行政机关是共同被告。

行政机关委托的组织所作的行政行为,委托的行政机关是被告。

行政机关被撤销或者职权变更的,继续行使其职权的行政机关是被告。

第二十七条 【共同诉讼】当事人一方或者双方为二人以上,因同一行政行为发生的行政案件,或者因同类行政行为发生的行政案件、人民法院认为可以合并审理并经当事人同意的,为共同诉讼。

第二十八条 【代表人诉讼】当事人一方人数众多的共同诉讼,可以由当事人推选代表人进行诉讼。代表人的诉讼行为对其所代表的当事人发生效力,但代表人变更、放弃诉讼请求或者承认对方当事人的诉讼请求,应当经被代表的当事人同意。

第二十九条 【诉讼第三人】公民、法人或者其他组织同被诉行政行为有利害关系但没有提起诉讼的,或者同案件处理结果有利害关系的,可以作为第三人申请参加诉讼,或者由人民法院通知参加诉讼。

人民法院判决第三人承担义务或者减损第三人权益的,第三人有权依法提起上诉。

第三十条 【法定代理人】没有诉讼行为能力的公民,由其法定代理人代为诉讼。法定代理人互相推诿代理责任的,由人民法院指定其中一人代为诉讼。

第三十一条 【委托代理人】当事人、法定代理人,可以委托一至二人作为诉讼代理人。

下列人员可以被委托为诉讼代理人:

(一)律师、基层法律服务工作者;

(二)当事人的近亲属或者工作

第三十二条 【当事人及诉讼代理人权利】代理诉讼的律师,有权按照规定查阅、复制本案有关材料,有权向有关组织和公民调查、收集与本案有关的证据。对涉及国家秘密、商业秘密和个人隐私的材料,应当依照法律规定保密。

当事人和其他诉讼代理人有权按照规定查阅、复制本案庭审材料,但涉及国家秘密、商业秘密和个人隐私的内容除外。

第五章 证 据

第三十三条 【证据种类】证据包括:

(一)书证;

(二)物证;

(三)视听资料;

(四)电子数据;

(五)证人证言;

(六)当事人的陈述;

(七)鉴定意见;

(八)勘验笔录、现场笔录。

以上证据经法庭审查属实,才能作为认定案件事实的根据。

第三十四条 【被告举证责任】被告对作出的行政行为负有举证责任,应当提供作出该行政行为的证据和所依据的规范性文件。

被告不提供或者无正当理由逾期提供证据,视为没有相应证据。但是,被诉行政行为涉及第三人合法权益,第三人提供证据的除外。

第三十五条 【行政机关收集证据的限制】在诉讼过程中,被告及其诉讼代理人不得自行向原告、第三人和证人收集证据。

第三十六条 【被告延期提供证据和补充证据】被告在作出行政行为时已经收集了证据,但因不可抗力等正当事由不能提供的,经人民法院准许,可以延期提供。

原告或者第三人提出了其在行政处理程序中没有提出的理由或者证据的,经人民法院准许,被告可以补充证据。

第三十七条 【原告可以提供证据】原告可以提供证明行政行为违法的证据。原告提供的证据不成立的,不免除被告的举证责任。

第三十八条 【原告举证责任】在起诉被告不履行法定职责的案件中,原告应当提供其向被告提出申请的证据。但有下列情形之一的除外:

(一)被告应当依职权主动履行法定职责的;

(二)原告因正当理由不能提供证据的。

在行政赔偿、补偿的案件中,原告应当对行政行为造成的损害提供证据。因被告的原因导致原告无法举证的,由被告承担举证责任。

第三十九条 【法院要求当事人提供或者补充证据】人民法院有权要求当事人提供或者补充证据。

第四十条 【法院调取证据】人民法院有权向有关行政机关以及其他组织、公民调取证据。但是,不得为证明行政行为的合法性调取被告作出行政行为时未收集的证据。

第四十一条 【申请法院调取证据】与本案有关的下列证据，原告或者第三人不能自行收集的，可以申请人民法院调取：

（一）由国家机关保存而须由人民法院调取的证据；

（二）涉及国家秘密、商业秘密和个人隐私的证据；

（三）确因客观原因不能自行收集的其他证据。

第四十二条 【证据保全】在证据可能灭失或者以后难以取得的情况下，诉讼参加人可以向人民法院申请保全证据，人民法院也可以主动采取保全措施。

第四十三条 【证据适用规则】证据应当在法庭上出示，并由当事人互相质证。对涉及国家秘密、商业秘密和个人隐私的证据，不得在公开开庭时出示。

人民法院应当按照法定程序，全面、客观地审查核实证据。对未采纳的证据应当在裁判文书中说明理由。

以非法手段取得的证据，不得作为认定案件事实的根据。

第六章 起诉和受理

第四十四条 【行政复议与行政诉讼】对属于人民法院受案范围的行政案件，公民、法人或者其他组织可以先向行政机关申请复议，对复议决定不服的，再向人民法院提起诉讼；也可以直接向人民法院提起诉讼。

法律、法规规定应当先向行政机关申请复议，对复议决定不服再向人民法院提起诉讼的，依照法律、法规的规定。

第四十五条 【经行政复议的起诉期限】公民、法人或者其他组织不服复议决定的，可以在收到复议决定书之日起十五日内向人民法院提起诉讼。复议机关逾期不作决定的，申请人可以在复议期满之日起十五日内向人民法院提起诉讼。法律另有规定的除外。

第四十六条 【起诉期限】公民、法人或者其他组织直接向人民法院提起诉讼的，应当自知道或者应当知道作出行政行为之日起六个月内提出。法律另有规定的除外。

因不动产提起诉讼的案件自行政行为作出之日起超过二十年，其他案件自行政行为作出之日起超过五年提起诉讼的，人民法院不予受理。

第四十七条 【行政机关不履行法定职责的起诉期限】公民、法人或者其他组织申请行政机关履行保护其人身权、财产权等合法权益的法定职责，行政机关在接到申请之日起两个月内不履行的，公民、法人或者其他组织可以向人民法院提起诉讼。法律、法规对行政机关履行职责的期限另有规定的，从其规定。

公民、法人或者其他组织在紧急情况下请求行政机关履行保护其人身权、财产权等合法权益的法定职责，行政机关不履行的，提起诉讼不受前款规定期限的限制。

第四十八条 【起诉期限的扣除和延长】公民、法人或者其他组织因不可抗力或者其他不属于其自身的原因耽误起诉期限的，被耽误的时间不计算在起诉期限内。

公民、法人或者其他组织因前款

规定以外的其他特殊情况耽误起诉期限的,在障碍消除后十日内,可以申请延长期限,是否准许由人民法院决定。

第四十九条 【起诉条件】提起诉讼应当符合下列条件:

（一）原告是符合本法第二十五条规定的公民、法人或者其他组织;

（二）有明确的被告;

（三）有具体的诉讼请求和事实根据;

（四）属于人民法院受案范围和受诉人民法院管辖。

第五十条 【起诉方式】起诉应当向人民法院递交起诉状,并按照被告人数提出副本。

书写起诉状确有困难的,可以口头起诉,由人民法院记入笔录,出具注明日期的书面凭证,并告知对方当事人。

第五十一条 【登记立案】人民法院在接到起诉状时对符合本法规定的起诉条件的,应当登记立案。

对当场不能判定是否符合本法规定的起诉条件的,应当接收起诉状,出具注明收到日期的书面凭证,并在七日内决定是否立案。不符合起诉条件的,作出不予立案的裁定。裁定书应当载明不予立案的理由。原告对裁定不服的,可以提起上诉。

起诉状内容欠缺或者有其他错误的,应当给予指导和释明,并一次性告知当事人需要补正的内容。不得未经指导和释明即以起诉不符合条件为由不接收起诉状。

对于不接收起诉状、接收起诉状后不出具书面凭证,以及不一次性告知当事人需要补正的起诉状内容的,当事人可以向上级人民法院投诉,上级人民法院应当责令改正,并对直接负责的主管人员和其他直接责任人员依法给予处分。

第五十二条 【法院不立案的救济】人民法院既不立案,又不作出不予立案裁定的,当事人可以向上一级人民法院起诉。上一级人民法院认为符合起诉条件的,应当立案、审理,也可以指定其他下级人民法院立案、审理。

第五十三条 【规范性文件的附带审查】公民、法人或者其他组织认为行政行为所依据的国务院部门和地方人民政府及其部门制定的规范性文件不合法,在对行政行为提起诉讼时,可以一并请求对该规范性文件进行审查。

前款规定的规范性文件不含规章。

第七章　审理和判决

第一节　一般规定

第五十四条 【公开审理原则】人民法院公开审理行政案件,但涉及国家秘密、个人隐私和法律另有规定的除外。

涉及商业秘密的案件,当事人申请不公开审理的,可以不公开审理。

第五十五条 【回避】当事人认为审判人员与本案有利害关系或者有其他关系可能影响公正审判,有权申请审判人员回避。

审判人员认为自己与本案有利害关系或者有其他关系,应当申请回避。

前两款规定,适用于书记员、翻译人员、鉴定人、勘验人。

院长担任审判长时的回避,由审

判委员会决定；审判人员的回避，由院长决定；其他人员的回避，由审判长决定。当事人对决定不服的，可以申请复议一次。

第五十六条　【诉讼不停止执行及例外】诉讼期间，不停止行政行为的执行。但有下列情形之一的，裁定停止执行：

（一）被告认为需要停止执行的；

（二）原告或者利害关系人申请停止执行，人民法院认为该行政行为的执行会造成难以弥补的损失，并且停止执行不损害国家利益、社会公共利益的；

（三）人民法院认为该行政行为的执行会给国家利益、社会公共利益造成重大损害的；

（四）法律、法规规定停止执行的。

当事人对停止执行或者不停止执行的裁定不服的，可以申请复议一次。

第五十七条　【先予执行】人民法院对起诉行政机关没有依法支付抚恤金、最低生活保障金和工伤、医疗社会保险金的案件，权利义务关系明确，不先予执行将严重影响原告生活的，可以根据原告的申请，裁定先予执行。

当事人对先予执行裁定不服的，可以申请复议一次。复议期间不停止裁定的执行。

第五十八条　【拒不到庭或中途退庭的法律后果】经人民法院传票传唤，原告无正当理由拒不到庭，或者未经法庭许可中途退庭的，可以按照撤诉处理；被告无正当理由拒不到庭，或者未经法庭许可中途退庭的，可以缺席判决。

第五十九条　【妨害行政诉讼强制措施】诉讼参与人或者其他人有下列行为之一的，人民法院可以根据情节轻重，予以训诫、责令具结悔过或者处一万元以下的罚款、十五日以下的拘留；构成犯罪的，依法追究刑事责任：

（一）有义务协助调查、执行的人，对人民法院的协助调查决定、协助执行通知书，无故推拖、拒绝或者妨碍调查、执行的；

（二）伪造、隐藏、毁灭证据或者提供虚假证明材料，妨碍人民法院审理案件的；

（三）指使、贿买、胁迫他人作伪证或者威胁、阻止证人作证的；

（四）隐藏、转移、变卖、毁损已被查封、扣押、冻结的财产的；

（五）以欺骗、胁迫等非法手段使原告撤诉的；

（六）以暴力、威胁或者其他方法阻碍人民法院工作人员执行职务，或者以哄闹、冲击法庭等方法扰乱人民法院工作秩序的；

（七）对人民法院审判人员或者其他工作人员、诉讼参与人、协助调查和执行的人员恐吓、侮辱、诽谤、诬陷、殴打、围攻或者打击报复的。

人民法院对有前款规定的行为之一的单位，可以对其主要负责人或者直接责任人员依照前款规定予以罚款、拘留；构成犯罪的，依法追究刑事责任。

罚款、拘留须经人民法院院长批准。当事人不服的，可以向上一级人民法院申请复议一次。复议期间不停止执行。

第六十条　【调解】人民法院审理行政案件，不适用调解。但是，行政赔偿、补偿以及行政机关行使法律、法规规定的自由裁量权的案件可以调解。

调解应当遵循自愿、合法原则，不得损害国家利益、社会公共利益和他人合法权益。

第六十一条 【民事争议和行政争议交叉】在涉及行政许可、登记、征收、征用和行政机关对民事争议所作的裁决的行政诉讼中，当事人申请一并解决相关民事争议的，人民法院可以一并审理。

在行政诉讼中，人民法院认为行政案件的审理需以民事诉讼的裁判为依据的，可以裁定中止行政诉讼。

第六十二条 【撤诉】人民法院对行政案件宣告判决或者裁定前，原告申请撤诉的，或者被告改变其所作的行政行为，原告同意并申请撤诉的，是否准许，由人民法院裁定。

第六十三条 【审理依据】人民法院审理行政案件，以法律和行政法规、地方性法规为依据。地方性法规适用于本行政区域内发生的行政案件。

人民法院审理民族自治地方的行政案件，并以该民族自治地方的自治条例和单行条例为依据。

人民法院审理行政案件，参照规章。

第六十四条 【规范性文件审查和处理】人民法院在审理行政案件中，经审查认为本法第五十三条规定的规范性文件不合法的，不作为认定行政行为合法的依据，并向制定机关提出处理建议。

第六十五条 【裁判文书公开】人民法院应当公开发生法律效力的判决书、裁定书，供公众查阅，但涉及国家秘密、商业秘密和个人隐私的内容除外。

第六十六条 【有关行政机关工作人员和被告的处理】人民法院在审理行政案件中，认为行政机关的主管人员、直接责任人员违法违纪的，应当将有关材料移送监察机关、该行政机关或者其上一级行政机关；认为有犯罪行为的，应当将有关材料移送公安、检察机关。

人民法院对被告经传票传唤无正当理由拒不到庭，或者未经法庭许可中途退庭的，可以将被告拒不到庭或者中途退庭的情况予以公告，并可以向监察机关或者被告的上一级行政机关提出依法给予其主要负责人或者直接责任人员处分的司法建议。

第二节 第一审普通程序

第六十七条 【发送起诉状和提出答辩状】人民法院应当在立案之日起五日内，将起诉状副本发送被告。被告应当在收到起诉状副本之日起十五日内向人民法院提交作出行政行为的证据和所依据的规范性文件，并提出答辩状。人民法院应当在收到答辩状之日起五日内，将答辩状副本发送原告。

被告不提出答辩状的，不影响人民法院审理。

第六十八条 【审判组织形式】人民法院审理行政案件，由审判员组成合议庭，或者由审判员、陪审员组成合议庭。合议庭的成员，应当是三人以上的单数。

第六十九条 【驳回原告诉讼请求】行政行为证据确凿，适用法律、法规正确，符合法定程序的,或者原告申请被告履行法定职责或者给付义务理由不成立的,人民法院判决驳回原告的诉讼请求。

第七十条　【撤销判决和重作判决】行政行为有下列情形之一的,人民法院判决撤销或者部分撤销,并可以判决被告重新作出行政行为:

（一）主要证据不足的;

（二）适用法律、法规错误的;

（三）违反法定程序的;

（四）超越职权的;

（五）滥用职权的;

（六）明显不当的。

第七十一条　【重作判决对被告的限制】人民法院判决被告重新作出行政行为的,被告不得以同一的事实和理由作出与原行政行为基本相同的行政行为。

第七十二条　【履行判决】人民法院经过审理,查明被告不履行法定职责的,判决被告在一定期限内履行。

第七十三条　【给付判决】人民法院经过审理,查明被告依法负有给付义务的,判决被告履行给付义务。

第七十四条　【确认违法判决】行政行为有下列情形之一的,人民法院判决确认违法,但不撤销行政行为:

（一）行政行为依法应当撤销,但撤销会给国家利益、社会公共利益造成重大损害的;

（二）行政行为程序轻微违法,但对原告权利不产生实际影响的。

行政行为有下列情形之一,不需要撤销或者判决履行的,人民法院判决确认违法:

（一）行政行为违法,但不具有可撤销内容的;

（二）被告改变原违法行政行为,原告仍要求确认原行政行为违法的;

（三）被告不履行或者拖延履行法定职责,判决履行没有意义的。

第七十五条　【确认无效判决】行政行为有实施主体不具有行政主体资格或者没有依据等重大且明显违法情形,原告申请确认行政行为无效的,人民法院判决确认无效。

第七十六条　【确认违法和无效判决的补充规定】人民法院判决确认违法或者无效的,可以同时判决责令被告采取补救措施;给原告造成损失的,依法判决被告承担赔偿责任。

第七十七条　【变更判决】行政处罚明显不当,或者其他行政行为涉及对款额的确定、认定确有错误的,人民法院可以判决变更。

人民法院判决变更,不得加重原告的义务或者减损原告的权益。但利害关系人同为原告,且诉讼请求相反的除外。

第七十八条　【行政协议履行及补偿判决】被告不依法履行、未按照约定履行或者违法变更、解除本法第十二条第一款第十一项规定的协议的,人民法院判决被告承担继续履行、采取补救措施或者赔偿损失等责任。

被告变更、解除本法第十二条第一款第十一项规定的协议合法,但未依法给予补偿的,人民法院判决给予补偿。

第七十九条　【复议决定和原行政行为一并裁判】复议机关与作出原行政行

为的行政机关为共同被告的案件,人民法院应当对复议决定和原行政行为一并作出裁判。

第八十条 【公开宣判】人民法院对公开审理和不公开审理的案件,一律公开宣告判决。

当庭宣判的,应当在十日内发送判决书;定期宣判的,宣判后立即发给判决书。

宣告判决时,必须告知当事人上诉权利、上诉期限和上诉的人民法院。

第八十一条 【第一审审限】人民法院应当在立案之日起六个月内作出第一审判决。有特殊情况需要延长的,由高级人民法院批准,高级人民法院审理第一审案件需要延长的,由最高人民法院批准。

第三节 简易程序

第八十二条 【简易程序适用情形】人民法院审理下列第一审行政案件,认为事实清楚、权利义务关系明确、争议不大的,可以适用简易程序:

(一)被诉行政行为是依法当场作出的;

(二)案件涉及款额二千元以下的;

(三)属于政府信息公开案件的。

除前款规定以外的第一审行政案件,当事人各方同意适用简易程序的,可以适用简易程序。

发回重审、按照审判监督程序再审的案件不适用简易程序。

第八十三条 【简易程序的审判组织形式和审限】适用简易程序审理的行政案件,由审判员一人独任审理,并应当在立案之日起四十五日内审结。

第八十四条 【简易程序与普通程序的转换】人民法院在审理过程中,发现案件不宜适用简易程序的,裁定转为普通程序。

第四节 第二审程序

第八十五条 【上诉】当事人不服人民法院第一审判决的,有权在判决书送达之日起十五日内向上一级人民法院提起上诉。当事人不服人民法院第一审裁定的,有权在裁定书送达之日起十日内向上一级人民法院提起上诉。逾期不提起上诉的,人民法院的第一审判决或者裁定发生法律效力。

第八十六条 【二审审理方式】人民法院对上诉案件,应当组成合议庭,开庭审理。经过阅卷、调查和询问当事人,对没有提出新的事实、证据或者理由,合议庭认为不需要开庭审理的,也可以不开庭审理。

第八十七条 【二审审查范围】人民法院审理上诉案件,应当对原审人民法院的判决、裁定和被诉行政行为进行全面审查。

第八十八条 【二审审限】人民法院审理上诉案件,应当在收到上诉状之日起三个月内作出终审判决。有特殊情况需要延长的,由高级人民法院批准,高级人民法院审理上诉案件需要延长的,由最高人民法院批准。

第八十九条 【二审裁判】人民法院审理上诉案件,按照下列情形,分别处理:

(一)原判决、裁定认定事实清楚,适用法律、法规正确的,判决或者裁定驳回上诉,维持原判决、裁定;

（二）原判决、裁定认定事实错误或者适用法律、法规错误的，依法改判、撤销或者变更；

（三）原判决认定基本事实不清、证据不足的，发回原审人民法院重审，或者查清事实后改判；

（四）原判决遗漏当事人或者违法缺席判决等严重违反法定程序的，裁定撤销原判决，发回原审人民法院重审。

原审人民法院对发回重审的案件作出判决后，当事人提起上诉的，第二审人民法院不得再次发回重审。

人民法院审理上诉案件，需要改变原审判决的，应当同时对被诉行政行为作出判决。

第五节　审判监督程序

第九十条　【当事人申请再审】当事人对已经发生法律效力的判决、裁定，认为确有错误的，可以向上一级人民法院申请再审，但判决、裁定不停止执行。

第九十一条　【再审事由】当事人的申请符合下列情形之一的，人民法院应当再审：

（一）不予立案或者驳回起诉确有错误的；

（二）有新的证据，足以推翻原判决、裁定的；

（三）原判决、裁定认定事实的主要证据不足、未经质证或者系伪造的；

（四）原判决、裁定适用法律、法规确有错误的；

（五）违反法律规定的诉讼程序，可能影响公正审判的；

（六）原判决、裁定遗漏诉讼请求的；

（七）据以作出原判决、裁定的法律文书被撤销或者变更的；

（八）审判人员在审理该案件时有贪污受贿、徇私舞弊、枉法裁判行为的。

第九十二条　【人民法院依职权再审】各级人民法院院长对本院已经发生法律效力的判决、裁定，发现有本法第九十一条规定情形之一，或者发现调解违反自愿原则或者调解书内容违法，认为需要再审的，应当提交审判委员会讨论决定。

最高人民法院对地方各级人民法院已经发生法律效力的判决、裁定，上级人民法院对下级人民法院已经发生法律效力的判决、裁定，发现有本法第九十一条规定情形之一，或者发现调解违反自愿原则或者调解书内容违法的，有权提审或者指令下级人民法院再审。

第九十三条　【抗诉和检察建议】最高人民检察院对各级人民法院已经发生法律效力的判决、裁定，上级人民检察院对下级人民法院已经发生法律效力的判决、裁定，发现有本法第九十一条规定情形之一，或者发现调解书损害国家利益、社会公共利益的，应当提出抗诉。

地方各级人民检察院对同级人民法院已经发生法律效力的判决、裁定，发现有本法第九十一条规定情形之一，或者发现调解书损害国家利益、社会公共利益的，可以向同级人民法院提出检察建议，并报上级人民检察院备案；也可以提请上级人民检察院向同级人民法院提出抗诉。

各级人民检察院对审判监督程序以外的其他审判程序中审判人员的违法行为,有权向同级人民法院提出检察建议。

第八章 执 行

第九十四条 【生效裁判和调解书的执行】当事人必须履行人民法院发生法律效力的判决、裁定、调解书。

第九十五条 【申请强制执行和执行管辖】公民、法人或者其他组织拒绝履行判决、裁定、调解书的,行政机关或者第三人可以向第一审人民法院申请强制执行,或者由行政机关依法强制执行。

第九十六条 【对行政机关拒绝履行的执行措施】行政机关拒绝履行判决、裁定、调解书的,第一审人民法院可以采取下列措施:

(一)对应当归还的罚款或者应当给付的款额,通知银行从该行政机关的账户内划拨;

(二)在规定期限内不履行的,从期满之日起,对该行政机关负责人按日处五十元至一百元的罚款;

(三)将行政机关拒绝履行的情况予以公告;

(四)向监察机关或者该行政机关的上一级行政机关提出司法建议。接受司法建议的机关,根据有关规定进行处理,并将处理情况告知人民法院;

(五)拒不履行判决、裁定、调解书,社会影响恶劣的,可以对该行政机关直接负责的主管人员和其他直接责任人员予以拘留;情节严重,构成犯罪的,依法追究刑事责任。

第九十七条 【非诉执行】公民、法人或者其他组织对行政行为在法定期限内不提起诉讼又不履行的,行政机关可以申请人民法院强制执行,或者依法强制执行。

第九章 涉外行政诉讼

第九十八条 【涉外行政诉讼的法律适用原则】外国人、无国籍人、外国组织在中华人民共和国进行行政诉讼,适用本法。法律另有规定的除外。

第九十九条 【同等与对等原则】外国人、无国籍人、外国组织在中华人民共和国进行行政诉讼,同中华人民共和国公民、组织有同等的诉讼权利和义务。

外国法院对中华人民共和国公民、组织的行政诉讼权利加以限制的,人民法院对该国公民、组织的行政诉讼权利,实行对等原则。

第一百条 【中国律师代理】外国人、无国籍人、外国组织在中华人民共和国进行行政诉讼,委托律师代理诉讼的,应当委托中华人民共和国律师机构的律师。

第十章 附 则

第一百零一条 【适用民事诉讼法规定】人民法院审理行政案件,关于期间、送达、财产保全、开庭审理、调解、中止诉讼、终结诉讼、简易程序、执行等,以及人民检察院对行政案件受理、审理、裁判、执行的监督,本法没有规定的,适用《中华人民共和国民事诉讼法》的相关规定。

第一百零二条 【诉讼费用】人民法院审

理行政案件,应当收取诉讼费用。诉讼费用由败诉方承担,双方都有责任的由双方分担。收取诉讼费用的具体办法另行规定。

第一百零三条 【施行日期】本法自1990年10月1日起施行。

行政执法机关移送涉嫌犯罪案件的规定

1. 2001年7月9日国务院令第310号公布
2. 根据2020年8月7日国务院令第730号《关于修改〈行政执法机关移送涉嫌犯罪案件的规定〉的决定》修订

第一条 为了保证行政执法机关向公安机关及时移送涉嫌犯罪案件,依法惩罚破坏社会主义市场经济秩序罪、妨害社会管理秩序罪以及其他罪,保障社会主义建设事业顺利进行,制定本规定。

第二条 本规定所称行政执法机关,是指依照法律、法规或者规章的规定,对破坏社会主义市场经济秩序、妨害社会管理秩序以及其他违法行为具有行政处罚权的行政机关,以及法律、法规授权的具有管理公共事务职能、在法定授权范围内实施行政处罚的组织。

第三条 行政执法机关在依法查处违法行为过程中,发现违法事实涉及的金额、违法事实的情节、违法事实造成的后果等,根据刑法关于破坏社会主义市场经济秩序罪、妨害社会管理秩序罪等罪的规定和最高人民法院、最高人民检察院关于破坏社会主义市场经济秩序罪、妨害社会管理秩序罪等罪的司法解释以及最高人民检察院、公安部关于经济犯罪案件的追诉标准等规定,涉嫌构成犯罪,依法需要追究刑事责任的,必须依照本规定向公安机关移送。

知识产权领域的违法案件,行政执法机关根据调查收集的证据和查明的案件事实,认为存在犯罪的合理嫌疑,需要公安机关采取措施进一步获取证据以判断是否达到刑事案件立案追诉标准的,应当向公安机关移送。

第四条 行政执法机关在查处违法行为过程中,必须妥善保存所收集的与违法行为有关的证据。

行政执法机关对查获的涉案物品,应当如实填写涉案物品清单,并按照国家有关规定予以处理。对易腐烂、变质等不宜或者不易保管的涉案物品,应当采取必要措施,留取证据;对需要进行检验、鉴定的涉案物品,应当由法定检验、鉴定机构进行检验、鉴定,并出具检验报告或者鉴定结论。

第五条 行政执法机关对应当向公安机关移送的涉嫌犯罪案件,应当立即指定2名或者2名以上行政执法人员组成专案组专门负责,核实情况后提出移送涉嫌犯罪案件的书面报告,报经本机关正职负责人或者主持工作的负责人审批。

行政执法机关正职负责人或者主持工作的负责人应当自接到报告之日起3日内作出批准移送或者不批准移送的决定。决定批准的,应当在24小时内向同级公安机关移送;决定不批准的,应当将不予批准的理由记录在案。

第六条 行政执法机关向公安机关移送涉嫌犯罪案件,应当附有下列材料:
（一）涉嫌犯罪案件移送书；
（二）涉嫌犯罪案件情况的调查报告；
（三）涉案物品清单；
（四）有关检验报告或者鉴定结论；
（五）其他有关涉嫌犯罪的材料。

第七条 公安机关对行政执法机关移送的涉嫌犯罪案件,应当在涉嫌犯罪案件移送书的回执上签字；其中,不属于本机关管辖的,应当在24小时内转送有管辖权的机关,并书面告知移送案件的行政执法机关。

第八条 公安机关应当自接受行政执法机关移送的涉嫌犯罪案件之日起3日内,依照刑法、刑事诉讼法以及最高人民法院、最高人民检察院关于立案标准和公安部关于公安机关办理刑事案件程序的规定,对所移送的案件进行审查。认为有犯罪事实,需要追究刑事责任,依法决定立案的,应当书面通知移送案件的行政执法机关；认为没有犯罪事实,或者犯罪事实显著轻微,不需要追究刑事责任,依法不予立案的,应当说明理由,并书面通知移送案件的行政执法机关,相应退回案卷材料。

第九条 行政执法机关接到公安机关不予立案的通知书后,认为依法应当由公安机关决定立案的,可以自接到不予立案通知书之日起3日内,提请作出不予立案决定的公安机关复议,也可以建议人民检察院依法进行立案监督。

作出不予立案决定的公安机关应当自收到行政执法机关提请复议的文件之日起3日内作出立案或者不予立案的决定,并书面通知移送案件的行政执法机关。移送案件的行政执法机关对公安机关不予立案的复议决定仍有异议的,应当自收到复议决定通知书之日起3日内建议人民检察院依法进行立案监督。

公安机关应当接受人民检察院依法进行的立案监督。

第十条 行政执法机关对公安机关决定不予立案的案件,应当依法作出处理；其中,依照有关法律、法规或者规章的规定应当给予行政处罚的,应当依法实施行政处罚。

第十一条 行政执法机关对应当向公安机关移送的涉嫌犯罪案件,不得以行政处罚代替移送。

行政执法机关向公安机关移送涉嫌犯罪案件前已经作出的警告,责令停产停业,暂扣或者吊销许可证、暂扣或者吊销执照的行政处罚决定,不停止执行。

依照行政处罚法的规定,行政执法机关向公安机关移送涉嫌犯罪案件前,已经依法给予当事人罚款的,人民法院判处罚金时,依法折抵相应罚金。

第十二条 行政执法机关对公安机关决定立案的案件,应当自接到立案通知书之日起3日内将涉案物品以及与案件有关的其他材料移交公安机关,并办结交接手续；法律、行政法规另有规定的,依照其规定。

第十三条 公安机关对发现的违法行为,经审查,没有犯罪事实,或者立侦查后认为犯罪事实显著轻微,不需要追究刑事责任,但依法应当追究行政责任的,应当及时将案件移送同级行政执法机关,有关行政执法机关应当依法作出处理。

第十四条　行政执法机关移送涉嫌犯罪案件,应当接受人民检察院和监察机关依法实施的监督。

任何单位和个人对行政执法机关违反本规定,应当向公安机关移送涉嫌犯罪案件而不移送的,有权向人民检察院、监察机关或者上级行政执法机关举报。

第十五条　行政执法机关违反本规定,隐匿、私分、销毁涉案物品的,由本级或者上级人民政府,或者实行垂直管理的上级行政执法机关,对其正职负责人根据情节轻重,给予降级以上的处分;构成犯罪的,依法追究刑事责任。

对前款所列行为直接负责的主管人员和其他直接责任人员,比照前款的规定给予处分;构成犯罪的,依法追究刑事责任。

第十六条　行政执法机关违反本规定,逾期不将案件移送公安机关的,由本级或者上级人民政府,或者实行垂直管理的上级行政执法机关,责令限期移送,并对其正职负责人或者主持工作的负责人根据情节轻重,给予记过以上的处分;构成犯罪的,依法追究刑事责任。

行政执法机关违反本规定,对应当向公安机关移送的案件不移送,或者以行政处罚代替移送的,由本级或者上级人民政府,或者实行垂直管理的上级行政执法机关,责令改正,给予通报;拒不改正的,对其正职负责人或者主持工作的负责人给予记过以上的处分;构成犯罪的,依法追究刑事责任。

对本条第一款、第二款所列行为直接负责的主管人员和其他直接责任人员,分别比照前两款的规定给予处分;构成犯罪的,依法追究刑事责任。

第十七条　公安机关违反本规定,不接受行政执法机关移送的涉嫌犯罪案件,或者逾期不作出立案或者不予立案的决定的,除由人民检察院依法实施立案监督外,由本级或者上级人民政府责令改正,对其正职负责人根据情节轻重,给予记过以上的处分;构成犯罪的,依法追究刑事责任。

对前款所列行为直接负责的主管人员和其他直接责任人员,比照前款的规定给予处分;构成犯罪的,依法追究刑事责任。

第十八条　有关机关存在本规定第十五条、第十六条、第十七条所列违法行为,需要由监察机关依法给予违法的公职人员政务处分的,该机关及其上级主管机关或者有关人民政府应当依照有关规定将相关案件线索移送监察机关处理。

第十九条　行政执法机关在依法查处违法行为过程中,发现公职人员有贪污贿赂、失职渎职或者利用职权侵犯公民人身权利和民主权利等违法行为,涉嫌构成职务犯罪的,应当依照刑法、刑事诉讼法、监察法等法律规定及时将案件线索移送监察机关或者人民检察院处理。

第二十条　本规定自公布之日起施行。

最高人民检察院关于推进行政执法与刑事司法衔接工作的规定

1. 2021年9月6日
2. 高检发释字〔2021〕4号

第一条 为了健全行政执法与刑事司法衔接工作机制,根据《中华人民共和国人民检察院组织法》《中华人民共和国行政处罚法》《中华人民共和国刑事诉讼法》等有关规定,结合《行政执法机关移送涉嫌犯罪案件的规定》,制定本规定。

第二条 人民检察院开展行政执法与刑事司法衔接工作,应当严格依法、准确及时,加强与监察机关、公安机关、司法行政机关和行政执法机关的协调配合,确保行政执法与刑事司法有效衔接。

第三条 人民检察院开展行政执法与刑事司法衔接工作由负责捕诉的部门按照管辖案件类别办理。负责捕诉的部门可以在办理时听取其他办案部门的意见。

本院其他办案部门在履行检察职能过程中,发现涉及行政执法与刑事司法衔接线索的,应当及时移送本院负责捕诉的部门。

第四条 人民检察院依法履行职责时,应当注意审查是否存在行政执法机关对涉嫌犯罪案件应当移送公安机关立案侦查而不移送,或者公安机关对行政执法机关移送的涉嫌犯罪案件应当立案侦查而不立案侦查的情形。

第五条 公安机关收到行政执法机关移送涉嫌犯罪案件后应当立案侦查而不立案侦查,行政执法机关建议人民检察院依法监督的,人民检察院应当依法受理并进行审查。

第六条 对于行政执法机关应当依法移送涉嫌犯罪案件而不移送,或者公安机关应当立案侦查而不立案侦查的举报,属于本院管辖且符合受理条件的,人民检察院应当受理并进行审查。

第七条 人民检察院对本规定第四条至第六条的线索审查后,认为行政执法机关应当依法移送涉嫌犯罪案件而不移送的,经检察长批准,应当向同级行政执法机关提出检察意见,要求行政执法机关及时向公安机关移送案件并将有关材料抄送人民检察院。人民检察院应当将检察意见抄送同级司法行政机关,行政执法机关实行垂直管理的,应当将检察意见抄送其上级机关。

行政执法机关收到检察意见后无正当理由仍不移送的,人民检察院应当将有关情况书面通知公安机关。

对于公安机关可能存在应当立案而不立案情形的,人民检察院应当依法开展立案监督。

第八条 人民检察院决定不起诉的案件,应当同时审查是否需要对被不起诉人给予行政处罚。对被不起诉人需要给予行政处罚的,经检察长批准,人民检察院应当向同级有关主管机关提出检察意见,自不起诉决定作出之日起三日以内连同不起诉决定书一并送达。人民检察院应当将检察意见抄送同级司法行政机关,主管机关实行垂直管理的,应当将检察意见抄送其上级机关。

检察意见书应当写明采取和解除刑事强制措施、查封、扣押、冻结涉案财物以及对被不起诉人予以训诫或者责令具结悔过、赔礼道歉、赔偿损失等情况。对于需要没收违法所得的,人民检察院应当将查封、扣押、冻结的涉案财物一并移送。对于在办案过程中收集的相关证据材料,人民检察院可以一并移送。

第九条　人民检察院提出对被不起诉人给予行政处罚的检察意见,应当要求有关主管机关自收到检察意见书之日起两个月以内将处理结果或者办理情况书面回复人民检察院。因情况紧急需要立即处理的,人民检察院可以根据实际情况确定回复期限。

第十条　需要向上级有关单位提出检察意见的,应当层报其同级人民检察院决定并提出,或者由办理案件的人民检察院制作检察意见书后,报上级有关单位的同级人民检察院审核并转送。

需要向下级有关单位提出检察意见的,应当指令对应的下级人民检察院提出。

需要异地提出检察意见的,应当征求有关单位所在地同级人民检察院意见。意见不一致的,层报共同的上级人民检察院决定。

第十一条　有关单位在要求的期限内不回复或者无正当理由不作处理的,经检察长决定,人民检察院可以将有关情况书面通报同级司法行政机关,或者提请上级人民检察院通报其上级机关。必要时可以报告同级党委和人民代表大会常务委员会。

第十二条　人民检察院发现行政执法人员涉嫌职务违法、犯罪的,应当将案件线索移送监察机关处理。

第十三条　行政执法机关就刑事案件立案追诉标准、证据收集固定保全等问题咨询人民检察院,或者公安机关就行政执法机关移送的涉嫌犯罪案件主动听取人民检察院意见建议的,人民检察院应当及时答复。书面咨询的,人民检察院应当在七日以内书面回复。

人民检察院在办理案件过程中,可以就行政执法专业问题向相关行政执法机关咨询。

第十四条　人民检察院应当定期向有关单位通报开展行政执法与刑事司法衔接工作的情况。发现存在需要完善工作机制等问题的,可以征求被建议单位的意见,依法提出检察建议。

第十五条　人民检察院根据工作需要,可以会同有关单位研究分析行政执法与刑事司法衔接工作中的问题,提出解决方案。

第十六条　人民检察院应当配合司法行政机关建设行政执法与刑事司法衔接信息共享平台。已经接入信息共享平台的人民检察院,应当自作出相关决定之日起七日以内,录入相关案件信息。尚未建成信息共享平台的人民检察院,应当及时向有关单位通报相关案件信息。

第十七条　本规定自公布之日起施行,《人民检察院办理行政执法机关移送涉嫌犯罪案件的规定》(高检发释字〔2001〕4号)同时废止。

四、国家赔偿

中华人民共和国国家赔偿法

1. 1994年5月12日第八届全国人民代表大会常务委员会第七次会议通过
2. 根据2010年4月29日第十一届全国人民代表大会常务委员会第十四次会议《关于修改〈中华人民共和国国家赔偿法〉的决定》第一次修正
3. 根据2012年10月26日第十一届全国人民代表大会常务委员会第二十九次会议《关于修改〈中华人民共和国国家赔偿法〉的决定》第二次修正

目 录

第一章 总 则
第二章 行政赔偿
　第一节 赔偿范围
　第二节 赔偿请求人和赔偿义务机关
　第三节 赔偿程序
第三章 刑事赔偿
　第一节 赔偿范围
　第二节 赔偿请求人和赔偿义务机关
　第三节 赔偿程序
第四章 赔偿方式和计算标准
第五章 其他规定
第六章 附 则

第一章 总 则

第一条 【立法目的和根据】 为保障公民、法人和其他组织享有依法取得国家赔偿的权利,促进国家机关依法行使职权,根据宪法,制定本法。

第二条 【国家赔偿归责原则及赔偿义务机关】 国家机关和国家机关工作人员行使职权,有本法规定的侵犯公民、法人和其他组织合法权益的情形,造成损害的,受害人有依照本法取得国家赔偿的权利。

本法规定的赔偿义务机关,应当依照本法及时履行赔偿义务。

第二章 行政赔偿
第一节 赔偿范围

第三条 【侵犯人身权的行政赔偿范围】 行政机关及其工作人员在行使行政职权时有下列侵犯人身权情形之一的,受害人有取得赔偿的权利:

（一）违法拘留或者违法采取限制公民人身自由的行政强制措施的;

（二）非法拘禁或者以其他方法非法剥夺公民人身自由的;

（三）以殴打、虐待等行为或者唆使、放纵他人以殴打、虐待等行为造成公民身体伤害或者死亡的;

（四）违法使用武器、警械造成公民身体伤害或者死亡的;

（五）造成公民身体伤害或者死亡的其他违法行为。

第四条 【侵犯财产权的行政赔偿范围】 行政机关及其工作人员在行使行政职

权时有下列侵犯财产权情形之一的，受害人有取得赔偿的权利：

（一）违法实施罚款、吊销许可证和执照、责令停产停业、没收财物等行政处罚的；

（二）违法对财产采取查封、扣押、冻结等行政强制措施的；

（三）违法征收、征用财产的；

（四）造成财产损害的其他违法行为。

第五条 【行政侵权中的免责情形】属于下列情形之一的，国家不承担赔偿责任：

（一）行政机关工作人员与行使职权无关的个人行为；

（二）因公民、法人和其他组织自己的行为致使损害发生的；

（三）法律规定的其他情形。

第二节 赔偿请求人和赔偿义务机关

第六条 【行政赔偿请求人】受害的公民、法人和其他组织有权要求赔偿。

受害的公民死亡，其继承人和其他有扶养关系的亲属有权要求赔偿。

受害的法人或者其他组织终止的，其权利承受人有权要求赔偿。

第七条 【行政赔偿义务机关】行政机关及其工作人员行使行政职权侵犯公民、法人和其他组织的合法权益造成损害的，该行政机关为赔偿义务机关。

两个以上行政机关共同行使行政职权时侵犯公民、法人和其他组织的合法权益造成损害的，共同行使行政职权的行政机关为共同赔偿义务机关。

法律、法规授权的组织在行使授予的行政权力时侵犯公民、法人和其他组织的合法权益造成损害的，被授权的组织为赔偿义务机关。

受行政机关委托的组织或者个人在行使受委托的行政权力时侵犯公民、法人和其他组织的合法权益造成损害的，委托的行政机关为赔偿义务机关。

赔偿义务机关被撤销的，继续行使其职权的行政机关为赔偿义务机关；没有继续行使其职权的行政机关的，撤销该赔偿义务机关的行政机关为赔偿义务机关。

第八条 【经过行政复议的赔偿义务机关】经复议机关复议的，最初造成侵权行为的行政机关为赔偿义务机关，但复议机关的复议决定加重损害的，复议机关对加重的部分履行赔偿义务。

第三节 赔偿程序

第九条 【赔偿请求人要求行政赔偿的途径】赔偿义务机关有本法第三条、第四条规定情形之一的，应当给予赔偿。

赔偿请求人要求赔偿，应当先向赔偿义务机关提出，也可以在申请行政复议或者提起行政诉讼时一并提出。

第十条 【行政赔偿的共同赔偿义务机关】赔偿请求人可以向共同赔偿义务机关中的任何一个赔偿义务机关要求赔偿，该赔偿义务机关应当先予赔偿。

第十一条 【根据损害提出数项赔偿要求】赔偿请求人根据受到的不同损害，可以同时提出数项赔偿要求。

第十二条 【赔偿请求人递交赔偿申请

书】要求赔偿应当递交申请书,申请书应当载明下列事项:

（一）受害人的姓名、性别、年龄、工作单位和住所,法人或者其他组织的名称、住所和法定代表人或者主要负责人的姓名、职务；

（二）具体的要求、事实根据和理由；

（三）申请的年、月、日。

赔偿请求人书写申请书确有困难的,可以委托他人代书；也可以口头申请,由赔偿义务机关记入笔录。

赔偿请求人不是受害人本人的,应当说明与受害人的关系,并提供相应证明。

赔偿请求人当面递交申请书的,赔偿义务机关应当当场出具加盖本行政机关专用印章并注明收讫日期的书面凭证。申请材料不齐全的,赔偿义务机关应当当场或者在五日内一次性告知赔偿请求人需要补正的全部内容。

第十三条 【行政赔偿义务机关作出赔偿决定】赔偿义务机关应当自收到申请之日起两个月内,作出是否赔偿的决定。赔偿义务机关作出赔偿决定,应当充分听取赔偿请求人的意见,并可以与赔偿请求人就赔偿方式、赔偿项目和赔偿数额依照本法第四章的规定进行协商。

赔偿义务机关决定赔偿的,应当制作赔偿决定书,并自作出决定之日起十日内送达赔偿请求人。

赔偿义务机关决定不予赔偿的,应当自作出决定之日起十日内书面通知赔偿请求人,并说明不予赔偿的理由。

第十四条 【赔偿请求人向法院提起诉讼】赔偿义务机关在规定期限内未作出是否赔偿的决定,赔偿请求人可以自期限届满之日起三个月内,向人民法院提起诉讼。

赔偿请求人对赔偿的方式、项目、数额有异议的,或者赔偿义务机关作出不予赔偿决定的,赔偿请求人可以自赔偿义务机关作出赔偿或者不予赔偿决定之日起三个月内,向人民法院提起诉讼。

第十五条 【举证责任】人民法院审理行政赔偿案件,赔偿请求人和赔偿义务机关对自己提出的主张,应当提供证据。

赔偿义务机关采取行政拘留或者限制人身自由的强制措施期间,被限制人身自由的人死亡或者丧失行为能力的,赔偿义务机关的行为与被限制人身自由的人的死亡或者丧失行为能力是否存在因果关系,赔偿义务机关应当提供证据。

第十六条 【行政追偿】赔偿义务机关赔偿损失后,应当责令有故意或者重大过失的工作人员或者受委托的组织或者个人承担部分或者全部赔偿费用。

对有故意或者重大过失的责任人员,有关机关应当依法给予处分；构成犯罪的,应当依法追究刑事责任。

第三章 刑事赔偿
第一节 赔偿范围

第十七条 【侵犯人身权的刑事赔偿范围】行使侦查、检察、审判职权的机关以及看守所、监狱管理机关及其工作

人员在行使职权时有下列侵犯人身权情形之一的,受害人有取得赔偿的权利:

(一)违反刑事诉讼法的规定对公民采取拘留措施的,或者依照刑事诉讼法规定的条件和程序对公民采取拘留措施,但是拘留时间超过刑事诉讼法规定的时限,其后决定撤销案件、不起诉或者判决宣告无罪终止追究刑事责任的;

(二)对公民采取逮捕措施后,决定撤销案件、不起诉或者判决宣告无罪终止追究刑事责任的;

(三)依照审判监督程序再审改判无罪,原判刑罚已经执行的;

(四)刑讯逼供或者以殴打、虐待等行为或者唆使、放纵他人以殴打、虐待等行为造成公民身体伤害或者死亡的;

(五)违法使用武器、警械造成公民身体伤害或者死亡的。

第十八条 【侵犯财产权的刑事赔偿范围】行使侦查、检察、审判职权的机关以及看守所、监狱管理机关及其工作人员在行使职权时有下列侵犯财产权情形之一的,受害人有取得赔偿的权利:

(一)违法对财产采取查封、扣押、冻结、追缴等措施的;

(二)依照审判监督程序再审改判无罪,原判罚金、没收财产已经执行的。

第十九条 【刑事赔偿免责情形】属于下列情形之一的,国家不承担赔偿责任:

(一)因公民自己故意作虚伪供述,或者伪造其他有罪证据被羁押或者被判处刑罚的;

(二)依照刑法第十七条、第十八条规定不负刑事责任的人被羁押的;

(三)依照刑事诉讼法第十五条、第一百七十三条第二款、第二百七十三条第二款、第二百七十九条规定不追究刑事责任的人被羁押的;

(四)行使侦查、检察、审判职权的机关以及看守所、监狱管理机关的工作人员与行使职权无关的个人行为;

(五)因公民自伤、自残等故意行为致使损害发生的;

(六)法律规定的其他情形。

第二节 赔偿请求人和赔偿义务机关

第二十条 【刑事赔偿请求人】赔偿请求人的确定依照本法第六条的规定。

第二十一条 【刑事赔偿义务机关】行使侦查、检察、审判职权的机关以及看守所、监狱管理机关及其工作人员在行使职权时侵犯公民、法人和其他组织的合法权益造成损害的,该机关为赔偿义务机关。

对公民采取拘留措施,依照本法的规定应当给予国家赔偿的,作出拘留决定的机关为赔偿义务机关。

对公民采取逮捕措施后决定撤销案件、不起诉或者判决宣告无罪的,作出逮捕决定的机关为赔偿义务机关。

再审改判无罪的,作出原生效判决的人民法院为赔偿义务机关。二审改判无罪,以及二审发回重审后作无罪处理的,作出一审有罪判决的人民法院为赔偿义务机关。

第三节 赔偿程序

第二十二条 【刑事赔偿的提出和赔偿

义务机关先行处理】赔偿义务机关有本法第十七条、第十八条规定情形之一的,应当给予赔偿。

赔偿请求人要求赔偿,应当先向赔偿义务机关提出。

赔偿请求人提出赔偿请求,适用本法第十一条、第十二条的规定。

第二十三条　【刑事赔偿义务机关赔偿决定的作出】赔偿义务机关应当自收到申请之日起两个月内,作出是否赔偿的决定。赔偿义务机关作出赔偿决定,应当充分听取赔偿请求人的意见,并可以与赔偿请求人就赔偿方式、赔偿项目和赔偿数额依照本法第四章的规定进行协商。

赔偿义务机关决定赔偿的,应当制作赔偿决定书,并自作出决定之日起十日内送达赔偿请求人。

赔偿义务机关决定不予赔偿的,应当自作出决定之日起十日内书面通知赔偿请求人,并说明不予赔偿的理由。

第二十四条　【刑事赔偿复议申请的提出】赔偿义务机关在规定期限内未作出是否赔偿的决定,赔偿请求人可以自期限届满之日起三十日内向赔偿义务机关的上一级机关申请复议。

赔偿请求人对赔偿的方式、项目、数额有异议的,或者赔偿义务机关作出不予赔偿决定的,赔偿请求人可以自赔偿义务机关作出赔偿或者不予赔偿决定之日起三十日内,向赔偿义务机关的上一级机关申请复议。

赔偿义务机关是人民法院的,赔偿请求人可以依照本条规定向其上一级人民法院赔偿委员会申请作出赔偿决定。

第二十五条　【刑事赔偿复议的处理和对复议决定的救济】复议机关应当自收到申请之日起两个月内作出决定。

赔偿请求人不服复议决定的,可以在收到复议决定之日起三十日内向复议机关所在地的同级人民法院赔偿委员会申请作出赔偿决定;复议机关逾期不作决定的,赔偿请求人可以自期限届满之日起三十日内向复议机关所在地的同级人民法院赔偿委员会申请作出赔偿决定。

第二十六条　【举证责任分配】人民法院赔偿委员会处理赔偿请求,赔偿请求人和赔偿义务机关对自己提出的主张,应当提供证据。

被羁押人在羁押期间死亡或者丧失行为能力的,赔偿义务机关的行为与被羁押人的死亡或者丧失行为能力是否存在因果关系,赔偿义务机关应当提供证据。

第二十七条　【赔偿委员会办理案件程序】人民法院赔偿委员会处理赔偿请求,采取书面审查的办法。必要时,可以向有关单位和人员调查情况、收集证据。赔偿请求人与赔偿义务机关对损害事实及因果关系有争议的,赔偿委员会可以听取赔偿请求人和赔偿义务机关的陈述和申辩,并可以进行质证。

第二十八条　【赔偿委员会办理案件期限】人民法院赔偿委员会应当自收到赔偿申请之日起三个月内作出决定;属于疑难、复杂、重大案件的,经本院院长批准,可以延长三个月。

第二十九条　【赔偿委员会的组成】中级

以上的人民法院设立赔偿委员会，由人民法院三名以上审判员组成，组成人员的人数应当为单数。

赔偿委员会作赔偿决定，实行少数服从多数的原则。

赔偿委员会作出的赔偿决定，是发生法律效力的决定，必须执行。

第三十条　【赔偿委员会重新审查程序】赔偿请求人或者赔偿义务机关对赔偿委员会作出的决定，认为确有错误的，可以向上一级人民法院赔偿委员会提出申诉。

赔偿委员会作出的赔偿决定生效后，如发现赔偿决定违反本法规定的，经本院院长决定或者上级人民法院指令，赔偿委员会应当在两个月内重新审查并依法作出决定，上一级人民法院赔偿委员会也可以直接审查并作出决定。

最高人民检察院对各级人民法院赔偿委员会作出的决定，上级人民检察院对下级人民法院赔偿委员会作出的决定，发现违反本法规定的，应当向同级人民法院赔偿委员会提出意见，同级人民法院赔偿委员会应当在两个月内重新审查并依法作出决定。

第三十一条　【刑事赔偿的追偿】赔偿义务机关赔偿后，应当向有下列情形之一的工作人员追偿部分或者全部赔偿费用：

（一）有本法第十七条第四项、第五项规定情形的；

（二）在处理案件中有贪污受贿，徇私舞弊，枉法裁判行为的。

对有前款规定情形的责任人员，有关机关应当依法给予处分；构成犯罪的，应当依法追究刑事责任。

第四章　赔偿方式和计算标准

第三十二条　【赔偿方式】国家赔偿以支付赔偿金为主要方式。

能够返还财产或者恢复原状的，予以返还财产或者恢复原状。

第三十三条　【人身自由的国家赔偿标准】侵犯公民人身自由的，每日赔偿金按照国家上年度职工日平均工资计算。

第三十四条　【生命健康权的国家赔偿标准】侵犯公民生命健康权的，赔偿金按照下列规定计算：

（一）造成身体伤害的，应当支付医疗费、护理费，以及赔偿因误工减少的收入。减少的收入每日的赔偿金按照国家上年度职工日平均工资计算，最高额为国家上年度职工年平均工资的五倍；

（二）造成部分或者全部丧失劳动能力的，应当支付医疗费、护理费、残疾生活辅助具费、康复费等因残疾而增加的必要支出和继续治疗所必需的费用，以及残疾赔偿金。残疾赔偿金根据丧失劳动能力的程度，按照国家规定的伤残等级确定，最高不超过国家上年度职工年平均工资的二十倍。造成全部丧失劳动能力的，对其扶养的无劳动能力的人，还应当支付生活费；

（三）造成死亡的，应当支付死亡赔偿金、丧葬费，总额为国家上年度职工年平均工资的二十倍。对死者生前扶养的无劳动能力的人，还应当支付生活费。

前款第二项、第三项规定的生活费的发放标准,参照当地最低生活保障标准执行。被扶养的人是未成年人的,生活费给付至十八周岁止;其他无劳动能力的人,生活费给付至死亡时止。

第三十五条 【精神损害的国家赔偿标准】有本法第三条或者第十七条规定情形之一,致人精神损害的,应当在侵权行为影响的范围内,为受害人消除影响,恢复名誉,赔礼道歉;造成严重后果的,应当支付相应的精神损害抚慰金。

第三十六条 【财产权的国家赔偿标准】侵犯公民、法人和其他组织的财产权造成损害的,按照下列规定处理:

(一)处罚款、罚金、追缴、没收财产或者违法征收、征用财产的,返还财产;

(二)查封、扣押、冻结财产的,解除对财产的查封、扣押、冻结,造成财产损坏或者灭失的,依照本条第三项、第四项的规定赔偿;

(三)应当返还的财产损坏的,能够恢复原状的恢复原状,不能恢复原状的,按照损害程度给付相应的赔偿金;

(四)应当返还的财产灭失的,给付相应的赔偿金;

(五)财产已经拍卖或者变卖的,给付拍卖或者变卖所得的价款;变卖的价款明显低于财产价值的,应当支付相应的赔偿金;

(六)吊销许可证和执照、责令停产停业的,赔偿停产停业期间必要的经常性费用开支;

(七)返还执行的罚款或者罚金、追缴或者没收的金钱,解除冻结的存款或者汇款的,应当支付银行同期存款利息;

(八)对财产权造成其他损害的,按照直接损失给予赔偿。

第三十七条 【国家赔偿费用】赔偿费用列入各级财政预算。

赔偿请求人凭生效的判决书、复议决定书、赔偿决定书或者调解书,向赔偿义务机关申请支付赔偿金。

赔偿义务机关应当自收到支付赔偿金申请之日起七日内,依照预算管理权限向有关的财政部门提出支付申请。财政部门应当自收到支付申请之日起十五日内支付赔偿金。

赔偿费用预算与支付管理的具体办法由国务院规定。

第五章 其 他 规 定

第三十八条 【民事、行政诉讼中的司法赔偿】人民法院在民事诉讼、行政诉讼过程中,违法采取对妨害诉讼的强制措施、保全措施或者对判决、裁定及其他生效法律文书执行错误,造成损害的,赔偿请求人要求赔偿的程序,适用本法刑事赔偿程序的规定。

第三十九条 【国家赔偿请求时效】赔偿请求人请求国家赔偿的时效为两年,自其知道或者应当知道国家机关及其工作人员行使职权时的行为侵犯其人身权、财产权之日起计算,但被羁押等限制人身自由期间不计算在内。在申请行政复议或者提起行政诉讼时一并提出赔偿请求的,适用行政复议法、行政诉讼法有关时效的规定。

赔偿请求人在赔偿请求时效的最

后六个月内,因不可抗力或者其他障碍不能行使请求权的,时效中止。从中止时效的原因消除之日起,赔偿请求时效期间继续计算。

第四十条 【对等原则】外国人、外国企业和组织在中华人民共和国领域内要求中华人民共和国国家赔偿的,适用本法。

外国人、外国企业和组织的所属国对中华人民共和国公民、法人和其他组织要求该国国家赔偿的权利不予保护或者限制的,中华人民共和国与该外国人、外国企业和组织的所属国实行对等原则。

第六章 附 则

第四十一条 【不得收费和征税】赔偿请求人要求国家赔偿的,赔偿义务机关、复议机关和人民法院不得向赔偿请求人收取任何费用。

对赔偿请求人取得的赔偿金不予征税。

第四十二条 【施行日期】本法自1995年1月1日起施行。

最高人民法院关于适用《中华人民共和国国家赔偿法》若干问题的解释(一)

1. 2011年2月14日最高人民法院审判委员会第1511次会议通过
2. 2011年2月28日公布
3. 法释〔2011〕4号
4. 自2011年3月18日起施行

为正确适用2010年4月29日第十一届全国人民代表大会常务委员会第十四次会议修正的《中华人民共和国国家赔偿法》,对人民法院处理国家赔偿案件中适用国家赔偿法的有关问题解释如下:

第一条 国家机关及其工作人员行使职权侵犯公民、法人和其他组织合法权益的行为发生在2010年12月1日以后,或者发生在2010年12月1日以前,持续至2010年12月1日以后的,适用修正的国家赔偿法。

第二条 国家机关及其工作人员行使职权侵犯公民、法人和其他组织合法权益的行为发生在2010年12月1日以前的,适用修正前的国家赔偿法,但有下列情形之一的,适用修正的国家赔偿法:

(一)2010年12月1日以前已经受理赔偿请求人的赔偿请求但尚未作出生效赔偿决定的;

(二)赔偿请求人在2010年12月1日以后提出赔偿请求的。

第三条 人民法院对2010年12月1日以前已经受理但尚未审结的国家赔偿确认案件,应当继续审理。

第四条 公民、法人和其他组织对行使侦查、检察、审判职权的机关以及看守所、监狱管理机关在2010年12月1日以前作出并已发生法律效力的不予确认职务行为违法的法律文书不服,未依据修正前的国家赔偿法规定提出申诉并经有权机关作出侵权确认结论,直接向人民法院赔偿委员会申请赔偿的,不予受理。

第五条 公民、法人和其他组织对2010年12月1日以前发生法律效力的赔偿决定不服提出申诉的,人民法院审查处理时适用修正前的国家赔偿法；但是仅就修正的国家赔偿法增加的赔偿项目及标准提出申诉的，人民法院不予受理。

第六条 人民法院审查发现2010年12月1日以前发生法律效力的确认裁定、赔偿决定确有错误应当重新审查处理的，适用修正前的国家赔偿法。

第七条 赔偿请求人认为行使侦查、检察、审判职权的机关以及看守所、监狱管理机关及其工作人员在行使职权时有修正的国家赔偿法第十七条第（一）、（二）、（三）项、第十八条规定情形的，应当在刑事诉讼程序终结后提出赔偿请求，但下列情形除外：

（一）赔偿请求人有证据证明其与尚未终结的刑事案件无关的；

（二）刑事案件被害人依据刑事诉讼法第一百九十八条的规定，以财产未返还或者认为返还的财产受到损害而要求赔偿的。

第八条 赔偿请求人认为人民法院有修正的国家赔偿法第三十八条规定情形的，应当在民事、行政诉讼程序或者执行程序终结后提出赔偿请求，但人民法院已依法撤销对妨害诉讼采取的强制措施的情形除外。

第九条 赔偿请求人或者赔偿义务机关认为人民法院赔偿委员会作出的赔偿决定存在错误，依法向上一级人民法院赔偿委员会提出申诉的，不停止赔偿决定的执行；但人民法院赔偿委员会依据修正的国家赔偿法第三十条的规定决定重新审查的，可以决定中止原赔偿决定的执行。

第十条 人民检察院依据修正的国家赔偿法第三十条第三款的规定，对人民法院赔偿委员会在2010年12月1日以后作出的赔偿决定提出意见的，同级人民法院赔偿委员会应当决定重新审查，并可以决定中止原赔偿决定的执行。

第十一条 本解释自公布之日起施行。

最高人民法院关于审理行政赔偿案件若干问题的规定

1. 2021年12月6日最高人民法院审判委员会第1855次会议通过
2. 2022年3月20日公布
3. 法释〔2022〕10号
4. 自2022年5月1日起施行

为保护公民、法人和其他组织的合法权益，监督行政机关依法履行行政赔偿义务，确保人民法院公正、及时审理行政赔偿案件，实质化解行政赔偿争议，根据《中华人民共和国行政诉讼法》（以下简称行政诉讼法）《中华人民共和国国家赔偿法》（以下简称国家赔偿法）等法律规定，结合行政审判工作实际，制定本规定。

一、受案范围

第一条 国家赔偿法第三条、第四条规定的"其他违法行为"包括以下情形：

（一）不履行法定职责行为；

（二）行政机关及其工作人员在履行行政职责过程中作出的不产生法律效果，但事实上损害公民、法人或者其他组织人身权、财产权等合法权益的行为。

第二条 依据行政诉讼法第一条、第十二条第一款第十二项和国家赔偿法第二条规定,公民、法人或者其他组织认为行政机关及其工作人员违法行使行政职权对其劳动权、相邻权等合法权益造成人身、财产损害的,可以依法提起行政赔偿诉讼。

第三条 赔偿请求人不服赔偿义务机关下列行为的,可以依法提起行政赔偿诉讼:

(一)确定赔偿方式、项目、数额的行政赔偿决定;

(二)不予赔偿决定;

(三)逾期不作出赔偿决定;

(四)其他有关行政赔偿的行为。

第四条 法律规定由行政机关最终裁决的行政行为被确认违法后,赔偿请求人可以单独提起行政赔偿诉讼。

第五条 公民、法人或者其他组织认为国防、外交等国家行为或者行政机关制定发布行政法规、规章或者具有普遍约束力的决定、命令侵犯其合法权益造成损害,向人民法院提起行政赔偿诉讼的,不属于人民法院行政赔偿诉讼的受案范围。

二、诉讼当事人

第六条 公民、法人或者其他组织一并提起行政赔偿诉讼中的当事人地位,按照其在行政诉讼中的地位确定,行政诉讼与行政赔偿诉讼当事人不一致的除外。

第七条 受害的公民死亡,其继承人和其他有扶养关系的人可以提起行政赔偿诉讼,并提供该公民死亡证明、赔偿请求人与死亡公民之间的关系证明。

受害的公民死亡,支付受害公民医疗费、丧葬费等合理费用的人可以依法提起行政赔偿诉讼。

有权提起行政赔偿诉讼的法人或者其他组织分立、合并、终止,承受其权利的法人或者其他组织可以依法提起行政赔偿诉讼。

第八条 两个以上行政机关共同实施侵权行政行为造成损害的,共同侵权行政机关为共同被告。赔偿请求人坚持对其中一个或者几个侵权机关提起行政赔偿诉讼,以被起诉的机关为被告,未被起诉的机关追加为第三人。

第九条 原行政行为造成赔偿请求人损害,复议决定加重损害的,复议机关与原行政行为机关为共同被告。赔偿请求人坚持对作出原行政行为机关或者复议机关提起行政赔偿诉讼,以被起诉的机关为被告,未被起诉的机关追加为第三人。

第十条 行政机关依据行政诉讼法第九十七条的规定申请人民法院强制执行其行政行为,因据以强制执行的行政行为违法而发生行政赔偿诉讼的,申请强制执行的行政机关为被告。

三、证　　据

第十一条 行政赔偿诉讼中,原告应当对行政行为造成的损害提供证据;因被告的原因导致原告无法举证的,由被告承担举证责任。

人民法院对于原告主张的生产和生活所必需物品的合理损失,应当予以支持;对于原告提出的超出生产和生活所必需的其他贵重物品、现金损失,可以结合案件相关证据予以认定。

第十二条 原告主张其被限制人身自由期间受到身体伤害,被告否认相关损害事实或者损害与违法行政行为存在因果关系的,被告应当提供相应的证据证明。

四、起诉与受理

第十三条 行政行为未被确认为违法,公民、法人或者其他组织提起行政赔偿诉讼的,人民法院应当视为提起行政诉讼时一并提起行政赔偿诉讼。

行政行为已被确认为违法,并符合下列条件的,公民、法人或者其他组织可以单独提起行政赔偿诉讼:

(一)原告具有行政赔偿请求资格;

(二)有明确的被告;

(三)有具体的赔偿请求和受损害的事实根据;

(四)赔偿义务机关已先行处理或者超过法定期限不予处理;

(五)属于人民法院行政赔偿诉讼的受案范围和受诉人民法院管辖;

(六)在法律规定的起诉期限内提起诉讼。

第十四条 原告提起行政诉讼时未一并提起行政赔偿诉讼,人民法院审查认为可能存在行政赔偿的,应当告知原告可以一并提起行政赔偿诉讼。

原告在第一审庭审终结前提起行政赔偿诉讼,符合起诉条件的,人民法院应当依法受理;原告在第一审庭审终结后、宣判前提起行政赔偿诉讼的,是否准许由人民法院决定。

原告在第二审程序或者再审程序中提出行政赔偿请求的,人民法院可以组织各方调解;调解不成,告知其另行起诉。

第十五条 公民、法人或者其他组织应当自知道或者应当知道行政行为侵犯其合法权益之日起两年内,向赔偿义务机关申请行政赔偿。赔偿义务机关在收到赔偿申请之日起两个月内未作出赔偿决定的,公民、法人或者其他组织可以依照行政诉讼法有关规定提起行政赔偿诉讼。

第十六条 公民、法人或者其他组织提起行政诉讼时一并请求行政赔偿的,适用行政诉讼法有关起诉期限的规定。

第十七条 公民、法人或者其他组织仅对行政复议决定中的行政赔偿部分有异议,自复议决定书送达之日起十五日内提起行政赔偿诉讼的,人民法院应当依法受理。

行政机关作出有赔偿内容的行政复议决定时,未告知公民、法人或者其他组织起诉期限的,起诉期限从公民、法人或者其他组织知道或者应当知道起诉期限之日起计算,但从知道或者应当知道行政复议决定内容之日起最长不得超过一年。

第十八条 行政行为被有权机关依照法定程序撤销、变更、确认违法或无效,或者实施行政行为的行政机关工作人员因该行为被生效法律文书或监察机关政务处分确认为渎职、滥用职权的,属于本规定所称的行政行为被确认为违法的情形。

第十九条 公民、法人或者其他组织一并提起行政赔偿诉讼,人民法院经审查认为行政诉讼不符合起诉条件的,对一并提起的行政赔偿诉讼,裁定不予立案;已经立案的,裁定驳回起诉。

第二十条 在涉及行政许可、登记、征收、征用和行政机关对民事争议所作的裁决的行政案件中,原告提起行政赔偿诉讼的同时,有关当事人申请一并解决相关民事争议的,人民法院可以一并审理。

五、审理和判决

第二十一条 两个以上行政机关共同实施违法行政行为,或者行政机关及其工作人员与第三人恶意串通作出的违法行政行为,造成公民、法人或者其他组织人身权、财产权等合法权益实际损害的,应当承担连带赔偿责任。

一方承担连带赔偿责任后,对于超出其应当承担部分,可以向其他连带责任人追偿。

第二十二条 两个以上行政机关分别实施违法行政行为造成同一损害,每个行政机关的违法行为都足以造成全部损害的,各个行政机关承担连带赔偿责任。

两个以上行政机关分别实施违法行政行为造成同一损害的,人民法院应当根据其违法行政行为在损害发生和结果中的作用大小,确定各自承担相应的行政赔偿责任;难以确定责任大小的,平均承担责任。

第二十三条 由于第三人提供虚假材料,导致行政机关作出的行政行为违法,造成公民、法人或者其他组织损害的,人民法院应当根据违法行政行为在损害发生和结果中的作用大小,确定行政机关承担相应的行政赔偿责任;行政机关已经尽到审慎审查义务的,不承担行政赔偿责任。

第二十四条 由于第三人行为造成公民、法人或者其他组织损害的,应当由第三人依法承担侵权赔偿责任;第三人赔偿不足、无力承担赔偿责任或者下落不明,行政机关又未尽保护、监管、救助等法定义务的,人民法院应当根据行政机关未尽法定义务在损害发生和结果中的作用大小,确定其承担相应的行政赔偿责任。

第二十五条 由于不可抗力等客观原因造成公民、法人或者其他组织损害,行政机关不依法履行、拖延履行法定义务导致未能及时止损或者损害扩大的,人民法院应当根据行政机关不依法履行、拖延履行法定义务行为在损害发生和结果中的作用大小,确定其承担相应的行政赔偿责任。

第二十六条 有下列情形之一的,属于国家赔偿法第三十五条规定的"造成严重后果":

(一)受害人被非法限制人身自由超过六个月;

(二)受害人经鉴定为轻伤以上或者残疾;

(三)受害人经诊断、鉴定为精神障碍或者精神残疾,且与违法行政行为存在关联;

(四)受害人名誉、荣誉、家庭、职业、教育等方面遭受严重损害,且与违法行政行为存在关联。

有下列情形之一的,可以认定为后果特别严重:

(一)受害人被限制人身自由十年以上;

(二)受害人死亡;

(三)受害人经鉴定为重伤或者残

疾一至四级,且生活不能自理;

（四）受害人经诊断、鉴定为严重精神障碍或者精神残疾一至二级,生活不能自理,且与违法行政行为存在关联。

第二十七条　违法行政行为造成公民、法人或者其他组织财产损害,不能返还财产或者恢复原状的,按照损害发生时该财产的市场价格计算损失。市场价格无法确定,或者该价格不足以弥补公民、法人或者其他组织损失的,可以采用其他合理方式计算。

违法征收征用土地、房屋,人民法院判决给予被征收人的行政赔偿,不得少于被征收人依法应当获得的安置补偿权益。

第二十八条　下列损失属于国家赔偿法第三十六条第六项规定的"停产停业期间必要的经常性费用开支":

（一）必要留守职工的工资;

（二）必须缴纳的税款、社会保险费;

（三）应当缴纳的水电费、保管费、仓储费、承包费;

（四）合理的房屋场地租金、设备租金、设备折旧费;

（五）维系停产停业期间运营所需的其他基本开支。

第二十九条　下列损失属于国家赔偿法第三十六条第八项规定的"直接损失":

（一）存款利息、贷款利息、现金利息;

（二）机动车停运期间的营运损失;

（三）通过行政补偿程序依法应当获得的奖励、补贴等;

（四）对财产造成的其他实际损失。

第三十条　被告有国家赔偿法第三条规定情形之一,致人精神损害的,人民法院应当判决其在违法行政行为影响的范围内,为受害人消除影响、恢复名誉、赔礼道歉;消除影响、恢复名誉和赔礼道歉的履行方式,可以双方协商,协商不成的,人民法院应当责令被告以适当的方式履行。造成严重后果的,应当判决支付相应的精神损害抚慰金。

第三十一条　人民法院经过审理认为被告对公民、法人或者其他组织造成财产损害的,判决被告限期返还财产、恢复原状;无法返还财产、恢复原状的,判决被告限期支付赔偿金和相应的利息损失。

人民法院审理行政赔偿案件,可以对行政机关赔偿的方式、项目、标准等予以明确,赔偿内容确定的,应当作出具有赔偿金额等给付内容的判决;行政赔偿决定对赔偿数额的确定确有错误的,人民法院判决予以变更。

第三十二条　有下列情形之一的,人民法院判决驳回原告的行政赔偿请求:

（一）原告主张的损害没有事实根据的;

（二）原告主张的损害与违法行政行为没有因果关系的;

（三）原告的损失已经通过行政补偿等其他途径获得充分救济的;

（四）原告请求行政赔偿的理由不能成立的其他情形。

六、其　　他

第三十三条　本规定自2022年5月1日

起施行。《最高人民法院关于审理行政赔偿案件若干问题的规定》(法发〔1997〕10号)同时废止。

本规定实施前本院发布的司法解释与本规定不一致的,以本规定为准。

最高人民法院关于行政机关工作人员执行职务致人伤亡构成犯罪的赔偿诉讼程序问题的批复

1. 2002年8月5日最高人民法院审判委员会第1236次会议通过
2. 2002年8月23日公布
3. 法释〔2002〕28号
4. 自2002年8月30日起施行

山东省高级人民法院:

你院鲁高法函〔1998〕132号《关于对行政机关工作人员执行职务时致人伤、亡,法院以刑事附带民事判决赔偿损失后,受害人或其亲属能否再提起行政赔偿诉讼的请示》收悉。经研究,答复如下:

一、行政机关工作人员在执行职务中致人伤、亡已构成犯罪,受害人或其亲属提起刑事附带民事赔偿诉讼的,人民法院对民事赔偿诉讼请求不予受理。但应当告知其可以依据《中华人民共和国国家赔偿法》的有关规定向人民法院提起行政赔偿诉讼。

二、本批复公布以前发生的此类案件,人民法院已作刑事附带民事赔偿处理,受害人或其亲属再提起行政赔偿诉讼的,人民法院不予受理。

此复

附 录

第一批行政执法监督典型案例[①]

案例一

山东某市司法局对涉企重复行政检查执法监督案

【关键词】

行政检查　检查频次多　涉企联合检查平台　扫码检查

【基本案情】

2023年9月,某市司法局在访谈某天然气输送公司负责人过程中,企业反映近年来检查主体多、检查内容多、检查频次多、检查标准不一,企业疲于应付,迎检负担沉重。从2021年到2023年,公司每年都接受上百次检查。2021年迎接检查326次,接待检查人员5344人次;2022年迎接检查156次,接待检查人员1465人次,2023年7月底前,迎接检查110次,接待检查人员513人次;检查主体主要涉及发展改革、安全生产、能源等多个执法领域,检查层级涉及省、市、县、乡四个层级。市司法局依法对此情况开展监督。

【监督处理】

市司法局成立评估专班,对本案具体情况深入调查,及时作出处理。首先,核查案件事实。分别向市发展改革委、市应急局核实案件具体情况。经了解,确实存在监管主体过多、检查次数过频、检查标准不统一的问题。其次,查找剖析原因。与企业负责人和执法部门进行沟通后认为,造成检查多的原因,一是部门内部统筹机制不健全,检查缺乏规划性、执法审批制度不严格,同一部门不同科室联动执法机制也不健全;二是部门之间执法协作机制不通畅,检查缺少协同性,部门之间互不通气、各自为战。三是检查标准不统一,上级指导协调力度不够,导致随意执法、重复执法。最后,组织规范整改。在查清情况、找准原因的基础上,市司法局认真履行政府行政执法监督机构职责,制发行政执法监督建议书,督促市发展改革委、市应急局严格落实涉企联合检查平台计划提前报告和"扫码入企"规定,将不同科室检查任务整合形成检查计划,报平台匹配,形成联合检查计划,紧急检查通过"绿色通道"进行申报。同时,指导市发展改革委、市应急局开展"涉企联合检查平台"应用培训,对重复检查案件进行自查自纠。后续实时跟进平台统计数据发现,检查次数实现大幅降低。

【典型意义】

目前,重复检查已成为经营主体反

[①] 参见:《司法部发布第一批行政执法监督典型案例》,载司法部官网,https://www.moj.gov.cn/pub/sfbgw/gwxw/xwyw/202411/t20241112_509370.html。

映较为强烈、意见较为集中的普遍性、突出问题之一。由于检查缺乏规划性、协同性、规范性,导致涉企检查频次过高、随意检查等问题普遍存在,严重干扰了企业的正常经营活动,破坏了法治化营商环境。本案中,市司法局强化行政执法监督,督促指导有关行政执法机关纠治问题。同时,建设市级"涉企联合检查平台",要求各级行政执法机关提前7天通过提报检查计划并由平台通过自动匹配形成联合检查计划,特殊情况通过平台"绿色通道"进行申报。明确要求执法检查经"涉企联合检查平台"联合检查匹配、执法人员经扫描市场主体"企业码"入企检查,并对"涉企联合检查平台"使用质效不好、检查频次居高不下的部门,由市政府办进行通报和约谈,有效避免了不同部门之间互不通气、各自检查的问题。通过"涉企联合检查平台"大数据"智能解析",可以实时监控各部门、各领域、各地域涉企联合检查频次,同时,市司法局还将不合理、过度重复检查列入法治营商环境建设评价、涉企执法领域突出问题专项整治、法治建设考核重点内容进行监督督办,全市涉企检查频次明显下降。

案例二

浙江某市司法局、综合执法指导办对文广旅体局涉企重复检查执法监督案

【关键词】

涉企执法 重复检查 多头检查 风险提示函

【基本案情】

某市综合行政执法指导办在市一网统管平台大数据监测过程中,发现2023年7月到10月期间市文广旅体局对市博物馆开展了13次检查,对一家网吧、一家酒店分别开展了5次检查,同时还发现存在对其它经营主体进行高频检查的记录。该局检查行为涉嫌重复检查。市司法局会同综合执法指导办对发现的问题线索依法开展监督。

【监督处理】

市司法局会同综合执法指导办对市文广旅体局涉嫌重复检查的情况进行了调查,并走访部分相关商户和企业,了解涉企执法检查的有关情况。经核实,该局为落实上级文旅主管部门在执法指数考核中将辖区内经营单位平均检查家数、次数及执法机构人均检查次数列入考核指标的有关要求,未充分考虑实际情况就对多家经营主体开展了高频次检查,并且在多次检查中没有发现企业违法违规迹象、需要提高检查频次问题。据此,2023年11月10日,某市综合执法指导办会同司法局对市文广旅体局下发风险提示函,要求对无正当理由高频检查情况予以整改。2023年11月15日,市文广旅体局反馈了整改意见。在对个案作出处理的同时,市司法局、综合执法指导办分析了导致该案的原因:一是监管手段单一,单纯以加大检查频次和密度去提升企业安全责任意识;二是统筹能力不足,未能与其它监管方式相结合;三是监管精准度不高,对本行业领域及监管对象存在的风险掌握不足。针对上述原因,报请市委办、市政府办印发关于

提升综合监管质效优化法治化营商环境的制度措施，从源头上防止和减少行政执法部门无正当理由高频检查的现象。

【典型意义】

行政检查是行政机关为履行行政管理职责，对公民、法人和其他组织遵守法律、法规、规章和执行有关行政决定、命令的情况进行调查、巡查、核验的活动，对行政机关了解法律制度实施情况、发现违法行为、收集证据材料具有重要作用。近年来，一些经营主体反映，行政检查方式方法单一，缺乏计划性、连续性、稳定性，不规范检查甚至过多过滥检查问题比较突出。本案中，市司法局、综合执法指导办举一反三，查找原因，制定出台有关措施，加强行政执法计划统筹，避免各自为战、单独行动；推进预防性规范体系建设，减少因监管政策打架造成的重复检查；积极推行以部门协同远程监管、移动监管、预警防控等为特征的非现场监管，提升各类监控检测数据使用效能，减少现场检查频次，减少"应景式、走过场"的入企调研、服务；畅通涉企诉求渠道，建立企业诉求反馈绿色通道，完善快速响应机制，真正做到"有求必应、无事不扰"。

案例三

湖北某市司法局对市水利和湖泊局不依法行政处罚执法监督案

【关键词】

水行政执法　案件事实不清　案卷评查　约谈　监督合力

【基本案情】

2021年5月，某市水利和湖泊局根据群众举报，对某建设工程有限公司在水库除险加固工程施工过程中未经许可擅自采运河砂行为进行查处，要求某建设工程有限公司停止未经许可擅自采运河砂违法行为，并依照《湖北省河道采砂管理条例》有关规定作出没收非法所得8000元、罚款4万元的行政处罚决定。2022年5月，某市司法局在对市水利和湖泊局2021年办结的执法案卷进行评查时，发现该案的行政处罚决定涉嫌法律适用错误和案件事实不清问题，决定依法对该案进行执法监督。

【监督处理】

某市司法局对该案进行核查后发现，市水利和湖泊局对某建设工程有限公司的处罚存在两个问题：一是适用法律错误。水利和湖泊局在2021年5月作出行政处罚决定的依据是《湖北省河道采砂管理条例》第三十八条的规定，但该条与已经生效实施的《中华人民共和国长江保护法》第九十一条的规定相抵触。根据法律冲突适用规则，此案应适用《中华人民共和国长江保护法》。二是案件事实不清。水利和湖泊局在没有查清偷采砂石数量、涉案标的不明确的情况下，就作出没收违法所得8000元、罚款4万元的行政处罚存在瑕疵。市司法局依照《湖北省行政执法条例》《湖北省行政执法监督检查暂行规定》，向水利和湖泊局发出《行政执法监督意见书》，督促其进行整改。同时，市司法局约谈了相关办案责任人员，在某市委全面依法治市委员会执法协调小组全体会暨行政执法突出问题约谈视频会议上对市水利和湖泊局通报批评,并向纪检监察机关移送有关违纪线索。随后,市水利和湖泊局的上级主管部门组织开展对全系统的执法案卷进行自查自纠,并就强化法制审核、加强法制培训等工作进行部署。

【典型意义】

案卷评查是开展行政执法常态化监督的一种重要方式,是全面了解行政执法办案的过程、发现执法行为是否合法的重要途径。司法行政部门在开展行政执法案卷评查时,重点关注行政执法主体是否适格、执法人员是否有行政执法资格、执法程序是否合法、行政执法重要制度是否落实、适用法律是否明显错误、案件事实是否清楚、处罚结果是否显失公平等内容。本案中,司法行政部门强化个案纠错功能,注重行政执法监督结果的运用,通过约谈、通报批评等监督措施督促行政执法机关进行整改,增强了行政执法监督的刚性。同时,加强与该行政执法机关的上级主管部门、纪检监察部门的工作协作,形成监督合力。需要改进相关工作的,请上级主管部门加强指导监督;涉嫌违纪违法的,及时向纪检监察部门移送有关线索。

案例四

山东某市司法局对市交通运输局行政处罚程序不当执法监督案

【关键词】

交通运输　依职权监督　内部程序违法纠偏　回头看

【基本案情】

2023年5月,某市司法局根据群众举报问题线索,依职权对市交通运输部门有关执法问题进行监督。在对相关案卷检查时发现,市交通运输局对某物流有限公司作出的"没收违法所得33.99万元、罚款67.8万元"的行政处罚决定书虽然是以本局名义作出,但内部审批程序显示,签批人为执法支队支队长,参加集体讨论的成员为下属执法支队负责人及相关科室负责人。市司法局认为,该案在内部程序上涉嫌违法,决定依职权开展监督。

【监督办理】

市司法局依照《山东省行政执法监督条例》规定的程序开展行政执法监督。市司法局核查后认为,执法支队作为市交通运输局下设执法机构,不具有独立的行政执法主体资格,其负责人不是行政机关负责人,其集体讨论不能代替市交通运输局负责人集体讨论。虽然该行政处罚决定是以市交通运输局名义作出的,但在内部审批程序上存在以支队负责人审批替代该局负责人审批和以支队集体讨论替代该局集体讨论问题,涉嫌违反《中华人民共和国行政处罚法》第五十七条关于"调查终结,行政机关负责人应当对调查结果进行审查,根据不同情况,分别作出如下决定……对情节复杂或者重大违法行为给予行政处罚,行政机关负责人应当集体讨论决定"的规定。据此,市司法局依法向市交通运输局下发《行政执法监督意见书》,责令其自行纠正内部程序不规范的问题。之后,市司法局对监督意见落实情况开展"回头看",发现该部门存在的上述问题均已整改到位。同时，司法行政部门针对个案反映的问题，推动上级交通运输主管部门修订了《违法行为处理工作规程（试行）》，将执法案件由原执法支队支队长审查批准调整为该局分管局长审查批准；重大案件集体讨论由原执法支队内部集体讨论调整为由该部门相关领导集体讨论。

【典型意义】

行政执法程序是保障行政执法行为合法的重要制度机制。行政执法程序有瑕疵或者轻微违法在实践中比较常见，行政执法监督机关应当把行政执法程序是否合法作为行政执法监督工作的重点，要充分发挥行政系统内部纠错纠偏作用，对情节轻微、未对相对人权利产生实际影响的程序违法行为，督促相关部门对案件程序进行补正。本案中，行政执法监督不仅要监督行政执法的外部程序，还要监督内部审批程序。本案中，市司法局通过评查案卷材料和有关工作记录还原执法过程，发现内部审批程序存在瑕疵，依法提出监督意见。同时，在监督过程中发现执法依据违反制定程序或者内容不合法的，要依法责令文件制定机关进行修改或者废止；对无权处理的，要按照规定程序转送有权机关处理。

案例五

江西某市司法局对县金融办不当出具"风险提示函"执法监督案

【关键词】

金融监管　风险提示函　群众举报　程序违法

【基本案情】

2022年9月，某县金融办接到群众举报，某公司销售人员在某县以投资项目返还利息的方式面向公众进行业务推广，涉嫌非法吸收公众存款。某县金融办调查后，在县政府门户网站上发布"某公司涉嫌非法吸收公众存款，请广大公众谨慎投资"的风险提示函。该公司认为该县金融办未认真核查并了解相关事实基础上，就将销售人员的个人行为认定为公司的行为，并且在未履行告知程序的情况下作出"风险提示函"，损害了企业名誉，影响了企业经营，涉嫌违法。2022年10月，该公司通过该市非公有制企业维权服务中心向市司法局申诉，要求撤销该"风险提示函"。市司法局收到有关问题线索后依法开展执法监督。

【监督处理】

某市司法局向县司法局发《协助调查函》，请其协助调阅县金融办案卷材料，摸清案件真实情况，同时，向市金融办等部门征求意见。经核查认为，县金融办作为打击非法吸收公众存款的监管主体，具有行政执法监管职责。县金融办在官网上以"风险提示函"方式告知不特定对象某公司存在非法吸收公众存款的风险，会对公司的名誉产生不利影响，造成其社会评价降低，使其利益受到损失，该发布提示函的行为属于行政执法行为。县金融办在未查清违法事实、未保障相对人进行陈述、申辩的情况下，就作出在官网挂出"风险提示函"的行为，涉嫌程序违法。根据《江西省行政执法监督条例》《江西省行政执法监督实施办法》有关"县级以上人民政府负责行政执法监督的部门对违反法律、法规、规章规定的行政执法行为进行监督,依职权进行处理或者提出处理建议"的规定,市司法局向县金融办下发《行政执法监督意见书》,责令县金融办自行纠正。县金融办收到意见书后进行整改,撤回"投资风险提示函"。

【典型意义】

行政执法监督是对行政机关行政执法工作进行的监督。行政执法监督机关可以对行政机关作出行政许可、行政处罚、行政强制、行政检查、行政征收征用等行为的执法活动进行监督,监督的内容主要是开展行政执法工作涉及的制度、机制、主体、权限、程序、结果、法律责任等方面。但实践中,行政执法监督的具体范围和内容还比较模糊,在具体监督时,要先判定行政机关的哪些行为属于行政执法监督范围。本案中,司法行政部门先认定发布"投资风险提示函"的性质,然后再对县金融办是否具有执法权限以及执法程序是否合法进行监督。在认定发布"投资风险提示函"的行为属于行政执法行为后,司法行政部门认为县金融办的执法行为未履行相关执法程序,责令其进行纠正,有力维护了行政相对人合法权益。

案例六

广西某市司法局对县住房和城乡建设局城管执法人员不当执法行为执法监督案

【关键词】

城市管理　不文明执法　辞退　监督意见　以案促改

【基本案情】

2023年2月,某县住房和城乡建设局城监大队协管员蒋某在开展日常巡查工作中,发现蒙某在某农贸市场路口占道经营,影响来往群众出入,存在安全隐患。蒋某在多次劝导并试图帮蒙某将车辆挪离过程中,与蒙某发生冲突。蒋某情绪失控后,采取过激行为执法,在互联网上引发舆情。事件发生后,某市司法局依法开展行政执法监督,协调指导处置不文明执法行为。

【监督处理】

某市司法局依照《广西壮族自治区行政执法监督办法》有关规定,成立工作组赴该县开展执法监督工作。工作组通过查看事发当天监控视频、行政处罚案卷、询问执法人员,查明了基本事实,并下发《行政执法监督意见书》,提出监督意见。该县住房和城乡建设局根据监督意见,积极进行整改,对涉事协管员蒋某予以辞退,对相关责任人员予以处分。同时,在司法行政部门的指导下,该县住房和城乡建设局开展城市管理执法队伍教育整顿行动,以案促改,提升行政执法人员文明执法意识。

【典型意义】

行政执法人员是推进严格规范公正文明执法、提升行政执法质量的关键。按照有关规定,司法行政部门承担行政执法人员资格管理工作,对行政执法人员的执法行为具有监督职责,要指导相关执法部门建立行政执法人员准入和退出机制,强化执法人员培训,提升行政执法技能。本案中,行政执法人员的不文明执法行为引发社会舆情,对政府的权威和公信力造成负面影响。司法行政部门依法启动执法监督程序,督促县住房和城乡建设局依法处理涉事人员、与相对人沟通化解矛盾。同时,督促县住房和城乡建设局切实采取措施,加强对行政执法人员的教育培训和日常管理,提升行政执法人员能力水平。

案例七

河南某市烟草专卖局对区烟草专卖局不当行政许可决定执法监督案

【关键词】

烟草管理　增加行政许可条件　部门执法监督　重新作出许可决定

【基本案情】

2023年3月,申请人李某向某区烟草专卖局申请烟草专卖零售许可证。区烟草专卖局受理申请并对申请人经营场所开展实地核查后,以"该市场尚在建设中,未投入使用,该店也没有形成初步营业规模",不符合《烟草专卖许可证管理办法》《某市某区烟草专卖局烟草制品零售点合理布局规划》有关规定为由,作出核查不通过的意见,并作出不予许可决定书送达申请人。李某对该不予许可决定不服,拨打12313举报投诉电话向市烟草专卖局进行投诉。市烟草专卖局对问题线索依法开展监督。

【监督处理】

市烟草专卖局依照有关规定,对某区烟草专卖局作出不予许可决定涉及的有关事实进行调查核实,并组织专家对以"经营场所没有形成初步经营业态"为由作出不予许可决定是否合法进行研究。通过调查申请人经营场所项目建设施工和投入使用情况,市烟草专卖局认为经营场所符合工信部《烟草专卖许可证管理办法》第十三条规定的申请烟草专卖零售许可证条件,且无禁止性规定情形。同时,认为《某市某区烟草专卖局烟草制品零售点合理布局规划》关于经营场所"形成初步经营业态"的规定属于概念性条款,不属于禁止性规定,不应以此为依据作出不予许可的决定。据此,市烟草专卖局认为区烟草专卖局作出的不予许可决定缺少法定依据,下发《行政执法监督意见书》,责令区烟草专卖局依法自行纠正,撤销不予行政许可决定。随后,申请人李某重新提交申请,区烟草专卖局依法准予新办烟草专卖零售许可。

【典型意义】

除政府依法对所属部门、派出机关、下级政府的行政执法工作进行监督外,行政执法监督还包括县级以上政府部门依法对本部门所属机构、派出机构,设区的市、自治州以上政府部门依法对下级政府承担相关业务部门的行政执法工作进行监督。实行垂直管理或实行双重领导并以上级部门领导为主的行政执法部门按照现行统一领导和管理要求,依法对本部门所属机构和下级部门的行政执法工作进行监督。本案中,市烟草专卖局作为区烟草专卖局的上级机关,可以依照《中华人民共和国行政许可法》有关规定责令下级行政机关改正。

案例八

广东某市司法局对县市场监督管理局不当行政处罚决定执法监督案

【关键词】

食品卫生　超许可范围经营　过罚不当　行政裁量权基准　提级办理

【基本案情】

2022年5月,某县市场监督管理局接到举报线索,称该餐饮店在外卖平台经营的网店超出许可经营项目范围经营凉食类食品"刀拍黄瓜",涉嫌违法经营。县市场监督管理局经核查,该餐饮店通过外卖平台超经营许可范围销售"刀拍黄瓜"菜品17份,销售收入204元,获利34元。2022年6月,县市场监督管理局根据《中华人民共和国食品安全法》第一百二十二条的规定,对该餐饮店作出没收违法所得34元并处罚款50000元的行政处罚。该餐饮店经营者认为处罚过重,向"12345"政务服务热线投诉。2022年8月,"12345"政务服务热线将有关问题线索转交市司法局。市司法局依法对转交的问题线索开展监督。

【监督办理】

某市司法局依照《广东行政执法监督条例》有关规定,将问题线索移交县司法局处理,县司法局调查后认为,该案行政处罚合法、处罚结果恰当,决定维持处罚决定并答复市司法局。市司法局对案件进行深入研究后,认为县司法局的处理不当,决定对该案进行提级办理。市司法局经调查并组织有关部门论证后认为,某县市场监督管理局认定该餐饮店存在超许可经营项目范围销售"刀拍黄瓜"的违法行为,虽然基本事实认定清楚,主要证据充分,但餐饮店"刀拍黄瓜"的违法行为情节显著轻微且没有造成危害后果,存在不予处罚或者免于处罚的法定事由。某县市场监督管理局直接适用《中华人民共和国食品安全法》第一百二十二条规定,对该餐饮店处以罚款50000元,与《中华人民共和国行政处罚法》第五条关于"实施行政处罚必须以事实为依据,与违法行为的事实、性质、情节以及社会危害程度相当",第三十三条关于"违法行为轻微并及时改正,没有造成危害后果的,不予行政处罚。初次违法且危害后果轻微并及时改正的,可以不予处罚"的规定不一致,也与当时有效的《食品经营许可管理办法》第四十九条关于"食品经营许可证载明的许可事项发生变化,食品经营者未按规定申请变更经营许可的,由原发证的食品药品监督管理部门责令改正,给予警告;拒不改正的,处2000元以上1万元以下罚款"的规定不一致,涉嫌过罚不当。据此,某市司法局依照有关规定向县市场监督管理局下发《行政执法监督建议书》,督促其自行纠正。县市场监督管理局根据监督意见,撤销原行政处罚决定,重新作出处理决定,责令该餐饮店经营者改正超出许可的经营项目范围从事食品经营的行为,并处以警告处罚。

【典型意义】

近年来,针对食品生产加工小作坊、食品摊贩的处罚不当问题屡有发生,在社会上引起很大舆情,一定程度上影响了政府的公信力和人民群众对法治的信心。对行政执法机关及执法人员来讲,在具体案件处理中,如何理解把握和适用行政处罚法规定的从轻、减轻、不予处罚,如何处理好行政处罚法与部门单行法之间的关系,一直是执法实践的难点。行政执法监督机关或者监督机构应当督促指导地方和部门健全完善行政裁量权基准,对从轻、减轻、不予处罚、免于处罚等情形依法作出规定,为行政执法人员开展执法活动提供具体执法依据。对重大疑难复杂案件、具有重大社会影响的案件或者认为下级行政执法监督机关处理不当的,上级行政执法监督机关或者监督机构可以提级办理。本案中,市司法局认为县司法局的监督意见不当,进行提级办理。督促县市场监督管理局坚持处罚与教育相结合,根据案件的事实、性质、情节以及社会危害程度,依照行政处罚法、食品经营许可管理办法有关规定作出适当处罚,既严厉打击违法行为,也善用"从轻、减轻、免于处罚"的相关规定,依法保护行政相对人合法权益,为经营主体营造良好的法治化营商环境。